简致咨询组织发展
系列丛书

简致咨询
K-S CONSULTING

NTL 组织发展与变革手册

原则、实践与展望

[美] 布伦达·B. 琼斯（Brenda B. Jones）
迈克尔·布拉泽（Michael Brazzel） 编
王小红 吴娟 魏芳 译
邝耀均 孙茜 审校

THE NTL HANDBOOK OF ORGANIZATION DEVELOPMENT AND CHANGE

Principles, Practices, and Perspectives, Second Edition

電子工業出版社
Publishing House of Electronics Industry
北京·BEIJING

The NTL Handbook of Organization Development and Change: Principles, Practices, and Perspectives, Second Edition by Brenda B. Jones, Michael Brazzel
ISBN: 9781118485811

图书在版编目（CIP）数据

NTL 组织发展与变革手册：原则、实践与展望 /（美）布伦达·B. 琼斯（Brenda B. Jones），（美）迈克尔·布拉泽（Michael Brazzel）编；王小红，吴娟，魏芳译. —北京：电子工业出版社，2018.8
书名原文：The NTL Handbook of Organization Development and Change: Principles, Practices, and Perspectives, Second Edition
ISBN 978-7-121-34346-9

Ⅰ. ①N… Ⅱ. ①布… ②迈… ③王… ④吴… ⑤魏… Ⅲ. ①组织管理—手册 Ⅳ. ①C936-62

中国版本图书馆 CIP 数据核字(2018)第 115682 号

策划编辑：晋　晶
责任编辑：袁桂春
印　　刷：天津嘉恒印务有限公司
装　　订：天津嘉恒印务有限公司
出版发行：电子工业出版社
　　　　　北京市海淀区万寿路 173 信箱　　邮编 100036
开　　本：787×1092　1/16　印张：38.5　字数：793 千字
版　　次：2018 年 8 月第 1 版（原著第 2 版）
印　　次：2022 年 1 月第 11 次印刷
定　　价：188.00 元

凡所购买电子工业出版社图书有缺损问题，请向购买书店调换。若书店售缺，请与本社发行部联系，联系及邮购电话：（010）88254888，88258888。
质量投诉请发邮件至 zlts@phei.com.cn，盗版侵权举报请发邮件至 dbqq@phei.com.cn。
本书咨询联系方式：（010）88254199，sjb@phei.com.cn。

丛书序

致力于推动组织持续健康发展

组织在为社会提供产品和服务，以及提升人类福祉方面的重要性超过了大部分人的直观估计。在环境变迁、科技创新、全球化等不断深化发展的今天，组织的形态和运作方式在某些方面已经和过去迥然不同了，有些组织短暂辉煌后烟消云散，有些则在遭遇危机又重获新生。是什么给这些组织带来了命运的差异呢？没有一个简单的答案对应上述问题。在很大程度上，在组织有效性上表现越好的组织，就越有机会赢得生存并在竞争中脱颖而出。关于推动组织的发展方面，虽然各种跨学科的研究和实践层出不穷，其核心关切的议题主要是：如何推动组织变革以适应组织内外环境的需要，保持并持续提升组织的有效性和健康程度。

作为一家以推动组织持续健康发展为使命的专业咨询机构，简致咨询一直在寻找有效推动组织发展的关键所在。而国内外无数的学者和实践者为我们带来了诸多启示，这方面，我们特别关注的是组织发展（Organization Development，OD）这个兼具研究和实践双重属性的领域。组织发展以其博大的跨学科视角，胸怀跨域研究和实践的宏愿，在实用工具、模型和方法上研究和实践的严谨精深，深深地打动了我们。我们也高度认同组织发展之父库尔特·勒温（Kurt Lewin）为代表的学者和实践者所强调的基本价值观和协作性的咨询模式。

我们还可以罗列出一大群学者和实践者给我们的启示。例如，克里斯·阿吉里斯（Chris Argyris）。提出的兼具学术严谨性和实践指导性的诸多理论，理查德·哈克曼（Richard Hackman）进行的大量实证研究和发现，乃至于奥托·夏莫（C. Otto Scharmer）等更新一代的实践者给我们以全新的视角来审视世界，通过 U 型过程，学会与知识和灵感最深层的源泉建立联结，让我们学会感知正在生成的未来……

在此，我们仅提及了众多思想巨人中的极少数，还有更多并未列名。站在所有这些思想巨人的肩膀上，为了让更多的中国实践者能够做到既有正确的、深入的理论认知，又可在实务操作领域掌握必备的技能，我们认识到自己必须深刻理解经典的组织发展知识以建构自身的系统认知，并学习具体而有效的教练/引导技巧，以掌握引发深度对话（探询）并推动组织系统在不同层面产生变革的实务技能。因此，我们致力于构建一个兼具理论高度而又具备实操指引的系列丛书，帮助所有对组织持续健康发展感兴趣的领导者和致力于推动组织发展的专业人士掌握扎实的理论知识和实用的工作技巧。因受制于时间与版权限制，未能穷尽该领域之经典，以下概括性地介绍一下我们去芜存菁后选入的几本专业书籍。

《NTL 组织发展与变革手册》（*The NTL Handbook of Organization Development and Change*）

简介：组织发展领域最权威的机构当属美国的 NTL，由组织发展领域的泰斗库尔特·勒温创立，该手册凝聚了 NTL 数十年研究和实践精髓，提供了组织发展的核心理念、整体框架和具体的干预指导，堪称组织发展领域的“圣经”，是组织发展顾问、引导师等专业人士的必读书籍以及组织内的 HR、高层领导者的有益读物。

《IAF 群体引导手册》（*IAF Handbook of Group Facilitation*）

简介：IAF（International Association of Facilitation）是引导领域最权威的国际机构，其编制的手册内容来自 50 位全球顶尖的从业者和学者的研究与实践，涵盖了引导领域必须了解的所有关键信息，堪称引导领域的“圣经”。在组织发展领域，尤其是全系统的变革活动中，涉及广泛的引导活动，从设计到实施，是组织发展领域极其重要的实务技能。作为组织发展实践者，理应掌握扎实的引导能力。

《行动探询》（*Action Inquiry*）

简介：《行动探询》由比尔·托伯特（Bill Torbert）所著，他开创性地探讨如何在行动当下实现根本性转型（Transformation）的方式，并详细列举了 7 种典型的行动逻辑类型。《行动探询》为我们理解个体领导力和个人、群体、组织的转型性变革提供了重要的理论依据和实务操作指南。

《引导型教练》（*Facilitative Coaching*）

简介：《引导型教练》将引导和教练进行了深度融合，使个人教练（Individual Coaching）的过程更加透明和多元化。《引导型教练》是一本个人教练方面的独特工具书，可以在组织发展的过程中，尤其是涉及阻力的变革活动时，帮助改善组织中的个人心智和思维，调整其能量状态，促进个人实现深层次的学习转变。

我们致力于为读者提供高质量的译本，对于专业术语的多种译法，我们倾向于沿用同系列书籍中的既定用词以创建读者的一致理解。此系列丛书能够呈现在读者面前，除了译审团队的不懈努力之外，还有赖于电子工业出版社编辑的专业指导和支持，以及简致咨询研究团队的鼎力相助。

译审过程中，我们常常为原著者博大精微的思考所震撼。带着对原著的敬重和对读者的负责，我们常常纠结于如何将这些模型、原则和技巧等极具实用意义的知识用恰当的中文语言表述出来。囿于时间和专业经验的不足，本系列译著在译审过程中难免有错漏和不足之处。若应用的过程中存在疑惑或发现译本存在错漏，欢迎随时联系译审团队，使我们可以共同探索真理之所在，同时强化实务操作的技能，一起学习，共同进步！

简致咨询

序

我们在美国国家培训实验室（Nationl Trainning Laboratory，NTL）的原址——缅因州贝瑟尔——为本书的第 1 版撰写了序；而今，新版序成文于我们在旧金山港湾区埃默里维尔社区的家中。我们在贝瑟尔所使用过的高德学院（Gould Academy）和 Founders House 已经成为我们和 NTL 历史的一部分。而随着 NTL 的重心由小群体和社群发展扩大到组织发展，我们也成为全美教育协会成人教育部历史的一部分。

“国家”一词似乎代表了初创团体的不确定及其谨慎的本性，并且不愿断言哪些方法和实践会遍布全球。尽管 NTL 的成员和项目主要关注国内受众，但仍对国际同行的工作有着广泛的兴趣。相比之下，“培训”是个强有力的词语，它来自罗纳德·李皮特（Ronald Lippitt）第二次世界大战期间在印度进行的有关反暴动培训的工作，描述了其学习过程的积极成果，其中包含反馈和反思的技能练习。“实验室”一词体现了 NTL 的四位创始人——库尔特·勒温、李·布拉德福德（Lee Bradford）、罗纳德·李皮特和肯·贝恩（Ken Benne）的研究成果的精髓，他们都明确提出了通过体验式学习开展行动研究的必要性。

然而，这些创始人都对群体的力量深信不疑。小群体过程是 NTL 早期的主要关注点，包括群体动力学、群体发展和群体研究。基本技能培训群体（该名称很快就被简称为“T-groups”）被认为是学习实验室的核心。学习的目标集中在个体对群体动态的贡献与大型社群的过程之间的联系，而群体成为将民主参与原则应用到决策制定和行动的世界的基础构件。对于在不同背景中（社群、行业、教育和志愿者组织）工作的成员而言，群体都同样是关键因素。特别是，第二次世界大战之后，分散式权力、影响力和领导力成为管理群体和组织的关键因素。

关于组织发展的所有关键词均以原词的表达方式收录于本书的各章中，它们代表了特定组织发展分支演化的基础。

在为这些理念和技能设定行动研究方式时，NTL 的创始人扮演着至关重要的角色。

他们概括并发展了反思性学习的过程，改变了通常意义上的成人教育，并构建了培训和组织发展的未来基础。他们将自己的经验引入跨文化场景下的角色扮演、模拟和技能实践之中，并与各种创新技术整合，从而成为未来探索（Future Search）与全系统变革的先驱之一。他们将约翰·杜威（John Dewey）的教育哲学与道德和民主价值观的关注点相结合，所取得的成果至今仍是评估计划性变革价值观和道德标准的“指南针”。各层级与职能部门对组织变革的广泛参与，促使组织文化变革方法论的不断演化。

民主进程是这些先驱们在贝瑟尔构思早期项目的关键。选择此地的原因在于它符合勒温对于“文化岛”（Cultural Island）的要求，即一个专门用于研究和实验室培训的岛屿，一个看起来感觉很像世外桃源的岛屿，一个进出都不太容易的岛屿；一个可以让人们远离日常环境约束的岛屿，从而去探索有关改变自身行为和变革愿景的新理念。

随着从事群体发展的 NTL 成员开始意识到群体就是组织的缩影时，他们也开始意识到自己关注群体功能改进的工作可以进行延伸，将组织进程的改进也纳入其中。因此，20 世纪 60 年代，NTL 将组织发展纳入其项目和研究中，并改名为 NTL 学院；也由此脱离了全美教育协会成人教育部的保护伞，成为一个独立的组织。至此一个崭新的时代开始了，组织发展变得繁荣兴盛，其关注点逐渐从个人与群体的发展扩展到更大的范围。

我们很幸运能成为 NTL 的第二代成员。1950 年，伊迪（Edie）来到贝瑟尔；1957 年，查理（Charlie）又来到此处担任研究助理。我们的相识起源于查理参加了由伊迪联合指导的 T-groups，从此彼此之间以及与贝瑟尔的联系一直持续至今。我们在贝瑟尔进行的 100 多个暑期项目，连同在美利坚大学/NTL 的组织发展硕士项目中 25 年的教研生涯，跨越了我们所知的组织发展领域历史的大部分。本书将群体发展、参与式领导、体验式学习与组织发展联系起来，我们想借这本重要著作出版之机，与各位读者分享我们所了解的领域内诸多同行先驱们的观点和看法。

60 年前，在贝瑟尔播下的种子已经在组织发展领域深深扎根，这些根源不仅包括众多著名理论家和实践者，还有那些将其领导力带入所在组织的相关人士，他们以此实施、扩展并塑造当前组织发展现状。这些组织包括组织发展网络（Organization Development Network）、组织发展研究所（Organization Development Institute），以及许多其他专业组织的重要部门，如美国培训与发展协会（American Society for Training and Development）、美国管理学会(Academy of Management)，还有众多开设组织发展硕士和博士生项目的大学。

影响 NTL 形成的组织发展根源可追溯到库尔特·勒温时期，这些根源几乎涵盖了本书的所有章节。勒温的研究所制定的方法中，有很多被组织发展领域内实践者广泛共享。

这也为各个学者、实践者大相径庭、独树一帜的研究方式奠定了基础。从哲学和实用主义角度来看，勒温及其同事贡献的是个人理念及其存在于某个力场内的社会关系，而不是亚里士多德和牛顿提出的简单因果关系概念。这是勒温改编自物理学的场域理论，目的是提高行动研究和对系统各层次引发的计划性社会变革进行干预的可能性。勒温认为“行为是一个函数，而个人特征与环境则是这个函数的参数”，基本公式可以简写为 $B=f(P,E)$。这个公式强调了理解在关系、群体或组织中如何引发变革的重要性，这可能是决定个人行为、群体过程和结果及更大的系统动态的强大驱动因素。

勒温为躲避希特勒对犹太人的迫害而来到美国。作为最早的社会心理学家之一，他的研究处于跨学科社会运动的中心，旨在研究有意义的社会变革。第二次世界大战也加剧了人们对结构和过程的渴求，这为世界和平的想法带来了希望。停战协议后不久，勒温的团体动力学研究中心（Research Center for Group Dynamics）在麻省理工学院设立，1947 年初他去世后，该中心迁至密歇根大学；伦西斯 · 利克特（Rensis Likert）担任了调查研究中心（The Survey Research Center）与团体动力学研究中心联盟组织的负责人，该联盟被称为社会研究所（The Institute for Social Research）。同时，群体过程前沿领域的其他发展还包括：雅各 · 马任诺（Jacob Moreno）和哲卡 · 马任诺（Zerka Moreno）推动了社会心理剧和社会人际学的蓬勃发展，而伦敦的塔维斯托克研究所（Tavistock Institute）则对精神分析理论与群体过程及社会变革的相关性进行了探索。同时，成人教育、领导力、精神病学、管理学和社群发展领域的变革思想也得到深入发展。

就像作为行动研究和战略规划领域的一部分使用系统性数据采集这种做法一样，体验式学习也是一种创新。战争期间一直同时活跃于军事和民用领域的社会科学家被重塑民主的机会所鼓舞，他们对社会公正有了新的看法，试着将科学方法应用于人类事务，特别是个体发展和社会关系方面，因为它们是在群体、组织和社群中实施领导力的支柱。根据诺伯特 · 维纳（Norbert Weiner）及其同事在控制论领域的研究，反馈的概念成了行使领导力和变革管理过程中不可分割的一部分。新技术可能带来的影响，增加了成功完成任务的过程中对过程管理的理解的挑战。社会技术系统工作的基础来自供职于伦敦塔维斯托克研究所的比昂（Bion）等人的战时经历。变革管理战略要实现的是效率和有效性的提升，以上所有这些工作都与实现方式会出现的各种问题息息相关。

此类工作的重要基本价值观仍在影响着整个组织发展领域。你将在本书的各个章节看到有关它们的介绍。而第一个也是最重要的观点就是人们有权参与到能掌控自己生活的各个过程中。有机会积极参与、有目的的投入以及表达自己观点有助于释放创造力并开展协作，并帮助群体和组织发展壮大。功能性领导、灵活的组织结构，以及能减少一群人对另一群人的依赖和压迫式层级控制的流程，这些因素对当下盛行的基于地位的、专制的权力行使模式发起了挑战。能通过公开、透明的过程来收集、分析并使用的声音和最新数据，可作为一个组织各层级高度信任和协作的基础。组织中的个人、群体和大型部门之间的反馈意见、信息的自由流动和沟通成为干预和变革过程的重心。最重要的是，社会公正和对差异与多样性的理解能融入组织建立可持续变革基础的目标和愿景中。

这些价值观与那些能意识到管理社会各层级变革的重要性的人们产生了高度共鸣，并对有效领导力的核心假设提出了挑战并做出重新评估。本研究主要通过更有效的流程和程序来管理冲突，发掘群体或组织中所有成员的全部潜能，并从完全不同的视点看待领导力。领导职位与权力相关联的传统开始被广泛分布于群体成员之间的领导功能所取代。形成高度的个人参与、承诺、满意度和能力具有重大意义，它们都是在实现组织目标和愿景过程中实施有效任务管理所带来的成果。变革管理（Change Management）和管理变革（The Managing of Change）的概念都与持续学习和发展的理念息息相关，并决定了组织学习的当前兴趣点及组织文化的计划性变革。

道格·麦格雷戈（Doug McGregor）是组织发展的早期塑造者之一，他以精简的语言向我们展现了个体过程对群体和组织过程的影响。道格的经典著作《企业的人性面》（The Human Side of Enterprise）提到了围绕过程与群体的信念体系。X 理论和 Y 理论代表我们与他人共事时持有的信念。这一理论是“组织发展=群体、过程和组织”的重要基础之一。它关注人的信念与自我实现预言的影响力之间的联系。如果领导人使用 X 理论，认为人们是懒惰的，会逃避工作，没有强制措施就不愿意合作，他们完全可能使员工产生这样的行为。另外，如果领导者以 Y 理论为行动指南，他们会看到个体的创造性和为实现组织目标接受挑战性任务的渴望。这种行为更有利于领导和群体成员之间的互动。

伊迪初遇道格时，她还只是安提亚克学院（Antioch College）的一名学生，而道格则是学院的新任院长。在就职演说中，他阐述了过程的概念及其在我们所有活动中发挥的作用。对于一直专注于任务，而从未认识到没有相应的过程就不可能完成任务以及过程往往塑造任务的人来说，这真是大开眼界。该理论原则一经面世就立刻成为组织发展的实践因素。

我们的行业领域以对社会系统各层级的重视和理解为基础。而过程则是一切的根本——包括个人的、群体内的和群体间的。正如鲍勃·布莱克（Bob Blake）和简·莫顿（Jane Mouton）在管理方格（Managerial Grid）中所证明的那样，过程可以与历来对任务的关注点相整合。在与麻省理工学院的麦格雷戈合作时，深受其影响的埃德加·沙因（Ed Schein）在研究中明确提出了如下深刻见解：人们可以对过程进行观察和提炼，以用于自我提升、发展具有高度生产力的关系和流程，以及创建强大的组织文化。

NTL 对群体动态的关注和理解成为一种国际现象。在 20 世纪 60 年代初期，许多欧洲国家向 NTL 派出了由群体研究者组成的多个团队，一起参与建设有助于和平应对冲突性情境的过程和结构。这些欧洲团队回国后，马上设立了与 NTL 类似的研究院。如今，它们中有很多仍然活跃在奥地利、德国、荷兰、丹麦、斯堪的纳维亚、匈牙利和英国。这些研究院还将其研究和咨询从群体发展延伸到组织发展。随后，印度、中国等亚洲国家及南美地区也设立了类似的研究院，在各自文化环境下，均制订了以变革项目为中心的行动与研究的培训和咨询计划。在 20 世纪 60 年代末和 70 年代初，随着民权运动和妇女运动成为美国的主要力量，NTL 特意将自身从一个主要由白人男性成员和领导者居多的组织转变成一个多样性组织。在当时，NTL 的领导者和成员中的女性和有色人种的比例变得更加均衡。包容性和多样性成为组织发展实践的强大力量，与此同时还涌现出了一批包括 Kaleel Jamison Associates、Elsie Y. Cross Associates 等在内的专门从事多样性研究的企业。多样性项目也成了个体组织发展顾问的咨询业务重点。

随着组织发展领域日臻成熟，它越来越关注工作流程（Work Flow）、组织模型与结构以及日益复杂的技术应用，而所有这些都有可能将早期基于价值观的关注点抛之脑后。通过领导力和管理培训项目的实施，以及随着越来越多的对领导者和管理者的高管教练需求，最近，这些价值观正逐渐被重新引入组织。目前，组织发展领域比以往任何时候更关注管理人员如何利用自身来影响整个组织，并设定富有成效的组织文化基调。

对于领导力的关注，将继续在培养组织顶端的魅力型领导者与发展组织整体的领导胜任力之间摇摆，赋予组织更大分散式决策的能力并建立起一种当责文化。正是在这个方面，组织发展的价值观成了倡导、挑战和建设性参与的基础，因而保持着“企业的人性面”。企业组织趋向于追求可确保生存并能满足客户及股东需求的利润率。非营利性组织及政府组织也必须展示其价值。在平衡人的潜在重要性和达成组织目标时，所有组织都面临着价值观整合的机会与挑战。

对于组织发展领域及 NTL 对其的继续参与而言，首要挑战是，在一个多元化的国际世界里继续其行动研究与对社会公正的关注，在这样的世界里，越来越需要采用和平的方式来解决重大文化差异冲突。NTL 和组织发展为群体和组织带来的潜在价值需要在如今日益复杂的虚拟群体和全球组织中找到共鸣。

本书的所有作者均反映了过去 50 年里各代组织发展斜跨层级的集合。布伦达·琼斯和迈克尔·布拉泽贡献了第三代的智慧和经验。他们在组织发展与变革及 NTL 不可或缺的多样性和包容性运动方面处于前沿地位。布伦达从约翰·霍普金斯大学毕业后就成了美利坚大学/NTL 组织发展硕士项目和克利夫兰格式塔学院（Gestalt Institute of Cleveland）的教研队伍及组织发展网络董事会的主席，目前担任 NTL 院长和勒温中心副院长。迈克尔曾是美利坚大学/NTL 项目的一名学生，后加入该项目的组织发展教研队伍，目前担任 NTL 多样性认证项目联合创始人兼开发人员。在过去 25 年中，两人均是活跃的实践者。布伦达和迈克尔认真地筛选作者，力求带来新颖的视角、全新的观点，以及对目前组织发展状态的富于想象的思考，从而成就了这本创新性的著作。

本书在 NTL 最先进的出版物中占据了一席之地。和组织发展领域其他主要的专业组织一起，NTL 通常就像一个参考点或指南针一般指引着我们的实践。此外，NTL 还与组织发展网络一起发挥着孵化器和主要技术系统的作用，举办了多样性的大型学者—实践者大会。本书的完成有赖于一个强大而活跃的同行协作团队，他们付出了长期努力，彼此信任，具有凝聚力，同时成员间还存在着显著差异，以确保新观点和新实践的活力与成长。

本书整合了新实践和挑战性机遇，同时继续明确了社会公正、个人尊重和高度内部协作的潜在价值。我们相信本书将为组织发展领域的不断发展做出显著贡献。随着下一个十年的到来，我们所了解的组织发展学科可能在形式上有所改变，甚至名称都会变化。然而，其关注重点始终是注重人类价值，这一直是我们所熟知的组织发展的根本定义，它也将继续塑造组织发展学科。这些价值观也将成为我们永恒的标志。

伊迪丝·维特菲尔德·希雪尔（Edith Whitfield Seashore）
查尔斯·希雪尔（Charles Seashore）
加利福尼亚州埃默里维尔市
2012 年 11 月

前言

本书第 2 版历经一年多的时间终于出版并与大家见面了。本书第 1 版出版于 2006 年，过去的十几年间，各个组织机构、社会乃至全球都发生了巨大的变迁。组织发展领域也相应发生了变化，现在的组织发展领域反映了当前各组织机构及整个世界动荡不安、不确定、模糊及复杂的状态。它有着多重定义，包含了多个知识体系，在组织发展实践者、学者、咨询公司和客户以及各种越来越具招生竞争性和认可度的学位项目中拥有不同阵营。

面对以上种种变化，组织发展实践者和学者必须找到一种方法，让组织发展在当前不甚明朗且富有挑战性的环境中始终处于发现、探索和创造的前沿；让组织发展能秉承该领域的根本、价值观与道德规范；让组织发展继续定义该领域并保持其完整性和边界；以及避免组织发展被弱化为其他研究与实践的一部分。

资本主义、全球化和新技术对组织发展及其许多过程和方法的一致性、完整性和边界带来重大挑战。之所以说资本主义是重要挑战，是因为组织发展实践者必须保持组织发展的价值观，其工作不能仅仅是为了盈利。而全球化让组织发展的民主化进程可能无法适用于所有的社会与文化。在技术方面，组织发展的本质是让人们在参与和互动中团结起来，但虚拟的工作和生活方式正充斥着我们的社会。

本书目的

本书第 2 版展现了组织发展生命周期在现时的呈现，详细介绍了组织发展面临的所有挑战、付出的努力和想要实现的目的，以有助于理解组织发展当前的工作、研究和实践。我们很高兴本书中各个章节的作者为我们带来了如此之多有关组织发展领域重要性和界限的思考和文章。创作本书的目的就是展现有关组织发展的各种观点、各种组织和这个世界的复杂性，以及对支持组织发展实践者和顾问发展的必要性。我们已经获得了关于组织发展、可用于工作的组织发展模型及组织发展应用的广泛信息，它们说明了何为组织发展，如何进行组织发展及所需要的能力。这些主题和观点涵盖了多层级系统的观点、社会公正及多样性的立场，以及国际和全球环境。它们被纳入本书的各个章节之中。单独来看，它们强调了组织发展对实践者在组织中的工作能产生效果及带来收益的方面。综合来看，它们在不同的思想、原则和实践层面起到了促进作用，从而为解决组织的问题和困境培养了更为广泛的能力。

本书第 2 版有超过 3/4 的内容已与第 1 版不同，所有章节均经过了重新编审。部分章节内容进行了更新，而其他章节则替换成了别的题材及主题。有几章属于经典内容，因此在本书的第 2 版中仍然予以保留。本书包含了多种知识体系、理论、方法论和实践，它们均来源于众多关于组织发展的思想流派及各种专业组织。目前，人们对于组织发展的价值及其对客户、供应商、董事会和利益相关者的现实意义一直存有疑虑。本书从不断发展的实践活动、组织发展的专业性、组织发展理论的分化与整合及所面临的挑战与竞争等方面对组织发展进行了阐述。组织发展实践者需要帮助组织在一个相互关联的国际和全球背景下，去考虑经济、环境和社会公正广泛的影响力，考虑组织的变革与连续性，考虑组织的可持续性与运营。

本书旨在成为组织发展实践者及其他人士进入该领域并取得自我发展的一个功能性资源。它阐述了组织发展的核心要素，以及组织发展的不断发展与演化。这些核心要素包括运用自我、行动研究、变革、多元文化组织发展、组织发展地图、组织发展过程的各个阶段以及组织发展的价值观和道德规范。各组织（以及组织发展本身）越来越需要去了解全球化战略和跨文化转型，阐明理论基础并将其与有效的组织发展实践联系在一起。当在多层级系统中工作（与个人、群体、大型群体以及大型社会系统合作）时，组织变革必须得到广泛支持，从外部对组织进行变革。

本书第 2 版新增加的内容着重介绍了当前正在开发和扩展的组织发展实践的方法，包括复杂时代下的变革、系统性观点、情绪智力、领导力、网络分析、对话式组织发展、可持续组织及其他重要的方法［如欣赏式探询（Action Inquiry）、文化评估、学习系统和利用能量］。我们从库尔特·勒温的视角重新审视了组织发展的根源，并探讨了组织发展在一个 VUCA［Volatility（易变性）、Uncertainty（不确定性）、Complexty（复杂性）和 Ambiguity（模糊性）］世界中的现在及未来。

一名训练有素且受过良好教育的组织发展实践者能够为群体和组织提供有益的咨询。本书通过对个人、群体和组织的关键理论模型、方法及应用的深入探索来支持实践者和顾问的有效性与发展。

本书在设计上每章均独立成篇，可以单独阅读。各部分和各章也可以按顺序阅读。本书的结构安排井然有序，从而使内容从组织发展核心方法和实践自然过渡至创新型组织发展应用，以及从历史视角过渡至当前视角再到未来视角。

本书读者

本书主要针对组织发展实践者、组织发展行业的入门新手；刚开始组织发展认证项目、研究生项目或其他培训项目的人士；人力资源专业人士；管理者；领导层以及对何为组织发展、组织发展如何适用于所从事的工作感兴趣的人士。它阐述了组织发展的基础及当前与新兴的组织发展实践，可被用作组织发展工作坊、组织发展认证项目、硕士及博士研究生组织发展项目的学习资源。

本书编者、撰稿人及 NTL 学院

本书体现了 NTL 学院对组织发展领域及组织发展职业的观点。它以研究形成的各种假设、技能、知识、思想、价值观，该领域开展的各种学术辩论，组织发展会议发布的论文与演讲，工作坊，认证项目，研究生课程以及与客户开展的合作为基础。本书的编者为 NTL 成员。撰稿人都是 NTL 现任或前任成员及组织发展和应用行为科学领域的杰出同人。他们是代表了广大多样性群体的理论家、教育家和实践者，是该领域知名的组织发展顾问，是在公共领域及私营企业和不同国家具备丰富的内外部经验的组织发展实践者，还是组织发展和其他领域研究生课程的教职人员。他们拥有不同的专业背景，包括组织发展、组织行为、管理、心理学、组织学习、教练、教育、多样性和社会公正、经济学及工程学。

NTL 及其成员是创建组织发展领域及建立组织发展专业协会、组织发展网络的中坚力量。《应用行为科学》(*Applied Behavioral Science*) 杂志是 NTL 多年来主创的领先专业期刊。近期，NTL 又针对从业者们出版了新期刊《实施社会变革》(*Practising Social Change*)。NTL 还组织了一系列关于组织发展的专业发展研讨会及认证项目。NTL 与美利坚大学开展了 23 年（1980—2013 年）的合作，以提供美利坚大学/NTL 组织发展硕士学位课程，并通过美利坚大学/NTL 校友会继续与美利坚大学/NTL 毕业生保持联系。目前美利坚大学/NTL 项目的毕业生超过 1 500 人，还有许多其他 NTL 校友参加了 NTL 的组织发展研讨会及认证项目。他们是内外部组织发展实践者、组织发展研究人员及组织发展学者。今后，NTL 将继续在许多方面影响当代的组织发展领域。

本书内容

本书由七个主要部分构成。

- **第 1 部分：组织发展是一种专业和实践** 从不同的维度和背景对组织发展领域进行了综合的概述，包括对组织发展与变革的历史、价值观和道德规范及其核心方法（行动研究、系统观点及运用自我）的观点。
- **第 2 部分：关于组织发展实践的多种视角** 从多个角度介绍了组织发展。组织发展地图是组织发展知识、概念和实践的一种可视化的认知地图，它包括每个阶段的一系列任务和行动。其他观点包括组织发展咨询过程、多元文化组织发展、对话式组织发展及可持续组织发展。
- **第 3 部分：组织变革、领导力和文化** 为多层级系统的变革提供了一个总体框架。之后有四章详细阐述了组织变革的理论与模型、自组织和涌现性变革过程、组织领导力以及组织文化。
- **第 4 部分：与群体及个人合作** 阐述了与各种群体合作的模型，包括小型工作小组和项目团队及大型群体。本部分的最后一章主要介绍了与组织中个人的合作模式，包括教练、两人制咨询及战略咨询。
- **第 5 部分：多元文化视角** 从不同的角度探讨了组织发展与多样性、包容性及公平性的关系。包含组织有关多样性和包容性不断演变的实践、作为一种多样性组织发展过程的欣赏式探询以及采用多元文化组织发展（MultiCultural Organization Development）模型来开发多元文化组织的独到见解。有两章从全球的角度探讨了跨文化/跨国组织发展实践，以及殖民主义与压迫对组织发展实践的遗留影响。
- **第 6 部分：组织发展的焦点领域** 包括组织发展的专业知识体系和创新，如与非营利组织、社会变革组织和网络合作；职场情商；组织网络动态及分析；能量和学习型组织。
- **第 7 部分：组织发展的现状与未来** 开头两章肯定了库尔特·勒温的贡献及其对当今组织发展的现实意义。本书的最后一章探讨了组织发展在一个 VUCA 的组织环境中的未来前景,身处该环境中的组织发展实践者必须为组织中的领导者和员工提供支持，以学会去应对这种新现实和“新常态”。

由伊迪丝和查尔斯撰写的序反映了 NTL 在发展和塑造组织发展领域及专业方面的早期和持续作用。他们根据自己作为 NTL 的长期成员及组织发展领域的领导者、学者和实践者的丰富经验，分享了对 NTL 和组织发展的见解和观点。

第 1 部分内容

- **第 1 章　组织发展是一种不断演化的实践**　组织发展既简单又复杂。本章首先介绍了对组织发展的理解，然后陈述了它的定义、背景、价值体系和哲学，以及该领域的多个观点，尤其是专业实践所需的一系列知识、角色和技能。
- **第 2 章　组织发展的历史**　组织发展实践者需要了解组织发展领域的概念及实践历史的形成、变化与发展。本章阐述了有助于了解当前组织发展现状的人物、事件、发展、传统、挑战、组织和趋势。
- **第 3 章　价值观、道德规范与组织发展实践**　组织发展实践者的价值观影响着他们的行动及其方式。本章提供了价值观和道德规范的定义，讨论了价值观和道德规范对组织发展实践者的重要性,并以当前视角评价了组织发展的价值基础及其与其他变革方法的区别。
- **第 4 章　组织发展中的行动研究：历史、方法、影响和新发展**　行动研究是组织发展和行动研究实践者进行实践的关键。本章探讨了行动研究和组织发展的起源及行动研究的当代做法。最后还讨论了在当今社交媒体与数据科学时代组织发展的全球化和跨文化发展趋势对行动研究的影响。
- **第 5 章　系统观点和组织发展**　系统观点对当前组织发展方法的实践是不可或缺的。本章明确了关于系统和系统理论的主要观点，它们如何塑造组织发展实践者角色及其对当前组织发展方法的运用。系统观点探讨了传统的组织发展及其他四种组织发展方法：持续变革组织发展、格式塔组织和系统发展、传统组织发展与对话式组织发展的混合形式，以及对话式组织发展。
- **第 6 章　组织发展实践者要运用自我**　从创立初期组织发展行业便一直拥护组织发展实践者对于变革过程的重要性。实践者必须了解自我及与客户、其他人的关系。本章探讨了如何在组织发展咨询中运用自我。通过我们“做什么”以及我们“如何做”的双透镜对组织发展实践进行了概述。在对运用自我进行了深入讨论后，还阐明了助人关系和自我的概念、自我在组织发展咨询中的运用及将自我作为工具的建议。

第 2 部分内容

- **第 7 章 组织发展地图：组织发展的本质** 大多数进入组织发展领域的人都试图了解“何谓组织发展”。组织发展地图的设计是为了回答初入组织发展领域的新手们在 NTL 的培训项目中所提出的问题。该地图概括了当前组织发展理论和实践的基本面。
- **第 8 章 组织发展咨询过程** 本章所阐述的组织发展过程和框架是组织发展咨询的核心。组织发展咨询过程从概念上可分为四个阶段：启动、诊断、干预和转变，并针对每一阶段提出了组织发展咨询的核心任务与技能。
- **第 9 章 多元文化组织发展的理论与实践** 多样性实践者与组织发展实践者共同致力于系统和社会内的社会公平及社会多样性，他们所做的工作最终促成了多元文化组织发展。本章阐述了多元文化组织发展及其实践的历史，其中包括多元文化组织发展的目标、发展阶段及促进组织变革的过程。
- **第 10 章 对话式组织发展** 本章介绍并解释了何谓对话式组织发展、它与其他组织发展形式的相似之处和主要区别、与它相关的基本方法或实践，以及何时运用这种方法。此外，本章还提供了关于对话式组织发展理论和实践的有用信息。
- **第 11 章 可持续组织发展** 全球范围内的各个组织都意识到了一个现实，即可持续的商业实践能够带来竞争优势，同时令整个世界受益。追求可持续发展的组织需要在多层级系统中获得组织发展支持。本章强调了组织发展可持续性的重要发展，并对来自学术界、实践和媒体的更广泛文献资料，以及可持续性对组织发展领域的实际意义进行了探讨。

第 3 部分内容

- **第 12 章 变革的框架：实力、胜任力和能力** 本章探讨了一个有助于在内外部环境下，在各级系统（个人、群体和组织）层面进行诊断、行动和衡量成功程度的框架。同时，还讨论了满足变革过程各种需求的变革元素，这些元素有助于对学习、成长、发展、变革和转型的理解。这些概念包括实力、胜任力和能力。
- **第 13 章 组织变革理论与模型** 组织是不断变化的。本章回顾了可用于理解、诠释和预测组织变革及模型的组织变革理论，组织变革模型能指导变革举措和组织对变革的响应。

- **第 14 章　组织的变革过程**　了解有计划的组织变革及变革过程意味着必须考虑系统思维、变革动态、规划变革、引领变革和实施变革。本章对这些关键方面进行了探讨并针对复杂的组织变革提出了循序渐进的方法。
- **第 15 章　利用涌现性变革的力量**　领导者及组织发展实践者一般会花费大量的时间来思考和计划变革工作。改变和适应能力是所有复杂的自适应系统所具备的一种天然能力。变革产生于自组织过程中，导致系统内出现自然产生的新模式。本章对自组织及自然产生的变革进行了探讨，概述了让自然产生的变革发生的原则及这些原则对变革领导者和组织发展实践者的影响与适用性。
- **第 16 章　组织领导力：学习型领导**　在当今这样一个持续变化的时代里，发展态势正变得越来越复杂，业已证明的解决方案已变得不再可靠，所有人及任何事都受到技术的影响，在这种情况下，各个组织在寻求更有效的领导模式。当组织面临着艰难的挑战时，学习就成为领导的最佳选择。本章采用了体验式学习理论（Experiential Learning Theory），将领导力作为一个完全集成的学习和适应过程而予以探讨。体验式学习理论提供了一个理论上合理、可靠且行之有效的参考框架，以便在当前动荡的环境中为领导者提供引导。同时，本章还明确了领导力教育、培训和开发的相应战略。
- **第 17 章　文化评估作为一项组织发展干预措施**　本章讨论了组织发展实践者如何就文化问题与组织开展合作，以帮助组织成员确定重要的文化假设并评估这些假设在多大程度上促进或限制组织试图进行的变革。

第 4 部分内容

- **第 18 章　工作群体的自然发展：自然发生的领导力**　对于与工作小组打交道的组织、管理者和顾问而言，阿里阿德涅·贝克（Ariadne Beck）及其同事的模型为更有效地工作提供了新的可能性。本章借鉴 NTL 的经验，同时将贝克模型应用于各种组织工作小组和项目团队，以便更多地了解这些工作小组及项目团队内部的发展与领导力。
- **第 19 章　与组织内的群体合作**　身处群体中开展工作的一个主要挑战就是必须认识到群体动态的多样性和复杂性。本章概述了群体的一些基本思想和知识，确定了有助于与群体合作和了解群体的工具，列出了影响群体绩效的一些因素，并提出了群体发展的综合性理论和模型。

- **第 20 章　大型群体干预**　致力于解决组织内系统性问题的组织发展实践者开发了一些方法，能够将系统内各相关方汇集在一处来对所面临的问题做出决策。本章涵盖了三个发展时期的大型小组干预方法：早期的创建与开发、新方法的采用以及将这些方法纳入不同情境中。本章最后介绍了五个案例，它们采用了不同的大型小组干预方法并成功取得了长期可持续性改变。
- **第 21 章 与组织内的个人合作：教练、促进与他人的互动并提供战略性建议**　许多实践者把时间越来越多地用于以教练或顾问的身份与高管和管理者共事，而不是以传统意义上的顾问身份。本章从系统的角度探讨了与组织内个人合作的各种方法（包括教练、两人制咨询和战略咨询）及相关问题。

第 5 部分内容

- **第 22 章　组织实践中的多样性和包容性**　在过去 40 年间，组织内的多样性实践和领导力已经发生了重大转变。本章对不断发展的多样性和包容性框架进行了探讨，并介绍了充分利用多样性工作环境的潜在创新方法。本章包括以美国为例的合规问题、计划性举措、系统性文化变革过程、泛化多样性定义以纳入全球框架，以及超越多样性维度的交错性和跨界性的概念化。本章还强调了当前的挑战和机遇，并对未来的工作框架提出了建议。
- **第 23 章　边境与边界：组织发展实践者的跨文化视角**　本章探讨了跨文化研究中的一些核心概念（众所周知的及鲜为人知的概念），并将它们应用于国际组织发展实践者的工作中。本章具体分析了民族文化的影响、个体认同及组织发展实践者跨文化工作的边界。
- **第 24 章　全球组织发展实践：殖民主义和压迫的遗留影响**　对于在国外工作的组织发展专业人士来说，从工作所在国和地区层面了解压迫带来的遗留影响是一项复杂但重要的工作，尤其是对于那些身处美国及在美国受训的组织发展实践者而言。本章探讨了对全球组织发展实践者有影响的两类压迫（殖民主义和野蛮的独裁统治）给民族文化造成的持续作用。本章为美国顾问提供了背景资料、工具和小案例分析，用于指导他们如何识别并应对深入民族文化之中的压迫史所造成的无形影响。
- **第 25 章　欣赏式探询：组织发展和多样性过程**　本章对欣赏式探询作为一种组织发展变革过程及多样性干预措施进行了分析，并重点介绍了创建一个由组织驱动且由组织发展实践者指导的探询环境所需的各个元素。本章为组织发展实践者在系统、社群或组织内将欣赏式探询作为一种组织发展多样性变革过程进行使用提供了所需的信息。

- **第 26 章　发展多元文化组织：多元文化组织发展模型的应用**　由组织发起的多样性和包容性举措在最近 20 年里已经变得越来越普遍。现在全世界都在践行多样性。多元文化组织发展模型虽然兴起于二三十年前，但对于希望从实施独立的多样性项目转向全面战略干预的组织和实践者而言，它是一个强大的工具。对于当今全球性的组织而言，平等性是一个复杂的概念，全面战略干预更匹配这种复杂概念。本章扩展了多元文化组织发展模型，提出了一些实用性工具以便综合评估多元文化组织，展示了采用一种复合的方法来促进组织公正的愿景及指标，还提供了战略标准以从系统角度指导组织变得更加多样性、更具包容性和平等性。

第 6 部分内容

- **第 27 章　推动社会变革的组织发展实践者**　许多组织发展实践者在组织内外部的边界处工作。参与社会变革工作的组织发展实践者通常致力于从外部改变组织。本章主要是针对那些希望将自己的技能作为外部变革推动力进行渐进式社会变革的组织发展实践新手及资深人士。
- **第 28 章　情商的力量及如何在工作中产生共鸣**　本章探讨了情绪如何影响人们在工作中的人际关系和绩效；个人的情商如何影响其领导力以及组织的情感现实；以及和谐的环境如何对人们和组织产生积极影响，而不和谐的环境则与之相反。最后，本章还阐述了所谓的“动态探询”（Dynamic Inquiry）定性研究法。
- **第 29 章　组织网络动态和分析**　人们每天利用关系网来解决问题、进行创新、制定决策和完成日常任务，而每次他们都会用到网络。本章对组织网络作为一种概念和方法进行了探讨。它阐述了网络干预对组织发展实践者最有价值的区域，解释了对组织网络进行分析的过程，并就进一步提高网络知识方面的能力提供了建议。
- **第 30 章　利用组织中的能量**　组织发展寻求了解个人、系统和环境之间的关联性。更多了解能量的力以及如何改变能量为实践者制定干预措施提供了更多的选择。本章阐述了能量的奇妙世界：它对各级系统的影响以及如何实施有效干预。
- **第 31 章　学习系统与组织发展**　组织发展实践者帮助客户以及他人从自己的经验中学习，从而更有效并更高效地实现自己的使命与既定目标。本章解释了组织发展和学习之间的交叉和关联，并为组织系统内的干预提供了一个框架，从而促进了基于传统组织发展原则的学习方式。

第 7 部分内容

- **第 32 章　关于库尔特 · 勒温的反思**　库尔特 · 勒温对组织发展领域的贡献可以说无与伦比。他一直是社会科学领域被引用次数最多的作者之一。本章是对库尔特 · 勒温的人生和贡献的一个回顾（包括场论、变革理论、领导风格、团队动态、从经验中学习、社会变革、行动研究和组织发展）以及他在当今组织发展中的影响。
- **第 33 章　关于组织发展兴起的勒温式视角**　人们对库尔特 · 勒温（1890—1947 年）的说法有很多：社会心理学家、科学家、管理思想家以及“组织发展之父”。这些阐述往往并未注意到他早期在德国的研究及其实践研究所依靠的明确的哲学、科学基础。本章探讨了这些哲学基础，从勒温式哲学视角来分析目前组织发展领域（“崭露头角”的组织发展）存在的四大趋势。这些基础理论表明了推动组织发展向最期待的未来前进的最佳途径。
- **第 34 章　VUCA 世界中的组织发展未来**　当今组织与生俱来的易变性、不确定性、复杂性和模糊性已成为一种“新常态”。它正深刻地改变着各类组织的运营方式，它是组织发展实践者和学者为了协助组织领导者和员工学会应对新形势必须迈入的新兴领域。曾经所需的知识、技能与能力已不再足够满足需求。今天，我们需要的是更具战略性以及能够在一个复杂的环境中运营的组织，它们在这种复杂环境中必须具备批判性思考能力以适应易变性和不确定性。

目录

第1部分　组织发展是一种专业和实践

第 5 部分　多元文化视角

第 6 部分　组织发展的焦点领域

第 1 部分

组织发展是一种专业和实践

第 1 章

组织发展是一种不断演化的实践

罗伯特 · 马夏克（Robert J. Marshak）

自 20 世纪 60 年代初以来，“组织发展”一直被公认为一个实践领域，其多个起源可以追溯至 20 世纪 40 年代，但至今仍很难解释它到底是什么、它做什么，以及我们为什么想要它或需要它。造成这种情况的原因似乎有两个。首先，它需要理解由基本哲学信仰和价值体系综合形成的多类知识的整合。其次，它是一个持续演化与拓展的实践领域。因此，多年来所涌现的一系列组织发展定义听起来均有些雷同，而向行外人士解释“到底什么是组织发展”时，似乎也难以准确表述。

现在，让我们看一看以下的定义：

- 组织发展是一项有规划的、涉及整个组织的、由高层管理的工作，旨在提升组织有效性与健康状况，通过运用行为科学理论，对组织“过程”实施有计划的干预。
- 组织发展是指在内部或外部行为科学实践者或称为变革推动者的帮助下，为提升组织解决问题的能力及应对外部环境变化的能力，而开展的一项长期工作。
- 组织发展是一个利用行为科学技术、研究及理论有计划地推动组织文化变革的过程。
- 组织发展是一个提高组织有效性的过程，基于社会与行为科学理念，实施组织干预措施，从而促进个人与组织的变革。

目前，在大多数对于“什么是组织发展”的种种论述中，作者一般都会给出自己关于组织发展的定义，以阐明它是什么以及它该做些什么。本文对此不再赘述，接下来的讨论旨在透过文字直指潜在的观念与价值。不仅提供组织发展的定义，还会清楚说明它与其他管理形式和组织咨询的显著区别。首先，介绍有助于界定组织发展的基础知识与哲学体系；其次，概括推动组织发展实践的知识库自 20 世纪 40 年代以来不断演变的过程；最后，综述组织发展在演化过程中所遇到的一些压力与困境。

组织发展领域

有些人不会将组织发展视为一个专业领域，部分原因在于它借鉴了许多学科，又或者因为它是一个实践领域，而非学术研究领域。然而，多年来组织发展实践已经得到了极大的丰富，同时或多或少地因为整合了各种理论、观点、实践和价值观而发展为一种应用知识领域。因此，为了理解什么是组织发展及其作用，我们必须先了解共同产生所谓“组织发展”实践的各种知识与价值观。

主要有三类知识和基本价值体系形成了人们所称的“组织发展”。接下来的讨论仅试图简化并提出组织发展的一些基本特征。故未能阐明相关的完整特征及其中的细微差别。从这个意义上讲，讨论意在阐明一些基本原理以了解组织发展，但可能显得过于简单化或在讨论中缺失了某个（些）重要维度。

了解社会系统

最简单层面的第一类知识是，要了解预期的发展或变革工作的潜在主题。因为组织发展寻求的是促进组织及其他社会系统的有效性提升，所以必须具备与个人、群体、组织和社群运作有关的系列知识（自成体系的以及合并为整合系统的）。由此，组织发展主要会吸收行为或社会科学的理论与思想，同时也会运用到物理和生物的知识。然而，正如后文将详述的，组织发展并不会同样吸收有关组织化社会环境（Organized Social Settings）中人类行为的各类理论和思想。相反，它更倾向以那些符合其潜在的、有时难以言传的哲学价值体系的理论和思想为基础。因此，大多数组织发展实践的预测均基于这样的假设：人们会因为非纯粹经济奖励的其他因素而受到激励。

了解如何以及为何变革

组织发展的一个核心方面是在社会系统中培育变革和发展。这意味着阐释个人、群体、组织、社群甚至社会如何变革的知识体系都与组织发展息息相关。我们要如何引导、支持和/或加速一个群体、组织、社群和组织网络的变革呢？教育、培训、经济学、心理学、社会心理学、社会学、人类学、生物学和物理学等领域关于变革和发展的一系列思想均可能与组织发展实践相关。然而，并不是所有关于变革的思想都包含在根本的组织发展价值体系之中。例如，我们也许可以强制或强迫人们进行某些变革，但这不会被视为组织发展（且事实上这也会被组织发展实践者所驳斥）。

了解第三方变革推动者的角色

定义组织发展的最后一类知识与组织发展实践者的角色有关。与某家企业合作引发一场希望的变革时，组织发展实践者并不是变革负责人，而是第三方变革推动者。他协助负责人或负责群体，引发或促进该体系所希望的变革发生。在复杂的社会系统中，无论是在变革对象的系统内部或外部，一名组织发展实践者都必须了解以下信息：有关与客户合作的第三方变革推动者的各种议题、政治、心理过程、道德及其他心理动力。同样，并不是所有关于第三方角色的理论和观点均受到组织发展的支持或包含于组织发展之中。再次强调一下，只有那些与组织发展的基本价值观和哲学相符的思想与实践，才会成为与组织发展实践者的角色及职责相关的理论和实践的一部分。例如，在大量的管理咨询工作中，作为第三方角色的专家指导人们该做些什么，这类行为就不算是这类管理咨询的基本组成部分，也是可以被接受的，但是在组织发展中，这不是普遍的实践模式。

对于一名有效的组织发展实践者来说，以下三类知识是必不可少的专业知识：社会系统，如何改变社会系统，以及第三方变革推动者的角色。然而，它们还是不足以让我们充分了解组织发展理论和实践的截然不同。例如，如何有别于其他旨在促进组织或社会系统发展或变革的咨询？要进行这种区分，就必须了解组织发展的基本哲学价值体系，而各种组织发展实践又是由不同知识体系中经选择的方面构成的，因此也要了解这些构成的部分。

了解组织发展的基本价值观和哲学

组织发展通常被称为基于价值观或规范的实践领域，自 20 世纪 40 年代库尔特·勒温提出该理论以来就一直如此，我们将在下文中予以讨论。尽管事实证明很难精确地列举出那些令组织发展成为有点独一无二的组织发展的基本价值观要素，但阐述基本价值体系的一些广泛特征还是有可能的。这可能过于简化，但可以说有四种关键价值取向形成了组织发展基本哲学，它们是：

- 人本主义哲学
- 民主原则
- 以客户为中心的咨询
- 不断进化的社会生态系统导向

人本主义哲学　组织发展不仅认可，还鼓励社会系统的人本取向以及人们的积极潜力。这包括以下信念：人性本善，而非人性本恶；人们有能力做出改变并不断发展；基于理性和判断，人们能够从企业整体的最佳利益出发赋能行动，而不受外部力量或内部驱动力及情感的影响。这一价值取向也肯定了每个人的价值与尊严。此外，为了取得成效，社会系统不应约束、限制或压制个人的发展，无论其在组织中的角色或个人背景如何。在组织发展中，企业的人性面始终是一个核心考虑因素，也包括经济、技术和管理实践及原则等其他方面。从历史上看，组织发展中的这种人本取向通常被表述为这样的主张：向员工赋能的组织也将成为更具有效性的组织。

民主原则　组织发展主张民主原则的原因，一定程度上是由于其所信奉的人本主义哲学、勒温对民主的坚定信念、许多组织发展创立者与第二次世界大战的渊源。民主原则就意味着应纳入更多的成员参与到决策和设定发展方向的过程中，而非由有限人群来进行勾勒。另一种说法则认为，组织发展不赞同由知识渊博的精英群体代表他人独自做出决定。恰恰相反，组织发展认为并主张重要的相关信息分布在更广泛的人群中，更多的人而非有限的少数人有能力且应该参与发表意见或实际决策的过程。因此，在实践中组织发展会主张更为民主的过程，不仅仅出于它是一种获得支持的方式（尽管人们都认为获得支持与参与度密切相关）的考虑，而是因为这样一种观点：由此产生的决策也是有效且可行的，并与重要的受众和利益相关者更相关。

以客户为中心的咨询 组织发展认为变革努力应以客户为中心，而不是以实践者为主。这拓展了人本主义、民主与理性探索的价值观和假设，并主张只要具备适当的流程和支持条件，人本主义社会系统能够自发变革并发展。因此，组织发展实践者是一个第三方变革推动者的角色，在自主变革的工作过程中与客户体系开展合作。在执行这种职责时，实践者利用有关社会系统如何运行与变革的知识、技能，支持、教育、促进和/或指导客户体系的变革工作。在以客户为中心的咨询中，实践者的角色不是针对客户体系实施或执行一个违背其意愿的变革意图，也不是就客户的议题提供“专家”意见。因此，组织发展实践者的一个主要作用通常是建议并引导参与式的过程从而进行探询，协助客户系统做出知情的决策并建立对变革的承诺。

不断进化的社会生态系统导向 社会生态系统导向也许是一个指导组织发展实践基本价值观和信念的最新或新兴趋势。简单来说，这意味着不应该仅根据某一特定个人、群体或组织来片面定义结果，而应该从一个涵盖了更大、更广泛的社会、经济与环境体系的视角出发，从对更广泛甚至全球的体系所造成的影响来考虑结果。因此，如果某一特定组织的利润最大化可能威胁到环境，或者对地球另一边的某一群体或国家造成负面的影响，就应该避免其利润最大化，以便产生的结果能顾及更广泛的全球或生态系统——身处其中的人都是它的一部分。基于这种导向，组织发展实践者除了进行过去可能被认为该做的工作外，还去帮助组织了解自己的选择会造成的全部影响，这确实是合理的。这种导向也可能促使组织发展实践者想要帮助客户体系重新思考或重新定位自己的努力，这些努力是为了促进组织获得某一特定成功，但最终有可能造成更广泛的社会、经济或生态的负面影响。

组织发展的核心知识集与基本哲学如图 1.1 所示。

组织发展源自多种观念和理想的整合

所谓组织发展，是将这三类知识及相关技能的各种前提和实践所构成的组合付诸实践的过程，它结合了基本规范价值体系，意在强化组织系统。因此，它是判定是否为组织发展的最重要的基本价值体系。例如，仅仅为了实现利润最大化或基于规定的方法而进行的变革活动可能是一种重要的咨询形式，但并不是组织发展。为了阐明这些要点，本文将提供一些例子来进行详尽而复杂的讨论。

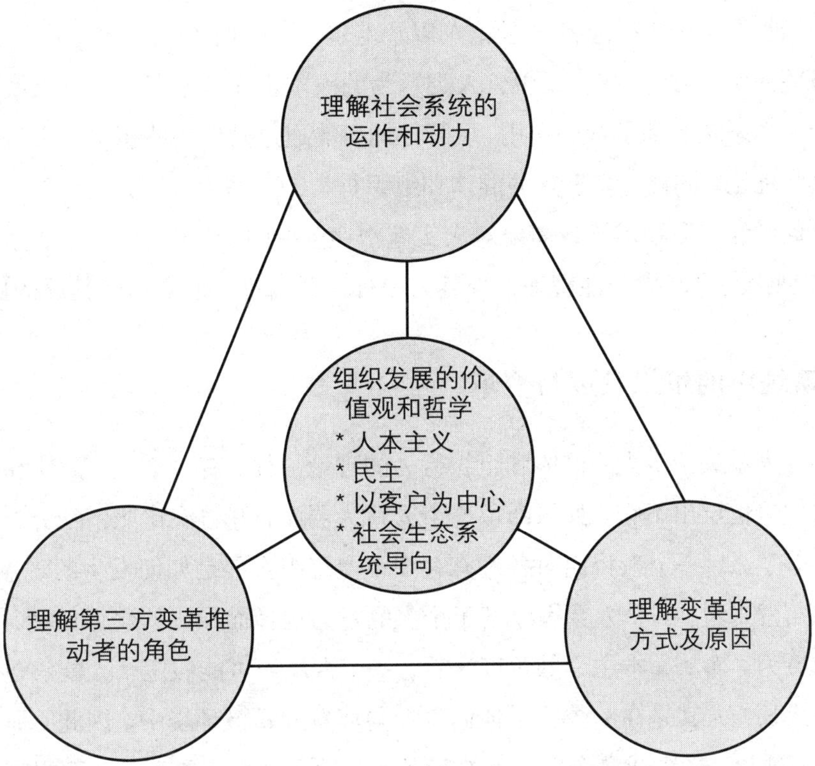

图 1.1　组织发展的核心知识集与基本哲学

组织发展和社会系统

首先，让我们了解一些关于人类本质的理论和思想。例如，在心理学领域，精神分析理论（如弗洛伊德及其追随者所提出的理论）假定，个人行为会受基本内在驱动力的影响，个人行为可以由无意识和非理性的过程所控制。与此相反，行为理论［如伯尔赫斯·弗雷德里克·斯金纳（B. F. Skinner）的相关理论］认为，个人所处环境的积极和消极强化因子是行为的决定因素。在一定程度上为回应这两个心理学学派对人性所提出的限制性观点，第三个学派——所谓的人本主义心理学——于 20 世纪 50 年代应运而生，它认为个人天生就具备更高层次的心理功能，人们可以自己决定如何发展和如何行为，能超越狭隘的利己主义为自己或他人服务。

总的来说，20 世纪 50 年代人本主义心理学先驱们的思想滋养着组织发展的人本主义哲学根基，从而为方兴未艾的组织发展提供了支持，其中值得一提的人物包括：亚伯拉罕·马斯洛（Abraham Maslow）（他提出了需求层次理论）、道格拉斯·麦格雷戈（Douglas

McGregor）（他提出了 X 理论和 Y 理论）以及卡尔·罗杰斯（Carl Rogers）（他提出了无条件的积极关注）。因此，在实践中，人类行为的人本主义理论对组织发展实践者如何看待及致力于人类系统起到了核心作用，尽管他们可能通过其他一些折中主义理论和信仰体系来扩大这些理论。同样，鉴于有关群体和组织行为的一系列理论，组织发展倾向于反对那些要求只提供经济激励措施或需要对人实施密切监控的理论和观点。因此，组织发展会驳斥基于 X 理论的高度指令性管理，视其为一种不适当且最终会适得其反的做法。

社会系统中的组织发展与变革

正如存在大量关于个人、群体和组织行为的理论一样，有关个人、群体和组织如何变革与发展的理论也层出不穷。如果滞留于个人行为层面，并再次比照精神分析、行为主义和人文主义等学派，一个人将面对各种有关变革及组织发展是如何发生的观点。例如，从行为取向的角度来看，一个人会操纵基于个人的行为选择而形成的奖惩环境，以此来寻求或形成新的行为。而从人本主义的角度来看，一个人反而可能假定个人能够进行理性、自主的学习与成长，尤其是在一个给予他们尊严与尊重的积极环境中。因此，那种建议或主张必须强制、强迫、操纵或命令个人实施变革的理论和实践将被反驳，而假定人们可以自己理性地评估改变的必要性并能够进行改变——尤其是在获得了适当的数据或反馈信息的情况下——的理论和实践则得到了大力支持。

尽管组织发展借鉴了有关个人、群体和组织变革的各种理论与观点，并具备了一系列的方法和实践，所有或几乎所有组织发展实践，均建立在更积极的关于人类系统变革的人本主义思想及理念基础之上。例如，行动研究是组织发展由来已久的基本因素之一，它基于这样一个假设：当人们共同参与对现状的理性探究以确定新的行动方案时，他们能够而且愿意做出改变。这些关于变革的理论及支持性价值观和假设让组织发展实践倾向于强调为参与的或受到影响的个人提供支持性流程，使他们可以对自己的状况进行评估并制定新的行动方案、行为和方向。那些认为人们无法主动改变，因而要给予一定程度的指导以实施变革或为其提供解决方案的相关理论和实践，并不属于组织发展领域普遍认可的变革理念与实践的一部分。

组织发展和第三方角色

在组织发展中，很多时候实践者的第三方角色是由其对社会系统中变革本质的基本价值观和支持性理论所界定的。如果我们假设大多数人能够自主成长和发展，特别是当他们在一个支持性环境中获得了反馈或信息的情况下，第三方组织发展实践者的角色会变得更加清晰。

具体来说，组织发展实践者的职责是，通过促进、教练或其他支持自主变革的方式与主体体系进行合作。要开展这种工作，需要建议能鼓励并支持探索、发现和激励变革的过程并促进其实施，同时建立并强化新的行为、行动或方向。要成功履行这一职责，需要具备各种技能，采取有效干预措施，积极实践并遵守道德规范。但首先及最重要的因素就是要秉持以客户为中心、共同协作及引导促进的心态。如果认为个人无法自主改变或完全受狭隘的利己主义所支配，又或者在某种程度上缺乏智慧或能力，则完全不同的第三方角色则是必要而适当的。毕竟，如果你认为人们没有能力针对当前情况给出一个良好或适当的解决方案，又有什么理由让他们参与该项变革计划呢？基于你中立的立场或渊博的知识或大量的信息为他们提供正确的实施方案岂不是更有帮助？由于组织发展倾向于反对这种假设及由此产生的推论，故也不赞同第三方的专家角色，而认同一个更具协作性的角色。

总之，组织发展是一个应用领域，其实践者利用社会系统如何运作和变革的知识，整合了人本主义、民主、以客户为中心和社会生态系统导向的价值观与原则并以此为基础，采用第三方协作和咨询的角色开展工作。在组织与社群环境中，经理、企业高管和领导者等责任方希望应用组织发展实践，以加强所在组织或企业的功能性和有效性。当相关负责方群体至少能认同，或者最理想的状况下会希望推进基本规范价值观和原则时，在这种场景中组织发展通常会更加成功。因此，当领导者和管理者相信，只要有一个经引导的支持性探询过程，大多数人都愿意且能够建立新的组织实践和行为时，这样的场景可能更有利于组织发展。

组织发展的本质就是不断演变

道生一，一生二，二生三，三生万物。

——《道德经》

要更好地了解当今组织发展实践领域，先了解组织发展的各种假设和实践不断演变的历程可能有所帮助。概括地说，组织发展起源于 20 世纪 40 ~ 50 年代；其基础建立于 20

世纪 60 ~ 70 年代；到 20 世纪 80 ~ 90 年代出现了重要分支；而今天我们正在经历着组织发展实践百花齐放的时代。

在这些发展时期，尽管有关组织发展的核心价值观已经被进一步定义并阐述，但一直没有显著的改变。另外，从 20 世纪 40 年代库尔特 · 勒温及其同事提出组织发展概念的初期直到今天，所涌现出的与社会系统的本质、它们是如何发展并改变的，以及与第三方顾问的角色有关的理论和实践组合日益不同。由此产生了各种类型的方法，它们以类似的基本价值体系为基础，都可被认为组织发展的形式。同时，越来越多的理论和应用案例让人更难以明确地回答这个问题："组织发展到底是什么？"

20 世纪 40 ~ 50 年代：组织发展实践的根源

如前所述，组织发展的许多根源可以直接追溯至德国社会心理学家库尔特 · 勒温的思想。为逃离纳粹德国，他于 20 世纪 30 年代移民到了美国。在 20 世纪 40 年代，勒温提出了关于社会系统变革的一系列相互关联的价值观、假设和实践，我将其称为"三个开端"。

价值观　第一个开端是对若干价值观的坚定信念，用以塑造人类系统所有的变革。他认为这主要包括以下信念：

- 民主
- 人的积极潜力
- 以科学探询的方式解决社会问题

假设　第二个开端是指导他提出变革方法的两大核心假设或理论：

- 第一个核心假设是场论，场论假定所有行为是作用于某一情境的一组内部和外部力量的函数，如要改变行为，就需要改变力场；
- 第二个核心假设是小群体在变革过程中的主导地位，变革的目标并不是孤立的个体，而是小群体环境中的行为。这也包括如下概念：小群体有自己的需求，如领导力、规则设定、决策等，在变革过程中需要对此加以注意。

实践　第三个开端是他认为任何变革过程的核心关注点的两个实践：

- 第一个实践是实施行动研究，过程中社会系统的各个成员参与调查研究自己的情况——他们自己的力场——并确定他们自己的潜在变革。必要时，通过一个连续的调研、实验和学习的迭代过程，对这些潜在变革进行尝试并进行进一步的研究和改进。这样，民主概念被扩展至探询和变革规划的过程，而在其他变革方法中，这些步骤通常由某精英或专家个人或团体来执行。

- 第二个实践与他的认知有关，他认为变革需要具有可持续性。许多变革努力并没有坚持下来，人们又重新回归到旧的行为中去。因此，他基于场论提出了一个著名的观点，变革应该包括解冻、转变及重新冻结系统以实现可持续性。这也涉及他的另一项研究。通过该项研究，他发现，群体环境中所采取的变革要比个体环境中所采取的变革更有可能持续下去。

组织发展的这三个开端根源，在 20 世纪 50 年代由勒温的同事及追随者予以了进一步的发展，由此使得组织发展在 20 世纪 60 ~ 70 年代进入奠基时期。

20 世纪 60 ~ 70 年代：组织发展实践的基础

在这个时期，由勒温阐述的三个开端得到了扩展和进一步改进，与关于社会系统、变革和第三方角色的基本理论及实践进行了结合，有助于定义并塑造了在 1959 年广为人知的“组织发展”。

基本假设和实践 主要包括下面一组核心假设和实践。

- 科学探究和实证主义。虽然这一点并没有在组织发展教科书中予以明确阐述，但 20 世纪中叶的物理、生物和社会科学主要建立在科学实证主义以及单一超验主义概念（Notions of a Single Transcendent Truth）基础之上。简而言之，这种理论认为这个世界上存在着一种会影响人、组织和事件的单一的基本客观现实，可以通过科学方法来发现、分析并改变这种客观现实。
- 社会心理学和小群体的主导作用。当代许多基本的组织发展和有计划的变革方法都借鉴了最初由勒温及其追随者提出的社会心理学理论，尤其是小群体在制定和强化规范与态度中的主导作用。它与相关的 T-groups 运动一起促进了这一时期对团队和团队建设的重视。
- 组织被视为一种开放的活跃系统。从 20 世纪 60 年代起，杰出的组织理论家们提出了这样一个观点：组织应该被视为一种需要适应环境的开放式系统，而不是主要为了追求效率标准的封闭的机械式系统。
- 对个人及其潜能的积极看法。如前所述，对个人及其在合适条件下的发展潜能的积极看法，马斯洛、罗杰斯和麦格雷戈等人做出了巨大贡献，这强化了并有助于进一步建立组织发展理论和实践之基石的人本主义价值观与实践。
- 行动研究和过程咨询。组织发展顾问该如何与客户系统合作，对此，最具影响力的两类相关理论是行动研究与过程咨询。这些途径及相关方法有助于提供基本的组织发展假设，即让参与者参与自我探询、反思和采取行动的过程以创造变革。

- 变革可以是有计划的并且呈片段式的。与勒温关于准稳定力场（Quasi-stationary Fields of Forces）中既有系统的最初观点彼此关联，勒温、罗恩·李皮特及其后的理论家提出，可以通过刻意改变力场来计划变革。此外，根据勒温的“解冻—转变—重新冻结”的变革模式，变革是隐性片段式的（Implicitly Episodic），旨在有目的地从一个有问题的当前状态转向一个更理想的未来状态。

人本主义和民主价值观 最后，基于勒温率先提出的价值观而宽泛定义了一系列人本主义和民主价值观。而后者又形成了所有组织发展的这些基本假设及相关实践，让它们保持一致，具体包括：介入、参与、尊严、尊重、权力均衡、社会责任等。

直到近年来，这些基本假设已经成为撰写组织发展教科书、设计研究生和认证项目以及开发和描述实践的基础。

20 世纪 80～90 年代：组织发展实践的分支

到 20 世纪 70 年代末，组织发展的根源和基础已基本建立，但新出现的关于社会系统、变革及第三方角色的观点，以及某些情况下的替代性观点，促使 20 世纪 80～90 年代出现了新的组织发展实践分支。

假设和实践的分支 主要包括一系列较新的思想和方法，它们以不同方式提出了不同于基本组织发展假设与实践的可能性，其中包括：

- 社会建构。很多新近的组织发展形式，如欣赏式探询，已明确提出以社会建构理论及多元的“真相”（Truth）概念为基础。世界上可能存在或不存在客观事实，但我们从社会的角度定义并描述这些事实的方式在社会系统中产生了意义。此外，世界上既没有单一的客观现实，也没有单一的关于现实的权威意见或版本。与之相反，各种不同的声音和行动者（Actors）需要得到认可。
- 大群体/全系统活动。大群体或全系统的活动取代了小群体干预，被用于将更广泛的利益相关者汇集在一起就共同议程达成一致（把整个系统置于一室中）的过程。而小群体假设可以在任何给定的大群体事件情境中予以使用，这些方法不仅意味着规模的不同（大对小），也意味组织安排和变革假设的不同。
- 组织意味着建构系统。与建构论思想一致，个人和组织都被视为在建构各种意义系统。在这样的系统中，现实/真相是通过社会从许多种可能的解释中达成一致而不断确立的。组织中到底发生了什么，更多地取决于人们如何建构意义，然后才是客观外在因素和力量可能影响系统的方式。。

- 参与式探询和参与度。参与式行动探询的观点在不断丰富行动研究的最初构想。在最初的构想中，行为科学家让客户系统的成员在不同时期加入自我研究中，并做出行动选择。如今，成员参与的方法和程度呈现出更加广泛的参与理念；探询，相对于更具诊断性的立场，已经被许多行为科学家所拥护，可以作为参与并变革一个系统的替代性方法。由此产生的参与式探询、参与度和反思过程将必定会引领新的社会认同及可能性。
- 通过改变对话创造变革。新近的组织话语研究（Organizational Discourse Studies）领域出现于 20 世纪 90 年代中期，随之出现的还有社会科学领域的语言变化（Linguistic Turn）。主要的相关假设是：组织是一种对话式系统，语言、叙事、故事、会话等因素都对社会现实具有建设性意义，而不是简单的具象主义（Representational）。这是一种将“改变对话”作为内部及自身干预手段的基本理论依据。
- 变革是连续和自组织的。相比认为变革过程是有计划的、具有“启—止”点的看法，最近的有关组织变革的理论和经验提出了一组截然不同的假设条件。变革被视为一个连续且持续的过程，而非片段式的有计划的活动。根据复杂性科学的观点，组织被视为一种自组织的演化系统，既不是封闭的也不是开放的系统。

不断扩展的社会、人本主义和民主价值观　尽管当下不断增加的假设中存在许多差异，所有或几乎所有的实践，依然符合组织发展最初构想中所倡导的一系列人本主义、社会和民主价值观并保持相互一致，这些人本主义、社会和民主价值观定义宽泛且在不断演化。更重要的是，在这一时期观点的发展还考虑到了组织发展在日益多样性及多元文化环境中的应用，为组织发展价值观、关注点和实践增加了“多样性与包容性”。

21 世纪初到现在：组织发展实践的百花齐放

今天，我们正见证着那些塑造了我们称为组织发展方法的假设、实践及仍不断演变的价值观的全面绽放。我们还拥有大量干预措施和实践，在某些情况下，这些干预措施和实践会以基本假设为支柱，但有时它们会依赖于一些较新的理论分支。人们还将假设和实践进行了结合与匹配，以发展出更新的变革方法。这是一个思想和观念在不断扩展的时期，由此产生出大量的组织发展可能性及实践。

例如，一些人会采用大型群体的欣赏式探询的方法，用参与式的方法让系统成员参与到探询中。另一些人则在探索如何应用复杂性科学及自组织原则，以促进组织的参与和演化过程；或者在大、小群体中采用对话式假设及方法来改变对话，从而改变心态以及由此产生的行为。还有一些人会与实体团队或在线团队一起更新长期以来建立的数据收集、反馈和过程咨询的方法。而我与同事杰维斯·布希（Gervase Bushe）则认为，初期的假设和实践与近期理论分支的假设和实践在组织发展方法上一直存在分歧。为试图捕捉这两种方法的本质属性，我们将一种方法称为“诊断式组织发展”，将另一种方法称为“对话式组织发展”。因此，今天的组织发展实践者会面对大量的思想和方法，并会遇到各种主张，认为某种组织发展方式是最佳发展途径。

尽管存在这些差异，我们今天所看到的种种组织发展思想和观点都或多或少地共享基本价值观，它们的根源都基于勒温率先提出的三个开端。从这个意义上来说，所有这些思想和观点均是关于人类系统变革的同一个思想、价值观、方法和传统体系的互相关联的组成部分。

组织发展中的矛盾与困境

组织发展领域存在一系列的矛盾和持续困境，包括：组织发展是否太过于关注“软性”的人的问题；它是否应该涉及多样性和多元文化动态；以及应对变革准备不足的问题和日益分化的方法所带来的困境。

组织发展太过于情感化

几乎从创立伊始，组织发展就被某些人贴上太过于情感化的标签。这反映出它强烈的人本主义和发展取向，也体现了最初的心理和社会心理学知识及方法论的基础。人们很难在人本主义价值观与更加技术性或商业化的目标（如经济效益）之间取得平衡。如果这种平衡看起来以人本主义价值观为主，那么也许相对于经济价值和目标，组织发展或组织发展实践者会被认为太过情感化。另外，如果组织发展的核心价值观在很大程度上被忽略或抑制，则实践者可能被指责并没有实施组织发展。这些矛盾充分反映在关于“价值观”重要性的持续讨论上，希望采取更加务实价值观的群体与强烈主张保持传统导向的群体之间的激烈讨论也体现了这样的矛盾。这些在各种期刊上、在不同会议上被很多客户提出的相关讨论以及周期性出现的挑战是强烈的价值观取向领域所固有的，尤其是当这些价值观并未被每个人或所有管理者和组织所笃信时。

应对多元文化主义和多样性

组织发展促使一系列价值观（如尊重、包容、民主原则和赋能）成为群体、组织和社群有效运作的核心因素。这导致出现了许多质疑与争议，人们会关注组织发展是否适用于所有的国家和文化，解决多样性或社会公正问题是不是组织发展专业实践的一个核心内容。

首先，就多元文化主义而言，相关讨论持续了很多年。有人质疑，一个如此深入根植于西方自由民主和人本主义价值观的实践领域是否同样适用于所有的国家和文化。其他人则主张，基于多元文化的敏感性，再加上一些调整适应，组织发展可适用于所有的文化和环境。由于全球化趋势及在跨国组织中工作的组织发展实践者越来越多，相关讨论近年来逐步升温。尽管组织发展需要敏感性和灵活性，它同样也是以一组核心价值观为基础的；因此，在某些背景下，要面对的选择在于是否采用组织发展的假设和方法，而不是试图调整或忽视一些维度或实践。

自 20 世纪 80 年代以来，帮助组织有效地整合及利用日益多样性的劳动力而进行的干预已非常普遍，这些劳动力大多遍及全球。各种干预措施从多元文化意识培训到组织转型不一而足，其目的在于帮助企业机构摆脱隐性但制度化的障碍以充分涵盖所有人。在美国，这些实践通常被称为“多样性处理”或“多样性和包容性”，其实践者被称为多样性实践者。其中的许多人，但不是所有人，也可能自视为组织发展实践者。这个领域内存在的矛盾是：多样性是否为一个单独的实践领域还是组织发展的内在环节。如果是后者，则所有的专业实践者都应该是知识渊博的行业专家，能够识别并适当处理多样性、包容性和社会公平的动态及问题。

在这一点上，组织发展实践者是否应该处理群体、组织和社群的多元文化动态似乎不再有严重质疑或争论的余地。鉴于组织发展的核心价值观，以及实践中日益多样性和多元文化的组织背景，所有的专业实践者都必须充分了解并在适当时处理出现的多元文化和多样性问题及动态，正如他们需要处理对于组织发展理论和其价值取向非常关键的任何其他问题和动态因素一样。

变革和变革准备度

组织发展是关于人类系统的变革，但不仅仅是任何情况下的任何变革。组织发展理论与实践促进了组织变革的几个关键标准：

- 变革应提升个人、群体和组织的能力，并改善人们工作和做出贡献的条件。
- 变革应符合人类系统及它们如何变化的社会科学知识，以及关于个人能力和潜能的一系列大都积极的价值观与假设。
- 变革应尽可能地由相关人员来发起并主导；它还应建立在对变革需求的评估和共识的基础上。
- 变革工作应不仅能带来预期变化，还会提升客户系统的能力和技能，以解决未来的问题和需求。

组织发展中的困境在于当缺乏一个或多个此类标准时该怎么办？例如，我们可以回顾一下自 20 世纪 70 年代末持续至今的企业裁员。在组织发展初期，很多组织发展实践者认为裁员是错误的甚至不道德的做法，因为这似乎与任何（或很多）实施组织发展变革工作所必需的隐性标准不符。

另外，这种一直存在的矛盾与变革的准备度有关。组织发展不是已经存在了对变革的呼吁或需求这么简单，系统内还必须有对变革的准备度。从指导组织发展变革的价值观、假设和标准来考虑，除非有必要进行系统变革或已为变革做好了准备，否则针对组织发展的干预措施可能无法施行。简单地说，在某种程度上如果客户系统不准备或不愿意变革，那么就不可能成功地实施一项以客户为中心的协作式变革，这种变革旨在基于社会科学理论与实践，在人本主义和民主价值观的指导下提升组织能力。然而，在许多现代组织中，无论目标系统是否已做好准备，有很少时间或者完全没时间创造准备度的情况下，组织发展实践者（尤其是内部实践者）都会被要求实施变革干预措施。有时，这会让组织发展实践者在缺少充分前提条件或冒着可能得不到响应或无法提供帮助的风险来实施干预。

分化困境

不断演变的组织发展领域日益分化，并因此造成了一个重要的困境，即越来越难以将组织发展作为一个单一的、不变的实践领域来进行讨论。相对于促进变革的整体过程而言，这似乎既是一个代际现象，也是实践者们越来越支持一种特定变革方法的出现的结果。例如，一些新的实践者将最近的理论分支有关的假设视为组织发展的更新版本，以取代早期基本方法，也许会认为它们是组织发展 2.0 或 3.0 版本。而一些资历老的实践者则可能对基本原则和实践更为熟悉，他们会将最近出现的观点视为至多是建立在基本观点结构之上的备选方案，或者更坏的情况是视其为“异端邪说”。这往往会导致整个组织发展领域内对于许多重要考虑因素产生争论或困惑。这包括与如下哲学、假设和实践方面相关的差异：

- 组织发展实践者采用的流程假设的是一个“客观”现实，还是一个社会建构现实，抑或在某种程度上两者兼而有之？
- 变革是否如同勒温的“解冻—转变—重新冻结”的变革模式所提出的那样，是一个片段式过程，还是一个复杂性科学所认为的持续过程，抑或在某种程度上两者兼而有之？
- 有关诊断的基本过程倾向于以问题为导向的世界观，还是基于可能性或优势的观点抑或者两者是否可以调和？
- 组织发展顾问是应该将自己视为小群体动态的促进者，还是大群体活动的“主导者”和“召集者”，抑或在某种程度上两者兼而有之？
- “有计划的变革”是可能的吗？或者我们的工作是一个自组织的演化过程？两者是否可以调和？

这些类型的理论和哲学差异，以及由此产生的实践会将实践者引向不同的方向，奉行各种基本方法与最新方法的实践群体往往会对所做的工作及实践的发展方向进行互动和交流。这种趋势有助于澄清各种方法，但也会削弱对组织发展的整体理解。这表明，即使毫无疑问今后会有更多的分化，但在众多不断演变的组织发展方法和实践中，寻求一致性可能是未来的发展需要。

结论

组织发展是一个既简单又复杂的实践领域。首先，要学会专业实践所需的大量知识、将要扮演的角色和适用的技能；其次，当基于有时只能意会却影响深远的价值体系或哲学在诸多不同方法中选定某一种方法时，要能将所学的知识、角色和技能进行整合并内化，这样的过程对于未来的实践者和客户来说，既具挑战性又令人困惑。然而，一旦真正理解并掌握了价值观、知识和技能后，组织发展实践就会变得非常简单并一目了然。因此，我们真的有必要了解由哲学体系整合而来的广泛知识和方法理论，以使组织发展成为有价值的实践领域。

参考文献

Anderson, D. L. (2012). *Organization development: The process of leading organizational change* (2nd ed.). Thousand Oaks, CA: Sage.

Axelrod, R. H. (2010). *Terms of engagement: Changing the way we change organizations* (2nd ed.). San Francisco, CA: Berrett-Koehler.

Beckhard, R. (1969). *Organization development: Strategies and models*. Reading, MA: Addison-Wesley.

Boje, D. M. (1991). Consulting and change in the storytelling organization. *Journal of Organizational Change Management, 4*(3), 7–17.

Bradford, L. P., Gibb, J. R., & Benne, K. D. (Eds.). (1964). *T-group theory and laboratory method: Innovation in re-education*. Hoboken, NJ: John Wiley & Sons.

Bunker, B. B., & Alban, B. T. (1992). Editors' introduction: The large group intervention—A new social innovation? *Journal of Applied Behavioral Science, 28*(4), 473–479.

Burke, W. W. (1982). *Organization development: Principles and practices*. Boston, MA: Little, Brown.

Bushe, G. R., & Marshak, R. J. (2009). Revisioning organization development: Diagnostic and dialogic premises and patterns of practice. *Journal of Applied Behavioral Science, 45*(3), 348–368.

Cartwright, D., & Zander, A. (Eds.). (1968). *Group dynamics* (3rd ed.). New York: Harper & Row.

Dyer, W. G. (1977). *Team building: Issues and alternatives*. Reading, MA: Addison-Wesley.

French, W. (1969). Organization development: Objectives, assumptions and strategies. *California Management Review, 12*(2), 23–34.

Gergen, K. J. (2009). *An invitation to social construction* (2nd ed.). Thousand Oaks, CA: Sage.

Gergen, K. J., & Thatchenkery, T. J. (1996). Organizational science as social construction: Postmodern potentials. *Journal of Applied Behavioral Science, 32*(4), 356–377.

Grant, D., Hardy, C., Oswick, C., & Putnam, L. L. (Eds.). (2005). *The Sage handbook of organizational discourse*. Thousand Oaks, CA: Sage.

Grant, D., & Marshak, R. J. (2011). Toward a discourse-centered understanding of organizational change. *Journal of Applied Behavioral Science*, *47*(2), 204–235.

Holman, P. (2010). *Engaging emergence: Turning upheaval into opportunity*. San Francisco, CA: Berrett-Koehler.

Holman, P., Devane, T., & Cady, S. (2007). *The change handbook: The definitive resource on today's best methods for engaging whole systems*. San Francisco, CA: Berrett-Koehler.

Lawrence, P. R., & Lorsch, J. W. (1969). *Developing organizations: Diagnosis and action*. Reading, MA: Addison-Wesley.

Lewin, K. (1943). Forces behind food habits and methods of change. (Bulletin CVII). Washington, DC: National Research Council.

Lewin, K. (1947). Frontiers in group dynamics, *Human Relations*, *1*, 5–41.

Lippitt, R. O., Watson, J., & Westley, B. (1958). The dynamics of planned change. New York: Harcourt, Brace & World.

Marshak, R. J. (2002). Changing the language of change: How new contexts and concepts are challenging the ways we think and talk about organizational change. *Strategic Change*, *11*(5), 279–286.

Marshak, R. J. (2013). The controversy over diagnosis in contemporary organization development. *OD Practitioner*, *45*(1), 54–59.

Marshak, R. J., & Bushe, G. R. (2013). Introduction to advances in dialogic organization development. *OD Practitioner*, *45*(1), 1–4.

Marshak, R. J., & Grant, D. (2008). Organizational discourse and new organization development practices. *British Journal of Management*, *19*, S7–S19.

Maslow, A. (1954). *Motivation and personality*. New York: Harper.

McGregor, D. (1960). *The human side of enterprise*. New York: McGraw-Hill.

Reason, P., & Bradbury, H. (Eds.). (2008). *The Sage handbook of action research: Participative inquiry and practice* (2nd ed.). London: Sage Publications Ltd.

Rogers, C. R. (1961). *On becoming a person*. Boston, MA: Houghton Mifflin.

Schein, E. H. (1969). *Process consultation*. Reading, MA: Addison-Wesley.

Stacey, R. D. (2001). *Complex responsive processes in organizations*. London: Routledge.

Tannenbaum, R., & Davis, S. A. (1969). Values, man and organizations. *Industrial Management Review*, *10*(2), 67–83.

von Bertalanffy, K. L. (1968). *General system theory*. New York: George Braziller.

Weick, K. E. (1995). *Sensemaking in organizations*. Thousand Oaks, CA: Sage.

第2章

组织发展的历史

小斯坦利·欣克利（Stanley R. Hinckley, Jr.）

本章主要介绍组织发展领域及行业从 20 世纪 40 年代末到 21 世纪早期的简要发展历程。在这段历程中，许多人参与了相关理论、思想及干预方法的创造、探索、借鉴和应用，在此请恕笔者无法对所有重要的个人及其贡献一一列举。因此，我们会采用两个标准来甄选将在本章中提及的人士及其理论、思想和实践：（1）那些被 20 世纪 60 年代的组织发展先行者铭记且称为重要人物的人士；（2）那些对组织发展实践者所实施和学习的当前理论、思想及干预方法做出重要贡献的人士。

组织发展的基础

第二次世界大战以后，重建国家、经济和工业的巨大需求纷纷涌现，特别是在欧洲国家以及日本、苏联和美国。人们不再相信可以通过文明的力量来控制人类的恶欲。随着有关大规模城市轰炸、原子弹、大屠杀及人类诸多暴行所造成的毁坏与损害的故事、照片传遍了全世界，每个人都反对这种权力的滥用。人们正日益期待着一个更美好的世界；一个普通民众能够掌控自己生活的世界；一个民主意识遍布各个国家、各个企业，所有家庭都能安全地生活、成长的世界。

在世界各地，人们亟须提高生活水平，而这意味着提高生产力。面临的挑战就包括退伍军人的雇用（他们中有许多人已经受够了命令控制型管理模式）以及为新的商业世界提供高等教育。在美国，《退伍军人权利法》（*GI Bill*）针对教育需求提供了更多可贵的支持。

这些挑战意味着有关如何组织和管理一家公司的传统思维必须做出改变。幸运的是，许多企业高管和经理意识到了这种需求，并开始提出如何满足该需求的新想法和新观点。一些重要的概念在第二次世界大战前及期间得到了发展。

行动研究：由库尔特·勒温于 20 世纪 20 年代在德国提出，1935 年他移民到美国艾奥瓦州时将该理论带入了美国。行动研究旨在让人们描述自己的行为，从中吸取经验教训，并在工作中共同制定决策；这种方式经证明可以促进参与者积极实施决策并提高对自身的满意度。

- 变革模式：勒温提出的另一个理念，这是一种通过解冻—转变—重新冻结这三个步骤改变个人行为的过程。该模式很快就被应用于组织变革。
- 力场分析：勒温创立的另一个理论，它描述了在任何情况下导致个人或系统特定行为的力量。制约力和驱动力通常处于平衡状态，而变革只有在力场被扰乱的情况下才会发生。有计划的变革只有在驱动力增加的情况下才会成功，但如果制约力减少的话进展会更容易些。
- 变革阻力：这一术语也是源自对勒温场论的理解。每个驱动力和制约力均涉及个人行动和行为。驱动力是那些在当前形势下促进变革的力量。制约力则是试图保持原状的力量，即变革阻力。
- 群体动力：由勒温和罗恩·李皮特于 1939 年首先提出的术语，它确定了一个群体如何被管理（独裁、民主、自由、放任）与其如何行动之间的相互作用，包括所创造的群体气氛以及群体产生的工作结果。
- 开放系统：所有生命系统与其环境之间的关系概念，在路德维希·冯·贝塔朗菲（Ludwig von Bertalanffy）发表了一篇相关文章后，被美国和英国的社会科学家们所采用。随着该概念应用于各组织中，早期的实践者们意识到，组织和管理研究以往一直认为组织是一个封闭的系统，其关注重点始终在内部，聚焦于管理和个人行为上以及小组和团队中，而忽略了这样一个事实：每个组织都存在于其他群体和组织（竞争对手、供应商、客户、员工家庭、政府等）所组成的独特环境之中，这些群体和组织与该组织的所作所为及行事方式存在着利害关系。此外，开放系统强调，这些环境领域的需求和要求从长远来看决定着该组织的命运。组织与其环境之间的契合必须得到优化，但不断变化的环境是一个巨大的挑战。开放系统的概念越来越有助于了解工作群组和组织内外部关系及它们之间的契合度。

这些有关群体和组织中个人的丰富实验研究与知识构成了组织发展理论的基础。

组织发展的诞生

组织发展实践和理论来自人类学、生物学、心理学、社会学、物理学、工业工程和管理科学应用的逐步融合，这种趋势还将继续持续下去。这些领域是自第二次世界大战后开始的组织领域实验研究的基石。组织发展的早期阶段出现了三次重要融合。美国的心理学取向专注于个人和工作群组，英国的社会学取向则着眼于工作群组和更大的系统。针对管理的第三个重点领域始于 20 世纪 30 年代，主要关注劳工问题及管理者的应对方式。

个人和群体

第二次世界大战之后，康涅狄格州跨种族委员会（Connecticut State Inter-Racial Commission）在 1946 年召开了一次会议以解决种族和宗教歧视问题。委员会邀请勒温与利兰德·布拉德福德（Leland P. Bradford）、罗纳德·李皮特和肯尼斯·本尼（Kenneth D. Benne）一同主持此次会议。每天大会结束时会举行工作人员会议，旨在汇报并计划第二天的会议议程。会议的参与者也会在当天提供关于自身体验的资料信息，这种反馈极大地增强了大家对群组中所发生事件的了解。随着越来越多的参与者加入每日情况汇报的行列中，所有人的知识都得到了极大丰富，并应用于第二天的会议研讨环节。这个过程成为学习团体的基本设计雏形，不久后被称为 T-groups（“训练小组”）。

这四位协作者于 1947 年创立了国家培训实验室（后改名为“应用行为科学 NTL 学院”），并获得了全美教育协会的支持。得益于来自美国海军研究局（Office of Naval Research）的拨款，NTL 为其位于缅因州贝瑟尔的项目建立了一个夏季站点——一个“文化岛”，成为了解个人和群体行为以及发展合格 T-groups 培训人员的 T-groups 发展和传播机构。T-groups（8 ~ 12 人在较长一段时间内聚集在一起，以专门了解群体的行为）最初是运用社会学来了解个人与他人的互动行为及群体本身的行为。借助心理学，T-groups 的目标很快就扩展至更深入地了解人际互动过程和个人内省过程。行动研究被用于了解群体中所发生的事件，但仅聚焦于参与者之间的互动及群体本身的发展。

不久后，西海岸的同行（主要来自加州大学洛杉矶分校）也将 T-groups 推介给公众，并将奥哈伊（Ojai）的一个度假胜地作为其文化岛。将 T-groups 用于内省发展，完美契合了人类潜能运动的兴起，以及伊萨兰学院（Esalen Institute，一家至今仍在运营的研究和实验中心）1962 年的建立。

由 T-groups 取得的经验知识被迅速概念化并为人们所共享，这些知识包括：群体发展阶段模型、领导者—追随者动力学研究、对于各种冲突和冲突解决方式的探索、识别观察技能、干预、情感表达、意见反馈的给予和接受以及改善人际关系。至今仍在采用的群体发展理论包括杰克·吉布（Jack Gibb）的信任形成模型，该模型确定了四个“关注点”（接受、数据流、目标和控制）；威尔·舒茨（Will Schutz）的 ICA 模型（融入、控制和情感）及塔克曼（Tuckman）提出的著名的组建、激荡、规范和执行模型。

另一个由乔·勒夫特（Joe Luft）和哈里·英厄姆（Harry Ingham）提出的早期模型是“乔哈里窗”（Johari Window），现在仍被用于探索两个人如何互动以及如何对彼此变得更坦承和了解，以便更好地改善双方关系。

将 T-groups（有时被称为“敏感性训练”或“实验室方法”）推广到各个组织的早期尝试产生了许多案例研究，而这些案例研究又对进一步的研究起到了促进作用。针对同一家企业管理者的 T-groups 培训旨在以一种干预的方法在企业的硬层面与组织架构和管理系统中工作人员的软层面之间达成一个更好的平衡来改善企业的运作。然而，当参与者重返工作岗位，他们将体验到希望应用自己所学到的关于社会过程和人类情感方面的知识理论与他人认为他们将继续适应（未变化的）理性和机械式企业文化之间的重大冲突。

对更有效的干预措施的探索让人们以更结构化的方法专注于工作群组，尤其是采用团队建设和管理方格的方法。团队建设通常遵循以下过程：与工作群组个人成员进行面谈；有序地汇总上述数据；举行为期两天的封闭式会议，会议开始时向团队反馈数据；引导团队对数据的处理以了解、分析并规划变革的内容及方式。UCLA 的教学人员及其他人［特别是罗伯特·坦南鲍母（Robert Tannenbaum）和詹姆斯·克拉克（James V. Clark）］开发了该模型。罗伯特·布莱克（Robert R. Blake）和简·穆顿（Jane W. Mouton）开发了管理方格。他们项目的主要形式是一个针对工作群组团队建设的循序渐进的议程，包含团体间会议，然后是将变革的分析与规划沿组织层级机构向上推进至最高管理层。

对于那些尝试运用从团队建设和管理方格中获得的知识去实施变革，使组织变得更有效的工作团队而言，可能会意外地发现，团队环境中的其他群体及个人抵制自己试图改变团队及其成员的行为。这种发现导致迫切需要探索组织中的内部接口，并开始将变革努力的重点转向整个系统。

工作团队和更大的系统

设在伦敦的塔维斯托克人类关系研究所（The Tavistock Institute of Human Relations）成立于 1947 年，其目的是满足英国重建本国经济和基础设施的需求。最初的工作围绕煤矿业展开。特里斯特（Trist）等人率先探索重新设计工作群组的可能性以在工作角色和技能重复方面具备更大自主性和灵活性，探索让工作群组选择组织方式的机会。早期的研究结果表明，生产率得到了提高，员工流动率呈下降趋势，同时员工满意度也在提高。

在接下来的几年里，塔维斯托克成员就工作群组的社会系统开展了大量的行动研究，包括由埃里奥特·杰奎斯（Elliott Jaques）在英国 Glacier Metal 公司进行的项目，赖斯（A. K. Rice）在印度 Calico Mills 开展的项目，以及弗雷德·埃默里（Fred E. Emery）在英国煤矿和挪威工业民主项目（和特里斯特一起）中开展的项目。随着对越来越多工作群体进行了研究，这些群体的行为过程与动力学成为他们学习的重要领域。塔维斯托克研究所在此领域已具备一些基础，其起源始于好几年前威尔弗雷德·比昂（Wilfred R. Bion）有关群体心理问题的理论，并从 1942 年开始的与英国军队合作选拔领导者的工作中得到了进一步发展。由于需要对本行业成员进行群体动力学的培训，他们开发了一个培训活动，称为“大型群体会议”，该活动提供了关于群体内、群体间及更大系统中权威和权力问题的相关知识。当然，个人也能从这些会议中了解到自己对于权威和权力的反应。

基于他们从这些项目中获得的经验，塔维斯托克团队意识到，由于一个组织的社会系统和技术系统两者之间存在相互依存性，分别解决其中之一的独立方法是没有意义的。他们还认识到，工作中的人们生活在一个可有意识地进行设计的社会—技术系统中以获得更高生产率和更大个人满意度。这一发现使得当前研究的重点从人际关系——研究组织中人的关系（特别是管理者与员工之间的关系），转向对社会（人类）系统和技术（业务或工作）系统之间的相关性研究。

劳资双方

第二次世界大战期间，在英国、加拿大和美国开始的对军事领导力的关注变得与管理研究息息相关，同时也受到了提高行业企业绩效这一需求的推动。管理者的难处主要由于对弗雷德里克·泰勒（Frederick Taylor）的有关“科学管理”的著作（1915）中“管理”一词的误解。泰勒将所有计划、组织和决策权置于管理者手中，而将员工视为实体能力单元。此类难点问题（尤其是劳资关系方面的难题）引起了社会心理学家道格拉斯·麦格雷戈等人的兴趣，他于 1935 年毕业于哈佛大学；两年后，加入麻省理工学院，帮助建立劳资关系部。在教学、研究以及为不同公司提供咨询的同时，他结识了勒温和特里斯特等人。麦格雷戈帮助勒温建立了麻省理工学院群体动力学研究中心；他还聘请了理查德·贝克哈德（Richard Beckhard）、沃伦·班尼斯（Warren G. Bennis）、埃德加·沙因及其他早期组织发展研究人员到麻省理工学院开展研究。

麦格雷戈在 1948—1954 年担任安提亚克学院院长期间，对其所学的理论进行了实践。他出版了一本重要的著作（1960），其中阐释了一名管理者可能持有的两套假设：X 理论（独裁管理或泰勒主义）和 Y 理论（参与式或更加民主化的管理）。X 理论和 Y 理论成为连接 NTL 及塔维斯托克研究人员和管理专业学生、教师之间的一个重要纽带。也是那些向企业提供咨询的人士以高管和经理们能够理解的语言与其进行交谈的一种方式。麦格雷戈和贝克哈德在 20 世纪 50 年代一起向通用磨坊公司提供咨询时创造了“组织发展”一词并将它定义为一种自下而上的组织变革。

早期组织发展咨询

从 20 世纪 50 年代末开始，第一批组织发展实践者包括与美国联合碳化物公司合作的麦格雷戈、与宝洁公司和 ICI（英国）合作的贝克哈德、与埃索石油公司合作的赫伯特·谢泼德（Herbert A. Shepard）、与美国天合汽车集团（TRW）合作的谢尔登·戴维斯（Sheldon Davis）和谢泼德、与 non-linear systems 公司合作的来自加州大学洛杉矶分校的坦南鲍姆和克拉克等。他们中一部分是来自大学的外部顾问，其他则是对该领域感兴趣的内部管理人员。许多内部人员没有接受过行为科学方面的正式教育。他们通过参加 NTL、加州大学洛杉矶分校、塔维斯托克研究所及那些由美国圣公会资助的机构的“实验室”参与到项目中并受到激励。NTL 和圣公会很快在人际关系、群体过程、经验学习、学习活动的设计、咨询技巧和社区变革方面提供了一系列的实验室。管理人员与起带头作用的外部专家一起联合主导组织发展活动和干预措施，自己也从这些工作中获得学习，尤其是团队建设。

所有人都需要去学习一种新的咨询方式，因为在盛行的顾问模式下，他们是管理专家，要对组织进行分析并提供书面改进建议。组织发展咨询被认为是一种完全不同的咨询模式。要获得成功就需要与组织中的人员携手合作，帮助他们识别、分析并解决问题，在这些过程和人际行为中提供专业知识，但对这项工作的内容没有深入了解。NTL 在这方面起到了带头作用，创建了咨询模式、理论和技能，建立了从实践经验中学习如何成为有效的组织发展顾问的方法。

接下来，每个想参与组织发展的人都面临的问题是"我需要学习什么"。专业人士需要学习如何在商业领域计划、设计和实施有效的咨询与培训干预措施。除这些工具之外，管理人员还需要学习行为科学的基础知识，学习的方式主要是参与由专业人士提供的实验室和研讨会。今天，那些想要成为组织发展实践者的人士都经历着行为科学的学术学习和商业领域的实践学习之间的天壤之别。由于许多机构非常重视学术学位，年轻人往往倾向于选择攻读一个高等学位，然后他们可能发现，自己缺乏足够的实践经验来担任内部组织发展的相关职位，因此不得不接受从培训或人力资源职能的职位开始入手。经验丰富的管理者有时不愿意花时间和金钱去获得一个高等学位，所以努力在寻找方法来学习如何成为一名有效的组织发展顾问。这两类群体中有许多人都在努力理解将行为科学的知识及理解与商业和管理的知识及理解进行融合对于成功的组织发展工作的必要性。

组织发展能力与道德规范

随着行业的不断壮大，这种努力带来了意料之外的结果：那些将自己定位为组织发展顾问的人士在能力上差异极大。

人们担心能力低下的实践者会有损组织发展行业声誉，并可能对一些客户造成一定损失。随着这种担忧的增加，组织发展领域的领导者开始讨论实施某种认证程序，以确保组织发展工作的高质量。20 世纪 60 年代末，对此类问题的担忧促使 NTL 的一些成员及教会系统（主要是圣公会和长老会）的一些成员建立了同行评审程序。1968 年，在教会系统工作的专业人士成立了一个新的组织：宗教与应用行为科学协会（The Association for Religion and Applied Behavioral Science），后改名为创造性变革协会（The Association for Creative Change）。创造性变革协会的宗旨是为推动个人发展和有计划的系统变革的人士之间的对话与学习提供支持。他们中的一些成员是参加定期同行评审并获得"认证"的专业人士。

一些 NTL 成员在未能成功影响 NTL 领导层创立一种认证程序后，他们于 1970 年成立了一个新的组织：国际应用社会科学家协会（The International Association of Applied Social Scientists），之后更名为国际注册咨询顾问（Certified Consultants International）。国际应用社会科学家协会计划让其所有成员获得一个或多个类型的组织发展咨询认证。尽管是独立开展工作，创造性变革协会和国际注册咨询顾问仍然会分享他们在开发其认证程序方面的经验。应运而生的同行评审程序不仅有效而且也是有益的。它的一个关键理念是实践者必须向一小群同行（其他经认证的专业人士）证明：自己的工作基于坚实的概念和知识基础，自己采用了业已证明的最佳方法来变革人力系统，在发展与客户的有效人际关系方面也获得了成功，并且还在持续推进自己的专业发展，以及会有意识地面对和解决道德和职业困境。很快这些标准得到进一步加强，因为新增加了处理多样性所需的觉察和技能，特别是组织中对有色人种和女性的压迫。

1980 年，创造性变革协会和国际注册咨询顾问的成员已经约 700 人，来自不同的国家。国际注册咨询顾问的成员主要来自美国、加拿大、南非、德国、法国及其他一些国家。创造性变革协会成员主要来自美国和加拿大。成立这两个组织的最初动机源于这样一种担忧：因为有谣言对某些个人产生了负面影响，一些政府打算制定相关法律，要求组织发展顾问和培训师必须获得许可。但这样的法律法规并未出现，由此很难为成员提供足够的受益以收取足够维持协会运作的年费。1989 年，国际注册咨询顾问董事会决定关闭协会，但德国以及西雅图和多伦多周边（加拿大国际应用社会科学家协会）的区域群体仍继续坚持了好几年。创造性变革协会董事会在 1995 年做了同样的决定，不过多伦多周边的一个区域群体继续运作了更长一段时间。很快，两个加拿大的群体（加拿大国际应用社会科学家协会和创造性变革协会）进行了合并，成立了一个新的组织：组织复兴与发展创造性变革协会（The Association for Creative Change in Organizational Renewal and Development）。在接下来的几年里，该组织的一些成员深受埃里奥特·杰奎斯的影响，演变成为全球组织设计协会，总部设在多伦多，由肯·谢泼德（Ken Shepard）、约翰·布莱恩（John Bryan）等人领导。该协会现在被称为"GO 协会"，一直延续到今天，与世界各地的分支机构一起举行国际会议和专业发展活动。

同样在 20 世纪 70 年代，唐纳德·科尔（Donald W. Cole）创立了组织发展学院，为该领域的初入者提供支持、共享机会，还为他们提供获得专业认可的途径。经过数年的学习和实践，个人可以通过陈述自己的理论基础与实践申请成为一名"注册组织发展咨询顾问"。持有高等学位的人士则可以获得"注册组织发展专家"的认可。

组织发展能力的一个至关重要的元素是个人对道德行为的承诺。1981 年，科尔（Cole）和组织发展学院开始制定“组织发展道德规范”；威廉·盖勒曼（William Gellermann）成为该项目的领导人。在 1982 年的美国管理学会年度会议上，在科尔和谢泼德（后者是国际注册咨询顾问的主席）的努力下，创建了“跨组织群体”，将几个组织发展协会（国际注册咨询顾问、组织发展学院、创造性变革协会以及美国培训与发展协会组织发展部）的领导人聚集在一起，目的是将组织发展作为一个行业来发展。之后这个群体更名为“人类系统发展联盟”并由谢泼德和珍妮·谢比诺（Jeanne Cherbeneau）领导，它为有关道德规范的工作提供支持。该项目获得了美国国家科学基金会（National Science Foundation）的资助，同时与伊利诺伊理工大学（Illinois Institute of Technology）的职业道德研究中心进行了协作，之后由美国科学促进会（American Association for the Advancement of Science）负责；最终产生了一份职业道德声明。

即使做出了以上种种努力来定义组织发展能力，但取得的进展有限。今天，人们普遍抗拒由他人负责确定一个人是否能胜任实践组织发展的理念。这种抗拒主要是由于忽略了早在 20 世纪 70 ~ 80 年代那些获得了国际注册咨询顾问及其他机构认证的人的美好体验。

专业组织发展协会和网络

在华纳·伯克（Warner Burke）的领导下，NTL 于 1964 年建立了行业培训师网络（Industrial Trainers Network），其目的是分享经验并促进实践者之间的相互学习。这个名称随后更改为组织发展网络。继伯克之后，托尼·彼得雷拉（Tony Petrella）引导着组织发展网络的早期发展。第一次年会在 1967 年举行，各成员在会上介绍了他们的先进经验和理论，年会至今仍在定期举行。组织发展网络成员规模增长非常迅速，他们中有许多人是担任组织发展角色的业务管理人员，希望有机会与学术界和商界的同人分享彼此的经验与心得。

20 世纪 70 年代和 90 年代中期，许多有关组织发展的协会也在其他国家纷纷成立。通过在印度的罗尔夫·林顿（Rolf Lynton）的努力（国际应用社会科学家协会的首位领导者），他和乌达义·帕里克（UdaiPareek）于 1971 年成立了印度应用行为科学协会（The Indian Society for Applied Behavioral Science）；今天，该协会的成员来自印度、美国、加拿大、新加坡、马来西亚、西班牙和塞浦路斯。其他例子还包括匈牙利、俄罗斯、东南欧、波兰、菲律宾、尼日利亚、加纳、中国和墨西哥的组织发展协会。

国际组织发展协会（The International Organization Development Association）于 1986 年正式成立，其起源可追溯至 1984 年在以色列召开的一次组织发展学院世界大会。一些与会者对组织发展学院中美国的影响力感到不满。创建国际组织发展协会的小群体成员包括马克·希尔弗曼（Marc Silverman）、苏亚雷斯（K.C. Soares）、沃尔特·加洛韦（Walter Galloway）和马文·埃格伯特（Marvin Egbert）等人。最初的领导者来自美国，但很快就扩散到来自世界各地的人。国际组织发展协会创建的动力在于对扁平结构的社团组织的渴望，这样的组织根据组织发展原则进行运行，其设计及用于计划、沟通和开展业务的过程都融入了这些原则。每个国家都有一名志愿者作为国际组织发展协会与当地成员之间的联络者。国际组织发展协会至今仍继续在大多数大陆举行年度会议。2010 年，在匈牙利举行的组织发展世界峰会期间，国际组织发展协会举行了 25 周年庆典。目前它与全球 800 多名组织发展实践者保持着联系。

1980 年，索尔·艾森（Saul Eisen）在索诺马州立大学（Sonoma State University）首次采用互联网来分享组织发展知识与经验。他的支点网络（Fulcrum Network）充当了公告板的角色，人们在上面通过电话线以 300 波特的速率在线输入命令和消息。幸运的是，艾森找到了一系列免费的主机系统。在 1981 年的组织发展网络会议上，他在一场会议上进行了关于支点（Fulcrum）的演讲并引起了广泛关注，这让他深受鼓舞并继续努力，同时组织发展网络董事会也决定为他提供支持。

1994 年，组织发展网络成员马蒂·卡普兰（Marti Kaplan）、艾伦·克莱恩（Alan Klein）、马特·米纳汉（Matt Minahan）和罗宾·里德（Robin Reid）对在线系统进行了一些测试，然后选择了由弗兰克·伯恩斯（Frank Burns）通过 Metanet 提供的邮件用户清单服务，并与他合作建立了 odnet，而艾森则关闭了支点。此后该用户清单列表又添加了 13 个特别主题的子列表，包括有色人种、卫生保健和教练服务等内容，现在所有列表大约拥有 1 000 名订阅者。大部分的讨论和社群建设已经逐渐转移到 LinkedIn 上，现约有 22 000 名订阅者。

分享组织发展知识

随着对组织发展实践的日益关注，市场上出现了收集与发布组织发展“工具”的热潮。

许多专业人士对于任何人都可随意得到此类工具感到不安，担心他们是否能够明智而具备职业道德地使用这些工具。那些领域内还不太熟悉的人很高兴有机会通过推出此类工具而获得认可，而很多新进入者也很高兴能获得一个工具包。多年来，在这方面最著名的发行商是由 J. William Pfeiffer 出版社和 John Jones 出版社于 1971 年创建的 University Associates（如今的 Pfeiffer imprint of Wiley）。他们从实践者那里收集针对人际关系培训、组织发展和人力资源开发实践者的结构化经验、工具、演讲、理论及资源并每年予以出版。

为了满足对于概念和理论知识的需求，一些出版社开始撰写组织发展领域的书籍，其中最著名的也许要属 Addison-Wesley 出版社。该出版社在贝克哈德和沙因的主导下编辑了一系列组织发展的书籍。前 6 本书出版于 1969 年。截至 1991 年，该系列书籍已增加至 27 本。

此外，一些相关期刊也创办问世，以传播正在发展的知识和理论。1946 年，勒温和特里斯特在塔维斯托克创办了一本新期刊——《人际关系》（*Human Relations*）。NTL 在 1964 年赞助了《应用行为科学杂志》（现由塞奇出版社出版）。其他期刊也在之后开始相继创办：1968 年，组织发展网络创办了《组织发展实践者》（*OD Practitioner*）；1971 年，美国管理协会创办了《组织动力学》（*Organizational Dynamics*）（现由爱思唯尔出版公司出版）；1975 年，University Associates 创办了《群体和组织研究》（*Group & Organization Studies*）（现由塞奇出版社出版）；1979 年，《领导力和组织发展》（*Leadership and Organization Development*）在英国予以创办（现由爱墨瑞得出版集团出版）。1983 年，组织发展学院开始出版《组织发展杂志》（*OD Journal*），该杂志现在由组织发展学院的继任者国际组织发展协会出版。

培养组织发展专业人士

到 1965 年，由于意识到人们越来越需要学术理论与实践经验相结合的项目，众多机构开始提供短期的在职学习项目及学位课程。

学习项目

20 世纪 70 年代早期，NTL 增添了有关组织发展、大型系统变革、冲突、过程咨询、多样性、群体和团队发展及其他更加细分领域的实验室。他们还在塔维斯托克的哈罗德·布拉杰（Harold Bridger）的帮助下，与塔维斯托克建立了联系，并开始在贝瑟尔组织塔维斯托克会议。

20世纪70年代中期，在埃德·尼维斯（Ed Nevis）、约翰·卡特（John Carter）、伊莱恩·凯普纳（Elaine Kepner）、卡洛琳·卢肯斯迈耶（Carolyn Lukensmeyer）和伦纳德·赫希（Leonard Hirsch）的领导下，克利夫兰格式塔学院开发了组织和系统发展认证项目，课程时间从一年到三年不等。这些项目今天仍在西雅图以为期3年、9个模块的课程形式，以及以为期16个月、5个模块的国际项目（每一学期在不同的国家）形式运作。

自1978年起，哥伦比亚大学的教育学院（Teachers College）为从事内部组织发展工作的人士提供了高阶组织发展和人力资源开发项目，该项目由为期9个月的3个研讨会构成，每个研讨会持续一周。大卫·纳德尔（David Nadler）、诺尔·迪奇（Noel Tichy）和华纳·伯克负责主导该教育项目的开发。该项目至今仍在以为期两周、每年秋季开新班的形式运作，由经验丰富的专业人士授课，其中就包括芭芭拉·邦克（Barbara Bunker）、迪克·阿克塞尔罗德（Dick Axelrod）、华纳·伯克和比尔·帕斯莫尔（Bill Pasmore）。

学位课程

凯斯西储大学（Case Western Reserve University）在赫布·谢巴德（Herb Shepard）的领导下于1965年开始提供组织行为学方面的博士学位课程。之后又增加了组织发展专业的硕士学位课程。学生通常是来自商界，他们要花三年或更长时间全职攻读该课程。1980年，NTL与美利坚大学合作提供了一项组织发展硕士课程。佩珀代因大学（Pepperdine University）、博林格林州立大学（Bowling Green State University）以及美国、加拿大、英国、瑞士和法国的许多其他高校也增加了组织发展或组织行为专业的研究生课程或开始在管理学研究生项目中纳入组织行为和发展的课程。

不断扩展的组织发展领域

到1970年左右，从事众多“组织发展项目”的人数增长如此之快，以至于很难对创建的内容及时间进行跟踪。从那时起直到现在，几大主题已在组织发展的持续发展中不断演变，包括对人力系统开发更广泛的定义。本节将对这些主题进行讨论：

- 开放系统方法

- 多样性和社会平等
- 管理者的需求
- 全球化与文化
- 品质与卓越
- 领导力和情商
- 欣赏式探询
- 整体系统和探索
- 学习型组织
- 高管教练
- 对话式组织发展

开放系统方法

开放系统模型使我们能深入了解对组织的健康和获得成功而言至关重要的各个流程，并明确了组织内部的三个主要过程。生产过程通过各项工作将组织投入转化为产出，为客户提供更多可感知的价值。社会过程旨在说明个人和群体如何互动以创建给集体环境带来积极或负面影响的规范。个人实现过程会影响人们的感受（包括满意、成长和承诺、悲伤、沮丧和消极）。最重要的是，开放系统模型强调组织与其环境之间的关系。它认为，每个相关的外部群体都对组织有所要求，如果置之不理的话，就会大幅降低该组织长期获得成功的可能性。企业产品或服务所面对的特定领域的客户是最重要的，因为它来自客户的反馈，向企业传达了其产品和服务价值的信息。

多样性和社会平等

到 1970 年，民权运动和妇女运动影响了美国社会及其制度。各企业和大学机构在组织内部及外部均感觉到来自黑人男性、黑人女性及白人女性的压力。各企业机构必须对自己的组织文化和系统进行评估，以确定各种形式的种族主义、性别歧视和阶级歧视的程度。妇女运动也对西方世界的许多其他国家产生了影响。

这一新重点在两个方面对组织发展领域造成了影响。当各个组织越来越清楚地意识到美国的政府机构在关注自己遵守有关种族歧视和性别歧视的新法律法规的情况时，许多组织转而向内部及外部组织发展专业人士（大多数是白人男性）寻求帮助，以弄清楚如何发现并应对此类动态。此外，组织发展及相关领域中的有色人种专业人士和女性专业人士成为一种稀缺资源；从而产生了针对这些组织中的管理者和员工开发培训及教育方法的强大动机。在 20 世纪 70 ~ 80 年代，一些组织发展实践者开始将多样性和社会公正整合到他们的组织发展工作中。这些早期的实践者包括埃尔希・希克罗斯（Elsie Y. Cross）、贝利・杰克逊（Bailey Jackson）、丽塔・哈迪曼（Rita Hardiman）、卡利尔・贾米森（Kaleel Jamison）、弗雷德里克・米勒（Frederick Miller）、朱迪斯・卡茨（Judith H. Katz）、伊迪丝・希雪尔等。

多个专业协会（特别是 NTL、国际注册咨询顾问和创造性变革协会）很快采取行动创建了旨在鼓励公平和平等对待所有人的相关政策与程序。国际注册咨询顾问可能是首个将此定义为“社会政治能力”的机构，着重强调该理念对其成员的重要性并将其纳入认证程序。尽管个人发展对于组织发展实践者而言一直非常重要，了解种族主义和性别主义的新要求不可避免地需要个人进行自我反省。对自身更深入的了解对于发现自我的偏见以及学习如何处理（如果存在这些偏见）潜在的言行不当和不道德行为将非常重要。多年来该领域由此获得了巨大的受益，但仍需付出努力，特别是在区域和国家文化压迫已引起全球关注的情况下。

管理者的需求

到 20 世纪 90 年代，管理者面临着更多的竞争和财务挑战。这一事实加之他们对组织发展注重个人及自己的需求感到不自在，这些因素促使企业经理和高管们更加倾向于“以业务为导向”。组织发展实践者将之称为“满足经理的需求”。随着时间的推移，这一情况促使许多人开发了更多理论和工具，如战略发展、愿景规划、再造工程、平衡计分卡等。

全球化与文化

跨国公司及全球业务的发展也对组织发展产生了重大影响。随着跨国组织中存在的问题浮出水面，文化与多样性主题变得普遍起来，起初的重点聚焦于民族文化。理解文化差异的兴起在很大程度上受益于吉尔特・霍夫斯塔德（Geert Hofstede）对许多国家中 IBM 员工的研究（1980）。对民族文化和组织文化的研究与了解迅速发展，泰伦斯・迪尔（Terrence Deal）、艾伦・肯尼迪（Allan Kennedy）、埃德加・沙因、弗恩斯・特罗姆贝纳斯（FonsTrompenaars）和南希・阿德勒（Nancy Adler）对此做了非常重要的工作。了解一个组织的企业文化并对之进行研究，已经成为组织发展专业人士的能力与实践的一个重要部分，特别是随着越来越多的组织和团队在员工国籍、种族、性别和社会经济背景方面呈现出了多样性的趋势。

品质与卓越

爱德华兹·戴明对质量以及对客户重要性的理解与信念为日本的质量管理做出了巨大贡献，帮助他们以更低的成本生产出更高质量的产品。但将“品管圈”的做法从日本引入美国的尝试并没有达到良好的效果，因为“品管圈”要求管理上层的思想和行为做出改变，而这一点并未得到很好的理解与实施。不过，美国人发现“全面质量管理”（Total Quality Management）是一种更为有效的方法，实施也更加成功，并逐渐纳入一般管理思想和实践中。近来，一种被称为“六西格玛”（Six Sigma）的方法已经获得了广泛的关注，这在很大程度上要归功于它在通用电气的发展与应用。

此外，汤姆·彼得斯（Tom Peters）和罗伯特·沃特曼（Robert Waterman）出版了《追求卓越》（*In Search of Excellence*）一书，该书对美国和欧洲管理人员关于以不同的方式思考组织、管理和领导力的意识产生了巨大影响。

领导力和情商

对领导力的关注会在一切涉及组织发展的领域中出现，这似乎是不可避免的。多年来对有效领导力的探索和研究产生了大量的相关知识理论，其中一些关于有效领导者的个性、思想、风格和行为的理论颇为矛盾。领导者应具备的重要能力和行为借由最近有关“情商”的研究得到了加强。

欣赏性探询

组织变革的欣赏式探询方法是由大卫·库柏莱德（David Cooperrider）于 20 世纪 80 年代中期在凯斯西储大学提出的。从历史上看，组织发展主要关注识别组织中的问题及阻止成为更有效、更人性化组织的障碍。不可避免的是，对问题的关注产生了负面影响并凸显了不能胜任及不足的领域。欣赏式探询强调发现组织的最大优势，释放“赋予生命”的可能性、组织成员的希望和梦想，以及员工所具备的如何使组织更健康更成功的隐性知识，从而产生更积极的影响及正向能量。

整体系统和探索

“探索会议”（Search Conference）由埃默里和特里斯特在20世纪60年代提出，最初的想法是一个组织所有部门的员工可以一起共同计划未来。它源于罗恩·李皮特和伊娃·辛德勒–雷曼（Eva Schindler-Rainman）在20世纪70年代所做的工作，适用于社群团体。在过后的几年里，又有很多人发展出了更好的概念、理论和实践，尤其是马文·韦斯伯德（Marvin Weisbord）和桑达·詹诺夫（Sandra Janoff）、凯西·丹内米勒（Kathy Dannemiller）、迪克·阿克塞尔罗德、芭芭拉·邦克和比莉·奥尔本（Billie Alban）。此类会议的范围扩大至“把整个组织置于房间里”，包括来自客户、供应商及当地社区的代表。

学习型组织

随着每个人都明显意识到快速变化的全球环境，人们有必要学习并成功应对组织中现在正在发生的事情。这种对灵活性的需要可能会失去或淡化组织从过去经验中所获得的专业知识的重要性。因此，创建一个学习型组织已成为组织走向长期成功的一个重要方式。

高管教练

关于这个咨询活动的新领域是否真的是组织发展的一部分还存在着一些分歧，主要是因为教练工作通常是与一名经理或高管一对一进行，没有涉及组织中的其他人。今天有许多人认为自己是“教练”，并声称他们在“实践组织发展”。国际教练联合会（International Coach Federation）基于“道德规范”以及所要求的特定职业能力素质提供与高管教练相关的培训、认证和鉴定。然而，满足这些要求似乎仍然是非强制性的，因为该领域仍然处于发展之中。

对话式组织发展

杰维斯·布希和罗伯特·马夏克对组织发展的这种演变描述如下：它是该领域中组织发展的历史性概念和一个完全不同的新概念之间的分叉点。促使了解和实施对话式组织发展的思想在一定程度上始于欣赏式探询，凸显并强化了组织当前运作的积极方面。将组织视为一种对话式系统成了关键性突破，而组织行为则是“人们依靠经验，通过一般叙述、故事、隐喻和对话创造和维持的”事实。

对话式组织发展实践被描述为：（1）客户和顾问一起拟定需要解决的问题，这样空间是开放的，以便纳入未来的各种可能性；（2）为大型多样性群体创建一个容器，使之能够很快精力充沛地开展工作；（3）举办工作会议（不是引导），从而产生生成式图景，以便相关人员确定如何改变其行为以达成期待结果。

结论

尽管人们可能将组织发展从诞生到今天想象成一棵不断成长的大树，先是种下一粒种子，长出树干，然后是许多分枝，但这个比喻其实并不适合。有太多的分支和思路从一开始就与这棵树没有了关联。了解组织发展的来源及当前的发展情况需要一双毕加索式的眼睛。这幅画是什么样子，取决于观众所站的位置以及观众已经知道的东西。

读者可能发现本章所述的某些部分看起来相关性不大，有些部分甚至很新奇，而我们希望，读者能将许多内容视为重要的新信息。我们的目的是让人们更好地了解组织发展的历史。更重要的是，这种理解应该激励实践者保持（而不是忽视或放弃）组织发展起源的关键理念和价值观。正如之前所述（其他章节将予以更详细的探讨），组织发展领域将继续纳入其他元素，许多元素是由组织发展与其他关于世界不断发展的新知识领域之间相互作用所产生的。这种模式与组织发展的历程一致，且一直是组织发展领域的最大优势。

参考文献

Blake, R. R., & Mouton, J. S. (1964). *The managerial grid*. Houston, TX: Gulf.

Bushe, G. R., & Marshak, R. J. (2009). Revisioning organization development: Diagnostic and dialogic premises and patterns of practice. *Journal of Applied Behavioral Science*, *45*(3), 348–368.

Bushe, G. R., & Marshak, R. J. (2013). An introduction to advances in dialogic organization development. *OD Practitioner*, *45*(1), 1–4.

Gellermann, W., Frankel, M. S., & Ladenson, R. F. (1990). *Values and ethics in organization and human systems development*. San Francisco, CA: Jossey-Bass.

Goleman, D. (1995). *Emotional intelligence*. New York: Bantam Books.

Hofstede, G. (1980). *Culture's consequences: International differences in work-related values.* Thousand Oaks, CA: Sage.

McGregor, D. (1960). *The human side of enterprise.* New York: McGraw-Hill.

Peters, T. J., & Waterman, R. H. (1982). *In search of excellence.* New York: HarperCollins.

Taylor, F. W. (1915). *The principles of scientific management.* New York: HarperCollins.

Trist, E. L. (1981). The evolution of socio-technical systems (Occasional Paper no. 2). Ontario, Canada: Ontario Quality of Work Life Centre.

von Bertalanffy, K. L. (1950). The theory of open systems in physics and biology. *Science, 3,* 23–29.

Weisbord, M. R. (2004). *Productive workplaces revisited: Dignity, meaning and community in the 21st century.* San Francisco, CA: Pfeiffer.

第3章

价值观、道德规范与组织发展实践

大卫·贾米森（David Jamieson）
威廉·盖勒曼（William Gellermann）

组织发展实践者的价值观会对他们所从事的工作及工作的方式产生影响。他们的价值观可能与客户组织的价值观一致，也可能与之相冲突。

本章将探讨对于组织发展实践者而言，其价值观的重要性主要体现在哪几个方面：他们所从事的人类系统工作、变革的手段和目的、组织发展的理念和方法，以及组织发展实践道德标准的建立。本章还讨论了组织发展价值观的历史根源与演变，以及它们的衰败和后续复兴。最后阐述了当下关于组织发展价值基础的观点，以及其与很多其他变革方法的不同。

在整章中，“价值观”被认为“重要性的标准”，如正直、诚实、效果、效率、生产能力、盈利能力、服务和生活品质，而“道德规范”被定义为“基于价值观或好或坏的行为标准”。“组织发展”指的是一个以价值观为基础的过程，该过程旨在提升个人、人际关系及组织各部分之间的一致性，以增强组织的有效性及成员的生活品质，从而更好地服务于组织的目标及契合更大的系统，其中组织自身即一个子系统。“组织发展实践”指的是在促进组织发展过程中所采用的概念、策略和方法。

价值观和组织发展实践

价值观是组织发展实践的基础，这是因为，价值观决定了组织发展实践者与客户组织的目标、价值观的一致性程度，以及与客户开展合作的方式。实践者的价值观塑造了他们的个体目标和意图、个人行为，以及与客户合作的手段。人们的价值基础会引导他们去追求财富或提供服务，获得权力或给予帮助，实现成就或做出贡献，谋取个人利益或承担社会责任。个人价值观塑造了在诸如正直（Integrity）、真实（Authenticity）、诚实（Honesty）、同理心（Compassion）、诚信（Trustworthiness）、角色（Roles）与边界（Boundaries）、人类尊严（Human Dignity）及个人成长（Personal Growth）等方面的个人行为。最后，实践者的价值观也深植于与系统合作时所采用的方法之中，进而也会对协作、社群、包容、学习、参与、赋能、平等、公正、选择、责任、差异和精神生活等造成影响。

客户系统也同样是基于价值基础在运作的。组织的价值观与其结果（所实现的）、行为和工作方式（组织文化）相关。当客户组织的价值观与实践者的价值观存在显著的区别时，决定合作与否就需要三思。如果一起合作，可能在动机、承诺度及诚信方面出现严重问题，冲突也就不可避免了。

意识到实践者和客户组织价值观的存在是重要的第一步，但现实要更为复杂一些。可能存在多元价值，它们在不同的条件下、不同的时期会有不同的优先次序。在实际价值观、信奉的价值观与期望的价值观之间还可能缺乏清晰度，这就凸显了明确是哪些价值观在起作用的重要性。

价值观的冲突与困境

在实践者当中或在实践者与客户组织之间，其价值观可能发生冲突，而这种产生冲突的价值观会导致对该做什么难以抉择。有时，某个价值观是如此重要而强大，对价值观的选择也清晰而明确，毫无为难之处。但更多的时候是处于灰暗的模糊状态，在这种情况下，所面临的挑战就在于如何平衡优先次序（或者是个人的，或者是与他人联合的），而“自我”（我们是谁）会发挥作用帮助我们思考、选择和行动，或者与之相反，形成阻碍。

现在我们来了解有关组织发展实践者世界观与实践的核心会出现的价值冲突及伦理困境的一些例子。你会如何应对？你的哪些价值观和伦理道德会指导你的行为？

A. 你是一名独立顾问。最近有几个项目你提交了建议书，但均未被选中。现在有个工作机会，但你缺乏所要求的工作背景。你确定自己可以胜任这份工作，但同时也知道，如果坦承自己没有此类工作背景，将不会被选中。

你会如何应对？你的哪些价值观和道德标准会指导你的行为？

B. 你感到左右为难。你获悉了一些能够帮助重要客户的信息，但如果使用了这些信息，你就会违反对其他客户的保密承诺。

你会如何应对？你的哪些价值观和道德标准会指导你的行为？

C. 你正与一个有着不同文化的贫困社区合作开展工作，该项目的拨款来自一家国际金融机构。你了解组织发展，也知道如何帮助客户改善各级流程使其变得更加有效且更具开发潜力。然而，开放和真实这样的价值观在该文化中并不被重视，自给自足已成为一种生活方式。很明显，该社区的人们需要能够发表不同的意见，并学会一起合作。你感觉在尊重现有价值观和采取干预措施建立新行为之间左右为难。你已经与社区中的关键客户建立了良好关系，并就工作结果要对上述金融机构负责。

你会如何应对？你的哪些价值观和道德标准会指导你的行为？

上述及其他情境非常普遍，它们证明价值观、价值观困境和道德规范会以很多不同的方式来影响组织发展实践。

以价值观为指导

一些人认为，价值观是必须普遍遵循的“应做之事”。但本章的观点是，价值观只是“标准”，每个实践者各自基于自己的经验选择、反思并进行考虑。

价值观可以被视为在毕生所受的影响、个人经历和反思过程中发展成形的指导理念。核心价值观有如船舵一般，引导你去应对不同的情况。随着时间的推移，价值观会基于对生活影响和经历的反思进行调整并改变。一些价值观较为根深蒂固，更多的成为其核心认同的一部分，而其他价值观相对而言并不是那么重要，未处于核心位置，不触及根本。

当少数人的贪婪凌驾于多数人的需求之上时，当首席执行官等人自己的财富在增加而股东却在亏损、员工不得不下岗时，价值观的相对性就会在企业中显现。例如，截至 2010 年的统计，首席执行官的年薪与普通员工的年薪比率是 243∶1。当个人重视公正但经常感觉受到不公正对待时，或者当实践者认为与客户地位是平等的，却要忍受被当成“雇工”时，这种价值观的相对性也会出现。

了解自身的价值体系有助于实践者做出决策、解决困境，让步妥协并坚定立场。价值观指导着个人的追求或偏好。价值观影响着实践者的生活需求（反映在生活目标或期待结果中）以及如何生活、如何与他人打交道（行为、手段）。然而，现实世界、当前环境以及“自我”（我是谁）可能干扰、修正甚至改变实践者践行其价值观的方式。

价值观与“自我”

“自我”——我是谁及我的核心认同是什么——为组织发展实践者在工作中将“运用自我”作为变革工具，扮演了重要的角色。价值观是组织发展实践者自我的一部分，在“自我”其他部分的表达过程中与之相互作用。这种相互作用可以支持并强化一种价值观，也可以阻碍和削弱它的表达，甚至会改变实践者赋予它的重要性。例如，一名实践者可能确实很重视开放坦诚，也能够在与多数人相处时践行这一价值观。然而，当面对某些人时，他可能过于害怕失去他们的感情或认可，因而与其的互动变得不那么直接、开放。或者试想一下，当遭遇“领导”施压，要求达成代表不同价值观的结果或采取代表不同价值观的方法时，那个艰难面对权威人士、不断让自己的价值观妥协的组织发展实践者。

从另一个角度来看，在之前的研究中对一些实践者进行了访谈，让他们谈谈对所服务的组织“裁员”的看法。一般来说，如果裁员是为了应对短期的需求下降，这些实践者普遍倾向于持抗拒态度，尽管大多数人都勉强给予了配合。有两个案例显示，实践者的价值观非常强烈，因而提出了抗议。但他们并未成功，于是就辞去了工作，因为他们认为裁员会破坏员工的信任、忠诚和积极性，从而对组织造成损害。实践者对想要裁员的管理高层做出的反应，就是实践者的价值观与雇主组织的价值观相冲突的一个例子。

组织发展价值观：彼时与现今

价值观一直是组织发展演化和实践的核心。它们将先驱实践者凝聚起来并为早期的组织发展工作提供了焦点与同一性。通过不同的优势和关注点，价值观一直在将组织发展实践与许多其他的变革、管理、咨询和引导方法区分开来。

组织发展早期的价值观对于其作为一种专业的领域而言至关重要，因为这些价值观与组织运作中普遍盛行的价值观有着很大不同。在组织发展的概念产生之前，组织的运行是基于机械式和官僚体系原则，包括对权威的服从、劳动分工、层级监督、正式化的程序和规则、控制链以及自上而下的指令，缺乏人情味儿。相比之下，组织发展领域带来了截然不同的价值观，形成对主流组织环境的一个反作用力。组织发展提供了一个更为全面的观点来看待人与组织，并相信这种不一样的方法不仅对个体更有益，对于组织绩效也更加有利。

本节将从组织发展的形成期开始追溯组织发展的价值观直至当前。遵照共同的主题和相似之处，对于这段时期关于组织发展价值观的不同观点，我们进行了相对松散的整理，如表 3.1 所示。

组织发展的价值观及形成时期：20 世纪五六十年代

组织发展早期信奉的价值观是人本主义、民主和天性的发展。其重点很明显是有关人类—社会方面，这一点与对技术—生产的关注相反。然而，早期的组织发展先驱并没有忽视有效性、绩效、生产率和效率。正如本尼斯（Bennis）所阐述，“通常，变革推动者会认为，实现这些价值观最终不仅会促成一个更加人性化、民主的体系，也会促成一个更高效的体系”。阿吉里斯进一步强调，“人际关系能力匮缺或没有‘心理安全‘的环境，组织将成为不信任、群际冲突、僵化等问题的温床……进而导致组织成功解决问题的概率下降”。弗伦奇（French）和贝尔（Bell）在他们对组织发展的历史性观点中提出，“我们认为大多数组织发展实践者在秉持这些人本主义和民主价值观时，也带来了一些影响，让人们去采用不同但会“更好”的方式组织运营并与人打交道”。

最早的价值观、理念和方法受到行为科学的研究发现及重要管理研究人员的影响，这些研究人员将整体的人、社会系统、民主和发展带入人们关注的中心，强调它们对于组织行为和绩效的影响。由早期组织发展先驱们开始编织汇聚的思路线索逐渐形成了构建新的价值观体系及不同组织观的基础。这些思路线索体现在：

- 福利特（Follett）的早期研究工作倡导参与式领导以及由员工和管理层共同解决问题；
- 勒温、李皮特和怀特（White）的后期研究证明民主式领导在影响群体氛围和绩效方面要优于独裁或自由放任式领导；利克特的后期研究表明了民主式领导的优越性；
- 霍桑实验（Hawthorne Studies）及其对人们关于组织行为信仰的深远影响，包括：社会因素对生产力和士气的首要性；所有员工在工作时的情绪和态度会对他们的绩效产生影响；群体规范对生产力具有强大的影响。人际关系运动正是源于该项研究，使人们更加重视参与式管理、员工的社会需求及人际关系技巧方面的培训；

- 勒温等人关于群体动态的研究；
- 由布拉德福德、吉布和本尼发起的实验室训练运动，指导人们如何改善人际关系、提高自我意识并了解群体动态；
- 罗杰斯的研究倡导对行为和成长的自我责任、具支持性与关怀性的社会氛围及有效的人际沟通；
- 描述了一系列领导风格的晚期研究，从独裁式领导到参与式领导，各有不同的用途和利弊；
- 特里斯特和班福思（Bamforth）的早期研究证明了组织的社会—技术性质；
- 马斯洛、麦格雷戈和阿吉里斯所阐述的关于人的最新观点，改变了人们关于个人/员工的本质、动机以及员工需求与组织需求间的本质冲突的思考；
- 伯恩斯和斯托克斯（Stalkers）的研究关注区分机械式和有机结构及在不同环境中它们的相关性；
- 卡茨和卡恩（Kahn）带来的影响，二人首次提出将组织作为一个开放系统的观点。

组织发展领域的早期价值观和理念基于上述研究和理论贡献而创建，也产生了完全不同的策略与方法来改善组织以及组织中员工的生活，例如，敏感性训练（Sensitivity Training）、T-groups、团队建设、社会—技术工作设计及调查反馈。

本尼斯、坦南鲍姆和戴维斯提供了对组织发展价值观最早期的阐述。本尼斯确定了一系列组织发展价值观并总结认为选择是组织发展的核心价值。坦南鲍姆和戴维斯专注于由组织发展新领域所代表的价值观的变化，并提供了更为广泛的价值观列表。他们的组织发展价值观列表如表 3.1 所示。

组织发展价值观及不断扩展的对组织发展的观点：20 世纪七八十年代及之后

尽管最早的组织发展工作主要聚焦于个人及人际关系上，到 20 世纪 80 年代，组织发展完全聚焦于较大的系统上，从对团队的关注到对组织甚至对社区和社会的关注。坦南鲍姆、马格里斯（Margulies）、马萨里克（Massarik）等人注意到对组织发展的观点在不断扩展，从“个人”到“组织”，再到“人类系统”，并认识到组织是人类系统，同时也是更大型人类系统的子系统。基于“T-groups”和“敏感性训练”的经验表明，个人可以直接从他们在群体中的经验了解自己及群体动力学。从这点中认识到一个问题：要改进工作群体的运作，实践者需要帮助人们作为一个群体一起合作、共同学习，因此产生了“团队建

表 3.1　随着时间的推移不断演变的组织发展价值观和价值主题

本尼斯（1969）	坦南鲍姆和戴维斯（1969）	盖勒曼、弗兰克尔和兰德森（1990）	伯克（1997）	2001 年组织发展网络会议（格里芬和麦乐斯，2002）	组织发展网络实践原则（丘奇，2003）
人本主义行为					
	真实的行为、适当的情绪表达和使用、冒险的意愿	真实、一致、诚实、开放、理解、接纳、责任、自我控制	开放	真实、诚实、存在、同理心、勇气	真实、开放
多样性与公正					
让人为因素和情感合理化	接纳并利用个体差异	尊重、尊严、正直、价值、人类系统的基本权利、公正、自由、多样性	公平	尊重（多样化）、正直、包容性	尊重、多样化、包容性、正直、伦理、赋能
绩效改进					
		有效性、效率、一致性			
生活与精神生活					
		生活及对幸福的追求		豁达高远的胸怀、信仰	
协作与社群					
人际关系能力	协作、信任他人	社群、共赢态度、合作—协作、信任		社群	协作
民主					
选择		广泛、有意义地参与系统事务、民主、适当的决策	选择		民主过程

续表

人的发展					
有机系统的发展	坚信人们的人类属性（Confirming people as human beings）、把个人视为“完整的人”、鼓励个人参与、人性本善	学习、发展、成长、转型、人的潜力、赋能、灵活性、变革、积极主动	人的发展、自治和约束之间的平衡	学习、成长、平衡	自我意识
过程的有效性					
更有能力的团队管理、群体和群际理解、冲突解决改进	适当的对抗、处理对任务完成至关重要的工作、出于与组织相关的目的利用社会地位				保密性

设”。鉴于此，随后需要做的是将关注点扩展至整个组织，因此产生了“组织发展”；然后，要超越组织，将整个“人类系统”纳入其中。在这个系统中，社会只是其中的子系统，最终将涵盖我们整个全球人类系统。

从人类系统的各个层级来考虑组织发展，拓宽了变革的范围和复杂性，强化了价值观和道德规范在我们工作中的作用。随着利益相关者、视角、观点和议程的增加，通常会更难以确定共同利益、平等与公正。不同的价值观通常会驱动不同的信念，坚定什么才是合乎道德标准的。然而，这不会改变通过运用组织发展的基本价值观或开展符合这些价值观的变革去实现全人类系统可持续性结果的预期。

虽然很多人并不认为组织发展是一个正式的专业，专业通常具有明确的实践标准、能力素质、被认可的价值观及道德规范，但许多人认同——由迪克 ·贝克哈德（Dick Beckhard）首先提出——组织发展是一个“实践领域”，组织发展实践者作为一个“专业人士社群”在进行运作。20 世纪 80 年代早期出现了这样一种观念，即组织发展实践者社群如果具备明确的价值观和道德规范及共享的知识和实践原则的话，可以更有效地进行运作。所以相关人士发起了一个项目，为组织和人类系统发展（Organization and Human Systems Development）领域的专业人士制定一份有关价值观与道德规范声明。

这个项目旨在制定“组织和人类系统发展领域专业人士的价值观与道德规范声明”，并不是为了制定一组施加给实践者的“应做之事”，而是作为一种资源让实践者用来澄清自己的价值观与道德规范。该过程由组织发展研究所于 1982 年发起。大多数与组织发展有关的重要网络、协会和社团及来自世界各地 1 000 多名组织发展实践者对此给予了支持。该项目起草了一份“声明”，将它公布于众以收集评论，之后再基于评论进行修改，如此重复“起草—公布—修改”，过程多达 25 次以上。该份声明已经得到组织发展社群大约 50 名领导人的认可，以此作为“工作声明”。

从 1990 年以来，该份声明几乎未经改动，并在《组织和人类系统发展的价值观与道德规范》（*Values and Ethics in Organization and Human Systems Development*）和《组织咨询手册》（*Handbook of Organizational Consultation*）中发表。至今它仍然是组织和人类系统发展领域中最全面、最为广泛接受的价值观体系，并继续作为新成立的国际组织发展协会（the International Society for Organization Development）的“道德规范”的基础（www.theisod.org/code.htm）。国际组织发展协会是组织发展研究所的继任组织。

组织发展/人类系统发展的核心价值观

通过回顾迄今确定的所有版本的组织和人类系统发展价值观，我们能确定如下核心价值观。

1. 基本价值观
   a. 生活和追求幸福：人们尊重、欣赏及热爱自己及他人致力于追求《独立宣言》所构想的幸福（“幸福的一生”）的体验。
   b. 自由、责任和自我控制：人们体验自己的自由，以负责任的方式行使这种自由，并管理好自己。
   c. 公正：人们过着公正、公平的生活。
2. 个人与人际价值观（也可能是更大系统的价值观）
   a. 人的潜能和赋能：人们保持身体健康并意识到要充分开发自己的潜能；充分了解自己力量，让潜能成真；开发它；践行它；逐渐做到最好，不管是个人层面还是集体层面。
   b. 尊重、尊严、正直、价值和个人及其他人类系统的基本权利：人们欣赏彼此，认同他们作为人的权利，包括生命、自由和追求幸福的权利。
   c. 真实、一致、诚实、开放、理解及接纳：忠于自我、思行合一、诚实做人、互相保持适当的开放（包括表达情感和建设性地处理分歧）、对处于同样情形下的他人感同身受并做到理解与接纳。
   d. 灵活性、变化和主动：在一个持续的过程中人们一方面改变自己，另一方面采取果断行动，其目的是在自己和所在的外部现实（包括其他种群）之间维持或达到一个良好的契合。
3. 系统价值观（也可能是个人和人际关系层面的价值观）
   a. 学习、发展、成长和转型：人们在不断成长以更大地实现自己的潜能，这种成长可能是独自的也可能是共同的。
   b. 共赢态度、合作—协作、信任、社群与多样性：人们互相关心及共同实现对每个人都有利的结果（独自地或共同地），体验社群精神，尊重全球社群中存在的多样性。
   c. 广泛、有意义的参与系统事务，民主和适当的决策：人们尽可能完全参与影响其生活的决策。
   d. 有效性、效率和调适：人们达成期待结果的同时保持结果和成本之间的最佳平衡，这么做能协调系统、子系统和宏观系统的能量——特别是人类的能量、需求和欲望，它们构成了这些系统。

盖勒曼、弗兰克尔和雷德森提出的最初价值观，连同伯克、格里芬（Griffin）和麦乐斯（Minors）及丘奇（Church）提出的其他版本的组织发展价值观均在表 3.1 中列出。

核心价值观的削弱：20 世纪 90 年代

从 20 世纪五六十年代形成时期的强势登场到 20 世纪七八十年代的快速发展，在过去 20 年里许多人表现出对“组织发展已经迷失了方向”或“实践者显然已遗忘了作为该领域基础的价值观”的担心。随着实践者人数的增长，组织发展方法的数量也随之激增，一些新的价值观开始出现，指导着组织发展实践。有些价值观存在矛盾与冲突，有些逐渐减弱，还有一些与较早期的组织发展价值观相背离。例如，一些在组织中扩散的价值观与人本主义、民主和发展的价值观相矛盾并削弱了后者，这些价值观包括利润至上；相对于人道的做法，采取了裁员和下岗的不人道做法；“针对他人”而不是“与他人合作”；不惜一切代价提高效率；隐瞒信息；刻意操纵；胁迫而不是共享、参与或允许自由选择。

从来没有一套会被普遍接受的价值观。所以对于组织发展实践者来说，清楚地知道他们所做选择的价值基础就变得尤为重要。丘奇提出，组织发展领域已经出现了一种双重性，只有两个主要的价值约束构成了组织发展实践者与组织合作的基础：（1）培养人文关怀；（2）聚焦更传统的商业议题，包括有效性、效率和利润。他总结说，经济上的压力及问题驱动着客户及他们聘请的顾问要去追求经济价值，而这经常以牺牲人本主义、民主和发展的价值观为代价。事实上，许多大型公司（包括大约 300 家《财富》500 强公司）经国家批准的成立章程也要求实现股东价值的最大化。即使没有经济动机也存在类似的趋势。相较于其他利益相关者的福利，高级管理人员会更看重自我提升的价值观。权力、威望、控制权、声誉、晋升和对资金的争夺也会产生和追求利润一样的价值冲突与困境。

价值观的多元化出现于组织发展的初始阶段且一直持续至今。平衡各种价值观体系使得组织发展相对于 60 年前的普遍思想有了相当大的改进。也许有些人过去过于强调人本主义和对个人的关注。也许还有人对那些迫于经营压力而焦虑的群体大肆推销商业议题及短期经济效益。因此，双重性成为一个不切实际的二分法——它是一个“非黑即白”的选择，而不是“兼容并蓄”。

在经济利益对人本主义民主利益的问题上，很容易出现二分法式的非黑即白的短视想法，组织发展实践者可以解决一些想法中所固有的诸多差异。对企业社会责任的再次关注、包含了三重底线的新经济模式的发展，以及过于乐观地认为企业可成为世界变革推动因素的想法表明，经济利益和人本主义视角并非从根本上是不相容的。解决这些观点间的明显冲突对于组织有效获得员工真正的承诺而非强迫式的服从至关重要。只要人员和情境一直存在差别，真正的价值冲突将始终存在。但不因为相互冲突的价值观而产生二分法式的思维就能获得更好的结果。极性理论（Polarity Theory）告诉我们，自然极性无处不在，因此需要管理紧张关系并平衡各项行动，以实现这些极性的优点最大化及缺点最小化。

对价值观的再次关注：2000 年后

近年来，价值观重新得到人们的关注，几乎就和组织发展的形成一样，这是对盛行的不良趋势的一种回应。人员的规模总在所谓的适度调整及重新设计中；短期经济指标已如圣杯般成为极难得到的东西；不惜牺牲他人以优化组织已成为惯例；短期的成功和盈利掩盖了环境的恶化与资源的损耗。人们对精神生活和社群等价值观的呼声越来越高，可持续性日益增加，许多有关人类潜能/个人发展的价值观正再度出现。许多组织发展业内人士再次提出核心价值观或渴望它们的回归。组织发展领域必须努力在经常冲突的价值观之间保持平衡并管理不可避免的轮回摆荡。

2001 年组织发展网络会议的参与者参加了一项价值识别活动，确定他们认为来年需要关注的最重要的价值观：真实、尊重/多样性、诚实/诚信、平衡、存在、学习/成长、社群/包容性、同情、豁达高远的胸怀、信仰与勇气。

随后，组织发展网络发起了一个项目，与全美国的焦点小组采用各种情境来确定本领域当前适用的价值观。这项努力带来了对价值观/原则的一次广泛总结以及一份“实践原则”的声明草案。这项工作产生的价值陈述形成了以下被项目参与者视为非常重要的价值观：真实/开放、尊重/多样性/包容性、诚信/道德、协作、民主过程、赋能、自我意识和保密。这些价值观也与本章之前所述的其他组织发展价值观一起列于表 3.1 中。

表 3.1 中所示的组织发展价值观陈述经历了 40 多年的发展。虽然它们存在一些差异，但高度的相似性还是令人吃惊。这些相似之处表明，始终有一些核心价值观将组织发展与其他的管理和变革方法区分开来，但这并不意味着这些价值观总在起作用。个体实践者对支持或削弱这些价值观做出选择。正如多年的组织发展实践和不断变化的组织环境所展现的，许多最初的价值观被一些实践者所削弱，却被另一些所强化。

道德规范、道德困境和伦理能力

价值观作为“重要性的标准”已得到了应有的强调。道德规范同样也很重要。它们是“基于价值观的行为好坏的标准”。打个比方，道德规范就像一个为我们指引方向的指南针，而价值观就像地磁北极，吸引罗盘针朝向那个方向。基于价值观的道德规范为组织发展实践者在工作和生活道路上提供指引。关于组织发展道德规范陈述的示例可参见“组织发展和人类系统发展专业人士价值观和道德规范声明”。该声明中的道德规范包括：

1. 对自己负责
   - 以正直、真实的态度行事。
   - 追求自我认知和个人成长。
   - 以公平、公正的方式维护个人利益。
2. 对专业发展与能力负责
   - 为自己的行为后果承担责任。
   - 发展和维护个人能力并与其他专业人士建立合作关系。
   - 在履行自己的专业角色时，认识到自己的需求与欲望，并以负责任的方式处理它们。
3. 对客户和重要的他人负责
   - 服务于我们的客户系统及其利益相关者的长期福祉。
   - 以诚实、负责任的态度行事并保持适当的开放性。
   - 就公平合同建立相互认同。
4. 对组织发展—人类系统发展社群负责
   - 为其他实践者及实践领域的持续专业发展做出贡献。
   - 促进专业知识和技能的共享。
   - 以专业的方式与其他专业人士合作。
5. 社会责任
   - 行事时要对我们的建议将对客户系统及其作为子系统身处其中的更大系统所造成的后果保持敏感。
   - 行事时要意识到我们的文化过滤器，并对跨国公司和多元文化差异及其影响保持敏感。
   - 促进公平以及为地球上所有生命的福祉服务。

组织发展工作会面临很多可能造成道德困境的情况。伊根（Egan）和盖勒曼（Gellermann）提出，组织发展中的道德困境是由于相互对抗的权利、义务和利益之间的冲突造成的。怀特和伍滕（Wooten）、盖勒曼、弗兰克尔（Frankel）和雷德森（Ladenson）、德沃格尔（DeVogel）和佩奇（Page）已经确定了组织发展实践者会经历的道德困境：

- 失实陈述和共谋——包括参与的错觉、客户仅提供局部信息或采纳客户的偏见；
- 滥用数据——包括分享机密信息或提供部分数据来支持之前的结论；
- 操纵和胁迫——包括利用不正当的实践者影响力，客户误导实践者或纳入不适当的威胁和奖励以达到某种结果；
- 价值和目标冲突——包括与客户在手段或目的上的分歧或与合作实践者的分歧；
- 技术无能——包括不恰当的干预、偷工减料的诊断或超出个人能力的工作；
- 客户依赖——包括客户过度需要实践者的帮助或实践者没有帮助客户学习并发展其能力。

近年来出现了另一个涉及学术诚实的道德问题。创建人或其他实践者的概念、思想、模型和工具在演讲、讲义、幻灯片演示，甚至在书籍中以各种形式出现，却没有提及它们的创作者而假设它们是由当前作者所创的。另一个出现在高度商业化企业中的变化是，对某人之前的成果做些轻微变动，而申请新的作者版权。这些做法都是不道德的，是对组织发展实践者社群的不尊重。

意识到这些道德问题有助于组织发展实践者识别它们并做出回应。

一篇关于组织发展未来的文章指出，组织发展正在经历一段对价值观感到困惑与模糊的时期。实践者所处的位置让他们必须依靠自己的价值观基础和个人道德框架，而不是基于普遍认可的道德标准。在这种情况下，道德行为取决于每个组织发展实践者的决策以及在冲突情形中所采用的价值观。因此，实践者提示伦理能力非常重要，德沃格尔认为它是实践者必须具备的能力：

- 对自己的信仰、价值观、道德规范及潜在伦理挑战的清晰了解“能使他们的直觉更准确”；
- 对自己经历的反思为未来的行动创建了一个知识库；
- 练习对价值观和道德规范的使用，使其在需要的时候能够发挥作用，也就是说，开发并实施一个伦理决策模型。

在缺乏发展和个人明悟的情况下，实践者正冒着滑向一种未经检验的利己形式的风险。

伦理能力和素质通过反思性实践得以发展。因为从来就不存在“对或错”的选择，组织发展实践者知道该做什么的能力，取决于他们在多大程度上能够通过持续反思与个人总结来从经验中学习并建立知识库与决策能力。有一种发展伦理能力的方法就是回顾本章参考文献列表中引用的情况，并反思自己对此类情况的回应。

在不断变化的未来中不断演变的价值观

价值观和道德规范及它们如何与组织发展实践相关联已经在本章中予以讨论。就像组织、环境和实践者在不断变化一样，它们也在不断演变。我们希望引导这种演变的是与本尼斯有关“选择是组织发展的核心价值”这一理念相一致的价值观和道德规范。

由于组织发展以特定的价值观为基础，这个领域并不适合所有人。实践者需要评估自己是谁，评估自己与通常被视为组织发展基础的价值观体系的契合度，也要评估自己对于采用符合这些价值观的过程、原则和方法的承诺度。

以本章阐述的关键价值主题为基础，作为组织发展实践者的核心要求将在后面阐述。一名实践者的工作目标需要专注于为他人服务。他需要关心所有人类系统的福祉，为它们潜能的成长与发展而努力。尽管组织发展领域可能与越来越大的系统合作——最终会是全球系统——但始终需要关注个人和生活的质量。此外，实践者需要信奉运用自我作为变革的工具来帮助他人。组织发展实践者在与客户打交道时对自我的运用，对于组织发展实践中实际会发生什么起着巨大的作用。

大多数组织发展价值观都涉及个人行为，以及实践者如何与他人合作。重要的是要做到：

- 力求真实性、一致性、开放性和完整性；
- 做真正的自己，而不是扮演一组角色；
- 认可完整的人——知识、情感、精神、肉体——以及他的复杂性；
- 建立人与人之间的开放交流，以获得更深层次的理解；
- 力求正直和以公平、公正的方式运作；
- 当责和守信；
- 将所有利益相关者牢记于心；
- 确保公平待遇和无偏见的公正；

- 基于尊重和尊严包容差异；
- 信奉多样性的价值观和权利。

作为一名组织发展实践者，需要不断寻求个人与组织需求间的平衡、绩效与人性之间的平衡，以及内容与过程之间的平衡，这也是作为一个完整的人所需要的。与大多数的领域相比，组织发展更加注重寻找共同点、平衡、兼容并蓄和双赢解决方案。

在组织发展实践中，民主的环境非常重要，它能让人们基于自由的选择和责任参与其中；能建立相关的流程及结构，让人们参与自己命运的构建，对自己的行为和决定负责。组织发展领域的工作也是利用群体的力量，促进人际交往能力、合作、协作及协同作用，还包括将联合性——集体和社群——构建到人类系统的思维中。

这些目的和价值观是渴求的目标，需要做出认真的承诺。它们是组织发展实践的基础，是客户和各级人类系统的希望，也代表了与他人合作的期待结果，并为实践者的生活掌舵导航。价值观和道德行为是组织发展的核心，所有实践者必须进行自省，清楚自己的目标、价值观和道德规范，并将这种理解转化为自己的生活方式。

结论

自从本书首次出版以来，组织和人类系统发展领域的一些实践者（包括本章的作者）逐渐清楚地认识到，更少地作为独立个体的集合来开展工作，而更多地以一个专业人士的协作网络/社群来运作，组织发展行业将因此而获益。身为这样的专业人士在服务我们整个全球社群上的观点是一致的。越来越多与更大规模人类系统（如跨组织组合、社群、国家、社会、地区及我们整个地球）有关的问题已经出现，我们实践的领域再也不能仅关注于单一的组织（尽管个体实践者可能这样做）或独立实践。因此，我们需要利用价值观和共享道德规范在合作行动方面加强并扩大实践者社群，包括扩大我们的实践重点以纳入全面的人类系统。如果我们能够将原则和实践应用于自身，以协作的方式与客户组织打交道，并让专业协会和网络参与到我们作为一个人类系统的自我发展中，这似乎是可行的。

参考文献

Argyris, C. (1957). *Personality and organization*. New York: Harper & Row.

Argyris, C. (1962). *Interpersonal competence and organizational effectiveness*. Homewood, IL: Irwin-Dorsey.

Bennis, W. G. (1966). *Changing organizations*. New York: McGraw-Hill.

Bennis, W. G. (1969). *Organization development: Its nature, origins and prospects*. Reading, MA: Addison-Wesley.

Bradford, L. P., Gibb, J., & Benne, K. D. (1964). *T-group theory and laboratory method: Innovation in re-education*. Hoboken, NJ: John Wiley & Sons.

Burns, T., & Stalker, G. (1961). *The management of innovation*. London: Tavistock.

Burke, W. W. (1992). *Organization development: A process of learning and changing* (2nd ed.). Reading, MA: Addison-Wesley.

Burke, W. W. (1997). The new agenda for organization development. *Organizational Dynamics*, *26*(1), 7–20.

Burke, W. W. (1998, Spring). Living OD values in today's changing world of organization consulting. *Vision/Action*, *17*, 1.

Church, A. (1996, Winter). Values and the wayward profession: An exploration of the changing nature of OD. *Vision/Action*, *15*, 4.

Church, A. (2003). Principles of practice of OD. Unpublished document. Organization Development Network.

Cartwright, D., & Zander, A. (1953). *Group dynamics: Research and theory*. Evanston, IL: Row, Peterson & Company.

DeVogel, S. (1992). Ethical decision making in organization development: Current theory and practice. Unpublished dissertation. University of Minnesota.

Egan, T., & Gellermann, W. (2005). The ethical practitioner. In W. Rothwell, R. Sullivan, & G. McLean (Eds.), *Practicing organization development* (2nd ed.). San Francisco, CA: Pfeiffer.

Follett, M. (1924). *Creative experience*. New York: Longmans, Green.

Follett, M. (1942). *Dynamic administration: The collected papers of Mary Parker Follett.* H. Metcalf & L. Urwick (Eds.). New York: Harper & Row.

French, W., & Bell, C. H., Jr. (1999). *Organization development: Behavioral science interventions for organization improvement* (6th ed.). Englewood Cliffs, NJ: Prentice-Hall.

Gellermann, W., Frankel, M., & Ladenson, R. (1990). *Values and ethics in organization and human systems development.* San Francisco, CA: Jossey-Bass.

Golembiewski, R. (Ed.). (2000). *Handbook of organizational consultation* (2nd ed.). New York: Marcel Dekker.

Griffin, P., & Minors, A. (2002). Values in practice in organization development: An interim report. Unpublished document, Organization Development Network.

Homans, G. (1950). *The human group*. New York: Harcourt, Brace, Jovanovich.

Hultman, K., & Gellermann, W. (2001). *Balancing individual and organizational values: Walking the tightrope of success*. San Francisco, CA: Pfeiffer.

Jamieson, D. (2003). The heart and mind of the practitioner: Remembering Bob Tannenbaum. *OD Practitioner*, *35*(4), 3–8.

Jamieson, D., Auron, M., & Shechtman, D. (2010). Managing "use of self" for masterful professional practice. *OD Practitioner*, *42*(3), 4–11.

Johnson, B. (1996). *Polarity management: Identifying and managing unsolvable problems.* Amherst, MA: HRD Press.

Katz, D., & Kahn, R. (1966). *The social psychology of organizations* (2nd ed.). Hoboken, NJ: John Wiley & Sons.

Lewin, K. (1947a). Frontiers in group dynamics, Part I: Concept, method and reality in social science: Social equilibria and social change. *Human Relations*, *1*, 5–41.

Lewin, K. (1947b). Frontiers in group dynamics, Part II: Channels of group life: Social planning and action research. *Human Relations*, *1*, 143–153.

Lewin, K., Lippitt, R. O., & White, R. (1939). Patterns of aggressive behavior in experimentally-created social climates. *Journal of Social Psychology*, *10*, 271–299.

Likert, R. (1961). *New patterns of management*. New York: McGraw-Hill.

Maslow, A. (1954). *Motivation and personality*. New York: Harper & Row.

McGregor, D. (1960). *The human side of enterprise*. New York: McGraw-Hill.

Mayo, E. (1933). *The human problems of an industrial civilization*. New York: Macmillan.

Mayo, E. (1945). *The social problems of an industrial civilization*. Boston, MA: School of Business Administration, Harvard University.

Page, M. (1998). Ethical dilemmas in organization development consulting practice. Unpublished master's thesis. Pepperdine University.

Rogers, C. (1951). *Client-centered therapy*. Boston, MA: Houghton Mifflin.

Roethlisberger, F., & Dickson, W. (1939). *Management and the worker*. Cambridge, MA: Harvard University Press.

Schein, E. H., & Bennis, W. G. (1965). *Personal and organizational change through group methods: The laboratory approach*. Hoboken, NJ: John Wiley & Sons.

Schön, D. (1983). *The reflective practitioner: How professionals think in action*. New York: Basic Books.

Stiglitz, J. (2012). *The price of inequality: How today's divided society endangers our future*. New York: W.W. Norton & Company.

Tannenbaum, R., & Davis, S. (1969). Values, man, and organizations. *Industrial Management Review*, *10*(2), 67–86.

Tannenbaum, R, Margulies, N., Massarik, F., & Associates (1985). *Human systems development: Perspectives on people and organizations*. San Francisco, CA: Jossey-Bass.

Tannenbaum, R., & Schmidt, W. (1973). How to choose a leadership pattern. *Harvard Business Review*, *51*, 95–102.

Trist, E., & Bamforth, K. (1951). Some social psychological consequences of the longwall method of coal-getting. *Human Relations*, *4*(1).

White, L., & Wooten, K. (1983). Ethical dilemmas in various stages of organization development. *Academy of Management Review*, *8*, 690–697.

Willard, B. (2002). *The sustainability advantage: Seven business case benefits of the triple bottom line*. Gabriola, BC, Canada: New Society Publishers.

Worley, C. G., & Feyerherm, A. (2003). Reflections on the future of organization development. *Journal of Applied Behavioral Science*, *39*(1), 97–115.

第 4 章

组织发展中的行动研究：历史、方法、影响和新发展

大卫·基尔（David Kiel）

“如果你想了解一个系统，请试着去改变它。”

——库尔特·勒温

定义和概述

上述引文及其反语（“如果你想改变一个系统，请试着去了解它”）是对行动研究（Action Research）概念的简单概括。本章认为，行动研究的精神、方法和贡献对于组织发展实践而言至关重要。尽管行动研究在组织以外有着广泛的应用（在社区、邻里间、更广泛的社会系统、非正式网络、家庭和个人），本章的重点是行动研究在组织及组织发展中的作用。下面是一些关于组织发展中行动研究的典型特征。

- 行动研究主要是了解和指导组织行动的一种方法。尽管被称为“行动研究”，但它并不是人们普遍理解的那种研究。

- 行动研究以共同探询为基础。
- 行动研究具有协作性和参与性。
- 行动研究会为参与者带来共同的学习与赋能。

阿瑟·弗里德曼（Arthur M. Freedman）在本书第 1 版中为行动研究做了经典定义：

> “行动研究方法是一个反复的周期性过程，包含四个步骤：诊断、计划、采取行动和评估行动。当组织发展与变革的实践者和行动研究人员，在联合民主调查（当地各方）中，与某组织或社区的领导者及成员进行协作式协商时，会采用行动研究方法，其目的在于创建并执行能促使系统变革的有效计划，以便在一个特定的情境中，应对那些对于领导者和成员及其利益相关者而言非常重要的问题。行动研究方法会赋能于当地各方，使其有能力为了自己去自行应用行动研究方法。”

行动研究通常包含数据采集和数据解读方法，这些方法是根据各种来自社会科学和人文科学的学术科目而设计的，包括访谈、焦点小组、观察、模拟、调查，以及向组织成员报告并解读数据的定性与定量方法。

大多数组织发展实践者会将这个定义视为对组织发展领域传统上是如何理解行动研究及对其基础价值观的准确陈述。然而，主张将被称为“对话式组织发展”或“新式组织发展”的组织发展实践者可能对上述定义中暗含或明言的几个核心概念提出争议，如：

- 探询/研究包含基于有效数据诊断问题原因的理念；
- 行动意味着制订并“执行计划”的概念；
- 赋能意味着通过教人们数据采集、分析和行动的方法来帮助他们获得能力。

他们可能认为，这些概念应该换成如下已更新且更直接有用的概念：

- 探询/研究包含共享对话以探讨各种观点和可能性；
- 行动涉及创造条件使变革发生以及组织逐步适应；
- 赋能需要从一开始就共同创造并协作，而不是教导他人。

本章认为，各种形式的组织发展（包括诊断式和对话式组织发展）均有各自的行动研究形式，混合式组织发展的方法也是可行的，这可能就会有行动研究的混合式方法。本章将讨论各种形式的行动研究和组织发展。

然而，不管是新的还是旧的组织发展形式，均与传统的乃至当前自上而下式的组织问题解决方法截然不同。这种自上而下式的方法假定：正式领导者（也许在外部顾问的帮助下）已经为组织的问题/方向界定了解决方案，这些方案通过正式的层级命令和控制就可以有效实施。

此外，有时类似行动研究的方法（向会受到变革工作影响的群体采集数据）会被应用到其他组织变革方法中，但严格来说，这些方法并不是组织发展（如系统再造和战略规划）。这种混合式的方法所产生的干预措施可能会也可能不会符合纯粹以或经典（诊断式）或新型（对话式）和以混合式的形式进行实践的组织发展和行动研究的整体民主、人文传统。

行动研究作为社会领域中一种问题解决的方法，比组织发展的年代还要久远，是组织发展作为一个领域向前发展的关键。支持行动研究的论点主要有两个：第一，由于行动研究包含一种开放的探询精神，行动研究更有可能触及组织问题的根源或获得革命性的解决方案。因此，行动研究方法所产生的理念，相比其他方法的理念更有可能去有效解决问题或强化组织。第二，因为行动研究是一个参与性的过程，解决方案在实施时更容易获得广泛支持。

然而，行动研究（和组织发展）不可避免地是一个具有挑战性、复杂的实施方法。行动研究方法需要协作式探询。这种协作式探询，具有民主风格和开放精神，有时会产生与组织的执行者的偏见相悖的答案。行动研究也可能与前面提到的更加专制的、自上而下式的问题解决方法不一致。因此，组织发展实践者必须了解行动研究所带来的各种挑战和机遇，并能够成功驾驭这些挑战。

本章首先会讨论行动研究与组织发展的历史关系，然后提供一些行动研究如何用于解决组织问题、实施变革或实现组织机遇的一般示例。本章还会讨论行动研究作为一种组织的行动方式的卓越性，以及为何它的实施艰难而极具挑战性。在接下来的章节中，“行动研究/组织发展”这种表述方式会被经常提起以描述完整的组织发展过程，行动研究是其中一部分。

最后，本章以行动研究方法和概念如何随着组织发展领域进行演变的讨论进行结束，并将简短地探讨社交媒体和数据科学时代，组织发展的全球化与跨文化发展可能给行动研究带来的影响。

组织发展中的行动研究简史

到 19 世纪晚期，美国已经发展成一个工业巨头。工业垄断资本主义的主导领导风格是自上而下式的管理及由经济和技术驱动。雇用童工等恶劣的工作环境盛行。劳工经常提出抗议，同时罢工可能导致暴力。早期，类似弗雷德里克·泰勒所倡导的那种企业改革方法都出自工程式思维。

到 20 世纪初，与原本的组织生活和政治思想相反的倾向渐占上风。工会开始成立并占有一席之地。进步主义运动（Progressive Movement）在美国赢得了广泛支持，反垄断立法在一定程度上限制了垄断。有人提出，除了优化工作方法，劳动者的心理和士气也会影响生产力，著名的霍桑实验从学术上为这种理念提升了可信度。

到 20 世纪 40 年代，高校的研究人员已经表明，可以采用社会科学技术对领导力进行研究，领导者培养参与度和投入度的能力是理解领导力和领导效能的一个关键维度。此前，哲学家约翰·杜威曾提出，对于美国民主实践而言，批判性思维和参与式问题解决至关重要。这种推论似乎被很多人应用到工作和社区环境中。

格式塔社会心理学家库尔特·勒温逃离纳粹德国后，定居于美国。他指出，要改变人的行为，必须首先了解影响行为的力场。这种“力场”包括环境中的激励因素及那些被要求改变行为的人们的观点。他将这一洞见应用于众多实际咨询和研究项目中。勒温通常被认为“行动研究之父”。

勒温 1947 年去世后，他在麻省理工学院群体关系研究中心的同事们迁往密歇根大学社会研究所，开始研究并实验各种社会环境中的计划性变革。在英国，塔维斯托克研究所正沿着类似的路线在发展，强调工作环境和社区中社会与技术因素的相互作用，并利用这些见解来管理英国乃至全球范围内各种行业及社区环境中的变革与创新。

1946 年发明的“实验室方法”或 T-groups 是行动研究和组织发展历史上的另一个里程碑。T-groups（一种非结构性的小型群体学习过程）致力于这样的理念，即在经特别设计的小型群体教育背景下，个人可以从自己的直接经历和他人的反馈中学习。在这个过程中，当代人际关系和群体理论会被用于解释各种事件，参与者可学会自行测试并构建理论。NTL 是该项实验的支持机构，缅因州的贝瑟尔成为这种发展实现的实际、地理性和知识的空间。

NTL 的创始人之一肯·贝恩撰写了在贝瑟尔的早期发展史。他写到，到 20 世纪 60 年代，在贝瑟尔所采用的方法已经演化为两大类：“临床实验法”（Clinical Lab）和“工具性实验室法”（Instrumented Lab）。他将前者描述为“正常疗法”（Therapy for Normals），而后者涉及社会计量法（Socio-metric Methods）与自我观察的使用、结构化模拟，以及我们通常会和典型行动研究联系到一起的技术。“临床研究组”（Clinical Group）是一种群体及人际关系能力培训的方法。这种方法也是个人成长行业的基础，如今 NTL 的人际互动（Human Interaction）实验室就是这种方法的代表。

然而，本尼还暗示了，是“工具性实验室法”演化成了组织发展领域。当组织开始将团队派往贝瑟尔参与“家庭实验室”（Family Labs）时，交叉点就出现了，然后培训人员又将相同的这些实验法带入组织自身中。到 20 世纪 60 年代中期，像加拿大铝业和埃索石油公司这样的大型制造型企业，以及学校、政府和劳资关系中都出现了有关组织发展工作的报道。经理论驱动，依赖于调查、模拟和群体反思的组织改进系统也得到了开发［如管理方格组织发展方法（Grid OD）］。这些方法开始被早期的组织发展实践者应用于大小型的组织机构中。

许多此类的技术都始于贝瑟尔和 NTL。通过这种方式，许多在贝瑟尔开创的行动研究技术开始出现在美国新兴的组织发展领域中，并在此后与组织发展实践进行了结合。

了解行动研究及其多方面的应用：相关示例

接下来是一些典型示例，介绍了作为组织发展和组织发展与变革（Organization Development and Change）工作的一部分，行动研究方法如何应用于组织环境以带来改进。虽然这些例子都是虚构的，但基于实际的情境。下面将展示系统层面、职能层面、企业层面、团队层面、跨领域问题层面（Crosscutting Issue Level）及个体层面对行动研究方法的应用。这些干预措施中的任一种均可以作为组织发展或变革管理工作的一部分。有些示例反映的是诊断式组织发展方法，有些反映的是对话式方法，还有一些则是这二者的混合体。

系统层面

跨国组织 X 和 Y 决定进行合并；新产生的组织领导层决定采取行动研究的方法来实施合并。他们指派一个由两家组织的成员构成的团队，来调查两家组织在企业文化上的异同之处。该团队寻求了第三方顾问和专业学者的帮助，制订了研究设计方案，包括直接观察、调查及焦点小组（由来自两家组织的成员参与）。研究结果通过一系列工作坊的形式进行了共享和讨论，数百名来自两家组织的员工参与了工作坊。这些工作坊产生了一系列建议，均是关于如何推进从而实现公司合并的更平稳过渡，然后行动团队跟进完成优先考虑的建议。过程中会定期召开大型群体会议，利用选定的组织指标和调查数据来监控进展情况，并在此基础上设计进一步的合并工作。

职能层面

一个项目团队正在实施一项为期三年的企业级信息系统重大改革，项目实施已有一年时间，但工作进度落后于计划。项目团队决定采用行动研究方法来解决这个问题。他们确定了自己实施变革需要与之合作的关键利益相关者群体，与其协商达成一致以采用行动研究方法来改进实施。他们雇用了中立的第三方来与每个利益相关者群体进行访谈，然后在项目团队及每个群体代表都会参加的联合会议中讨论访谈结果。会议商定了项目团队在实施方式上需要做出的变动，以让其他利益相关者更容易参与其中。最终，项目实施过程速度得到提升，而项目团队也持续收集信息，了解利益相关者对工作推进方式的看法，并对此做出回应。

企业层面

一家制造型公司正经历着客户偏好、市场状况及竞争形势的快速变化。员工和管理层都认为，转型变革势在必行。在组织发展实践者的帮助下，他们在美国各地的工厂召开了一系列"未来探索"的会议，聚集了员工、管理层、客户、供应商和社区利益相关者群体中的支持者，共同评估过去及当前的条件，确定确保企业存续所必要的转型变革。来自多个"未来探索"会议的领导者们组成了一个指导小组，致力于在整个企业内实施变革理念，促进新的变革举措。

团队层面

一个包含了 25 名成员的员工小组决定举行一次务虚会，以评估并提高团队效能及内部协作。会前，负责会议策划的工作人员发放了一份匿名调查，旨在基于李克特量表中的十项指标来评估团队绩效情况，包括协作水平、冲突解决、开放性、创造性和效率，征求改进建议和意见。会议期间，策划委员会与整个小组分享了评估结果。他们就数据所代表的意义进行了讨论、辩论，最后达成一致，然后形成了一份员工改进的五点计划。他们还商定每六个月举行一次为期一天的脱产跟进会议，以评估对上述五点计划的落实情况。在后续的务虚会之前，员工成员会要求匿名完成同样的那组测评，并给出例子说明他们的答案。

跨领域问题层面

一所研究型大学的艺术与科学学院致力于促进各部门的教职员工更加多样化。学院院长已经任命了一名专门负责多样性举措的主管；并为每个单位配备了一名教职员工，作为有关多样性问题的联络员。在一个为期两天的工作坊中，引导师通过开放空间和世界咖啡的方法，帮助联络员分享成功的实践，并共同设想一个更加多样性的大学会是什么样子的。通过这些共创的想法，以此作为讨论起点，他们制订出可能的行动方案，并努力在其部门内实施变革。小组会定期召开会议，各自分享进展情况，并集思广益寻找克服障碍的方法。

个体层面

一名新任经理已进入五年任期的第二年。她想了解同侪、同行、员工和内部客户对自己的评价。在公司人力资源顾问的帮助下，她采用标准化工具开展了一个 360 度的反馈项目。基于她所收到的反馈信息及人力资源顾问提供的教练服务，她决定对自己的工作方法做一些改变。她与一起共事的同侪、老板、客户及直线下属讨论了这些改变并希望在这方面获得他们的支持。这些改变有的会涉及她要以不同的方式行事，而其他的会涉及他人要以不同的方式行事。过后，她邀请大家一年后给予她直接反馈。

行动研究方法还可以强化领导力发展项目：

- 组织 Z 为第三层级及以下的管理人员建立了一个领导力发展研究中心。除了讲座、阅读和讨论，该项目的 30 名参与者被分成五个任务小组。每个任务小组的工作是从管理高层确定的一系列挑战列表中锁定目标，采取基于数据的协作（行动研究）方法进行调查，并带来重大绩效改进。他们必须进行为期六个月的工作，然后向管理高层展示工作结果。他们还必须向同侪发表演说，展示在这个过程中，对于自己、团队及变革管理他们学到了什么。

行动研究方法可以作为规划及其他结构性干预措施的一部分：

- 一个有 70 名成员的组织正在制订一项战略计划。他们决定采用欣赏式探询和基于优势的方法来进行。他们让整个组织参与到一系列的相互访谈活动中，访谈的内容有关于组织和个人处于最佳状态的时刻及他们对于组织的希望是什么。接着在一个研讨会上，他们以小组为单位报告了访谈的结果，然后汇总来自各小组的信息以形成一份共享的关键成功因素列表。他们提炼总结出一系列积极的愿景，并通过图形和戏剧性的展示元素向整个小组进行说明。在此背景下，他们对通过调查收集到的绩效数据及利益相关者的反馈进行了检视，相对于竞争对手对自己所处的位置进行了探讨，对可能的市场趋势进行了分析，并共同制订出一系列五年战略计划。

上述每个案例均包含了行动研究的核心元素：有助于界定情境及其可能性的协作式探询。小组澄清了选项，并对解决方案进行了选择、协商、“采收”或促进。理想的情形是，在每个案例中，如果需要的话，行动研究/组织发展初始循环结束时所获得的经验教训又成为新一轮行动研究/组织发展活动的出发点。这样的评估可以促使产生新一轮的目标设定、探询、分析、行动和评估活动。

因此行动研究过程可以被描述为一个关注实现实际结果的协作式探询行动过程。著名的“体验、反思、分析和实验”循环将行动研究描述为一个学习过程。通过参与行动研究，团队和个人从经验中学习，从而在了解其组织及有效解决问题过程方面变得更有见识和能力更强。

尽管之前曾提及行动研究主要是一种行动方法，而不是一种研究，但必须指出的是，行动研究作为案例研究、新型实践和实践理论的来源，对应用行为科学领域同样具有很大价值。上述案例中的任何一个均可被参与者“整理成文”，成为组织发展和人力资源发展文献的一部分。许多学者—实践者就是以这种方式来开展他们的学术事业的，而许多组织发展实践者基于行动研究方法所生成的数据撰写出颇有见地的文章。

支持行动研究/组织发展的理由

相对于其他专家的方法，组织发展顾问可能需要找到支持行动研究/组织发展方法的理由。其他专家的方法是：研究组织，提出建议，或者只是单纯引入自己已经在其他地方应用过的解决方案。而支持行动研究/组织发展方法的理由是：它能帮助组织发现其内部已经存在了的解决方案；设想变革的可能性；或者让组织做好准备，以较小的阻力接受、评估并吸收外部的建议，因为那些必须做出改变的人已经参与其中并得到了赋能。

有些人认为，只有在变革需求明确，但所需变革的性质和实现的路径还不清楚，并且企业拥有“一起解决问题”的惯常做法时，才最有可能采用行动研究和组织发展方法。此处的判断的是，当解决方案明确无疑，也能通过行政管理系统得到有效实施时，领导者采用行动研究/组织发展方法的可能性往往会下降。

如果前进道路尚不清晰，作为一种辨明正确方向的工具，传统行动研究在许多组织中都展示了“表面效度”（Face Validity），因为它通常采用了易于辨认的以社会科学和人文学科为基础的调查方法，从而获得了学术性调查方法的文化声望。它的一些经典概念（如力场分析）借鉴了物理学隐喻。行动研究还可以采用医学隐喻进行构建，采用“诊断、处方和治疗”等词语进行讨论。这些理念长期以来为顾问和客户等提供了一种管理组织变革过程中出现的焦虑及不确定性的方法。

那些认为上述物理科学和医学隐喻已不再有说服力的组织和组织发展实践者，他们可能采用其他隐喻作为理由或采用其他方法作为指导。欣赏式探询实践者可能参考新的积极心理学领域为他们的方法提供实证及理论支持。对话式行动研究实践者可以引用复杂性科学理论来建构其工作。不同类型的组织发展中，不同形式的行动研究会利用不同学术科目的基本原理。不过通常情况下，各种方法都具有一脉相承的类似性，并具有与协作式探询和行动相关的共同主题。

行动研究/组织发展方法也可以用非常现实的措辞来证明其合理性：“三思而后行”或如美国拓荒者大卫·克罗克特（Davy Crockett）曾说过的“先确信自己是对的，然后再开始行动”。组织发展中的行动研究因此避免了让各种组织中的领导者都苦恼不堪的“准备、射击、瞄准”综合征。尽管对话式组织发展实践者可能认为，他们的方法体现了比传统的组织发展方法更快速地从探询到行动的循环过程，他们仍然提倡建立共识以促进适应性变革，而不是由处于高层的少数人实施预先形成的想法。简而言之，行动研究方法更具协商性和互动性，但对于更为有效性还存在争议。行动研究方法最初可能进展较缓慢，但最终会更快地完成任务。

组织中对行动研究/组织发展的阻力

然而，行动研究/组织发展方法仍然不易于推广或实施。组织发展顾问经常会遇到几种不同的阻力来源。

有些阻力是与规范有关的。虽然行动研究从基于社会科学和人文科学的探询方法中汲取了长处，但当探询的规范与组织中已认可的领导力和问题解决概念相冲突时便会产生阻力。使用探询方法会预先假定当前缺乏确定性和对学习的开放性。因此，行动研究打破了人们普遍持有（即使通常并未明言）的一个观点，即卓越/强大的领导者总是成竹在胸。领导者可能更喜欢树立一种肯定而自信的形象，乐于基于既有的想法做出决策，或者求助于知名公司的“专家”顾问来为冒险性决策提供政治掩护。

聚焦于协作与透明性的行动研究，同样要面对组织的标准阶层式观点。在组织生活中出现的一些趋势可能让领导者对组织发展对平等式参与的偏好更加抵触。这些趋势包括：组织采取更快速的行动以增强竞争力的必要性，通过快速的决策过程获得表面效率，作为管理决策制动器的工会的衰落，以及新自由主义经济学的崛起。

为了克服这些阻力，行动研究/组织发展实践者可能需要帮助组织重新定义有效领导力的内涵，并解释在协作过程中创造能力如何提高组织实际的敏捷性。因此，组织发展顾问必须具备特定的技能，让有关如何创造有效变革的不同假设浮现出来，处理差异以形成一种实际而共享的观点支持行动研究/组织发展方法。

一些阻力的产生是因为行动研究/组织发展可能成本高昂这个事实。在上述例子中，行动研究被证明以过程为导向，呈现系统化，耗费时间且可能费用不菲（有时会需要使用外部顾问）。因此，有时可能只有在传统方法已经失败，或者已有可靠的案例证明行动研究/组织发展具有高性价比和高附加价值的情况下，其才会得到认可并予以使用。

最后，正如上面的例子所示，行动研究方法需要具备大量有关组织中的参与式过程的技能和知识，以便能得到有效实施。为行动研究/组织发展方法所吸引的领导者可能不具备自行开展行动研究的相关技能，他们的组织也不具备这样的能力。行动研究/组织发展实践者必须能够让组织领导者确信，他们可以提供必要的支持让这一过程顺利完成。这不仅对于典型的组织发展实践者如此，对话式组织发展顾问也同样适用，尽管他们可能声称自己的方法并不那么依赖于专家身份。

组织发展的演变与行动研究

本章介绍了当前组织发展社群内关于新型组织发展形式与传统组织发展形式、诊断式组织发展方法与对话式组织发展方法的探讨。本节将更详细说明这一讨论并描述欣赏式探询概念和方法也在进行的演变。讨论将大量借鉴罗伯特·马夏克、杰维斯·布希及布希与马夏克的分析。马夏克阐述了传统、新传统以及新型组织发展的模型，然后将这些方法排列在一个诊断式—对话式的连续体上予以说明。布希描述了对话式组织发展顾问所采用的各种方法及其基本假设与观点。

在组织发展的早期（1950—1980 年），“传统行动研究”成为“传统组织发展”的核心（现在仍然被广泛实践），同样也被一些人描述为诊断式组织发展。诊断式组织发展以实证主义—现实主义观点为基础，将现实（包括社会现实）视为一个可以进行研究和评估的“对象”。行动研究是组织发展工作中的元素，可描述这样的现实。由此产生的理解为有效的计划性变革提供了基础。

在许多环境中，对传统组织发展的兴趣及其实践已经被关注变革管理所取代。变革管理会涉及专家顾问，他们声称自己能够帮助组织过渡到一个新的状态（在这种状态中，组织人员规模更小，但生产力更高，拥有更好的市场营销或IT机能）。很多这种变革管理工作采取自上而下、以利润为驱动的方法，不太关注现有文化，也很少关注组织变革的社会层面。这种方法可能削弱对变革的接纳程度，以至于妨碍创新。

不过，如果在真正的新传统组织发展工作中，将行动研究与变革管理相结合，可能获得对变革的必要支持。当变革管理项目采用了真正的协作式方法，并且行动研究的精神也融入所有项目中时，这种情况就会出现。要使这种融入生效就需要专家顾问与组织发展顾问之间保持良好的团队合作，具备强大的变革管理能力，以及乐于接纳的客户系统。

由凯斯西储大学大卫·库柏莱德教授及一代代欣赏式探询的实践者所开发的欣赏式探询创建了行动研究和组织发展的一个替代范式。欣赏式探询实践者对传统组织发展的实证主义假设提出了挑战，借鉴了社会建构主义的后现代主义理论，并采用了更多基于人文学科的探询技术（如讲故事）。欣赏式探询实践者并不解决特定的问题，而是致力于发现并挖掘新的创造力与能量来源，为组织变革创造更大的动力，从而克服典型的阻力并实施转型变革。正如欣赏式探询的名称所意味的那样，采用的探询更多的是对组织的动态、所展示出的优势及其文化的探询，以此代替了传统欣赏式探询可能强调的对当前问题原因的研究。

大型系统组织发展方法强调自然产生的学习，以让参与者产生“心态转变”，从而生成转型性的组织变革。如果说在早期，行动研究影响了组织发展，那么现在新型的组织发展方法正影响着行动研究。采用了愿景规划、“未来探索”以及会议模式之类的大型系统组织发展更看重“将整个系统放置于一室”。尽管传统的行动研究/组织发展也寻求利益相关者的广泛参与，但它更倾向于从利益相关者群体处收集数据，将数据反馈给小规模的群体代表以进行数据解读和行动计划的制订，然后又回到组织层面有序实施行动计划。

在大型系统方法中，数据采集和观点分享是实时的，促使集体认识的转变。它能够促进不同的群体找到共同点及共同的未来愿景。在这些方法中，组织发展和行动研究的参与、互动及转型性方面通过分析而得到了强调。实践者认为，当一大群有志于推动组织发展的不同组织行动者，一边回顾一边解读自己共同生成的数据而获得了一个“啊哈”式的顿悟体验时，就产生了一个重大的转变，这种转变能加速变革，其能力远胜传统的行动研究/组织发展方法。

在对话式组织发展的其他形式中，相对于组织环境的改变，“心态改变”的理念同样得到了强调。变革推动者可能专注于帮助组织解决隐性过程，并采用新的隐喻来帮助组织成员了解组织如何运作及其新的可能性。他们可能采用新的分析框架和自我评估工具（“系统思维”、复杂性理论、浮现并理解心智模式等）。在这些组织发展模型中，行动研究的“研究”部分可能涉及对理解自我或理解环境的研究。行动研究中至关重要的“行动”部分可能是一种放大了的或转变了的对自我、组织及环境的理解。

由此产生的组织行为、结构、文化和激励方面的明显变化，虽然非常重要，但随着这些新的自我理解转化为新的组织实践，这些变化几乎都是副产品。然而，这并不意味着新型组织发展无须深入跟进，只说明了领导者及其他组织行动者的意识是一个至关重要的变革元素。

基于复杂性科学的组织发展有自己的行动研究形式，它既包含了传统的方法，但又不同于传统的方法。根据复杂自适应系统（Complex Adaptive System）模型进行运作的变革推动者认为，通过提供信息、对假设提出质疑、放大差异及增加连通性的方式，他们可以推动这种发展。他们可能采用在形式上与其他行动研究/组织发展实践者类似的数据采集、反馈及解读方法，但对复杂自适应系统理论非常了解。这种方式与传统行动研究/组织发展的关键区别在于，期待的目标是自然发生的适应性变革，而不是一个有计划的、系统性的、协作式的变革过程。

然而，复杂性科学作为这种探讨的更深层面正在逐渐形成，而不仅仅是一种特定的组织发展方法的框架而已。对话式组织发展实践者倾向于将复杂性科学视为创建了对组织现实的本质更准确的新视角。他们认为，相对于传统的组织发展/行动研究方法，复杂性条件和快速变化对通用的途径与方法的反应更好。

全球舞台上的行动研究/组织发展

有一篇关于组织的文献聚焦于构建新型机构。这些机构被定义为旨在改变社会的某些方面而创建的组织。很多这样的新机构过去都存在于发展中国家，现在依然如此。这些机构可以是营利组织，也可以是非营利组织，可以是政府性质的机构，也可以是企业性质的机构，他们的本质可以是社会性的，也可以是技术性的（例如，采用新的脱贫方法或新的通信方法）。

当组织发展实践者帮助创建、发展和复兴新型社会机构或创新性私营企业时，他们正在参与一个“显而易见的”行动研究循环。他们的研究或“实地试验”属于组织系统层面，并着眼于确定最佳工具和形式以达成既定的社会目的。通常他们生成的知识对接下来几代的创业企业都有帮助，无论这些企业是社会性的还是营利性的。这种类型组织中的组织发展实践者会采用行动研究方法来帮助组织尝试、评估、规范实现其创新使命所需的新实践。

在美国有效的行动研究方法不一定与世界其他地区的行动研究方法相同。组织发展顾问注意到，组织内对某些组织发展干预措施的接受度，因为这些组织的主流国家文化而有所不同。马夏克也指出，不同的文化对变革的看法也不尽相同。他将亚洲的周期性变化模型与欧洲的线性变化模型进行了对比。利特温谈到了文化差异的几个维度，以及各种组织发展实践要如何根据特定文化予以建构。她（基于吉尔特·霍夫斯塔德的跨文化研究及随后的类似研究）引用的维度包括：权力—距离、不确定性—规避程度、个体主义—集体主义、阳刚气质—阴柔气质及长期导向—短期导向。

行动研究着眼于参与式数据收集、共同解读并共享规划过程，需要容忍不确定性，并具备集体主义规范和长期视角。这可能有助于解释为什么在美国它有时会遭到抵制，因为那里的组织领导者倾向于采用短期时间框架及更为个人主义的运作和决策模式。

对 21 个国家的领导价值观的全球研究提供了一个有趣的洞察，与当时的美国式决策观点相比，勒温彼时提出的欣赏式探询实际上更能代表西欧式决策观点。“例如，在美国，一名被描述为作风果断的领导者通常被认为会迅速做出大致的决策。与此相反，在法国或德国，果断往往意味着更为深思熟虑和精确的决策方法”。

当勒温建议“领导者可以描绘变革目标的感性世界，以此来探询他们将要干预的社会领域”时，他可能受到了自己的西欧文化心态的影响。所以行动研究也涉及组织发展，是一种跨文化影响的紧密结合——欧洲审慎主义与美国实用主义的结合。这种思想对组织发展/行动研究实践者的可能影响就是，需要带着跨文化的敏感性细致体会有关行动研究方法的使用、这些方法本身及工作节奏的对话。

行动研究的“精神”

本章以相当的篇幅描述了组织发展中行动研究的历史、理念、方法、应用和演变。但最后应该补充的是，行动研究原则并不一定需要太多的炫耀或刻意去展现。无论何时，当我们只是收集采取行动所需的关于组织的信息数据，与同事分享这些数据，进行共同讨论，然后基于这些数据制订一个行动计划并一起跟进时，我们就是在号召“行动研究的精神”。

作为组织行动者，当我们身为委员会的一员试图带来变革中，我们会问，“过去是什么在起作用”，此时我们正在唤起行动研究的精神。当我们表示“能否从那些我们想去说服其采用 X 的人的角度来思考问题？他们可能在想些什么”时，以及当我们说“我们已经完成了这个项目。关于自己、我们的团队和组织，我们学到了什么”时，我们正在唤起行动研究的精神。

在组织发展诞生 60 年之后，在一些组织机构中以及对于许多组织行动者而言，行动研究原则只是一种经营的方式。在一些环境中，行动研究可能已经"渗透于文化之中"。像平衡计分卡（The Balanced Score Card）这样的标准构架，其起源与行动研究方法有关，但这些起源并未被承认。类似平衡计分卡这样的方法将社会科学方法制度化，用于常规数据收集和组织决策。使用这些工具的组织领导者可能被视为特别审慎、周密、具包容性，但没人会将他们、他们运作的方式与 20 世纪 40 年代一名来美国避难的德国社会心理学家的告诫建立联系。

技术与行动研究的未来

随着众多由技术促成的创新的出现，如社交网络、众包、数据挖掘、数据归档及通过博客和维基进行分享，我们可能很快便能看到行动研究方法的另一次演变。借助广泛使用的程序（如 surveymonkey），现在要开发调查并将数据反馈给群体变得非常容易。通过像 Facebook 和 Twitter 这样的博客及社交媒体网站，人们可以分享信息并对各种问题做出回应。有了基于互联网的通信软件，人们即使依然分散在不同地点的办公室也能参加虚拟会议。数据挖掘、数据科学和可视化方法让人们（具备相关技能的人士）更易于采用有效的方式解读并分享数据。通过 YouTube 视频网站，共享愿景的表现形式能被记录下来并随时随地轻松进行共享。

随着这些工具在越来越多的国家得到应用，各个年龄段的群体均在使用，我们可以发现行动研究进一步的民主化。在未来，行动研究可能不再仅仅是组织发展顾问和客户的专用，身处世界各地的组织成员可能定期开展行动研究类型的活动。他们会常规性的收集与各种问题相关的数据并将信息反馈给同事；就问题达成共识；或者通过讨论，明确选择方案并启动行动。许多人选择采用行动研究方法可能只是由于工作的缘故。例如，罗尔夫·林顿描述了这样一个案例，一家大型印度农村扶贫非营利机构的实践者决定将他们的员工会议录制下来，并拿给同行请他们评论，以此作为自组织训练工作的一部分。在未来，行动研究可能在任何地方为任何人所用。

结论

行动研究和组织发展有着相互交织的历史，并显然还会有一个共同演化的未来。最初，行动研究方法为组织发展的形成提供了帮助，但随着组织发展的演变并被重新赋予了概念，行动研究方法也必须予以重新确定，因为行动研究是组织发展的核心。

行动研究以广泛的原则为基础：作为集体行动前奏的参与式探询、探索利益相关者的感情世界、服务于人文价值观及基于知识与理论行事。

1942 年，当勒温已经来到美国并开始了他的后半部职业生涯时，那部经典的电影《卡萨布兰卡》也上映了。就像亨弗莱·鲍嘉（Humphrey Bogart）和克劳德·雷恩斯（Claude Rains）所饰演的角色在电影结束时开始的“美好友谊”一样，组织发展和行动研究这些年来也一直紧密相连。这部电影的主题曲歌词，似乎对行动研究的持续重要性及其与组织发展紧密联系的原因进行了总结：“任凭时光流逝，基本原则永恒不变。”

参考文献

Axelrod, R. H. (2010). *Terms of engagement: Changing the way we change organizations* (2nd ed.). San Francisco, CA: Berrett-Koehler.

Beckhard, R. (1969). *Organization development: Strategies and models*. Reading, MA: Addison-Wesley.

Benne, K. D. (1964). History of the T group in the laboratory setting (pp. 80–135). In L. P. Bradford, J. R. Gibb, & K. D. Benne (Eds.), *T-group theory and laboratory method*. Hoboken, NJ: John Wiley & Sons.

Bennis, W. G. (1969). *Organization development: Its nature, origins, and prospects*. Reading, MA: Addison-Wesley.

Bennis, W. G., Benne, K. D., & Chin, R.(1969). *The planning of change*. New York: Holt, Rinehart and Winston.

Blake, R. R., & Mouton, J. S. (1969). *Building a dynamic organization through grid organization development*. Reading, MA Addison-Wesley.

Bradford, L. P., Gibb, J. R., & Benne, K. D. (Eds.). (1964). *T-group theory and laboratory method: Innovation in re-education*. Hoboken, NJ: John Wiley & Sons.

Bunker, B. B., & Alban, B. T. (1996). *Large group intervention: Engaging the whole system for rapid change*. San Francisco, CA: Jossey-Bass.

Bushe, G. R. (2013). Dialogic OD: A theory of practice. *OD Practitioner*, *75*(1), 11–17.

Bushe, G. R., & Marshak, R. J. (2009). Revisioning organization development: Diagnostic and dialogic premises and patterns of practice. *Journal of Applied Behavioral Science*, *45*(3), 348–368.

Freedman, A. (2006). Action research: Origins and applications for ODC practitioners. In B. B. Jones & M. Brazzel (Eds.), *The NTL handbook of organization development and change*. Hoboken, NJ: John Wiley & Sons.

French, W. L., & Bell, C. H., Jr. (1973). *Organization development: Behavioral science interventions for organization improvement*. Englewood Cliffs, NJ: Prentice Hall.

Hoppe, M. H. (2007). *Culture and leader effectiveness: The GLOBE Study*. Greensboro, NC: Center for Creative Leadership.

Kaplan, R. S., & Norton, D. P. (1992, January/February). The balanced scorecard: Measures that drive performance. *Harvard Business Review*, pp. 71–80.

Kolb, D. A. (1984). *Experiential learning: Experience as the source of learning and development*. Englewood Cliffs, NJ: Prentice Hall.

Litwin, A. (2007). Dancing in a global context. *OD Practitioner*, *39*(4), 11–15.

Lynton, R., & Kiel, D. (2011), Reflective practice in social change. *Practising Social Change*, (4), 11–16.

Lynton, R., & Kiel, D. (2012). Three interventions for going to scale to address rural poverty in India. *Practising Social Change*, (5), 23–29.

Marshak, R. J. (2009). *Organizational change: Views from the edge*. Bethel, ME: Lewin Center.

Marshak, R. J. (2013).The controversy over diagnosis in contemporary organization development. *OD Practitioner*, *45*(1), 54–59.

Marshak, R. J., & Bushe, G. R. (2013). Introduction to advances in dialogic organization development. *OD Practitioner*, *45*(1), 1–4.

Olson, E. E., & Eoyang, G. H. (2001). *Facilitating organization change: Lessons from complexity science*. San Francisco: Pfeiffer.

Pasmore, W. A. (1988). *Designing effective organizations: The socio-technical systems perspective*. Hoboken, NJ: John Wiley & Sons.

Perrow, C. (1978). *Complex organizations: A critical essay* (2nd ed.). New York: Random House.

Schein, E. H. (1969). *Process consultation*. Reading, MA: Addison-Wesley.

Shafritz, J. M., & Whitebeck, P. H. (Eds.). (1978). *Classics of organizational theory*. Oak Park, IL: Moore Publishing.

Watkins, J. M., & Mohr, B. J. (2001). *Appreciative inquiry: Change at the speed of imagination*. San Francisco, CA: Pfeiffer.

第5章

系统观点和组织发展

帕特丽夏·毕铎-帕多瓦（Patricia Bidol-Padva）
约翰·纳姆（John Nkum）

“组织发展是在系统范围内，将行为科学的知识应用于计划性发展及对组织战略、机构和过程的强化以促进组织的有效性”。在组织发展方法中，组织发展顾问与客户组织的互动以民主、人类潜力和赋能、个体和人类系统的权利、真实性和学习等价值观为基础。

组织发展及其伴随的学习可以在整个系统层面发生，也可以在子系统层面发生。以下引述恰如其分地表达了这一观点：“学习是一个动态过程，发生在人类系统的不同层面——个人系统层面；作为学习和变革单位的小型面对面群体层面；宏观系统层面，如组织和社群。”

系统观点是当前实践组织发展方法不可或缺的。组织发展方法包括组织发展顾问和客户为达成客户期待结果而使用的概念、前提、过程及方法。

本章确定了有关系统和系统理论的关键观点，并阐明了当组织发展实践者采用当前组织发展方法时，这些观点会如何塑造他们的角色。传统式组织发展和系统观点也会在本章中予以深入探讨。此外，针对其他四种组织发展方法，也会探讨关于系统的不同观点：

- 持续的变革式组织发展（“构建变革”）
- 格式塔组织和系统发展（Organization and Systems Development）

- 混合式组织发展（传统式和对话式）
- 对话式组织发展

组织发展中的系统观点

系统理论是构成组织发展方法理论和概念基础的重要维度。系统是一组相互作用、相互关联及相互依存的实体所构成的一个整体。一个组织系统是一个统一的整体，包含了各个部分（子系统）。组织协调各个部分的工作以达成期待结果。系统层级的范围从个人、人际、群体、组织（包括了外部客户及其他关键利益相关者的企业）、行业（组织所属的经济领域）、企业集团、社会、国家、世界到整个星球。

系统观点能帮助组织发展实践者理解人类现象和结构内的互联性及复杂动态，这样在人类存在的任何一个层级实施的干预都可能引发其他层级（个人、群体、组织、社群和社会层级）的涟漪效应。

变革和基于系统的理论

“变化影响变革”是复杂性理论的一个重要原则，也是基于系统理论的一个关键方面。人们了解开放的系统，洞悉其各个部分及它们之间的关系。系统某一部分的变化会影响系统的其他部分及整个系统。微小的变化也可能产生巨大的影响并引起更多的变化，而这些变化并非总能预测得到。

开放组织系统具有层级性，系统的更高层级都是由较低层级的系统组成的。实施组织变革时，很重要的一点是关注系统内发生的多种互动（“宏观”视角），而不仅仅是关注个体成分（“微观”视角）。不了解“宏观”和“微观”层面的话，就无法了解整个系统。

系统中的变革都发生在系统的边界处。组织边界存在于组织与其外部利益相关者之间、内部运营单位和支持性职能部门之间，也存在于不同团队及个人之间。系统边界处出现的系统间的现象包括共同创造、抗拒、冲突、权力、社会压迫或理解、信任及协作这样的因素。边界需要被妥善管理，这样通过它们所产生的相互作用可以促进学习并形成集体思维—行动，帮助实现组织期待的结果。

当系统各部分之间存在良性互动时，它们之间会有一个协同的能量流。协同作用实际上就是整个系统大于各部分之和。当组织发展实践者采用系统观点，他们会在形成整体的各子系统中寻求模式与关系。他们支持客户去加强这些模式和关系，以确保在系统进行变革以创造期待未来的过程中，为系统的健康、高效及可持续性提供支持。

基于系统观点，组织发展实践者能够与作为有生命的人类思维产物（Human Constructs）的组织建立联系，也能与其内部彼此互动的部分建立联系，从而使组织整体能够交互式地与其环境建立联系，以实现其既定需求。从这个角度而言，组织发展实践者可以控制并管理自己成为正提供服务的组织的一部分（尽管只是边缘）。

系统思维和组织发展的关键方面

以下系统思维的关键方面可使组织发展实践者了解系统及其边界：

- 系统本质上而言是复杂的、非线性的，且不断变化（动态）的。
- 由于不断的变化和演化，系统成为不同于原来的新系统。为了系统发展和系统自组织，需要进行变革。
- 系统大于其部分之和，因此了解整个系统及其与各部分之间的情境关系至关重要。如果只是了解单独一个部分，就会遗漏关键数据和洞见。
- 系统逐渐趋于恒定/维持状态。这种维持状态是有代价的，系统可能并不总是能实现进一步的增长和发展，除非它能及时了解并回应新出现的事物。
- 系统变化（促进变革的事件）可能显著地改变整个运行系统，因为变化带来变革。微小的变化能产生戏剧性的结果。
- 尽管初始条件不同，实施的战略各异，各个组织可以达到类似的结果。这就是等效性。因此，为复杂系统中的变革确定线性因果关系是不可能的。
- 本书关于传统式组织发展、持续变革式组织发展（“促进变革”）和格式塔组织及系统发展的各章节，就组织作为深植于且依赖于更广泛环境的复杂开放系统，提出了更多的观点。

传统的组织发展和系统观点

传统的组织发展始于 20 世纪 50 年代末，将许多应用行为科学家的思想和成果作为基础，如库尔特·勒温、肯尼斯·班尼（Kenneth Benne）、利兰德·布拉德福德和罗纳德·李皮特。

传统的组织发展咨询采用行动研究模式和过程与客户组织共同创建一个有计划的变革战略，使组织能够从当前现状转向一个期待的未来状况。行动研究过程及由此产生的有计划的变革会发生在系统和子系统层级中。

行动研究模式

传统的组织发展（诊断式组织发展）以行动研究模式为基础。这种模式是一个包含探询、觉察、反思和行动的周期性学习过程，这样的学习过程在组织及其子系统成员身上都会发生。在除了对话式组织发展的所有其他组织发展中，变革实践者采用行动研究模式与组织系统协作。它包括以下各阶段。

- 启动（进入和缔约）：客户和顾问进行互动直至顾问了解客户对未来的新状况的期待结果（包括系统的什么层级要被变革）并商定变革过程的下一步计划。
- 诊断：由顾问和客户来收集数据，以评估系统的当前状况以及在当下（包括社会系统）需要做出什么变革来达成期望的未来状态。使用数据能更充分地确定为什么需要变革以及哪些人需要参与创建行动方案。
- 干预（采取行动）：行动研究周期中所有阶段之间的互动都是干预，而本阶段就被命名为干预阶段。在这个阶段中，顾问帮助客户系统创建组织发展干预策略和干预支持措施。这些策略和措施可用于组织系统及其子系统，使组织实现其期待结果。
- 评估：客户和顾问评估期待结果是否已达成，以及干预策略的实施给组织及其子系统带来了什么样的主要、次要影响。
- 当前工作的终止：顾问就当前工作的完成与客户沟通。

将组织视为开放系统

在传统的组织发展中采用行动研究的基础，认为组织是深植于且依赖于更广泛环境的复杂而开放的系统。组织作为开放系统的理论是基于路德维希·冯·贝塔朗菲对组织一般系统理论的应用。其关键前提是，组织是一个保持动态（不断变化的）平衡的开放系统。

组织是一个复杂的开放系统，因为它由相互关联的社会子系统构成，会不断对环境的输入做出回应，将其转化，再通过反馈回路将输出释放到外部环境。每个子系统都有可渗透的边界、来自外部的输入和对外的输出。整个组织的边界也具有渗透性，组织和其外部环境之间来回形成反馈。

当组织具有更多的边界，其复杂性便会增加。组织变革会发生在组织与外部环境之间的边界处，也会发生在组织内各子系统间的边界处（如运营子系统和营销子系统间的边界）。组织的有效性取决于它如何管理（整个组织及其子系统的）组织边界与其环境之间的反馈界面。当组织发展顾问和管理人员采取系统观点时，他们就能够了解模式并通过“新视角”来看待组织及其环境，从而支持所需变革的创建。

表 5.1 描述了组织发展系统模型[纳德尔–图什曼一致模型（Nadler-Tushman Congruence Model）]。以下是有关外部输入、组织变革过程和组织输出的关键方面。

表 5.1　组织发展开放系统模型

输入		传导过程	输出
资源 环境 历史	战略	个人 非正式组织 正式组织 任务	组织 群体 个人
跨越边界			跨越边界
反馈			

资料来源：Nadler and Tushman, 1980。

外部输入：为了完成其使命并达成期望结果，组织在选定的领域（利基市场或地区）与外部环境进行互动，从而能成功提供服务和产品，进入市场。组织可得到的外部输入通常的组成结构是：

- 资源（资金、人员、技术、实物、财务、信息和无形资产）
- 环境（市场、竞争对手、政府、供应商以及新兴的挑战和机遇，如全球化、人口和劳动力多样性、互联网的影响等）
- 历史（组织及相关实体的关键决策、事件、规范和价值观）

组织可以评估其外部输入，确定自己内部社会子系统是否足以让组织应对外部的挑战和机遇。例如，如果一个组织处于复杂而动荡的环境中，它需要一种适应性很强的参与式分散结构，这种结构包含许多跨界机制（将组织与外部环境的关键部分联系起来并进行协调的机制）。

组织变革过程

组织通过创建战略行动，将输入转化成某种形态的事物（如服务、产品、员工士气），从而对外部的输入做出响应，然后将转化的产物导出（输出）到外部环境。输入、传导和输出相连接就构成了一个反馈回路。

组织的战略行动发生在个人和群体进行互动的系统组成部分的边界处，包括：

- 个人（能力、需求、偏好、期望）
- 非正式组织（管理/领导力实践、个人和群体的关系、工作安排）
- 正式组织（结构、工作设计、方法、实体环境）
- 任务（工作、要求、奖励）

组织输出：输出使组织及其子系统能够完成必要事宜，以达成组织的期待结果。输出作为变革过程的结果，出现在以下三个层级：

- 组织（目标实现、资源利用率、适应性）
- 群体（生产率、协作和沟通）
- 个人（任务绩效、行为、响应）

传统的组织变革及系统变革的层级

传统的组织发展可用于处理系统变革的三个主要层面，它们可能发生在一个组织内，也可能发生在一个或多个子系统内。

发展型变革是对当前当下现状的一种改进。可以通过知识培训或绩效改进干预措施来完成这种变革。当前的组织文化和员工的心态通常拥护此类变革。组织子系统也不会经历重大变化。

过渡型变革以“知晓但有所不同的”事物取代当前现状。变革工作开始时，先定义具体的预期目标，然后变革会根据预先确定的时间表发生。组织子系统可能发生变化，但通常在企业文化方面只有微小变化。传统战略规划就是此类变革的一个例子。

转化型变革是对复杂的挑战和机遇的一种回应，这种情况下，变革开始于共同承担组织领导职能去确定期待的未来状态。想确定具体的行动步骤来应对这类复杂而动荡的局面是不可能也是不明智的。变革战略的设计必须能让组织在过程中快速调整方向。转化型变革只有在组织的文化、心态和思维、系统、模式及行为方面做出重大转变的情况下才会成功。

组织发展实践者对组织社会系统的了解

组织发展实践者需要了解组织社会系统的下列关键维度：

- 社会系统。了解社会系统由组织及其他社会系统构成，包括个人、群体、组织、社群和全球实体在其单独层面以及作为一个整体的运行。
- 有计划的系统变革。了解如何在社会系统（个人、群体、组织、社群、社会、全球）中引发有计划的变革。
- 第三方变革推动者的角色。了解作为第三方变革推动者能如何支持主要客户及组织系统达成期待的变革结果。

系统观点和五种组织发展方法

表 5.2 概括了五种组织发展方法及其系统观点。传统的组织发展及其系统观点已进行了探讨。其他组织发展方法及其系统观点在表格后的内容中进行更充分的说明。

表 5.2　体验循环

组织发展方法[1]	组织发展结果和系统观点
传统的组织发展（诊断式）	组织发展结果：通过在行动研究周期与客户的协作式联系，达成客户的期待结果。组织的社会子系统之间的统一认识和一致行动是所有变革努力旨在达成的结果 系统观点：组织是一个复杂的开放社会系统，包含了相互作用和连接的子系统，它们不断对来自环境的输入做出回应，将其转化并通过持续的反馈回路将输出传至外部环境
持续的变革式组织发展（“构建变革”）	组织发展结果：通过自上而下规定的连续组织变革，达成客户组织期待的经济、社会和环境目标。当采用任何适当的组织发展方式实现了共同领导、分散决策时，就形成了变革。这个过程不需要静态调配、过于坚守和保持一致性，因为它们无益于变革的发生

1　组织发展方法是客户组织和顾问用来达成客户组织期结果的概念、前提、过程及方法。

续表

组织发展方法	组织发展结果和系统观点
持续的变革式组织发展（“构建变革”）	系统观点：组织是一个复杂的开放社会系统，包含相互依存的子系统。组织的社会子系统通过对话、系统性信息观、创造共享意义及持续的探询进行学习从而产生可持续的输出
格式塔组织和系统发展（组织和系统发展）	组织发展结果：客户和顾问通过审视内外部环境，以创建相关数据的意义并做出适当回应，以促进达成客户的期待结果 系统观点：组织是一个复杂的开放社会系统，包含相互依存的子系统。组织发展工作聚焦于个人的看法及他们如何赋予数据意义，无论是有关自己的数据还是与环境中人和事有关的数据。其目的是产生一个共享的意义或觉察，让利益相关者能够一起行动起来
混合式组织发展（传统的组织发展混合对话式组织发展）	组织发展结果：通过与客户建立协作式联系，采用对话式组织发展方法和传统组织发展方法的适当结合，达成客户组织的期待成果，包括其期待的未来状态 系统观点：系统被看成既是一个开放系统，也是一个对话系统，它由个人、群体、组织和社群构成。他们所讲述的故事和彼此的对话形成了社会构建的现实，从而影响了他们的思维和行动。实时对话式互动创造了知识及生成性图景[1]。社群成员不一定来自同一组织，但他们创建了一个临时的学习社群。在这个社群中，他们可以在必要时共同创建能够唤起行动选项（供学习社群的部分或全部成员选择）的生成性图景
对话式组织发展	组织发展结果：共同创建生成性图景，为思维共享和自愿行动提供一个持续容器 系统观点：对话系统由个人、群体、组织和社群构成，他们形成了一个临时性的学习社群。他们创造了从“实时”故事和对话中浮现出来的社会建构性现实

1　生成性图景是指很有说服力的想法、短语、物体、图片、故事、宣言或新词，能为决策或行动激发新的替代性方案。

持续的变革式组织发展中的系统

一致性模型及其他开放系统模型认为，转型过程的系统要素（正式组织、非正式组织、任务和个人）应该保持统一认识和一致行动，以提高组织的有效性。

当组织寻求更高水平的统一认识和一致行动以确保稳定性时，它们通常会降低组织应对新兴环境趋势所需的敏捷行动能力。

许多组织发展学者—实践者认为，静态一致性和调配会降低组织积极应对外界关键变化的能力且实际上具有反变革性。他们指出，外部环境现在需要的是所有关键组织输出（财务、社会和实体环境及当责）的更快改变。因此，组织需要将变革作为一种积极的力量来接受它。

接受变革的组织寻求在稳定性和敏捷性之间取得动态平衡，以应对新兴的“警钟”并继续其日常运作。

劳勒（Lawler）和沃利（Worley）提出，复杂的敏捷性组织还应该是可持续的管理组织。他们将组织视为具有可渗透边界的开放系统。一个可持续的管理组织既具备敏捷性也具备适应性，因为它将变革能力构建于所有的社会子系统之中。

可持续性管理组织具有一个内部转型过程（社会子系统），可产生可持续的财务、社会效益和环境健康的输出。它们拥有强大的跨界系统，以应对外部的挑战和机遇。可持续的管理组织采用组织系统来创建动态工作系统，该工作系统构建于跨越子系统的领导力及持续信息共享的基础上。

系统及格式塔组织和系统发展

格式塔理论是一种系统理论。弗里兹·皮尔斯是该系统理论的创立者，他将组织概念化为存在于具体场景的生命系统、有机体或实体和力量，会一直持续与环境的互动过程。格式塔理论的根源部分来自认知心理学，它让组织发展实践者基于系统的功能性或系统通过互动满足需求的方式，认知到系统的边界。格式塔组织和系统方法的目标是将格式塔理论、概念和方法运用于组织环境中的各个系统层级。许多格式塔组织发展概念都根植于系统理论及系统观点中。

有机体—环境的边界

在格式塔组织发展方法中，所有人类系统被视为跨系统边界与其环境互动的生命有机体。由于所有人类系统均是开放系统，具体某个组织或社会被认为是开放的还是封闭的，取决于其边界对外在环境的影响或刺激因素或多或少可以渗透的程度。

过度开放的边界使系统约束不足且容易受环境的影响，而过度约束的系统具有几乎不能渗透的边界。所有系统都是通过管理边界处跨界交流的数量和性质而进行运作的。它们通过控制对跨边界侵入的许可和拒绝来维护其完整性。这种系统行为发生在系统追求实体存在或努力达成目标的过程中。格式塔组织发展实践采用这种理解来促使组织变得健康而有效。

格式塔体验循环

作为一个描述系统行为的模型，格式塔体验循环，也被称为觉察循环，主张所有系统体验都是周期性和迭代性的，同时也具有目的性和发展性。也就是说，当系统与其环境接触，它们的体验遵循一种可以观察到的模式。在这种模式中，系统会收集数据并赋予其意义（觉察到正在发生什么），再根据这些意义，调动能量做出这样或那样的行动。这些行动使系统与自身及环境建立联系，以努力满足需要或符合所赋予的意义。一旦实现后，系统就会关闭体验并撤回到一个新的预备状态，以再次与环境接触（见图 5.1）。系统完成体验循环的能力证明了它的健康状况。

当系统无法管理体验在循环中的平稳发展时，体验并不会消散，而是被阻滞。系统的效率会因此而大打折扣。

关于系统干预的格式塔原则

格式塔组织和系统发展的实践者在实施系统干预时会遵循以下基本原则：

- 所有系统处于形成进程中。
- 所有系统都在改变，以应对多方面的因素，无论是内部力量还是外部力量。
- 干预措施必须基于系统能量。调动系统中的能量必须符合能支持内外部现实的发展目的。

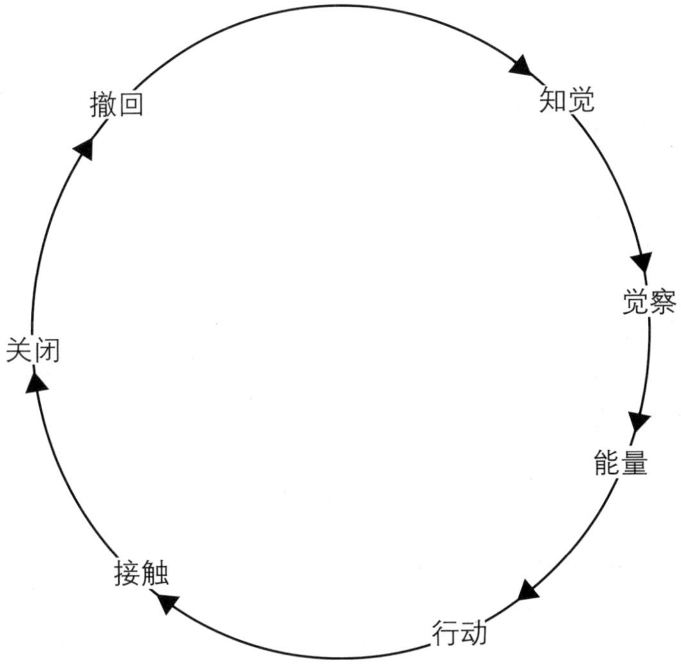

资料来源：Carter, J. (2008). Gestalt organization and systems development and OD: Past, present, and future perspectives. *OD Practitioner, 40*(4), 49–51。

图 5.1　体验循环

- 力量存在于产生有效体验和行动的当下。然而，过去的历史包含于系统中，以往未完成的事件也在寻求得到解决。
- 所有系统包含代表内在困境的两极分化。
- 困境不仅仅只存在于组织的一个层面上。组织共鸣和组织同构（Isomorphism）就像线索和主题一样存在于整个系统中。干预者可以保存能量，在有可能产生影响的最大层级开展工作。这样做也可以更好地为系统服务，因为相较于在较低层级的变革，较高层级的变革可以产生更强大的涟漪效应。
- 阻力既被视为一种信息，也被视为潜在的创造力。所有阻力都反映出系统的智慧，而试图忽视这种信息的重要性将为所建议的变革带来阻碍。
- 人们从经验中学习。
- 作为一种基本工具，觉察是系统变革的一个先决条件。
- 运用自我是干预者的主要工具。

混合式组织发展中的系统

混合式组织发展是传统的组织发展与对话式组织发展的方法混合使用的一种组织发展方法。对话式组织发展是由学习社群成员共同创造的生成性图景。

对话式组织发展方法提供了学习的条件，这样社群成员可以参与对话和探询。这种对话通常会促使生成性图景的创建（使用文字、图片、音乐和舞蹈），而这又常常会带来心态的转变、对“整体”的新认识，以及对彼此观点更深层次的理解。如果发生了任何行动，它属于自发行动，而非对话的焦点。

系统既是一个开放系统也是一个社群

在混合式组织发展中，系统可以是一个开放系统和/或一个成员无相互依存性的社群。传统的组织发展会采用很多方法来加强对彼此期望的未来状态的了解和愿景构建，这些方法也可以用于对话式组织发展以支持探询和对话的使用。对话式方法同样被用于传统的组织发展中。

如果组织中的变革发起者认为，自己的组织是一个开放系统，系统成员相互依存，会共同创建组织愿景、设计期待未来状况、创造并推进变革行动与变革成果的实施，就会经常在组织中使用混合式组织发展方法。

这些发起者希望进行一次对话活动，在活动中组织成员可以作为学习社群的一部分，通过对话和探询来创建以未来为导向的生成性图景，并深化对彼此及组织变革需求的个人理解。

使用组织发展方法的意图及所处的情境决定了是以传统的组织发展立场还是以对话式组织发展立场来使用这些方法。亚伯米・吉尔平–杰克森（Yabome Gilpin-Jackson）对此进行了精准的表述：“如果调查产生的数据同样被用于引导探询和对话的过程，当各种对数据的公开解读所产生的观点进一步推进了变革项目时，这就是在用对话的方式使用传统的工具。”

许多对话式组织发展实践者认为，当客户还未准备好接受对话式组织发展（如片段式的全系统活动），应将传统的方法与对话式方法适当结合，以使客户能准备好采用大规模的组织发展方法。

其他组织发展实践者能理解对话式组织发展和传统的组织发展的前提，认为应该根据具体情况来选择组织发展的途径和方法。他们认为，与变革发起者同位思考能够对应该采用对话式组织发展、传统的组织发展还是混合式组织发展有着明智的洞察。

对话式组织发展中的系统

在今天相互关联的全球环境中，组织发展顾问需要洞察力、变革敏锐度并了解支持深度对话的方式。深度对话使社群成员能够尊重彼此的观点并共同创建会改变其思想、内心和精神的生成性图景。

当今世界，创建线性规划并予以实施是无法应对诸多挑战的。通过集体思考组织可以感知到并影响自然出现的变革的速度与方向。

对话式组织发展的前提来自社会、生物和物理科学的发展，如混沌场理论（chaos field theory）和复杂性科学、欣赏式探询、系统思维、社会科学中的语言变化及大型群体变革方法。

对话式组织发展着眼于提供条件让社群成员（一起完成关联性任务的人群）能够进行对话和探询。这种对话通常会促使生成性图景的创建（通过文字、图片、音乐和舞蹈），而这往往会导致心态的转变、对“整体”的新认识及对彼此观点更深层次的理解。思维和行动上的转变通常会增加社群成员共享假设、价值观、态度和文化的广度与深度。

自组织社群是对话式组织发展中的系统

在对话式组织发展中，组织系统被视为一个成员相互独立的学习社群。主要的对话式组织发展学者—实践者，布希和马夏克（本书中的第 10 章）将系统描述为：“社会建构的自组织现实，由盛行一时的叙述、故事和对话所创建、维持并改变，人们通过它们对自己的经历进行意义建构。变革产生于改变了对话的干扰，这个过程塑造了意义建构和日常思维和行为。”

从对话式组织发展的立场来看，组织通常被视为处于不断变化中，因此可以采用话语和复杂性科学思维予以最好的解决。社群成员可能是也可能不是来自同一个组织。参与对话式学习活动使社群成员能够就可能的未来情况进行对话，从而创建出生成性图景，促进新思维模式，让社群生成的潜在变革能够出现。

对话式组织发展咨询过程

尽管对话式组织发展对系统的看法与其他组织发展方法并不相同，但他们确实会采用个人和自组织学习社群的系统要素来创建并召集对话活动。

杰维斯·布希确定了以下对话式组织发展咨询过程的三个主要阶段。

1. 规划对话：变革发起者和推动者会共同考虑一个问题，并立足于未来的可能性将其重新构建。他们还会决定社群将如何参与对话，讨论与立足于未来的可能性的方式有关的话题。变革发起者和推动者还要考虑他们将如何应对可能从对话活动中产生的任何变革。
2. 对话活动：对话活动期间，社群成员采用对话和探询来深化对彼此观点的理解，共同创建生成性图景，发现新的行动方法。
3. 对话之后：当社群成员持续被自己的生成性图景所打动，持续保持共同的思考，并根据需要参与自发的行动，变化就产生了。

大部分持续性变革都源于思维模式、假设和认知的改变，因为它们会带来个体与社群的现实社会建构发生变化。这将在自组织的学习社群中创建变革。

参与过对话式思维并共同创建了生成性图景的社群成员，将他们的对话体验描述为具有流畅性、有创造力、有远见、无评判、基于直觉的、敏感的以及拥有多种可能性。他们的思维有了变化，变成一个对世界有更多的欣赏、开放并且会进行更多探询的人。

对话式探询提高了社群成员实现未来愿望的能力，通过这种方式，对话式组织发展使每个社群成员都发生了转变。

多样性和平等及组织发展咨询

所有组织发展方法的实践者也在影响着他们与之互动的系统，无论是开放系统还是自组织学习社群。所有的组织发展方法都共享这样的价值观：民主、重视多样性、为个人或其他人类系统（社会认同群体）赋能。

为了遵循重视多样性和平等的价值观（系统为所有成员提供成功机会），组织发展顾问在工作中必须具有包容性和对自己的行为要有明确意向，从而践行重视他人及平等性的价值观。

认为组织是一个开放系统的组织发展顾问，会协助客户组织确定组织内的杠杆点，通过它们实现更加重视多样性及平等对待所有成员。这通常包括组织子系统和文化方面的变革，让所有的员工得到重视，针对他们的歧视性政策和程序被取消。

认为系统是成员相互独立的社群的组织发展顾问，会与变革发起者共同识别所有因为有关未来的想象实现而受到影响的多样性个体，确保他们能够参与到对话活动中。

在全球背景下，若合作的客户组织都希望提高财务、社会和物质收益，组织发展实践者必须认识到，如果不对一种文化进行调整以满足当地情境的需求，那么这种文化的创新和实践就无法有效应用于另一种文化中。在协同式多元文化变革工作中，所有各方尊重他人的观点和知识将至关重要。

最重要的是，那些来自所谓“先进的技术和经济文化”且正与其他文化的成员共同进行组织发展工作的组织发展顾问们，应记住以下情况很容易出现：

- 给人以充满优越感的印象，似乎只有他们才可以创建出最好的变革方案，似乎他们自己的文化毫无缺陷；
- 不尝试去理解、使用并尊重当地的习俗和常规；
- 预先设定变革战略且并不打算对之进行改变，而是希望“操纵”当地的文化来使之接纳；
- 不认同当地客户组织和组织发展顾问的共同努力。

结论

对组织发展的系统观点就像一种推动力，能发觉促进或阻碍变革的模式。我们希望所有组织发展方式的前提和方法及对系统的不同看法都可以得到理解和尊重。组织发展顾问具备了系统观点，不仅可以尊重自己的思想、心灵和精神，也能尊重与之互动的其他各方的思想、心灵和精神。

参考文献

Ackerman-Anderson, L., & Anderson, D. (2010) *The change leader's roadmap: How to navigate your organization's transformation* (2nd ed.). San Francisco, CA: Pfeiffer.

Benne, K. D., Bradford, L. P., Gibb, J., & Lippitt, R. O. (1975). *The laboratory method of changing and learning*. Palo Alto, CA: Science and Behavior Books.

Bidol, P. (2003). Conflict resolution systems for diversity. In D. Plummer (Ed.), *Handbook of diversity management*. New York: University Press of America.

Bidol, P., & Crowfoot, J. (1991). Towards an interactive process for citing national parks in developing nations. In P. West & S. Brechin (Eds.), *Resident peoples and national parks: Social dilemmas and strategies for international conversation*. Tucson, AZ: University of Arizona Press.

Bunker, B. B., & Alban, B. T. (Eds.). (1997). *Large group interventions: Engaging the whole system for rapid change*. San Francisco, CA: Jossey-Bass.

Bushe, G. R. (2013). Dialogic OD: A theory of practice. *OD Practitioner*, *45*(1), 11–17.

Carter, J. (2008). Gestalt organization and systems development and OD: Past, present and future perspectives. *OD Practitioner*, *40*(4), 49–51.

Cummings, T. G., & Worley, C. G. (2008). *Organization development and change* (9th ed.). Cincinnati, OH: South-Western.

Dannemiller Tyson Associates. (2000). *Whole-scale change: unleashing the magic in organizations*. San Francisco, CA: Berrett-Koehler.

Gilpin-Jackson, Y. (2013). Dialogic OD: A theory of practice. *OD Practitioner*, *45*(1), 60–67.

Jamieson, D., & Gellermann, W. (2006). Values, ethics and OD practice. In B. B. Jones & M. Brazzel (Eds.), *The NTL handbook of organizational development and change*. San Francisco, CA: Pfeiffer.

Kim, D. (2001). *Organizing for learning: Strategies for knowledge creation and enduring change*. Waltham, MA: Pegasus.

Lawler, L. E., III, & Worley. C. G. (2006). *Built to change: How to achieve organizational effectiveness*. San Francisco, CA: Jossey-Bass.

Lawler, L. E., III, & Worley. C. G. (2011). *Management reset: Organizing for sustainable effectiveness*. San Francisco, CA: Jossey-Bass.

Lindaman, E., & Lippitt, R. O. (1979). *Choosing the future you prefer*. Washington, DC: Development Publications.

Lippitt, R. O., Watson, J., & Westely, B. (1958). *The dynamics of planned change: A comparative study of principles and techniques*. Orlando, FL: Harcourt Brace.

Marshak, R. J. (2013) The controversy over diagnosis in contemporary organization development. *OD Practitioner*, *45*(1), 54–59.

Nadler, D., & Tushman, M. (1980). A model for diagnosing organizational behavior. *Organizational Dynamics*, *9*, 35–51.

Nevis, E. C. (1987). *Organizational consulting: A gestalt approach*. New York: Gardner Press.

Osborne, D., & Hinson, J. (2010). *Influencing change in complex times workbook*. Washington, DC: Change Fusion.

Perls, F., Hefferline, R. F., Goodman, P., & Kim, D. (1951). *Gestalt therapy*. New York: Dell.

Prahalad, C. K. (2010). *The fortune at the bottom of the pyramid: Eradicating poverty through profits*. Upper Saddle River, NJ: Prentice Hall.

Scott, W. R. (2003). *Organizations: Rational, natural and open systems* (5th ed.). Upper Saddle River, NJ: Prentice Hall.

Senge, P. (1990). *The fifth discipline: The art and practice of the learning organization*. New York: Doubleday.

von Bertalanffy, K. L. (1968). *General systems theory: Foundations, development, applications*. New York: George Braziller.

Wheatley, M. J., & Kellner-Rogers, M. (1999) *A simpler way*. San Francisco, CA: Berrett-Koehler.

第6章

组织发展实践者要运用自我

玛丽·安·雷尼（Mary Ann Rainey）
布伦达·B. 琼斯（Brenda B. Jones）

执着地以一系列价值观为基础，组织发展实践者给组织咨询工作带来一种独特的思维方式。组织发展领域经历过丰富的历史进程，组织发展实践者也为自己的专业起源备感自豪。他们坚持践行民主、平等和社会公正的承诺。即使内心发生冲突时，组织发展顾问对于人类精神潜能的信念也从未动摇过。承袭这种崇高的理想，组织发展顾问必须对完成工作的方式保持敏感。组织发展实践的一个重要特点在于它是一种相互协助的关系。顾问与客户的关系比以往任何时候都更加重要，同时“运用自我”的概念是有效实践的一个重要方面。

本章将探讨组织发展咨询中的“运用自我”主题。我们首先简要介绍一下这个概念，通过我们“做什么”以及“如何做”这个双透镜来概述组织发展实践；“如何做”部分将继续“运用自我”这一主题。随后将对“运用自我”进行深入审视，其中特别强调要理解有关助人关系及自我的概念。对组织发展咨询中“运用自我”的探讨包括格式塔组织发展原则。最后，我们在结尾将对作为工具的自我提出维护建议。

简介

组织发展领域坚守其核心价值观。与基于牛顿学说和精神分析假设的咨询立场不同，组织发展把重点放在良性进程而非发现正确或错误的答案上。组织发展的主要焦点是各种关系，它对如何完成工作的关注和对完成了什么工作的关注持平，甚至更高，这让它有别于专家或技术形式的咨询。让客户参与组织发展过程的每一阶段，在一定程度上可能造成了这种对更加线性、客观的探询形式的背离。组织发展另一个重要的方面是“运用自我”的概念，顾问由此得到允许，可以在为客户目标服务时运用个人经验。运用自我的一个关键收益就在于，通过分享个人经验，实践者提高了客户对自己的职责行使、模式和倾向性方面的觉察，从而有助于做出更知情、更优质的决策。

作为一个将目光投向组织生活中难以捉摸的那些方面的行业，确切定义组织发展是一种挑战。因此，我们没有给其下定义，而是提出了如下几个观点：

- “组织发展是一项有计划、全组织范围、自上而下加以管理推进的工作，旨在提升组织有效性与健康状况，所采用的方法是通过行为科学知识对组织的‘过程’实施有计划的干预。”
- “组织发展帮助组织定义并阐明价值观与目标，管理及解决问题，做出知情的决策同时开发并有效利用人力资源。”
- “作为专业人士，我们的目标是，为了实现人类和人类系统的共同利益及福祉而促进其生活和工作的各种过程。”
- “组织发展实践者帮助公司管理变革并对人员、过程和运行进行调整以获得成功。简单来说，组织发展工作的目标是作为催化剂，帮助组织从目前的状态（A 点）到达其期待的状态（B 点）。”。

组织发展的“做什么”：行动研究模式

组织发展的“做什么”其实是由库尔特·勒温创建的经典的行动研究模式。勒温在其 1946 年发表的论文《Action Research and Minority Problems》中创造了“行动研究”一词，并将它描述为“一种比较研究，其研究对象是各种形式的社会行为和研究的条件及影响，因为这些条件和影响本身就会产生社会行动"。勒温描述了一种螺旋式步骤，每个步骤都包含了一个由规划、行动及对行动结果的实地调查组成的循环。在这点上，值得一提的是埃里克·特里斯特（Eric Trist），一位生活在20世纪的社会心理学家。他供职于英国伦敦塔维斯托克人类关系研究所，对此还进行了应用社会研究。当特里斯特把更多注意力集中在大规模的多组织问题时，勒温的理念更多地在案例中被应用于组织层面。今天，普遍认可的行动研究步骤是进入与签约、数据收集与分析、数据反馈与行动计划、干预、评价，然后退出（见图6.1）。

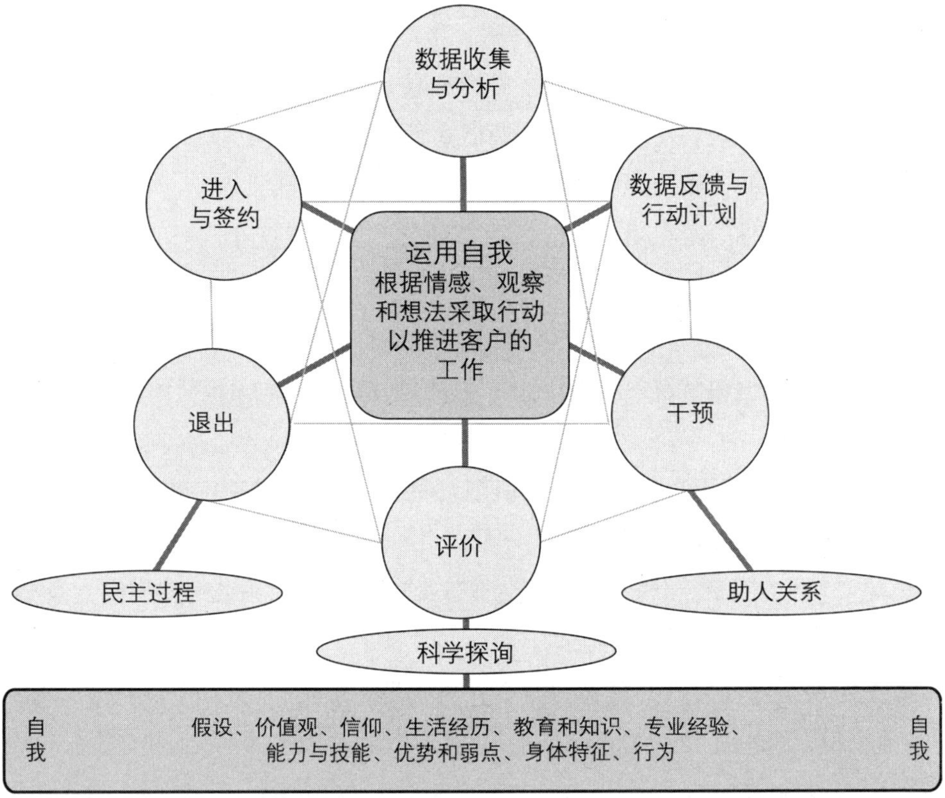

图6.1　组织发展的"做什么"及"如何做"：行动研究与运用自我

组织发展的"如何做"：运用自我

尽管行动研究模式指出了组织发展"做什么"，运用自我则带来了如何进行组织发展，提出了生活、践行及良性进程的概念。它要求顾问开发个人的经验并将这些经验作为变革的工具。运用自我植根于组织发展的民主起源及三个基本原则：科学探询、民主过程和助人关系。顾问与客户共同致力于每个步骤。

组织发展顾问的多重角色

行动研究模式的不同阶段为组织发展实践者创建了多重角色，马夏克将其中几个角色进行了识别。

专业顾问：在整个合作期间负责项目启动、相互协商并与客户维持一种协作式的咨询及组织变革关系。

诊断专家：解读、鉴别并了解个人、团队、组织及较大社会系统的行为动态。

社会科学研究员：设计并实施各种数据收集及数据分析的方法。

干预者：具备一系列参与式方法和流程的知识，并能熟练使用以激发参与式参与。

教育者：传授原则、概念、理论和观点以帮助客户获得洞见与学习，从而组织并构建思想并制定未来发展决策。

培训者：促进技能提升以应对各种问题、机遇和/或担忧。

引导者：能处理与权力、权威、领导力、冲突、多样性和抗拒有关的小型及大型群体动力，同时确保客户始终参与并保持在正轨上。

教练：提供建议及鼓励并支持培养组织有效性所必需的技能、行为及态度。

助人关系

虽然受不同目标所驱使，但组织发展顾问的每个角色都要求实践者具备可发挥各种作用的能力，即助人者的能力——充满自信、值得信赖、善于倾听、感同身受、赋能授权、乐于助人、提供支持、积极推动并伸出援手。卡尔•罗杰斯以阐述助人关系的条件而知名。在罗杰斯看来，助人关系是“一种参与的一方希望有一方或双方对个人潜在的内心资源能更欣赏、更愿意表达并更多运用的关系”。罗杰斯还表示，这一定义不仅涵盖了一系列旨在促进成长的一对一关系，如父母与孩子、医生与病人、老师与学生、顾问与客户，也延伸到作为某种助人关系的个人乃至群体间的互动。

真诚一致：助人者真正“毫不掩饰，坦诚表露自己当下的感受和态度”，能觉察到这些感受，也能将它们传达给他人。

感同身受：理解客户的内心世界并能就这种理解的重点进行沟通。传递想要理解对方的意图同样很有帮助，它表现了对客户感受的重视。

正向尊重：热情、积极地接纳客户。这意味着公开表达乐于接受客户展现真实的一面。它代表了一种非罗曼蒂克式的关爱和喜欢，所带来的力量既不是家长式的、充满感情色彩的，也不是肤浅的、社交性的、讨喜式的。它尊重他人，没有苛求。

无条件正向尊重：罗杰斯所阐述的条件中最具争议也最不确定的一个条件——无条件正向尊重——是指毫无保留、毫无评价或毫无判断地完全接纳。

客户对真诚的观点：包括客户情感流动的敏感性及客户看待顾问的方式。

帕尔曼（Perlman）强调了在关系状态中产生的特别联结。“关系是一个人对自己与另一个人的情感纽带的感受或感觉。当情感为某人或某事所唤起并持续对他们进行投入而对方也响应性地连接回来时，关系就会如同电流般跃然而出，或者谨小慎微地缓缓成形并逐步发展。当我们感觉与另一个（人或对象）以某种真诚的方式融为一体时，就会觉得‘彼此关联’了”。

格式塔组织发展指出了关系对咨询过程的重要性。尼维斯认为客户与顾问之间的互动能促进成长与发展，客户—顾问互动的质量会影响客户反应及回应的方式并决定透露哪些信息。勒温和特里斯特均非常看重顾问—客户的协作，并在各自的工作中体现了这一点，同时他们也看重让组织成员参与到影响自身的各种进程中。

自我

行为科学一直强调“自我”在助人角色中的重要性，因为自我是情境化的，取决于在当时独特的环境下与他人互动时发生了什么。关于自我的主题存在不同的文化视角。西方观点易于倾向更静态的自我内涵，而非西方思想则认为自我是不断进化的。在大多数西方文化中，关系、成员、群体及其需求和目标通常比自我次要。而在东方文化中，相互依存的自我观则更为普遍，人际关系要比个人成就更重要。

有意识与无意识自我

卡尔·荣格（Carl Jung）将自我描述为一种原型，一种古老或古代遗存的意象，代表着整体精神以及意识和无意识在一个人身上的统一。荣格认为，自我作为个性化的产物得以实现，是一个人人格整合的过程。哲学家乔治·米德（George Mead）将自我视为一种不断发展的持续性社会创造。米德认为自我既主观又客观。例如，主观自我（I）会发起行动、梦想、计划和想法。或者，客观自我（me）会反思自我并将自我视为一个完整的实体。

洛克（Locke）将自我定义为："会有意识思考的东西（无论其本体，无论其是由何种精神、物质所单独构成，抑或混合而成，皆是如此），这种东西是可以进行感觉的，会感觉到快乐或痛苦，幸福或不幸，而其意识延伸的程度，便是其自我所关心的程度。"不过，他并没有忽视本体的存在，曾写道："肉体同样是构成人的一部分。因此，自我是一种在体内的自我察觉及自我意识的反射。"根据洛克的观点，人格同一性或自我，"取决于意识，而非本体"，亦非灵魂。只有当我们像意识到当前的思想与行动一样，以相同的方式意识到过去与未来的思想和行动时，我们的人格才是相同的。如果意识是这种会重复所有思想的"思想"，那么人格同一性就只建立在意识的重复行为上。"这可能向我们展示了人格同一性的构成：不在于本体的同一性，而是……意识的同一性"。

自我可以被看作由四个元素组成：自我意识、自我概念、自尊和社会自我（见图 6.2）。自我意识是个人对自己的了解水平及这种了解在日常生活中始终适用的程度。自我概念是一个人关乎自己及自我认知的假设与信念的广泛集合体。自尊通常是一个人相对于对他人的判断而对自我价值进行的整体评价和判断。自尊是对一个人自我概念的重视。社会自我是对他人的觉察以及与他人的良性互动，也是建立并管理功能性的关系的能力。

内在个体 "我" 意识层面的 例如，弗洛伊德与精神分析	外在个体 "它" 行为层面的 例如，伯尔赫斯・弗雷德里克・斯金纳 与行为主义
内在集体 "我们" 文化层面的 例如，埃米尔・迪尔凯姆（E.Durkheim） 与集体无意识	外在集体 "它们" 社会层面的 例如，经济理论家

图 6.2　整合的自我的四象限

实现了的自我

自我是一种心理建构体，马斯洛在其著名的“需求层次”理论中进行了描述。他确定了五种需求：生理需求、安全需求、归属感与爱的需求（社会）、自尊需求及自我实现需求。马斯洛从库尔特·戈德斯坦（Kurt Goldstein）的研究中借用了“自我实现”这个词来描述需求的最高层次。马斯洛用自我实现来专门代表一种鲜有实现的完美的人类成就状态，一个人只有在满足了较低层次的需求后才能达到最高层次的需求。他补充说，当一个人在人生的不同时期遭遇新的体验时，这种模式可能会重复。自我实现是一个人实现真我并成为所能成就的样子，以此努力将真我表达出来的过程。当组织发展实践者能处于健康的心理状态，就能成为他们所能成就的样子，因此也更能支持组织的成长。运用自我意味着要尽可能获得自我实现及不受外部强加的匮乏性需求的影响。

整合的自我

根据肯恩·威尔伯（Ken Wilber）的观点，在现代社会的进化理论中有一种病态分离，导致我们几乎完全关注人类存在的外部因素，而忽视了自我的内在方面。他的四象限是对人类存在的四个基本维度的理论描述（见图 6.2）。模型的左边是两个内部象限——内在个体和内在集体。模型的右边是两个外部象限——外在个体和外在集体。

内在个体或“我”阐释了人们的内在体验，它是意识层面的，与弗洛伊德心理分析有关。内在集体或“我们”则聚焦于共享的经验，就像迪尔凯姆在集体无意识理论中所理解的，有关于文化层面。外在个体或“它”关注可见的行为，例如，斯金纳的行为主义中所述的行为，在本质上属于行为层面。外在集体或“它们”关注社会层面的共享外在经验，这是经济理论家们研究的领域。

威尔伯的整合理论将每个象限或单元确定为一个“子整体”，也就是说，每个象限既是一个单独整体，也是一个更大整体的一部分，这表明了四个维度间的关系和联结性。威尔伯认为，这四部分提供了补充性而非矛盾性的观点。这些观点对于自我的完整阐释可能都是正确而必要的。

将自我作为工具

卡伦·霍妮（Karen Horney）将“自我”理解为一个人自身（one’s own being）及潜

能的核心。现实自我是积极成长并改变或成熟自我的基础，而理想自我则是很多个人及组织的功能障碍或不成熟自我的基础。现实自我是“核心的内在力量，人人都有但每个人都独一无二，它是成长的深层次根源”。霍妮认为，如果我们对自我有一个准确的概念，就可以在合理的限度内自由发挥潜能并实现愿望。

组织发展顾问将创建安全的条件让现实自我得到发展并能支持客户的工作。安全的条件是指一个能自由分享感受与想法的温暖氛围，可让人们自由分享感受和想法及为他人提供指导和鼓励，也会带来良性的摩擦。安全条件还指不存在直接或间接操纵、冷漠、不稳定行为，也不存在对个人需求缺乏尊重、蔑视及赞赏泛滥或缺失。这种气氛需要既具支持性又具挑战性。正是基于这种理解和运用自我，组织发展实践者才可以提升组织环境，以有利于良性成长和改变。

霍妮关于影响的观点体现在三种动向上，这对处理不良经历、处理理想自我掌控谋求发展的努力以及做出无意识选择的方式是有帮助的：

1. **趋向他人**——目的是取悦他人，赢得他们的喜爱，被他人所需要、喜欢、渴望和爱戴。

2. **反对他人**——目的是成为更强大的人，渴望成就，害怕亲密，为了防御而攻击。

3. **逃避他人**——目的是拥有独立性，害怕变得脆弱或有缺陷，有精神上的生存需要。

当要促成有效的组织行为时，霍妮的三个动向是可以符合一个人的自我意识的。这些策略以理想自我为基础，能更好地理解并处理冲突、心理成长和困境。霍妮认同，如果运用适当，趋向、反对和逃避他人会成为有用的策略。

组织发展咨询中的运用自我

组织发展让实践者将自己的经验带入到与客户的合作中。即使管理自我是必需的，组织发展顾问也无须核对即将出现的是哪一部分的自我，适当地运用心理、思想、身体和精神的力量是允许的。从这方面来说，自我是成为组织发展顾问最重要的资源和工具。将自我作为工具进行使用让顾问能建立真正的互动和信任关系。

运用自我是基于一系列复杂的因素采取行动的过程，这些与顾问、客户和组织发展实践相关。它要求关注自我和客户，同时重视作为组织发展之根本的价值观。换个说法就是，运用自我是顾问（价值观、假设、信仰、偏见和倾向）、客户（带着诚信与目的性的意图来关注并参与）和组织发展（价值观、原则、理论、实践）的结合。当谈及将自我作为工具时，坦南鲍姆和汉纳（Hanna）把运用自我描述为社会敏感度（能准确解读环境）和行动灵活性（具备酌情采取不同行动方式的能力）。运用自我不仅仅只是技术，还是源于顾问核心的一种赢取客户的方法，这表明组织发展专业人士必须根植于一种成熟而现实的自我感知。不了解自我，就难以了解客户。运用自我是直接而公开的，而不是间接而隐蔽的，通过周密而谨慎地使用自己内在经验与客户及当前环境产生共鸣。

运用自我：有意识的选择

有意识地运用自我是面对生活的一种方式，会提升对一个人独特天赋及其影响他人能力的觉察。对于引导、教练以及让他人赋能而采取行动的实践者来说，有意识地运用自我是一项必需的能力。一个人通常可能根据习惯性模式而自动采取行动，但这种习惯性模式可能并不适合当前现状。当我们的行为将产生重要影响时，有意识的选择是更佳的选择。

意识选择矩阵（见图 6.3）能帮助我们了解选择时运用自我。当意识到自己在掌控选择时，就会对自己的选择负责。当没有意识到自己所做的选择时，会基于模式或习惯进行选择。当意识到了选择，却将选择的掌控权交给了他人时，我们会责难对方。当意识到了选择并且无意识地做了某事时，那是在基于我们的信念体系和社会化而采取行动。

意识	自我做出的选择	他人做出的选择
有意识	负责	责备/称赞
无意识	自动/习惯	社会化/传承

图 6.3　意识选择矩阵

运用自我：格式塔视角

运用自我部分受顾问在与客户合作时所具备的觉察水平所驱动。在当下进行有意识的了解是一种形成觉察概念的方式。觉察是格式塔组织发展的一个核心原则，这样实践者能支持客户（或个人或集体）去获得更完整的体验。格式塔组织发展是组织发展、格式塔心理学和一般系统理论的结合。它是一个需求满足模型。以主要的格式塔组织发展模型“体验循环”为指导，实践者追踪并帮助客户觉察正在发生什么、整理这些觉察以确定还需要什么、做出承诺并采取行动来满足需求、关注变化并展开学习，最后回归到一个新的存在状态。

格式塔实践者在体验循环的每一步都能提升客户的觉察，进而在许多方面迫使组织对想怎样做出知情的选择。这种对觉察的强调源于变革矛盾论的格式塔原则。原则指出，变革的发生并不是因为有人试图有所不同，而是有人充分觉察到自己是谁并完全接纳。

格式塔组织发展强调了两个主要的咨询目标：

1. 传授重要的技能来了解并运用格式塔概念、理论和方法，从而改善客户系统的运营。
2. 提供客户系统中原本缺失的临在。

因为格式塔组织发展三个最首要的因素是觉察、觉察、觉察，临在成为不可掉以轻心的关键。“（组织发展）实践者不仅代表且表达了一定的价值观、态度和技能，也会使用这些价值观、态度和技能来激发甚至唤起客户采取必要的行动来解决问题……这样做的目的是让客户利用差异化、边缘化和高吸引力的议题，以最强大的方式运用自我。”

尼维斯对所有实践者提出了一个问题：在各方面都相对平等的情况下，你凭什么让客户选择你而非其他人？

尼维斯自己对这个问题的回答始终是：你的临在！

临在体现的是对实践者的身份及本质（情感、感知、认知、行为）的独特整体性融合，也是如此被人所感受的，这个过程非常有趣，会和客户形成并保持一种学习及发展伙伴关系。它是全我本质和觉察与意图和影响力的混合体（见图 6.4）。

哈纳芬（Hanafin）经常将格式塔实践者称为觉察促进者。他鼓励实践者有意自我定位在自己和客户间的边界处，因为那是转变会发生的所在。但他同时也告诫不能太过相似（会有被客户吸收的风险）或太过不同（会有被客户排斥的风险）。关键是找到“最佳击球点”（sweet spot）这个完美的位置，这虽然会引发焦虑，但也提供了一剂学习的良药，通过这种方式来管理他所提及的一个人的感知怪异指数或 PWI。

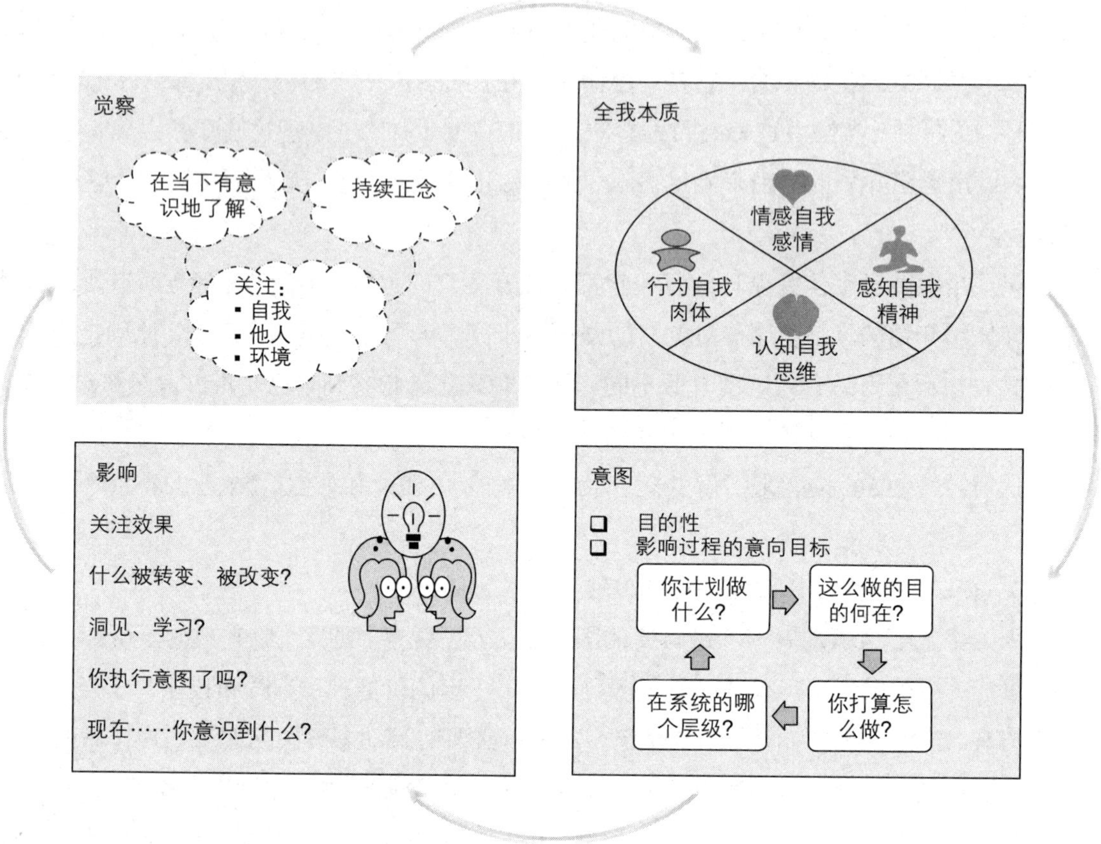

资料来源：Rainey, 2013。

图 6.4　临在 ＝ 全我本质+觉察+（意图+影响）

扩展临在的范围：唤起性与刺激性，存在与行动

意图性对临在的建立发挥了重要作用。临在的潜台词是“范围”（Range），也就是能展现出来并有效吸引众人和情境的能力（见图 6.5）。在一个不同的文化、语言、习俗和道德标准普遍存在的全球化世界里，能力的范围是顾问最重要的标志。尼维斯提出了在“唤起性”和“刺激性”临在原则下以“存在”与“行动”的模式拓展能力范围的相关理念。

自我作为唤起因子是一种跟踪及评估的方法，可提高客户的觉察。在唤起式模式下，客户发挥主导作用，顾问跟随。顾问会观察过程并帮助客户做出有利于工作目标的选择。能量从客户转移到顾问。在处理新问题、困难或合约的早期阶段，当工作日程还在行程中时，这种特定的临在类型尤其有效。此时的任务就是积极倾听并引出回应，探索并塑造客户的想法和感受。唤起式模式创造了一种安全并接纳的氛围，在这种氛围中顾问更多的是跟从客户而并非分立于客户。

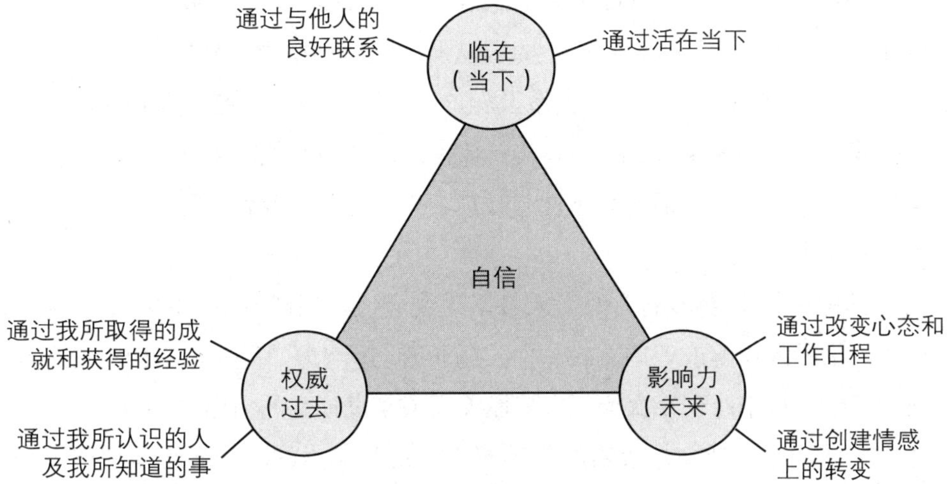

资料来源：Hawkins and Smith, 2006。

图 6.5　权威、临在和影响力（Authority Presence and Impact, API）模型

自我作为刺激因子是一种行为驱动的指导性干预方法，因而是顾问引领、客户跟随。能量从顾问转移到客户。实践者支持客户把事情做好。一旦确定了方向，其任务就是制订行动计划并去实现它。这种模式下需要更独断的临在，能力范围既能给出轻微刺激，也能激发愤怒。顾问应注意，不是去煽动激烈的动荡，而是引发热烈的反响。刺激式的实践者身处确定与不确定的边界，永远不知道可能产生怎样的回复或反应。提出被遗漏的东西，敢于坚持不同的意见，这在刺激式模式中会很有帮助。

可以换一种方式用存在与行动的视角来看待唤起式和刺激式模式。就像唤起式模式一样，从一种存在的观点来看，实践者的优势在于能够采取一种分散性意识，以帮助客户审视情境、获得全新视角、产生想法以及探索含义。相反，行动的观点则认为聚焦且结构化的意识能提供最好的支持，其价值观就在于实施计划与任务。

运用自我：个人力量和临在

巴斯咨询集团的彼得·霍金斯（Peter Hawkins）认为，自我根据临在的三个维度根植于顾问个人力量中，并受到三个时间视角的驱动（见图 6.5）。

权威/过去来源于你认识谁、你知道什么，或你已经做了什么。你的成就可能体现在头衔、资历或角色上。权威也可能体现在顾问的学历水平、推荐信、被他人介绍的方式，

或者知识和经验水平上。一个人的权威可以开启一扇门并获得不错的第一印象，但就其本身而言，它不能创建持久的关系或带来情感的变化。事实上，过度使用、提及自己的权威会造成负面影响。当人们挺直腰板站立时，从肢体上就展露出了权威。

临在/当下是与各种人快速建立关系及融洽气氛的能力。拥有高度临在的实践者能在各种情况下赢得关注和尊重。不同类型的人都会发现和他们能产生共鸣。要获得高质量的临在需要与他人建立密切接触的直觉性与技能。当顾问张开双臂，要拥抱周围的人时，这就是临在的肢体表现。

影响力/未来具有高度影响力的个人可以改变会议、谈话或事件的方向。他们能改变或重构对所议主题的理解或处理方式从而实施干预。影响力的另一个方面表现在能巧妙地引入不同的情绪能量来改变某次会议、某段关系或某场谈话的情绪氛围，如带着幽默、自信或表达出集体能感知到却未表露的某种感觉。有影响力的顾问会给客户留下积极的印象，并能占据客户的思维，也就是人们所说的“思维占有率”，哪怕他们不在身边。行走或坐下时身体前倾以生成能量与动力，这通常是影响力的肢体表现。

维护作为工具的自我

本节将提供一些方法，让组织发展实践者通过提高自我觉察、追求个人意义、走向真实、自我发展和自我关怀来提升作为工具的自我。

提高自我觉察

不管指导性假设是什么样的，探索自我的概念代表着寻求提高自我觉察——我们是谁以及我们如何思考、评价并看待自己。有两点很重要：首先是一个健康的自我概念。鲍迈斯特（Baumeister）将自我的概念定义为受个人属性驱动的个人信仰。这是能够回答“我是谁”的能力。顾问必须清楚自己是如何看待自己又如何被他人所看待的。第二点是自我的运作。它决定了持续审视心智模式的必要性，因为心智模式会影响顾问的存在方式及咨询立场。

追求个人意义

显然，一名高效的组织发展实践者需要精力充沛且身体健康，以在系统组织层面开展工作并产生影响；同时发挥自我，协助实现当前环境所需的成果。自我，如同一种工具，需要关注和爱护。加德纳（Gardner）建议要找到个人的意义。

意义不是你偶然所得的东西，如谜语的答案或寻宝游戏的奖品那种。意义是你在生命中建构的东西。它来自你的过去，包括你的情感与忠诚、传递给你的人生经验、你自己的天赋和理解、你的信念、你所热爱的人和事，还有你愿意为之付出的价值观。所有要素都在那里，你是唯一能将它们结合在一起构成那个独特模式的人，而那个模式就是你的生命。让它成为一个对你而言有尊严、有意义的生命吧。如果真能如此，那么得失成败就不是太重要了。

走向真实

德维恩（Dewane）从几个视角来看待社会工作中的运用自我，他的观点可以作为组织发展实践者的一个指南。不同视角的分析有助于实践者以更真实的方式与客户联系，这样会独特地反映出其真实的自我。

个性：实践者与客户接触时会带来的一个重要特性就是个性。尽管理论知识和技能对于优秀的组织发展实践很重要，但相对于实践者的真实性及他们如何利用个性来作为一种工具而言，它们对客户满意度的影响似乎最小。关于真实的信息非常明确：忠于自己！这有助于了解他人是如何看待你的。反馈，对获得他人对自己的看法起到重要作用。有一个建议是花时间充分了解个人和职业生活中的自我，尝试将两者结合起来。

信念体系：当提及信念体系，德维恩并不一定在谈论宗教信仰或精神取向，而是指世界观，即组织发展专业人士如何理解并看待周围的世界。通过了解个人的世界观，顾问就更能发现自己的哲学、组织发展实践的价值观与道德规范是否与客户的保持一致。所有的组织发展顾问往往容易将自己的价值观强加于客户。德维恩认为，这可能是因为实践者没有澄清自己的世界观。一旦实践者澄清了自己的世界观，审视它是有助于还是会阻碍与客户的关系将非常重要。

关系动力：正如前文所述，罗杰斯确定了助人关系的特征——整合这些特征对与客户建立信任关系而言至关重要。移情和反移情现象影响着关系动力。从一般意义上来说，移情是指客户对实践者所持有或表达的任何感觉。移情通常发生在客户意识之外，且源于之前的经验及与他人的关系。客户可能期望实践者以与其他关系相同的方式来对待自己。反移情则与实践者响应客户的个人情感有关，例如，客户激起实践者情感或反应的特定言谈举止或行为通常都与实践者自身未解决的问题有关。弗洛伊德在精神分析中将反移情视为对治愈过程的干扰。今天，更多的人开始理解工作环境中实践者对客户的反应的作用。

焦虑：当处于一种助人关系中时，能觉察到个人的焦虑是非常有用的。顾问在职业生涯中的某些时刻会感到焦虑。组织发展是一种会引发焦虑的职业。关键是要区分良性焦虑和非良性焦虑，不要被它吓得失去勇气，而是要坦然接受这种体验。当经历焦虑时，顾问必须自问：是什么想法导致了这种焦虑？这种焦虑会如何影响我与客户之间的关系？当与客户共处时，我的焦虑会如何在我的情绪、想法和行为中体现出来？是什么让我对与这个客户的合作产生焦虑？

自我披露：最后一个要素是自我披露。顾问不断披露个人经历的好处就是有助于让客户觉得其他人也有类似的问题与挑战。但不恰当的自我披露会动摇客户对顾问能力的信心。在某些情况下会出现角色调换，客户成为顾问的帮助者。问题在于：我这么做是为了客户，还是关系到自己的利益？我披露个人经历的目标是什么？我如何预知与客户分享这些会对其有利？德维恩建议，顾问可以告知客户自己披露的目的及可感知的收益，以获得许可进行披露。

自我发展

随着自我的持续成长并逐渐成熟，我们会发现新的天赋和兴趣点，这时需要重新定位以确定顾问生命中重要的东西是什么。

自我探询：认识到大我与小我之间的一致性。我们生活于大千世界中，但如果被环境过于束缚会阻碍我们与自身精神内核的联系，以及与他人分享我们的大我。

自我控制：自制力是运用自我的一个关键因素。在自我利益和更高层次的责任之间所做出的选择只有道德的自我约束才能完全了解。重视承诺和责任将形成一个理解的透镜以获得更深刻的洞见。必须关注我们在何时利用自己的抵触心理来调整特定行动方案。

知足：沉着的智慧源于内化的知识、明确的价值观及精练的技能发展。我们必须重视自己的心理滋养方式，从而在与客户合作时保持超然的好奇心。知足可以让我们在前行过程中一直保持一种优雅、有益的稳定状态。

良好陪伴：孤独能让人与自己建立联系。良好陪伴则会从更高层次来促进成长，带来快乐和愉悦，并提供支持。良好陪伴意味着能够本着滋养、成长和存在的精神建立与自我及他人的联系。

自我关怀

要满足紧张的有时甚至苛刻的组织发展工作要求，自我各个层面（情感、思维、身体和精神）的幸福是必需的，否则，可能出现倦怠和健康问题。必须知道在大型的复杂系统中工作、长时间的差旅、远离家庭和爱人的压力所带来的后果。正如实践者要关心客户一样，实践者也需要自我关怀。建议如下：

1. **识别出压力的警报信号**。包括抑郁、烦躁、失眠、使用酒精或药物来应对、丧失性欲。
2. **整理工作要求并优先排序**。创建一个平衡计划进度表，不要过度承诺，要学会拒绝。
3. **改掉坏习惯**。抵制完美主义，放弃消极思维的倾向，不要试图控制无法控制的事。
4. **照顾好自己**。定期锻炼，采用精神或冥想练习，选择健康的食物（尤其是在国外出差时），保证充足的睡眠，适量饮酒，每年进行健康体检。
5. **创建专业的支持网络**。与他人分享工作，与同事交流讨论，就持续的专业发展聘请督导提供专业服务，参加所在领域的专业会议。
6. **与家人和朋友保持联系**。工作之余抽出时间与家人和朋友相处，对家人和朋友的生活保持兴趣，让他们知道你爱他们。
7. **爱你自己**。度假并定期休息，做自己喜欢的事情，培养一种爱好，工作之余与自己相处。

结论

组织发展的“做什么”体现在经典的行动研究模式中，包含进入与签约、数据收集与分析、数据反馈与行动规划、干预、评价和退出。组织发展的“如何做”则体现在“运用自我”的概念中。作为一个价值观根植于相信人类潜能的行业，组织发展咨询将运用自我作为一个重要的考虑因素与能力。通过有效地运用自我，组织发展顾问能够与客户建立融洽的关系并提高干预质量。它是一个由客户真实的临在所驱动的人际关系过程，需要顾问具备倾听自己对客户的反应（所见、听闻和所感及其他微妙的非语言线索）并确定合适的响应和反应的能力。这是舍恩所说的“行动中的反思”。运用自我是个人意识，是对该意识进行的适时适度的沟通，也是对客户的感受和接纳能力的敏感性。

参考文献

American Society for Training and Development. (2012). *What is organizational development?* www.odportal.cn/OD/WhatisOD.html.

Baldwin, M. (2000). *The use of self in therapy* (2nd ed.). Binghamton, NY: Haworth Press.

Baumeister, R. F. (Ed.). (1999). *The self in social psychology*. Philadelphia, PA: Psychology Press (Taylor & Francis).

Beckhard, R. (1969). *Organization development: Strategies and models*. Reading, MA: Addison-Wesley.

Benne, K. D. (1975). Conceptual and moral foundations of laboratory method. In K. D. Benne, L. P. Bradford, J. R. Gibb, & R. O. Lippitt (Eds.), *The laboratory method of changing and learning: Theory and application* (pp. 24–55). Palo Alto, CA: Science and Behavior Books.

Carter, J. D. (1998). OSD 2000: Organization and Systems Development Program 1998–2000. Unpublished educational manuscript. Organization and Systems Development Center, Gestalt Institute of Cleveland, 1998.

Dewane, C. J. (2006, Winter). Use of self: A primer revisited. *Clinical Social Work Journal*, *34*(04), 543–558.

Edwards, J., & Bess, J. (1998). Developing effectiveness in the therapeutic use of self. *Clinical Social Work Journal*, *26*(01), 89–105.

Gardner, J. (1990, November). Personal renewal. Speech presented at McKinsey & Company, Phoenix, AZ.

Gellermann, W., Frankel, M. S., & Ladenson, R. (1990). *Values and ethics in organization and human systems development*. San Francisco, CA: Jossey-Bass.

Hanafin, J. (2004). Rules of thumb for awareness agents. *OD Practitioner*, *36*(6), 24–28.

Hawkins, P., & Smith, N. (2006). *Coaching, mentoring and organizational consultancy:*

Supervision and development (1st ed.). Maidenhead, UK: Open University Press/McGraw-Hill.

Horney, K. (1950). *Neurosis and human growth: The struggle toward self-realization.* New York: W. W. Norton.

Jung, C. (1971). Aion: Phenomenology of the self. In J. Campbell (Ed.), *The portable Jung* (pp. 139–162). New York: Viking.

Lewin, K. (1946). Action research and minority problems. *Journal of Social Issues*, *2*, 34–46.

Locke, J. (1690). *An essay concerning human understanding* by John Locke, The Pennsylvania State University, *Electronic Classics Series*, 1999.

Marshak, R. J. (2006). Organization development as a profession and a field. In B.J. Jones & M. Brazzel (Eds.), *The NTL handbook of organization development and change: Principles, practices, and perspectives*. San Francisco, CA: Pfeiffer.

Maslow, A. H. (1958). *Toward a psychology of being* (2nd ed.). Princeton, NJ: Van Nostrand Company.

Mead, G. H. (1982). The individual and the social self: Unpublished essays by G. H. Mead. (Edited by David L. Miller). Chicago, IL: University of Chicago Press.

National Association of Social Workers. (1996). Code of ethics. Washington, DC: Author.

Nevis, E. C. (1987). *Organizational consulting: A Gestalt approach*. Cleveland, OH: Gardner Press.

OD Network. (2012). Organization and human systems development credo (July 1996). www.odnetwork.org/

Perlman, D. (2007). The best of times, the worst of times: The place of close relationships in psychology and our daily lives. *Canadian Psychology*, *48(1)*, 7–18.

Poorman, P. B. (2003). *Microskills and theoretical foundations for professional helpers*. Boston, MA: Allyn & Bacon.

Rainey, M. A. (2012, March). Use of self: Components of presence. Presentation at the Shell Global OE Community Event 2012. The Hague, Netherlands.

Rainey-Tolbert, M. A., & Hanafin, J. (2006). Use of self in OD consulting: What -matters is presence. In B. J. Jones & M. Brazzel (Eds.), *The NTL handbook of organization development and change: Principles, practices, and perspectives*. San Francisco, CA:

Pfeiffer.

Rogers, C. (1958, March 2–April 3). The characteristics of a helping relationship. Address delivered before the APGA Convention. St. Louis, MO.

Patwell, B., & Seashore, E. W. (2010). *Triple impact coaching: Use of self in the coaching process* (2nd ed.). Victoria, BC, Canada: Patwell Consulting.

Schön, D. A. (1983). *The reflective practitioner: How professionals think in action*. New York: Basic Books.

Segal, M. (1997). *Points of influence: A guide to using personality theory at work*. San Francisco, CA. Jossey-Bass.

Siminovitch, D. (1991, September 14). Self as instrument: Self as agent. Presented at Gestalt Institute of Cleveland Staff Development Program, Cleveland, OH.

Tannenbaum, R. T., & Hanna, R. W. (1985). Holding on, letting go, and moving on: Understanding a neglected perspective on change. In R. T. Tannenbaum, N. Margulies, & F. Massarik (Eds.), *Human systems development*. San Francisco, CA: Jossey-Bass.

Wilber, K. (1996). *A brief history of everything*. Boston, MA: Shambhala Publications.

第 2 部分

关于组织发展实践的多种视角

第 7 章

组织发展地图[1]：组织发展的本质

泰德·楚迪（Ted Tschudy）

“组织发展”一词由 20 世纪 50 年代末的早期实践者率先提出，自 60 年代以来经历了飞速发展，当时数百名组织发展实践者和思想领袖聚集在一起召开了组织发展网络的第一次会议。组织发展（或其派生称谓如组织改进、组织效能或绩效改进）现在经常出现在企业、政府及非营利组织的组织结构图中。组织发展咨询公司在遍及全球的主要商业中心开展咨询工作。

今天的组织发展成为一种日趋成熟的实践，其特点包括：

- 可在系统的多个层面上践行。组织发展实践者可在个人、团队、团队间及群体间的关系、组织（包括工作流程和系统）以及因共同利益或目标而形成的组织间关系等多个层面上与客户开展合作。例如：
  — 针对绩效、人生成功和专业发展的个人教练技术成为一项发展迅速的组织发展应用。
  — 团队发展自组织发展开始以来就一直是实践的关注重点，包括对团队启动、重

1 组织发展地图的原创者是波林·弗雷德里克·希克斯（Pauline Frederick Hicks）、三木·瑞特沃（Mikki Ritvo）、泰德·楚迪和勒罗伊·威尔斯（Leroy Wells）。向他们致以谢意，也感谢自第 1 版组织发展地图问世以来提出建议的 NTL 学院的成员、其他的同事及学生们。

组、冲突管理、新技术应用、新工作流程实施、责任说明，以及领导—团队关系等任务的服务实施。

— 群际关系主要聚焦于团队间工作，这些工作的实施对象是两个或多个团队间的工作流程和关系。其他类型的群际工作旨在基于种族、性别、性别取向、职业身份的不同及其他重大的工作场所差异促进不同身份群体间的有效关系。

— 作为重组、工作流程改进、信息技术变革、合并及文化变革的一部分来执行组织层面的工作。

— 组织间的工作聚焦于促进独立各方协作的干预策略，包括大型群体会议，如“探索会议”。实践者利用网络概念将组织之间及个人之间的关系“编织”并入到行动网络中。

- 处理复杂性及快速而间断性变革的需求。当今组织中，任务环境的特征是复杂、全球竞争，以及更快速、更具间断性（更难以预测）的变革，这种情形还在与日俱增。

今天的组织发展是全球性的。组织发展实践者和学者遍布世界各地。全球性的组织将组织发展引入其国际化的分支机构。组织发展实践者在位于全球主要城市中心区的大学及组织发展培训机构接受培训。地区和国际实践者网络及协会已经成立，如欧洲组织发展网络（European OD Network）、国际组织发展协会、印度应用行为科学协会及亚洲组织发展网络。

当代组织发展实践是扩张性的，会更专业、更受业务驱动。组织发展及其相关服务市场呈指数级增长。正如对一个日趋成熟的组织发展市场所预期的那样，组织发展实践者专长于公司较重视的有关组织发展服务，如重组、领导力和职业发展、教练、多元化、流程改进、欣赏式探询及许多其他实践和市场“定位”。

越来越多的概念透镜扩展了组织发展方法。组织发展思想领袖继续创建或从其他学科那里借用新的方法来观察组织与变革，从而促使产生新的实践创新（见图 7.1）。

紧随这些组织发展实践及思想的变化而来的是，组织发展努力争取让其本身成为一个连贯的工作体，让客户和实践者都能够做出如此的辨别。一些人甚至产生这样的疑问：组织发展是否“已经过时”或需要进行重塑。2006 年最早出版的组织发展地图旨在描绘组织发展实践的“核心”——它的基本概念、过程、所需技能及作为一名实践者对自我的运用。“更新版本”的组织发展地图 1.1（见图 7.2）试图更全面地将组织发展思想和实践方面的新兴趋势纳入其中，并保持组织发展实践理论、过程和价值观的核心。

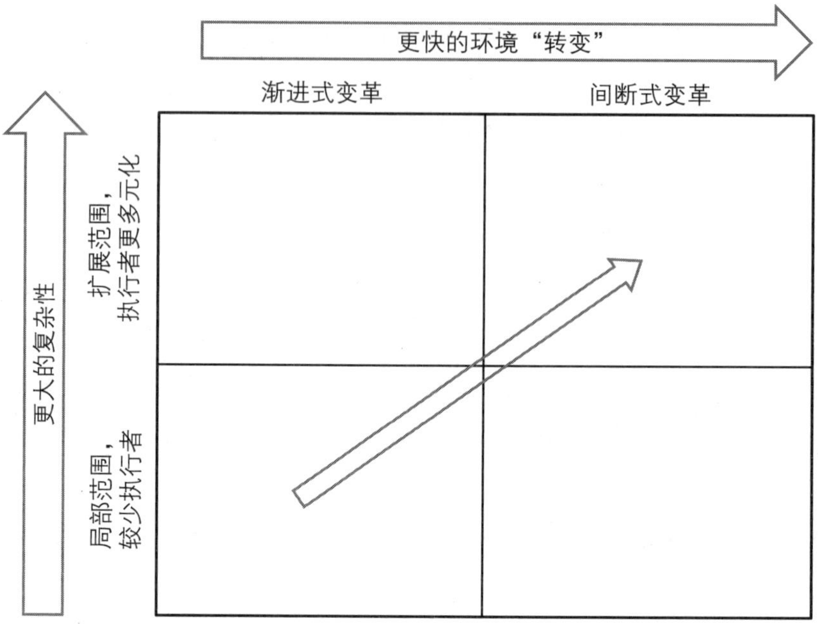

图 7.1　组织环境的趋势

作为领域指南的地图

组织发展地图的开发最初始于问题的回答，当时在 NTL 的一个学习项目中，一群初学组织发展领域的人提出了一些问题。他们被一系列令人困惑的术语、实践做法所挫败，要求工作人员编制一份摘要来回答下列问题：

- 组织发展实践者是做什么的？
- 对此需要具备什么样的技能？
- 它们是如何组合在一起的？

这些组织发展初学者希望有一个组织发展实践“画面”能够帮助他们将所学带入情境中。这个画面就是组织发展地图 1.1 的基础。如图 7.2 所示，组织发展地图 1.1 被缩放展示为一幅整体画面。但就像所有的地图一样，需要你仔细审视它的各个部分，当“放大”某一特定位置时你要深入挖掘它所展露的一些细节。

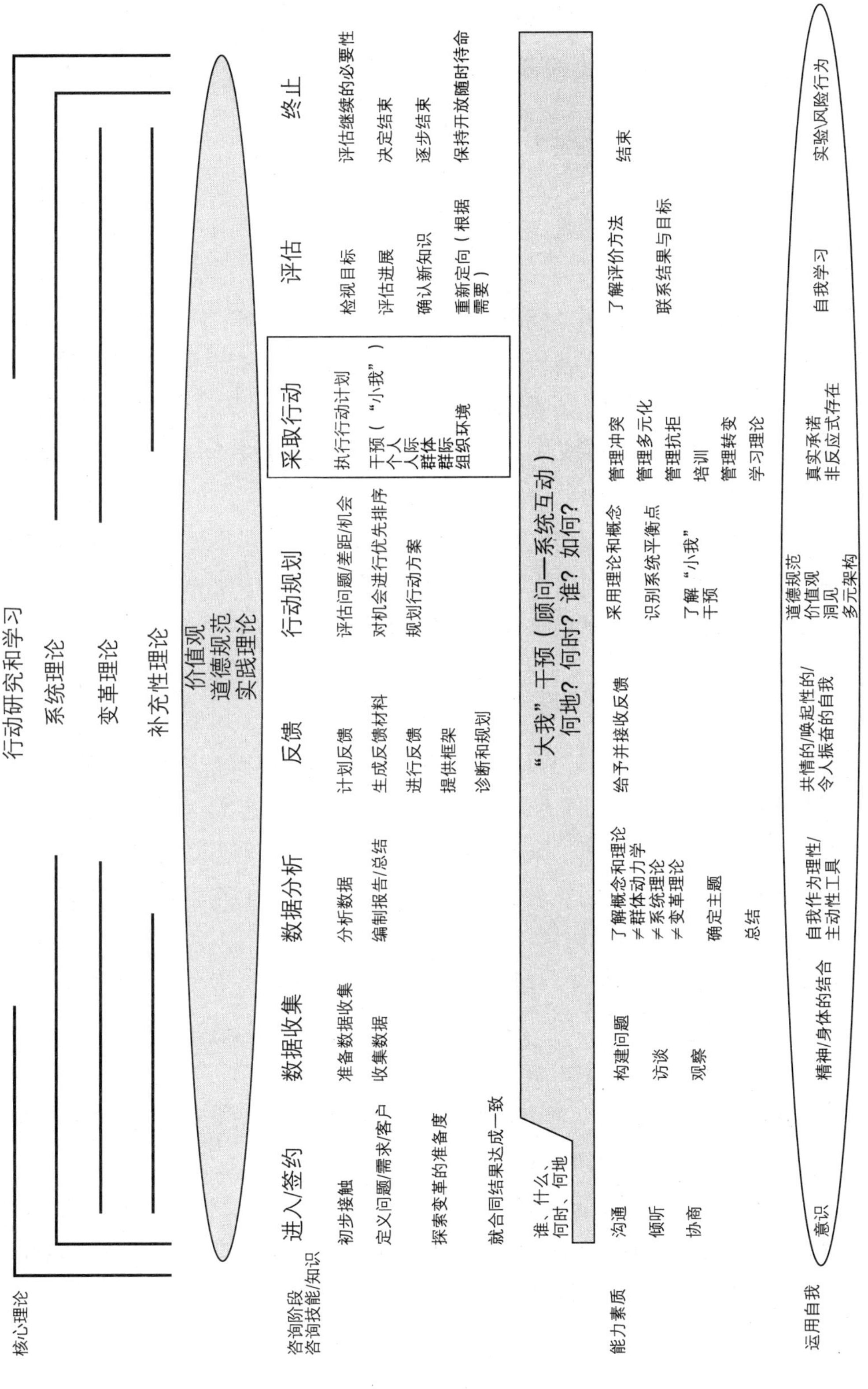

图 7.2　组织发展地图 1.1：学习与行动的地图

组织发展地图的七个主要部分

核心理论及补充性理论 组织发展以理论为基。其概念透镜指导着组织发展实践者该去看什么，如何理解所看到的，以及他们该如何进行干预。组织发展地图确定了组织发展实践的三个核心理论基础，并为数之不尽的支持各种组织发展工作的补充性理论保留了一席之地。

价值观、道德规范和实践理论 价值观是或阐明或未阐明的“好”与“坏”，会影响实践者对客户、工作及行动立场的选择。道德规范是指一种职业或学科所规定及禁止的行为。实践理论是实践者“在当下”采用的假设与实用的“经验法则”，以在具体情况下指导他们与客户的合作。就像棱镜会折射光线一样，这些因素也会影响组织发展实践者的个人实践。

作为“大我”的组织发展 组织发展地图展示出组织发展过程是一个“整体”过程。这是一种更大规模的干预方式。“大我”干预被描绘成以客户为中心的迭代式持续工作，它将组织发展区别开来，也与组织发展地图中采取行动阶段时名目繁多的设计、工作坊及其他组织发展活动截然不同，这些属于“小我”的活动。“大我”干预是组织发展活动的核心。

组织发展实践的阶段构成 在组织发展的经典形式中，组织发展是按照咨询工作顺序和客户一起来实施的。事实上，实践者的工作阶段可能后退、前进及同时处于多个阶段中。在某些情况下，各阶段可能会合并，造成难以区分一个阶段是何时开始而另一个阶段又是何时结束的。除了一些存在争议的例外情况，组织发展过程的这些阶段构成可以在所有组织发展工作中找到。

每个咨询阶段的相关咨询任务 组织发展地图描绘了实践者在组织发展咨询过程的每个阶段要执行的主要任务。

能力素质 组织发展咨询过程的每个阶段都需要一些能力素质，组织发展实践者要在培训和实践过程中培养并完善这些能力素质。当然，针对每个阶段所列的能力素质并非这些阶段所独有的，但鉴于其与该阶段主要任务的关系较密切而被予以强调。

运用自我 组织发展不同于其他咨询形式就在于它强调在组织实践的多个方面将自我作为一种工具进行使用。像大多数帮助他人的职业一样，组织发展也是一项艺术性的工作。缺乏对个人及专业发展的坚定承诺就无法进行有效的实践。

核心理论

组织发展地图确定了组织发展的三个基础概念。和社会科学领域的大多数理论一样——通常是松散联系的几组观点与模型通过一些主要假设结合在一起。为什么理论对于组织发展实践非常重要呢？因为在最基本的形式下，理论是关于事情是如何运作的假设。不管是正式的还是非正式的，也无论是已被人有说服力地阐明了还是在无意识地被执行着，这些假设是实践者的行动指南。

行动研究和学习：组织发展过程的核心

行动研究和学习是“过程”理论透镜，通过它来实践组织发展。（有关行动研究过程的简单呈现，见图 7.3。）它强调在组织发展地图各阶段部分所描绘的组织发展实践的核心及不断演化的实践者/客户关系的本质。行动研究以结果为导向，旨在帮助客户设想并朝着预期的未来前进。行动研究，有别于大多数其他类型的研究，是一种重视客户贡献的有目的的协同努力。它假设客户的参与会加强最终结果，也会加强客户对变革工作的接纳度和管理变革工作的能力。行动研究人员让客户参与共同解决问题，而不会像传统的学术研究那样采取疏离而“客观”的立场。行动研究也是一个学习过程，在这个过程中，客户和顾问共同建立对影响变革过程的各种因素的深入了解。通过“学习他人的成功之路”，客户能培养自己协作、学习互动、观察及采取行动的能力，从而增强他们实现持续变革的集体能力。

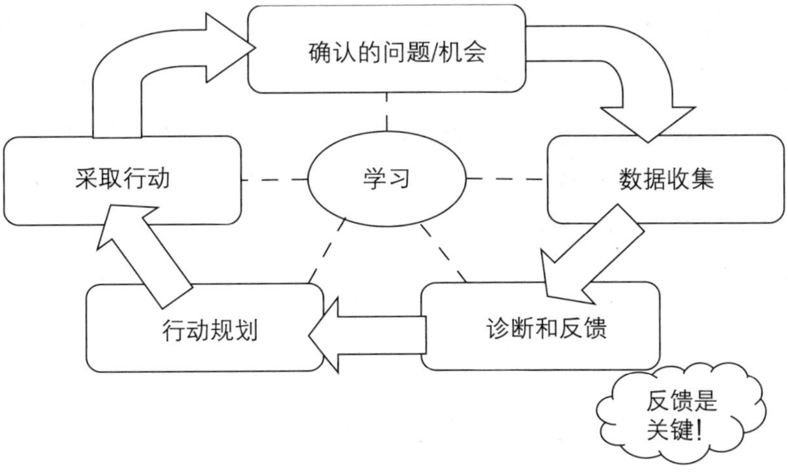

图 7.3　行动研究和学习

与学术研究一样，行动研究和学习也同样在积极参与理论的创建。理论是关于“为什么”的持续的对话！它作为组织发展工作的一个自然部分而发生。当实践者和客户想要系统地了解为什么事情会变成这样以及哪些还需要进行变革时，最简单形式的理论就出现了。当实践者进一步完善组织如何运作的假设及主张，也就建立了更精练的理论，然后并入正式理论的“更大”主体，这些正式理论会在期刊和实践出版物中进行分享（见图 7.4）。

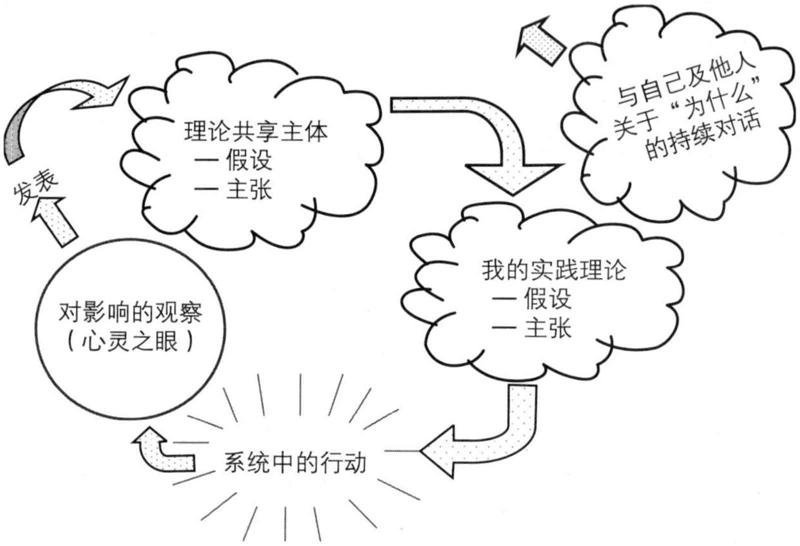

图 7.4　理论的产生

系统理论：简单到复杂，“观察”组织的组织发展框架

系统理论一直是组织发展中用于“观察”组织的基本框架（见图 7.5）。简单来讲，系统理论将组织设想为包含投入（人员、资本、信息）、转型过程（订单接受、生产线、生产支持）和产出（产品、信息、服务）的开放系统。组织的边界将其与环境分开，环境可能是充满敌意或友好的、稀疏或资源丰富的、进展缓慢或快速变化的。这些边界可以相对封闭，也可以相对开放。组织发展和其他管理顾问期待能介入组织系统的各个部分以带来变革：结构得以改造，生产流程得以精简，新技术得以采用等。

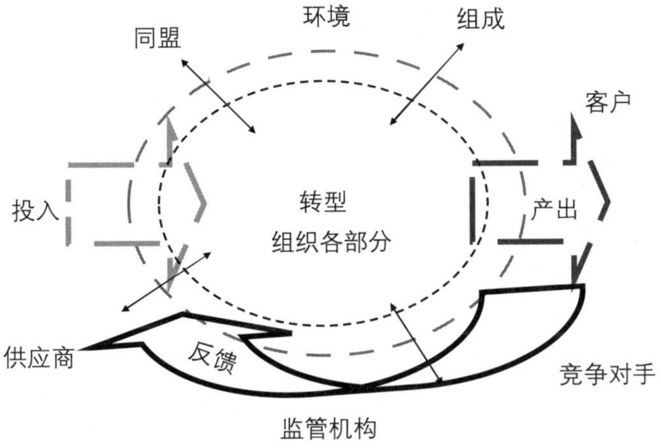

图 7.5　开放系统的组织

以下是系统理论的一些根本性原则：

1. 系统的各个部分均相互关联。如果系统的一部分发生变化，则其他部分也会随之改变。
2. 反馈对于组织与其环境的关系而言至关重要。反馈可采取多种形式，例如，基于产品或服务而获得的金钱、客户对质量的反馈，以及竞争对手对组织市场举措的反应。环境对组织造成的影响体现在会为其提供（或不提供）客户、法规和资源。
3. 组织发展实践者会注意到组织中至少有五个层面的系统（子系统）非常活跃：个人、群体、群际、组织及组织环境。还可围绕组织过程和组织的非正式方面来构想其他子系统，组织过程包括产品开发、制造、人力资源、会计核算和其他职能与流程，组织的非正式方面包括群体归属、政治和领导力。
4. 不能成功适应环境的组织（获得足够的投入，采用具竞争力的过程将投入转为产出，或生产出被环境予以重视的产品/结果）将无法生存下去。
5. 最简单模式下的系统理论已经不足以满足当代组织顾问的需求了。今天，组织被视为复杂的适应系统，其中各部分与环境之间的动态关系成为一个重要的关注焦点。诸如积极与消极的行为循环、自我管理、开放式与封闭式的系统、系统推动者及新兴模式等的概念凸显了当代组织生命中的重要考虑因素。

变革理论：有计划的变革和促成性的混沌

组织发展实践者需要一组关于系统如何变革的假设与主张。库尔特·勒温可以说是最认同计划性组织变革的社会科学家，他利用场论来理解一个系统中的力量如何被“解冻”并改变以带来系统变革及新的系统“平衡”。自勒温的早期工作以来，其他变革理论也已经被纳入组织发展实践之中——包括将组织设想为以组织过程的“心智模式”为焦点的学习系统的理论；以损失为中心的理论；大型系统变革；转型；量子物理、自组织系统和混沌理论等“新科学”；现实的社会建构；复杂适应系统；网络行为；以及“自生过程”。每次观点的转变都会带来组织发展实践创新，这种创新会以有关变革的相关基本假设为基础。

补充性理论

组织发展工作涉及多个学科，包含多重焦点。因此毫不意外，组织发展实践者会使用心理学、社会学、管理科学、领导力及其他学科的行为科学理论来处理组织行为的特定方面。此外，随着组织发展已经演变成更为专业的实践领域，每种专业均生成了自身实践分支的特定理论与概念。

价值观、道德规范和实践理论

当组织发展实践者将理论付诸实践时，他们的行为会受到价值观、自认为被普遍遵循的伦理准则及其长期依赖的“实践理论”所影响。

价值观。组织发展根植于社会变革、人类潜能运动和组织参与中，它标榜的是有关人类发展、社会公正和积极参与的价值观。组织发展实践者通常认为这些价值观与最佳组织绩效是协调一致的，但有时也会发现它们与当代组织中的作用力相冲突。

道德规范。道德规范在组织发展地图中，和价值观或态度无关。它们是在某一职业中被公开认可并声明了的实践指南。实践者为组织发展道德规范声明的制定付出了重大努力。但由于组织发展一直在抑制将实践正式化成为一种“职业”的冲动，因此还没有被普遍接受的有关组织发展道德规范的声明。然而，在任何汇聚了组织发展实践者的环境中，你可能会发现他们拥有许多共同的实践“指导方针”。此类指导方针出自组织发展的“根源”，尊重组织客户与实践者间关系的质量、真实性、健全的人文发展、合理的人类系统行为，以及“无伤害”的必要性。

当前组织发展实践中的关键道德冲突在于，组织发展是一种帮助他人的职业，还是一项管理咨询业务，这两者的定位游离不定。是否应该给同事推介佣金？是否要进行知识产权保护（对比共享理念的学术价值）？以及像广告、博客及其他的自我推销形式的适当性和限制性等。随着组织发展作为一种当代实践日趋成熟的同时，其又想成为一种帮助他人的职业，这些问题就是要面临的挑战。

实践理论是实践者在决定人类系统"干什么及为什么"以及该如何引发变革时会使用的相关信念和假设。与组织发展文献所教导及分享的那种更正式的核心及补充性理论不同，实践理论可能是为人所知的，也可能是尚未被人意识到的。事实上，实践者通常依赖的假设与原则是出于"本能的直觉"采取行动。无论如何，到了最后紧要关头，这些就是指导一个人行为的行为准则，不管是大的还是小的。从同事身上可以看到的一些例子包括"干预总要有适度的支持""理解变革的业务驱动因素""对于现状有一定程度的痛感或不满是变革发生所必需的"。

作为"大我"干预的组织发展

组织发展通常以它的活动为主。组织发展已经演变出大量多样化的技术——团队建设练习、自我评估工具、过程咨询方法、解决问题的大型和小型群体过程、数据收集方法、愿景规划和教练方法、大型群体会议设计，不一而足。组织发展实践者在过去的 50 年里开发了这些工具，它们通常都会被收录在以"干预措施"为题目的组织发展文本章节中。遗憾的是，组织发展对这些"干预技术"的关注在不断地加强，参与此类干预活动通常是客户与组织发展建立联系的唯一方式，这样的事实连同实践者倾向于某些技术专门化导致组织发展被普遍误解为仅是技术和活动的"工具箱"——一种"即插即用"的组织发展。

组织发展地图通过引入"大我"概念将这些组织发展的"工具性"与组织发展干预的更大意义区分开来。"大我"代表组织发展干预是与客户系统的技巧性互动，使组织从其当前状态转向某种期待状态。它同时以系统、过程、关系和结果为中心。从首次客户接触、到咨询再到最后接触，实践者不断地觉察到自己正在"干预"客户系统。在每个阶段以及跨阶段期，行动研究过程就在客户与实践者之间进行——这是一个活跃的学习过程。小心谨慎地与客户系统的成员建立信任，达成有效关系，基于这种关系，双方可以开展协同工作，会有意识地选择在何时何处采取下一步骤。实践者应预测客户系统的问题并努力"支持"这些问题。"当下"蕴含着提升觉察和澄清问题的大好机会。每次的个人与群体互动都是为以后的工作做准备，学习能促进有效变革的集体能力的“观察”与行事方式。组织发展实践者在组织发展过程中会始终进行回顾与展望，询问以下问题：“这项工作会如何促进总体目标？”“我们认为在这个时候可以完成什么？”“我们可以达成什么？”“需要参与的地方在哪里？”“‘当下’哪些数据会有帮助？”“需要倾听什么？”“它们应在何时参与其中？”“它们应如何参与其中？”“当下展现出的学习机会是什么？”这种对客户/实践者的关系发展及系统性变革的有目的的持续关注是组织发展过程的力量所在。

组织发展的各个阶段、任务和能力

组织发展咨询阶段遵循行动研究的顺序和过程。它们是组织发展咨询的基本组成部分。尽管它们在组织发展地图中是连续性的呈现，但在实际中，这些活动和咨询功能可能会多次循环于组织发展咨询工作中并被多次重新审视。也有的时候，是作为“阶段中的阶段”来开展工作，比如实践者收集初步数据以便确定更具体的客户合同时，或者设计具体干预措施作为更大型变革工作的一部分且需要单独的签约和数据收集过程时。在其他像大型群体干预这类的情况下，大部分阶段可与单一活动结合起来实施。

组织发展地图描述了与组织发展过程每一个阶段相关的咨询“工作”。很显然，每个阶段的特点并非为该阶段所独有，许多任务在咨询过程的其他阶段也会进行。

进入/签约

进入/签约阶段始于客户和实践者间的初步接触，止于合同签订之时。合同会约定预期咨询结果、为实现结果会进行的工作、各方为完成工作所承担的作用以及咨询关系中的财务和其他“商务”条款等。大多数实践者认为签约对于组织发展过程的成功很关键，它建立了咨询任务与关系的基础——之所以重要是因为客户和实践者必须发现、学习并且共同行动以带来预期的变革。这个过程中，一些重要的问题被予以回答，如“客户面临的问题或寻求的机会是什么？”“客户想要做出的变革是什么？”“该项工作的实际客户是谁或应该是谁？”“客户系统中的变革准备程度如何？”“客户和实践者对该项工作的承诺水平如何？”“在咨询过程中谁将在何处何时做些什么？”“业务安排是什么——费用、客户将提供的支持以及其他？”这些问题的答案在咨询期间可能改变，实践者和客户在合约期间多次“重订合约”的情况并不少见。

实践者在进入/签约阶段的能力素质有助于他倾听和理解客户的担忧，推导出会影响组织发展工作完成方式的有关客户的重要情况，阐明实践者在这段关系中的需要，商定出令人满意的协议以及与客户建立稳固的关系基础。因此，这些能力素质有助于在客户和实践者之间建立必要程度的信任，以支持信息共享并形成对变革目标及任务的归属感。

数据收集

与其所属的行动研究和学习根源一样，组织发展实践也是以数据为基础的。除一些存在争议的例外情况外，所有组织发展工作的核心是生成作为客户系统变革催化剂的数据。克里斯·阿吉里斯将干预的本质描述为：（1）提供有效的信息；（2）将之展示给客户，从而使客户能够自行做出明智的选择；（3）实施的过程构建并维护承诺。在数据收集方面要进行有目的的选择：收集什么信息？谁会参与以及有多少人参与？精心设计数据收集工具（问卷、访谈、焦点小组和研讨会）和过程来获得有用的信息，并建立客户对实践者和过程的信任。要建立信任，实践者需阐明数据收集过程，向参与者保证数据报告的匿名性，并向他们提供关于结果的反馈。

实践者在数据收集阶段需要两种关键能力。第一种是有关数据收集方法和过程的专业技能，例如，构建开放和封闭式问卷调查；编写访谈和/或焦点小组的提纲；对参与者进行观察。第二种是组织发展实践者必须采集有用信息，同时建立对组织发展工作的承诺。与个人和群体进行面对面访谈，引导数据收集的研讨会，以及有技巧地地向大量应答者采用问卷调查，确保采集的是高质量信息，同时确保组织发展工作对提供和使用数据的人具有可信度。

数据分析

在数据分析阶段，将信息以对组织发展变革有用的方式进行概括总结。采集了定量数据时，可能还要进行“数据处理”。在其他情况下，如团队建设活动，数据通常以开放式访谈的方式进行采集并通过归纳主题进行定性分析。一些研讨会设计会让参与者分析自己的数据，以此作为过程的一部分。

构建组织发展数据分析时要知道到它对客户的影响。总结信息可以为选择和行动提供催化剂，也会突出主题，还要完成对于理想状况和现实情况之间以及群体之间的差异的比较和对照。基于对语言力量和积极愿景的后现代洞见，组织发展创建了方法来帮助客户聚焦抱负、设计高度依赖于直觉和内心的数据收集过程，如那些在探索会议上的发现。同样，欣赏式探询可以帮助组织成员探索在自己最好的工作和生活经历中所体会的"赋予生命的能量"。

数据分析为实践者的理论和分析能力所支持。一个人对系统运作及变革发生的假设，连同实践者在其实践理论技能中所采用的那些补充性理论，很大程度上会指导数据收集和分析的内容及过程。

反馈

反馈是组织发展变革引擎的火花塞。从它早期根植于 T-groups 学习和问卷反馈开始，反馈已经成为协同变革的催化剂。由于反馈被视作组织发展的一个威力巨大的过程，人们总是会精心设计反馈。反馈活动——通常都是以与客户系统成员举行面对面会议的形式进行——会经过精心筹划以让客户与其数据建立联系后产生重要的对话。

组织发展实践者试图提供一个非防御性、非反应性的环境，在这种环境中，参与者可以获取（"拥有"）数据、听取彼此对数据的观点，并转为理解与行动。

除结构化的反馈会议之外，实践者还可以在"大我"干预过程中借助自发的机会非正式地为客户提供反馈。

行动规划

行动规划紧随反馈之后，两个过程通常结合在一起。行动规划是实践者与组织客户之间的协同努力。它可能由一个后续的规划小组或由作为咨询主要客户的主管经理们在大型群体会议中"当场"完成。在这个阶段，客户和实践者规划行动步骤，推进变革目标向前发展。

组织发展实践者依靠其理论基础来指导行动规划，并依靠客户对组织的理解和对变革的准备度来进行变革。组织发展实践者将对组织行动协作过程的理解运用到行动规划过程中（构成采取行动阶段的"小我"）。

采取行动

行动步骤（"小我"）在采取行动阶段予以实施。这些步骤可能是很简单的事情，如执行在行动规划过程中制定出来的问题解决措施、进行培训、教练指引、建设团队、解决冲突或引入第三方咨询。或者它们有可能复杂如实施大规模变革工作一般，如需要进行大量规划与项目管理的质量圈、过程改进或者社会—技术工作再设计。

采取行动时需要实践者开展协作学习以及旨在解决问题的各项活动。这就要求实践者具备创建大、小型群体协作结构与过程的设计技能、管理冲突及与大、小型群体达成共识的协调技能，以及展示数据和概念的“高超”讲台技巧。采取行动阶段要做到游刃有余地开展组织发展工作，其背后需要有对大型和小型群体过程、个人和群体抗拒变革的方式、学习理论及专业引导等方面扎实的知识作为支撑。

评估

评估在组织发展中受到的关注通常要少于其他过程部分。一些人把这视为组织发展不愿意客观看待其咨询活动的有效性的证据——对客户/利益相关者满意度、盈利能力及职业生活质量的最终影响。这是个合理的批评。有时，在没有仔细研究其有效性的情况下，组织发展“风”愈演愈烈。尽管如此，仍有一些组织发展工作确实包括了评估部分。评估流程和协议在咨询的早期阶段就建立了并独立于其他咨询活动进行了实施。

然而，组织发展中的评估通常比其他情境中的评估更为微妙。一个关键因素是组织行为本身的复杂性。组织行为以及组织获得成功的因素是多方面的，并且还越来越受到市场、技术、人员方面的变化以及可能不属于组织发展工作范畴的其他系统影响的约束。同样，当组织绩效指标与组织发展工作相结合得到改善，鉴于在大多数人类系统中因果的多变量性质，可能很难证明两者之间存在直接联系。

严格的评估协议在组织发展工作中很难维持。持续的组织发展过程通常会揭露出在早期未发现的困难、问题或因素，它们会改变工作环境及工作期待结果，最小化对“处理”前及“处理”后的评估设计的效用。从组织发展工作获得的收益和学习往往在其完成后一段时间才会被发现。它们存在于大脑的某个角落，随着时间的推移直到因为一次对往昔的回顾而产生的“啊哈”瞬间或某种识别模式而被激发出来。

颇为矛盾的是，严谨的组织发展工作中顾问与客户会持续地以各种方式共同评估进展——非正式谈话的方式；对过程中的具体方面进行有目的反思的方式；就彼此关系的质量及对彼此的需求进行坦诚谈话的方式；就客户对顾问的观察做出反应及评价举行数据反馈会议的方式；当展开新的学习可能比更正式的评估方案所描述的过程更有效时，双方重新签订合同的方式。

在评价职能中保持诚实至关重要。有时，顾问渴望业务取得成功，也需要在市场上保持正面的声誉，这种情况下要保持诚实有些困难。达到这种程度的真实性需要对自己的能力有信心，对公开自己将采取的行动及其原因感到自在，以及愿意将所有的反馈视为一种学习。最重要的是，组织发展实践者必须有能力与客户建立信任而开放的关系，从而能持续对工作进行评估，对其实现咨询目标的有效性进行评估。

服务终止

组织发展实践者应关注与客户合作的开始、过程及结束。服务终止发生在项目结束及咨询关系结束时。在不同的情况下，客户和实践者共同完成工作时会有意识地关注与结束有关的议题：结束“未了结的零星问题”、澄清今后可能需要进行的工作、尽可能地解决业已完成的工作中仍然存在的人际问题。随着一项咨询工作的结束又出现了新的工作时，要进行新一轮的合同签订过程以确认并澄清新的开始。

结论

组织发展咨询最独特、最令人兴奋的方面也许就在于它会有目的地运用自我作为一种变革工具。组织发展地图列出了关于自我的一些重要方面（尽管肯定不是全部），这些方面都在有效的组织发展实践中运用过。和地图上的任何其他部分相比，自我这些方面的运作要更具整体性，正如用虚线边界将它们围起来所表示那样的，其仅与列出它们的咨询阶段有些许关系。

实践者风格：娴熟地与客户接触

组织发展咨询是一种表现。组织发展的关键工作发生在顾问与客户之间的互动中。“普通”实践和转化型实践之间的关键区别就在于实践者在与客户接触中“运用自我”的质量。“要具备影响力需要着重关注将自我作为影响工具进行使用，着重关注顾问的个人经历如何成为这种尝试的有利的因素。意识到个人的直接体验并能将其用于与客户系统的即时互动中，这是具有影响力的实践者需掌握的关键技能。运用自我被定义为一种根据观察结果、价值观、情感等采取行动以对他人产生影响的方式”。

每个实践者都有特定的独特风格，这是他自己的天赋、训练及生活经历的产物。他们把这些带入与客户接触的瞬间——他们的“当下”时刻。像聆听、与客户建立联系、表达能力和情商这样的一些基本能力，对所有的咨询工作来说都很重要。然而，最优秀的实践者还会经历对自我的深入了解——了解自己的优势、平庸之处、信仰、情绪、动机和“可改善的方面”。他们学着用有益于客户—实践者关系的方式来利用自己的优势，学着在其偏好的方式不太奏效的情况下谨慎管理自己。他们是觉察的专家——能感觉到自己的感受、身体的感知和注意力的转移，因而对客户系统中可能发生的事情“感到好奇”。他们观察客户系统以感知系统内可能发生什么——身体的姿势、谁在何时与谁交谈、实际的环境，以及其他不太明显的数据来源。他们能够运用自己的价值观、同理心、激情、洞察力、理论知识（多元框架）和技能而成为当下“情境所需”，随着时间的推移也是如此。

实践者在适当的时候可以是内省的，也可以是外向的，能唤起情感也具有激发性，他们会老练地管理自己对客户系统的边缘性，就如厄尔・布拉克斯顿（Earl Braxton），一位作为观察者、干预者身份却未“染上组织疾病”的同事所描述的那样：不要“过于深入”，也不要“过于疏离”，保持一种非活性的存在，不失去他们在顾问角色中的界限。虽然有些人会在工作中充分展示其魅力，其他人则以缄默的智慧和联系的建立来开展工作。我们希望每种类型的实践者都能展示坦诚、真实、同理心和诚实，并以为个人和群体赋能让其获得成长的方式提供支持、面对工作。

组织发展实践者意识到自己就像客户一样也处于一个成长的过程中。每次的工作契约，无论最终是圆满完成还是略有瑕疵，都为自己带来了实验和学习的机会。学习为实践者充实关于组织和变革的实践理论（“现在我明白在这种情境中该如何运用领导力了”），也让实践者对自己作为一名实践者的能力更加了解（“下次，我就会知道面对客户的抗拒不要如此轻易地让步”，以及“是什么原因让我那么轻易就选择让步”）。

自我的熟练运用是一种可习得的能力。有些人可能要比其他人更容易获得这种能力，但每个想要作为变革推动者来运用自我的实践者必须进行个人发展工作。许多人接受个体疗愈来进行个人发展。其他人则会利用个人和职业发展培训的机会、让无须面对客户的同事作为“影子顾问”或邀请工作伙伴给予深入反馈。“当帮助他人和促进变革的动态过程中也渗入了焦虑和情绪时，在这种混乱之下，整个过程最终都将体现出我们内在有关个性、价值观、信仰和假设的格局……如果我们所接受、了解及实施的事情与职责所在需达成的任何结果有关，我们的存在就是作为一种观察、了解和实施的工具”。

保持组织发展的转化性

与客户一样，组织发展同样面临来自当代组织环境的挑战。仔细阅读组织发展网络群发系统上的邮件，就会发现许多人质疑组织发展在当今世界中的持续相关性。一些人认为它的实践已经并入管理实践的正常设定中。其他人质疑组织发展是否已经失去了其早期建立在人的潜力和发展理论上的基础。然而，当前国际和组织环境急需组织发展能够将人的动机、精神和发展的力量带入组织中。今天的扁平组织在著名记者汤马斯·弗里德曼（Thomas Friedman）所描述的“扁平世界”中遍及全球，需要高度的信任、广泛而自由的信息共享、对不同文化的敏感性，以及工作角色的灵活性。采集和共享信息的传统（组织发展）方式往往太具地方性、太缓慢，也太被动，无法在当今快节奏、信息丰富的组织环境中体现重要价值。非正式和结构化的社会网络、病毒式变革过程、网络信息技术（如SurveyMonkey）、大数据及维基百科必须纳入有益于自我的当代行动研究/探询方法之中——组织的管理能力。也许组织发展实践者必须比以往任何时候都要更加保持自己作为转化型个人和群体顾问的效能，也必须成为知识渊博、技能娴熟的系统顾问，致力于系统层面的协同变革，这种变革对于参与者而言节奏快、包容性强和意义深远。

大多数当代大型系统的变革过程，虽然会将变革的参与纳入工作的各个组成部分，但主要是以传统的自上而下的变革设计与实施策略为基础——通常由来自大型管理咨询公司的专家提出建议；由企业领导（或其员工）就新结构和流程做出决策；再在咨询公司的协助下实施的自上而下的过程。这样的过程往往忽略了一个巨大收益，它来自利用员工的集体智慧及让他们参与组织在当今竞争激烈的环境下所面临的重大战略问题。今天的组织迫切需要能调动能量和承诺的领导力，需要能在更大范围的社会改善中对组织的作用做出有意识的承诺的领导者。

组织发展顾问对当今全球竞争激烈环境中涌现出的组织的转化能够发挥重要作用。为此，组织发展实践必须做出更多的努力，而不仅仅是为当前的变革方法和策略提供支持。像那些建立了组织发展实践的思想与实践先驱一样，我们必须超越目前已被接受的普遍做法，想多一点，做多一点，坚信当人们带着包容性共同协作时所具备的适应力与能力。我们必须能去挑战公认的管理实践和原有的变革过程，并提供新的思维方式及创新实践的可能性。

组织发展必须服务于客户，而不是被客户所控制——因为高收费，因为一些组织在面对扁平世界竞争时所追求的短期关注和权宜策略。组织发展技术现在已众所周知，不再为少数实践“大师”所专有。它们可以被视为商品——经引导指南予以标准化并公布；根据通用的学习“练习”进行改编；通过视频和简明的图形予以改进。这对一种日趋成熟的实践而言是可以理解的，也许还是不可避免的，而且不一定是坏事。然而，这种程度的实践不会长期维持或促进组织发展。心怀好奇心，大胆试验即便有时会失败，积极探索应用行为科学领域的先进思想和实践，这样实践才能得到推进；实践时秉持着对人的发展及协作行动的力量与潜力的一贯信仰，明确的价值观就会继续发挥作用。“是的……我希望他们一切顺利。我不介意他们得到不错的工资，但我希望他们没有人仅仅是为了工资而工作。因为在这件事情上存在着危如累卵的价值观。这是个重要的问题，不仅仅对我而言，对整个世界来说同样如此。”（肯・贝恩，NTL 合伙创始人及民主哲学家，在回答“他对未来的组织发展实践者想说什么”的问题时如此回答。）

参考文献

Adams, J. (Ed.). (2005). *Transforming work* (2nd ed.). New York: Cosimo.

Argyris, C. (1970). *Intervention theory and methods: A behavioral science view*. Reading, MA: Addison-Wesley.

Beckhard, R., & Harris, R. (1977). *Organizational transition: Managing complex change*. Reading, MA: Addison-Wesley.

Block, P. (2000). *Flawless consulting: A guide to getting your expertise used* (2nd ed.). San Francisco, CA: Pfeiffer.

Bradford, D., & Burke, W. W. (Eds.). (2005). *Reinventing organization development*. San Francisco, CA: Pfeiffer.

Bunker, B. B., & Alban, B. T. (1997). *Large group interventions: Engaging the whole system for rapid change*. San Francisco, CA: Jossey-Bass.

Bushe, G. R., & Marshak, R. J. (2009). Revisioning organization development: Diagnostic and dialogical premises and patterns of practice. *The Journal of Applied Behavioral Science*, 45(3), 348-346.

Bushe, G. R., & Marshak, R. J. (Eds.). (2013). Advances in dialogic OD. *The OD Practitioner*, *45*(1).

Clark, P. (1972). *Action research and organizational change*. New York: HarperCollins.

Cummings, T. G., & Worley, C. G. (2008). *Organization development and change* (9th ed.). Cincinnati, OH: South-Western.

Emery, M., & Purser, R. (1996). *The search conference: A powerful method for planning organizational change and community action*. San Francisco, CA: Jossey-Bass.

Freedman, A. (1988). Personal interview with Kenneth Benne. *The Legends of OD* [DVD]. Cincinnati, OH: The Lewin Center.

French, W. L., & Bell, C. H. (1998). *Organization development: Behavioral science interventions for organization improvement* (6th ed.). Englewood Cliffs, NJ: Prentice-Hall.

Friedman, T. (2005). *The world is flat: A brief history of the twenty-first century*. New York: Farrar, Straus and Giroux.

Gellermann, W., Frankel, M., & Ladenson, R. (1990). *Values and ethics in organization and human systems development: Responding to dilemmas in professional life*. San Francisco, CA: Jossey-Bass.

Gray, B. (1989). *Collaborating: Finding common ground for multiparty problems*. San Francisco. CA: Jossey-Bass.

Holley, J. (2012). *Network weaver handbook: A guide to transformational networks*. Athens, OH: Network Weaver Publishing.

Holman, P. (2010). *Engaging emergence: Turning upheaval into opportunity*. San Francisco, CA, Berrett-Koehler.

Jamieson, D., Auron, M., & Shechtman, D. (2010). Managing the use of self for masterful professional practice. *OD Practitioner*, *42*(3), 4-11.

Lewin, K. (1951). *Field theory in social science*. New York: Harper.

Lewin Center, The (Producer). (2009). *Legends of OD*. [DVD]. Cincinnati, OH: The Lewin Center.

Lipnack, J., & Stamps, J. (2000). *Virtual teams: People working across boundaries with technology*. Hoboken, NJ: John Wiley & Sons.

Marshak, R. J., & Grant, D. (2008). Organizational discourse and new organization development practices. *British Journal of Management*, *19*, S7-S19.

Nadler, D. (1977). *Feedback and organization development: Using data-based methods*.

Reading, MA: Addison-Wesley.

Nevis, E., (1987). *Organizational consulting: A gestalt approach*. New York: Gardner Press.

Olson, E. E., & Eoyang, G. H. (2001). *Facilitating organization change: Lessons from complexity science*. San Francisco, CA: Jossey-Bass.

Schindler-Rainman, E., & Lippitt, R. O. (1980). *Building the collaborative community: Mobilizing citizens for action*. Berkeley, CA: University of California Press.

Senge, P. (1990). *The fifth discipline: The art and practice of the learning organization*. New York: Currency/Doubleday.

Srivastva, S., & Cooperrider, D. (1990). *Appreciative management and leadership: The power of positive thought and action in organizations*. San Francisco: Jossey-Bass.

Tannenbaum, R. (1976). Some matters of life and death. *OD Practitioner*, *8*(1). 1-7.

Tschudy, T. (2006). An OD map: The essence of organization development. In B. B. Jones & M. Brazzel (Eds.), *The NTL handbook of organization development and change: Principles, practices and perspectives*. San Francisco, CA: Pfeiffer.

von Bertalanffy, K. L. (1976). *General systems theory: Foundations, development, applications* (rev. ed.). New York: George Braziller.

Watkins, J., & Mohr, B. (2001). *Appreciative inquiry: Change at the speed of imagination*. San Francisco, CA: Pfeiffer.

Weick, K. E. (1995). *Sensemaking in organizations*. Thousand Oaks, CA: Sage.

Weick, K. E. (2009). *Making sense of the organization: The impermanent organization, vol*. 2. Chistester, West Sussex, UK: John Wiley & Sons.

Weisbord, M., & Janoff, J. (2000). *Future search* (2nd ed.). San Francisco, CA: Berrett-Koehler.

Wheatley, M. J. (1994). *Leadership and the new science: Learning about organization from an orderly universe*. San Francisco, CA: Berrett-Koehler.

第8章

组织发展咨询过程

苏珊·加伦特（Susan M. Gallant）
黛西·里奥斯（Daisy Ríos）

“也许科学最大的乐趣就源于那些以令人惊讶的方式从一套简单原则推导出方法来解决一些深度困惑的理论。这些解释或‘迷人’或‘优雅’。”

—约翰·布洛克曼（John Brockman），2013 年

本章所述的组织发展过程和框架是组织发展咨询的核心。它们拥有坚实的理论依据和一套基本原则，这两者相互结合时就让优雅的行动成为可能。该框架提供了一个认知地图，以帮助我们进行决策、选择和行动。组织发展咨询过程由四个严谨的阶段构成，其中包含迭代性质的匹配时期。各阶段及其主要功能都有详细说明，各环节也以一种适当的格式呈现以作为组织发展实践者的指南。

顾问在每个阶段需要执行的主要工作呈现在一份表格中，该表格内容全面而易懂。此外，在咨询过程保持正确的前进方向所需的各项技能及有利于探询和自我反思过程的问题集也一并呈现在该表格中。

本章中，术语“组织发展顾问”和“实践者”可互换使用。

组织发展咨询过程概述

组织发展咨询过程是一个根植于行动研究的反复的探询与行动的动态过程。客户和组织发展实践者在该过程的所有方面开展合作。

这种协作过程让客户和实践者共同挖掘能够促进和/或阻碍组织在有效性、创新性和适应力方面做到最好的组织模式。通过探索和日益增强的意识，客户和实践者借助组织优势，获取必要的变革动力，为提供具创意性和革新性的干预措施做好准备。该过程是面向未来的，在为客户管理挑战和变革提供支持的同时实现潜力最大化并与使命、目的和期待的未来状态保持一致。

组织发展咨询过程可以概念化为四个阶段，每个阶段有三个时期。尽管它们是按顺序呈现的，实际上在整个咨询工作中每个方面都可能重新反复多次（见图 8.1）。各阶段如下所示。

- 启动：进入前、进入、签约
- 诊断：数据收集、数据分析、数据反馈
- 干预：行动规划、设计干预、实施
- 转型：跟踪、评估、完成

组织发展咨询过程会生成新的知识和觉察，并赋能给客户去代表自己的利益采取行动。随着过程的展开以及更高水平的觉察和学习的浮现，这些行动被整合到干预之中。在各个阶段和时期所采取的行动旨在加强对客户系统及干预价值的理解。通过每个连续的步骤，实践者和客户评估并整合新出现的信息，以确保与预期的目标一致并最大化成功干预的可能性。

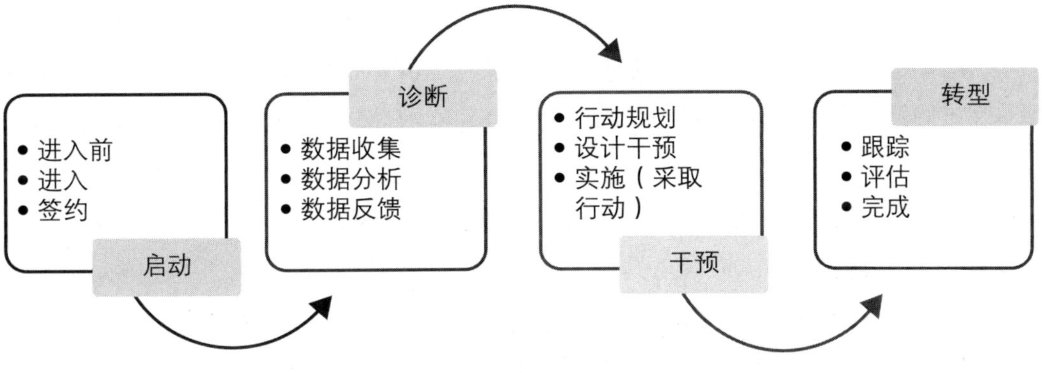

图 8.1　组织发展咨询过程的各阶段

有着社会变革和人类潜力的起源，组织发展咨询过程信奉人类发展、社会公平和包容等相关的价值观也就不足为奇了。组织发展实践者必须熟知这些领域的理论与实践。他们还必须重视客户与实践者间关系的质量，待人真实可靠，建立健康的人际互动，坚守无伤害（no harm）的规则。

组织发展顾问在客户系统中是一种真实的、非反应性的存在，通过关注其内在情绪、感觉和注意力的转移，有意识地将自身作为一项变革工具。关注到的这些信息可以促使组织发展顾问发现客户系统中类似的情绪或感觉，并提示我们组织发展咨询过程可以向前推进了。

启动阶段

启动主要涉及顾问如何准备和进入客户系统，以及双方达成一致建立合约的过程。启动阶段（见图 8.2）是整个组织发展咨询过程的关键所在，为后续的一切工作奠定了基础。组织发展实践者在此阶段越是有意识和觉察力，咨询工作获得成功和回报的概率就越高。

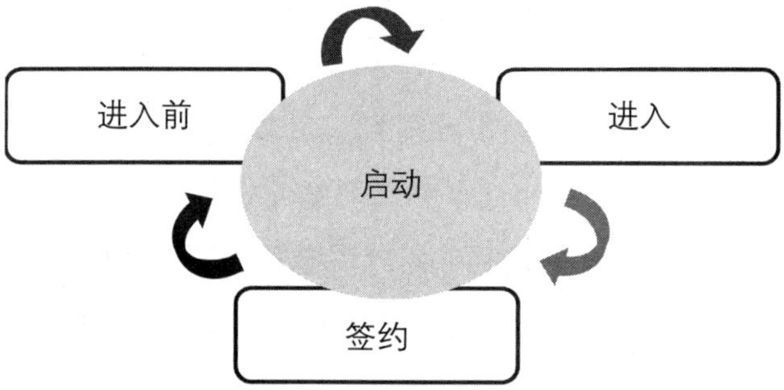

图 8.2　启动阶段

边界和关系是启动的核心。健康的边界为个人、群体和组织生活赋予了目的、重点与意义。它们为开始与结束划分界线、设定限制并建立彼此之间的空间。边界给世界带来了秩序。

一些边界包括清晰和明确的预期、想要达成的结果、目标、角色、时间框架、协作的限制、哪些信息具相关性、谁参与其中、谁被排除在外等。启动阶段塑造了顾问和客户之间关系的边界、双方的合作方式，以及要完成的工作内容。对于发展和维持健康的关系及富有成效的咨询实践而言，明确如何维持和管理个人自身边界及如何尊重他人的边界至关重要。没有健康的边界，就没有当责。一份咨询合约就是有关生理与心理边界的明确协议。

进入前

进入前时期的目的是准备与客户的“第一次接触”，无论这是组织发展实践者与客户的首次交流或会面还是与前客户的重新接触。每次会面都是“第一次接触”的机会，是一次按下复位按钮并清除先入为主的观念与偏见的机会。接近客户时，就好像这是与之的第一次及最后一次会面，这使顾问能完全专注当下，充满好奇并保持自信。

进入前的时期涉及研究客户和客户系统及进行自我评估。当研究客户时，顾问必须扫描客户系统所处的环境以收集相关的信息。建议顾问收集和评估所有可用的文档——使命、价值观、哲学、文化、领导力、历史、规模、结构、产品/服务、市场定位、客户概况和声誉。

觉察一个人的世界观至关重要——它影响着一切。关于系统和变革如何发生的假设、信仰以及理论取向，会渗入整个咨询工作中顾问的关注点或忽视点，以及所做出的每个选择中。组织发展实践者从来都不是客观的观察者。在进入前的时期，实践者同样努力挖掘和探索自己关于潜在客户的假设及客户持有的假设——把事实从推断和猜测中分离开来。

实践者对他们是谁以及他们会给咨询工作带来什么（知识、经验、技能、指导原则、信仰和价值观）进行自我评估是非常有必要的；同样重要的是关注能量、偏见、恐惧、推测及关于自我和客户的假设、评估有关社会群体差异（种族、性别、年龄、文化、性取向、阶级等）的知识和经验，以及为管理潜在的道德困境做准备。

实践者在进入前的时期需考虑的方面包括：

- 决定是否接受咨询委托的标准。
- 说明了启动方式及它们如何与行动研究和组织发展实践相关联的系统和变革理论。
- 咨询的重点及它如何影响进入前过程。
- 如何确定、协商、影响、监控并保持边界，以及它们对客户的潜在影响是什么。
- 如何快速建立可信度和信任，而不是去碰运气。
- 如何自我管理焦虑、预期及习惯性的无意识模式。
- 如何做好准备跨越各种差异建立联系。

进入

一个人在身体和心理上进入另一个人的生活空间具有独特的意义。在我们的日常生活中存在一些进入的仪式。例如，提供一杯咖啡，带一份礼物，或者参与一个热身活动来“破冰”。进入仪式认为，进入期间在某种程度上让进入之前和之后有所不同。打破客户生活空间的这个行为会显露出一些关系议题 ——组成人际互动的所有有形和无形的事物，同时增加了组织环境的复杂性。通过有效管理这些可预料的意外（如不安全感、动机、焦虑、强迫行为、恐惧、权力等），顾问开始为处于萌芽状态的客户—顾问关系创建健康模式。一旦模式创建好了，就会对重建产生抗拒。因此，有意识地关注进入期间并设置能积极服务于客户、咨询工作和顾问—客户关系的模式至关重要。

在进入阶段期间，顾问还会定位并识别客户（们）、探索要完成的工作，以及开始评估匹配性。通常情况下会有不止一个客户，每个客户都有不同的角色和不同程度的权限。顾问必须记住，如果他们不知道客户是谁，就不能建立合约。如果他们没有合约，他们就没有客户。

定位客户既是一个简单也是一个反复迭代的过程，其中顾问不断询问：

- 客户是谁？服务或产品交付给谁？
- 客户的预期是什么？
- 客户对所提供的服务（咨询）或产品（设计、计划或预算）价值的看法如何？

签约

签约的目的是建立一组清晰的、相互约定的共同期望，无论是正式的还是非正式的。一份清晰、明确定义的合约对任何变革方案的成功而言都非常重要。通过缔约过程，客户的期待结果得到阐明，一切工作都基于此予以展开。

实践者和客户共同建立并明确预期与目标，进一步完善变革工作的期待结果。他们就如何协同工作、分配角色、确立基本规则、顾问的支持需求和财务安排等事项达成一致。他们还定义咨询工作的范围、细节以及咨询工作的关键成功要素。重要的是他们会建立反馈、评估和终止过程，最后总结所有约定，然后将它们付诸书面形式。

将约定记录在案，为双方阐明预期目标和内化承诺提供了一个机会。书面合约创建了一个有关对话和决策的共享记忆。它为确认可交付成果、角色、时间表和方法创造了另一个机会——谁、什么、何时、何地、如何、多少钱及多长时间。文档可采用备忘录、建议信或正式合约的形式呈现。

签约程序涉及一定心理层面的事项。对咨询工作和顾问—客户关系的期待与担心往往同时并存。在每个请求帮助的背后常常有一个心理矛盾的客户。因此，信任和相互尊重是顾问—客户关系以及最终咨询工作取得成功所必不可少的。

要想成功签约，客户必须下定决心、具有高度责任心，个人积极参与并愿意为达成目标而投入。合约必须取得双方的一致意见，同时充分告知所有各方。必须具备交互性，否则不存在合约。

启动阶段的一个核心任务是帮助客户澄清结果，然后调整目标（可交付结果）以增加达成结果的可能性。这通常是个迭代过程，因为客户和实践者均有可能关注的是活动而非期待结果，进而造成偏离正确轨道。

客户往往希望实现某个目标或解决某个问题。随着故事的引出，观察、聆听、澄清、搜寻模式和有效探询是顾问需具备的基本能力。辨别并将任务（目标、活动）与结果（愿景、最佳未来）区分开来需要相关技能。顾问提出的问题是决定性的、重要的，可能影响结果。关注如何构建提问能增加引出期待结果的可能性。对咨询工作的整体成功而言，有效管理启动阶段有助于为建立必不可少的信任、可信度和可预测性创造条件。启动阶段的任务如表 8.1 所示。

表 8.1 启动阶段的任务

进入前	
• 自我评价	进行内部审视：假设、信念、推测、技能、经验、知识、践行理论、优势、发展优势、信任、可信度等。 进行外部审视：客户如何看待我和我的技能
• 研究	了解组织：使命、规模、产品/服务、市场定位、竞争对手、历史、文化、客户概况等
进入	
• 定向	管理初次会面的边界：简介、时间、节奏、结果、谁需要到场、角色。基于真正的兴趣和好奇心与客户接触。追踪所述的内容及信息共享的方式；关注过程和内容；观察关于文化、士气和关系的信息
• 识别客户	识别签约客户（们）——使用咨询服务的客户和有权力控制过程及实施结果的客户
• 建立关系	通过了解谁是客户、分享你是谁及探索价值观等活动进行有意义的接触。探索多元化动态、挖掘矛盾，以及关注客户和自我的感受（兴奋、超然、敌意、不感兴趣）

续表

• 确立对咨询工作的需求	邀请客户“讲故事”。探询需求、期望和希望；寻求事例以了解关注点和问题：客户系统想要进行什么变革、请求帮助行为背后的需要、其他变革努力、目前及之前的成功或失败；他们从成功和失败中吸取的经验教训
签约	
• 构建期待结果	共同制定关于客户期待结果及咨询目标的明确声明。这是一个澄清、重构、澄清的迭代过程
• 创建共享期待	描述咨询工作和对成功的要求。探索并分享客户/实践者的诉求、需要、愿望（针对咨询工作中的接触、控制、信息和参与）。进行肯定式的陈述并表现出理解和同理心，让其安心
• 澄清范围和角色	共同定义咨询工作的范围：最初策略、目标、步骤、关键成功因素、利益相关者、参与者、产品（如果有的话）和交付时间表、可能影响咨询工作的外部因素、有谁需要以及以何种方式参与其中。澄清并定义角色、责任以及承诺水平。就客户/实践者的共同责任达成一致
• 协商合作结构	就成功完成项目所需的时间、金钱、支持和参与人员进行协商。坦诚地谈论费用问题，包括实践者的费用结构、开支和付款计划，应付给成本中心及代付之处的费用
• 衡量、反馈、评价	确定如何评价咨询工作，如何定义成功，如何衡量结果，如何协商问责，随着变革的展开，实践者如何重新协商和重订契约
• 评估契合度、清晰度和承诺	评估客户和顾问之间的契合度。如果契合度良好，可继续合作；否则就终止合作。如果可能，重复循环该阶段和/或与另一顾问合作。评估客户和顾问双方对于继续合作是否具备足够的清晰度和承诺
• 总结和文档记录	共同制定一份书面协议，对本次咨询工作进行总结——包括实践者预期、过程、范围、结果、可交付成果、关系、时间表、沟通的性质和频率，以及预算。确定下一步骤：相关人员、工作内容、时间安排、工作地点、工作方式、费用和持续时间

诊断阶段

在启动阶段，双方应识别期待结果并达成一份合约。诊断阶段的目标（见图 8.3）旨在建立咨询工作的关注重点。该阶段被称为“诊断”，是具有误导性的标签。诊断意味着确定一个问题或疾病，就好比组织生病了，需要治疗。这并非组织发展实践者的想法，作者们倾向于将该阶段贴上“聚焦”的标签。为了保持本书编辑的一致性，我们仍然保持传统的术语用词。

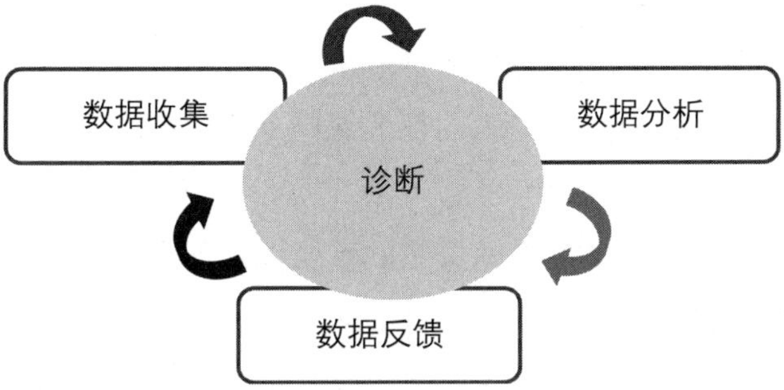

图 8.3　诊断阶段

在组织发展语境中，诊断是建立对客户系统的一个共识以及基于该共识决定是否需要变革的过程。组织发展咨询的核心是生成可作为客户系统变革催化剂的数据。通过数据收集、数据分析和反馈，诊断阶段为客户和实践者提供了一个开始变革方案的起点。该阶段的所有期间均属于干预范畴，需要有计划、有目的并具有明确的内容和过程目标。干预措施能提供有效信息，以帮助客户做出自由、明智的选择，并在实施中建立及维护承诺。

数据收集

数据收集的目的是增加对特定问题的觉察，创建对变革可能性的预期，以及建立顾问与客户之间的关系。它还有助于顾问理解客户系统，并为客户提供一个更广阔的视角来看待这些共享的经验。

组织发展实践者必须熟悉多个诊断和评估模型及其理论架构。诊断模型源于特定的世界观，通过各种透镜来反映组织情况。它们在指导实践者的工作及保证工作连贯性方面很有帮助。组织发展实践者对模型的选择反映出他们将注意力集中在何处；他们认为重要的或无关紧要的方面；他们如何收集、解释、分类和共享数据；以及最终他们如何设计干预措施与行动方案。顾问可以选择采用盛行的模型，对之进行改编，或者创建自己的模型。重要的是要确保彻底了解任何模型中固有的可能性和局限性，因为没有任何单一模型能始终涵盖一个组织的复杂性。

有关模型的例子包括莱维特（Leavitt）的组织变革模型；韦斯伯德的六盒模型；麦肯

锡（McKinsey）的 7S 模型；纳德尔–塔奇曼（Nadler-Tuchman）的一致性模型；鲍曼和迪尔（Bowman and Deal）的四个框架；伯克–利特温（Burke-Litwin）组织变革模型；社会建构主义；开放系统以及许多其他模型。尽管评审这些模型不属于本章的范畴，但以下问题可以为实践者研究和审查各种框架时提供帮助。

- 模型之间的相似点和不同点是什么？
- 每个模型是如何与实践者对组织的理解保持一致或相匹配的（结构、系统、关系、过程）？
- 每个模型中单个变量及各变量间关系的重要性是什么？
- 每个模型中的理论建构和假设条件是什么？

组织发展实践者选择的模型会为其指明特定方向去进行探索、数据收集。然而，世上并不存在最好的数据收集方法，所有方法均有优缺点。在制定数据收集战略时，顾问应考虑如下因素：

- 机会、问题或困难的性质。
- 最能满足情境需求的透镜及原因。
- 所选模型如何反映采集数据的人员、内容和方式。
- 需要提出哪些问题，这些问题可能的指向。
- 哪些信息必须保密或匿名。
- 边界在哪里。
- 哪些人必须参与其中以及为什么。
- 提供有用信息、构建信任的方法与过程。
- 战略如何影响客户系统、顾问—客户关系及期待结果。
- 成本是多少（时间、人员和资金）。
- 利弊是什么。

在收集数据时，实践者对组织发展工作做出承诺并向那些生成数据及使用数据的人保证信誉。通常，实践者会采用多种方法，例如，访谈（结构化的或非结构化的；个人的、群体的、组织的或社区的；欣赏式的和诊断式的）、调查、直接观察、感觉、整个系统的实时性、拟制流程图、故事陈述及其他。

数据分析

在该时期，顾问（与客户合作）选择最合适的技术来分析和呈现已采集的数据。重要的是要选择支持客户系统的技术以同化结果。一般将定性技术和定量技术两者结合起来使用。定性技术包括内容分析和力场分析。在内容分析中，大量的定性数据被总结为主题或类别。在力场分析中，数据被划分为两个方面——促进变革的力量和抵制变革的力量。然后列表按重要性或优势排名。数据展示的形式可以是主题/类别式、对某个模型适用（用+表示）或不适用（用–表示）、一个谁与谁互动的社会关系图、责任图解、思维导图、叙述或甚至在群组会议上以戏剧的形式进行表现。

定量技术的例子包括统计分析、t 检验和 z 得分、相关系数和散布图。统计分析包括平均值、标准差、频率分布——代表平均得分以及反应可变性的散布（Spread of Variability of Responses）。当将一个群组对照一项标准时可以确定统计上显著的差异；相关系数和散布图会形成变量之间的推论。

需要注意的是，要确保主观性和失真不会影响数据分析和展示的完整性。分析数据的主要责任在于客户。对结果的解释（客户赋予数据的意义）在审议和讨论后产生，从而带来清晰度、责任感及继续前行的能量。

顾问支持客户探索数据并达成自己的结论，与此同时要确保以下事项的清晰性：重大主题、主题之间的关键关系、与预期的匹配度或不匹配度、离群值、因果关系、可能影响数据的元素、统计结果的意义等。

一旦分析完成，就决定谁最适合审查、组织和报告数据。记住，每个诊断阶段均是一次过程清晰、有内容产出的干预。

数据反馈

反馈会议的目的是提高对客户系统所面临议题的意识，支持客户识别并设定优先事项以推动组织向前发展。该过程使客户能做出自由而知情的选择，强调“当前状态”与“期望状态”之间的差距，让客户参与验证、分析数据并解读其意义以调动行动的能量和变革的承诺。在最理想的情况下，它创建了一种范式转移和转化的共享经验。

诊断阶段的任务在表 8.2 中予以概述。

表 8.2　诊断阶段任务的概述

数据收集	
制订计划	考虑期望结果并选择相关模型；选择数据收集方法；考虑可用资源；决定谁应该参与其中，何时参与以及为何参与；考虑由组织文化和客户偏好施加的限制
沟通	与客户共同起草一份函件——与组织共享目标、目的、过程和时间框架
准备收集数据	制订定性方案和/或选择定量工具；收集相关信息；或者为更具创造性的方法准备材料
采集数据	适时采用定量和定性两种方法；仅收集必要的或相关的数据
格式化数据	决定如何共享结果、和谁共享、何时共享、以何种格式共享；减少偏见和失真；采用简单模型；使材料易于阅读；采用视觉辅助来增添趣味性
数据分析	
理解数据	评估数据揭露了什么——模式、因果关系、意外发现等。考虑可能影响数据的外围因素。基于商定的格式准备一份报告
为反馈做好准备	支持客户解读数据；清楚地传达信息；跟踪来自系统不同部分的数据如何相互影响
数据反馈	
计划会议	就如何共享反馈、谁将出席会议以及在哪里举行会议达成一致并形成流程；决定领导层/管理层是否提前接收信息；保持陈述简单明了；对之进行调整以适应受众；确保后勤的良好管理
“无伤害”	反馈自然会引发焦虑并有可能令客户感到威胁；避免使用个人姓名；而是专注于主题、趋势和模式；使用客户的语言；保管好记录
公开会议	陈述目标；建立规范；构建融洽关系；注意保密性和不打击报复性；共享会议结构；描述数据收集过程；让客户系统能够传达自己的信息；沟通会议后将发生的事情
报告数据但不做任何辩护或解释	保持兴趣、建立承诺；鼓励客户确认模式、分享反应、提出问题；记录对数据的添加和纠正；避免关注过去、支持生成迈向未来的能量；支持客户承担分析、评估和创造意义的责任；识别会议期间可能出现的复杂情感模式并给予适当处理
后续步骤	支持客户确认并优先考虑关键议题及机会；准备提供建议；决定后续行动、时间表和责任；针对后续步骤签约

干预阶段

干预措施是指帮助客户系统成长、变革和/或适应的任何有计划、有目的的行为。尽管顾问始终在进行干预，但在此阶段，重点应放在为达成客户期望结果的系统层面的干预（见图 8.4）。

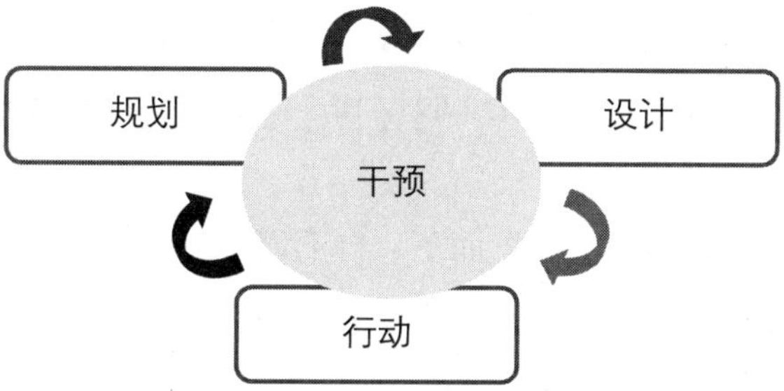

图 8.4　干预阶段

创造性和实用性应结合起来共同发挥作用，同时还要关注客户的期望结果。实践者需要了解变革理论并具备干预设计和项目管理的技能，除此之外还要有勇气、智慧和灵活性。在这一阶段，实践者以职业道德、价值观及卓越的多元化和透明度为指导。

一些指导性问题包括：

- 哪些事情必须发生？后续步骤是什么？
- 什么会奏效？
- 哪些信念会驱动有关“什么会奏效”的假设？
- 如何实施干预？

规划

干预措施是一种迭代过程，期间会考虑多种选择并强化焦点。顾问对已经了解的信息进行综合并与客户协作选择最有可能达成期望结果的方法，包括澄清语境和期望结果，并详细说明相关理论和假设。

设计是一种框架，会设定相关边界并为决策提供一个模板。顾问的角色旨在帮助组织考虑各个选项并有意识地做出规划与干预选择。在设计一项干预措施时，顾问应考虑目的、期望结果、变革的性质（简单的、复合的、复杂的）、参与度、相关利益者、环境、文化、核心技术、领导力、可用资源的范围、与总体计划的契合度、可行性及客户承诺。

确保干预措施具备良好的理论依据非常关键，因为它指导着实践者的选择。要建立坚实的理论依据，需要识别来自相关文献的概念和理论、来自实践经验的知识，以及可用于在客户现状的背景下达成期望结果的直觉性洞见。

顾问需要考虑的问题列举如下。对这些问题的回答为干预措施的选择和设计指明了方向并提供了逻辑。

- 组织发展顾问的角色是什么？
- 关键成功因素是什么？什么理论、假设和“其他”知识可能适用这种情形？理论上的矛盾如何统一？
- 对于如何实施转型和变革（自上而下、自下而上、由内而外、由外而内）以及如何管理抗拒应持有何种信念？这些信念如何驱动决策？
- 要想产生变革需要哪些领导力实践？
- 组织结构的影响及其在干预中的作用是什么？
- 为何推荐这个方法而非另一个呢？

表 8.3 中的示例表明了实践者的理论依据如何影响每个干预选择。就变革如何发生的、组织发展实践者的角色以及客户的角色，每个选项都基于一套原则、知识或信念。

表 8.3　可能的设计战略及相关原理示例

客户的期望结果：提高团队绩效，包括更加开放的信息流、更短的决策周期及更大的协作专业技术共享		
战略（A） • 进行个人访谈 • 整理数据 • 设计和引导反馈会议 • 协作并计划未来步骤	**战略（B）** • 为团队相互访谈创造空间 • 促进团队从中构建意义 • 协作并计划未来步骤	**战略（C）** • 构建开放性对话的空间 • 优化当责和协作行动的条件
理论依据 • 个人进行一对一的交流时更加开放 • 访谈是建立信任和关系的机会	**理论依据** • 团体经历能构建信任和开放性并加速学习	**理论依据** • 改变叙事方式能促进变革 • 个人如果清楚自己的需求

续表

• 数据将为顾问提供所需的背景 • 数据将帮助“诊断”影响团队的问题	• 个人访谈传递的信息是公开谈论不安全 • 提高团队的互动能力	且具备所需信息，就能实现自我组织

通过协作的迭代过程，实践者和客户选择了一项战略，然后进入设计的下一细节层次。此时并没有所谓“正确”或“错误”的方法，真正重要的是，设计要有整体性，并建立在坚实的基础上。如果它是一项“直觉性实验”，客户应完全知情并认同值得冒险。

随着设计的演化，顾问开始澄清其所需的广度和深度：他们确定谁需要参与其中以及他们在系统中的位置；干预针对的系统层级［（个人的、人际间（双方/三方）的、团队的、群体的、大型系统的、整个系统的、层级动态的）］和边界（根据期望结果确定哪些是“范围内”或哪些是“范围外”）。绘制系统图和完成利益相关者分析可以帮助澄清谁需要参与其中及其参与方式。

干预的深度能处理干预措施想要影响的私人或隐藏的议题。例如，改变一个人无意识行为的方法就不同于改变一个人有意识且愿意改变的行为。一般来说，顾问的干预不应超过产生和维持期望结果所需的程度——一个客户能投入足够资源以及实践者能够胜任的程度。

基于强大的理论依据和战略，以及明确的干预广度和深度，顾问可以强化焦点并考虑各种具体措施。例如，客户想要“从根本上改变工作完成方式”的期望结果可能需要颠覆性变革，而重点可能在组织文化和领导力上。另一个客户可能为“改善计费过程的时间周期”而签订咨询合作协议。这是一种渐进式变革，需要采取不同的方法，可能是针对一个部门，同时强调过程改进。其他焦点领域可能包括沟通、决策、分工、员工能力、冲突、问题解决、权限等。

以客户的期望结果为终点，实践者制定出一个由明确的理论依据所支持的高水平设计。然后他们选择会用到的工具并制订一项实施（项目）计划。这些工具是支持干预措施的活动或模型，能够让实践者自信地回答“我该如何继续推进”。

可尝试的工具/活动包括积极倾听、教练、反思、培训、动力实验室、观察和反馈、团队建设、对标、多元化意识、冲突管理、愿景规划、欣赏式探询、开放空间过程、全系统活动、氛围调查、文化审计、重组、SWOT、战略规划、程序手册、工作流程规划、流程再造、文化转型、统计过程控制、谈判和签约、过程改进、对话技能、T-groups、客户服务发展、未来探索会议、社会—技术系统、结构变革、转型过程、员工入职引导、MBTI、行动学习、利益相关者分析、责任图及其他。

然后，将设计过程形成书面文档，其细节程度要适合咨询工作的需要。涉及的人越多，所需的详细程度就越高，以便保持正确方向、妥善管理项目，以及与客户和利益相关者保持有效沟通。精心规划将提高顺利实施的可能性。

一直保持这种积极的行动对于复杂或持续多年的项目而言是一个挑战。至关重要的是，要创建能支持持续跟进的授权结构，随着顾问及系统的学习与变革提供适应机制。表 8.4 概述了干预阶段的各个任务。

表 8.4　干预阶段任务的概述

计划行动	
• 强化焦点	澄清背景及期待结果；根据需要进行修正；将学习进行综合及与客户协调实施方法
• 起草计划	文档记录方法和理论依据；起草包括活动、角色、资源、权限和时间表的详细计划；纳入有效的评估过程
• 审查	让关键利益相关者参与审查计划；收到反馈并根据需要进行修改
• 后勤	与客户合作，确保后勤方面的细节问题得到处理
设计干预	
• 起草设计	集体讨论可选方案并探索若干可能出现的情境；明确理论依据；教练客户去评估选项
• 让客户参与	让客户参与到方案利弊的讨论对话中；打造客户能力
实施干预	
• 实施	按计划开展干预活动；保持非反应性的存在；保持在计划“范围”内
• 反馈	与客户一起确保报告、评估和反馈过程连同后续任务按约定完成
• 调整	基于实践者和客户学习到的内容，调整干预设计；必要时循环回到签约环节；检查实现期待结果的进展情况并予以调整
• 总结和文档记录	对照计划书面记录实际发生的事情；激发学习；根据需要进行跟进

转型阶段

转型阶段（见图 8.5）主要涉及客户和顾问如何回答如下问题：需要采取哪些后续行

动以确保可持续性？结果/影响是什么？对组织的价值是什么？是否值得付出努力？学习到了什么？该阶段在启动期间就开始了，顾问和客户何时就他们想要实现的目标达成一致，以及他们将如何评价咨询和干预的结果与过程。

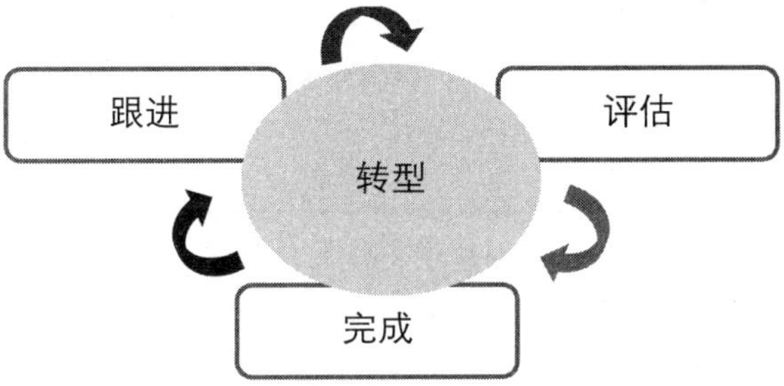

图 8.5　转型阶段

跟进

要维持成果，坚韧在这个时期就变得非常重要。用于跟进的资源预算通常会不足，此时动机减弱了，参与人员开始感觉疲惫，其他计划分流了资源，项目计划也失去了活力。随着时间的推移，已经被引入的变革逐渐失去了动力，尤其在它们与主流文化背道而驰时，这种情况会压倒正面意图。关键是要确保授权结构和机制实施到位，从而保持良好势头，并支持客户创新方式来保持热情、庆祝成功、跨系统分享知识以及保持变革工作的重要性。

评估

设计合理的干预措施具有持续的内置反馈机制，因此最终结果的评估并不会令人意外。在这一时期，组织发展实践者检查初始假设的准确性、学习到了什么，以及变革过程的结果在多大程度上达到了客户的预期。这是一个往复循环并观察结果的过程——哪些已经被改变，这些变革是否可以归因于干预措施。对变革工作影响的衡量与评估应该反映一个组织的价值观，能够激发员工，并让组织及其利益相关者了解其过程和进展。

顾问和客户经常会对评估变革行动的结果感到犹豫。原因有很多——时间、金钱、衡量工具的精确性、不清晰的因果关系。建立一个评估过程以在干预期间和之后持续监控进展情况可以提高变革努力的有效性与质量。它也有助于获得组织层面的支持。

之前的组织发展阶段如何进入转变阶段的过程清晰。如果未能明确建立并记录期待结果、目标和假设，那就无法据之衡量结果。

通常情况下，评估是通过问卷、访谈、焦点小组、与整个组织的关键人员对话、观察或标准化评估等多种方法及其组合来完成的。最终，这些决策会以评估水平以及干预的目标和目的为基础。

建议采用三类措施来了解咨询和干预的影响：客户满意度、系统结果和过程绩效（见表 8.5）。这些措施根据关注的领域可以集中在个人、群体和/或组织层面。

表 8.5 衡量影响

客户满意度

咨询工作在多大程度上可以让客户满意？

- 顾问是否及时沟通、回应和提议？
- 双方合作是否顺利？
- 顾问传达信息或决策的准确性如何？
- 对于组织发展咨询服务的成本而言，价值公允吗？
- 客户是否认为所做的是知情选择以及选择过程是否清晰？
- 客户提出的问题是否得到了充分处理？
- 客户和顾问的合作是否顺利？

系统结果

干预措施在多大程度上达成了期望结果？

- 哪种定量方式能最好地评估商定的期望结果？
- 在何种时间框架内预计能达成结果是现实的？
- 哪些衡量标准可以转换成财务指标？
- 达成期望结果对组织的价值是什么？
- 没有达成期望结果的代价是什么？
- 哪种衡量系统会维持持续改进？

过程绩效

变革过程的效率和有效性如何？

- 创建出有关衡量内容的共享画面的干预措施设计得如何？
- 计划是否保持在所定范围和时间框架内？
- 客户认为增值的变革过程占多大比例？
- 就成本而言，是否获得了投资回报？

续表

• 分歧和冲突是否得到了妥善处理?
• 资源是否充足? 其部署的效率和有效性如何?
• 是否所有该参加的人员均以适当和有效的方式参与了变革?

完成

完成时期涉及确保顺利完成合约并令各方都感到满意，然后再重订契约，或者在有意退出系统的情况下结束咨询活动。这并不总是简单明确的。变革是连续性的，如果实践者不对他们在合约中设定的边界保持警惕的话，就很容易会从一个变革过程走样为另一个变革过程。

以下情况提示了结束咨询工作的时机：

- 顾问或客户感觉能量发生了转移
- 客户或顾问没有遵守承诺
- 顾问对结果的投入超过了客户
- 客户有能力自己完成工作
- 授权结构实施到位并能够支持变革

在决定结束咨询工作后，实践者应安排与客户进行完结会议。为了确保可持续性，顾问应记录过程中哪些是有效的，分享关键学习及后续步骤，给予反馈并请客户也给予反馈。如果大家决定要再订契约，实践者应重新进入启动阶段，记住，每次会议均是第一次接触的机会。

参与变革工作需要接纳、意愿、勇气、关怀和诚实。实践者和客户均有机会通过创建信任和安全的关系获得转变，同时展开学习并取得令双方都满意的目标。庆祝成功至关重要。认可客户付出的勇气，对客户承担风险表示真诚感谢，这样做会持续建立关系，即使在转变阶段也可以。

转型阶段的任务如表 8.6 所示。

表 8.6　转型阶段的任务

跟进	
• 跟进	确保授权结构和机制到位；打电话、启动会议、发送电子邮件并检查进度
• 调整	基于反馈协同设计迷你干预措施

续表

跟进	
• 提供支持	为参与变革举措的个人提供支持、鼓励和认可
评估	
• 制订计划	重新审视期待的结果和合约。决定使用的评估工具（定性、定量）；协作并商定采取的措施；根据需要设计工具；确定由谁收集、收集什么、何时收集以及在哪里收集数据
• 收集和分析数据	实施计划；分析并决定报告数据的格式；关注诊断阶段所采用的反馈策略；协同决定什么有效、什么没有效果以及什么属于意外结果
• 评估影响	审查客户的满意程度、达成的系统结果以及变革过程的效率和有效性
• 文档记录	记录所获悉的东西；在整个系统范围分享
完成	
• 结束合约	创建一个结束仪式以强调该合约的结束。决定结束仪式的参与人员、内容、时间、地点及方式
• 转变	如果要结束合作关系，我们应确定谁、怎样、什么时间及采取什么方式进行。澄清想要的是何种持续接触。如果开始一项新的合约，应循环回到启动阶段并安排“第一次接触”会议
• 自我评估	循环回到进入前阶段；获得客户、关键利益相关者及信任同事的反馈；记录所获悉的东西；为自我反省留出空间
• 总结和文档记录	撰写干预行动总结并提交给客户；经客户允许，考虑在某专业论坛上分享相关信息

结论

组织发展咨询过程可为组织的颠覆性变革提供支持。它稳健且灵活，始终保持其强大的功能和可行性，是变革方案的基石。本章所述的四个阶段及相应的时期可以作为实践者和客户的路线图。每个阶段都需要特定的技巧和胜任力，每个阶段都为增强组织的意识、行动和持久变革打开了广阔的可能性。适用于该过程的各个原则尽管看似简单，在应用中却能产生深远的影响。

本章所提出的顾问胜任力和任务是引导组织发展计划获得成功的基本组成部分。真心诚意地去审视世界观以及根深蒂固的心智模式和心理过滤机制，这对于将不确定性转化为创造力、同理心和勇气同样至关重要。

参考文献

Alderfer, C. P., & Brown, L. S. (1976). *Learning from changing: Organizational diagnosis and development*. Thousand Oaks, CA: Sage.

Argyris, C., Putnam, R., & Smith, D. M. (1985). *Action science*. San Francisco, CA: Jossey-Bass.

Brockman, J. (2013). *This explains everything: Deep, beautiful, and elegant theories of how the world works*. New York: HarperPerennial.

Cummings, T. G., & Worley, C. G. (2005). *Organization development and change* (8th ed.). Cincinnati, OH: Thomson/South-Western.

Farquhar, K. (2006). Intervention phase. In B. B. Jones & M. Brazzel (Eds.), *The NTL handbook of organization development and change: Principles, practices, and perspectives* (pp. 212-230). San Francisco, CA: Pfeiffer.

Gallant, S. M. (2012). *The mechanic meets the gardener*. Falmouth, ME: Town Landing Press.

Gallant, S. M., & Ríos, D. (2006). Entry and contracting phase. In B. B. Jones & M. Brazzel (Eds.), *The NTL handbook of organization development and change: Principles, practices, and perspectives* (pp. 177-191). San Francisco, CA: Pfeiffer.

Livingston, R .E. (2006). Evaluation and termination phase. In B. B. Jones & M. Brazzel (Eds.), *The NTL handbook of organization development and change: Principles, practices, and perspectives* (pp. 231-245). San Francisco, CA: Pfeiffer.

Noolan, J. A. (2006). Organization diagnosis phase. In B. B. Jones & M. Brazzel (Eds.), *The NTL handbook of organization development and change: Principles, practices, and perspectives* (pp. 192-211). San Francisco, CA: Pfeiffer.

第 9 章

多元文化组织发展的理论与实践

贝利・杰克逊（Bailey W. Jackson）

本章介绍了多元文化组织发展的理论与实践。多元文化组织发展是指构建由多种经社会定义了的群体认同的人员形成的组织及组织文化，这些群体包括种族、民族、性别、性取向、国籍、阶层、宗教和其他社会和文化群体。本章从组织发展方法的历史开始，阐述了多元文化组织发展的理论原则，然后讨论了多元文化组织发展的实践，包括它的目标、发展阶段和培育组织变革的流程。

历史概况

30 多年前，组织发展和系统变革领域的实践者与专注职场社会和文化多样性问题的学者共同探索了如何解决组织中的社会和文化多样性、公正和变革问题。这个组合，虽然在今天看来似乎是自然且显而易见的，进展却很缓慢。在组织发展和社会、文化的公正与多元化建立联系前，组织内部和外部的组织变革推动者通常只把职场中的社会公正和多元化问题看成一个较大系统变革计划中的一个模块。当时，社会公正与多元化问题并不是总体变革工作不可或缺的部分。

实际上，即便那些社会公正与多元化模块也仅仅侧重于通常所指的“社会公正”而非“社会多元化”的议题。术语“社会公正”和“社会多样性”通常可互换使用。在多元文化组织发展的术语中，这两个词旨在描述社会或组织变革议程的方方面面。聚焦社会多样性的组织变革干预，倾向于解决与“群体包容”有关的问题。社会多样性干预的目标侧重建立一种组织文化，能够包括来自各个社会和文化认同群体的人员：来自不同的种族、民族、性别、性取向、社会或经济阶层、宗教、国籍、年龄、体能和/或发展能力以及其他社会定义的群体认同。致力于社会公正的变革工作将强调消除种族主义、性别歧视、异性恋主义、阶级主义、反犹太主义和其他社会压迫或社会不公问题。这些社会不公的形式也基于人类的差异性。虽然多元文化组织发展承认了公正与多样性议题之间存在差异，但是许多实践者在提到对社会公正或者社会多样性的关注时，还是会使用“多样性”一词。

一些社会多样性实践者将他们的工作视为协助组织成为一个更加公正、更加包容和更加人性化的工作场所，并将自己的工作描述为致力于实现和管理职场中的多样性。要做到这点，通常会采用的方法是举行研讨会和培训会议，这些活动都关注个人的排外行为、态度及对歧视性做法的性质的有限认识。他们的目标是改变个人，并希望这种变化能在组织中建立一种支持性的工作环境，从而有利于尊重员工的个人差异，并充分利用社会和文化多样性劳动力的优势。

致力于组织发展和多样性的实践者们率先考虑将这两个变革议题进行整合，其中著名的有卡利尔·贾米森，贝利·杰克逊和丽塔·哈迪曼，罗斯福·托马斯（Roosevelt Thomas），埃尔希·克罗斯（Elsie Cross），泰勒·考克斯（Taylor Cox）和弗雷德里克·米勒（Frederick A. Miller）和朱迪斯·卡茨。贾米森是最早阐述组织中有关公正或平权行动工作的可能性的学者之一，其论述对整个组织的健康发展具有积极的影响。杰克逊和霍尔维纳（Holvino）最先介绍了杰克逊和哈迪曼的最终成果，他们属于最早一批将组织发展、社会公正和多样性汇聚成为多元文化组织发展的学者。

杰克逊和哈迪曼在组织领域的工作重点是解决管理者个体和员工表现出的各种歧视行为及态度，他们认识到这个工作确有必要。但这一工作尚不足以产生能形成具社会公正性组织的组织变革，或者将组织变成一个多元文化组织（Multi Cultural Organization）。基于组织发展和职场多样性或社会公正，他们从理论上阐明，为了实现多元文化组织的愿景，有必要将组织或系统视为变革的目标。换句话说，组织而非组织中的个人是客户。自从约三十年前，多样性和社会公正领域的组织变革方法融合以来，多元文化组织发展已经发展并演化为一种实践，作为变革推动者用来帮助企业谋求成为多元文化组织所采用的一种工具，它在持续展现出希望并在不断发展。

多元文化组织发展理论与实践背后的假设

多元文化组织发展理论和实践存在一些主要的假设。

1. 组织中个体的个人意识提升和培训活动可能是必要的，但不足以产生组织变革。组织也必须改变那些在多样性问题上支持现状的政策和实践。
2. 组织没有“好”（多元文化）或“坏”（单一文化）之分。它们存在于一个发展的连续体上，其两段分别是多元文化和单一文化。重要的是要了解连续体上其他位置是什么以及客户组织位于连续体上的什么位置。这样，也只有这样，多元文化组织发展实践者才能在制定变革目标和干预计划时，基于一个精确的诊断来运作，从而确保组织的健康运行。
3. 变革过程需要有一个有关“理想”状态的明确愿景，或许是多元文化组织。一个关于理想组织的清晰表达且被承认了的愿景，就是理想状态的多元文化组织的表现形式，会影响变革过程的所有方面。只有对理想状态有了清晰的感觉，数据才能很好地说明当前现实或真实情况或具有某种意义。只有把理想状态与现实进行对比并考虑之间的差距，要解决的问题和议题才会浮现出来。
4. 真实情况应来自内部评估过程。可使用结构化评估来识别并描述组织当前的多样性和社会公正情况，以此确定组织在这些方面的基准线或现状。
5. 多元文化组织发展过程的所属关系是成功的关键。绝大多数的组织成员必须掌握描述当前的数据、描述理想或“应为”的愿景，以及从现实与理想比较所浮现的问题。要实现多元文化组织发展计划的成功，组织成员也必须掌握变革目标和工作中优先排序的意识以清楚识别出问题或解决已知的挑战。
6. 社会公正和多元化的重大组织变革只在有人监控并促进过程的情况下才会发生。只有组织成员长期努力致力于变革，变革目标与组织使命的整体成功建立了联系且会促成其发生时，才能实现组织的健康运行。

多元文化组织发展的实践

多元文化组织发展的实践以多元文化组织发展的假设为基础，包含三个主要组成要素：（1）多元文化组织发展的目标；（2）多元文化组织发展的发展阶段；（3）多元文化组织发展的过程。下一节将阐述多元文化组织发展实践领域的这三个主要组成要素。

多元文化组织发展的目标

第一个要素关注任何多元文化组织发展工作的目标。通常，组织会进入多元文化组织发展过程是因为懂得或相信，一个人力资源管理完善的系统获取并维持竞争优势，或者实现其整体使命的机会更大。那些投资于人力资源的系统也认识到，如果要发展并保持强大、富有成效且高绩效的人力资源系统，就必须有效地管理组织中的社会公正及社会和文化多元化。其他原因也可以让组织进行投入以称为一个多元文化组织。一些人认为这是该做的事情。其他人相信，自己有证据表明如果一个组织具有多样性的劳动力和社会公正的工作环境，它的产品或服务的质量将大幅提高。

多元文化组织是寻求在组织内外倡导并实施社会公正和社会多元化，从而完善自身或提升竞争优势的组织。具体来说：

- 多元文化组织在组织愿景、使命、目标、价值观和运营系统方面拥有一套明确的政策和做法，以此确保任何人不会因为自己的社会身份或地位/状态而遭遇排斥或受到不公正对待。多元文化组织不仅支持组织内的社会公正，其在与当地、区域、国家或全球范围和供应商、客户及同行的互动中，也倡导这种价值理念。
- 多元文化组织在组织愿景、使命、目标、价值观和运营系统方面有一套明确的政策和做法，旨在确保不同员工队伍的所有成员都能感受到充分的包容，并有机会为实现组织使命而努力奉献。这类组织也重视各种形式的社会多样性，并深刻意识到社会与文化的多样性给当地、区域、国家和全球带来的优势和益处。

当将这两部分的目标应用于多元文化组织发展工作时，对于多元文化组织发展实践者来说，重要的是认识到在追求社会多样性之前，必须实现一定程度的社会公正。许多人尝试过直接投向社会多样性和文化多元化的目标——例如，在工作场所塑造一种包容性的氛围——但没有注意到缺乏社会公正（存在着性别主义、种族主义、阶级主义、反犹太主义，异性恋主义和其他形式的社会不公现象），最后均以失败告终。因此，成为一个多元文化组织这样的目标会涉及要实现社会公正（一个反排他目标）和社会多样性（一个包容性目标）。

当有证据表明，为了成为多元文化组织或者至少去探索成为这类组织的可能收益，已经对组织领导和关键员工进行了重大投入，此时多元文化组织发展过程就已经开始了。第一步经常是让领导和尽可能多的全体员工参与到多元文化组织目标的制定，用自己的语言制定目标，然后认可它们。

多元文化组织发展的发展阶段

多元文化组织发展的主要假设之一是大多数组织并非都是好的，也并非都是坏的。从多元文化组织发展的角度来说，组织既不是纯粹的多元文化，也不是纯粹的单一文化。组织处在一个以这两个状态为端点的连续体上的不同位置。他们一般不会只停留在连续体"欢迎多样性的一边"，也不会只停留在"拒绝多样性的一边"。在大多数大型组织中，分支结构、部门、群体或其他组织单元在这个关于他们与组织多元文化组织目标的类似性（或非类似性）的强度的连续体上有着彼此不同的位置，这些位置和组织的位置也不一样。多元文化组织发展的发展阶段模型是多元文化组织发展理论与实践的重要内容：（1）因为它在多元文化组织发展理论与实践中至关重要，能够评估组织在寻求成为多元文化组织的过程中所面临的发展问题、机会和挑战；（2）因为变革过程应以概念框架为指导，该框架会帮助确定变革策略是否符合组织发展的准备状态，这点也很重要。

贝利·杰克逊和丽塔·哈迪曼基于他们在社会认同发展理论和种族认同发展理论方面的工作，建立了多元文化组织发展的发展阶段模型（见图 9.1）。他们将在个人发展方面的研究和著作与作为组织发展实践者的工作和研究结合起来。多元文化组织发展的发展阶段模型确定了发展连续体的六个要点，每个要点都描述了组织有关社会公正和多样性问题的意识和文化，以及成为多元文化组织后组织所处的位置。

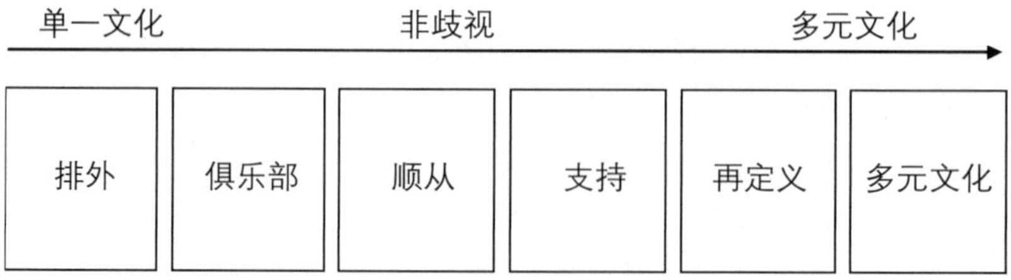

图 9.1　多元文化组织发展连续体

第一阶段：排外型组织　排外型组织会公开维护多数人群体的主导地位和特权。这些价值观通常反映在组织的使命和成员标准中。对于关注社会公正或社会多元化的任何事物，他们通常都抱有公开的敌意。处于这一发展阶段的组织是不可能容纳多元文化组织发展过程的任何事物的。大多数大型组织能够识别出遵循这种发展观点的部门、群体或其他一些单元，甚至在一个较为开明的组织中也一样能发现。

第二阶段："俱乐部"型组织　对于处在"俱乐部"阶段的组织或组织单元，可以认为它们不会明确倡导任何类似多数人群体至上观念的东西，但寻求维护传统意义上拥有社会权力群体的特权。这主要通过制定并维护在其看来是"适当的"的使命、政策、规范和程序。如果其他社会认同群体成员持有他们认为"正确"的观点和资历，俱乐部也允许有限数量的此类人员加入。相比排外型组织，俱乐部在对待社会公正问题上相对"开明"。然而俱乐部对社会公正问题的态度，仅仅在其感到舒适的范围内，并要按照俱乐部成员的条款来处理。

第三阶段：顺从型组织　顺从型组织致力于去除一些俱乐部型组织所固有的歧视，允许以前受到排斥的社会认同群体成员的加入。其力求在不影响组织结构、使命和文化的前提下实现这一目标。在这过程中，组织需要小心谨慎，不要造成太多的波动、冒犯或挑战其多数员工或客户的固执态度或行为。

顺从型组织通常会在组织底层积极招聘和雇用更多的非多数人群体的成员，从而试图改变其社会多元化轮廓。有时，组织也会聘请或晋升象征性成员担任管理职位（通常是后勤岗位）。也有例外情况，会把一个少数人群体的成员委派在业务岗位上，此时这个人是"队友"及"合格"的申请者很重要。合格的队友不会公开挑战组织的使命和做法，并且通常能 150%地胜任这份工作。

第四阶段：支持型组织　支持型组织也致力于消除歧视以及消除在俱乐部阶段会给予多数人群体的固有优势。其会采取的方式主要是积极招募并晋升通常被组织排斥的那些社会群体的成员。支持型组织发挥着积极的作用来支持这些新员工成长和发展，并启动项目来增加他们实现成功和职位流动的机会。此外，组织鼓励所有员工不受压制地思考、行事，并会对此进行宣传活动。

第五阶段：再定义型组织　再定义型组织是一个处在转变中的系统。它不满足于仅仅做到社会公正或无压迫，而是致力于努力塑造这样一种组织环境：超越管理多元化，形成一种"重视和利用社会和文化多元化"的组织环境。这类组织也致力寻找方法去确保囊括所有社会和文化认同群体的观点，以此作为一种加强组织增长和成功潜能的方法。

对于组织仅仅依赖一种文化视角作为组织使命、运营和产品开发基础的做法，再定义型组织开始质疑其局限性。它试图探索多元文化员工队伍的重要意义和潜在收益。这类组织积极参与展望、规划和问题解决活动以成为一个多元文化组织。

再定义型组织还致力于制定并执行政策及做法，以在组织所有社会性及文化性不同的群体间更好地分配资源和机会。总而言之，再定义型组织寻求其他组织模式来保证所有成员的包容性、参与性和赋能性。

第六阶段：多元文化组织　多元文化组织反映了不同文化和社会群体对组织使命、运营、产品和服务的贡献和利益。它致力于消除组织内各种形式的社会压迫。多元文化组织会把不同文化及社会群体的成员纳为正式参与者，特别是参与那些塑造组织的决策。它承担着更广泛的外部社会责任，包括为消除一切形式的社会压迫及以多元文化视角教育他人而提供支持。

这种对多元文化组织的描述代表了多元文化组织的愿景。它必须坚守自己的愿景和对理想的声明，因为还没有已知的多元文化组织。这是一个组织要去实现的愿景。当多元文化组织发展实践者看到部分这样的愿景出现在一个组织或组织单元内时，必须要对这个组织表达认可和祝贺，这一点很重要，即使它还不是一个完美的愿景展现。组织需要知道它们可以实现这一目标。

发展阶段的运用

多元文化组织发展的发展阶段在多元文化组织发展评估和规划中最为有用。阶段模型提出了一个设计评估工具及方法的框架，这有助于组织确定其发展阶段，并为组织的多元化和社会公正举措制定一个初始标准。本章所提到的多元文化组织发展实践者中大部分已经开发了多元文化组织发展评估工具。一般来说，这些工具是专有的，已经针对特定组织进行了改编，不适合广泛使用。

一旦组织在多元文化组织发展实践者的帮助下确定了组织在连续体上的位置，下一个任务就是制订变革计划。变革计划会处理这个阶段组织显露出来的具体问题，并引导组织战略来帮助组织进入发展连续体上的下一个阶段。然后会对整体多元文化组织发展过程进行描述。要理解评估和变革规划过程需要在整个多元文化组织发展过程的背景下进行。

多元文化组织发展的过程

一旦组织做出决定要追求多元文化的目标，多元文化组织发展的变革过程就开始了。变革过程有四个组成部分（包含多个子部分）:（1）识别变革推动者；（2）确定系统对多元化和社会公正变革举措的准备度；（3）评估和设定标准；（4）变革规划与实施。

识别变革推动者

变革过程中有三个主要的参与者或变革推动者：（1）内部变革团队；（2）外部多元文化组织发展实践顾问团队；（3）领导团队。

内部变革团队　内部变革团队是组织中同意承担多元文化组织发展过程管理责任的人群。对这个过程的管理可采取多种形式。对于一些变革团队，这意味着要雇用一个外部多元文化组织发展实践顾问，该顾问在组织中起作用并为变革团队运行流程。在这种参与程度下，变革团队的作用是聘请顾问，监督顾问的活动，在必要的时候就协商组织文化最佳方式向顾问提供信息，以及向领导层报告变革举措的进展情况。在其他组织中，变革团队可能在变革过程中参与更多。在这种情况下，团队需要内部胜任力来执行自己的评估、制订自己的变革计划并仅在借助最小外部资源技术协助或指导情况下实施。

许多组织都会设立变革团队经理或多元化经理的职位来指导多元文化组织发展过程。变革团队经理和多元化经理一般是所有其他部分的多元文化组织发展变革推动者与整个变革过程间的联系人。他们往往是组织人力资源领域的资深人士。当担任这一职位的人从业务部门挑选出来后，通常都是兼职或临时担任，任期从 18 个月到 24 个月不等。

一旦团队形成，首要任务是确定团队想如何参与或觉得能如何参与工作。变革团队的参与程度也会影响外部顾问团队的参与程度。

内部变革团队应该：

- 规模适于管理，通常不超过 12 位成员。他们应该知道，所有团队成员都要参加所有会议，紧急情况除外。
- 清楚地知道现在这是他们工作的一部分。这是一项固定工作。应该给团队成员解除一些其他任务安排，以便他们不会工作负荷过大。因为这也是他们日常工作的一部分，可以并且应该根据他们的表现来评估，按照组织常规的绩效奖励制度进行奖励。

- 与组织内尽可能多的支持者建立良好的关系。因为团队的规模有限，团队不可能包括所有支持者，但可以通过被选中参与团队的那些人来听到所有支持者的声音。团队应该尽可能多地代表组织的横向和纵向的切点。
- 包含组织中的意见领袖。意见领袖并不总是处于在有权威的职位上。他们的合法性来自同侪对他们的高度信任。
- 了解多元化和社会公正工作至少需要每个成员付出两年的投入。领导者需要支持团队成员的任务。
- 支持组织参与多元文化组织发展过程并成为多元文化组织的意愿和承诺。那些反对这项工作的人的声音也需要得到倾听，他们的顾虑需要解决。如果他们是变革团队的成员，这将对这一过程毫无帮助。

一旦组建，变革团队和外部顾问将一起审查多元文化组织发展过程。外部顾问也可以与变革团队一起开展一些团队建设工作。如果领导宣布组建变革团队，表达对团队成员贡献的感谢，并利用这一时刻宣布多元文化组织发展举措的启动，这通常会有所帮助。

外部多元文化组织发展实践顾问团队 外部顾问团队带来了外部人士对多元文化组织发展变革过程的观点。外部顾问必须熟悉多元文化组织发展或多元文化组织发展类别的变革过程，这一点非常必要。除了对多元文化组织发展变革工作最佳实施方法进行指导外，外部多元文化组织发展实践者应该：

- 协助设计评估阶段所需的评估工具，实施访谈和焦点小组工具，并且收集敏感数据，这可能是变革团队成员很难做到的。
- 作为组织领导层和变革团队成员之间的缓冲器，外部顾问往往能比变革团队成员更好地处理与组织领导的关系，后者更可能是向领导团队汇报工作。
- 帮助促进变革团队成员间的团队建设。外部顾问应该能够帮助变革团队促进团队建设及群体动力。多元文化组织发展变革团队通常需要外部顾问来帮助自己的群体进程。社会公正与社会多元化问题会给任何一个群体带来特定的紧张状态。群体很难自行处理这些问题，当群体在解决这些问题时需要获得帮助来指导自己，此时外部顾问就成为团队的宝贵资源。
- 了解自己要承担的部分工作是要为组织建立内部能力。这意味着内部变革团队成员和顾问已意识到，多元文化组织发展过程需要持续很长时间，并且组织并不打算让外部实践者成为组织的一部分。外部多元文化组织发展顾问通过变革过程来指导变革团队。此外，他们还会提供必要的技能和知识，以便变革团队在下一轮变革中有能力管理组织变革。站在这个角度，变革工作将只会为那些需要外部人士或视角的工作寻求外部资源。

成为有效的外部实践者的关键之一是远离组织的内部政治。外部顾问的非政治性观点既可以是一种资产，也可以是一种负债。因为外部顾问并不是在任何组织中都存在的权力政治的一部分，他们的可信度不像内部变革团队成员那样受到质疑。然而，外部顾问对所有的组织历史和内部政治缺乏了解。如果没有意识到这一点，就有可能导致盲点，从而可能有害于变革工作。缺少组织历史和政治线索及微妙之处可能对任何多元文化组织发展工作都带来负面影响。因此，在任何时候，这项工作都必须融合组织内、外部的观点，这是必不可少的做法。

领导团队 在多元文化组织发展变革过程中，第三个主要的变革推动者是领导团队。在这里之所以使用“团队”一词，是因为在大多数组织中，特别是在较大的系统中，领导层通常由一群人组成。这些组织的领导者（总裁、首席执行官、首席财务官、董事长、副总裁等）通常对所有内部政策和程序负有主要责任、拥有主要权力。他们各自负责自己的领域，同时又集体负责领导整个组织。对于像多元文化组织发展这样的干预措施，重要的是让领导团队知道将要发生什么，并直接参与计划的实施。领导团队必须参与最初决策以投入到多元文化组织发展计划中。虽然经常是一名主要高管将类似多元文化组织发展这样的流程带入组织中，但该高管必须获得领导团队的批准方可进一步开展这一流程。这也是外部顾问能为组织提供重要帮助所在，他们能帮助领导团队了解多元文化组织发展变革过程及其作用。领导团队必须决定过程中自己所希望的参与程度。像变革团队一样，领导团队可以选择自己去高度参与构思多元文化组织发展过程的计划和活动，也可以选择批准这一流程并让变革团队负责向前推进，然后时常向领导团队汇报情况。领导团队对这个计划的参与方式越直接，计划推进的速度就越快，成功的可能性就越大。

确定系统对多元化和社会公正变革举措的准备度

多元文化组织发展过程的一个重要组成部分就是测试，测试组织对关注像社会公正和多元化这样不稳定领域的变革计划的准备度。在这个测试中会询问一些关键性问题，以了解员工对多元文化组织发展计划的了解及支持程度，领导对支持并参与这个过程的准备度。

多元文化组织发展准备度盘点的目的是在流程的最开始评估带着这样的干预措施如何能最适宜地进入组织，因为它最终会需要一个密集的数据收集的阶段。准备度盘点的工作会对组织抽样中的人群进行，也会对所有变革团队及领导团队进行。典型的多元文化组织发展准备度盘点会问六个基本问题：

1. 当发现或有报告社会压迫的表现（性别歧视、异性恋主义、阶级歧视等）时，会如何处理？
2. 支持多元化是组织的核心价值观吗？
3. 组织明确致力于社会公正吗？
4. 领导层表达了或展示出对社会公正的支持吗？
5. 领导如何示范多元化和社会公正价值观的？
6. 组织的使命和价值观中明确表达了对多元化和社会公正的承诺吗？

这些问题及其他问题可帮助变革者了解组织向前迈进的准备度。目前，没有一个组织在准备度盘点上会取得非常好的得分，但应达到一个最低分数来展示已准备就绪。如果积极回应低于50%，则表明，在组织向前迈进之前需要有一个更牢固的基础来实施多元文化组织发展计划。

这类准备度盘点也为现有的组织问题提供了初始数据。极少数情况下，在尝试全面投入多元文化组织发展过程之前，可能需要进行一些工作将领导层或员工的认识提高到一个新水平。这可能需要认知度研讨会（Awareness Seminars）以及对现有政策、程序的澄清并执行，这些政策和程序为领导层支持社会公正的声明提供支持，声明体现了领导层对组织成为多元文化组织的承诺与打算。组织可能会处理自己内部长期存在的社会公正问题，当这样做时，就在向整个组织传递了一个信息：要动真格的了。其他的工作可能还包括对员工实施应对骚扰的培训活动。一旦组织充分准备好启动多元文化组织发展变革计划，下一步就是评估和设定标准。

评估和设定标准

多元文化组织发展是一个数据驱动的过程。设定标准确定组织在何处启航多元文化组织修炼之旅，这对多元文化组织发展过程很关键。了解组织要成为多元文化组织还需要前进多远的距离，了解组织实施了行动或变革计划后取得了多大的进展，这一点至关重要。

初步评估能实现一些目标。它会建立标准，使系统能识别组织当前的发展阶段并认同它。就组织如何表明其发展阶段，要生成详细的描述就需要数据。这些详细描述能帮助变革团队识别需要解决的议题和问题，确定每个议题和问题的优先度，并制定一套焦点突出的战略及衡量成功的标准。

大多数多元文化组织发展计划所使用的评估方法都以调查反馈为基础。多元文化组织发展评估过程会收集三种数据：调查数据，访谈数据，审查数据。

调查数据　多元文化组织发展评估问卷可用于让变革计划的构建更有活力，可对组织中的每个成员进行。评估调查适用于多元文化组织发展的发展阶段，它减轻了组织数据的难度，让变革计划的制订更容易。

访谈数据　访谈有助于梳理调查中的定量数据，并为令人困惑或矛盾的数据提供有用的背景或情境信息。因为很少有足够的时间或资源来收集个人访谈资料，在这个阶段通常会使用焦点小组法。焦点小组的成员来自组织中不同的社会群体（性别、种族或民族、性取向、阶级）以及不同的组织群体（秘书和行政人员、管理人员、工程师、兼职人员、导师、顾问等）。

从焦点小组中通常会收集到两种类型的数据。第一种，小组成员会被要求去讨论他们对组织中社会公正和多元化问题的看法。从这些讨论中收集的数据可以帮助充实从调查工具中获取的信息。第二种，向焦点小组展示的调查数据要么不太清楚，要么似乎与其他数据相互矛盾，然后要求他们对这些明显的矛盾给出看法。

审查数据　最后，多元文化组织发展评估过程还包括审查数据。审查数据是从组织记录中收集到的信息。可就组织记录询问一系列具体的问题，特别是有关组织人事和预算部门的记录。也要收集有关人员雇用、解雇、辞职，投诉、晋升和绩效评估的审查数据。这些数据可按种族、性别、身体或发展能力、性取向（如适用）、宗教（如适用）和其他社会认同群体来归类汇总，也可按照组织单元（分部、部门、工作组）以及职业等级或类别来归类汇总。调查数据和焦点小组数据都是主观性的数据。审查数据可以支持这些主观印象，或者凸显组织在社会公正和多元化方面的表现存在严重问题。

在收集评估数据之后，对数据进行“处理”并汇编以便提交给组织。处理工作是为了去除任何可能危及受访者匿名性的语言和名字。在某些情况下，可以从数据中消除某个群体信息。例如，如果某个单元中只有一个非裔美籍女性，那么这个人的身份就得不到保护了，需要将其纳入“有色人群”的回复中或完全消除这个群体身份类别。

变革推动者将数据进行汇编以呈现给组织。他们不会对数据进行分析，数据的组织格式要能够让所有组织成员都能理解。这种数据呈现的目的是让组织成员有机会听取评估过程中人们在说些什么，对数据提出任何重要的调整或更正，从而最终认可这些数据。一旦数据得到了认可，变革小组就能表示：“是的，数据可以代表我们的组织”。下一步是确定那些必须改变的事项，以让组织成为一个多元文化组织。让组织成员参与探索数据并界定多元文化组织发展计划，这种方式将多元文化组织发展系统变革的方法与那些自上而下或自下而上的变革方法区别开来。这是一个包罗万象的过程。

变革规划与实施

完成评估、提交数据并得到认可后，变革推动者和多元文化组织发展实践顾问协助各个组织单元制订变革计划和目标。鼓励这些单元识别那些一旦解决了就会引发显而易见又便于衡量的影响的议题和问题。它们就是变革目标的基础。关注那些在 18 ~ 24 个月内可以解决并且会受到显著影响的议题和问题上，优先从中考虑议题。多元文化组织发展计划的结果应该能被看到、可被衡量；组织和计划负责人要对计划的成功负责，这两点至关重要。

在实施了变革计划并评估了变革结果后，需要重新评估、更新组织对成为多元文化组织的承诺，制订下一个变革计划并实施。连续进行几轮评估、承诺、变革计划制订和变革计划实施后，多元文化组织发展过程逐渐在组织中内化；其文化及组织运行并监控多元文化组织发展过程的内部能力也在发展并在组织中扎下根来（见图 9.2）。

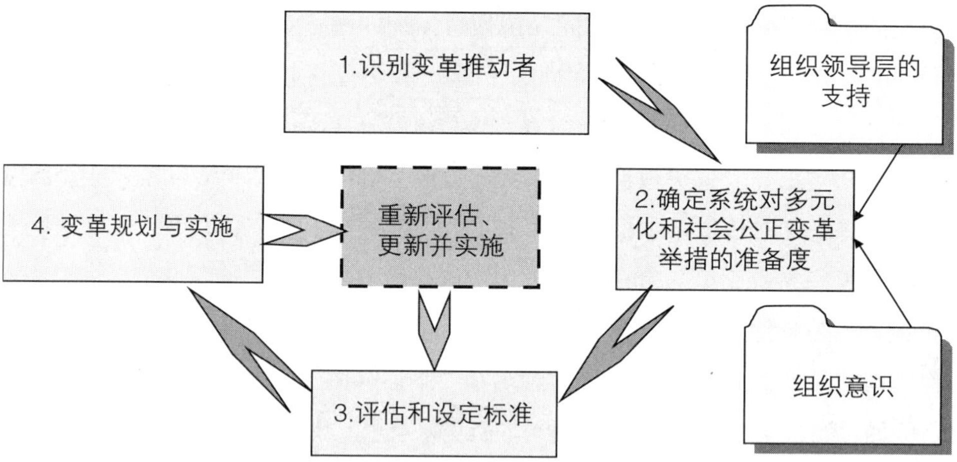

图 9.2　多元文化组织发展的过程

结论

多元文化组织发展已经实践了 20 多年。它的实践方法及实践背后的理论在继续发展、进化。其中一些发展体现在对多元文化组织发展的描述中。多元文化组织发展源自多元化实践者和组织发展实践者的工作，这些实践者都共同致力于研究系统和社会中的社会公正和多样性。因为这是一个对人类系统的健康发展而做出的承诺，多元文化组织发展的理论与实践都必然会与时俱进。还有待观察的是多元文化组织发展作为一种变革模型的长期效果。使用这个模型的系统能不能真正成为多元文化组织，并因此而显著接近他们实现社会公正与多元化的愿景，提高他们实现组织最重要使命的能力？

了解多元文化组织发展对组织最重要的影响只是第一个要回答的问题。将对“它会有效吗”这个问题似乎是很明显的回答转变为“它的确有效”的声明，这将需要一些长期而严谨的研究。进行这类探询的同事，我们还应该关注多元文化组织发展的实践是如何改变多元文化组织发展理论及组织发展理论和实践的。由于当初创建多元文化组织发展这个概念的部分原因是填补组织发展理论和实践中的认知差距，因此，随着多元文化组织发展不断发展，不仅这种认知差距将得到填补，而且组织发展和多元文化组织发展的理论及实践将被视为一个完整的而不是两个单独或重叠的研究领域。

参考文献

Cox, T. H., Jr. (2001). *Creating the multicultural organization: A strategy for capturing the power of diversity*. San Francisco, CA: Jossey-Bass.

Cross, E. Y. (2000). *Managing diversity: The courage to lead*. Westport, CT: Quorum Books.

Jackson, B. W. (1994). Coming to a vision of a multicultural system. In E. Y. Cross, J. H. Katz, F. A. Miller, & E. W. Seashore (Eds.), *The promise of diversity: Over 40 voices discuss strategies for eliminating discrimination in organizations* (pp. 116-117). Arlington, VA: NTL Institute.

Jackson, B. W., & Hardiman, R. (1983). Racial identity development: Implications for managing the multi-racial workforce. In A. G. Sargent & R. Ritvo (Eds.), *NTL manager's handbook* (pp. 107-119). Arlington, VA: NTL Institute.

Jackson, B. W., & Hardiman, R. (1994). Multicultural organization development. In E. Y. Cross, J. H. Katz, F. A. Miller, & E. W. Seashore (Eds.), *The promise of diversity: Over 40 voices discuss strategies for eliminating discrimination in organizations* (pp.

231-239). Arlington, VA: NTL Institute.

Jackson, B. W., & Hardiman, R. (1997). Conceptual foundations for social justice courses. In M. Adams, L. A. Bell, & P. Griffin (Eds.), *Teaching for diversity and social justice: A sourcebook* (pp. 16-29). New York and London: Routledge.

Jackson, B. W., & Holvino, E. (1988, Fall). Developing multicultural organizations. *Journal of Religion and Applied Behavioral Science* (Association for Creative Change), 14-19.

Jamison, K. (1978, December). Affirmative action program: Springboard for a total organizational change effort. *OD Practitioner, 10*(4).

Miller, F. A., & Katz, J. H. (2002). *The inclusion breakthrough: Unleashing the real power of diversity*. San Francisco, CA: Berrett-Koehler.

Thomas, R. (1992). *Beyond race and gender: Unleashing the power of your total work force by managing diversity*. New York: AMACOM.

Thomas, R. (1996). *Redefining diversity*. New York: AMACOM.

Wijeyesinghe, C. L., & Jackson, B. W. (Eds.). (2001). *New perspectives on racial identity development: A theoretical and practical anthology*. New York: University Press.

第 10 章

对话式组织发展

杰维斯·布希（Gervase R. Bushe）
罗伯特·马夏克（Robert J. Marshark）

组织发展兴起于 20 世纪 60 年代，作为一个可识别的实践领域，包括行动研究、调查研究、T-groups、人本心理学、开放系统理论、团队建设和过程咨询。此后，各种观点和方法极大丰富并扩展了该领域的理论和方法。自 20 世纪 80 年代以来，这些观点和方法中有很多汇集成了一种新的组织发展形式，它在很多重要方面不同于早期的组织发展理论和实践。我们将这种最新的组织发展形式称为“对话式组织发展”，并将其与“诊断式组织发展”进行比较，后者以更早期的基本思想和实践为基础。本章的目的在于介绍并解释对话式组织发展的定义、与其他组织发展形式的异同之处、与其相关的基本方法或实践以及使用时的思考方式。通篇我们也会提到有关对话式组织发展理论和实践的其他有用信息。

诊断式与对话式组织发展之间的基本差异

在过去 30 年中，社会科学的后现代及语言学转变，连同在非线性、复杂的自然科学领域中的发现，对转变有关变革和变革实践的观念影响巨大。从而产生了一些方法，如欣赏式探询、开放空间（Open Space）、世界咖啡（World Café）、重述（Re-description）、主场的艺术（Art of Hosting）和会议模型（The Conference Model）等，这些方法以不同于诊断式组织发展现代主义、实证主义的范式为哲学基础。对话式组织发展并未把组织作为一个开放的系统，而是将组织视为对话系统，在这个系统中，个人、群体和组织的行动结果都来自自组织的、社会建构的现实，盛行一时的叙述、故事和对话创造并维持着社会构建现实，而人们也是通过它们为自己的经历赋予意义。组织被认为一种复杂的现象，人们在组织中的所思所为就是一个持续的意义建构和产生过程。从这种角度来说，变化起因于"改变了对话"，改变对话的方式包括纳入更多的不同意见、改变人们相互交流的方式及对象和/或激发替代性或生成性图像，从而塑造人们的日常思维和行为。

因此，虽然易被曲解，但对话式组织发展并不是简单地创建有效对话或客观的信息交流。除此之外，对话系统的观点不会通过诊断如何能客观地将组织要素与更广泛的环境需求结合或再结合起来以驱动变革，而是要求去考虑如何通过参与持续的组织对话来形成新的思维方式，组织对话能不断地创造、再造并构建对事物的理解与行动。

基本概念

诊断式组织发展以库尔特·勒温和罗恩·李皮特于 20 世纪 40 年代及 20 世纪 50 年代建立的变革理论为基础。变革被概念化为一个有计划地"解冻"当前社会平衡的过程，创建"转变"以达到一种新的更期待的未来平衡状态，然后这种平衡状态需要被"重新冻结"以维持变革。有计划变革的一个关键方面是行动研究，其中包括对现有情况的"诊断"——维持现状的要素（Elements）、因素（Factors）和力量（Forces）——以便知道在何处及如何干预以引导变化达到预期的状态。

在 20 世纪 60 年代末期，开放系统理论成为组织发展不可分割的一部分，形成了各种模型，这些模型都有关于组织要素（使命、战略、结构、制度、领导力、文化等）要如何相互协调一致并战略性地响应外部环境，从而为组织未来的成功准确定位。这导致了 20 世纪七八十年代形成了许多不同的诊断模型，这些模型被用来确定关键组织要素以成为组织发展变革规划一部分。

总而言之，诊断式组织发展变革模型将组织概念化为一个开放的系统，该系统必须拥有所有的组织要素来应对不断变化的环境条件和竞争威胁。应诊断团队、组织或社群的现状以确定哪些方面需要改变以及采用什么方式去实现经规划的结果。变革来自有计划的过程：解冻、转变和重新冻结。而且，应该通过强调有效数据、知情的选择和承诺的协作式行动研究的过程来完成。

对话的概念

另外，众多差异很大却与组织变革有关的概念和做法融合在一起产生了对话式组织发展。这些概念和做法仍在以不同的组合进行发展，但都在某种程度上表明了对话式组织发展来自不同的有关变革的心智模式，尽管它通常遵循的是和其他形式的组织发展相同的价值观和行为准则。

对话式组织发展并没有采用诊断式行动研究方法，而是强调对话、信息浮现和生成来促进或加速变革。信息的生成为人们提供了新的画面，让他们以新方式看待旧事物并采取以前没想到的新行为，从而产生变革。信息的浮现打破了稳定的模式并为新思想、新措施的出现创造了机会，从而形成了变革。叙事和对话改变了人们对自身及所处的情况进行意义建构时所使用的故事，从而带来变革。

对一些实践者来说，这也意味着要将组织想象为处于不断变化的状态中。在这种情况下，无须使用诊断或数据反馈来引发那些解冻及变革静态系统所需的不满。特别是当与较大的群体合作时，对话式组织发展顾问的角色不是诊断式组织发展所描述的那种“引导者”，而是被一些人看作编舞或舞台监督，他们会帮助创建一个“容器”，设计并促进参与者之间的对话。现在，对话式组织发展顾问的角色越来越多地被称为“主持人”或“召集人”。对话式组织发展的主要特点如示例 10.1 所示。更多有关对话式组织发展和诊断式组织发展间差异的阐释，请参见布希和马夏克的著作。

然而，重要的是，对话式组织发展实践与基本组织发展（Foundational OD）共享了很多或大部分的基本价值观，这就是为什么我们会将其视为一种组织发展形式，而不是另一种变革范式。共享的价值观包括民主、人本主义和协作探询价值观。

示例 10.1　对话式组织发展的主要特点

重要影响：基本组织发展、社会建构、复杂性科学、社会科学的语言变化、欣赏式探询、开放空间等。

组织：自组织的、社会建构的现实，由盛行一时的叙述、故事和对话所创建、维持并改变，人们通过它们对自己的经历进行意义建构。

变革理论：变革产生于改变了对话的干扰，这个过程塑造了意义建构和日常思维和行为。

变革实践：共同探询、集体发现和信息生成都强调促进或加速变革，这主要通过纳入更多不同的观点、改变人们相互的交流方式及对象，和/或激发替代性或生成性画面来塑造人们的思维方式。重点是通过改变对话来改变心智模式和思维方式，从而产生新的行为。

顾问的角色：基于群体规模和变革任务的性质，顾问角色存在一定的差异。在一种极端情况下，即大型群体的偶发变革过程中，顾问就像一个设计师，他要设计容器的性质以用来举行新的对话，要设计流程来支持从这些对话中涌现出来的积极变革的过程。在另一种极端情况下，在个人教练活动或小群体持续变革的过程中，顾问寻求改变一般的叙述和对话，参与到客户的日常意义建构中，从而支持不同思维及工作方式的涌现。

核心价值观：民主、人本主义、协作探询。

对话式组织发展的变革过程

对话式组织发展的实践者采用不同于其他形式组织发展顾问的理念进行工作。构成对话式变革理念的基本信念。

1. 变革是持续自组织过程的一部分，发生在所有的人类集体中。新的组织行为与实践都是自然发生的而非指导控制而成。换句话说，没有人去计划具体的改变，而是帮助促进相关条件的出现，从而产生新的思维方式和新的可能。
2. 组织“现实”是在对话过程中浮现出的社会建构。任何特定群体所确信的“现实”“真相”或“事物存在的方式”都是由心智模式、故事、叙述和其他象征性的互动进行创造、传达并改变的。因此，事情的框定及谈论方式成为塑造人们如何思考以及回应任何情境的一个重要背景因素，如果它不是最重要的话。
3. 有个核心假设是：语言不仅仅可传达信息。除此之外，它还能够创建、框定、维持并转化社会经验，塑造组织成员的心智模式并影响最终的组织行为。
4. 叙述是为一群人所共享的连贯性故事以解释事情是怎样的，能帮助人们理解自己的世界，并提供决策和行动的理由。人们认为，任何组织对相同的事情都存在着各种各样的叙述。对话式组织发展顾问无须决定哪些叙述是“正确的”，但他们可以尝试帮助人们去考虑自己叙述的结果，了解会影响形势的各种叙述，认识哪些叙述“被广为传扬”或被压制了和/或能支持新叙述的出现。
5. 会引发自然而然的变革的对话条件包含或部分包含以下方面：

- 通过添加各种看法、问题、参与者、过程等方式扰动当前社会现实。这样会带来新的叙述、故事和观点，它们会让新的有关于事态及要做什么的社会共识浮现。
- 创建“容器”为参与者提供合适的工具和空间来共同探询，让个人和集体都有表达的空间；这样旧的思维方式能被质疑，新的可能性得以浮现。提供具体的对话或促进参与者互动的活动，从而为思维转化的涌现创造条件。
- 强调生成性而不是解决问题或优化现状。生成性的过程会产生新的想法。生成性的想法又为人们提供了自己想要但又还没想到的思维及工作的新方式。生成性的过程可以描述如下：质疑或重构当下的交流及体验方式，支持多样化的参与者及其社会现实的汇聚；创建新的画面、语言或故事，从而开启新的情境设想方式，等等。重要的是，在对话式组织发展中，重点是强调培育能产生新思维方式及更好结果的条件，而不是用更具指导性、有计划的变革方式来实现特定的变革。
- 让“全身心”参与—— 不仅仅是心灵上的，还包括身体、情感、智力乃至精神层面的自我。同样地，变革过程往往不但会使用语言，还会使用其他形式的互动，如音乐、艺术、运动以及其他类似的互动形式。

总而言之，对话式组织发展的心智模式假设群体和组织都是自组织的、社会建构的现实，通过叙述、故事、画面和对话不断地创建、传递并改变这种现实。顾问的角色是帮助组织培养或协助一种交谈和思考的新方式以便让转化的可能性浮现。要做到这点通常需要让互动内容具有更多丰富的多样性，提出生成性问题将焦点从问题转向可能性，建立起容器或空间让不同的对话发生，以及主办互动活动以产生有用的结果。

我们将详述由对话式组织发展心智模式形成的方法和实践。

对话式组织发展的实践

对话式组织发展的实践处于一端是偶发变革实践，另一端是连续变革实践的连续体上，位置各有不同。偶发变革实践会聚焦在一个或多个事件上，旨在帮助或大或小的群体从半稳定状态转化为其他状态。持续变革实践是基于一系列进行中的互动，旨在对正在进行的互动或自组织模式进行细微修正、逐渐积累，从而改变存在的状态。

在任何一种情况下，总需要有一个明确的发起者，其对于群体和组织有一定的“主人翁精神”，会雇用对话式组织发展顾问来帮助促进变革。特别是在解决复杂的社会问题如教育或保健时，各种各样的组织经常组成发起人群体。发起者们通常并不是很确定期待什么样的变革或如何实现它们。他们可能存在一些相应的问题或疑虑，或者可能在寻求某种意图或大致成果，但他们并不知道究竟什么样的变革才能解决自己的疑虑或产生这些成果。在进入阶段，对话式组织发展顾问一般会与发起者合作，确定他们的意图和那些可能受影响的利益相关者的范围，这些人需要参与到对话式组织发展的过程。他们可能会也可能不会认为：有必要去建立一个能在某种程度上代表受影响的各利益相关方的“规划”或“主办”群体来帮助设计变革。当变革目标涉及复杂的问题时，如对于某地区的交通运输问题，则需要一个较大或非常大的群体参与其中，在运作时也需要采用更趋向于偶发变革的心智模式。此外，至关重要的是，组织发展顾问和发起者对变革工作的期待成果要达成共识，同时发起者能够并且愿意对项目提供必要的资源，特别是时间、金钱和个人承诺。

有些对话式组织发展的方法会使参与者意识到自己身处的故事、叙述及模式，而其他方法则不行。但无论使用哪种方法，都是在假设变革将要求叙述发生变化。有些方法会聚焦于改变谈话，而另一些则会关注谈话及从中浮现出的行动的改变。

像诊断式组织发展一样，对话式组织发展包含结构化干预（如行动研究）及体验性干预（如过程咨询）。在下面，我们将简要回顾这两种对话式组织发展的实践。

结构化的对话式组织发展

结构化对话式组织发展涉及一个或多个活动。这些活动旨在增强关系以提高创造力和参与度。生成性画面和问题会被用来引出新的想法。有时，领导者或顾问会给出新的想法，但最常见的是，在这个过程中激发群体或组织产生生成性画面。当人们看到自己以前没有想到的行动选择时，就有可能形成新的变革方法。参与者对新行为及项目做出个人自愿的承诺。活动结束后，新思维、新建立的联系以及新产生的交谈使人们在日常互动中可以做出新的选择。生成性画面也可能激发自组织的群体项目，然而，只有当参与者了解了自己日常互动中的变革，形成了不一样的态度和假设时，才会带来社会现实建构的转化。

结构化的对话式组织发展实践，如欣赏式探询、未来探索和主场艺术，包含同一系列的活动，在这些活动中，对话式组织发展顾问都会采取以下步骤，如果不是全部使用，也会是绝大部分。

帮助发起者以未来及可能性为关注点来表达自己的需求。对话式组织发展顾问将与发起者（也许是一个主办群体）一起合作，确定变革工作的期待结果并将它精心制作成一个画面，这个画面能让作为变革过程一部分的人产生兴趣与能量。通常，这些需求都以未来为关注点，从这个角度而言，他们是在确认预期的未来，而不是识别现在出了什么问题，而"以可能性为关注点"的意思是他们开放了实现那个预期未来的可能性，而不是聚焦在趋同于某个特定解决方案上。有时候，这些需求会被称为主题，有时候也被描述为需要回答的问题。

教练发起者如何培育自然发生的变革。因为对话式组织发展是基于自然浮现和社会建构的假设而开展工作——这明显不同于大多数领导者对其工作进行的规划及控制的情况——需要对发起者就如何培育自然发生的变革进行教练。在对话式组织发展看来，每种变革情况都是唯一的，由于人类意义建构的复杂性，在一个群体或组织中起作用的方法在另一个群体或组织中可能无效。因为每个互动都有构建新意义的各种可能性，原因和结果无法提前预测，所以尝试去识别并趋同"正确"的变革没有任何意义。在这种情况下，最好的变革实践是鼓励进行各种变革，然后采用那些成功的变革。

发起者从一开始就需要了解，这些活动的关键点不在于确定、共识再实施变革，而是要释放、催化并支持参与者的众多动机和想法，从而促使群体或组织朝着预期方向转变。变革过程的设计必须确保两个关键事件的发生：

1. 最终负责将变革具体化并使实施的人员参与进来，他们与领导者和其他利益相关者一起讨论希望创造的是什么，以及能够带来预期未来的变革是什么。
2. 成员要自我确定想要负责的变革，无论自行进行还是群体进行。

活动会改变对群体可能的以及期待事务的信念、心智模式和叙述，也会让做出承诺的个人和群体开展多个变革，而这些结果并不是经领导者筛选后才发生的。恰恰相反，筛选的动作会发生在活动结束之后，因为有些看起来很棒的想法会半途而废，而另一些却会提升势头。

在结构化对话式组织发展中，领导者的主要职责是：

- 以可能性为中心的角度来确定期待结果
- 识别合适的参与者并鼓励他们参与活动
- 作为额外的参与者充分参与活动
- 关注那些在活动后获得动力的想法及项目，将群体或组织保持在预期的方向
- 提供所需资源并扩展新的期待行为
- 不断询问生成性问题

识别并纳入适当的利益相关方——强调多元化。实践者越来越强调要实现成功的对话式组织发展，需要纳入所有利益相关者，这些利益相关者会构成活动的系统。这可能导致形成有大量人员参与的活动——从数百人到数千人。将对话式组织发展与其他大型群体干预措施区分开来的是实践其背后的心智模式和最终选择的结果。霍尔曼建议我们“超越习惯性的定义来审视谁及什么组成了系统。要将权力大门之外的异议者纳入考虑中，如果邀请他们参与探询对话，将发生什么？要为不同的观点提供表达的空间，在健康的容器里开辟路径进行创造性的参与”。韦斯伯德和詹诺夫使用缩写词“ARE IN”来界定谁应该参与对话活动：具有权威（Authority）、资源（Resources）、专业知识（Expertise）、信息（Information）和需求（Need）的人；对此，阿克塞尔罗德又增加了反对者，并向志愿者开放——想参加的任何人员。

识别出适当的人员还不够，必须以富有吸引力的方式邀请他们参与到活动中。发起者可能有权迫使一些人参与，但这种方式可能不是对所有和变革有关的关键利益相关者都有效。他们的参与意愿会受到活动构建方式及邀请方式的影响——这方面是发起者的重点工作。在强调需要“拓宽参与范围”时，阿克塞尔罗德描述了在活动之间使用小群体会议来扩展人员参与以作示例。

设计并主办会谈。对话式组织发展的方法与其他方法的最大区别在于，他们会对如何设计和主办会谈提供建议。无论是小群体还是大社区，这都可能是一个或一系列活动。遗憾的是，因为这些活动缺乏一个连贯的“对话式组织发展叙述”，导致对话式组织发展实践者只会因其所使用的方法而为人所知。因此，实践者经常被视为欣赏式探询或开放空间或世界咖啡（等）方法的提供者，仅为组织所雇用来运行这些过程，而不是在战略上就整个变革工作提供咨询。也许最新的有关对话式组织发展作为一种独特方法的叙述将有助于他们摆脱这一困境，特别是在所提供的多种对话式组织发展方法的优点、机会和限制被人们更好理解时。

在对话实践中一个普遍共识是，需要确保参与者在开始实质性变革前能参与包容性对话。布希将这一点描述为需要将一个群体，无论是大还是小，从一个认同前状态转变到一个认同后状态——也就是说，从人们对群体不认同转变到对群体产生认同。“主场艺术”强调了“欢迎”的必要性，特别是当群体成员呈多元化时。霍尔曼（Holman）在描述为个性化表达和联结创造机会时，对这一点做了进一步阐述。

另一个共识是“主办”对话式组织发展活动的性质，特别是涉及大群体时。活动的设计要做到不需要“引导”，人们也可以有效地互动。通常，这需要通过一系列结构化的对话，将具体问题最大限度地设计为生成性问题，尽管它也会涉及更多自组织的过程，但在过程中参与者自行确定自己想要进行的谈话，就像“开放空间”一样。。

对话式组织发展实践者中常出现的画面就是“容器”。“作为主办者，我们的工作不是干预，而是创建一个容器——处理任何出现的事物的舒适空间”。虽然艾萨克斯和布希已经做了一些工作来澄清容器是什么及如何创建一个优质的容器，但是有关容器的观点更多的是一个生成性的画面，而不是一套设计完善的原则及指南。

行动的成果

在某些时候，对话式组织发展过程会从对话转变为发起行动。在一个小群体中，这看起来可能像成员达成了共识，决定采取有所不同的行动，并在以后的日子将不同的语言和行动带回到工作中。一些对话实践在此时会聚焦于探询过程，也就是对活动期间发生的各种对话和经历进行反思、理解，为继续推进提供指导。有一些做法会侧重于让人们对推出新举措做好准备，这些新举措主要受活动激发而成。对话式组织发展实践者的做法各异，主要受活动的意图以及群体或组织的期望与文化的影响。实践者不会试着去促进趋同性，而是投身于过程活动的设计，通过这些活动很有可能浮现出集体决策。通常，他们不是只期待在行动上达成共识，也可能会制定出显然可让人们致力去实现的想法和项目。此外，人们可以讨论自己如何才能做出不同的行动，然后相互鼓励去做一些自认为是最重要、最有意义的事。对于能生成的变化的数量和质量而言，活动后发生的事情与活动本身的质量一样重要。领导层的重要性不在于去界定、指导变革，而在于识别微小却重要的变化机会，并努力将它们扩展成为巨大的重要变革。变化的数量取决于那些无须指导、会自主选择的个人和群体，他们能自主采取不同行动。根据对话活动中浮现出的新社会现实，他们在工作中每天会做出不同的选择。特定项目可能需要团队、组织和/或社区成员采取更加协调一致的行动，在一些对话式组织发展过程中，确实有重要的变革来自活动期间推出的项目。然而，最具转化性的成果很少来自项目，它们来自人们在日常生活中所进行的不同的对话及思考。

活动结束后，所有参与者都会促进变革，跟踪实际发生的变化，并帮助发起者识别并扩展预期变化。通常，为了锁定变革，发起者需要关注是什么在起作用，并需要改变群体或组织的架构及操作流程以充分支持这些变化的实现。

结构化对话式组织发展过程采用精心编排的系列活动来处理大大小小的群体，旨在改变谈话、创造或应用生成性画面并打破现有模式以支持生成性变革的浮现。但对话式组织发展顾问也可以采用不那么结构化的方式与客户系统的日常互动建立联系。下面，我们来简单介绍一下。

对话式过程咨询

组织发展的一个基础是过程咨询的概念和方法，这里特别要与专家咨询有所区别，顾问大多都不参与“是什么”而是帮助客户更好地理解“要如何”。根据沙因的定义，“过程咨询”就顾问而言是用来帮助客户感知、理解和应对客户环境中发生的过程事件的一系列活动”。沙因主要关注的是他认为对组织绩效最重要的人类过程：（1）沟通；（2）组织的角色与职能；（3）群体问题解决与决策；（4）群体规范与群体成长；（5）领导力与权威；（6）群体间的合作与竞争。对话式组织发展的过程咨询基于这样一个基本理念：帮助客户更好地感知、理解和应对过程事件，但聚焦于“对话过程”，其包括自然浮现、社会建构、生成性和组织意义建构，不仅仅局限于沙因所描述的人际及群体过程。

对话式过程

对话式过程咨询可能关注一系列的会话过程。

1. 沟通过程，如沙因所确定的那些过程，主要聚焦于谁向谁传达了什么信息，以及用什么方式进行传达。
2. 识别出当下盛行一时且有影响力的叙述，它们能塑造人们思考和行为的方式。一个例子是对“股东价值”或“底线”重要性的叙述会在考虑期权和最终选择时带来影响。这也将包括考虑能加强这些叙事和/或排除其他故事情节的对话过程。
3. 考虑一个组织层面上（如总部）的各种叙述、故事情节和组织文字材料会如何影响该组织的其他层面（如一线）。重要的是，这可能包括对权力的考虑，以及据盛行一时或“不能公开”的叙述所言的哪些人受益了、哪些人受损了。
4. 关注不同于主流观点的对话会被限制或鼓励的习俗，例如，在关键的组织决策中，多样性的参与者及观点被接纳或排除的程度。
5. 关注会话是如何展开或浮现的，即讨论的顺序和讨论的方式，以及这种方式可能如何影响参与者的思维与情感。
6. 考虑生成性过程，特别是如何培育新画面，从而影响正在进行着的社会现实构建与重构。

在对话式过程顾问的心智模式中，组织的行为不仅依靠客观的信息交流而产生，还会通过人们基于自身所处的状况而创建的自我及社会建构的画面和叙述，在事件发生之前、过程中及之后持续不断的意义构建，以及这些事情在限制或培育生成性及新的可能性浮现的程度来产生。此外，组织的行为也会因为组织中人与人之间的关系和网络的变化而创建，同时，当新人加入谈话时，建立了新联系，也重构了旧关系，从而带来了新的可能性，这也会创建组织的行为。

对话式过程咨询的两种方法

有很多活动被视作对话式过程。这些活动可以分为两类：更为偶发性的或更为连续性的变革理念与实践。偶发性变革实践旨在打破半稳定模式并产生新的可能性或新模式。连续性变革实践则要改变或扩展正进行中的对话过程来鼓励新可能性的浮现。简而言之，两种类型如下所示。

对话式过程咨询与偶发性变革　涉及与个人或团队的互动，在互动中，识别出潜在的限制性心智模式，使其对照各种叙述、故事、隐喻、画面和口号等产生新的思维和可能性。这种对话式过程咨询被广泛应用，但对于更广泛的组织发展领域中正在做什么以及为什么可能缺乏关注或清晰度。对话式过程咨询方法以偶发性的变革概念为基础，倾向于使用语言手段来促进识别限制性模式，然后进行认知重组以促进生成性及新思维与行为方式的浮现。曾使用过的方法：要求个人或团队撰写或重写现状；使用新的词汇、短语或画面来引发新思维模式；倾听并对照那些暗藏限制性可能和选择的概念性隐喻或故事情节；或者要求个人或团队描绘或雕塑出他们的情况，然后讲故事，告诉大家正在发生的事，也许还有他们希望发生的事。在这些对话式过程咨询方法中，采用的方法能识别当前的叙述、语言及对话是如何形成可能性有限的稳定模式的，从而寻求引出新的语言、故事来激发新的可能性。例如，一名客户并未意识到自己在不断讨论一个情境时所用的词语暗示了自己在战争前线孤身一人的画面，这个形象化的描述又反映出可以考虑其他可能的场景来概念化他们的情况。

对话式过程咨询与持续性变革　涉及与个人、团队或更大群体的非结构化、经常性持续互动，其目的是改变定期发生的对话及对话模式（谁、什么、何时、何地、如何），从而鼓励新的模式、承诺及想法的自组织性浮现。虽然这种类型的对话式过程咨询的使用正在扩展中，但在美国了解的人并不多，或许是实践得较少。基于复杂性、意义建构、自然浮现和自组织的概念，这些对话式过程活动假设：通过组织各个层面及部分的持续对话，关系和组织在不断地自我重造。这些对话本质的任何转变，例如，其参与者、重点或模式，都将激发更多的转变，引领群体通过不同的新方式进行自组织。从当前状态转移到更期望的未来状态并不会使用特别结构化的活动。相反，顾问会加入一个假定正处于持续成形过程的组织，努力去强调与某些正进行中的对话式模式的区别，这些模式可能阻止或限制组织演化的能力或者新模式的浮现。例如，雷（Ray）和郭培特（Goppelt）对一群尝试确定变革工作的投资回报率却处于困境的高管进行了一场对话式过程干预，他们在描述这次干预时解释道："对投资回报率的强力论述让人们所经历的积极变革的一面被迫失声，也就是那些有关变革的趣事——人们实际会用来进行决策并激励自己和他人付出行动的趣事。通过质疑投资回报率的合理性论述，我们能够帮助强化一系列有关于变革是如何在组织中产生的边缘化却又重要的信念。"

对话式组织发展何时最适用

随着对话式组织发展方法的不断发展和传播，人们就这些方法该在何时作为其他组织发展方法的补充或者干脆替代它们提出了一些问题。因为对话式组织发展的叙述才刚刚浮现，对于这些重要的问题现在只有为数不多的一些初步答案。

对这个问题的第一个答案是哲学和个人层面的，意味着这是属于顾问倾向性的问题，而不是情境选择本身。简而言之，如果一个人关于组织和变革的世界观符合对话式组织发展的前提，那么我们就建议他使用对话式组织发展。另外，其他的世界观会导致其他形式的组织发展。只有当顾问认为对话式组织发展的前提与实践可能更适合某些情况时，才有必要进行选择。而在其他情况下，选择其他形式的组织发展可能更为明智。对于这些情况何时适用，这里有一些猜测，但是没有研究证实这一猜测。关于情境因素影响不同形式的组织发展在何时适用性的讨论，其两条主线显示了偶然性模式和/或混合性模式。

在对话式组织发展方法的使用方面，偶然性模式考虑的是顾问和客户对现状本质的"洞察力"，具体来说，就是各种条件及预计结果在何种程度上会更加符合对话式或其他组织发展方法的前提和实践。Cynefin 模型对组织发展的偶然性模式会如何演变提供了一个建议。

在 Cynefin 模型中，适当的决策过程取决于对因果关系的理解程度。在任何具体的决策情况下，可能存在多个决策"特点"，该模型认为这些特点需要不同的过程，共有五个特点。在简单的决策中，因果关系是已知的，因此可以采用最佳实践来响应情境。而在复杂的决策中，因果关系最初不为人所知，但是可以通过诊断探询来断定，从而采取最佳对策。在复合的决策中，因果关系是未知的，除了回顾过去，还需要紧急回应。首先，通过探究尝试可能的变化，然后选择最能实现目标的那个。在混沌决策中，根本无法了解因果关系，所以主要基于直觉的创新式回应是最好的选择。最后，在完全无序的情况下，没有明确的领导力选项。

将 Cynefin 模型扩展到组织发展情境会显示出当需要进行简单或复杂决策时，与更为基础性的诊断式组织发展相关的前提和方法，包括正式的诊断步骤、“瀑布”干预等，可能更适用。而在需要复合、混沌决策的情况下，许多与对话式组织发展有关的前提和方法可能意义更大，特别是在需要做出生成性回应时。这虽然仍是一个粗略的框架，但也提示了一种偶然性的思考方式，去考虑可于何时在何地使用对话式或其他形式的组织发展。

第三个答案考虑了混合方法的可能性，这种方法将在同一个咨询项目中融合对话式和其他形式的组织发展。这通常会按顺序发生（首先是诊断式方法，然后是对话式方法），并且像偶然性模式一样，也将部分取决于是否存在某些条件。

就混合模式展开的一个讨论认为，需要考虑的主要因素是情况本身复杂度的高低以及领导变革的管理层的准备度。准备度较低的领导会关注变革但不会充分承诺，他们可能需要基于数据或被证实了的变革理由。准备度较高的领导会充分承诺，愿意积极参与更紧急的探索过程。由此引出一个应急答案：当情况复杂度较高并且变革领导的准备度较高时，使用对话式组织发展；而当情况复杂度较低并且变革领导准备度也较低时，使用其他组织发展方法；在变革领导准备度低而且情况复杂度较高的“灰色地带”时，使用混合回应。在吉尔平-杰克逊有关较复杂的情况且较低领导变革准备度的案例中，首先采用一种诊断式方法来获得正当性和接纳度，在这种方法取得成功后，使用对话式方法来鼓励解决情境复杂性的新思维慢慢浮现。

这些是在思考何时以及如何应用诊断式与对话式组织发展方法的问题时可以使用的一些方法，我们期待在将来出现更多的相关见解和著作。

结论

这里提到的一些对话式组织发展实践并非新方法，但在许多地方它们仍然只在基本的组织发展叙述中予以描述并被理解，组织发展将组织视为一种开放系统，而这种系统的健康情况需要通过行动研究来诊断，系统的变革应通过应用行为科学知识来实现。这是一种思考组织发展的方法，但我们希望“对话式组织发展”将成为一种生成性画面，不仅鼓励人们对组织发展形成新的思维框架，还鼓励有关组织发展新理论与新实践的涌现。

参考文献

Axelrod, R. (2010). *Terms of engagement: New ways of leading and changing organizations*. San Francisco, CA: Berrett-Koehler.

Barrett, F. J., & Cooperrider, D. L. (1990). Generative metaphor intervention: A new approach for working with systems divided by conflict and caught in defensive perception. *Journal of Applied Behavioral Science*, *26*(2) 219-239.

Barrett, F. J., Thomas, G. F., & Hocevar, S. P. (1995). The central role of discourse in large-scale change: A social construction perspective. *Journal of Applied Behavioral Science*, *3*(3), 352-372.

Barry, D. (1994). Making the invisible visible: Using analogically based methods to surface unconscious organizational processes. *Organization Development Journal*, *12*(4), 37-47.

Barry, D. (1997). Telling changes: From narrative family therapy to organizational change and development. *Journal of Organizational Change Management*, *10*(1), 30-46.

Brown, J., & Isaacs, D. (2005). *The world café*. San Francisco, CA: Berrett-Koehler.

Bushe, G. R. (2002). Meaning making in teams: Appreciative inquiry with pre-identity and post-identity groups. In R. Fry, F. Barrett, J, Seiling, & D. Whitney (Eds.), *Appreciative inquiry and organizational transformation* (pp. 39-63). Westport, CT: Quorum.

Bushe, G. R. (2007). Appreciative inquiry is not (just) about the positive. *OD Practitioner*, *39*(4), 30-35.

Bushe, G. R. (2010). Being the container in dialogic OD. *Practicing Social Change*, *1*(2), 10-15.

Bushe, G. R. (2013). Dialogic OD: A theory of practice. *OD Practitioner*, *45*(1), 10-16.

Bushe, G. R., & Marshak, R. J. (2009). Revisioning organization development: Diagnostic and dialogic premises and patterns of practice. *Journal of Applied Behavioral Science*, *45*(3), 348-368.

Cooperrider, D. L. (2012) The concentration effect of strengths: How the whole "systemAI" summit brings out the best in human enterprise. *Organizational Dynamics*, *41*(2), 106-117.

Cooperrider, D. L., Barrett, F., & Srivastva, S. (1995). Social construction and appreciative inquiry: A journey in organizational theory. In D. Hosking, P. Dachler, & K. Gergen (Eds.), *Management and organization: Relational alternatives to individualism* (pp. 157-200). Aldershot, UK: Avebury.

Cooperrider, D. L., Whitney, D., & Stavros, J. M. (2008). Appreciative inquiry handbook (2nd ed.). Brunswick, OH: Crown Custom Publishing.

Gilpin-Jackson, Y. (2013). Practicing in the grey area between dialogic and diagnostic organization development: Lessons from a healthcare case study. *OD Practitioner*, *45*(1), 60-66.

Goldsmith, R., Hebabi, L., & Nishii, A. (2010). How practitioners use CMM. Research report available at http://pearceassociates.com/essays/documents/FINALHowPractitionersUseCMM-ShorterPractitionerVersion-Dec29.pdf.

Grant, D., & Marshak, R. J. (2011). Toward a discourse-centered understanding of organizational change. *Journal of Applied Behavioral Science*, *4*(:2), 204-235.

Holman, P. (2010). *Engaging emergence*. San Francisco, CA: Berrett-Koehler.

Holman, P. (2013). A call to engage: Realizing the potential of dialogic organization development. *OD Practitioner*, *45*(1), 18-24.

Inman, J., & Thompson, T. A. (2013). Using dialogue then deliberation to transform a warring leadership team. *OD Practitioner*, *45*(1), 35-40.

Isaacs, W. N. (1999). *Dialogue: The art of thinking together*. New York: Crown Business.

Jantsch, E. (1980). *The self-organizing universe*. Oxford, UK: Pergamon.

Marshak, R. J. (2013b). Leveraging language for change. *OD Practitioner*, *45*(2), 49-55.

Marshak, R. J. (2013a). The controversy over diagnosis in contemporary organization development. *OD Practitioner*, *45*(1), 54-59.

Marshak, R. J., & Bushe, G. R. (2013). An introduction to advances in dialogic organization development. *OD Practitioner*, *45*(1), 1-3.

Neal, C., & Neal, P. (2011). *The art of convening*. San Francisco, CA: Berrett-Koehler.

Nissen, M., & Corrigan, C. (2009). The art of harvesting v2.6. Self-published document available at www.artofhosting.org/download.php/Art%20of%20harvesting.2.6.pdf?mid=221

Oliver, C. (2005). *Reflexive inquiry*. London, UK: Karnac.

Oliver, C., & Fitzgerald, S. (2013). How to explore meaning making patterns in Dialogic OD and coaching. *OD Practitioner*, *45*(1), 30-34.

Olson, E. E., & Eoyang, G. H. (2001). *Facilitating organizational change: Lessons from complexity science*. San Francisco, CA: Pfeiffer.

Oswick, C., Anthony, P., Keenoy, T., Mangham, L., & Grant, D. (2000). A dialogic analysis of organizational learning. *Journal of Management Studies*, *36*(7), 887-901.

Owen, H. (2008a). *Wave rider: Leadership for high performance in a self-organizing world*. San Francisco, CA: Berrett-Koehler.

Owen, H. (2008b). *Open space technology* (3rd ed.). San Francisco, CA: Berrett-Koehler.

Ray, K. W., & Goppelt, J. (2013). From special to ordinary: Dialogic OD in day-to-day complexity. *OD Practitioner*, *45*(1), 41-46.

Schein, E. H. (1969). *Process consultation*. Reading, MA: Addison-Wesley.

Shaw, P. (2002). *Changing conversations in organizations*. New York: Routledge.

Snowden, D. J., & Boone, M. E. (2007). A leader's framework for decision-making. *Harvard Business Review*, *85*(11), 69-76.

Storch, J., & Ziethen, M. (2013) Re-description: A source of generativity in dialogic organization development. *OD Practitioner*, *45*(1), 25-29.

Swart, C. (2013). *Re-authouring the world: The narrative lens and practices for organizations, communities and individuals*. Johannesburg, SA: Knowledge Resources.

van Nistelrooij, A., & Sminia, H. (2010). Organization development: What's actually happening? *Journal of Change Management*, *10*(4), 407-420.

Vogt, E. E., Brown, J., & Isaacs, D. (2003). *The art of powerful questions*. Waltham, MA: Pegasus.

Weisbord, M. R. (2012). *Productive workplaces* (3rd ed.). San Francisco, CA: Jossey-Bass.

Weisbord, M. R., & Janoff, S. (2010). *Future search* (3rd ed.). San Francisco, CA: Berrett-Koehler.

Whitney, D. (1996). Postmodern principles and practices for large scale organization change and global cooperation. *Organization Development Journal*, *14*(4), 53-68.

第 11 章

可持续组织发展

鲍巴克·耶加内（Bauback Yeganeh）
安特·格拉瓦（Ante Glavas）

全球各地的组织越来越意识到这样一个事实：可持续的商业实践不仅能为企业带来竞争优势，同时也能造福整个人类社会。随着大型组织把可持续性实践纳入其战略议程，成千上万其供应链中的企业正在调整它们的业务经营方式。追求可持续性的组织需要在多个系统层面获取组织发展支持。我们将这种支持称为可持续组织发展。从合格的组织发展学者/实践者所提出的价值观、工具和技能来看，组织发展被清晰地定位为有助于组织成功实现可持续性目标。本章强调了与组织发展相关的可持续性的主要发展，也讨论了学术、实践和媒体领域更为广泛的文献，以及可持续性对此领域的实际意义。

可持续性

与组织发展类似，可持续性也是一个跨学科的领域。研究企业在社会中所起到的作用的文献往往具有历史悠久、覆盖面广、涉及众多学科等特点（如建筑、化学、工程、环境科学、经济学、伦理学、金融、营销、战略和哲学）。虽然有时候可持续性所带来的复杂性极具挑战，但在许多情况下它一直是组织创造力和变革的源泉。在一些公司，领导在可持续性问题上的协作消除了公司部门间的隔阂。例如，耐克的跨职能团队聚集在一起进行产品设计，旨在降低废物量、能源使用量和化学品耗用量。结果，不仅完善了公司产品，各个团队还以新的方式彼此合作。在耐克公司的案例中，提高公司的可持续性要求组织在过程（如何）和内容（什么）方面进行变革。组织发展能力突出的人很适合帮助组织充分发挥集体的潜力来解决复杂的社会和环境问题。

可持续性研究与成功案例

由于主题的复杂性和概念众多（例如，悲悯的资本主义、企业公民、企业社会效益、企业社会责任、公共责任、社会企业家精神、利益相关者管理、可持续发展、可持续性和三重底线），我们将企业在社会中的角色称为可持续性。可持续性不仅包含环境问题，还包括组织需要解决的社会问题。通常，公众对可持续性的理解仅仅与"绿色"或环境问题有关，如气候、生态系统和生物多样性、能源、土地和林业、自然资源、再循环利用、废物和水资源。除了这些之外，我们的概念化中还包括了社会问题，如社区发展、教育、食品、健康、和平与贫困。这符合这样一种观点：每个环境问题都是社会问题，反之亦然。可以这么说，许多迫切的环境问题都是人类活动的结果，它们反过来又以多种系统化的方式影响人类。最后，我们根据沃多克（Waddock）的概念明确地定义可持续性的概念：关心他人的福祉和环境，从而为企业创造价值。当公司的运行考虑到了与所有关键利益方的福祉和自然环境的关系及自己会对它们产生的影响时，所制订的战略和操作实践就显示了可持续性。这个定义整合了诸如企业公民、环境责任、道德和利益相关者理论等各个流派的文献。

自 20 世纪 50 年代以来，涉及管理方面的有关可持续性的文献数量一直在稳步增长，特别是在过去十年中研究领域文献数量增长迅速。在发布的可持续研究中，已发表的研究可持续性的作品中几乎有一半都是 2005 年后完成的。在回顾管理领域的可持续性文献时，能确定与组织发展有关的四个主要趋势：影响、共赢、整合和推动变革。

影响

作为一个研究领域，可持续性正在从关注提出"商业证明"转向"理解可持续性为什么能影响组织及会如何影响组织，以及如何成功实施可持续性。作为一个比较新的管理研究主题，早期研究侧重于证明企业为什么应该追求可持续性。在随后的数十年来，人们采用了更先进的统计方法来提出商业证明。具体来说，就是尝试证明公司的可持续性和财务业绩间存在统计学上的显著相关性。有些学者试图回避有关公司角色的公开哲学辩论，而其他学者则尝试科学地采用可靠的数据来证明。然而迄今为止，这些发现仍没有确定性结论。最近对 251 项研究的元分析发现，充其量可持续性和公司业绩间存在少许正相关关系。形成这种局面的部分原因是，以试图提出商业证明来开始研究这种做法存在若干问题。

首先，研究对可持续性的定义各不相同。在一份文献综述中，普洛兹发现一共使用了 36 种不同的指标来定义可持续性。例如，一些研究通过有关慈善项目影响力的数据来衡量可持续性的水平，而其他一些研究侧重于组织的服务、产品、运营和战略所体现出的综合可持续性战略的影响。这些方法差异如此之大，通过衡量它们的影响程度来研究可持续性，存在一个普遍适用性的问题。

其次，即使同样的可持续性活动也不一定是以相同的方式进行的。我们以将可持续性纳入组织的战略和运营来举例。因为每家公司都有自己独特的文化、战略、产品和服务，一家公司可持续性成功的标准可能与另一家完全不同。让我们再进一步看两个实例，IBM 以其核心竞争力为基础，通过提供良好的解决方案以实现更具可持续性的智慧星球的服务来整合公司的可持续性。而核心竞争力不同于 IBM 的美国通用电气公司，以绿色创想项目的方式通过产品实现公司的可持续性。

由此能学到的一个经验是，与其他类型的组织变革一样，可持续性在不同公司的执行方式不同。因此，研究不再关注可持续的盈利能力，而是将重点转变到如何执行可持续性。这也与最近一些学者提出的批判意见相一致，他们批判了对商业证明的大量关注，建议应该将重点放在可持续性影响组织的原因和方式上。对于如何实施可持续性，我们仍旧知之甚少。在一份文献综述中，普洛兹发现，只有七项研究探讨了基本机制。在另一份文献综述中，阿吉尼斯（Aguinis）和格拉瓦发现，只有三项研究探讨了包括员工在内的基本机制。此时正好时机成熟，组织发展学者/实践者有机会更多地参与到可持续性的实施之中。

共赢

第二个主要趋势是从重视成本/效益式的可持续性转变到共赢式的可持续性。以前这个领域的观点主要侧重于可持续性要么是工具性的（这么做仅仅是为了公司的利益），要么是规范性的（这么做是为了符合价值观）。但是过去几十年来，学者们对这种“非此即彼”的争辩提出反对意见，这些观点渐渐趋于一致。更确切地说，有人认为可持续性能够既是工具性的也是规范性的。有些人甚至已经证明了仅为工具性的观点是不可能的，因为无论我们是否意识到，每个决策都存在着价值观。因此，在过去的十年中，众多的战略和组织变革专家已经开始把可持续性与公司的战略融合在一起。这种帮助提高业务绩效并担任社会责任管理者的趋势是组织发展核心原则的中心所在。

整合

第三个趋势是可持续性从组织的外围地带开始融入组织的战略和运营之中。马夸德（Marquard）和格雷厄姆（Graham）把实现这种融合可持续性的历程描述为“找到结合点（AND）”来创造“优势”（Andvantage）。他们将一种融合的方法与组织外围地带的可持续性实践（如战略性慈善行为）进行了区分。这样做并没有考虑到一个这样的事实：战略性慈善行为和融合方式的可持续性一样，也能为利益相关者和股东产生价值。让我们看看 Petco 公司战略性慈善行为的例子：Petco 是一家宠物用品零售公司，公司大多数的慈善活动都是通过这个行业基础实施的。在他们的努力下，已经阻止了 400 多万只动物被实施安乐死。这给他们带来了间接的收益，例如，提升了企业的形象和声誉，特别是在当前和潜在的客户群中。有意思的是，这样做的直接效果潜在地影响了公司的财务数据，因为还有更多数以百万计的动物需要食物和用品。

虽然随着更多的组织转向战略性慈善行为，很可能总是会有慈善行为存在，但对组织发展而言，融合方式的可持续性可能才是最值得关注的。组织发展学者/实践者在帮助组织把可持续性彻底融入公司的战略和日常运作之中有着明确的角色。组织试图融合可持续性的先例有很多。联合利华的案例大家众所周知，这是一家为低收入人群设计产品的大型公司。它创建了一个涵盖十几万创业者的网络，这些创业者不但出售自己的产品，也成为联合利华的品牌大使。联合利华为培训这些创业者提供帮助，然后，后者建立自己的企业，同时也解决了前者巨大的供应链问题，即如何在人口分散的国家有效地销售产品。最近，许多公司已经开始研究它们的核心竞争力是什么以及如何将其与可持续性联系起来。在公司变得更加高效、员工没时间去做感觉与工作无关的“其他”事情时，可持续性必须进行整合才有可能成功。

推动变革

第四个趋势是可持续性如何成为变革的推动力。虽然本章讨论的是用组织发展的理论来丰富组织可持续性实践的各种方法，但同样重要的是，要注意到可持续性也能丰富组织发展的领域。为了更好地了解这一点，可以先了解一下组织发展与其他组织变革趋势间的关系。例如，考虑一下全面质量管理是如何发展的。最初，人们普遍认为成本与质量之间存在固有的折中关系。然而，随着时间的推移，人们发现成本和质量是相辅相成、携手并进的。在对供应链进行研究以找到通过全面质量管理流程提高质量的方法时，人们发现了以前没有注意到的可降低成本的方法。可持续性能以同样的方式为组织服务。它可以为组织提供一个新的视角来审视并解决现存问题。这不是一个新概念。过去当组织的系统形成制约时，经常会产生创新。

另一个例子是英特尔的案例，当时，它面临技术高速发展带来的挑战。正如巴雷特（Barrett）和尼凯克（Niekerk）（新闻界）解释的那样，不解决资源限制，今天的电脑可能体型庞大到会充斥整栋大楼的空间。然而，英特尔改写了摩尔定律：随着芯片上晶体管数量的增加，与之同步的是尺寸和费用将大幅减少。因此，今天的芯片仅仅使用了旧技术所需资源的一小部分。同样，众多的社会企业家制订出绝妙的业务解决方案，同时也解决了环境和社会资源的制约问题。例如，Raspberry Pi 制造出价格低于 100 美元的笔记本电脑；印度的 Aravind 出售的眼镜价格只有几美元，该公司还成立了医院，在这些医院里，白内障手术的费用不到 50 美元，提供的假肢（例如，斋浦尔脚）的质量在某些方面高于发达国家的同类产品，但价格低到只有 30 美元，比西方国家的同类产品要便宜几千美元。

因此，许多学者认为可持续性是一种创造力和创新的驱动。有一点很重要，需要特别指出，除了资源限制，驱动创造的还有员工源于更伟大的目标而产生的工作激情和内在动机。格拉瓦和皮德里（Piderit）发现，如果组织内实现了公平，可持续性能激发员工更富创造性地投入工作。这并不意味着成果一定更有创造性，因为创造性取决于很多其他方面，如个人特质。这里只是建议要更侧重内在的驱动力和创造性能量。此外，可持续性与员工参与度有关。美国绿山咖啡烘焙公司创始人鲍勃·斯蒂勒（Bob Stiller）称，"我发现，当员工所做的与一个更伟大的善行相关时，他们会动力十足，更愿意做出额外的努力帮助公司取得成功。此时自己所做的已不再仅仅只是一份职业。工作是有意义的。"因此，对于组织发展来说，可持续性是帮助发展组织的一种好方法，让组织的员工在工作中能发现更高的价值标准、更多的意义和激情，变得更投入、更有创造性，从而总体上在工作中能发挥更大的潜力。

实践可持续组织发展

麦肯锡对来自 116 个国家的 4 238 名企业高管进行的一项研究表明，84%的受访者认为企业应该为公众谋福利，但是，只有 3%的受访者表示自己公司目前在这方面成绩斐然。除了认为自己的公司在这方面还有待提升外，大多数高管缺乏在战略和日常公司运营中实施可持续业务实践的专门技能。这正是组织发展能发挥重大影响力的所在。越来越多的领导者将可持续性视为一种机会而不是一种限制。组织追求的一些最实际的可持续性领域包括：能源效率、使用可再生能源和更廉价的能源、基于可持续原则的创新、提高产品设计的质量、提升品牌形象和员工参与度。

为了利用好上述任何一种方法，有必要实施一些组织发展实践，诸如战略规划（包括大型设计）、领导力发展、战略实施、文化变革和团队建设。因此，可持续性领域迫切需要组织发展的专门技能。

在考虑组织发展时，我们会使用克里斯·沃利（Chris Worley）建议的组织发展标准。他提出，被视为组织发展的活动必须：

1. 涉及的系统变革是当前工作的重点；
2. 有改善系统的意图；
3. 有意通过人员在过程中的参与（而非指令性变革）来提高系统未来的变革能力。

可持续组织发展咨询

我们所说的可持续组织发展是指聚焦于特定组织的组织发展工作，这些组织寻求改变核心组织实践以造福社会和环境，同时也为组织增加价值。可持续性的成果包括自然保护、社会福祉、商业价值、公司声誉、股票价格和生存能力。

有效的可持续性需要信任、学习、赋能、接受及有关能力。实现组织变革的组织发展方式符合这些要求。如果可持续性业务与组织目标一致，并且每个组织都有自己独特的目标，那么对每个组织而言，可持续组织发展的方式也必须是独一无二的。组织发展已经聚焦于定制化的变革方式，很适合为组织提供帮助。

重要的是要注意到，在追求可持续性目标时，很多人会习惯性将诸如企业社会责任官员、环境健康与安全专员以及其他具有类似责任的人员纳入其中，很少会遵循上述的沃利组织发展三大标准。这种方法往往侧重于核心业务周边的工作，而不是核心变革过程的一部分。只触及表面的可持续性活动包括制订道德规范、印制宣传册、举办慈善活动、开展内部宣传活动及回收计划。这些活动虽然重要，但不足以应对可持续发展的挑战。事实上，有时会增加员工的工作量却看不到真正的结果，从而给员工带来负面影响。组织仅仅只增加一些可持续性导向的周边性活动是远远不够的，更何况员工业务繁忙，这只会让本已不堪重负的工作量更加雪上加霜。能发挥作用的可持续性实践必须是组织核心变革战略的一部分。这是组织发展能产生巨大影响力的所在。

不同组织文化层次上的可持续组织实践

如示例 11.1 所示，我们基于沙因组织文化层次来更好地了解组织中不同程度地对可持续性的承诺。

示例 11.1　可持续组织实践与组织文化

1. **人工制品**。从高层次看，可能使人联想到一个组织的人工制品都聚焦于可持续性举措，包括海报及其他标记、内部通讯、提供可回收的产品和箱子、“绿色”广告和形象品牌（漂绿）。其他人工制品可能包括将收入捐给慈善机构或实施其他类型的可持续性推广工作。
2. **规范**。表层之下，规范代表不成文的行为规则。就服务和产品设计、决策、能源使用、回收利用及其他方面，形成对持续性实践的一定预期。
3. **价值观**。组织下一层次的重点在于组织应该拥有什么。此处，如果可持续性工作的价值观异于核心业务的价值观，那么旨在创造动力的人工制品和规范将以失败告终。
4. **基本假设**。组织的核心。可持续性实践要具备较高的影响力，必须与目前已存的有关创造业务价值的基本假设相关联。当基本假设专注于绿色环保实践，那么生产效率和利润就需要总是与改善环境和社会联系起来。

案例：工作中的可持续组织发展

大卫·库柏莱德在凯斯西储大学领导了一个学者/实践者团队。作为该团队的一部分，我们为时任联合国秘书长科菲·安南提高《联合国全球契约》（*The United Nations Global Compact*）成员的参与度提供支持，这是一份由寻求改进社会和环境的组织达成的契约。

最终，来自联合国各个部门的400多位领导人第一次汇聚在一起召开了会议，共同提高对全球福祉的承诺。采用欣赏式探询的方法，会议代表们制订了改变世界的举措，并在关系加强的基础上建立了无数更小型的伙伴关系。这个活动的成功有几个原因。首先，它在整个系统中创建了参与性的环境，而不仅是发表一系列演讲，这些非常出色的参会者都能够进行充分的表达和互动。

其次，该活动基于现有最佳优势，聚焦于进一步提升优势。这一点特别有用，因为会议比较复杂，会期也只有短短一天。通过强调未来的愿景、解决方案和行动，一天之内就部署了集体行动来逐渐提高全球契约会员的承诺。还对联合国领导人就采用欣赏式探询的方法进行了教练，并提供了咨询服务，这么做的目的是制订欣赏式探询参会人员行为准则，让他们用自己熟悉的商业语言来探讨核心问题。当天，众多引导师为会议流程提供了支持。

这仅仅是成功使用大型系统方法帮助组织为成功实现可持续性而采取行动的一个示例。最终取得了诸多突破性的成果，如制定了责任投资原则（PRI），带来了高达30万亿美元的对可持续性的承诺款，主要的证券交易所形成了伙伴关系以专注于可持续性。

另一个例子是设立“可持续的克利夫兰”项目。该项目由克利夫兰市长主持，实际也是其重点关注的两个主要项目的其中之一，他甚至在其成功连任和竞选活动中对该项目做出了承诺。该项目的主要目的是将这座曾经的工业城市变为“碧蓝湖水之上的绿色之城”。项目伊始，该区的五十个主要领导人聚集在一起，召开了为期两天的峰会，在随后的几个月内制订了计划并邀请该市的主要利益相关者参与其中，邀请的人群中上至政府领导人和趋势引领者，下至工程师、员工和民众代表。这次峰会得到举国关注，美国白宫表示支持，并派出绿色工作（Green Job）负责人参会，许多其他城市，如亚特兰大、芝加哥和洛杉矶也向克利夫兰学习。最终结果是，该峰会已经成为一个年度会议，会议期间各个团队可处理具体的问题。一个曾经因河水可点燃而广为人知的工业污染城市正基于可持续性重建其经济。

还有很多可持续组织发展在企业取得成功的其他案例。例如，巴西全国数百家企业每年都会聚在一起彼此学习商业和社会创新的经验。在美国，像佛蒙特矿业（Fairmount Minerals）这样的公司获得了美国商会颁发的中小企业组企业公民奖第一名，绿山咖啡烘焙公司则连续获得了商业道德榜的第一名。同样，他们成功的共同点及一个不断涌现的主题是，这些组织将整个系统放在了一起——从码头工人到业主、供应商，再到对公司持异议的活动家。然后，他们和整个系统一起来逐渐扩大行动以实现共同愿景并向前发展。

沃尔玛也使用了组织发展把员工和利益相关者汇聚在一起，探讨如何把3 000亿美元营收的业务进行核心转变从而转为可持续性实践。其他此类成功的举措还包括 Dairy Management Inc.。6 000 名农场主聚集在一起，将核心可持续性实践整合到乳制品行业中。此外，美国能源部门也联合起来去转变有关于能源生产、分销和消费方式的商业模式。

虽然上述例子仅使用了欣赏式探询，但许多组织发展方法，如情景规划、U 型过程、世界咖啡和开放空间技术，也已经成功地用于帮助关注可持续组织实践的公司、部门和社区甚至一些国家的发展。例如，彼得・圣吉、奥托・夏莫和亚当・卡赫纳（Adam Kahane）研究了食品价值链以解决世界范围的饥饿问题。后来，他们与哈尔・汉密尔顿（Hal Hamilton）一起，帮助建立了可持续粮食实验室，这是一个众多组织的联盟，其不仅有能力消除饥饿，还能通过合作提高自身的效能。大卫・库柏莱德使用开放空间技术，并结合设计思维帮助几家可持续性企业实现了发展。在欧洲，世界咖啡和开放空间技术已被用于帮助可持续性社区的发展。

传统可持续咨询与可持续组织发展咨询

示例 11.2 显示了传统形式的可持续咨询与新兴的可持续组织发展和变革咨询实践之间的一些差异。

示例 11.2　传统可持续性与可持续组织发展

传统可持续咨询：示例包含提供可持续举措的建议、生态足迹分析、可持续发展报告、政策和/或运营变革建议，以及改善环境影响的建议。

可持续组织发展咨询：示例包含在以下方面为系统提供帮助：创建学习氛围，让组织成员共同制订可持续的核心业务实践、培养有关能力、减少部门间的隔阂、加强协作、帮助建立共同愿景，为系统赋能以实现采用最新技术定制解决方案及发展领导能力。与此相关的准备工作可能包括：对部门创新进行基准衡量和/或引进专家来传授有关可持续性技术的最新发展，但是核心创新是由内部产生及驱动的。

有关组织发展支持可持续性的观点

尽管有许多鼓舞人心的成功故事，该领域仍然尚不成熟，还有赖于组织发展学者/实践者的共同学习。建议采用以下观点来引导组织发展实践者创新性地帮助组织实现可持续性。

确定现有的可持续性业务机会并借助组织发展来逐步提升该机会

上一节中凸显的示例证实了，可持续组织发展有能力带来涉及整个系统的大规模变革。但是，可持续组织发展也可用于促进任何能为业务产生价值的过程。可持续组织发展正在应用或可使用的领域包括：

价值链　一般来说，企业都是从纯粹的成本削减和物流效率的角度来处理价值链（更多的是供应链）的。然而，当采用了“可持续组织发展的角度”时，我们会发现就协作和生产出对消费者和地球有价值的物品而言，价值链拥有巨大潜能。通用电气在这方面投资了 10 亿美元，通过最新技术来处理价值链的问题。

能源效率　杜邦公司因为减少碳排放而节省了 30 亿美元，展示了一家对环境有害的化学公司如何日益成为一家可持续的公司。能带来能源效率的解决方案很少出自专家顾问的单方面建议，因为他们缺乏与客户系统相关的隐性知识。然而，组织是一个复杂的系统，往往也难以单独制订解决方案，因为员工深陷于部门间的隔阂和日常工作之中，不能从系统层面上思考可能的解决方案。这就是可持续组织发展的机会所在。

产品设计　如前所述，很多例子都展示了金字塔底层的方法，即新产品需要在满足贫困人群的需求同时也创造利润。斋浦尔脚的开发就是对由于成本问题在印度假肢缺乏这一现象的回应。新开发出的假肢成本降低了数百倍，使用了少得多的资源，只需短短 30 分钟就可制成，还为生产它们的村民创造了就业机会。它看起来更像一条腿，而不是竞争性的产品，活动性更好，其活动性的程度是一般西方假肢产品难以企及的。

员工　组织发展学者/实践者往往会关注公司的愿景创建流程。当它与可持续性实践相结合时，就有可能提高员工的参与度。例如，派克–汉尼汾（Parker-Hannifin）公司的一个部门找到了转变其产品的方法，这样公司就能解决被认定排名前十的社会问题。该部门的员工成为公司最受鼓舞的员工也就毫不出奇了。

市场 随着西方市场越来越饱和，解决世界上最迫切的问题所带来的商机也在增加。这类事例有很多，比如，为不通电的地方提供饮滤水器和能源的公司，或者为艾滋病毒感染人群提供健康保险的公司。彼得·德鲁克说，我们这个时代的每个问题都蕴含商机，这句话所言极是。

我们意识到上面提到的许多例子都聚焦于大型的跨国公司，有人会质疑对一些公司的关注意图是什么。本章的要点不是崇拜任何公司。但是，我们观察到有一些以利益驱动著称的公司开始采用可持续性业务实践作为创造并保持竞争优势的一种手段，这很有意思。较小型的组织同样信誓旦旦地要寻找独特的可持续性行动方式来提高组织效率。

提升成功的故事

人们可以从故事中学习。模仿式罪犯从新闻中获取故事来进行模仿，因为犯罪案例比比皆是。我们建议可持续组织发展学者/实践者可以为在各类组织中比比皆是的、可能模仿的社会企业家们提供丰富的资源。

- 鼓励客户分享和传播其他组织实现可持续性的成功案例
- 创建关于案例研究的引导型对话

帮助组织进行有关可持续性的内部沟通。例如，位于中西部的一家中等规模企业让员工制作小视频来讲述自己关于可持续性举措的故事。视频在各自的电脑上制作，只需几分钟即可完成，然后在公司的内部电视台中分享并在公共区域播放。这样，大多数员工每天至少能听到一个来自同事的故事。

内容的专业知识至关重要，不仅仅是组织发展的专业知识

帮助组织学习组织发展实践很重要。帮助组织对技术可持续性的知识建立一个可持续性的学习和创新模式也很关键。这一点可以通过为员工创建学习实验室来提升他们在工作领域的可持续专业知识来实现。通过创建学习实验室（案例研究、学习式对话、现场参观、专家讲座和任务作业）的方式来帮助组织提高它们的可持续性专业知识，能让组织形成自己的知识体系，而不是一味依赖外部专家。当追求的是可持续性而非单一的知识外包，原本平淡无奇的业务也开始变得有意义，能提升组织的能力。幸运的是，这一点在组织发展领域少有争论。例如，沃尔玛使用欣赏式探询帮助构建了 13 个不同的可持续价值网络。这些网络就是学习实验室，在这样的网络中，所有的主要利益相关者（高达 90%的外部人

员）共同学习来解决问题。网络主题包括诸如可持续纺织品之类的产品、类似交通运输这样的服务及废物处理等的运作。

战略规划流程与实施

这是一个可以创新的新领域。从我们目前收集到的信息来看，使用战略规划流程在整个系统中形成知识和认同，这点很重要。然而，可持续组织发展不仅仅只是照搬曾经流行的技术。它是完全地定制干预措施来满足系统对具体变革类型的独特需求。在一个新兴的领域中，这样做为学者/实践者开展创新和发挥影响力提供了机会。有一些经证明可靠的组织发展方法，如在实施战略规划干预前帮助客户分析组织优势。例如，如果组织在设计和营销方面有优势，支持变革的潜在领导者可能就来自这些部门。可以问一个很有效的问题："谁是组织的英雄人物？"在英特尔，他可能是工程师，而在耐克则是设计师。因此，耐克要启动可持续举措，首先的重点就是获得 10%的设计师的认同。他们创建了跨部门的团队，但都有设计师的参与。获得了 10%的设计师的认同后，他们再关注让公司 10%的员工投入其中。今天，耐克已不像之前那样在外部大力推广可持续性工作，而在内部，他们变成了一家关注零废弃、最大限度减少化学制品及闭环能源使用的公司。

我们建议，组织要让来自整个系统的不同员工代表参与其中，从业务人员到行政员工，再到高层管理者。这有助于为领导者提供在其他组织已获成功的可持续业务创新的示例，从而制订自己的可持续性战略。组织发展的另一个重要贡献就是，设计方法促使员工共同思考来制订自己的创新性、可持续性战略。一旦制定了可持续性战略，变革能否成功实现，战略实施就成为关键因素。帮助客户达成衡量指标并创建对话空间，让组织内部协同，这是成功的关键所在。在必要领域使用组织发展继续帮助组织完成目标，这是咨询过程的一部分。如果/当实施变革的动力降低了，这可能需要对领导者进行教练。像大多数组织发展工作一样，可持续组织发展在不同尝试变革的系统中的形式也各不相同。一些客户系统会需要更多的领导力教练，而其他系统可能更需要团队建设。一般来说，应鼓励组织尽可能多地进行内部沟通。

结论

本书提供了大量组织发展的相关知识。本章尝试通过分享可持续性研究、实际案例和有关与客户合作的建议来将组织发展和可持续性整合起来。组织发展势必将成功为那些提高生产力也造福世人的组织提供援助。可持续性举措另一个成果可能是形成了一支参与度高且内在驱动的员工队伍。帮助组织建立实施可持续性战略的胜任力可能是组织发展的一个最新领域。由于这个原因，同时鉴于目前的现状是有限的环境资源会继续迫使想要在未来生存下去的企业必需实施这种类型的工作，我们相信可持续性为某种意义上的组织发展复兴提供了可能性。我们的领域能否成为可持续性咨询的核心，还需拭目以待，这只是一种选择。但是，我们鼓励你推动可持续组织发展和变革，引领该领域的发展方向。

参考文献

Aguinis, H., & Glavas, A. (2012). What we know and don't know about corporate social responsibility: A review and research agenda. *Journal of Management*, *38*, 932-968.

Barrett, C. R., & Niekerk, G. (in press). Sustainable business: A Fortune 500 company perspective. In A. H. Huffman & S. R. Klein (Eds.), *Green organizations: Driving change with IO psychology*. New York: Routledge.

Business as an Agent of World Benefit. (2005). Green Mountain Coffee goes to source. Retrieved July 10, 2007, from http://worldbenefit.case.edu/innovation/ bankInnovationView.cfm?idArchive=195

Carroll, A. B. (1999). Corporate social responsibility. *Business & Society*, *38*, 268-295.

Cochran, P. L., & Wood, R. A. (1984). Corporate social responsibility and financial performance. *Academy of Management Journal*, *27*, 42-56.

Csikszentmihalyi, M. (2003). *Good business: Leadership, flow, and the making of meaning*. New York: Penguin Group.

Davis, K. (1973). The case for and against business assumption of social responsibilities. *Academy of Management Journal*, *16*, 312-322.

Friedman, M. (1962). *Capitalism and freedom*. Chicago, IL: University of Chicago Press.

Gardner, H., Csikszentmihalyi, M., & Damon, W. (2001). *Good work: When excellence and ethics meet*. New York: Basic Books.

Garriga, E., & Melé, D. (2004). Corporate social responsibility theories: Mapping the territory. *Journal of Business Ethics*, *53*, 51-71.

Glavas, A., & Piderit, S.K. (2009). How does doing good matter: Corporate citizenship behaviors and their consequences within business. *Journal of Corporate Citizenship*, *36*, 51-70.

Glavas, A., Senge, P., & Cooperrider, D. (2010). Building a green city on a blue lake: A model for building a local sustainable economy. *Journal of People & Strategy*, *33*(1), 26-33.

Gunther, M. (2007, April 2). Green is good. *Fortune*, *155*, 42-50.

Hart, S. L., & Christensen, C. M. (2002). The great leap: Driving innovation from the base of the pyramid. *Sloan Management Review*, *44*, 51-56.

Jones, T. M. (1995). Instrumental stakeholder theory: A synthesis of ethics and economics. *Academy of Management Review*, *20*, 404-437.

Kanter, R. M. (1999). From spare change to real change: The social sector as beta site for business innovation. *Harvard Business Review*, *77*, 122-132.

Lee, M. P. (2008). A review of the theories of corporate social responsibility: Its evolutionary path and the road ahead. *International Journal of Management Reviews*, *10*, 53-73.

Margolis, J. D., Elfenbein, H. A., & Walsh, J. (2009). Does it pay to be good . . . and does it matter? A meta-analysis of the relationship between corporate social and financial performance. Unpublished manuscript.

Margolis, J. D., & Walsh, J. P. (2003). Misery loves companies: Rethinking social initiatives by business. *Administrative Science Quarterly*, *48*, 268-305.

Marquard, W. H., & Graham, A. B. (2010). Profit OR social responsibility? How corporations find the AND. Unpublished manuscript.

McGuire, J. B., Sundgren, A., & Schneeweis, T. (1988). Corporate social responsibility and firm financial performance. *Academy of Management Journal*, *31*, 854-872.

McKinsey. (2006, January). The McKinsey global survey of business executives: Business and society [Electronic version]. *McKinsey Quarterly*.

Orlitzky, M., Schmidt, F. L., & Rynes, S. L. 2003. Corporate social and financial performance: A meta-analysis. *Organization Studies*, *24*, 403-441.

Peloza, J. (2009). The challenge of measuring financial impacts from investments in corporate social performance. *Journal of Management*, *35*, 1518-1541.

Prahalad, C. K. (2004). *The fortune at the bottom of the pyramid: Eradicating poverty through profits*. Upper Saddle River, NJ: Wharton School Publishing.

Prahalad, C. K., & Krishnan, M. S. (2008). *The new age of innovation: Driving co-created value through global networks*. New York: McGraw-Hill.

Principles for Responsible Investment. (2013). Principles for responsible investment. Retrieved from www.unpri.org/.

Sisodia, R. S., Wolfe, D. B., & Sheth, J. N. (2007). *Firms of endearment: How world-class companies profit from passion and purpose*. Upper Saddle River, NJ: Wharton School Publishing.

Schein, E. H. (2010). *Organizational culture and leadership* (4th ed.). San Francisco, CA: Jossey-Bass.

Swanson, D. L. (1995). Addressing a theoretical problem by reorienting the corporate social performance model. *Academy of Management Review*, *20*, 43-64.

Swanson, D. L. (1999). Toward an integrative theory of business and society: A research strategy for corporate social performance. *Academy of Management Review*, *24*, 506-521.

Waddock, S. A. (2004). Parallel universes: Companies, academics, and the progress of corporate citizenship. *Business and Society Review*, *109*, 5-42.

Waddock, S. A., & Graves, S. B. (1997). The corporate social performance: Financial performance link. *Strategic Management Journal*, *18*, 303-319.

Willard, B. (2002). *The sustainability advantage*. Gabriola Island, Canada: New Society Publishers.

Wood, D. J. (2010). Measuring corporate social performance: A review. *International Journal of Management Reviews*, *12*, 50-84.

Worley, C. G. (2002). Is OD still relevant? *Consulting Today*.

Yeganeh, B., & Glavas, A. (2008). Green organization development. *OD Practitioner*, *40*, 6-11.

第 3 部分

组织变革、领导力和文化

第 12 章

变革的框架：实力、胜任力和能力

布伦达·琼斯（Brenda B. Jones）

变革本身就是意义深远的现实。大多数组织都意识到，自己目前正经历着的快速且不断加速的变化是当今商业环境的重要组成部分，并且这是一个永远存在的组成部分。然而，针对这种高速的变化，如何进行应对并使其制度化从而让组织真正完成使命，在竞争环境中获胜，这是一个长期的难题。对于所有的组织——营利的和非营利的，这似乎都是事实。变革存在于组织的各个方面，如管理实践、流程。事实上，在利用变革的机遇和挑战方面，太多的公司陷于困境之中。

人们对组织变革普遍存在着矛盾心理，似乎有些泄气。即使个人在自我改变过程中取得一些成功经验，他们在群体中的工作也不那么令人满意。此外，组织在建立架构、有效定义文化、打造新系统和新流程，以及使用人才方面所付出的努力还远远不够。即便准确地识别了变革策略并对其实施提供了支持，也还是会这样。很多时候，组织变革最终形成的结果往往不一定能提升组织的能力，让其赢得市场竞争、重建市场地位、创造美好未来。

在许多重大的灾难时期，或者当面对层出不穷的冲突和未来更大的不确定性时，人类精神总是能取得胜利，更积极应对生活的挑战。人们对什么需要变革以及变革是如何产生的有了更为清楚的认识后，会逐渐地认识到，许多过去验证有效的变革管理方法已不再起作用，需要更适用于当今的世界。

本章对一个框架进行了探讨，该框架有助于在涉及内、外部环境的各个系统层级中（个人、群体和组织）进行诊断、采取行动并衡量成功与否。重点审视了一些符合变革过程需求的变革要素，这些要素有助于理解学习、成长、发展、变革和转变等概念。

组织发展的根本性基础

变革管理有一段时间主要侧重机械性观点。组织发展以行为科学为基础，并以变革主要基于人文主义观点为前提。它的一些特征与以下几项密切相关：

- 应用科学——行为科学可解决组织问题，因人类行为与员工密切相关，故又为了解人类行为提供了洞察力；这一前提是发展性的或基于行动研究来验证假设。
- 价值观体系——假定组织和个人都会从中受益，这导致变革会朝着预定的方向发展，也能够解读对组织人力资本的更多关注。
- 乐观——每个人与生俱来地拥有生产力、独立自主，以及能为组织的目标积极奉献的能力。
- 以经济目标为导向——利用个人和群体的潜能来实现组织目标和绩效，从而取得战略和财务上的成功。
- 环境——组织的内、外部环境为组织提供了机会，让其对能带来高效员工、取得竞争优势的条件做出适宜的反应。
- 运用群体——群体的功能性和成效提高了实现组织目标的可能。
- 参与——员工的参与情况能代表其对组织工作的投入、奉献和热情的程度。

从系统角度看待变革

组织需要积极应对复杂而动荡的挑战和机遇。复杂性要求我们要提升个人思考、行事和存在的层次，也要提高集体关系/社会体系的水平。系统总体而言是各个组成部分相互重叠、相互加强，同时也相互关联的结果。一个系统的存在与其所处的环境有关。系统的观点就是在其环境背景下考虑整个系统所有行为的过程。发展或改进旨在使系统的所有部分受益，让各个部分对各自的功能、职位或结构负责。

对组织变革和组织有效性的系统性观点必须涵盖系统各个层次的发展——单一个人、

小组和组织的发展以及它们作为整体的发展。正是在层次、层次的交集及层次的集体性上能出现变革最重要的要素。系统一个层面的某个变革可以或消极或积极地影响所有其他层面。为了实现变革目标，系统的各个层次总是依托于彼此和环境而运行。每个层次的特点包括如下方面：

- 组织作为一个动态的实体具有共同的心智和普遍性变革的目标。组织在很大层面上具有个人的所有特质，包括信仰、行为方式、目标、个性和动机。一个组织的运作包括投入、流程、回应/反馈和产出。这个模式有助于理解变革过程的整体成效。
- 群体作为较大系统的子系统或独立的实体发挥作用。群体有重大的影响力来影响个人的行为。群体成员会有自己的真理标准，与此同时，群体可能秉持不同的真理标准。共同的目标、相互依存的性质、发挥的作用、彼此的关系、规范和价值观帮助群体运作良好，这对于澄清并实现群体目标具有重要的意义。
- 个人是单一而独立的有机体，既是独立的，也是其他系统的一部分。个人的一些需求、动机和目标必须通过工作、生活来予以满足，与外在环境有关的那个自我能调节这个过程，保持自身的健康和幸福。

组织发展与变革的框架：3C 模型

对以下三个概念的研究可以提高变革工作的成功概率：实力（Capacity）、胜任力（Competency）和能力（Capability）。图 12.1 说明了这些概念的独立性，并对了解整体情况提供了一个独特的观点。组织在不断面临着高速技术变革、变动中的组织员工和全球化的竞争等复杂局面，需要在这种复杂性和高需求性中变得更加强大，吸引、管理、发展和引导其人力资本。虽然实力、胜任力和能力都是常提到的词，通常它们可互换使用。在许多情况下，使用这三个词语中的任何一个进行表达时，其含义与另一个没什么区别，可以用来定义另两个词语。

当提到实力、胜任力和能力这三个词语时，所用到的语言会重叠，具有共同的含义。这种显而易见的含义相同性造成了误导，从而使概念不清，往往是在推动概念澄清的过程中，变革发生了。在探讨这些词语的含义与差异时，组织发展实践者能引导客户去审视未研究过的领域，这让他们有可能对词语的含义产生新的理解和更深入的洞见，对变革过程也有不同的视角。从这些新视角出发形成的行动导致了组织变革，并帮助形成自己的竞争优势。

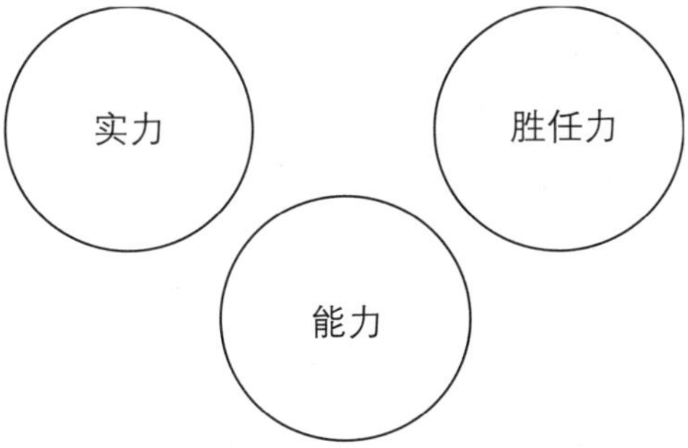

图 12.1　3C 模型

实力

实力是组织的总体框架，能驱动、创造组织的未来。实力类似一个容器，对于什么是可能的及组织实现成功的内在潜力，提供了最清晰的焦点及最广泛的视野。容器代表了边界，这是创建并界定组织实体的基础。容器掌控了组织的内外部焦点、短期策略、长期战略及对系统本身的深刻含义与理解。最终，组织采用由内向外的方式确定其实力，并充分认识到所处环境的情况。可以用柯林斯（Collins）和波拉斯（Porras）的术语“制造时钟”（Clock Building）来描述实力的部分含义：“其代表的是建立组织的“核心价值体系”的重要性，而并非依托伟大的产品理念、富有魅力的领导者或者过分关注利润。”在评估实力过程中，组织会将边界纳入视野范围，包括规定、技术、人员和文化，特别是那些支撑重大变革的价值观、信念和设想。实力能够确定组织是否能了解客户的需求，能否建立主要的业务伙伴关系，能否创建战略性基础设施并吸引、留住最优秀的人才加入。它还决定组织是否拥有有效的工具来识别不断变化的多元化市场，并为其提供服务。

要理解实力，必须考虑既采用了内部因素又采用了外部因素的最广泛的流程，以此来帮助确定组织取得成功的最佳定位。这种定位过程会带来一些疑问，但有助于了解组织的当前状态，从而更全面地支持组织的成长和长期的可持续发展。大多数企业的首席执行官都想最大化组织资源的回报，产生不同寻常的成果并实现利润、财务的可持续性，对具备市场竞争力、能提供独特产品及拥有高效的组织充满信心。毫无疑问，这些问题比较复杂。

实力讨论的是，组织能到什么可体现其集体价值的程度和范围、与其真正目的的适宜性以及对世界产生影响的能力。不论一个组织是否聚焦于全球及/或当地，实力决定了它如何确定自己运营的外围或边界，并说明自身方向、工作或行为的规模或范围。

有关实力的问题包括：

- 我们了解自己的商业环境和市场吗？
- 我们清楚对业务具有重要战略意义的不断变化着的技术、政治、经济和社会文化及行业趋势吗？
- 我们清楚我们的身份和品牌吗？
- 我们清楚自己所主张的——我们的使命和价值观吗？

胜任力

胜任力是组织的战略和成功的关键方面。现今更加看重的是招聘和雇用流程与实践，要能将组织的需求和差距与拥有最适合的技术和能力的正确人选结合起来。胜任力的组成部分包括知识、技术、品质、思维和行动，这些都是产生并提高组织的竞争优势以取得成功所需的条件。每个员工、每个小组和每个组织本身都有一些核心胜任力，这是组织重要的资产，能够帮助组织胜出竞争对手并充分发挥其员工队伍的力量。胜任力是个人或组织在市场中能有别于其他的主要因素，并且让自己保持竞争性。

组织的领导者和管理者必须识别并培养自己的才能以不断满足胜任力的新要求，发展自身组织。对于 21 世纪劳动力不断变更的需求而言，招聘到优秀人才势在必行，因为组织在一个加速变化的世界中必须不断监测其内部和外部环境，将战略变革和运营变革相结合，并管理好自己的人力资源。必须追求对更广泛、更多样化人才资源的利用。新创新、新市场和社会变革都存在着众多复杂因素，需要各级人才和其他胜任力要素的投入去实现将产品推向市场的重大转变，提高变革的速度以及市场对产品做出反应、产生兴趣的速度。

没有适当的胜任力要素或其组合，无论是个人还是组织都不可能取得成功。胜任力源于经验，逐渐延伸至个人或组织，可以进行学习、改编，因此就能培养更广泛的与专业、工艺、专长和知识有关的胜任力。要取得一定程度的胜任力，需要了解当前环境下的形势，并有能力采取可能的行动。大多数情况下，个人和组织已经开始从自身的潜力中获取了能力，并进一步对其进行定义。表 12.1 概述了三种系统层次中的 3C 模型。

表 12.1　3C 模型及系统层次

	实力	胜任力	能力
组织	• 在多大程度上…… • 我们了解所在的商业环境和市场	• 在多大程度上…… • 我们的核心知识和技能足够满足当前和未来的市场	• 在多大程度上…… • 我们利用集体资源实现与下列战略目标一致的

续表

	实力	胜任力	能力
组织	• 我们了解那些不断变化却又对我们的业务具有战略意义的技术、政治、经济、社会文化和行业趋势 • 我们清楚自己的身份和品牌 • 我们清楚自己的主张，即我们的使命和价值观是什么	需求 • 我们了解不同客户/客户群的不同需求和偏好并有能力满足 • 我们拥有应对不断变化的市场情况所必需的战略规划和变革管理技巧	最大产出和最佳绩效： — 客户满意度 — 股东或利益相关者的满意度 — 员工参与度 — 法律/法规合规性 — 可持续性
群体/团队	• 在多大程度上…… • 我们清楚自己的使命、目标和优先事项，并对它们保持认同 • 我们的使命、目标和优先事项符合组织的使命、目标和优先事项 • 我们的功能结构和工作分配符合我们的使命和目标 • 我们的资源分配符合优先事项 • 我们的价值观与我们的规范保持一致	• 在多大程度上…… • 我们的核心知识和技能足以满足当前的绩效要求，能应对明天的挑战 • 我们能够确保已拥有源源不断的、敬业的高素质团队成员可担任不同的职位 • 我们知道团队成员间及与顾客/客户间的界面多样化所带来的挑战，并有能力应对 • 我们知道工作的最佳实践并进行了应用	在多大程度上…… • 我们在利用团队成员的多样性来提升创意和创新性 • 我们利用流程再造原则及最佳实践来提高工作的成果和效率 • 我们在营造一种能够培养并留住团队成员的工作环境
个人	在多大程度上…… • 我清楚地知道自己是谁……自己主张什么……自己的边界是什么 • 我知道别人是如何看待我的 • 我知道自己的行为对他人的影响……自己是否产生了想要的影响	在多大程度上…… • 我掌握了与顾客和同事有效交流所必需的沟通技巧 • 我知道如何有效地给予及接收反馈以提升工作绩效和工作关系 • 我已经培养了应对当今多元文化工作环境中多元化	在多大程度上…… • 我的知识和技能正被用于实现组织和团队目标 • 我被激励着以最佳状态投入工作

续表

	实力	胜任力	能力
个人	• 我能对自己的假设和预测承担责任	挑战所必需的意识、敏感性和技能 • 我理解群体是如何运作的以及我如何能承担不一样的群体领导角色来帮助提高会议高效运行	

胜任力相关的问题包括：

- 我们的核心知识和技能足以满足当前和未来市场的需求吗？
- 我们了解不同客户/客户群的不同需求和偏好并有能力满足吗？
- 我们拥有应对不断变化的市场情况所必需的战略规划和变革管理技巧吗？

能力

能力体现了组织绩效的独特性，是其在最佳表现时为人所周知的东西。它代表了组织满足客户需求的内部流程和系统的执行，在市场中有别于其他。组织通过个人、小组和群体对资源进行充分利用，并在合作联盟、伙伴关系和主要关系中进行跨界工作，以取得成功结果、增加组织价值并实现组织的战略和目标。在最大限度地发挥组织核心胜任力的过程中做出明确的选择，就是在构建组织的能力。

在评估能力时，组织需最大限度地归纳推动其达到所期望的最终结果的那些已知的、未知的、可见的、不可见的、有意的和无意的因素。当领导带着战略意图来带领团队，员工个人觉得与组织建立了连接并通过绩效影响组织的未来时，就是能力的表现。组织将每一个个人和群体都汇聚在对集体实现组织目标有影响力的工作上。

能力让组织解决该解决的问题；让组织取得集中而又有激励性的成果，为实现超出预期的质量而分配资源；让组织强化与客户和员工的关系及承诺；也让组织在理念、产品和服务的创新方面建立良好的声誉。

有关能力的问题包括：

- 我们利用集体资源实现与下列战略目标一致的最大产出和最佳绩效了吗？
  — 客户满意度

— 股东或利益相关者的满意度
— 员工参与度
— 法律/法规合规性
— 可持续性

- 我们清楚自己的独特性吗？
- 我们充分利用了重大影响的机会吗？
- 我们所做的、计划做的与我们对未来的要求如何保持一致？

表 12.2 中的框架有助于了解过程中的复杂性、矛盾性及各种选择，从当前状态调整到期待状态。

表 12.2　进行组织变革：定义和描述

	定　义	描　述
实力	身份，品牌 我们的主张	使命/愿景/ 价值观 心智模式
胜任力	技能 知识 我们知道什么/在做什么	人才 行为 专业知识
能力	我们以什么而知名 我们如何运营/运作	组织流程 资源使用 独特性

框架含义

实力、胜任力和能力彼此之间是线性、循环和随机的关系。在任何给定的客户端系统中，这三个 C 中的任何一个都可以成为组织在追求变革中的起点。对于许多组织来说，起点 C 是组织要满足内外部的条件和要求所缺少或最需要的因素所在。 每个 C 都影响着另外两个，很大程度上表现了混乱和复杂性的各个方面及其本质——不论有多难以发现，总存在着联系、相互依存和秩序。对三个 C 的更多了解就在于，意识到每个 C 都被赋予多个含义而对该模型中分开和重叠区域的解读（见图 12.2）。

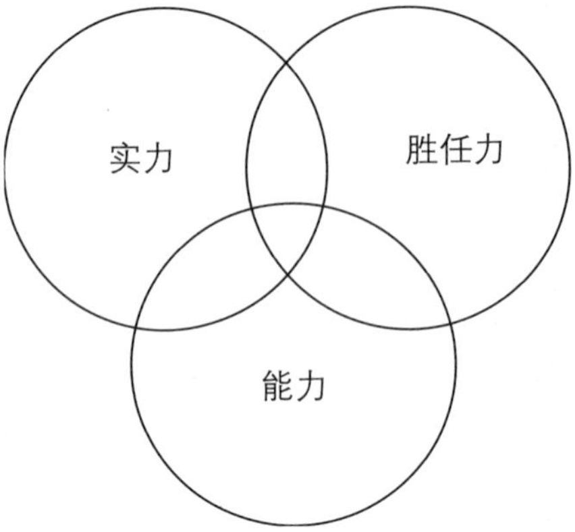

图 12.2 相互嵌入的 3C 模型

这些概念会有部分自然重叠。一旦理解它们的区别，这些重叠区域就是对组织可能很有价值的新知识、新观点的所在。当把对实力、能力和胜任力这些概念的整合作为中心重点时，将提升成功变革过程的成果。个人、群体和组织的行为一定会在各个领域中同时发生。这些概念不能进行单独或独立处理，必须同时对它们进行评估、跟踪和衡量才能取得成功。

在复杂的全球环境中，这算不上什么新闻。每次变革都会带来难以回答的问题。因此，有意义的持续变革是难以实现的。应对这种困境的一种方法是更深刻地理解实力、能力和胜任力的概念，整合使用它们。

成功的变革要求将这些概念视为一个独特的整体进行思考。在众多有用的模型中，这三个概念代表了一种模型，可用于创造能培养竞争优势的变革。当组织有效分析影响其自身及市场的外部趋势时，可以基于这种新知识构建策略和行动。正是在这些与业务有关的具体的连接中，实现了更大的收益。

这种对实力、能力和胜任力重叠的认知能力在组织的内部和外部产生行动，支持组织的创造力、创新能力和适应性，并让自身及其产品或服务差异化。系统的每个层次都是一系列的变革，从少量的改变到变革过程中的最大成果，这开启了另一个过程。

组织和个人经常会在一个最终将变得不足的领域使用某一个 C 来实施整个变革过程。虽然对一个 C 的投入总会促进另外两个 C 的发展，但可能达不到预期成功所需的程度。尽管区别不像人们预计的那么清晰，但必须有一个变革的环境和方向。在这种方法中，每个 C 都必须让组织或个人付出最大的努力和承诺，最终整合所有的 3C 来实现最大的成果。

转变过程

许多互动和随之而来的变革体验都是事务性的，在不断地增加。为了实现转变，变革的动力随着边界处发生的交换而增加，并扩展到交换开始点之外的其他地方。图 12.3 展示了带有三角形和箭头的重叠圆圈和 T 过程，T 代表转变。转变实现了整合所有三个 C 的最高层次，通过彻底的转变带来了新状态的浮现，甚至旧状态的消亡。

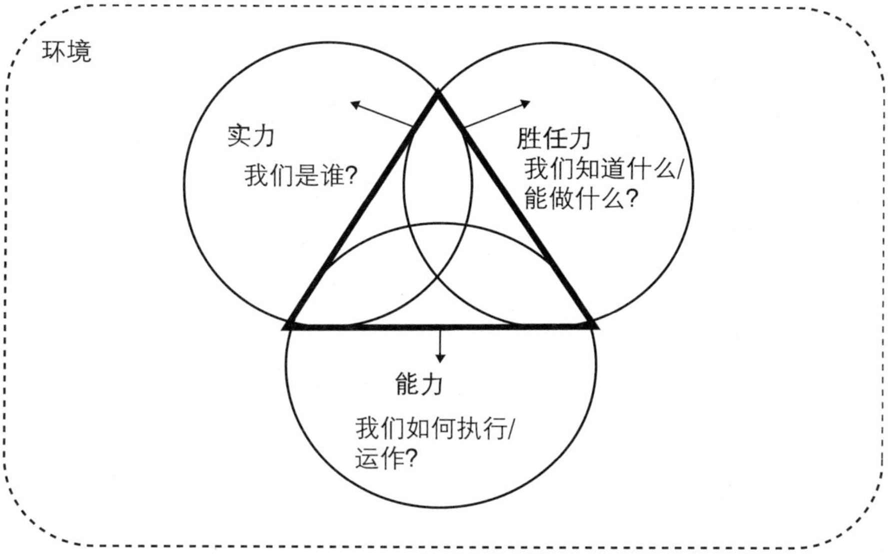

图 12.3　3C 重叠三角框架

转变不仅仅是将信息添加到已经存在的容器中，而是有关于改变容器形式本身——让它变得更大、更复杂、更能处理多重需求和不确定性。基根（Kegan）认为，当你能前所未有地退后一步对一些东西进行反思再做出决定时，这就是转变。基根觉得，当某人改变了，转化式学习就会发生，“不仅仅是行为方式、思考方式，还有认知方式——不仅仅是认知的内容，还包括认知的方式”。

舍恩指出，稳定状态的消失意味着我们的社会及其所有机构都处在不断的转变过程中。我们不能指望一生中新的稳定状态会一直维持下去。

我们必须学会理解、指导、影响及管理这些转变。我们必须发挥实力使其成为自己及机构不可或缺的一部分。

换句话说，我们必须善于学习。我们必须改变自己的机构以应对不断变化的形势和要求，还必须创建和培养作为“学习系统”的机构，能实现自身持续转变的系统。

失去稳定状态是不可避免的，个人、机构和整个社会面临的任务就是学会学习。

- 组织、机构和社会自我转变流程的性质是什么？
- 有效学习系统的特点是什么？
- 在社会学习过程中运作的知识具有什么形式和限制？
- 对从事这种学习的人员有何要求？

唐纳德·舍恩认为，社会制度必须学会能在不造成巨大破坏的前提下进行自我转变。这种“动态保守主义”很重要。“一个学习系统必须有一定程度的动态保守主义，允许状态改变但对系统的基本功能的实现不会带来重大威胁。我们的系统需要维持其身份，并有能力支持其所属人员的自我同一性，但同时也要有能力进行自我转变”。

示例 12.1 应用 3C 框架对一个历史案例进行了概要描述，示例 12.2 也使用 3C 框架对该案例进行了分析。

示例 12.1 Interplast：3C 框架的应用

Interplast[1]：创建与使命——自身治理和战略的演变

创建 重建整形外科手术可以让人重焕新生、再获希望，特别是那些不发达国家的人们。受一名患有严重唇裂的孩子的启发，斯坦福医学院整形外科主任理查德·拉布（Richard Laub）医生于 1969 年成立了非营利组织 Interplast，第一个免费提供重建外科手术以减轻唇裂较差的医疗效果和社会效应。

拉布医生和其他人很快意识到这种做法对患者的影响巨大。90 分钟的十分简单的手术不仅减轻了他们的身体疾患，也让他们得以回归学校。在接受重建外科手术之前，患有唇裂的孩子常被拒于教育机构之外——事实上，在一些国家和地区，这类孩子会被施以安乐死。现在，这些孩子可以拥有一个充满希望的人生了。

毫不意外，作为志愿者的外科医生、护士和工作人员都对自己所提供的服务感到欣慰。这些孩子是最棒的病人，由于语言障碍与其家人的沟通也只限于微笑。没有通常的法律和保险考虑，患者护理也更为简单。对于医生和工作人员来说，Interplast 巡诊是愉快而值得

---

1 James A. Phyllis 和 Tamsin Orion2003 年 1 月制作的视频旨在作为讨论的基础。
Interplast 现在被称为 Resurge International，是第一个在发展中国家提供免费重建外科手术的国际人道主义组织，主要针对患有唇裂、唇腭裂和瘢痕挛缩的儿童。Interplast 于 1969 年由斯坦福医学院整形外科医生唐纳德·劳布（Donald Laub）创办。截至 2007 年，已在全球为 64 000 多名儿童提供了治疗。

的。后来，这种服务经历和奖励被扩大，实习生和志愿者医生的家人也可参与其中。

在创建头 30 年，Interplast 稳步发展，私人资助来源也在增加。在巅峰时期，Interplast 一年要组织 30 多次医疗巡诊。北美的志愿者人数高达 2 500 人。每年有 3 000 多名儿童接受这种会带来希望的手术。

使命　自成立以来，Interplast 的使命就包含了 3 个不同的方面：直接服务、培训和赋能。每次为期二周的巡诊中，在尽可能保证手术安全的前提下尽可能多地开展手术，这是向有需要的患者直接提供手术服务。 Interplast 也试图对巡诊所在地的医生进行培训，教会他们进行重建外科手术并承担对患者护理的社会责任。直接服务和培训的结果是赋能。孩子们从此可以过着像正常人一样的生活。所在国的医生被赋能在需要时为这些孩子继续服务。

治理演化（Evolution of governance）　直到 20 世纪 90 年代初都是拉布医生和其他创始董事会成员在运行 Interplast。拉布博士参与了大部分的决策。Interplast 的管理人员由外科医生志愿者组成。意识到自己想让 Interplast 的事业能传承下去的念头，创始董事会获得了组织顾问和斯坦福商学院教授的帮助。他们形成了强有力的董事会，聘请了专业的管理人员，开始了大刀阔斧的治理变革。

战略演化　组织在成立时的工作方式已经不再有效。为发展中国家提供类似服务的机构和组织的数量也在增长。统计表明，另有 104 个组织在做着和 Interplast 同样的事情。董事会和管理层不禁自问：我们究竟有什么不同之处？我们擅长的是什么？我们的竞争优势是什么？使命的两个方面现在凸显出来。培训和赋能成为首要性，直接服务不再是重点。这造成了新来的专业管理人员和医生之间的紧张关系。这些医生几十年来投入了很多的时间和金钱，海外巡诊时把家人都带在了身边。

Interplast 注意到经费对其他国家的医生服务可能造成影响，一盒缝合线的费用有时甚至比当地医生一个月的收入还高。于是新的举措强调要将这些经费用于在海外购买物品及租用医疗服务。一些长期致力于 Interplast 的外科医生，牢记着志愿服务精神，认为这种做法是不道德的，也是错误的。

就如何在欠发达国家推广培训服务，Interplast 进行了多次组织内辩论。通常这些辩论都会围绕着对巡诊医生的个性化培训和编写不同当地语言版本的数字化教材——“六种唇裂手术方法”。董事会一度惊奇地发现外科医生的巡回培训活动实际上已被用于直接服务；在资源分配方面，使命平衡又倒退到原来的状态。

示例 12.2 Interplast 的 3C 框架分析

对 Interplast 历史案例的分析从三个维度使用了实力、胜任力和能力：含义上各自独立，实施中彼此重叠，在 Interplast 生命周期的某个给定时间点充分利用。

在解决 Interplast 实力方面的问题时，对组织各个层次进行了分析和评估以带来深刻变革和转变。很明显，创始董事会成员和领导者希望 Interplast 能长久传承下去。32 年间 Interplast 取得了惊人的成就，但也要面临的现实是，从一个为欠发达国家的人们提供免费重建外科手术的先驱者到今天成为众多提供此类服务的组织之一。Interplast 必须决定组织该如何超越过去的成就成为一个与众不同的组织，重新给自己定位并创建新的结构。目前的现实情况是，104 个组织正在提供同样的产品和服务，在同一个地域、面对同一群患者展开竞争。Interplast 的领导者提出这些问题：我们目前的重点是什么？我们想发展成为什么类型的组织？什么样的领导力、文化（和亚文化）、战略和结构将带领组织顺利通过下一个生命周期？什么能代表我们目前的"核心价值体系"？我们如何与众不同？我们的竞争优势是什么？ Interplast 不能再依靠外科医生的技术或充满善意的领导者和医生。需要对其使命和治理下些功夫。但是组织使命并没有改变，可以把重点变成培训（对培训外国医生的投入）与赋能（提供资源和基础设施）占 50%，直接服务（派出外科医生和其他医疗专业人员到海外提供重建外科手术）占 50%。因此有必要就巡诊的志愿者、房东和家庭成员事项，以及顾客是谁、组织的未来应符合谁的需要等问题进行讨论、辩论，最终形成决议。

Interplast 开始更注重培训和赋能。这两个方面是实现新战略所必需的新核心胜任力的驱动因素，需要识别、培养并习得技能、知识和人才。还有必要从硅谷聘请了解这种重大变革过程并充分认识文化转变的重要性的商业人才。Interplast 聘请的专业管理人员开始了额外的变革，在这种变革中，组织依然在运行，但逐渐变成了一个完全不同的组织。从一开始，技术转移和医学知识传递的理念就意味着最终在特定的场合 Interplast 将让自己无事可做。在每个国家，人们需要技巧来设计和实施需求评估、识别新项目，也需要技巧来开发本土语言的培训课程，这样新的项目就能转手给他们本国的外科医生。这种培训要求 Interplast 的外科医生要在一周内教会当地外科医生如何修复唇裂。

Interplast 整合、执行、建立及重新配置自身内外部实力和胜任力的能力是其转型的关键。人们使用技术制作了一个 CD 光盘，里面有四种、五种或六种进行修复唇裂手术的方法。虽然技术不是最新的，但 Interplast 将重点转向培训和赋能之前，其内部并未使用过。这些视频配合互联网一起使用，某个国家的医生可以和斯坦福医学院的人交谈，在线接受建议。三年后，这么短时间内完成了 4 500 台唇裂外科手术，实施数量超过了以往巡诊完成的所有手术量，而花费的成本只有原来的 1/3。现在很多手术服务的成本能控制在 250

美元，而之前派遣医疗团队并配置所有随行设备的成本约为 750 美元/次手术。因为这些新的学科和成功因素，Interplast 将保持长期的活力。

Interplast 的成功取决于对 3C 框架重叠概念的整合和充分利用。为了应对不断变化的世界的各项需求，Interplast 准备好要在整个组织中进行重大变革，能在生命周期中不断演化、前进。 Interplast 是一个杰出的人道主义组织，对自身的目的有深刻洞见，明确清晰并勇往直前。

学习与变革过程

对学习的渴望对于变革过程至关重要。变革是一个艰难而费力的过程，没有强烈的内在动机是不能持久的。当对学习新的选项有了真正的愿望时，变革就开始了，可能是有意识的，也可能是无意识的。替代的思考和行动方式通过经验来进行检验、改善，然后进行采用或废弃。变革的过程涉及拆解（将旧形式、旧观点进行拆分），对新的、缺失的或者不再适用的形式或观点持开放心态，然后让这些碎片自行重组成一个新的整体。 通常的模式为：

- 行动计划：设定新目标，计划相关行为或流程。
- 测试：测试替代行为或流程的有效性。
- 反馈：任何显而易见的结果以及支持系统的真实反应都可说明新行动或行为的结果。
- 计划修订：根据结果来评估目标和措施，根据收到的反馈来修订计划或使用其他计划。测试和修订的循环一直持续进行，直到反馈意见表明新行为或流程实现了目标。

学习是一个重构的过程，要在不同替代方案间进行选择，并且/或者处理多种可能性和对立面。这是一种过程的动态，个人要对其经历进行意义建构。正是在许多因素的整合中新东西开始浮现，我们才能说发生了学习和变革。经过了测试阶段的新态度、新行为，通过对个人价值体系、与他人的关系和组织规范的吸收后最终固化。

内部整合

新的思维和行动方式只有在成功融入了决定个人特点和个性的力场系统和外部环境

之后，才会保持稳定：

- 价值体系。不符合个人价值体系的态度或做法很快就会被否定并废弃。必须有意识地去识别、解决价值冲突。
- 知识框架。如果新观点要成为可行的概念工具，它们必须在逻辑上与已存的理论进行整合。
- 个性。新行为必须与个人的风格保持一致，否则需要大量的情感能量来予以维持并显得很虚伪。

个人的整合过程是内在过程，并且大部分都是无意识的。然而，如果这个过程进行了有意识的思考，让不一致浮出水面并与他人就不一致进行讨论，新行为模式被固化的机会将提高。新观点和实践的成功整合扩大了个人的基础资源，增强了他们的胜任力和自尊感。

外部整合

学习是由于个人的经验而导致的行为变化。学习要求个人或组织在与他人及其环境互动时进行自我认识。如果新设想和行为要持续下去，它们也必须与系统运作的外部环境兼容。

- 关系和角色；改变后的行为会打破他人的期望，也会改变自己在所处的相互关系网中的“角色”或位置。
- 组织规范、价值观、政策和流程；如果新的态度和行为与组织原有的态度或行为冲突，将很可能被否定并被放弃，这是或迟或早的事情。新做法如果要稳固下来，必须纳入组织流程中，通过组织的政策进行确认。如果要巩固变革，这种整合因素是最难影响也是最重要的因素之一。

变革框架的成功

实力、胜任力和能力构成了一个既简单又复杂的框架。正是在这些横跨了多种因素的概念的独立又共生的发展过程中，形成了实现组织成功的变革和转变。所有的变革必须在一段时间内进行规划和实施，以确保组织稳健地向前发展。如果组织想要具有竞争优势和全球影响力，仍会面临很多有关增长和可持续性方面的战略变革。3C 模式成功的支持要素包括：

- 领导力。组织必须有高素质的领导力，拥有高度协同的领导团队，全心致力于组织使命和其成员。领导者必需有能力有效处理变革和转变、了解业务、清晰传递组织的愿景和战略，并承担学习和发展的责任。
- 内部和外部组织调查。成功的组织总是能根据其内部结构、人员和流程及外部的环境来找到自己就变革而言的最佳定位，也必须有一支才华出众的员工队伍和成熟的绩效导向型组织文化。
- 变革倾向。组织上下各个层次都接受并欢迎变革。变革被认为一种在规划实施过程及预计未来时能保持目标明确、有创造力且富有有效的方法。相对于已知的事物，对于未知的事物必须保持更大的开放性，这样才能提高组织的敏捷性。

结论

变革的规划、管理、促进和实施是一个持续的过程。根据定义，这是组织发展领域工作的本质，也是组织发展实践者工作的内涵。变革是一种不断演化的现象。社会、经济、技术、气候和全球变化是影响变革的主要因素。当一个组织达到一种程度的有效性时，会发现内部和外部变革的浮现层出不穷，也在不断经历内部和外部的变革。组织必须在战略和战术层面对新的挑战和机会设定预期、做好准备并努力解决。

虽然实力、胜任力和能力的概念无论从单个还是整体来看都是老生常谈，却是从宏观层面到微观层面来解释变革过程的一座桥梁。那些历史悠久、品牌强势、市场地位反弹迅速的伟大公司，大多都擅长 3C 模型，并不断转变来应对全球市场不断变化带来的挑战。它们提供了路径从战略或战术层面理解组织实施并支持系统性变革的方式方法。对于顾问来说，这些概念有助于了解变革的复杂性。对这三个概念的分析和应用将为任何组织提供机会来扩大并加强组织的战略和实施工作，以此解决当前和未来面临的商业挑战。最重要的是，由于组织内存在无数的变化，每个人都要履行好各自的角色，承担各自的责任，并充分理解在自我管理、时间管理、资源管理和日常结果管理方面的复杂性。3C 模型的重叠处及交叉点能够提供新的方法来关注变革过程和不断演化的组织、社会和文化。

参考文献

Bennis, W. G., Benne, K. D., & Chin, R. (Eds.) (1969). *The planning of change*. New York: Holt, Rinehart and Winston.

Collins, J. C. (2001). *Good to great: Why some companies make the leap and others don't*. New York: HarperCollins.

Collins, J. C., & Porras, J. I. (2002). *Built to last: Successful habits of visionary company*. New York: HarperCollins.

Ghitulesco, B. E. (2013, June). Making change happen: The impact of work context on adaptive and practice behaviors. *Journal of Applied Behavioral Sciences*, *49*(2), 206-245.

Johnson, V. H. (n.d). Change process paper from presentation. Cleveland, OH: Gestalt Institute of Cleveland.

Jones, B. B. (1999). Capacity, competency and capability. *OD Network Practitioner, Journal of the Organization Development Network*, 31(1).

Kauffman, D. L. (1980). *System one: An introduction to system thinking*. Minneapolis, MN: Future System, Inc.

Kegan, R. (1994). *In over our heads: The mental demands of modern life*. Cambridge, MA: Harvard University Press.

Kegan, R., & Lahey, L. L. (2001). *How the way we talk can change the way we work. Seven languages for transformation*. San Francisco, CA: Jossey-Bass.

Kotter, J. P. (2012). *Leading change*. Boston, MA: Harvard Business Review Press.

Lippitt, G. L. (1973). *Visualizing change: Model building and the change process*. Fairfax, VA: NTL Learning Resources.

Quinn, R. (1996). *Deep change: Discovering the leader within*. San Francisco, CA: Jossey-Bass.

Phyllis, J. A. (Producer) & Orion, T. (2003, January). *Interplast* [video]. Prepared as a basis for discussion. Retrieved from: http://csi.gsb.stanford.edu/interplast.

Rush, H.M.F. (1969). *Behavioral science: Concepts and management application*. New York: National Industrial Conference Board.

Schein, E. H. (1993, Autumn). On dialogue, culture and organizational learning. *Organizational Dynamics*, *22*(2), 40-51.

Schön, D. (1973). The reflective practitioner: How professionals think in action. Retrieved from http://infed.org/mobi/donald-schon-learning-reflection-change (p. 57).

Schön, D. (1973). *Beyond the stable state. Public and private learning in a changing society*. New York: W.W. Norton.

Tocquigny, R., & Butcher, A. (2012). *When core values are strategic: How the basic values of Procter & Gamble transformed leadership at Fortune 500 companies*. P & G Alumni Network, Inc. Upper Saddle River, New Jersey: FT Press.

Ulrich, D., & Lake, D. (1990). *Organization capability: Creating competitive advantage*. Hoboken, NJ: John Wiley & Sons.

Ulrich, D., & Smallwood, N. (2004, June). Capitalizing on capabilities. *Harvard Business Review*.

Wheatley, M. J. (1992). *Leadership and the new science: Discovering order in a chaotic world*. San Francisco, CA: Berrett-Koehler.

第 13 章

组织变革理论与模型

迈克尔·布拉泽（Michael Brazzel）

变革已经成为当今组织与生俱来的东西——变革被组织领导者期许能实现组织目标和愿景，变革来自组织成员世界观的改变，改变还是对组织外部环境正在发生的情况的回应。所有组织都处在不断变化之中。企业和其他组织也是如此。

本章将对目前流行的组织变革理论和模型进行综述。组织变革理论为理解、解释和预测组织变革提供了视角。组织变革模型以变革理论为基础，可用于指导变革举措和组织对变革如何回应。

组织变革理论

组织变革有众多理论。这些理论提供了不同的视角，帮助我们理解、解释和预测组织变革，所谓不同视角，就是进行广泛的比较、描述和说明，这也为创建组织变革模型打下了更坚实的基础。本章介绍了五个变革理论，如表 13.1 所示。

表 13.1　组织变革理论

变革理论	目的	领导者的作用	过程	结果
适应性和不可预测性变革	适应组织外部环境的需求以取得竞争优势	支持联系和互动；变革更多来自组织成员的互动而非领导者的行动	自组织；适者生存的竞争法则	产生新的结构和流程
计划变革	解决组织的机遇、问题、困难和担忧	组织活动，以通过组织成员的参与和协作来创造变革	对过程进行规划让组织从一种状态转变到另一种状态	产生新的结构和流程
发展与阶段性变革	迎接组织的发展性挑战	为组织成员的联系、培训、互动和驱动力提供支持	随着时间的推移适应组织发展阶段的自然进程	产生新的组织身份
冲突和权力变革	解决组织的紧张和冲突问题	维护现状并适应权力关系的变化以重建组织稳定性	通过建立关系网、联合行动、交易和谈判来变革权力关系变化、争执、冲突和解决方案	产生新的流程、结构、权力关系和文化
叙事式变革	解决组织的机遇、问题、困难和担忧	提供机会来与更多不同人士互动，进行谈话，构建意义，再构建，再解读，然后反思，让组织成员进行学习，以此形成新组织现状的社会建构	改变正在进行中的对话、叙述和故事来建立并重构组织的现状、行动和文化	产生新的组织世界观、现状、行动和文化

资料来源：Van de Ven and Sun, 2011; Kezar, 2001; Bushe, 2012。

适应性和不可预测性变革理论

大部分变革都是无计划的。组织必须适应外部环境方能生存下来并取得发展。组织关注的焦点通常是“管理变革”而不是“规划变革”。组织通过适应新兴的外部力量来管理变革。变革通常都是以达尔文主义的竞争过程展开的，适者生存，机会随机，参与竞争的主体都是自我组织，这些结构、过程的领导者会选择并保留最适合环境状态的变革。通过对联系、互动和自组织的支持，领导者促使组织适应外部变化以取得竞争优势。这种适应性的、无计划的变革会带来新的结构和流程。

计划变革理论

组织变革来自组织领导者采取的行动，组织成员参与其中并进行协作，旨在：

- 为解决重大机遇、问题、困难和担忧而进行规划；
- 设想和制定共同的组织目标；
- 管理实现这些目标的过渡阶段；
- 评估成果。

成果是会产生新的结构和组织流程。

发展与阶段性变革理论

变革的发生具有阶段的渐进性，是一种随着时间的变迁自然而然的、逻辑性的或制度性的活动和要求。例如，组织成立之后，开始经历快速发展，然后进入高效的成熟期，随后出现规模不经济和经营危机，最后组织要么转型要么衰退。变革的结果是出现一种新的组织认同。

冲突和权力变革理论

当占主导（权力）文化群体的成员制定的组织流程和结构只是维持现状，维护己方的特权和利益，妨碍了从属文化的成员得到公平对待，就会导致紧张和冲突，此时就会产生变革。从属文化群体的成员获得了足够的权力来对抗主导文化并占据重要的文化地位（通过议程设置、网络化、联合行动、交涉和谈判），由此就发生了变革。结果是出现了新过程、新结构和新文化。

叙事式变革理论

组织成员在持续地解读自己的世界，并构建及重构现实世界。当组织成员描述组织现实的叙述/故事/对话发生重大改变时，变革就会发生。它会影响组织决策、行动和行为，转而影响组织文化。领导者可以通过改变当前的对话、隐喻和故事，来处理有关组织机会、问题、困难和关注事项。这种“通过包含更多不同的声音，改变人们的交往方式、交往人群和/或通过刺激替代或生成性图景，形成人们对事物的看法”塑造了组织现实与行为。变革是对新组织现实的一种社会建构过程，从而形成新的决策、行动、行为和文化。

以上五种组织变革理论和其他未在此提及的组织变革理论，共同构成了各种组织变革模型的基础，它们是指导组织变革举措的蓝图。接下来将介绍一系列的组织变革模型。

组织变革模型

有许多组织变革模型——可能多达数百个。用 Google 搜索“组织变革模型”可得到 5 150 万个结果。示例 13.1 列出了一些组织变革模型的示例，并会在本节中予以说明。

示例 13.1　组织变革模型的示例

- 开放系统模型
- 变化、现状和抗拒模型
  - — 力场变革模型
  - — 格式塔抗拒及变化模型
- 多元文化组织发展变革模型
- 勒温变革模型
  - — 解冻—转变—重新冻结模型
  - — 行动研究变革模型
- 对话式和诊断式组织发展变革模型
  - — 对话式组织发展变革模型
  - — 诊断式组织发展变革模型
  - — 阶段式组织发展咨询流程变革模型
- 组织变革与组织现状、过渡及预期未来的模型
  - — 贝克哈德-哈里斯（Beckhard-Harris）当前状态—过渡状态—未来状态变革模型
  - — 布里奇斯（Bridges）过渡模型
  - — 坦南鲍姆-汉娜（Tannenbaum-Hanna）坚持—放手—前进模型（Holding On, Letting Go, and Moving On Model）
  - — 库伯勒-罗斯（Kubler-Ross）死亡和濒死变革模型

— 创造性张力组织变革模型
— 变革的矛盾理论模型
— 战略规划组织变革模型
- 多任务组织工作和变革管理模型

开放系统模型

许多组织变革的模型都包含了卡尔·路德维希·冯·贝塔朗菲创建的开放系统模型。一个开放系统的组织必须不断与其外部环境互动方能生存并发展。组织从外部环境取得输入，并输出产品和服务以满足客户的需求。输入包括财力、人力和物力资源，以及设备、技术、信息和能源。外部环境可能看重一些产出、产品和服务，以及其他被认为具有负面和不利影响的产出，如歧视、裁员和污染。组织包括内部流程、结构和将输入转换为输出的子系统。开放系统模型如图 13.1 所示。

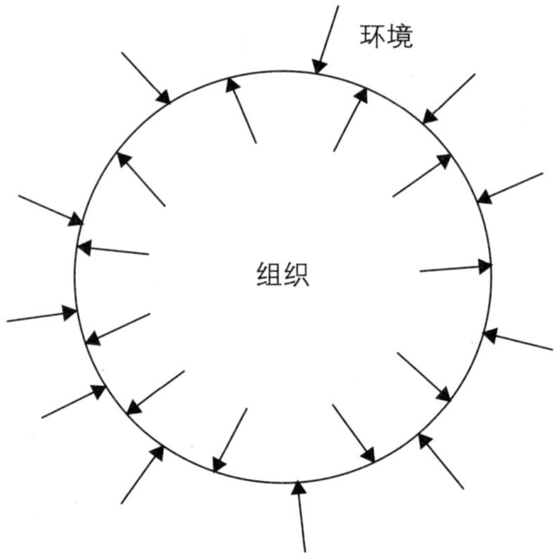

图 13.1 开放系统模型

外部环境由个人、组织、社群、国家和地球组成，包括客户、供应商、分销商、政府机构、竞争对手和合作伙伴。组织的外部环境也包括文化和文化价值观、经济条件、法律、监管和政治环境、教育和卫生服务的质量和可获性，以及水、土地和树木等地球资源的质量和可获性。

需要组织与其外部环境间的反馈来学习并改变评估。组织收到有关以下方面的反馈信息：组织产出的价值、所需输入的可获性、财务和非财务目标和目标的实现程度，以及其他被环境所感知到的方式，再通过其产出、公共关系、广告、促销、对输入的使用及对环境中各种实体带来的正面、负面的影响，对这些实体发出反馈信息。

组织具有将其与环境中的实体区分开的边界。组织的边界必须能渗透到外部环境，以便组织能够生存、发展并保持健康。当组织边界渗透率过高时，外部环境的力量、压力和要求可能过于强烈，具有消极性和破坏性。当组织边界渗透率太低时，组织就可能与外界的机会、信息及资源隔绝开来，而这些正是其自身生存及发展所需的。

组织依赖与外部环境中的实体在边界处进行互动的开放性来实现变革、发展和学习，这些是组织生存、发展和保持健康所必需的。组织也必须防范、抵制在与外部环境的边界处被施加的威胁、力量和负面压力。变革和阻力都出现在组织与环境的边界上。变革和抵制的能力是组织实现生存和健康发展所必需的能力。

变化、现状和抗拒模型

处于开放系统模型的组织，要实现生存与健康发展，需要产生变化也需要随之而来的抗拒心理。本节将讨论具有稳定性、抗拒性和变化性特点的组织变革模型。这些模型包括库尔特·勒温的力场变革模型和格式塔抗拒及变化模型。

力场变革模型　场变革模型是库尔特·勒温在 20 世纪 40 年代创建的三个组织变革模型的其中之一。其他两个模型分别为解冻—转变—重新冻结模型与行动研究模型，之后也会在本章进行探讨。力场变革模型描述了在鼓励变革的驱动力和抗拒变革的阻力相互作用的结果下组织当前的现状。该模型的关键假设是变革的力量和维持现状的力量共同存在。需要同时考虑这二者来理解组织目前的情况、启动组织变革以及适应不可预见的变化。组织当前现状的变革可以由组织本身通过增强改革的驱动力并削弱维持现状的阻力来发起。驱动力必须超过阻力才能促使变革发生。

驱动力和阻力是人、习惯、习俗、过程、结构、信仰和态度的混合体。勒温的力场变革模型探讨了当前状态下变革驱动力和维持现状的阻力的平衡性，确定主要作用因素和情况，界定预期的变革领域，并制定相应策略来增强变革的驱动力，同时减少维持现状的阻力（见图 13.2）。

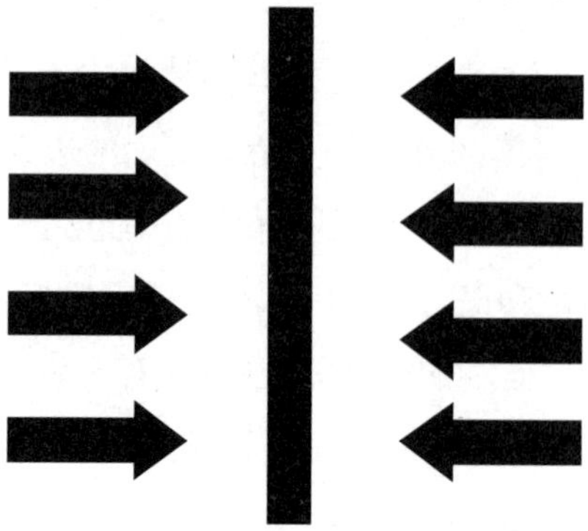

图 13.2　力场变革模型

格式塔抗拒及变化模型 力场变化模型研究了抗拒与变革之间的关系，并包含了这样的假设：维持现状的力量和促进变革的力量总是同时存在。克利夫兰格式塔研究所在其抗拒和变化模型中对变化与抗拒的现象，以及推动变革和维持现状的力量有了更为广泛的理解。从格式塔的角度来看：

- 抗拒是对变革力量的一种防卫，旨在维护组织现有的界限、完整性和利益。
- 抗拒伴随变化而存在，是有益且必要的正常组织现象，也是一个应被尊重的过程而不应被视为需要摧毁的异类。
- 抗拒是一个能量容器……其能量是组织生存和健康发展所需的。通过部分或全部阻断来自外部环境的能量、信息、反馈及商品和服务，抗拒能维持组织的完整性。
- 抗拒表明，个人和组织都处在权力的不利位置。
- 对组织环境中实体的抗拒在与这些实体接触时有着相对应的接触形态，包括对来自组织环境实体的能量、信息、观点、材料、商品和服务，以及可能导致的组织变革的部分或全面抵制。
- 组织可能偏爱使用一种抵制和接触形态多过其他形态，虽然它们也会使用其他形态。

克利夫兰格式塔研究所认为传统的六种抗拒是去敏感、混淆、内射、投射、回射和解离，尽管也还包括许多其他抗拒形式。它们都有相对应的接触形态。示例 13.2 描述了这六种抗拒及其接触形态。

示例 13.2 抗拒与接触的形态

去敏感—敏感：与对组织环境中实体的信息、能量和观点持开放心态相反，去敏感形态包括麻木，关闭情感、心理和身体感觉的沟通，以及与组织外部环境的信息和能量交换。

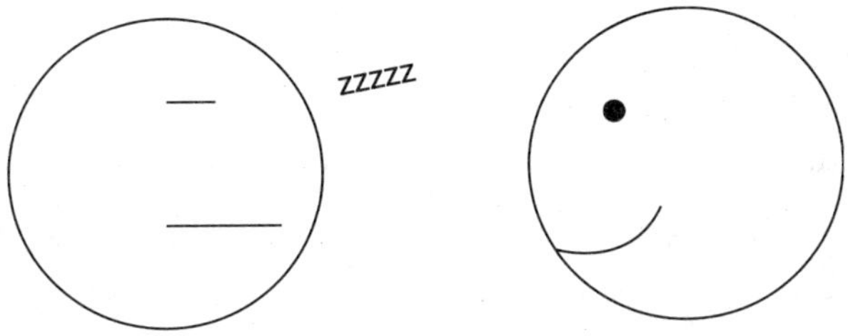

混淆—区别：混淆是指赞同或退出与组织外部环境其他对象的接触，以避免冲突和显得与众不同。维系和谐、团结。与他人保持一致性、同化性和密切的连接。接触形态是与组织环境中的其他对象建立友好关系。

内射—解构：内射是指从组织外部环境的实体吸收并内化能量、信息、方法、观点和社会资讯。接触形态为识别并只接受可适用于组织的对象，支持组织完整性和健康发展。

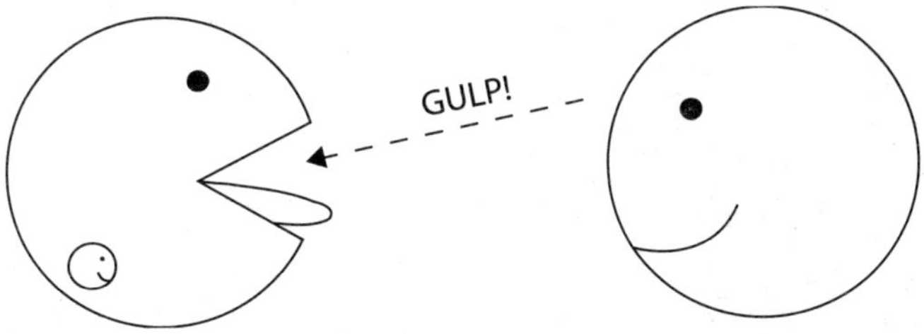

投射—承认：投射是将有关于组织自己行为和经历中为自己所否认的信息、能量、观点和反馈都归属于组织外部环境的其他实体，表现得好像所归属的内容确实就是对方的，包括责备、恐惧、共情和预感。与之相反，接触形态是承认并认领组织行为和经验。

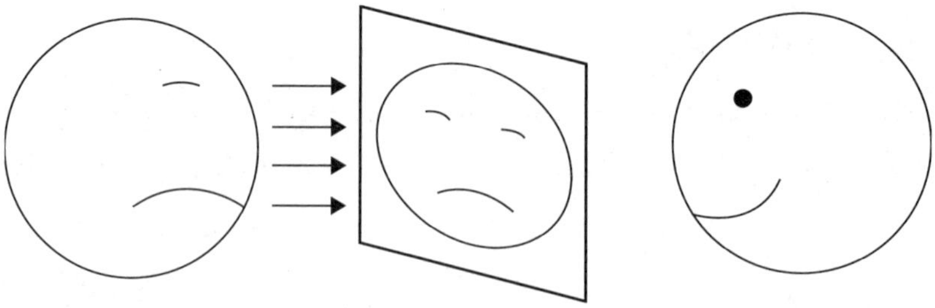

回射—交流：回射是接受来自组织外部环境中其他实体的信息、能量、观点和反馈，并将其当成就好像组织自己的行为和经历一样。它包含自立、自夸、自责、自我恐惧和对他人行为和经历的自我负罪感。在这种情况下，接触形态是当组织遇到环境中的实体，会将属于对方的东西进行归属。

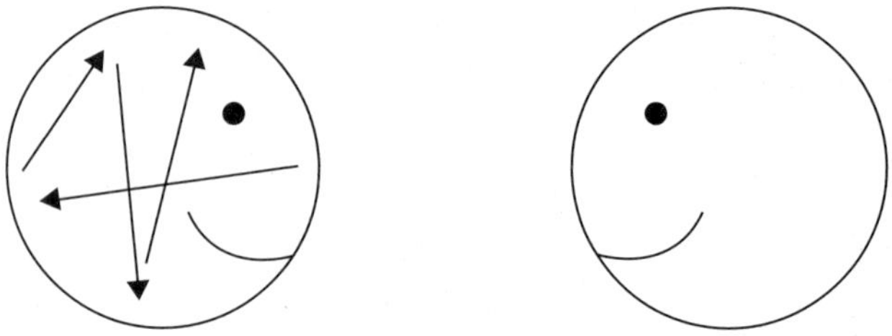

解离—参与：解离是指通过回避或屏蔽来自组织外部环境中其他实体的信息、能量、观点和反馈，以及避免与它们进行材料、商品和服务交换，从而避免与它们联系。在这里，接触形态是指寻求并与组织外部环境中其他实体的信息、能量、观点和反馈及材料、商品和服务的传递建立关联。

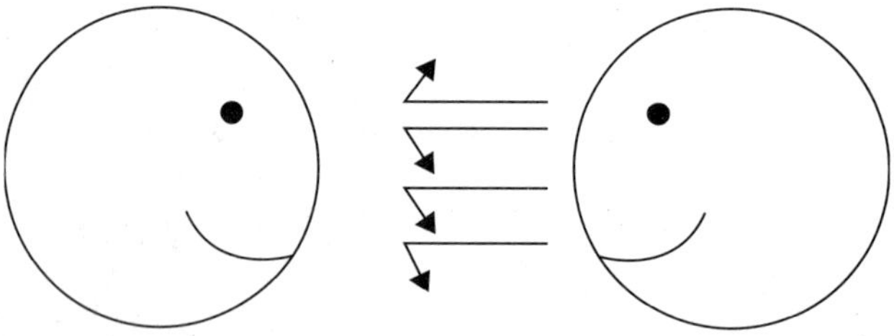

资料来源：Adapted from materials of the Gestalt institute, nevis (1987), and Wheeler (1991)。

多元文化组织发展变革模型

在组织变革模型中，很少会考虑多样性、包容性和社会公正。然而，由贝利·杰克逊和丽塔·哈迪曼在20世纪80年代创建的多元文化组织发展模型是个例外。这是一个分为早期阶段、中间阶段和后期阶段的阶段型发展模型，在这个模型中，当组织形成了对多样性、包容性和社会公正问题的理解及其解决办法并又对其有所改变时，变革也就以渐进的阶段性顺序发生了。杰克逊和哈迪曼的开创性成果在后来学者的著作中也进行了详细的阐述，如杰克逊和霍尔维纳、米勒和卡茨以及布拉泽。

当占主导文化（权力）群体成员制定的组织流程和结构是在维持现状、维护自己的特权和利益并阻止了从属文化群体成员受到公平待遇，就会导致组织中的紧张和冲突。当附属文化群体的成员获得足够的权力去对抗或进入主流文化并呼吁公平对待、建立新的文化过程和结构之时，变革就发生了。

在布拉泽对该模型进行描述的版本中，共有三个组织阶段：主流文化组织、多元主流文化组织和整合文化组织（见图 13.3）。该模型可用于诊断组织、组织单元或者在组织从主流文化发展到整合文化阶段的过程中其人群的当前情况，并建议适合组织当前阶段的干预策略。组织多样性战略和举措可以帮助组织从一个阶段迈向另一个阶段。然而，在组织的不同阶段，它们也有所不同。

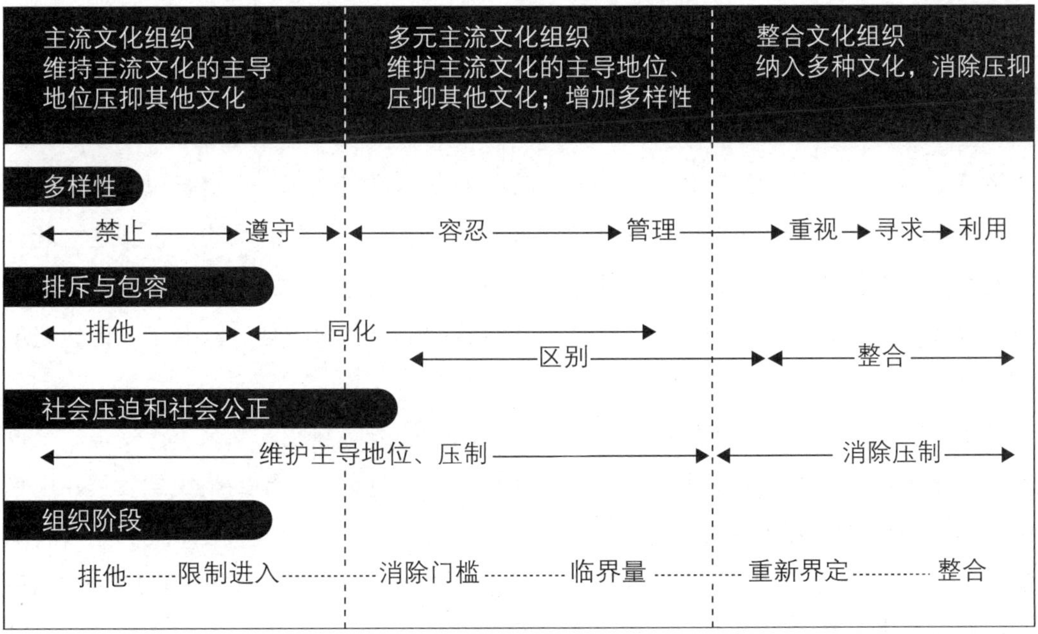

资料来源：Brazzel, 2007。

图 13.3　组织多样性、包容性和社会公正的发展模式及影响

勒温变革模型

解冻—转变—重新冻结模型　勒温的解冻—转变—重新冻结模型是理解组织变革过程的基础模型，其提供了组织如何变革的三个画面：解冻组织、实施转变和重新冻结组织，如图 13.4 所示。解冻的第一步是要让会受到变革影响的人们确信变革是必要的；第二步是执行变革；第三步是使变革成为一种持久的业务方式。

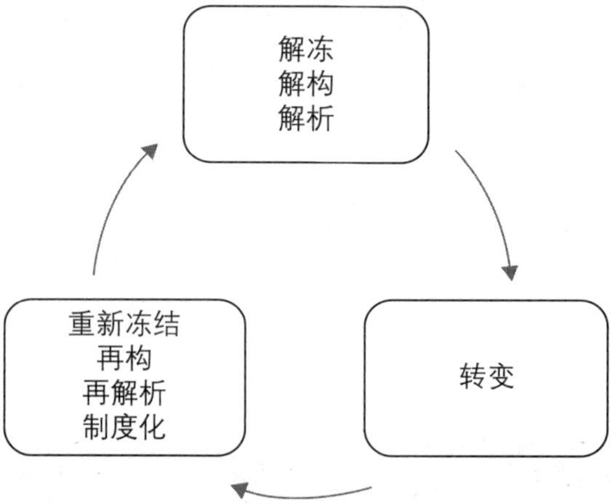

图 13.4　勒温的解冻—转变—重新冻结模型

解冻　这一步是帮助组织做好变革的准备，有动力进行变革，开始意识到变革的必要性，预备采取变革的行动并脱离更加舒适的现状。包括传递令人信服的信息并建立现有行事方式为何不能持续的紧迫感，通过这种方式破坏当前的稳定状态；重新审视并质疑当前的核心信念、价值观、态度和行为，创造支持变革的临界数量群体，并制定、传达变革的愿景及策略。

转变　在第二步中，实施所期待的变革，组织开始迈向预期的结果。转变是一个过程而不是一个事件——是形成新思想、新感受和新行为的过程，能帮助组织的发展；也是一个了解变革并理解它为何有益的过程。时间和沟通对转变的发生很重要。人们需要时间去理解变革，也需要帮助、培训、教练和榜样，要能接受犯错其实就是学习过程的一部分。人们还要就预期的变革及其对组织的益处持续进行明确的沟通。随着人们开始解决自己的不确定性并寻找新的行事方式，他们开始相信变革，会采取支持新方向的行动。

重新冻结　一旦实施了变革，重新冻结过程将会创造并重建组织的稳定性，将转变后的状态确定为“新常态”，并在组织结构中将其固定并制度化。强化和固定变革，是为了让组织成员对新信念、价值观、态度、行为和工作方式有信心、易于接受，不会回到旧的行事方式。

行动研究变革模型　库尔特・勒温在其论文 *Action Research and Minority Problems* 中创造了“行动研究”一词。勒温采用行动研究来解决社会认同群体间关系的问题、歧视问题和社会行动及变革问题。

他将行动研究描述为“对各种社会行动的条件和影响的研究，是会导致社会行动的研究”，这种研究的过程采用“一系列的步骤，每步都包括了规划、行动和对行动结果评估的循环”。

勒温进一步界定了“评估”，包括评估已经完成了什么行动、确定学习体会和可能的后续步骤，并提供“修改‘总体规划’”所需的信息。

行动研究变革模型如图 13.5 所示，包括问题定义、行动规划、行动/变革、评估、确定学习体会/下一步骤，然后转向下一个步骤和行动的循环。

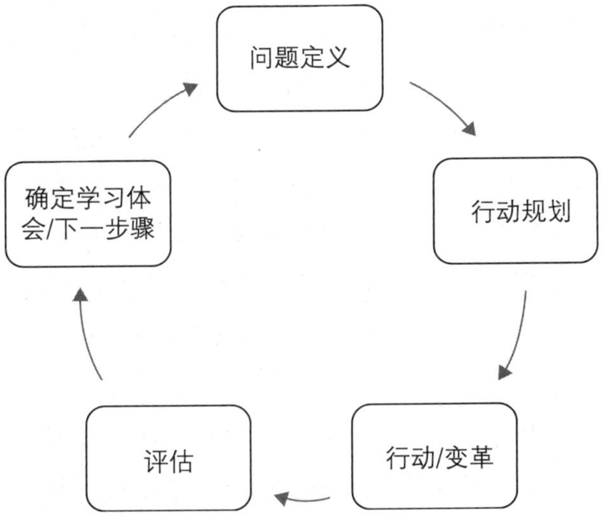

图 13.5　勒温行动研究变革模型

行动研究已成为组织发展领域的核心研究和组织变革方法论。在行动研究中，需要通过与组织成员和变革过程参与者的协作来致力于对该组织的研究和变革。在这个过程中，行动研究者与研究参与者是共同学习者。一般来说，行动研究有四个重点要素：

- 学习——做中学，通过行动来学习。
- 组织变革。
- 参与——赋能给参与者；与谁一起研究比研究什么或为什么研究更关键。
- 每一步都需要研究者和参与者的协作。

对话式和诊断式组织发展变革模型

在 2005—2006 年，杰维斯·布希和罗伯特·马夏克就对话式组织发展变革模型的出现开始了一场对话。为了继续并鼓励他人对对话式组织发展的深化了解，他们在 2013 年编辑出版了“组织发展实践者”专刊——《对话式组织发展的进展》(*Advances in Dialogic OD*)。在这期专刊中，马夏克和布希将对话式组织发展与诊断式或基本组织发展变革模型进行了对比，提出组织发展领域现正分为两种形式的组织发展——对话式组织发展与诊断式组织发展。马夏克指出，应采用一种“既/又”的方式而不是“非此即彼”的方式来看待对话式和诊断式组织发展，并预见在进行组织变革时，它们将被同时使用，也会单独使用。现在很明显对话式组织发展模型被认为一种独立的组织发展形式。关于对话式组织发展变革模型的对话方兴未艾。对于对话式组织发展以及是否只存在两种组织发展形式的理解也仍在初始阶段。以下就对话式和诊断式变革模型进行简要的讨论。

对话式组织发展变革模型 马夏克和布希写道：“对话式组织发展部分是基于组织的一个观点：在对话系统中，个人、群体和组织的行动都来自社会建构的现实，这些现实由正广为流传的叙述、故事、隐喻和对话创建并持续，这样人们对自己的经历进行意义建构。从这个角度看，变革来自改变形成日常思维和行为的对话，主要包含更多不同的声音，改变人们的交往方式、交往人群和/或通过刺激替代或生成性图景，形成人们对事物的看法”。

在对话式组织变革模型中，变革是新组织现实社会构建的过程，会产生新的决策、行动、行为和文化。组织领导者（和对话式组织发展实践者）为讨论和对话提供了结构和容器，并作为主持人来处理参与者之间的对话中会发生的事情，在这个过程中会使用到欣赏式探询、未来探索、世界咖啡、开放空间和其他支持新对话、会谈、叙述、故事和形象的技术。通过采用对话式组织发展变革过程，组织领导者提供了对话交流的机会，也带来了建立不一样的新组织现实的机会。他们不是在试图产生具体的、有针对性的变化和结果。

诊断式组织发展变革模型 马夏克和布希把诊断式组织发展变革模型的变革过程描述为 “通过诊断出如何能客观促使组织要素（策略、结构、制度和做法等）符合或者再次符合更广泛环境的需求，正如开放系统理论所提出的那样，由此来驱动变革”。他们在诊断式组织发展的示例里使用了勒温的解冻—转变—重新冻结模型和行动研究变革模型，以及“阶段式组织发展咨询流程”变革模型。阶段式组织发展咨询流程变革模型以行动研究和解冻—转变—重新冻结模型为基础，通常包括启动和签约、数据收集和分析、反馈和行动规划、采取行动、评估和结束（见图 13.6）。

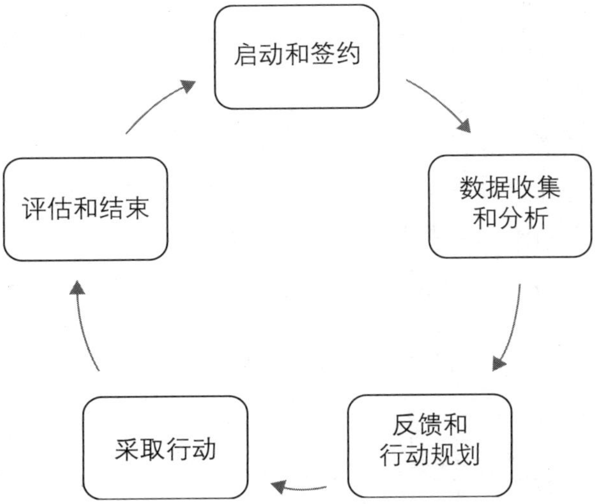

图 13.6　阶段式组织发展咨询流程变革模型

作为一种变革模型，组织发展流程的各阶段支持一种共享的参与式组织变革过程。签约和启动阶段为组织和组织发展实践者提供了坚实的信任基础并对变革过程达成了共识。数据收集、分析、反馈和行动规划过程提高了组织成员的变革意识和变革的紧迫感。这样能调动能量以在采取行动阶段来执行变革。最后在评估和结束阶段确定变革的结果、学习体会、后续步骤和完成结束。

组织变革与组织现状、过渡及预期未来的模型

以勒温的解冻—转变—重新冻结模型为基础，有很多组织变革模型把变革过程设想为三个阶段：组织现状、过渡过程以及预期的组织未来。本章节将介绍一些适用于组织现状、过渡及预期未来框架的组织变革模型的示例。如：贝克哈德–哈里斯的当前状态—过渡状态—未来状态变革模型，弗里茨创造性张力组织变革模型、变革的矛盾理论模型和战略规划变革模型。这些模型相对而言较少考虑组织变革带来的深刻情感及其对组织变革过程的影响。此外，本节也提到了布里奇斯过渡模型和丹南鲍姆–汉娜的坚持—放手—前进模型及库伯勒–罗斯的死亡和濒死变革模型，以考虑情感在组织变革过程中的作用。

当前状态—过渡状态—未来状态变革模型

理查德・贝克哈德和鲁本・哈里斯（Reuben Harris）创立了著名的当前状态—过渡状态—未来状态组织变革模型。他们的模型包括了以下步骤：

- 定义所预期的未来状态
- 描述当前状态，即组织现状
- 差距分析，根据预期未来，评估当前状态
- 行动规划，确定并执行所需的变革以实现组织未来状态的愿景
- 管理从组织现状到预期未来之间的过渡状态

在贝克哈德–哈里斯的组织变革模型中，组织对预期未来状态的愿景驱动变革的产生（见图 13.7）。

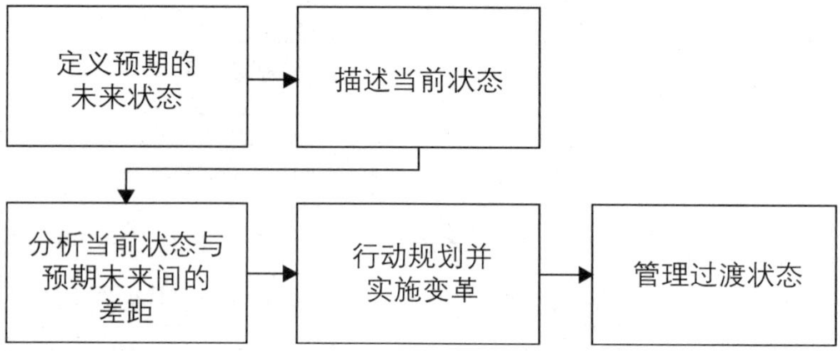

资料来源：Adapted from Beckhard and Harris, 1977。

图 13.7　当前状态—过渡状态—未来状态变革模型

以下是对贝尔哈德和哈里斯的变革模型中的当前状态、过渡状态和未来状态的描述：

当前状态　当前状态是组织的现状——组织的日常工作、流程、结构和相关人员。当前状态让人觉得舒适，所有的状态都是已知的，也是组织成员熟悉所有角色和责任的时期。它是组织变革规划的基础和背景，也是变革过程的第一个阶段。在这个阶段，变革管理策略已经制订并开始在组织中谈论有关变革的内容。此时，组织对预期未来的愿景进行了定义，并确定组织的现状以及存在哪些会支持、反对变革的力量，组织要询问这样一个问题："为什么要变革？"组织会分析现状和预期未来间的差距，界定并规划从现状向未来状态转化所需的行动。

威廉·布里奇斯（William Bridges）把变革过程中的这个初始阶段看作结束阶段。罗伯特·坦南鲍姆和罗伯特·汉娜（Robert Hanna）将其形容为"坚持"的过程。在这一阶段，组织成员及整个组织可能经历强烈的情绪波折、抗拒和失落感——为了现在及未来可能的损失——可能失去安全感、稳定感、舒适的状态、胜任力、关系、归属感、方向和目的、领域、环境空间、角色和责任。这一时期的情绪包括悲伤、恐惧、否定、愤怒、悲哀、迷茫、无助、疏远、沮丧、背叛、不确定、震惊和哀悼。组织变革的结尾及损失体验

起来可谓“酸爽”，具有库伯勒–罗斯死亡和濒死阶段的所有特点——否定、孤立、愤怒、激怒、怨恨、嫉妒、交涉、抑郁、哀悼，最终接受。某些东西已经结束了的现实以及组织成员正在经历的情绪必须得到承认，这样人们才能开始接受组织新方向的事实。

过渡状态　过渡状态是组织变革过程中的第二个阶段，在这个阶段里要实施和管理组织变革的议程。此时，组织、人员、流程和结构都处在过渡之中——从组织现状转向所预期的未来。在这一阶段，如何成功及做什么能取得成功的旧标准已经一去不复返，而新的标准还没有取而代之。

布里奇斯把这个阶段称为“中立区”。这是一个可怕的、未知的、混乱的且迷雾层层的区域，介于曾经发生和还未发生之间。在那里，鲜有确定的东西。组织成员如过往一般被组织所吸引，但仍在努力理解新的组织。坦南鲍姆–汉娜将它视为组织成员开始放弃过去，但又难以确定未来的一段时期。这段时期可能让人感觉失落，士气低落，生产率低下，没有确定感，混乱，模糊不清，没有方向感，对角色、地位和身份的焦虑，压力巨大以及对变革议程不满、持怀疑态度。在这段时期，组织成员也开始尝试新的想法和新的工作方式。因此，它可能也是有创意、创新和复兴的时期。

未来状态　未来状态是变革过程的最后一个阶段。它将展示变革议程全面实施后事情会如何发展。布里奇斯将其称为新的开始，是重生和复兴的时期。在这个阶段，组织成员可能经历满怀希望、认同接受、能量高涨、对学习完全开放、欣喜不已、满怀热情、活力四射、目标远大、全情投入、目的清晰、重建认同感及对组织和自己的角色的承诺等过程。人们已经开始接受正被引入到组织中的这场变革，并了解了新的角色、工作方法和责任。他们也开始打造自己的新技能以胜任工作需要，并看到自己的努力初步取得的成功。

创造性张力组织变革模型

罗伯特·弗里茨（Robert Fritz）创建的创造性张力模型是一个决策结构，能为组织的创造力和变革产生结构性张力。创造性张力的形成有三个步骤，如图 13.8 所示。

1. 尽可能清晰并详细地界定组织的愿景。愿景是组织所想的（不为组织所想的更多的是关于当前和过去的难题和问题）。
2. 定义组织的现状。现状是对“当前是什么”的陈述。
3. 当同时带着愿景和现状时，关注脑海里对实现组织所想涌现出了哪些行动步骤，然后照此执行。

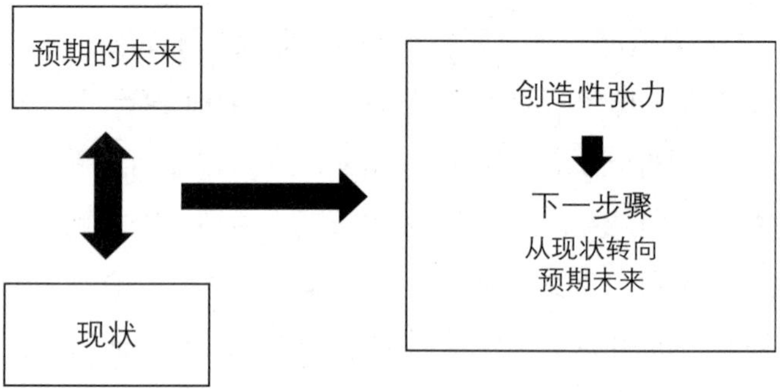

资料来源：Adapted from Fritz, 1984, 1999。

图 13.8　创造性张力组织变革模型

愿景与现状间的差距能创造出情感、能量和认知的张力，它会寻求利用创造力、能量和资源进行规划并采取分步行动来解决。创造性张力是一种促进创造性和变革的结构。愿景与现状之间的差距越大，张力就越大，组织解决这种张力问题的动机和能量就越强。

变革的矛盾理论

变革的矛盾理论是格式塔组织变革理论的核心部分。阿诺德·贝瑟（Arnold Beisser）将这种变革的矛盾理论描述为"当一个人成为自己，而不是试图成为非己时，变革就发生了"。贝瑟也将变革的矛盾理论应用到个人变化中。之后，他提出补充："有人提出，同样的原理也适用于社会变革，个人变化过程只是社会变革过程的一个缩影。"变革的矛盾理论适用于个人、群体、组织及社会。从组织变革的角度来看，变革的矛盾理论可以表达为：当组织承认、接受并成为其自身时，变革就发生了（见图 13.9）。

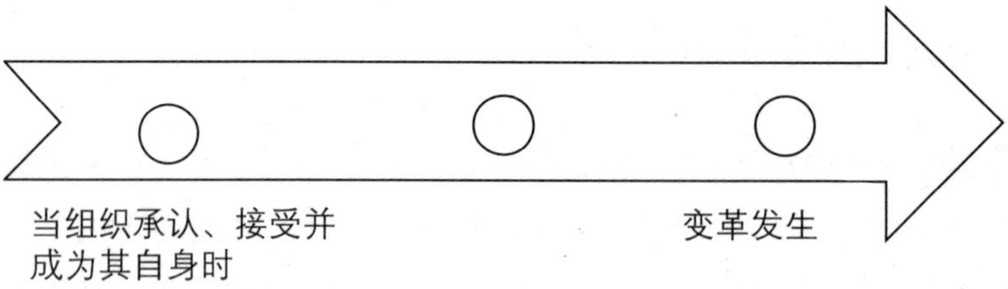

资料来源：Adapted from Beisser, 1970。

图 13.9　变革的矛盾理论

组织变革的矛盾理论认为：

- 组织变革的工作就是要提高对"是什么"和当前组织体验的意识，而不是对变革的需求及其紧迫性。

- 组织只有在接受并成为自身时才能实现变革。
- 组织越是努力地去尝试变革、尝试不同于现在，就越有可能停留在现状。
- 领导者（和组织发展实践者）的角色是成为当前体验和“是什么”的推动者，而不是变革的推动者。成为“是什么”的推动者是成为变革推动者的最佳方式。
- 关注组织变革需要什么，而不是变革如何发生。

战略规划组织变革模型

对于组织的关键决策者而言，战略规划组织变革模型是一种结构化的参与性方式，用这样的方式来参与到那些诠释了组织是什么、组织做了什么以及为什么这么做的基本决策和行动中。它是一种战略思维及行动的模式，认为使命、愿景、价值观、当下组织与环境的现实，以及为实现使命、愿景所需的行动要与组织的价值观、组织与环境的现实保持一致（见图 13.10）。对于组织的使命、愿景和价值观，规划过程要回答三个重大问题：

1. 当前组织及其所在环境中的情况如何？
2. 组织预期的未来是什么？
3. 组织要从现在的状态迈向预期的未来需要采取哪些步骤？

战略规划组织变革模型的目的在于行动。

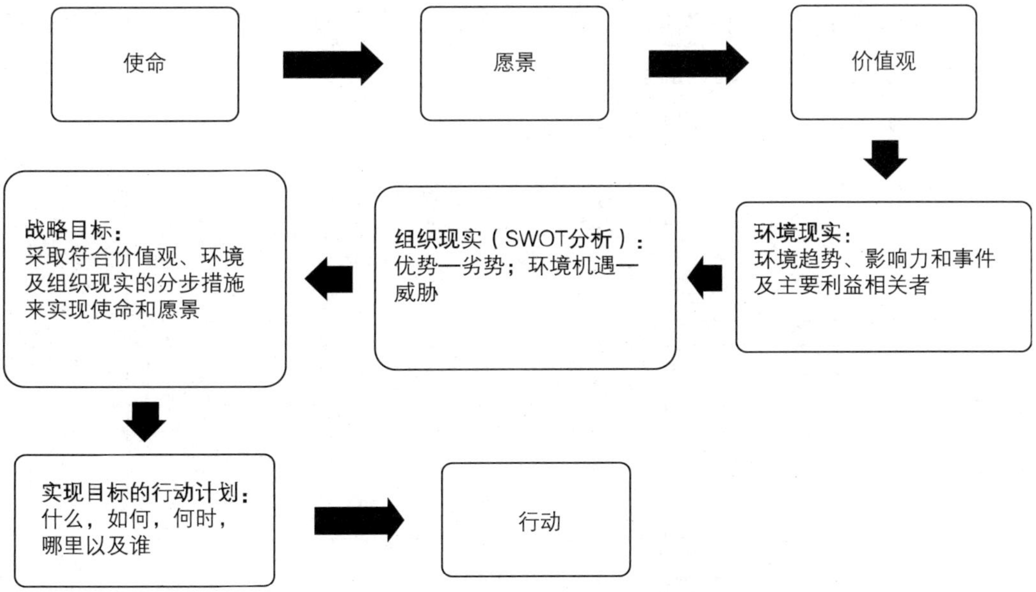

资料来源：Adapted from Bryson, 1988。

图 13.10　战略规划组织变革模型

多任务组织工作和变革管理模型

变革举措通常都很艰难也很复杂，并且易于失败。当变革举措被视为与组织的核心工作与任务存在冲突关系或不相干时，它们都不太可能取得成功。今天，组织变革是组织工作的一个必要组成部分。组织的管理流程既包括了对变革举措的管理，也涵盖了组织核心工作的管理，它们是相互关联的。

本章已经讨论了多种组织变革模型，但还有很多其他组织变革模型并未在此提及。组织变革模型的数量和种类繁多，可能导致读者困惑，大家各自争辩哪个是“最佳的”，甚至开玩笑地评选最新的“月度热门模型”。其实很多模型都是互补而重叠的，能够解决组织变革过程中的重大问题。

本章描述的变革模型可作为变革管理过程的互补部分进行整合，并与组织工作联系起来，如图 13.11 所示。在多任务模型中，工作和变革管理过程是组织的核心工作。组织工作和变革管理职能及过程的六大任务要同时履行。其中有五个任务描述了变革管理活动：现状、预期未来、变革、过渡管理、沟通、对话与学习。

变革是持续性的，工作和变革管理任务也是相互依赖而持续进行的。每个任务中的活动都包含了做中学的观点，并体现了能够改变组织的干预措施。在一个任务中获取的知识和信息能够激励并影响其他任务的管理过程。这五项变革管理任务中的活动（变革举措）激励了核心组织工作的管理。当把变革举措与组织工作的管理分隔开时，组织就会错过重要的影响力、数据、学习收获和提升的机会。

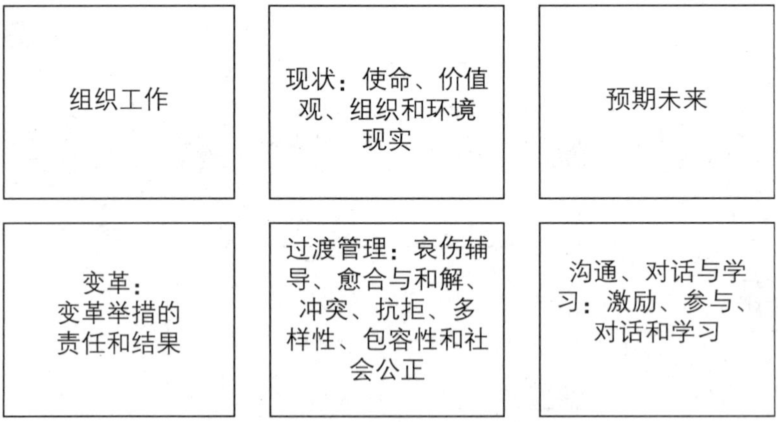

资料来源：Brazzel, 2013。

图 13.11　多任务组织工作和变革管理模型

结论

本章介绍了一系列组织变革理论和模型。介绍的过程中，现有理论和模型的以下方面凸显出来：

- 组织发展和变革的实践者有着丰富而类别各异的组织变革理论和模型来帮助组织理解、解读及预测组织变革，并指导组织制定变革举措及对变革做出响应。
- 在当今的理论和模式中都出现了组织变革，但很少有人关注抗拒的重要性和作用。在一个顺带介绍了抗拒理论和模型的伴随章节中，对其阐述的深度和广度都是不够的。
- 变革举措可用来保持现状，维护主导（权力）文化群体成员在组织中的特权和利益，阻碍从属文化群体成员得到公平待遇。
- 现有的变革理论和模型很少考虑通过冲突、争执和抗拒带来的权力关系变化。目前的模型中大多都没有考虑群体间的关系和动力、对权力的使用、多样性、包容性、社会公正、压迫和冲突。
- 本章讨论的组织变革理论和模型基本上都是由西方国家的白人建立的。而那些考虑到平等、压迫、包容和多样性的变革理论和模型都是由有色人种建立的，很少由白人提出。这可能同时反映了作者在文化、种族和性别方面的短视性，以及现有理论和模型存在的片面性和狭隘性观点。
- 在组织变革过程中会出现深刻的情绪反应，如恐惧、愤怒、背叛感、悲伤、否定、伤心、迷茫、无助和疏离，这些都是预料之中的正常反应，也是对组织变革过程影响深远的一部分。许多模型都没有考虑情绪因素的影响，将其视为与变革过程的非核心部分。这可能导致情绪的不公开化，成为变革过程中隐藏起来的一部分。
- 最近有关对话式组织发展变革模型的讨论，成功地让人们开始注意对话、谈话和叙事对组织变革举措的作用和重要性，以及在多大程度上这些过程已经为组织发展和变革实践者所用。

这一系列丰富的组织变革理论和模型为组织发展和变革实践者及学者提供了极好的机会进行研究并进一步发展相关理论和模型。

参考文献

Beckhard, R. & Harris, R. T. (1977). *Organizational transitions: Managing complex change*. Reading, MA: Addison-Wesley.

Beisser, A. R. (1970). The paradoxical theory of change. In J. Fagan & I. L. Shepard (Eds.), *Gestalt theory now: Theory, techniques, application* (pp. 77–80). Palo Alto, CA: Science and Behavior Books.

Brazzel, M. (2007, December). Developmental patterns of diversity, inclusion, and social justice in organizations. Available from http://michaelbrazzel.com/wp-content/uploads/2011/09/Developmental-Patterns-of-diversity-inclusion-and-social-justice-in-organizations-8–10–12.pdf.

Brazzel, M. (2008, Spring). Deep diversity, social justice, and organization development. *OD Seasonings: A Journal by Senior OD Practitioners*, 3(3). Available from http:// michaelbrazzel.com/wp-content/uploads/2012/07/BrazzelODSeasoningsDeepDivSJODSummer2008.pdf.

Brazzel, M. (2013, March). Organization work and change management: A multi-task model. Available from http://michaelbrazzel.com/wp-content/uploads/2013/03/Organization- Work-and-Change-Management.pdf.

Bridges, W. (1988). *Surviving corporate transition*. New York: Doubleday.

Bryson, J. M. (1988). *Strategic planning for public and nonprofit organizations: A guide to strengthening and sustaining organizational achievement*. San Francisco, CA: Jossey-Bass.

Bushe, G. R. (2013, Winter). Dialogic OD: A theory of practice. *OD Practitioner, Special Issue: Advances in Dialogic OD*, *45*(1), 11–17.

Bushe, G. R., & Marshak, R. J. (Eds.). (2012, Winter). *OD Practitioner, Special Issue: Advances in Dialogic OD*, *45*(1), 1–66.

Fishman, C. (1997, April/May). Change. *Fast Company*. www.fastcompany.com/28199/change.

Fritz, R. (1984). *The path of least resistance: Principles for creating what you want. Salem,*

MA: Stillpoint.

Fritz, R. (1996). *Corporate tides: The inescapable laws of organizational structure*. San Francisco, CA: Berrett-Koehler.

Jackson, B. W. (2006). *Theory and practice of multicultural organization development*. In B. B. Jones & M. Brazzel (Eds.), *The NTL handbook of organization development and change: Principles, practices, and perspectives*. San Francisco, CA: Pfeiffer, pp. 139–154.

Jackson, B. W., & Hardiman, R. (1981). Organizational stages of multicultural awareness. (unpublished paper).

Jackson, B. W., & Hardiman, R. (1994). Multicultural organizational development. In E. Y. Cross, J. H. Katz, F. A. Miller, & E. W. Seashore (Eds.), *The promise of diversity: Over 40 voices discuss strategies for eliminating discrimination in organizations*. New York: NTL Institute/Irwin, pp. 231–239.

Jackson, B. W., & Holvino, E. (1986). Working with multicultural organizations: Matching theory and practice. In R. Donleavy (Ed.), *OD Network 1986 conference proceedings*, pp. 84–96.

Jackson, B. W., & Holvino, E. (1988, Fall). Developing multicultural organizations. *Journal of Religion and the Applied Behavioral Sciences*, pp. 14–19.

Kezar, A. (2001). Understanding and facilitating organizational change in higher education in the 21st century. *ASHE-ERIC Higher Education Report*, *28*(4).

Kubler-Ross, E. (1996). *On death and dying*. New York: Macmillan.

Lewin, K. (1948). Action research and minority problems. In G. W. Lewin (Ed.), *Resolving social conflicts: Selected papers on group dynamics* (pp. 143–152). New York: Harper & Row.

Lewin, K. (1951). *Field theory in social science*. New York: HarperCollins.

Lewin, K. (1958). Group decision and social change. In E. E. Maccoby, T. M. Newcomb, & E. I. Hartley (Eds.), *Readings in social psychology* (pp. 197–211). New York: Holt, Rinehart and Winston.

Marshak, R. J. (2013, Winter). The controversy over diagnosis in contemporary organization development. *OD Practitioner*, *45*(1), 1–4.

Marshak, R. J., & Bushe, G. R. (2013, Winter). An introduction to advances in dialogic organization development. *OD Practitioner*, *45*(1), 54–59.

Maurer, R. (2003). Using the paradoxical theory of change in organizations. *The Gestalt Review*, *7*(3). www.gestaltcleveland.org/pdf/paradoxical.pdf

Miller, F. A., & Katz, J. H. (1995). Cultural diversity as a developmental process: The path from a monocultural club to inclusive organization. In J. W. Pfeiffer (Ed.), *The 1995 annual, volume 2: Consulting*. San Francisco, CA: Pfeiffer.

Nevis, E. C. (1987). *Organizational consulting: A Gestalt approach*. New York: Gardner Press.

Tannenbaum, R., & Hanna, R. W. (1985). Holding on, letting go, and moving on: Understanding a neglected perspective on change. In R. Tannenbaum, N. Margulies, F. Masserik, and Associates (Eds.), *Human systems development: New perspectives on people and organizations* (pp. 95–121). San Francisco, CA: Jossey-Bass.

Tschudy, T. (2006). An OD map: The essence of organization development. In B. B. Jones & M. Brazzel (Eds.), *The NTL handbook of organization development and change: Principles, practices, and perspectives* (pp. 157–176). San Francisco, CA: Pfeiffer.

Van de Ven, A. H., & Sun, K. (2011, August). Breakdowns in implementing models of organization change. *Academy of Management Perspectives*, pp. 58–74.

von Bertalanffy, K. L. (1969). *General system theory: Foundations, development, applications* (rev. ed.). New York: George Braziller.

Wheeler, G. (1991). *Gestalt reconsidered: A new approach to contact and resistance*. Cambridge, MA: GIC Press.

第 14 章

组织的变革过程

索尼亚·科特（Sonia Côté）
艾德·梅休（Ed Mayhew）

“如果你真的想了解某件事，就请试着改变它。”

——库尔特·勒温

今天，组织的变化速度明显加快。组织需要处理方方面面的变化：经济动荡、政治不稳、包括新任首席执行官等高管的轮换或任命、新技术的使用、股东的要求和对供应商的管理。组织领导者和组织发展实践者必须了解组织变革，并掌握推动变革的模式。组织变革的主要方面包括系统思考、变革动态、规划变革、领导变革和实施变革。本章将探讨这些主要方面，并提出了步骤清晰的方法来实施复杂的组织变革。

复杂的组织变革始于系统思考。所有组织都是社会系统，这意味着它们是由结构、习俗和关系以难以理解的方式交织而成的一种网状结构。系统思考涉及研究事件并寻找潜在的模式和结构。变革动态是变革发生时组织及组织中的人所发生的事情。因为因果关系的存在，人员和组织对变革的反应是可以预测的，也可以设计战略和活动来增加实现期待结果的概率。

变革规划包括：寻找一个有吸引力的变革理由，对未来的情形有个初步概念，知道如何创建对变革的承诺，指导过渡困难期，制定策略使得变革制度化。领导变革需要清楚变革领导者的角色和责任，以及确保变革成功的领导力特征，并付出重大努力调整领导行为，这样会塑造出有助于变革的工作环境。成功的组织变革也取决于好的变革实施。实施涉及创建结构、制定策略和创造必需的组织变革条件以完成组织变革目标。

系统思考

系统思考从识别事件的模式开始，同时考虑为什么这些模式会存在，并寻找构成这些模式的结构。例如，交通拥挤模式的成因可能是同时前往同一个方向的人群太多，反过来也可能是进入一个公共交通有限、道路狭窄的地区的人增加了很多。考虑改变交通模式的方法时，需要对结构进行探索。一组结构的目的可能是减少交通量，而另一组可能是增加交通容量。

事件、模式和结构

系统思考意味着从三个层面分析情况：事件、模式和结构（见图 14.1）。

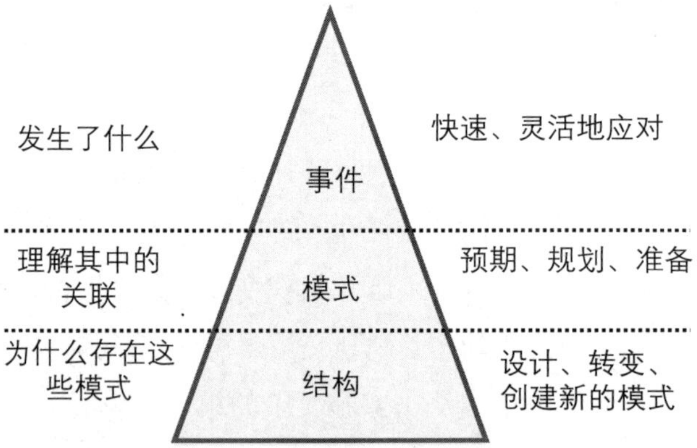

图 14.1　系统思考的层次

事件是单次发生的事。了解事件能够对当下的变化做出快速而灵活的应对。然而，只关注事件可能因为视角的局限性，导致一次又一次地重复同样的行动。

模式是事件之间的关联。了解模式可以在更长的时期内对变革进行预期、规划并做好准备。改变一种模式可以改变未来的事件。在有关交通的例子中，司机可以选择早上早点出发而晚上晚点回家，或者选择不同的路线来避免交通拥堵。

当有人询问为什么会存在模式时，他们就是在识别结构。结构有助于设计并创建可以持续很长时间的新模式。增加高速公路通行费，鼓励拼车，这些方法都能减少交通流量。增加通勤巴士和其他公共交通的选择，增加高速公路的车道，则可以增加交通容量。结构性变化更为复杂。和模式变化比，也需要更长的时间来进行。然而，结构性变化更具全面性和持久性。

用系统的语言进行思考会侧重考虑整体情况——事件、模式和结构——来决定行动应聚焦于何处。当组织处于危机之中时，所能做的只能是改变模式，这样做可以争取时间去寻找结构性答案。关键在于要能从这三个层面来了解并思考，以拓宽采取行动的选择范围。

封闭式和开放式系统思考

封闭式和开放式系统思考是系统思考的另一种维度。根据组织与其外部环境的关系，可以将它描述为相对封闭或相对开放的系统。表 14.1 基于哈罗德·布拉杰的研究，说明了封闭式和开放式系统思考的区别。

表 14.1　封闭式和开放式系统思考的区别

	封闭式系统	开放式系统
领导风格	指示型	协作型
决策	层级式决策	由问题及信息相关部门决策
冲突管理	消除或压制	将其视为信息进行使用
管理范围	在管控单元内	在管控单元内及单元边界

封闭式的系统思考假设组织是自成体系的实体，与外界没有联系。封闭式系统组织的焦点在于内部结构和动态。当持有封闭式系统思考时，组织相对更重视其组织结构图、工作分工、上下级关系、政策、流程、控制和稳定性，而不是客户、供应商、市场、技术或社区。这种狭隘的思维方式使得组织很难看到即将来临的变化，并在明显需要转变时也难以付之行动。

持开放式系统思考的组织认为自己深植于内部和外部的关系网之中。当持有开放式系统思考时，组织虽然仍然有结构图、工作分工、上下级关系、政策、流程和控制，但重点差异很大。这些结构被认为是灵活的、可调整的，并且能响应新的或变化的条件。这些单元之间的横向关系变得很重要。组织会注重外部利益相关者，如客户、供应商、股东、政府机构、工会和竞争对手。开放式系统思考让组织变革更为容易，因为组织能够全面了解其动态环境，并且其内部结构也比较灵活。

当变革时，系统会变得更为开放、更为复杂。如此之多的事情正在发生，层级化的领导者没有足够的信息做出明智的决策。决策权必须交到掌握明智决策所需信息的人员手中。随着组织单元之间的边界在改变，冲突也开始增加。此时就需要良好的冲突管理和协商能力来解决单元间的差异并创建新的单元边界。

在全球影响力增加、经济动荡及社交媒体的爆炸式增长的背景下，大多数组织正变得越来越开放，它们必须掌控好外部和内部的关系网，有时候这些关系网会让人束手无策。变化发生的速度不仅惊人，还来自多个方向。

系统思考提供了一个有关组织环境的综合性画面。所有组织都有其内部环境，包含组织结构和过程。组织也根植于其业务环境中，包括能影响组织也受组织影响的各种外部利益相关者。情境环境则包括围绕着内部环境和业务环境的全球社会、经济、政治、技术和生态趋势。所有这三种环境都是动态的，组织必须调整以维持环境的和谐（见图 14.2）。大多数的组织变革都是由情境环境的变化所驱动。例如，竞争对手采用了更先进的技术，全球经济形势发生了变化或者客户因有更多的选择而要求更苛刻。这类事件在组织内部引发波动，驱动组织进行变革。

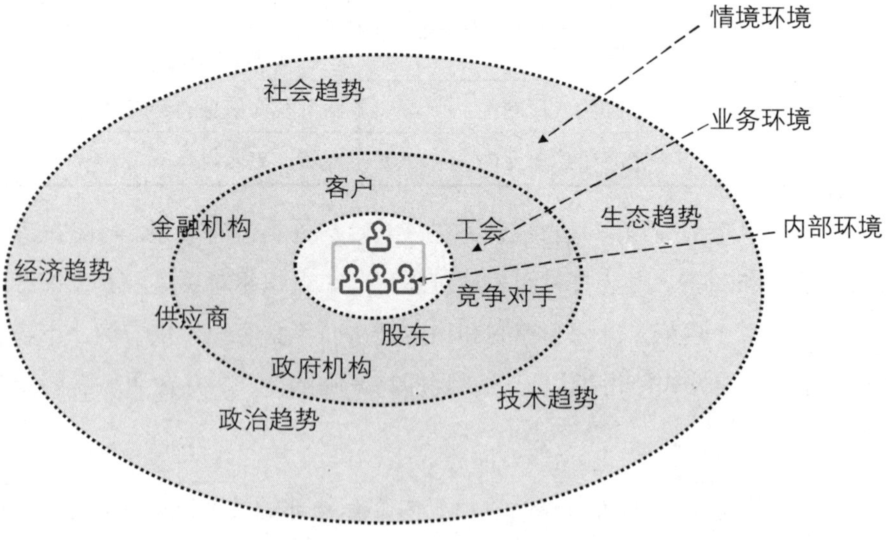

图 14.2　环境依存性

变革动态

本节将探讨组织变革动态的主要方面：组织变革周期的三阶段、边界、变革对人的影响，以及对变革的抗拒。

当前状态、过渡状态和未来状态

组织变革的周期有三个阶段：当前状态、过渡状态和未来状态。当组织自我调整以维护与外部环境及内部部门之间的和谐关系时，这个周期会循环往复。每个状态都有其独特的特点，也面临着各自的困境。

当前状态是一个组织现时现地的状况，包括组织的结构、过程、人员及其当前的内外部环境。当现状平稳、安定或令人舒适时，组织可能对变革缺乏兴趣。而当组织的现状不稳定、动荡或令人不安时，组织可能对变革的兴趣浓厚，但对变革的方向没有太多共识或想法。

过渡状态是指组织在经历变革时的结构、过程、人员和环境。过渡状态的结构和过程与当前状态时截然不同。过渡状态几乎总是充满动荡，令人不安。此时，过去有效的结构和过程现在已经不太有效。而预计会在未来运作的新结构和过程还没成型。

未来状态是变革的目的地。是组织变革完成时将会形成的结构、过程、人员和环境。在未来状态中，困扰着当下状态的大多数问题（也许是所有问题）都会烟消云散。因为变革是一个周期，所以当下的未来状态又会成为下一轮变革的当前状态。

复杂系统变革的规划需要思考这三种状态，并准备迎接其内在的挑战。在当前状态下，主要的挑战是启动变革。过渡状态下的主要挑战是要维护好促进变革的环境。而在未来状态中，主要的挑战是让变革成果持续。每种状态都需要自己的领导力结构和计划。这些计划联系在一起，就成为一个完整的复杂系统组织变革的全面规划。

组织边界

边界有两个主要目的：定义何为内、何为外；规范跨边界的事务。边界要么很容易跨越要么是巨大的障碍。当边界很紧凑时，内部的事情被紧紧控制，很难向任何方向跨越。当边界很宽松时，内部的事物控制松散，很容易跨越边界，有时候甚至容易到让人感觉不到边界的存在。

当组织边界比较紧凑时，组织很大程度上是与其外界隔绝的。让我们试想一下封闭式系统。想想监狱、研究实验室、秘密社团或情报机构。内部边界也可以是紧凑的，如金融、营销、工程、制造部门就像一个个独立的实体在运转，彼此之间没有联系，甚至与组织也联系不多。当边界松散时，组织内部及与环境之间就没有太多壁垒。想想社区服务组织或志愿者组织，或者想想从一个城市来到另一个城市。移动比较容易，边界可能也不太明显。

组织中的边界就是类似组织部门、目标、角色、过程、权威和时间等的事物。当变革发生时，边界可能也在改变。例如，当工作小组合并或委派新任务时，以及当独立的业务部门取代功能性部门时，组织的角色和结构也会发生变化。

边界的紧凑和松散创造了或促进或阻碍组织变革的条件。这种边界条件的连续体如表14.2所示，一端是紧凑的边界，另一端是松散的边界，最佳的边界条件位于这两端之间。使用这些信息，可以识别组织边界的具体状态。

表 14.2　组织边界的情况

组织边界	紧凑	最佳	松散
目标	清晰 恒定的	清晰 与时俱进的	不清晰 不一致的
角色	界定准确 限制性的	界定准确 适应性的	界定模糊 冲突性的
权力	清晰 集中 专断的	清晰 由具备相关信息的人员 掌握	不清晰 分散 有冲突的
信息	明确的 宣传性的	明确的 真实可靠的	不明确 谣言 不可靠
人的能量	低、渠道化 利用不足	高、分散 利用程度高	高或低 过度利用

紧凑的边界会导致变革发生困难。松散的边界可能表明变革的影响已经存在。最佳边界代表理想的开放系统条件。很少有组织的所有边界只属于某一类。通常情况下，组织会有某一类足够多的边界，可表明组织更可能存在紧凑或松散的边界条件。

在诊断式模式下，当边界过于紧凑时，就需要干预措施来松动边界，以便让变革能发生。而当边界过于松散时，也需要干预措施来收紧边界，以便让变革能在更有序的情况下持续。在变革期间，组织边界会向着松散的条件转变，因此变革后，需要收紧边界来确保有足够的结构来维持变革。建议领导者和组织发展实践者可以对组织中边界类型进行快速扫描，根据目标来制定如何松动或收紧的策略。

变革对人的影响

有关变革对人的影响的研究已经开展多年了。斯科特（Scott）和杰夫（Jaffe）确定了人们经历转变的四个阶段，即否定、抗拒、探索和承诺。此外，巴里·霍普森（Barrie Hopson）和约翰·亚当斯（John Adams）发现，当组织发生变革时，组织人员的自尊心先提升，再降低，然后恢复，这会影响人们的感觉和行为方式。他们得出结论，随着变革的发生，人的自尊会经历七个阶段的周期，不论对变化的感知影响是积极的还是消极的。在开始时的第一阶段，人们对正开始经历的变革，无法把握其意义。在第二阶段，人们相信自己不会受到变化的影响，基于这个不切实际的希望他们的自尊会提升。在第三阶段，人们认识到变革会带来损失。当经历损失时，自尊将降低并持续到第四阶段，此时人们开始接受自己的损失，决定释怀并抛弃一些旧的方式。在第五阶段，人们开始尝试新方法，也许是一种新的工作方式或开始新的关系。随着信心的增长，自尊也开始提升。在第六阶段，人们开始反思，尝试从过去和现在的经历中找寻意义和经验。在第七阶段，他们开始接受自己变革后的新现实。随着人们渐渐意识到他们已经实现了转变，自尊上升到一个新的水平（见图 14.3）。

人们对变革的反应对于那些希望能指导组织变革的人来说具有重要的意义，无论是作为组织领导者还是组织发展实践者。

1. 指导者本人将经历这个周期，所以对指导者来说，在帮助他人时觉察自己的情绪和反应非常重要。
2. 沟通和耐心必不可少，因为人们不会立刻理解变革的含义，并且往往有很多充分的理由去厌恶变革。
3. 指导者必须定期与需要被改变的人接触，因为存在感和亲近感是非常重要的。

霍普森和亚当斯

对变革的感受

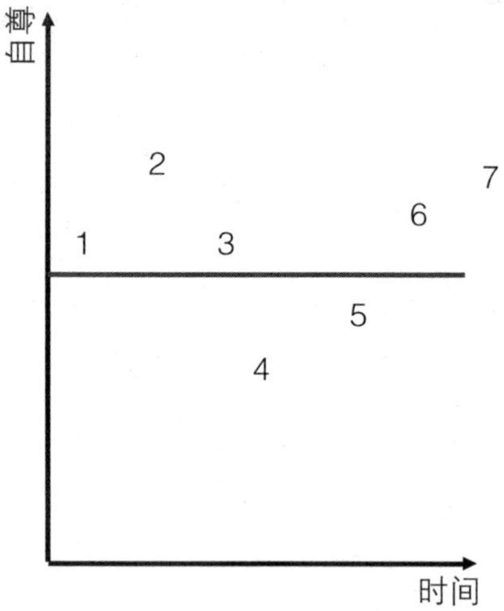

1. 固定不变	不知所措 不能理解
2. 否认	不切实际的希望
3. 抑郁和愤怒	失去感
4. 释怀	接受旧方式的结束
5. 测试	尝试新方法
6. 寻找意义	努力理解现在并将过去融入现在
7. 内化	接受新的现实

图 14.3　人员和变革

对变革的抗拒

抗拒是对组织变革的一种常见且可预测的伴生行为。当人们抗拒改变时，他们会声明自己是谁及自己的立场。抗拒总是理性的，虽然它常常是用情绪性或非理性的方式来进行表达。抗拒可以是主动的，例如，有人说："我不会照你的要求做，就这样！"抗拒也可以是被动的，如有人经常选择不听、不想或不记。通过考虑改变变革的性质和过程，可以识别降低抗拒的方法。

通过改变变革的性质来改变抗拒，这意味着改变了变革的结构。以下为一些例子：

1. 变革的程度和影响越大，阻力也将越大。缩小变革的范围并分阶段引入将减少潜在抗拒。
2. 当组织变革是可逆的，阻力可能较小。这意味着如果变革行不通，事情还有可能再回到过去的方式。因此，可逆的变革会抑制抗拒。
3. 丧失权力、权威或资源会激发人们的抗拒。在变革中不触及输赢及得失的状况，可以减少人们的抗拒。
4. 对于会威胁到自己的效能感、让自己没有安全感的变革，人们通常都会抗拒。帮助人们获得组织变革所要求的在未来会需要的能力，可以减少人们的抗拒。

5. 对于会打破或者明显地改变同事关系的组织变革，人们通常会抗拒。创造方式来持续重要的组织关系并寻找方法来促进新的关系，这样可以减少人们的抗拒。

改变变革的过程或变革发生的方式也可以减少抗拒。示例如下：

1. 当变革领导者在组织中有较高声望并受人尊重时，人们的抗拒会减少。
2. 让群体脱离变革过程或他们在变革中的作用被削减，都会带来抗拒。在变革过程中，赋予人员和群体重要的角色可以减少他们的抗拒。
3. 当变革的速度太慢时，人们的抗拒会增加；或者当变革速度太快，组织无法适应跟上时，抗拒也会增加。太多的变化、变化太快都会让人们精疲力竭。
4. 当变革计划对各种因素考虑周到且令人信服，足以让人们相信它会发挥作用、愿意跟随时，抗拒就会减少。
5. 经常进行让人们信赖又易于理解的沟通会减少抗拒，还会减少不确定性和焦虑，控制谣言的传播并让人们知道最新进度。

我们可以将这些潜在的阻力来源作为检查清单，从而调整变革的性质和过程。这种理念就是，在变革的设计中尽可能避免产生抗拒，并制定策略来处理仍不可避免的抗拒。

变革规划

经仔细规划过的变革总是进行得更好，即便变化、危机或最佳时机突如其来地迅速发生时，也是如此。复杂系统组织变革的规划意味着需要完成五个任务：

- 为变革寻找令人信服的理由；
- 评估对变革的准备度、能力和承诺度；
- 确定可识别且能实现的未来；
- 指引过渡；
- 让变革持续。

为变革寻找令人信服的理由

第一个规划任务是寻找一个令人信服的变革理由——这个理由要有足够的力量，让人们摆脱原有的惯性。阿克曼·安德森（Ackerman Anderson）和安德森（Anderson）将其称为“唤醒电话”。必须要将变革视为是必要且不可避免的。如果变革是可选的，很多人将选择不进行变革。

令人信服的理由的组成要素通常在组织外部环境中能找到。有时，要应对竞争威胁或满足不断变化的客户期望时，需要变革。在政治领域的变动能产生新的当务之急或威胁以及机遇，这些会在组织内部产生连锁反应，进而导致组织变革，例如，选举了新的领导人，大国分裂为若干小国或签署了贸易协定。经济领域的变动具有深远的影响。例如，外汇相对价值发生了改变，离岸外包变得有吸引力，或者美国联邦储备委员会主席本·伯南克（Ben Bernanke）有关利率的言论。世界经济的变化影响着市场、生产和销售能力及就业。

想象一下，组织就像一棵树，组织中的人就是栖息在不同树枝上的鸟儿。这些树枝是社区，就像组织部门一样。每个社区都会支持一个有力的变革理由，该理由会保障本社区的利益。虽然变革的普遍原因可能是保持竞争优势，但栖于最顶部树枝上的鸟儿将其转变成股票期权和每股收益；中间树枝上的鸟儿将其转变为奖金和晋升机会；而较低树枝上的鸟儿则会寻求工资增长、持续就业和更好的生活质量。考虑到当前及未来的变革不可避免，也超出了组织的可控范围，所谓令人信服的理由，其优质标准就是组织必须实施才能确保其存续的事情。

评估对变革的准备度、能力和承诺度

贝克哈德和哈里斯建议就每个利益相关者群体对变革的准备度、能力和承诺进行评估。利益相关者是被卷入变革并受到变革影响的人和群体。对变革的准备度意味着对变革的积极态度或动机，是对变革的意向和兴趣。能力是进行变革的物质、财务或组织能力。它涉及权力、影响力和分配资源的权限。

列出所有利益相关者群体，并就意愿和能力两个维度将其分为低、中或高三种类别，这种方式能评估对变革的准备度和能力。这个过程会对利益相关者的立场进行有根据的推测。此外，需要进一步的分析，识别哪些利益相关者必须致力于变革才能促使变革发生。所有组织都存在具影响力的领导者——这些人的声誉和受尊重程度在整个组织中是众所周知的。这些领导者的声誉和影响力经常超过他们在组织中的职务。当他们支持某个事物时，通常它就会发生。

评估对变革的承诺度时，我们要看看意愿和能力列表中最重要、最有影响力的利益相关者，从中确定五六个如果变革发生必须取得其支持的人。我们可以用四点评分制来评估对变革的承诺度：（1）反对变革；（2）乐见其成——这类人既不会反对也不会支持变革；

（3）积极支持——这类人会主动为变革提供资源；（4）促成发生——这类人将领导并全力以赴促成变革。理想的情况是，至少要有两个重要利益相关方群体会促成变革的发生，两三个积极支持，几乎没有或没有人反变革或乐见其成。最终目标是创造大量有影响力的利益相关者群体来领导并积极支持变革。

当确定了利益相关者群体之后，下一步是联系每个群体，收集有关他们对变革的准备度、能力和承诺度的第一手资料。建立承诺是一个政治过程，包括接触利益相关者，发现他们的兴趣并据此设计变革。通常接触和对话能增加承诺度。记住，人们有可能同意去重复做一件事，只要不是出于相同的理由必须这么做。有时候，能实现的最好结果就是说服一个利益相关方群体从反对变革的立场转变为乐见其成立场。这种转变将负面的能量变为中性的能量，大大增加了实现变革的概率。

确定可识别且能实现的未来

规划组织变革的第三个规划任务是确定可识别且能实现的未来，贝克哈德和哈里斯称为未来状态。一个令人信服的理由能让组织开始前行，而一个可识别且能实现的未来为组织提供了前行的目的地。

当组织关注自己目前的情况时，它们通常开始着手解决问题。今天的问题应该完全解决，但这尚不足以让组织迈入未来。当未来有明确的定义，组织也在有目的地指导活动、调集资源来实现它时，更好的未来才会发生。界定未来往往会带给人们乐观的心态，也会形成鼓励变革的张力。当一个组织将前途远大的未来与令人不满意的现状进行比较时，两者之间的动态张力就会产生支持变革的能量。

未来状态是领导层对意图、优先事项和承诺度的一个声明。当变革完成之后，这是组织在未来的一个整体画面。它描述了组织的工作、绩效目标、组织结构、组织过程、组织文化的主要方面，以及员工在此工作如何获得意义感。这是一幅组织未来的系统图，也包含其外部环境和重要的利益相关者。描述未来是组织领导层的责任。这不是一件需要组织中的每个人投票或认同的事情。这是一件人们都必须支持并跟随的事情，只要他们还打算留在组织中。

指引过渡

第四个规划任务是指引过渡。过渡是一种中间状态。过渡期间，变化开始发生，旧的做法不再奏效，而新的工作方式尚未完全成型。过渡期间，组织边界变得很不稳定，人的自尊也开始被侵蚀。指引过渡时有两个主要任务：创造必要的边界；帮助人们恢复自尊。

过渡期间所需的组织边界是：

1. 管理过渡的领导力结构。组织必须在持续经营的情况下进行变革，这会引发日常业务管理和变革管理之间对优先性的冲突。致力于管理过渡的领导力结构要确保最大化地关注组织变革的复杂性。当前领导者可以合理分配时间来对小规模的变革进行管理，因此他们显然在同时兼顾这两者的优先性。较大规模的变革可能需要专门的领导者，如项目经理或过渡领导团队。真正大规模的变革可能需要平行的领导力结构，一个管理正在进行的业务，另一个管理过渡。
2. 管理整个变革工作的总体规划。总体规划包含：促进变革的主要活动、每项活动所承担的责任、时间表、衡量标准和进度报告。总体规划要确保拥有细致周密的变革方式，并在过渡期间提供指导活动的结构。这种总体规划需要公布出来，以向人们传递这样的信息：变革即将开始，需要认真对待；公布进展情况会让组织成员知道变革正在有条不紊地进行中；公布对规划的变动会让组织成员知道规划会根据进展即时调整，也展示了领导层领导变革的能力。
3. 广泛宣传未来状态的情景。这会告诉大家在界定的未来中有什么。一个生动表述的未来状态能让人们在其中找到自己的位置，在困难时期这能激发他们克服困难、奋勇向前。

为了降低个人在过渡期的困难：

1. 鼓励领导者多出现并与员工多亲近。当过渡期领导者经常让人们参与组织事务时，人们对领导者有能力带领大家渡过难关就更有信心。对于变革的理由和实现目标的进度，当领导者与成员进行真诚的双向沟通时，谣言就会不攻自破，大家对领导者的信心也会增强。当领导者能够仔细倾听并为大家提供支持和保证时，人们也往往也会回报以支持。当领导者表现出对人们所信奉的价值观的尊重，维护每个人的尊严，甚至那些持有不同意见者，组织成员对领导者的信心也会大增。
2. 创建并维持可靠的信息流。过渡期间，要强调沟通和理解。谣言四起会让组织消耗大量能量来明辨真假。经常就变革的进度、目前所学到的及规划的变动与大家沟通，这点非常重要。
3. 避免复杂问题简单化。变革是艰难、凌乱并充满压力的。大家不可能做到同时登上变革快线。一些人保持旧的方法已经太长时间，会错误地认为变革只是暂时的，美好的过去还会回来。还有人忙得根本顾不上参与变革，他们错误地认为：如果他们不承认变革，自己就不会受到影响。“克服困难坚持前行”这种话通常对促进变革毫无作用。如果人们愿意，他们也能解决好问题，但需要花一些时间。高效的变革领导者会仔细倾听，以便了解变革带来的复杂性，而不是忽视或掩饰这类问题。领导者必须保持耐心并善解人意，但是同时也要积极鼓励或要求人们参与，以实际行动支持变革。

让变革持续

第五个规划任务是让变革持续。变革是一个反复的循环过程，动态的外部环境总是会带来新的变革要求，因此让变革持续是一个相对的概念。在早期，组织变革被认为有三个阶段：解冻，以让组织做好变革准备；变革，实施期望的变革；重新冻结，将变革固化并制度化。现在，情况有些不同。许多组织都处在一个动态的环境中，完全没有冻结的状态。环境总是动荡起伏，以至于任何变革的保质期都不会很长。今天我们的情况更像是融雪—变革—融雪[1]（Slush-Change-Slush）。

同样，有三个有助于巩固转变的举措应该纳入任何变革规划中。

1. 检查是否真的发生了变革。通常，引领变革的人会假设如果一切看起来都在按计划进行，那么变革实际上就发生了。相信并验证。相信人们在做正确的事情。验证他们确实如此。当变革发生了，这种方法会识别出来和予以加强，而在变革没发生或变革结果不同于预期时，这将提供有价值的反馈信息。
2. 确保主要的组织过程和结构能够强化变革。当组织开始以不同的方式行事时，通常其基础结构会受到影响。需要有新的报告来跟踪绩效；会计分类的变化必须反映出组织资源使用情况的变化；预算需要修改；报告关系和联络结构要改变；会出现新的职务和分类等。所以，这需要仔细查看组织的基础结构，并且是值得如此的。如果基础结构不支持变革，变革将不会持续。
3. 确保奖励系统支持变革。如果奖励制度不能奖励人们支持变革的行为，变革就难以巩固。最糟糕的情况是，奖励制度可能阻碍变革。在任何变革规划的早期就让相关人力资源参与，可以保证从上游解决好这类问题。

1　相对早期勒温所讲的冻结而言。——译者注

领导变革

随着变革的展开，领导者的角色可由多人担当。有时，领导者由一位高管担任，他会描绘一个能促进变革的未来。或者由一位中层管理者担任，他知道如何让人们对变革充满热情。有时领导者也可以是一位资深的员工，他会传授如何开展新任务的知识。或者可以由一位顾问担任，他会提供有关变革过程的建议或收集变革进展如何的信息。有时，领导者由来自不同组织部门的人员小组担任，他们会制定出新的互动方式。

捍卫者和变革推动者

主要的变革领导角色有两个：捍卫者和变革推动者。捍卫者负责促使变革发生。他们做出决定，分配工作，进行检查以确保变革的进行，实施奖励并开展通常与领导有关的一切事项。他们是支持变革的组织的成员，并在变革后仍留在组织中。变革捍卫者必须意志坚定、坚持不懈以设法获得会促进变革的行动。

变革推动者负责支持捍卫者。变革推动者常常是组织发展实践者，他们凭借自己对过程和组织发展的专业素养，或者向捍卫者提供情感支持来进行协助。有时候，变革推动者也是一个组织的成员，会就捍卫者不熟悉的领域为捍卫者提供建议。变革推动者常常不是变革的组织的成员，并且在变革发生后很可能不会继续留在组织中。

变革推动者的工作方式比捍卫者更灵活。捍卫者要像警察一样行事，执行变革计划的“法律”。而变革推动者更像一个社会工作者，根据组织的变革动态和基本条件为变革捍卫者和其他人员提供建议。传统的智慧表明，一个人不能同时成为警察和社会工作者。这对组织变革而言尤其如此。

捍卫者主要侧重推进组织变革的任务，而变革推动者主要侧重变革的过程。这二者一起合作，会对正在发生的一切有一个更广泛、完整的认识，这是任何一人单独工作时实现不了的。捍卫者的强硬导致其会远离重要信息，特别是当事情未按预期进行时。变革推动者的易接近性和非评判性让他们易于获取信息，因为人们知道他们会对信息保密。当这两个角色模糊不清或合于一体时，效果就会大打折扣。

有时候，变革推动者会承担属于捍卫者的任务，也许是因为捍卫者的工作超负荷，而变革推动者也想提供帮助；又或者是因为变革推动者对变革的某些方面感触强烈，想要支持它们，或者想要成为捍卫者而不是变革推动者。这样的冒险总是以失败告终。变革推动者没有组织权力或经验来提供有力支持，而且也会失去信誉，人们开始不信任他们了。因此，有关变革领导的角色，建立并明确他们的界限非常重要。

高效的变革领导者能觉察到自己的情绪，并且能意识到自己的情绪是如何影响行为的。强烈而积极的自我价值感有助于领导者克服变革不可避免会带来的疑虑和不确定性。高效的领导者能控制好自己破坏性更大的冲动情绪。避免大喊大叫、乱扔手机或发送怒气冲天的电子邮件。

同理心就是感知他人的情绪、理解他们的观点并对其关切之事有浓厚兴趣。对于变革领导者而言，这是最重要的情商技能。同理心有助于软化这些领导者经常要表现出的强悍风格。因为同理心与人建立的联系是凭借才智无法实现的。

领导力总是一个相互影响的过程。领导者会影响其下属，同时也受到下属的影响。在领导变革时，能够使用各种影响力战略至关重要。

领导风格

领导的态度和举止会显著影响领导有效性和组织绩效。优秀的领导有多种风格，可在其中自如转换，以调整自己的风格与所处的情境相匹配。有四种风格可增强组织氛围，从而提高组织绩效。有两种风格可以在短期内提升组织绩效，但长期使用却适得其反。

指令型风格（Commanding Style）经常说："照我说的做。"这在危机中效果最好，但会降低组织绩效。愿景型风格（Visionary Style）会说："跟我来。"这在领导变革时效果最好，并且比其他任何风格类型都能提高组织绩效。亲和型风格（Affiliative Style）会说："以人为本。"这对创建和谐氛围最有效，也能提高组织绩效。民主型风格（Democratic Style）会问："你想要什么？"在通过参与赢得承诺方面，它的效果最好，并能提高组织绩效，但需要时间来达成共识。领跑型风格（Pacesetting Style）说："我们可以做得更多。"这能提高才华横溢的团队的绩效，但过度使用时也会带来问题。辅导型风格（Coaching Style）总说："让我们来学一学。"要提高员工能力来增强组织绩效时，这种风格效果最好。

每种风格都有其适用的范围，具体视情况而定。在领导变革时，愿景型风格的效果最好，但在危机期间、争论的各派需要合作工作、需要高承诺度时、小组需要挑战性任务时或当需要新的技能时，这种风格的作用就有限了。因此，最优秀的领导者都擅长审时度势，因地因时地来选择适合的风格。

实施变革

实施是变革过程的最后一个环节。许多变革举措的失败都源于执行失败。设想新的未来，让人们对此充满热情，再建立结构和过程来促使变革发生，这是一项极具挑战性但又令人兴奋的任务。实施变革需要长期关注一些非常琐碎的事情。

以下是执行活动和战略的清单。前两个在之前的指引过渡一节中已提到，这里将重复以示强调：

1. 必须仔细建构三种状态下能够支持变革的领导力结构。当前状态、过渡状态和未来状态的领导任务各有不同。这通常意味着，随着变革在不同状态之间的演变，领导方式也必须转变。当启动变革的领导者知道他们在后期可能不在组织中时，领导层必须调整工作重点以确保变革的连续性。实施变革需要全面的知识，因此实施团队的构成通常会有不同，也往往大于规划团队。
2. 应精心制定管理全部变革工作的总体规划并广而告之。精心制定，意味着变革规划应与任何战略规划、财务规划、营销规划或人力资源规划一样具有相同的标准。广而告之，意味着在严谨的组织保密限度内进行沟通交流，提供足够的信息让组织成员了解变革内容及其进展情况。它并不意味着公布组织的所有竞争策略。
3. 审视执行活动以确保它们既体现了教育策略又展示了权力策略。教育策略告诉大家为什么变革是必要的及未来是什么样的。教育本身不足以确保变革。权力策略会施加影响来强化支持变革的行动，如分配选项、晋升或加薪，权利策略会阻止不支持变革的行为。当只采用权力策略时，人们会产生抗拒，所以这两个策略的使用都是必要的，其目的是确保执行活动会向人们传递变革的信息，并激励大家切实进行变革。
4. 建立逐步变革的承诺。将变革的实施按顺序划分为若干步骤，使其看起来不像一个大的飞跃。将执行承诺也按顺序分为若干步骤，以便人们在体验进展的过程中逐步建立信心。同时，资源的投入按顺序也被划分为几个阶段，这样，那些资助变革的人也不会觉得自己开出了一张空白支票，可任人狮子大开口。如此大费周章地将实施任务分步而有序进行，在之后的过程中就会较少出现要推翻重来的决策，这样可以减少抗拒并增加承诺度。

结论

指导复杂的组织变革很像在大海上航行。水手们不能充分了解并控制由天气、风力和潮汐带来的各种组合状况。同样，人们也永远不能完全了解并控制组织内正发生的一切。水手在做准备工作时，会确保船只和船员状态良好、补给充分且齐全并有详细的出航计划。组织在进行变革之前也需要有足够的准备度和能力。领导者会制订计划、分配资源并致力于变革任务。一旦出发，水手们就无法控制风力、天气和潮汐，因此他们会控制船舵、扬帆及调整船帆以适应风向、定期调整路线以到达目的地。同样地，组织也不能控制它们的环境，因此必须调整策略并重新分配资源来实现组织的变革目标。

跟汽车相比，复杂的组织变革的运作更像一艘帆船。即使轻微转动一下方向盘，无须太多动力，汽车就会立即改变方向。当转舵时，帆船却不能马上响应。通常几秒之后才会改变航线。刚开始驾驶船只的人往往会将舵轮猛然从一边转到另一边，因为他们以为船只没有反应。但船只确实在做出反应，只是比他们习惯的反应方式要细微得多，也要慢得多。类似地，组织变革的影响也是在逐渐展开中。明智的做法是保持警觉，寻找变化之中的蛛丝马迹，保持耐心，从容掌控船舵。

参考文献

Ackerman-Anderson, L., & Anderson, D. (2001). *The change leader's roadmap*. San Francisco, CA: Pfeiffer.

Alderfer, C. P. (1980). Consulting to underbounded systems. In C. P. Alderfer & C. L. Cooper (Eds.), *Advances in experiential social processes* (Vol. 2; pp. 267–295). Hoboken, NJ: John Wiley & Sons.

Beckhard, R., & Harris, R. (1987). *Organizational transitions: Managing complex system change* (2nd ed.). Reading, MA: Addison-Wesley.

Beckhard, R., & Pritchard, W. (1992). *Changing the essence: The art of creating and leading fundamental change in organizations*. San Francisco, CA: Jossey-Bass.

Boyatsis, R., & McKee, A. (2005). *Resonant leadership: Renewing yourself and connecting with others through mindfulness, hope, and compassion*. Boston, MA: Harvard Business School Press.

Bridger, H. (1980a). The kinds of "organization development" required for working at the level of the whole organization considered as an open system. In K. Trebesch (Ed.), *Organization development in Europe* (Vol. 1A). Bern, Switzerland: Paul Haupt Verlag.

Brown, D. (1983). *Managing conflict at organizational interfaces*. Reading, MA: Addison-Wesley.

Goleman, D. (2006). *Social intelligence: The new science of human relationships*. New York: Bantam Dell.

Goleman, D., Boyatzis, R. E., & McKee, A. (2002). *Primal leadership: Realizing the power of emotional intelligence*. Boston, MA: Harvard Business School Publishing.

Hirschowitz, R. (1974). *Human aspects of managing transition in personnel*. New York: AMACOM.

Hofstede, G. (1997). *Culture and organizations: Software of the mind*. New York: McGraw-Hill.

Hopson, B., & Adams, J. D. (1977). Towards an understanding of transition dynamics. In J. D. Adams, J. Hayes, & B. Hopson (Eds.), *Understanding and managing personal change*. London, UK: Universe Books.

Kotter, J. (1996). *Leading change*. Boston, MA: Harvard Business School Press.

Kotter, J., & Cohen, D. (2002). *The heart of change: Real life stories of how people change their organizations*. Boston, MA: Harvard Business School Press.

Morrison, T., Conaway, W. A., & Borden, G. A. (1994). *Kiss, bow or shake hands: How to do business in 60 countries*. Avon, MA: Adams Media.

Nahavandi, A., & Malekzadeh, A. R. (1993). *Organizational culture in the management of mergers*. Westport, CT: Quorum Books.

Oshry, B. (1995). *Seeing systems: Unlocking the mysteries of organizational life*. San Francisco, CA: Berrett-Kohler.

Schein, E. H. (1984, Winter). Coming to a new awareness of organizational culture. *Sloan Management Review*, 25(2), 3–16.

Scott, C. D., & Jaffe, D. T. (2004). *Managing personal change: Moving through personal transition* (rev. ed.). Seattle, WA: Crisp Publications.

Stone, D., Patton, B., & Heen, S. (1999). *Difficult conversations: How to discuss what matters most*. New York: Penguin.

Van der Heiden, K. (1996). *Scenarios: The art of strategic conversation*. Hoboken, NJ: John Wiley & Sons.

给我们以启示的参考文献

Bradford, D., & Cohen, A. R. (1998). *Power up: Transforming organizations through shared leadership*. Hoboken, NJ: John Wiley & Sons.

Finklestein, S. (2003). *Why smart executives fail and what you can learn from their mistakes*. New York: Penguin Group.

Lehrer, J. (2009). *How we decide*. New York: Houghton Mifflin Harcourt.

Marshak, R. J. (2006). *Covert processes at work: Managing the five hidden dimensions of organizational change*. San Francisco, CA: Berrett-Koehler.

Pettigrew, A., & Whipp, R. (1991). *Managing change for competitive success*. Oxford, UK: Blackwell.

网站

Ackerman-Anderson, L. (2008). Being first, world leaders in organizations: Change tools for change leaders and consultants. http://beingfirst.com/aboutus/lindabio.htm.

Goleman, D. (n.d.). Emotional intelligence, social intelligence, ecological intelligence. http://danielgoleman.info/.

Hofstede, G. (n.d.). The Hofstede Center. http://geert-hofstede.com.

Kotter, J. (n.d.). Kotter International because change is essential. http://kotterinternational.com/news-and-insights.

Mintzberg, H. (n.d.). http://mintzberg.org.

Oshry, B. (n.d.). The seeing systems blog. http://seeing systemsblogs.com.

Schein, E. H. (n.d.). Hypertextual organizations, culture 21st Century. Edgar Schein: Organizational culture and leadership. http://thehypertextual. com/2013/01/17/edgarschein-organizational-culture-and-leadership/.

O'Shea Report. (n.d.). Management flavor of the month. http://youtube.com/watch?v=dhfkots6QQM.

第 15 章

利用涌现性变革的力量

吉尔·汉森（Jill Hinson）
大卫·奥斯本（David Osborne）

“在对未知一无所知的世界中，我们不指望能精准地预测关键系统的行为，也无法假定自己能精准地管理行为。”

——托马斯·霍姆–迪克森（Thomas Homer-Dixon），2009

领导者和组织发展实践者花费了大量的时间来思考并规划变革工作。通常，领导者想到的是具体结果和变革展开的具体方法。然而，大约 70%的变革工作最终都以失败告终。研究表明，领导者认为变革工作既艰难又速度太慢。他们都希望变革能更快速地发生。事实上，这个世界正要求组织变得更加敏捷。领导者都会遭遇员工抗拒变革的情况。经常变革举措在还未取得任何成果前就戛然而止了。虽然这样的经历的确属实，但我们周围每天都有变革成功发生。改变并适应的能力是所有复杂的自适应系统的一种本能。变革通过自组织过程发生，从而在系统内形成了新的涌现性模式。本章将探讨自组织和涌现性变革（Emergent Change）的相关内容，概括促使涌现性变革发生的基本原则，包括这些原则的应用及对变革领导者与组织发展实践者的重大意义。示例 15.1 描述了用于收集数据以进行研究和分析的过程。

示例 15.1　战略、领导力和变革研究

变革融合（Change Fusion）组织与北弗吉尼亚技术委员会进行合作，对组织正面临的变革的性质进行了研究。采用了定量调查和领导访谈的方法来收集数据。来自 IT、教育、政府承包商、营销和零售行业的 56 家公司参与了研究。

在个人层面和系统层面都会发生涌现性变革。涌现性变革的具体例子是什么？在个人层面上，涌现性变革可能会改变个人的心智模式。我们都经历过突然改变了我们的思维模式的灵光一闪，这就是个人层面涌现性变革的一个例子。这种灵光一闪是突然出现的，通常不在我们的计划事项之内。社交媒体和互联网的指数式增长，改变了人们联系的方式、时间和空间。变革的出现并非控制或集中规划的结果。这些变革迅速发生，包含了很多互相依赖的因素彼此相互作用。那么领导者和组织发展实践者能如何利用这种与生俱来的变革能力呢？这需要我们调整自己的思维模式和方法，抛弃要控制变革的念头，并采用能创造条件促使变革出现的方法。

关注点：行动中的涌现性

让我们从一个故事开始说起，这是一个关于未经过预先计划或控制、自然发生的变革的故事。在这个故事中，请特别留意混乱中通过自组织而形成秩序的模式。故事发生在 2001 年 9 月 11 日的曼哈顿岛。在这场可怕的灾难中，成千上万人陷于困境中，他们迫不及待地要离开曼哈顿下城区。所有的地面交通方式，包括隧道、桥梁甚至地铁都关闭了。当第一座世界贸易中心大楼倒塌时，恐惧和惊慌占据了每个人的心头。水路交通是唯一可能的撤离途径。然而，当人们都想要挤上船时，可用的几条渡轮瞬间就挤爆了。一些迫切想离开的纽约人甚至跳进了哈德逊河。

出于本能，几个个体船主急切地想要提供帮助，他们让人们上船，将其运离曼哈顿岛。这些船主启动了最初的救援模式。然而，当时的情况非常危险，船只很快就出现超载，几乎就要倾覆了。船只的载客能力远远不够。美国海岸警卫队指挥官迈克尔·戴注意到了逐渐显现出的模式，一方面必须将人员运离曼哈顿岛，另一方面让个体船主自行救援存在极端不确定性和巨大风险。于是他做出了极其重要的决定。他发出了简短的召集邀请：“所有船只请注意，这里是美国海岸警卫队。任何愿意援助曼哈顿下城区撤离任务的人，请到总督岛报到。”消息中所体现的邀请和官方批准的意味为参与救援的船主创建了安全感。

响应者云集。指挥官的行动推动了新撤离模式的出现。大小不一、形状各异的不同类型的船只迅速响应，有私家船只、捕鱼船、游船和拖船。没有规划，未经过培训，也不存在先进的协调机制，最终实现了这次人类历史上最成功的海上撤离行动。“这次行动的规模甚至超过了第二次世界大战期间的敦刻尔克大撤退，当时用了九天时间解救了 33.9 万名英国和法国士兵。但在 9 月 11 日这一天，几乎 50 万人通过船只撤离了曼哈顿下城区，用时不到九小时”。这个结果和以往最成功的水上疏散行动的生产力相比，提高了 350%。尽管 9 月 11 日发生了非常可怕的事件，但那天参与救援的人都认为这是自己生命中最骄傲的一次经历。如果只简单地将这看成一个有关危机期间英勇行为的故事，将忽略其中可借鉴的自组织的力量，以及其对快速变革和高绩效的潜能的榜样。在当时的情况下，展现出了六种促成涌现性变革出现（受“适配性”的驱动、多样性、连通性、安全性、混沌边缘和控制）的条件。示例 15.2 讨论了这六种条件的出现。要观看“To watch Boatlift,An Untold Story of 9/11 Resilience”的视频，请访问 www.youtube.com/watch?v= MDORZF7B2Kg。

示例 15.2　抢运受困人员期间涌现性变革产生的条件

虽然所有系统都能产生自组织和涌现性变革，但是某些条件会影响涌现变革的速度和方向。以下条件就在抢运受困人员那天出现：

受“适配性”的驱动： 当成千上万人被困于不断蔓延的恐怖当中时，常用的运输“解决方案”又不能满足当时的需要，因此，迫切需要改善这种状况。

安全性： 当指挥官邀请船主一起集合时，就消除了“参与”救援的最后障碍。这种邀请就是一份官方声明，船主可以遵循自己的直觉自行采取行动。

多样性： 这次成功的救援包含了各式各样的传统、非传统水上交通。为了满足当时情境下的巨大需求，出现了创新的解决方案。

连通性： 这个事例强调了多个利益相关者之间保持联系的必要性。指挥官把船主联系在一起，使他们能够协调各自的方法，并安全地与那些受困人员建立联系。

混沌边缘： 人员进出城市的正常流动受到阻碍，造成了系统的不平衡，于是系统变得混乱。

控制： 控制放松了。以往用来保护人们的条文框架都被放在一边，以实现当天在那种情境下的“成功”。

复杂性科学的理论框架

"不确定性是人类组织生活的根本特点，接受这一观点具有重大影响。"

——拉尔夫·史黛丝（Ralph D. Stacey），2012

复杂性科学为领导者和组织发展实践者提供了洞察，让他们了解可以如何利用这种与生俱来的变革能力。作为一个多学科领域，复杂性科学研究的是复杂的适应性系统，借鉴了大量广泛的科学，包括系统理论、控制论、混沌理论、热力学和计算机建模。就这点而言，它的语言会非常复杂且科学化。本章将提供对组织领导者和人类系统领域的学者—实践者最有用的核心概念。这些概念包括复杂自适应系统、自组织、模式和涌现。有关这些术语的定义（见表 15.1）。

表 15.1 核心概念

复杂自适应系统	复杂自适应系统是开放系统，包含许多相互联系的推动者或个人。复杂自适应系统的例子包括组织、蚁群、神经元网络、免疫系统和全球经济
自组织	自组织是单个迭代式局部交互作用的过程，从而以一种新的方式来组织系统。史黛丝认为这个概念不是"为所欲为"的行为或赋能，而是个体通过彼此互动相互限制和促进。这个过程发生在局部或"微观"层面
模式	模式出自与其他推动者就差异之处反复进行的重复式互动和联系。"显著的差异决定了自组织过程中出现的主要模式"。"关注"模式是利用涌现性变革力量的一种核心能力
涌现	无须某个负责人控制而建立新的全局模式的能力。这是复杂自适应系统的共同特征，整体行为远比局部行为复杂。涌现出现在全局的"宏观"层面

复杂性科学呼吁去质疑一些我们长期持有的牛顿思维式心智模式。我们的思维需要从确定性转向不确定性、从简单因果关系转向多维因果关系、从局部转向整体、从事件转到模式（见表 15.2）。正如今天 MBA 学院所教授的那样，领导一个组织要注重分析和理性决策。尝试对未来进行预测并由此制订计划来利用未来的种种可能性，从而取得成功。虽然这些方法在一个可预测的稳定世界中效果卓著，但在一个不确定、不可预测且快速变化的复杂世界中，效果就越来越式微了。复杂性科学告诉我们，复杂自适应系统的世界确实

是不可预测的。这种不可预测性使得人们开始质疑对变革进行规划和控制的有效性。

表 15.2　思维方式的转变

从牛顿式视角	转向复杂性视角
有计划的	涌现性的
可预测的	不可预测的
指令式	影响
层级式	相互关联的
线性的	非线性的
可孤立看待的活动	普遍具互依性
自上而下的变化	通过局部互动创建全局模式

复杂自适应系统

复杂性科学的核心部件是复杂自适应系统。复杂自适应系统由各种相互依存、相互连接的个体或群体组成。复杂自适应系统的例子数量众多，包括交通堵塞、游乐场、全球市场和高管团队会议。事实上，所有的组织、社区和学校都可被看成复杂自适应系统。但是，这有什么含义呢？又能如何帮助我们理解该如何影响变革呢？

在日常生活中，我们经常被混合交织在多个复杂自适应系统中。每个互动都有可能带来意外而新奇的影响，从而转变介质和整个复杂自适应系统。在复杂自适应系统中，个体互动能创建系统范围的模式。正是这种局部互动（如个人对话、汽车停驶与行驶及高管决策）的相互关联和互动促成了新的涌现性模式。这种系统范围的模式会不断施加影响，不断进行演变，从而促进并制约局部的互动（见图 15.1）。复杂自适应系统没有单一的控制要素来控制系统。相反，它有很多分散的、相互作用的组成部分，这些部分独立进行合作与竞争。交互作用的基本规则就能影响涌现的模式。当介质共同演进并构建自己的集体未来时，在它们之间存在着持续不断的密切互动。

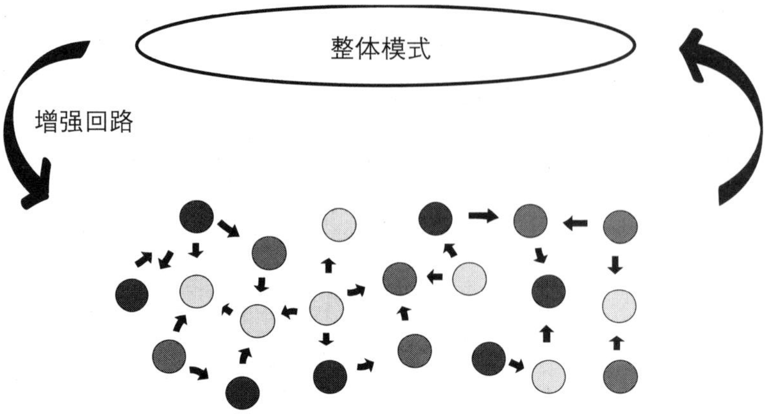

图 15.1　复杂自适应系统模型

复杂自适应系统的特性

复杂自适应系统有几个重要的特性，它们揭示了领导者和组织发展实践者能如何影响变革。事实上正是这些属性让我们对变革发生的方式有了不一样的思考。具体来说，复杂自适应系统展示了非线性特性，对自己的初始条件比较敏感，能够产生意想不到的巨大变化。总之，它们既无法预知也不可确定。任何一个从事过变革举措的变革领导者都能证实这种经历的不可预测性。然而，领导者和组织发展实践者的行事方式仍然体现出复杂自适应系统似乎是可预测的。以下将简要说明了每种特性及其对变革领导者的意义。

非线性　复杂自适应系统的第一个特性是其本质上的非线性，介质的相互依赖形成了这一特性。在复杂自适应系统中，所有的介质都在相互作用，每种相互作用都有可能在多个维度上改变环境。我们惯有的牛顿式心智模式告诉我们，因与果是彼此直接互成比例的。如果领导者想要取得巨大的成果或变革，他们就需要一个宏大的计划。在数学上，线性等式可以简洁地进行相加，各部分的总和等于整体。而在复杂自适应系统中，则不存在这种简单的加法式特性。非线性带来了指数式事件及因果之间的比例失调。非线性等式不能简单地相加，它们有多方面的从属性。组织中的非线性意味着关系间的相互依存。例如，由于干旱农作物价格大幅上涨，而上涨的食品价格又影响了餐厅、员工和单个的家庭。世界局部地区的天气可能影响广泛。另一个例子是新法规可以改变整个行业的态势，带来革命性的变化。格莱克（Gleick）对此进行了很好的描述："非线性意味着参与游戏的行动本身就带有改变游戏规则的方法。"对于领导者和组织实践者而言，非线性意味着需要自如面对不确定性、要关注模式的重要性及采取重复性行动的做法。

对初始条件的敏感性　复杂自适应系统的第二个特性是其对初始条件的敏感性。投入的细微差别可能很快就会变成产出的巨大差异——这种现象被称为"对初始条件的敏感依赖性"。过去做出的小小决定会改变未来的结果。过去发生的事情非常重要。并且，一些领导者和组织发展实践者所不知道的细小差异，可能导致不同模式或结果的涌现。这也是为什么难以准确预测变革举措的结果。麻省理工学院的数学家、混沌理论的早期创建者洛伦兹（Lorenz），创造了蝴蝶效应这一词语，当时他发现初始条件的一个细微变化会带来天气模式的巨大变化。这个原理在电影和文学领域非常流行：主人公穿越时空回到过去并在那里改变一个小小的行动，这个小小的改变就导致了一个截然不同的未来。在了解这些知识之后，变革领导者就会承认，可预测性是一个不切实际的想法。复杂自适应系统对自身过去发生的事情比较敏感。过去大大小小的事件都能影响未来的模式。

能够产生突发性大事件　复杂系统有能力产生突发性大事件，这是复杂自适应系统的第三个特性。复杂的系统可以自组织到临界状态。临界状态经常被称为"混沌边缘"。在系统内发生的众多小事件会造成不稳定的临界状态。在这个状态的巅峰时期，一个看似微不足道的小事件可能导致不成比例的大事件。对于领导者和组织发展实践者来说，这意味着变化可能显得进展缓慢，只发生了一些小变动，然后突然之间出现了一个"临界点"，从而导致较大的变革或转型。复杂自适应系统变革的发生是不规则的，它并不会按照一种可预测的线性时间轴一步步地推进。

自组织和涌现　自组织是复杂自适应系统建立新工作方法的过程，会导致新的整体模式的涌现。普里果金（Prigogine）发现，自组织也出现在热力学中。想象有一壶水，当水静置在壶里时，是处于稳定的状态中。当环境发生变化时，例如，当温度开始升高，壶里的水开始演变并发生变化。气泡开始随机出现，可能出现蒸汽，然后发生一个转变，水开始沸腾，变成了蒸汽。当水分子相互之间以及与环境进行相互作用时，自组织就自然地发生了。"在自己的局部相互作用中，人类介质能彼此约束并促进。所产生模式的表现形式，取决于每个介质做了什么或不做什么。"。例如，当一个团队聚集在一起时，约束与促进的相互作用能让很多模式涌现：有效的工作模式、冲突或争斗。史黛丝进一步说明："没有一个个体能孤立地组织自己的经验，因为经验完全就是彼此之间的唤起式，同时也是激发式回应。"自组织的标志是需要与环境交换能量和资源，而自组织的成果是自发性和学习。

生物学家斯图尔特·考夫曼（Stuart Kauffman）发现了通过自组织发生变革的五个先决条件，包括有一个安全、"营养丰富的"环境，寻求与环境的适配性，高度多样性，连接的复杂性，以及混乱和秩序的适当平衡。控制或蓄意的秩序会限制自组织的潜力。接下来我们将逐一探讨考夫曼所提出的能促成变革的条件。

安全、“营养丰富”的环境 安全、“营养丰富的”环境能确保复杂自适应系统能与环境交换生存所需的基本要素。环境和个体介质之间的反馈循环提供了能源、信息和其他所需的资源。在人类系统中，这包括个体进行健康、有意义的互动所需的心理安全。对于领导者和组织发展实践者来说，安全会促进对话。这一条件也能确保向复杂自适应系统提供适当的信息——变革所需的养分。

寻求与环境的适配性 与环境相适配意味着不断寻求用最好的可能方式来适配环境。“当系统与环境形成一种良好的功能关系时，就达到了适配状态，从而有足够水平的能量流动来满足生存需要”。由于复杂自适应系统所处的情境和环境在持续变化中，复杂自适应系统本身就需要不断寻求适配性。复杂自适应系统内部要发生变革或涌现，就必须存在这种寻求与环境适配的过程。要与环境“相适配”，需要有强大的反馈回路及与周围要素的良好互通性。

高度多样性 多样性是催生变革的关键因素。千篇一律只会带来墨守成规。多样性为新事物的出现提供了原料。让我们思考一个化学中的例子。当不同的元素——氢和氧——汇聚形成了 H_2O，就产生了新的东西——水。综合不同的观点和想法能产生新事物。对于领导者和组织发展实践者而言，交流不同的想法能够创造洞见，从而促成创新。

连接的复杂性 仅仅有多样性还不够。连接的复杂性使多样性发挥杠杆作用。复杂自适应系统的各个部分都需要建立连接，从而能使信息和想法流动起来。看看互联网和社交媒体所带来的越来越多的连接是如何改变了我们的生活的。调整连接的手段和程度能促进更好的信息分享、多样性观点的产生以及对变革的社会传播。要形成涌现性，松散连接的介质需要紧密连接起来。

混乱和秩序的适当平衡 混乱和秩序之间的适当平衡是促成变革涌现的必需条件。是的，我们需要秩序与混乱、混沌并存。处于“有序”状态下的稳定复杂自适应系统具有较低的变革倾向。这种系统太过僵硬并被紧紧束缚。然而，处于混乱之中的复杂自适应系统过于随机，难以完全形成一种新的模式。涌现发生在混沌边缘。对自己所领导的系统，领导者要了解其模式的复原力，他们需要知道何时去稳定系统，何时去打乱系统。

复杂性科学改变了我们的牛顿式范式。它让领导者和变革推动者知道，参与局部的互动，促进复杂自适应系统内形成适宜条件并接受变革的不可预测性，涌现就会出现。然而，控制幻想和紧紧绑定系统的欲望会阻碍这种自然转变的过程。了解组织是不可预测的，其与环境紧密连接，具有互依性和多维度，变革推动者就可以进行实验、召集会议、调整计划、感知模式并且有技巧地打乱系统。

应用复杂性科学的经验

“复杂性理论认为，最强大的变革过程发生在微观层面，其中，关系、互动、小实验及简单的规则塑造了新兴的模式。”

——奥尔森（Olson）和欧阳（Eoyang），2001

考虑到复杂自适应系统本质的不可预测性，变革领导者如何能影响在其中的变革呢？本节将探讨变革领导者如何设定条件来影响变革的速度和方向。领导者和变革推动者不能指望变革会以一种能简洁描述的阶段性方式或线性计划来发生，因此他们需要找到替代方法来促成系统的内在适应能力。采用复杂性透镜来促成变革，这意味着要了解个体变革是如何发生的，然后召集“推动者”以进行社会扩散。领导者需要有意识地考虑个人互动和社会扩散或临界点。

六个变革“调节盘”（dial）应运而生。变革领导者需要不断监控和调试这些调节盘。本节将分享从组织角度该如何使用这些变革调节盘。最后，本章将基于这些变革调节盘概括五条有关变革的经验。变革领导者可通过调整这六个调节盘来影响复杂自适应系统的变革。

变革调节盘™（Change Dials™）

尽管存在种种不确定性，领导者和变革推动者在支持变革中发挥着重要的作用。他们的作用从规划变革转向为变革创造条件。考夫曼描述的先决条件为变革领导者提供了工作重点。这些重点可被看成变革调节盘，通过程度的增加或减少来提升变革发生的条件。尽管不太可能做出预测，但变革推动者可以关注这些“调节盘”来影响变革的速度和方向。这六个调节盘分别对应适配性驱动、观点多样性、连通性、安全性、混沌边缘和控制（见图 15.2）。接下来，我们会先简单描述一下各个调节盘，然后再介绍变革推动者要影响每个调节盘可能采取的行动。通过转动调节盘，变革推动者能提升涌现性变革的倾向。

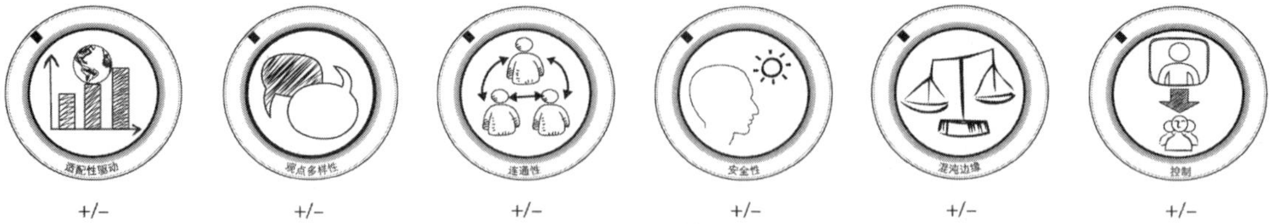

图 15.2　变革调节盘

调节盘 1:适配性驱动　图 15.3 适配性驱动体现了复杂自适应系统想要超过或不同于现状的渴求和需要。它反映了个体、群体或组织是如何适配周围环境的。销售量下滑、客户不满、技术创新、竞争行为或新的法规都可能产生更好适配环境的渴望和需求。调节盘显示了系统必须适应的动机程度，它反映了对变革的情感、认知或身体需求。适配性驱动包括希望在个体、团队和组织层面进行改进。没有这种驱动，就缺乏寻求改变的动机。变革推动者经常需要转动这个调节盘，以确保能感觉到需要改进的紧迫感。

图 15.3　调节盘 1：适配性驱动

转动“适配性驱动”调节盘的方法：

- 制定措施来持续监测外部适配性，并对此进行沟通。
- 在个体探索周围环境时把它们联系起来。
- 鼓励变革推动者进行“意义建构”来澄清新产生的外部新兴模式。

调节盘 2：观点多样性　如图 15.4 所示，第二个“调解盘”代表观点多样性，是指系统内差异的多少。是否有个体向系统提供多样性的观点、知识或理念？多样性的观点会提升产生洞察力和创新的可能性。层级式结构导致了筒仓现象和信息碎片化。打破筒仓、层级或与外部环境的界限来分享不同观点有助于创建一个更广阔的整体视角。另外，观点的多样性也会造成难以克服的冲突。变革推动者需要监督和培育不同观点的流动，同时要抑制可能分化系统的非良性冲突。变革推动者还需要注意何时向上或向下调转动节盘以确保最佳的差异状态。

图 15.4　调节盘 2：观点多样性

转动“观点多样性”调节盘的方法：

- 支持“鼓励异议”的规则以确保沟通模式不会抑制差异，强调重要的核心差异。
- 抑制会造成分化和解体的分歧。
- 让整个系统参与到建立理解力和凝聚力的过程中。

调节盘 3：连通性　如图 15.5 所示，连通性调节盘有关于系统内相互联系的数量和质量。提高或降低连通性会影响信息和资源的传递。提高连通性能够实现快速传递和更深层次的观点共享。让不同的功能建立连接会提高对环境的适应速度。变革推动者需要投入时间来了解能如何调高连通性，以建立强大的社会变革网络，这样的网络充满了高质量的弹性连接。高度连通的系统能在整个系统内迅速传播变革信息。

图 15.5　调节盘 3：连通性

转动“连通性”调节盘的方法：

- 连接系统孤立的部分，在筒仓间建立关系并加强连通性。
- 识别信息流的单点故障或瓶颈，然后创建信息和资源流动的替代路径。
- 提高对话的质量。

调节盘 4：安全性　如图 15.6 所示，安全性调节盘代表当挑战现状、采取冒险或分享不同的观点时，心理安全性如何。增加或减少安全性都会影响个体互动的倾向，以及他们建立共同思考、共同工作的方式。安全性能促使产生某种层次的对话，从而有助于实现协作、创新和敏捷性。冒险安全吗？挑战现状安全吗？我们能够充分表达自己的意见并分享不同的观点吗？变革领导者的一个关键作用是创建安全的空间，让各种观点和意见可以充分分享。变革推动者需要建立适度的系统安全性，以便个体能自由行动。

图 15.6　调节盘 4：安全性

转动“安全性调节盘”的方法：

- 面对逆境、恐惧和集体焦虑，保持冷静、自信的风范。
- 用面向未来的学习性视角取代责备；确保不因行动而受罚。
- 允许实验，鼓励在安全范围内的失败。

调节盘 5：混沌边缘　如图 15.7 所示，混沌边缘调节盘聚焦于系统的稳定程度。处于混沌的边缘，系统处于准备转变的临界状态，一个微小的行动就能产生戏剧性的效果。在稳定的环境中，没有太多变革的需求，因为环境中的变化很小，新模式出现的机会也很小。然而，当我们周围的一切都在改变时，机遇与威胁就都会存在了。变革的概率和可能性急剧增加。当系统处于稳定状态时，变革领导者需要创造一些扰乱。

图 15.7　调节盘 5：混沌边缘

稳定系统的方法包括：

- 定义哪些是确定的，哪些是不确定的。
- 澄清角色、短期目标和行动步骤。
- 提供信息并增加沟通渠道。

扰乱系统的方法包括：

- 重组团队或组织。
- 增加与不同利益相关者或外部环境的联系。

调节盘 6：控制　如图 15.8 所示，控制调节盘是指系统的自主性程度。当系统被严格控制时，新观点、新方法出现并被采纳的机会就会减少。控制会扼杀主动性，而自主性是自组织的标志。相反，当控制过于宽松时，就很难建立连贯的模式。要平衡好控制力度，既要能够发挥个体的主动性，又要对行为设定最大限度的重要边界，以容许变革的发生。变革推动者经常需要教练领导者如何放松控制以增强系统自主性。

图 15.8　调节盘 6：控制

转动“控制”调节盘的方法：

- 授权跨组织团队来处理关键问题。
- 增加/减少决策权限——授权给尽可能低的层级。
- 采用简单的规则来指导决策和行为。

对于如何创造变革，不存在什么“正确答案”或者唯一“方法”。每种情况、每个组织、每种文化和每个系统都有其独特的历史、模式和环境。变革调节盘有助于我们聚焦在能够调整的要素上，从而促进变革从自组织中涌现。接下来，让我们来看一个真实案例，了解如何在冲突严重的高压组织环境中转动调节盘来促成变革。

关注点：行动中的变革调节盘

为了易于理解，将这些关注点做了线性的描述。然而，实际情况是多维度且非线性的。这些调节盘都是相互关联的，改变一个调节盘，另一些也会随之改变。

情境概述：一个领导者需要在三个职能领域开展更有效的跨组织合作。领导者观察到在这些职能领域存在一些问题，包括关系紧张、冲突不断、工作流程具有特殊性、各自为政、信任度低及信息不畅。尽管内部存在这些模式，但该部门仍然因为取得了显著的成果而得到认可。然而，所有身处其中的人员却要承受很高的情绪损失。虽然领导者希望团队能更好地共事，却没有一个“更好”看起来是什么样子的画面，也没有如何变得“更好”的计划。咨询工作的重点在于转动变革调节盘以促使变革的出现。对于每个调节盘，我们都描绘了其初始模式，然后再介绍了调节盘的转动。表 15.3 汇总了这些关注点。图 15.9 ~ 图 15.12 展现了的一些要讨论的调节盘及其组合。

表 15.3　调节盘转动概要

变革调节盘	初始模式	调节盘转动
适配性驱动	群体层面低，个体层面高	通过团队研讨就个人期待的变化构建共同认识。改变这个调节盘，混沌边缘调节盘会受到影响
安全性	群体和个体层面都低	领导者以身作则地展现脆弱性。以前只由领导者掌握的信息仅通过透明的方式进行分享 设计会议以匿名的方式来提供信息，直到建立了更强的安全感。改变这个调节盘，多样性调节盘会受到影响
多样性	群体层面低	采用多种方式将群体成员聚集一起，以提高不同群体和个人的连通性。鼓励保持沉默的成员发表意见，在不同角色的人员和团队之间共享观点。这会增加创新和“适配性驱动”
连通性	群体层面低	举行全体职能部门会议来连接全部成员，采用群体会议来连接团队成员，进行跨职能过程活动来连接筒仓。改变多样性调节盘，多样性、混沌边缘和控制调节盘会受到影响
混沌边缘	系统很稳定	关于对变革的共同期待的觉察的提升、领导者对变革的鼓励、促成这一变革的新期许将完全改变这个调节盘
控制	高	改变强制性参会要求；领导者的角色从提供答案转向聆听并鼓励主动性 转动这个调节盘，安全调节盘会受到影响

调节盘 1：适配性驱动　初始模式：在一对一的会议中，个人表现出非常强烈的失落；每个团队成员都希望事情有所改变。在个体层面，“适配性驱动”的水平较高。然而，他们认为什么也不会改变，因此从未相互交流关于对工作改进的渴望。个人的“适配性驱动”水平虽然较高，但在群体层面却各自为政。

转动调节盘：要转动这个调节盘，我们需要改变孤立的模式，建立整体意识。我们启动一系列整个团队的对话来建立个人的连接。在整体背景下，个体被邀请分享故事，说一说在这里工作是什么感觉。有些员工说到早上去上班时感到很恐惧，还有员工说很讨厌紧张的环境。同时，他们也分享了对组织使命做出高度承诺的事例。然后，我们请员工畅谈对更好工作环境的畅想。领导者也分享了自己沮丧的故事及对更高效的工作场所的渴望。互动开始转变了整体的模式。这时适配性驱动（见图 15.9）开始出现。许多员工报告说，接下来的一周工作环境开始变得更轻松和更友好。模式发生了转变，现状不再是无法接受的了。

图 15.9　调节盘 1：适配性驱动

调节盘 2：观点多样性和调节盘 4：安全性　初始模式：如图 15.10 所示职能部门的安全感很低。相邻办公室的团队都很少说话。个人描述了一种紧张的工作环境，团队之间的传接是受到束缚的。这些因素抑制了多样性观点的表达。不信任和冲突的历史造成了关系的破损。

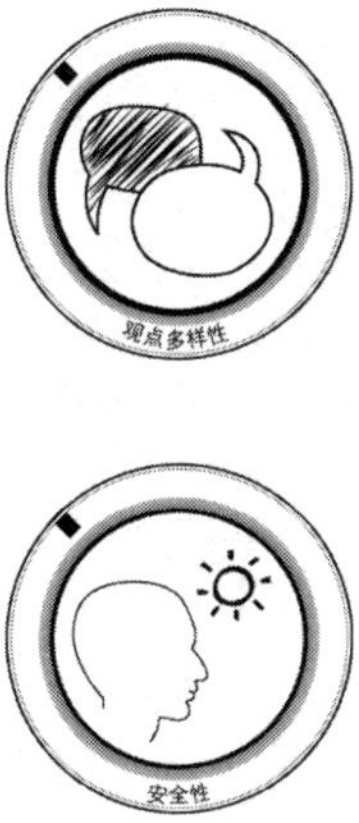

图 15.10　调节盘 2 和调节盘 4

转动调节盘：对规范做了一个简单的改变却产生了巨大威力，在系统中造成了扰乱。通常，所有会议都是强制性的。相反，我们与领导者合作，将这个规范从原来的无选择地服从变成了有选择地参与，建立了自主性的规范。邀请个人参与对话和会议，但不硬性要求。这种方式明显不同于强制参会的做法。

这些会议旨在增加安全性。会议设计包括小群体运作、大群体互动、使用视觉图像及匿名收集并分享个人观点。此外，领导者改变了自己的行为来创造安全感。他开始更多地倾听，而减少评判。另外，他以身作则地展现了自己的脆弱性，声明他没有答案，需要群体的帮助。随着互动性和参与性的形成，其他人对发生的事情充满了好奇。于是，开始发生社会扩散效应。

调节盘 3：连通性　初始模式：如图 15.11 所示在项目最初，个人都是独立开展工作的。除非有必要，团队间也很少进行互动。系统中存在着碎片化和信息囤积的模式。

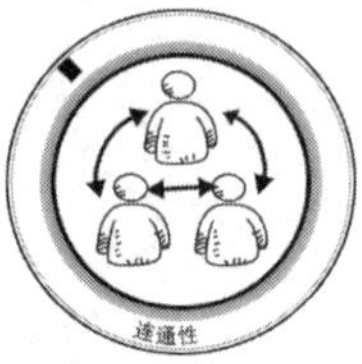

图 15.11　调节盘 3

转动调节盘：对连通性调节盘也进行了转动。与群体协作，组织了一系列会议。每个会议中的团队成员结构各不相同。例如，有一对一的会议、团队会议、跨职能会议和整个群体的会议。在跨职能团队会议期间，群体会审核主要工作流程以提高有效性，聚焦于任务交接和边界跨越。跨团队会议用来探讨更好合作的机会。最后，召开大型群体会议来分享进展情况，并对群体中出现的新方法建立共同承诺。渐渐地，原来隔离的筒仓式模式转变成让连通和交流的价值得以体现的模式。

调节盘 6：控制　初始模式：如图 15.12 所示，此时的领导风格属于专制类型，强调自上而下的沟通。大多数决定由领导者单方面做出。

图 15.12　调节盘 6

转动调节盘：参加会议成为可选的而非强制性要求。此外，对于渴望的工作环境，领导者邀请团队成员创建共同的愿景，而非发布指令。在整个变革期间，都采用协作式的决策过程来识别并商定行动计划。团队得到授权来彼此协商工作关系，而不再是那种自上而下发布指令式的规范。这些变化提高了成员的自主性，降低了系统的控制程度。

通过聚焦转动调节盘，团队改变了他们的工作模式。团队通过改善工作流程和进行个体变革建立了自主性。工作环境变得更富有支持性，团队之间的互动变得更具协作性，因而能够快速解决工作问题。也许更重要的是，群体发现他们能够一起努力去改进和变革。

加速变革的经验

为了利用组织的自适应能力，变革领导者需要挖掘整个组织的集体潜力。变革领导者通过促进连通性实现变革。他们通常需要打破现状，并能轻松面对模糊性。我们发现有五条经验能促使变革成功。

经验 1：战略性地去感知　在混乱环境中，变革领导者需要察觉正在涌现的外部模式。战略性的敏感度能够帮助组织保持敏捷性和适应性，这是竞争优势的核心来源。变革领导者需要寻找各种方式来挖掘外部正在涌现的事物。例如，在我们的研究中，有一位高科技领导者设置了"公司闲逛者"的角色——这个职位没有正式的岗位说明，其唯一职责是探索可能的新趋势。这条经验来自适配性驱动调节盘。

经验 2：做一个扰乱创造者　变革领导者鼓励创造性，支持对模糊性的探索，积极开展实验。扰乱创造者知道创新就发生在混沌边缘。当组织变得过于舒适、成员想法趋于近似时，他们不太可能具有适应性和创新性。根据 2010 年 IBM 全球首席执行官调查："领导者表示，他们必须随时准备打破现状，即使现状看起来是成功的。他们必须对不间断的试验感到自在并致力于此。"例如，Google 承诺让员工分配 20%的时间来开展自己选择的项目。作为"扰乱创造者"，领导者需要扰乱舒适区让机会浮现。这条经验来自混沌边缘调节盘。

经验 3：召集　让多样性的人们汇聚在一起对重要问题进行对话，变革会自然而然地发生。当我们召集一群多样性的人就他们关心的重要问题进行对话时，我们就创造了自组织的条件。坎特（Kanter）做了如此描述："当领导者从那种顶层决策、逐级下达的层级决策模式转向社会网络和自组织模式时，知道如何使用召集的力量就变得至关重要。"她提出了克林顿全球倡议（Clinton Global Initiative, CGI）的例子，该组织的成立旨在通过一系列中央领导的项目来解决重大的全球性问题。CGI 意识到，通过召集关心这些问题的庞大群体进行讨论，他们可以更省力地获取更多的动力。他们把控制模式从自上而下的方式转向授权地方层级的方式。"这使得已经参与变革的相关人员能够快速行动起来。"领导者需要放松控制，相信整个组织的激情和智慧。这条经验支持连通性调节盘。

经验 4：成为一个连接器　变革领导者在各个不同部分之间架起桥梁，以增强创新和想法的多样性。一位高科技行业领导者与我们分享了他的组织如何通过投入时间与客户合作来应用这个概念。在为期四天的会议中，组织及客户进行了大量的互动来了解行业中的挑战并一起制定解决方案。宝洁具有革命性的"连接与开发"的产品开发方法，就是利用了增加连通性的原则。宝洁将他们的做法进行了调整，从严格控制、注重保密的内部产品开发过程转变为与外部创新者和全球工程师建立开放性连接。结果，新产品的数目急剧增加，而研发时间大大地减少，从而推动了业务的加速增长。加强连通性可以加速创意并在需要的地点、需要的时间动员行动。这条经验可用来转动连通性调节盘。

经验 5：稳定 混乱和复杂性通常伴随着焦虑和恐惧，在这种情况下，变革领导者需要保持冷静和自信的状态。约翰·肯尼思·加尔布雷斯（John Kenneth Galbraith）说："所有伟大的领导者都有一个共同点，那就是愿意直面在他们那个时代民众的重大焦虑问题。这是领导力的本质所在，绝无其他。"情绪蔓延是经常被研究的现象，是指一个人的情绪传递给了另一个人。通常，这种传递是通过非言语模仿与相互影响这样的无意识方式形成，我们会习惯性地模仿他人的面部表情、身体语言、谈话模式和语调。表面上我们在重复模仿他人，实际上是镜像神经元促进了这种动态。通过保持冷静，领导者可以改变组织的焦虑状态。稳定局面所需的状态可通过练习来提升，这些练习包括冥想、正念等受东方文化影响的模式。正念使得领导者能够成为组织的稳定器。这条经验可用来转动安全调节盘。

结论

混乱和不可预测性带来了机会和威胁。采用自组织原则，变革领导者可以利用各种促进变革自然发生的力量。这涉及思维模式的转变，从中央控制的理念转向运用集体智慧的理念，从线性因果思维到感知模式和利用自组织的力量。虽然变革本身是无法控制和预测的，但我们可以为变革创造条件。通过这种方法，领导者能够影响变革的速度和方向。

特别致谢

NTL 学院：在我们学习并体验影响式变革的基本原则时，NTL 学院为我们提供了大量的导师和指导者来帮助我们。

人类系统动力研究所（HSD Institute）：在我们探索复杂性科学的旅程之中，人类系统动力研究所的创始人格伦达·欧阳（Glenda Eoyang）一直是我们重要的指导者和导师。由于受到她的理论和工作的启迪和影响，我们才有了对复杂情况下的变革方法。

哈里森·欧文（Harrison Owen）：作为开放空间技术的发明者，哈里森·欧文是一位富有远见的学者，他是人类系统复杂性和自组织原则的坚定支持者。他的卓越智慧和工作激情为本章的概念提供了许多独到见解。

参考文献

Bak, P. (1996). *How nature works: The science of self-organized criticality*. New York: Copernicus.

Galbraith, J. K., & Buck, B. (1977). *The age of uncertainty*. Boston, MA: Houghton Mifflin.

Gladwell, M. (2000). *The tipping point: How little things can make a big difference*. New York: Little Brown Company.

Gleick, J. (2008). *Chaos: Making a new science*. London: Penguin.

Goldstein, J. (1994). *The unshackled organization: Facing the challenge of unpredictability through spontaneous reorganization*. Portland, OR: Productivity Press.

Hinson, J., & Osborne, D. (2010). *Strategy, leadership and change research*. Falls Church, VA: ChangeFusion and Northern Virginia Technology Council.

Holland, J. H. (1995). *Hidden order: How adaptation builds complexity*. New York: Helix Books.

Homer-Dixon, T. (2009). The newest science: Replacing physics, ecology will be the master science of the 21st century. *Alternatives Journal*, *35*(4), 8–11.

Kanter, R. M. (2011, September 9). Bill Clinton and how to use convening power. *Harvard Business Review* Blog. Retrieved from http://blogs.hbr.org/kanter/2011/09/bill-clinton-and-how-to-use-co.html

Kauffman, S. (1995). *At home in the universe: The search for the laws of self-organized complexity*. New York: Oxford University Press.

Lorenz, E. (1972, December 29). Predictability: Does the flap of a butterfly's wings in Brazil set off a tornado in Texas? Paper presented at annual meeting of American Association for the Advancement of Science, Washington, D.D.

Marion, R. (1999). *The edge of organization: Chaos and complexity theories of formal social systems*. Thousand Oaks, CA: Sage.

Marion, R., & Uhl-Bien, M. (2002). Leadership in complex organizations. *The Leadership Quarterly*, *12*(4), 389–418.

McMillian, E. (2003). *Complexity, organizations and change*. London: Routledge.

Michaels, M. (2000). *The quest for fitness: A rational exploration into the new science of- organization*. Lincoln, NE: Writers Club Press.

Olson, E. E., & Eoyang, G. H. (2001). *Facilitating organization change: Lessons from - complexity science*. San Francisco, CA: Pfeiffer.

Osborne, D., & Hinson, J. (2011). Leading in complex times. *Practicing Social Change*, *1*(4), 26–30.

Prigogine, I., & Stengers, I. (1984). *Order out of chaos: Man's new dialogue with nature*. New York: Bantam Books.

Rosenstein, E., & Velleu, R (Directors). (2011, September 8). *Boatlift* [Short film]. United States: Eyepop Productions. Retrieved from www.youtube.com/watch?v= MDORZF7B2Kg.

Stacey, R. D. (2010). *Complexity and organizational reality: Uncertainty and the need rethinking management after the collapse of investment capitalism*. London: Routledge.

Stacey, R. (2012). *Tools and techniques of leadership and management: Meeting the challenge of complexity*. London: Routledge.

The engineer's life at Google. Accessed on September 1, 2010. Retrieved from www.google. com/jobs/lifeatgoogle/englife/index.html.

第 16 章

组织领导力：学习型领导

玛丽·安·雷尼（Mary Ann Rainey）
大卫·库伯（David A. Kolb）

环境的不断变化是今天组织面临的最艰巨挑战。当组织遇到难以解决的挑战时，学习就成为领导者走出困境的最佳出路。我们通过体验式学习理论形成了认识论观点，将领导力建设打造成一个学习和适应相互结合的过程。当人们把学习从整体上定义为人类适应世界的基本手段时，其内涵就包括了领导过程。本章我们将介绍关系战略愿景绩效（Relationship Strategy Vision Performance）领导力模型基本要素。基于体验式学习理论，关系战略愿景绩效模型具有四种基本职能类型：关系超越（Relationship Mastery）、战略超越（Strategy Mastery）、愿景超越（Vision Mastery）和绩效超越（Performance Mastery），分别代表了一种适应性的领导方法。要实现有效领导，领导者必须能够根据所处环境及需处理的问题相应地实践这四种职能。体验式学习理论所传递的隐含信息就是，并不存在唯一的领导风格，领导力是一种多职能的过程，需要领导者精通广泛的领域。对组织发展及人力资源专家、教练、顾问以及其他有志于研究并实践领导力的人而言，体验式学习理论是一个理论健全、结构完善的参考框架，在当今不确定的环境中指引着领导者。它也确定了领导力教育、培训及发展的策略。

简介

目前，有关领导力的研究、文章和大部头著作达 50 多万册，研究的主题涉及领导力的定义，领导与管理的区别，领导者是天生的还是后天培养的，质疑是否存在领导力或者只是人类虚构的事物，等等。与此同时，我们对领导力有着浓厚的兴趣也对其疑惑不解，它带来了人类历史上一些最黑暗的时代，也创造了许多最辉煌的时刻。即使我们对其有着矛盾的情感，在生活的各个方面仍需依赖它——家庭生活、职场工作、休闲娱乐、硝烟四起的战场及祈福祷告的圣堂。

领导力从未比现在更重要。在这个充满变化的时代，动态变化日益复杂，以往成功的解决方案已不再有效，技术发展的影响无处不在，从社区中心到公司领导（最高管理层）的各种类型的组织都在积极寻求更有效的领导模式。

“对全球范围的高管及人力资源专家进行的调查表明，高达 70%的北美雇主存在领导人才缺乏的问题，从而阻碍了组织绩效的提升，并且这种状态在未来还会持续。在亚洲，这个问题更为严重，高达 88%的组织对可能发生的领导人才短缺表示忧虑。”

当领导者缺失时，组织就更难以去适应变化、坚守终极目标和组织价值观，以及建立组织成员的归属自豪感。

领导力研究的特别意义就在于，越来越多的人会接受组织就是一个学习系统的观点，在组织中适应能力是成功的关键驱动力。这个观点极大地受体验式学习理论研究的影响。根据海菲兹（Heifetz）和劳里（Laurie）的观点，当代的适应性需求决定了组织需要的是致力于学习的领导者。这一点也为以色列总统、诺贝尔奖获得者西蒙·佩雷斯（Shimon Peres）所认同，他认为我们正处于一个学习的时代：“未来经济最大的分支将是学习、讲学和教育。学习会更多，工作会更少，我认为学习和工作的比例会改变。我们将把大部分的时间要么用在学习、讲学上，要么用于研究上。学习没有止境，研究如此，想象力亦如此——创造力也是没有尽头的。”

贝莱德集团（Black Rock）是一家全球投资管理公司，其董事长兼首席执行官拉里·芬克（Larry Fink）也持有类似观点：“正如你能看到的，这么多的公司都失败了，它们可能也曾一度有某种产品颇受市场欢迎。但是，他们没有监测这款产品的市场发展趋势或相关信息的演化，没能快速适应市场，因而变得跟不上潮流——或者说他们的产品变得落伍了。我作为一个领导者来说，这是传递给大家最重要的一个信息。如果今天你不认为自己是学生，不再进行学习，那么你就不会知道如何治理这个国家。”

然而，学习领导力的人通常都希望学到领导的“最佳方法”。根据体验式学习理论，这一观点具有误导性。通过对学习和专门业务流程 40 多年的研究，体验式学习理论能在广泛的领域对领导力作为一种包含多种风格的全面整合体进行检视，当其被有效使用时，就足以应对当今的适应性挑战。

我们将领导力定义为，在共同的价值观体系指导下，为实现互惠的目标，领导者和追随者之间通过互动形成的一种学习和适应的过程。领导力存在于各行各业、各种文化、各个部门和各类组织层级中，无论其是否为官方所认可。

本章为以下几个关键性假设所支撑：

- 领导力是一个整体的学习和适应过程。
- 领导力需要解决对适应世界的辩证反对模式间的冲突。
- 领导力是一个涉及领导者和追随者之间互动的社会过程。
- 领导力具有多重职能，需具备广泛的胜任力。

首先，我们概述一下领导力思想，然后对库伯的体验式学习理论的基本概念进行回顾。在关系战略愿景绩效领导力模型基本要素的陈述中都体现了领导力和学习，这种模型的基本要素是整体性的领导力整合类型，与体验式学习圈各个阶段有关。最后，我们将讨论把该模型应用到领导力教育、培训和发展的策略。

领导力思想

有关领导力的观点可以追溯到中国将军孙武的古老著作《孙子兵法》和希腊哲学家亚里士多德的论著。然而，直到 20 世纪上半叶下期领导力才成为一个研究领域而获得关注。相比之下，管理思想出现得更早一些，这是因为工业革命期间创造了大量生产方法，这些新方法需要标准化并传授给工人。几十年来，在西方，管理一直是商业教育的核心，管理绩效是组织行为理论和概念唯一的效度指标。随着对工作复杂性质的了解不断加深，人们也越发意识到关注如何领导他人与如何管理他人同样重要。

目前尚未有普遍认可的领导力理论。随着领导力场景的转换，对什么是领导力的期望和概念化也在发生变化。领导力被定义为特定人群先天具备的特质，或者领导者所共有的特征，或者被领导者和追随者之间的互动、领导者的行为及工作完成时的情境与环境条件所共同驱动的社会化过程。目前受到关注并经常被提到的领导力形式有变革型领导力

（Transformational Leadership）、魅力型领导力（Charismatic Leadership）、仆从式领导者（Leaders as Stewards）、自主型领导力（Self-Leadership）和分布式领导力（Distributed Leadership）。

关于领导力的许多文献都致力于比较领导和管理的区别。为了区分管理和领导，布恩斯（1978）将普通（事务型）领导者和杰出（变革型）领导者进行了比较：前者用有形的奖励来换取追随者的努力工作与忠诚；而杰出（变革型）领导者会与追随者建立良好的信任关系，关注他们高层次的内在需求，提升他们对工作意义的意识。科特（Kotter）认为：在处于动态环境的大型组织中，管理和领导都很重要；随着组织规模增大、变得更复杂，对管理的需求会增加；当外部环境变得更具动态性、不确定性时，领导也变得更为重要。

海菲兹和劳里认为：当今领导力最重要的特性是“适应性变化”的能力，他们将这种变化定义为环境发生了根本性改变后组织被迫要去适应的变化：“当我们根深蒂固的信念遭到挑战，当促使我们成功的价值观变得不那么重要，当合法却相互矛盾的观点出现时，我们必需采取适应性工作。每一天在职场的任何层级我们都会看到适应性挑战的上演：公司重组时、制定或实施策略时、企业合并时、市场出现运营困难时、跨职能团队工作开展不顺时，抑或当高级管理人员在抱怨‘我们似乎无法有效执行工作’时，我们也看到了适应性挑战。适应性问题常常是系统性问题，没有现成的答案”。

体验式学习理论

体验式学习的方法应用到领导力教育方面有着悠久的历史，可追溯到20世纪60年代，当时库尔特·勒温教授群体动力学所采用的实验室培训小组（T-groups）方式盛行一时。虽然经典的T-groups技术已经鲜有使用，但基于体验式学习的培训方案和课程得到广泛传播并开始普及。库伯凭借勒温及其他20世纪著名学者的研究成果创建了体验式学习理论。该理论将学习定义为人类适应环境的主要过程，涵盖一个人的所有整合技能——感觉、认知、思维和行动。这些著名的学者包括约翰·杜威、让·皮亚杰（Jean Piaget）、威廉·詹姆斯（William James）、卡尔·荣格、保罗·弗埃（Paulo Freire）和卡尔·罗杰斯。体验式学习理论的整体性特质使其应用不仅仅限于课堂之上。对体验式学习理论的研究具有高度的跨学科性，可以解决众多领域的学习和教育问题。采用了体验式学习理论的研究也调查了多元化的许多方面，相关运作遍布世界各地，以支持该模型的跨文化适用性。本文将讨论体验式学习理论的一些基本概念，如体验式学习圈、学习风格、学习空间和学习技巧。

体验式学习圈　在体验式学习理论中，学习是四种学习模式经整合后以一种反复循环或螺旋式进行的过程，这四种模式分别是具体经验、反思性观察、抽象概念化和积极实验（见图 16.1）。学习者必须完全且开放地参与到新的具体体验中；从各个角度反思、观察并思考这些体验；形成概念将上述的体验融合到坚实的理论中；并恰当地把这些理论应用到现实生活的情境中。这四种学习模式相互作用，所产生的动态张力就形成了学习。而这四种模式是根据知识的两大主要维度而辩证性定位的：通过吸收体验而获得知识的掌握维度，包括具体经验与抽象概念化模式；通过数据修正而获得知识的转化维度，包括反思性观察和积极实验模式。

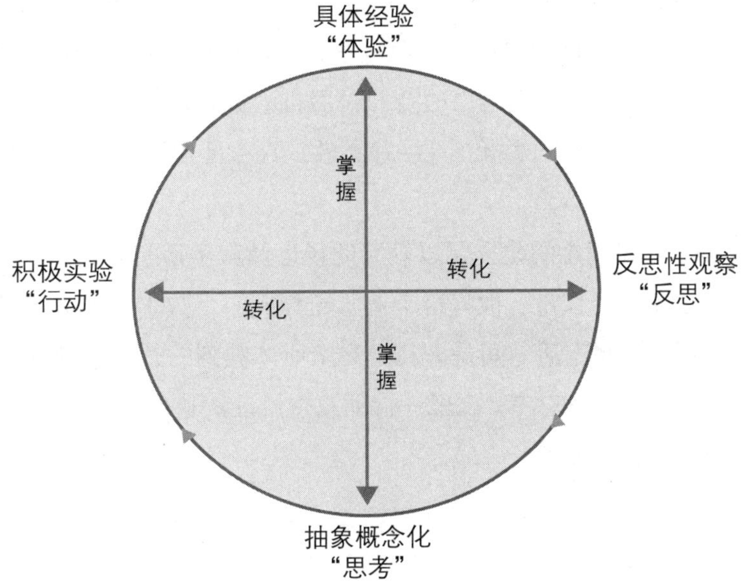

资料来源：库伯，1971。

图 16.1　体验式学习圈

学习风格　学习风格的概念描述了个人在解决具体与抽象之间及反思与行动之间的冲突时会采用的首选方法。这些风格偏好源于学习者在体验—思维和行动—反思的两极间进行选择时的模式化方法。学习模式最终会影响人们如何看待当前的情况、感知并决定未来的选择。早期研究定义了四类学习风格——调节型（Accommodating）、发散型（Diverging）、同化型（Assimilating）和聚合型（Converging）。其他研究及个体学习者的反馈表明把学习空间划分为四个区域对有些人而言会产生问题，因为对他们学习风格的分类具有误导性。进一步调查的结果也显示，这些非典型性案例本身实际上就存在独特的风格，因此形成了以下九种风格类型：

- 发起型风格的特点在于能够发起行动来处理体验和发生的状况。

- 体验型风格的特点在于能够从深入体验中找寻到意义。
- 创造型风格的特点在于能够通过对体验的观察及反思来创造意义。
- 反思型风格的特点在于能够通过不断的反思把体验和概念联系起来。
- 分析型风格的特点在于能够通过反思整合并系统化概念。
- 思考型风格的特点在于能够有条不紊地进行抽象推理、数学运算和逻辑思维。
- 决定型风格的特点在于能够使用理论和模型来决定问题解决方案和行动方案。
- 行动型风格的特点在于具有目标导向行为的强烈动机，能将人与任务整合起来。
- 平衡型风格的特点在于能通过权衡行动与反思及体验与思考的利弊而灵活适应。

知道自己偏好的学习风格可以增强自我觉察，并对个人的工作方法、情绪管理方法及与他人的沟通方法产生影响。个人可以改变并扩展自己偏好的学习风格，从而可以灵活地适应情境需要。库伯学习风格问卷 4.0 是一种有效工具，旨在提高对学习风格和学习灵活性的自我觉察。

学习空间 学习空间概念的建立是以勒温的场论及其生活空间的概念为基础的。勒温认为，人和环境都是互依的变量，他将这个概念诠释成一个数学公式 $B=f(p,e)$，意思为行为是人和环境的函数，而生活空间是人在主观上所体验到的整个心理环境。在体验式学习理论中，学习空间由体验—思考、反思—行动双重辩证法这两个极端之间的吸引力和排斥力（正效价和负效价）所定义。

组织学习

在组织层面，学习是一个聚焦于掌握组织环境的分化及整合过程。组织将自身划分为各种负责处理组织环境某个方面的专业化单元。例如，营销部门负责处理市场和客户，研发部门负责处理学术和技术相关领域，而制造部门负责消费品和产品的生产。这在组织内部相应地产生了将这些专业化单元进行整合及协调的需求。这种整合往往通过组织文化中的一种功能性心态的主导来达成。组织实现整合的多种方式中，领导力是其中一种。它的作用是解决专业化单元间的内部冲突，并达成组织的一致性方向。正是通过整合，领导者可以获得最广泛的知识和支持以应对适应性挑战。

领导力的关系、战略、愿景和绩效基本要素

在有关领导力的历史中一直有一个经典问题：是否存在一种领导力风格。体验式学习

理论的答复是，领导力是一种基于学习的适应性过程，适用于一系列最擅长应对当前情况的经历和位置。实际上，这意味着任何风格在适当环境中都是一种领导力风格。

关系战略愿景绩效模型确定了整合领导力实践的主要组成部分。和体验学习圈的结构类似，该模型包含了四种领导力行动，分别由两种维度进行定位。关系超越和战略超越构成南/北向辩证的维度，并分别对应具体经验和抽象概念化。愿景超越和绩效超越构成东/西向辩证的维度，分别对应反思性观察和积极实验。有效的领导力需要具备所有四个维度的基础能力，并能够灵活地学会根据学习/领导力圈去领导个人、群体和团队（见图 16.2）。

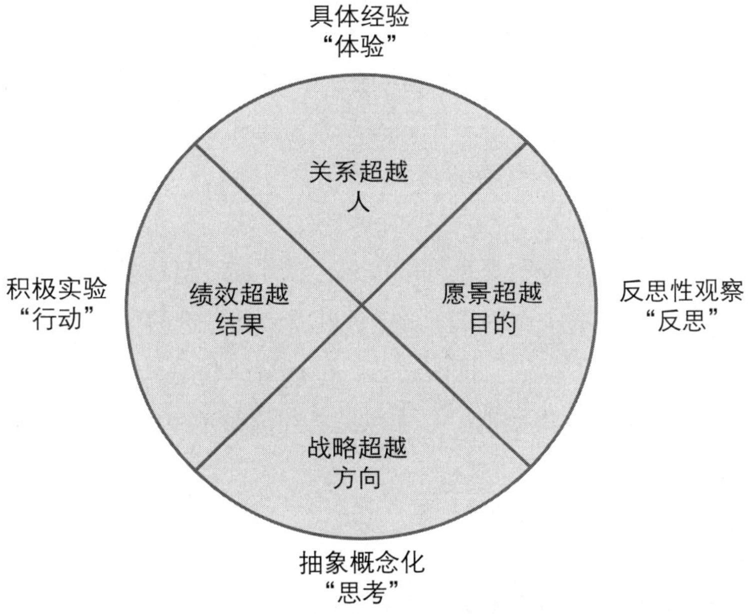

图 16.2 领导力的关系战略愿景绩效基本要素

关系超越

注意：此处采用“超越”（Mastery）这个词的意思是更高水平的能力。圣吉确定了学习型组织的五项修炼：自我超越、改善心智模式、建立共同愿景、团队学习和系统思考。自我超越的修炼需要持续深化个人愿景、聚焦能量、培养耐心及客观看待现实。

领导力是一种角色，也是一种表现。那些领导者在与人相处时就是这么做的。这种社会建构主义观点意味着领导者必须与所在的构成团体建立并维持一种健康的关系。关系的建立直接与领导者的沟通能力、建立信任的能力、激励他人致力于实现愿景、战略和目标的能力相关。由于强调理性主义，早期的管理思想并没有为企业人性的一面留有空间。随着丹尼尔·戈尔曼（Daniel Goleman）的文章《情商》（*Emotional Intelligence*）在《哈佛商业评论》发表，职场的主观经验获得了更广泛的接受，作者将情商（Emotional Intelligence）定位为有效领导力的核心，并确认了四个首要的要素：自我意识、自我管理、人际意识和关系管理。戈尔曼认为情商会为领导者及追随者的业绩绩效带来可见的改变。他的研究成果在美国、欧洲和亚洲的其他独立研究中已得到证实（见示例 16.1）。

示例 16.1 关系框

有关关系大师的一个例子是媒体巨头和慈善家奥普拉·温弗里（Oprah Winfrey）的，她凭借与自己的观众建立联系的能力创建了全球性的追随者，首先是通过电视节目，然后通过她的杂志和公众演讲论坛。人们信任温弗里，因为她愿意谈论她自己的挣扎和挑战（如贫困、虐待儿童、种族歧视、体重增加），这常常就是观众现实生活的写照。温弗里的谈话里拥有关于情感、爱、希望和成功的语言。

在当前的社会网络时代，很明显良好的关系会受系统、过程及事物的影响。在新千禧年，技术已经成为关系建立的关键因素。领导者可以借助先进的技术对适应性挑战做出更迅速、更知情的应对。人们可以进行即时连接，包括与那些超出典型关系的人（员工、专家、竞争对手和供应商）来收集数据、寻求意见，还能与千里之外的人进行同步对话。

战略超越

战略是组织通过制定明确的目标来实现组织秩序和发展方向的一种手段（见示例 16.2）。运作标准的制定让每个人（包括领导）承担责任。因为战略对塑造组织思维模式发挥着重要的作用，所以战略过程必须由领导掌控。但这并不意味着领导要独自进行。组织会明智地把战略过程对所有工作层面开放，但领导必须处于战略过程的最前沿。作为战略家的角色，领导成为组织明确意图的沟通者，这就是辛西亚·蒙哥马利（Cynthia Montgomery）所指的意义创建者："正是领导者——作为意义创建者的战略家——必须做出关键选择来决定一家公司的本质特征；正是领导者要告诉人们，'这就是我们的目的所在，这就是我们将要成为的样子，这就是为什么我们的顾客会喜欢有我们存在的世界。'其他人——包括公司内部及外部的人员——会通过各种有意义的方式贡献力量，但最终只有领导者对所做出的选择甚至对已做出选择的事实负责"。

示例 16.2　战略框

尽管苹果公司的联合创始人史蒂夫·乔布斯经常被宣称是一位梦想家，他也是一名公认的伟大的战略家。乔布斯为人所称颂的是他进行产品开发、制造、营销和发布的独特方法。许多商业课程经常引用苹果公司作为经典的战略案例。军事领导者经常被视为战略代表性人物，但其实各个领域中都会有好的战略。美国总统奥巴马和英国首相撒切尔夫人就被认为卓越的政治战略家。

根据适应性危机的严重程度，领导者可能需要针对当下情况概括出相应的补充战略。即使在特殊情况下，战略也必须继续保持清晰的目标和操作的现实性。因此，领导者层面的战略就是指明方向的指南针，而不是描述详细执行路线的宣告文件。

愿景超越

无论身处组织中的任何位置，领导者总是悬于内、外部环境接触界面的危险处境中。作为梦想家的角色，领导者化身成系统思想家，能看到更宏观的图景及内外部彼此关联的组成要素。巴顿（Barton）和他的同事称，许多领导者都觉得需要“通过双镜头来看待世界：一个是望远镜，以此来思考远在未来的机会；另一个是显微镜，以此仔细检查当下的挑战，将里里外外看个明白”。同样，创造愿景也需要具备高瞻远瞩与毫分缕析的双视角能力。想象是一种通过反省和沉思来开阔视野的归纳过程。

科特注意到，大多数针对愿景的讨论都会蜕化成某种难以理解的东西，认为愿景是人类所掌控不了的。与之相反，笔者认为，创造愿景并非施魔法，而是众多愿意承担风险的思考者需要面对的棘手甚至殚精竭虑的工作。愿景创造中最具挑战的一面是要平衡领导者的个人梦想与组织成员的心愿（见示例 16.3）。当领导者寻求与愿景建立个人关联时，他们必须进行调整以满足培植追随者的需求。这是 “我想与我们需要”间的不断较量。另一个同样迫切的问题是融合各种信息汇集成一幅有关未来的动人画卷。愿景是一幅精心编织的多彩画面，上面绘制了组织的长期目标，在面对不可预知的危机时，编织纤维的强度能团结一致应对危机。

示例 16.3　愿景框

人道主义者、社会活动家和创新者对事物存在方式的假设都是反主流文化的。他们想象了一个不同的世界，会付出毕生努力来成就自己的梦想，为他人而努力或创造出不一样的结果。类似这种的社会性偶像包括：纳尔逊·曼德拉、马丁·路德·金博士、特蕾莎修女和奥斯卡·辛德勒。当我们想到技术时，史蒂夫·乔布斯自然再一次出现在名单中。其他名人还有英国科学家兼万维网的创始人蒂姆·伯纳斯–李（Tim Berners-Lee）、推特的联合创始人埃文·威廉姆斯（Evan Williams）、克里斯多夫·艾萨克·斯通（Christopher Isaac Stone）和杰克·多尔西（Jack Dorsey），以及第一台微型计算机软件的开发者比尔·盖茨和保罗·艾伦。

绩效超越

像领导力的概念一样，绩效的决定因素因思想学派的不同而不同。大多数研究人员会依据领导力对个体、群体、团队或组织的影响结果来评价其有效性。常见的衡量领导者有效性的指标包括团队或组织绩效提升的程度，以及促进战略目标实现的程度。绩效是实现承诺的能力，无论过程是否采用了授权或赋能他人、提高生活质量、达到预期成果、建立竞争优势或创造价值的方式。作为执行者的角色，领导寻求通过形成积极成果而产生深远的影响。无论目标如何，良好的绩效都会让人员与事物要么产生质变要么产生量变，有时是让人欣喜的二者兼而有之。

绩效要求领导者承担个人风险，同时还要影响他人一同进入未知领域。适应工作充满着不确定性。领导者会发现，即使在最高层面，最棘手的工作也是争取利益相关者对变革的一致支持。取得一致性是一个系统的过程，要建立利益相关者的动机和决心以克服恐惧和障碍，最终实现变革的积极面（见示例 16.4）。

示例 16.4 绩效框

全球著名的体育运动明星，如网球姐妹大小威廉姆斯，篮球传奇人物迈克尔·乔丹，足球明星贝利和曲棍球明星韦恩·格雷茨基肯定对绩效略知一二。德国总理默克尔和伯克希尔·哈撒韦公司董事长兼首席执行官沃伦·巴菲特也同样如此。2012 年，《福布斯》杂志评选默克尔总理为全球最具权势女性和全球第二最具权势人物。在当代最严峻的全球经济衰退期间，默克尔致力于保持欧盟和欧元未受影响，成功经历了政治和文化的变迁，最后如愿完成使命。

当谈到投资回报时，沃伦·巴菲特是独一无二的。每当这位白手起家的亿万富翁投资大师发表讲话时，每个人都会洗耳恭听。但真正让巴菲特与众不同的是他在慈善方面的慷慨。2006 年，巴菲特将他的全部财富（估计高达 620 亿美元）全部捐给慈善事业，这是美国历史上最大的一笔慈善捐赠款。然而，巴菲特还并未止步于此。这位八旬老人很擅长建立超越代际的关系，或是通过他的漫画投资课程，或是通过与嘻哈社区成员的合作。巴菲特做到了面面俱到，最好地诠释了完美的适应型领导者。

领导力发展战略：超越之路

根据海菲兹、林斯基（Linsky）、格雷肖（Grashow）的观点，人们不学会新的态度、价值观和行为，就无法进行必需的适应性跃升以在新的环境中茁壮成长。他们认为，能否掌握变化取决于人们对变化本身的内化程度。伦纳德发现，超越之路只能通过学习某种技能来实现，无论是什么样的技能。他发现超越不是只为才华过人或天赋异禀的人预留的。相反，当一个人决定去学习时，超越就开始起步了。有关领导力的学习型观点的核心是有意地从经验中学习的能力。正如阿什福德和德罗所说："举例而言，让我们来看看这样一个事实，领导力发展课程通常都在教授领导力的概念和技能，而很少教授个人学习领导力的方式。当我们想到超过 70%的领导力发展产生于人们所经历的大大小小的挑战和工作中的发展经历时，这不免有些讽刺意味。所以我们认为如果组织能够进行投入，让个人提升从亲身经历中学习领导力的技能，而不是传授一些领导力的概念、框架和技能，那么投入的回报将大大提高。"

体验式学习理论、学习周期、学习风格、学习空间和学习技能的基本概念是关系战略愿景绩效教练、执行团队发展和领导力发展以及培训和教育的基础。有一个关于教授家庭医学科住院医生适应性领导力的例子："有效的体验式学习需要灵活运用四种风格。因此，教授领导力需要理解学习者的风格倾向，并创造个性化的体验以培养灵活性。例如，有一位住院医生努力制订一个足够丰富的实习计划。完成了库伯的风格偏好工具后，结果表明其对具体经验的强烈偏爱，这解释了为什么教练关于组织动态的抽象问题没有促进其反思性观察或积极实验行为。这个发现带来了教练风格和学习者关注点的改变，会增加更多的实验，同时仍会鼓励使用其他替代风格。"

在具体体验中增进关系超越（体验）　关系超越涉及高水平的情商：自我的直接体验，以及与他人的互动。体验就发生在当下。关系超越可以通过关注感觉和感受的流动而得以强化，"在头脑中"想法太多会抑制它的发展。意识和理智特别重要。人际技巧、领导方式、建立联系及给予并接受都有助于增进关系超越。

在抽象概念化中增进战略超越（思考）　战略超越是"在头脑中"表现及操作想法的能力，会受到强烈的直接情感与感觉及快速行动压力的干扰。领导者必须能够概括并理解各种输入信息，再公平而明智地呈现出来。思考可以通过理论模型建立和行动方案规划得以强化。分析技能、理论建立、数据分析量化和技术管理对增进战略超越都有帮助。

在反思性观察中增进愿景超越（反思） 愿景超越需要空间与时间来促使创造性过程的发生，会受到冲动性的欲望和尽快采取行动的压力所干扰。安静、平和与深呼吸会对它有所帮助。冥想、瑜伽和写日志也是有益的做法。高层次的共情和理解很重要。信息技能——感知、信息收集和信息分析——也有助于增进愿景超越。

在积极实验中增进绩效超越（行动） 绩效超越需要参与到具有真正影响的真实世界中，是采取行动的职能。如果前面三个模式中的任意一个进行了太多内部处理都会影响到行动。行动也可以通过积极采取主动以及建立目标设定与反馈的循环来监控绩效的方式得以强化。行动技能、主动性、目标设定和采取行动均有助于增进绩效超越。

学习技能测试（LSP） 通过学习技能测试学习风格可诠释成学习技能。学习技能测试是一个可用于领导力发展的实用工具。图 16.3 用关系战略愿景绩效模型的四个基本区域展示了学习技能测试四个技能区域。

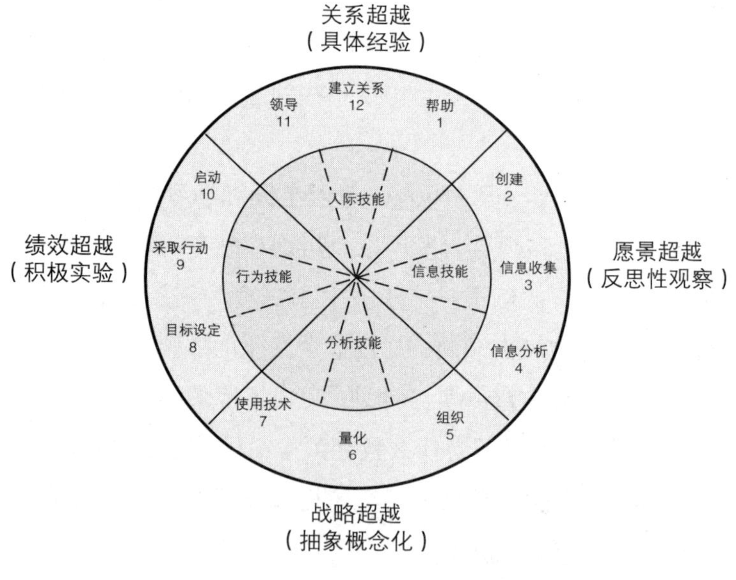

图 16.3　领导力四大基本要素与相关学习技能

学习技能测试非常适合对管理和领导力发展方案进行 360 度评估。它强调了关系战略愿景绩效模型的职能中领导者相对于其他可能会更多地展开哪种职能。基本内容包括以下三项。

- 技能水平评估：使用 7 分制来确定领导者对各个技能的熟练程度。

- 工作需求评估：使用 7 分制来确定被测评工作对各种技能的需求程度。
- 差距分析和发展规划：根据技能水平和工作需求之间的差距来制订领导力发展方案。

发展方案应从实施学习风格问卷开始，然后（1）教授领导者如何从体验中学习；（2）理解体验式学习对有效管理今天所面对的适应性挑战的价值；（3）确定学习偏好和个人学习风格。下一步是使用学习技能测试进行 360 度评估。

结论

本章的目的是提供一种领导力观点，作为一种将学习与适应融合的整体性过程。适应能力是在一个不断变化的世界中取得成功所必需的，领导者拥有进行持续学习的开放心态和意愿是最能培养适应能力的。我们使用库伯的体验式学习理论中的关键概念提出一个整体性的整合领导力观点。我们提出了关系战略愿景绩效模型，描述了领导力的四个主要职能——关系超越、战略超越、愿景超越和绩效超越，它们一起可以指引领导者应对在当今世界所面临的无数适应性挑战。表 16.1 是关系战略愿景绩效模型的关键变量的组合。通过体验式学习理论的基本概念——学习圈、学习风格、学习空间和学习技巧，教练、主管、顾问和培训师都能具备一套有关 21 世纪领导力发展的综合性工具和战略。

表 16.1　领导力基本要素及关键变量

职能 变量	关系超越	战略超越	愿景超越	绩效超越
重点	人员	结果	方向	目的
学习模式	具体经验	积极实验	抽象概念化	反思性观察
信息资源	此时此地的经验	针对目标达成的活动	计划、设计、模型、事实、理论、概念	以不同方式看待的多种数据输入
学习技能	人际性	行为性	分析性	信息性
领导角色	同事 榜样	教练 顾问	意义创建者	圣贤
参与规则	自由表达感受、价值观和意见	支持独立行动的系统	坚持既定的标准	强调过程、探询和创造力

参考文献

Ashford, S. J., & DeRue, D. S. (2012). Developing as a leader: The power of mindful engagement. *Organizational Dynamics*, 41(2), 146–154.

Barton, D., Grant, A., & Horn, M. (2012, June). Leading in the 21st century: Six global leaders confront the personal and professional challenges of a new era of uncertainty. *McKinsey Quarterly*. www.mckinsey.com/insights/leadinginthe21stcentury.

Boyatzis, R. E., & Kolb, D. A. (1991). Learning Skills Profile. Boston, MA: TRG Hay/McBer, Training Resources Group.

Boyatzis, R. E., & Kolb, D. A. (1995, March/April). From learning styles to learning skills: The executive skills profile. *Journal of Managerial Psychology*, *10*(5), 3–17.

Boyatzis, R. E., & Kolb, D. A. (1997). Assessing individuality in learning: The Learning Skills Profile. *Educational Psychology*, *11*(3–4), 279–295.

Burns, J. M. (1978). *Leadership*. New York: Harper & Row.

Eubank, D., Geffken, D., Orzano, J., & Ricci, R. (2012). Teaching adaptive leadership to family medicine residents: What? Why? How? *Families Systems & Health*, *30*(3), 241–252.

Fink, L. (2012, September). Leading in the 21st century: An interview with Larry Fink, chairman and CEO, BlackRock. *McKinsey Quarterly: The Online Journal of McKinsey & Company*, 1–6.

Goleman, D. (1995). *Emotional intelligence: Why it can matter more than IQ*. New York: Bantam Books.

Heifetz, R. A., & Laurie, D. L. (1997, January/February). The work of leadership. *Harvard Business Review*, pp. 124–134.

Heifetz, R. A., Linsky, M., & Grashow, A. (2009). *The practice of adaptive leadership: Tools and tactics for changing your organization and the world*. Boston, MA: Harvard Business Press.

Kolb, A. Y., & Kolb, D. A. (2005a). Learning styles and learning spaces: Enhancing experiential learning in higher education. *Academy of Management Learning and Education*, *4*(2), 193–212.

Kolb, A. Y., & Kolb, D. A. (2005b). The Kolb Learning Style Inventory version 3.1: 2005 Technical Specifications. Boston, MA: Hay Resources Direct.

Kolb, A. Y., & Kolb, D. A. (2006). A review of multidisciplinary application of experiential learning theory in higher education. In R. Sims & S. Sims (Eds.), *Learning styles and learning: A key to meeting the accountability demands in education*. Hauppauge, NY: Nova Publishers.

Kolb, A. Y., & Kolb, D. A. (2009). Experiential learning theory: A dynamic, holistic approach to management learning, education and development. In S. J. Armstrong & C. Fukami (Eds.), *Handbook of management learning, education and development*. London: Sage Publications.

Kolb, A. Y., & Kolb, D. A. (2011). Learning Style Inventory version 4.0. Boston, MA: Hay Resources Direct. www.learningfromexperience.com

Kolb, D. A. (1971). Individual learning styles and the learning process. Working Paper 535–571, Sloan School of Management, Massachusetts Institute of Technology.

Kolb, D. A. (1984). *Experiential learning: Experience as the source of learning and development*. Englewood Cliffs, NJ: Prentice Hall.

Kolb, D. A., Lublin, S., Spoth, J., & Baker, R. (1986). Strategic management development: Using experiential learning theory to assess and develop managerial competence, *The Journal of Management Development*, 5(3), 13–24.

Kolb, D. A., & Yeganeh, B. (in press). Deliberate experiential learning: Mastering the art of learning from experience. In K. Elsbach, C. D. Kayes, & A. Kayes (Eds.), *Contemporary organizational behavior in action*. Upper Saddle River, NJ: Pearson Education.

Kotter, J. P. (1990). *A force for change: How leadership differs from management*. New York: The Free Press.

Leonard, G. (1992). *Mastery: The keys to success and long-term fulfillment*. New York: Plume.

Montgomery, C. (2012, July). How strategists lead. *McKinsey Quarterly: The Online Journal of McKinsey & Company*, 2–7.

Peres, S. (2012, September). Leading in the 21st century: An interview with Shimon Peres, President of Israel. *McKinsey Quarterly: The Online Journal of McKinsey & Company*, 1–4.

Rainey (Sharp), M. A. (1991). Career development in academic family medicine: An experiential learning approach. Unpublished Ph.D. dissertation, Case Western Reserve University.

Rainey, M. A., Hekelman, F., Galazka, S.F., & Kolb, D. A. (1993, February). Job demands and personal skills in family medicine: Implications for faculty development. *Family Medicine*, *25*, 100–103.

Rainey, M. A., & Kolb, D. A. (1995). Using experiential learning theory and learning styles in diversity education. In R. R. Sims & S. J. Sims (Eds.), *The importance of learning styles: Understanding the implications for learning, course design and education* (pp. 129–146). Westport, CT: Greenwood Press.

Seijts, G. H., & Latham, G. P. (2005). Learning versus performing goals: When should each be used? *Academy of Management Executive*, (19), 124–131.

Senge, P. (1990). *The fifth discipline: The art and practice of the learning organization*. New York: Currency/Doubleday.

Smith, D. (1990). Physician managerial skills: Assessing the critical competencies of the physician executive. Unpublished doctoral dissertation. Department of Organizational Behavior, Weatherhead School of Management, Case Western Reserve University, Cleveland, Ohio.

Wren, D. A. (1987). *The evolution of management thought* (3rd ed.). Hoboken, NJ: John Wiley & Sons.

Zaleznik, A. (1977, May/June). Managers and leaders: Are they different? *Harvard Business Review*, *55*, 67–78.

第 17 章

文化评估作为一项组织发展干预措施

埃德加·沙因

大多数与文化相关的干预措施并不涉及文化变革。恰恰相反，这些对组织如何工作的某一方面进行的干预措施，事实上是能借助文化来改变的，而不是改变文化。大多数客户并不了解文化的本质，因此经常将某些完全和文化无关的事物打上文化的标签。本章将探讨组织发展实践者如何在组织中解决文化问题，让组织成员能够识别重要的文化假设，并评估它们在多大程度上会促进或阻碍组织正努力实施的变革。本章还将审视文化评估过程，这有助于组织描述并理解文化，其已经成为明确的组织变革计划的一部分。该评估过程主要来自《企业文化生存指南》（*The Corporate Culture Survival Guide*）中介绍的多步骤过程。

组织文化与文化评估

本章提出的文化评估过程以文化模型为基础，该模型能将可观察到却难以解读的人工成分与信奉的价值观与潜在的基本假设区别开来，而后者正是文化的本质。这三个文化层面（人工成分、信奉的价值观和潜在的基本假设）展示在图 17.1 中。例如，观察到的人工成分可能是高级管理团队之间不断的争论及争吵。当被询问原因时，他们表示自己所信奉的价值观是："这就是我们开展工作的方式；我们相互辩论直到达成共识。"潜在的基本假设是：他们正在就一项新技术做决策，没人聪明到能知道答案，但通过对可选方案的集体讨论，真相就会逐渐出现。这个过程就是美国数字设备公司（Digital Equipment Corporation）企业文化的精髓所在。

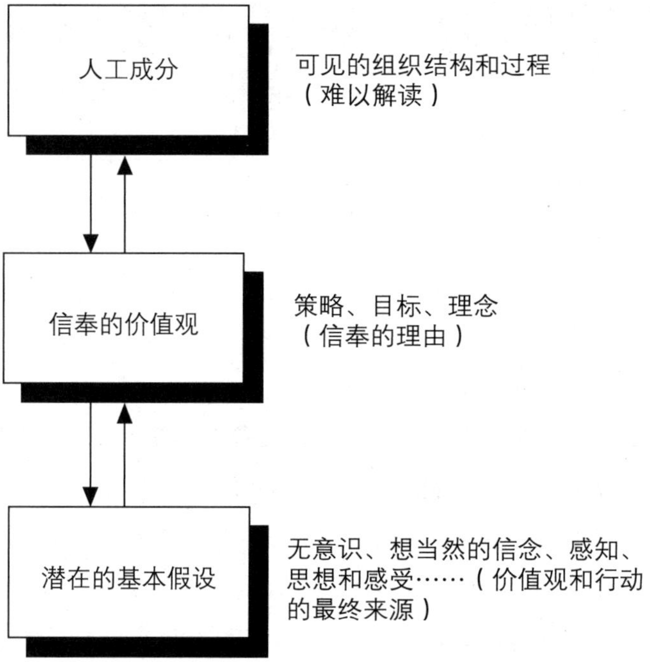

图 17.1　文化层次

关注"商业问题"而非文化

许多组织认为，一般的文化评估对他们都是有意义的。然而，如果文化评估独立于变革计划，那么它就毫无意义，因为文化的范围广泛，涵盖了组织运作的方方面面。组织发展实践者不应主动提出进行文化评估，除非组织客户知道他们在努力达成的目标。如果客户只是笼统地说想“评估文化”或“改变文化”，这尚未具体到足以进行评估。实践者应探究组织客户所指的“文化”意味着什么，为什么客户会认为文化评估有帮助。这些问题的答案通常会揭示出客户的一些变革议程，其对于“商业问题”的定义，对于明确说明变革议程的内容也非常重要。

关注文化如何促进“工作的新方式”

作为过程咨询顾问的组织发展实践者必须帮助客户做到非常有针对性，避免提出一般性的意见，如“我们想改变文化”，还要持续探索最初会激发变革的错误动机是什么。一旦客户能用具体的语言识别出预期的“工作新方式”，就可以进行文化评估了，从而确定哪些文化要素会促进变革以及哪些会阻碍变革。

例如，在大型城市公用事业部门阿尔法电力公司（Alpha Power）的案例中，法院要求它们承担更多环保责任。法院指定的监测员将问题定义为形成“阿尔法文化”，并启动了“文化变革”计划。然而，刚开始进行的文化评估并没有针对性，直到人们确定需要的是一种“工作新方式”。这种新的方式包括：（1）时薪员工对识别、报告并修复环境泄漏问题及其他环境健康与安全（Environmental Health and Safety）问题有更多的责任感；（2）更加公开地报告环境健康与安全问题，而不是为避免工作群体尴尬或受到纪律处分持续隐瞒的倾向；（3）在处理环境健康与安全问题时，开展更多的团队合作。

整体组织变革中的文化变革部分主要关注：（1）时薪员工的自我形象变化；（2）其直接主管的角色变化，会授权他人更多的责任；（3）诸如奖惩制度的辅助性结构的变化。阿尔法电力公司的企业文化以技术卓越的传统、性能的可靠性、强大而高度家长式的等级制度，以及致力于对员工广泛而详细的培训和职业发展为基础。这些文化元素使得阿尔法能够对员工及主管进行再培训，制定奖励和管理制度来支持工作新方式。大多数阿尔法文化不仅没有改变，而且也不应该改变。事实上，正是这种文化促使了公司能高效地实施这场环境变革。大部分的文化要素被用来促使其自身的某方面进行重大变化，事实上它们对实现这一变革也非常关键，变革后一线员工的工作方式发生改变，主管们重构了自己的角色。对此最好的理解方式是将其看作一种文化演进而不是文化变革。阿尔法的文化通过一些文化元素来改变其他元素从而进行了演进。

文化评估过程

当评估目的明确时，评估过程的本质就是将组织中的一个或多个代表群体集中起来，给他们提供一种如何思考组织文化和亚文化的模式，然后让他们识别主要的人工成分、信奉的价值观和潜在的基本假设。外部组织发展实践者扮演着顾问、记录员的角色，必要时也是挑刺者和提问者。

评估的基本假设

这种方法背后的几个重要假设：

1. 文化是一组共享的假设；因此，获得群体背景的初始数据要比进行个人访谈更为合适和有效。调查是无用的，因为一个人一开始并不了解要问什么，并且调查方法也没有引出形成文化本质的更深层假设。
2. 文化假设的背景含义只能为该文化的成员完全理解；因此，创造一种便于他们理解的媒介比让顾问取得这种理解更为重要。
3. 并非所有文化的部分都与组织可能面临的特定问题相关；因此，试图去研究全部文化的方方面面不仅不切实际，通常也不太合适。
4. 内部人士能够理解并明确构成文化的潜在基本假设，但在这个过程中它们需要外部的帮助。因此，帮助者/顾问应主要以过程咨询模型进行运作，尽可能避免担任任何特定群体文化内容的专家。
5. 一些文化假设会被认为可以帮助组织实现其战略目标抑或解决现有的问题。另一些假设将被视为一种约束或障碍。对群体成员来说，他们需要一个过程把文化假设进行归类，这很重要。
6. 用于解决问题（这个问题通常引发了对组织文化的分析）的组织实践变革通常可以依靠现有的假设来实现。也就是说，文化解释过程经常会揭示新实践不仅能够而且也应该源于现有文化，如阿尔法电力公司的案例所示。
7. 如果发现文化变革是必需的，这些变革也很少会涉及整个文化。通常只会改变一到两个假设。只有极少数的情况需要必须改变基本范式，但如果这样的话，组织将面临持续多年的重大变革过程。

文化评估过程的十个步骤

基于这些假设而实施的文化解释过程可被分解为多个步骤，如示例 17.1 所示。

示例 17.1　文化评估：一个十步骤的过程

1. 获得领导者的承诺
2. 选择“访谈群体”
3. 选择一个适宜的环境进行群体访谈
4. 说明群体会议目的
5. 解释文化模型
6. 引导对人工成分的描述
7. 识别信奉的价值观
8. 识别潜在的基本假设
9. 识别文化中的促进和阻碍因素
10. 共同分析并制订后续计划

第一步：获得领导者的承诺　解释文化假设并评估其与某些组织目的的相关性，这些行为必须被视为组织生活中的重大干预措施，因此，只有在组织领导者充分理解并同意后方可进行。实际上，这意味着如果组织中有人打电话或写信寻求帮助去弄清楚他们的组织文化时，被问到的第一个问题总是类似于“你为什么想要这样做”或“有什么问题让你认为文化分析是与此有关系的”。当一个群体不是带着问题或议题分析自己的文化去促进这个过程，这种分析通常会因为群体缺乏兴趣而失败。

第二步：选择“访谈群体”　顾问要做的下一步是与领导者/高管一起确定如何最好地选择一些具文化代表性的群体。选择的标准通常取决于要解决问题的具体性质。可以选择和指定部门或等级层次类似的同质群体，也可以从组织中进行对角线斜跨层级式的选择而刻意组成异质群体。群体少则 3 人，多可达 30 人。如果认为有重要的亚文化在发挥作用，可以在不同群体中重复这个过程或刻意选取不同群体的成员来测试是否存在假定的差异。

客户对群体内的信任水平和开放程度的看法进一步决定了群体成员的构成，特别是在决定可能会阻碍讨论的高层人士是否应该出席的问题上。一方面，人们希望有一个相当公开的讨论，这可能意味着将高层排除在外。另一方面，要确定最终在集体会议中显露出的假设在多大程度上为领导者所认同非常关键，而这又要求高层也在场。因为各方之间的信任和开放程度本身可能就是一个文化问题，所以最好是从异质性群体开始，让群体去体验在多大程度上某些沟通领域是会由于他人的在场而受到或不受抑制。

一旦选定了访谈群体，应由领导者/高管将会议的目的通知到各个群体。只是通知参加一个会议来进行文化评估实在是太过模糊了。参会者必须从一开始就要知道正解决的是哪些变革问题，从而引发这个文化评估。

第三步：选择一个适宜的环境进行群体访谈 适合进行评估的场所通常是一间宽敞舒适的房间，有足够可以挂白板纸的墙面及一些可以让分小组讨论的小组讨论室。

第四步：说明群体会议目的 大型群体会议开始时应由组织中的某人（这个人应被认为是领导或权威角色）重述本次会议的目的，这才能鼓励会议过程中的踊跃发言、积极反馈。然后，过程顾问作为会议群体的外部人员被介绍出场，他将帮助群体分析组织文化是如何促进或阻碍问题解决或议题处理的。顾问可以是外部人员，也可以组织成员，来自专门提供内部咨询服务的员工群体。

第五步：解释文化模型 让群体理解文化至关重要，体现在人工成分和信奉的价值观两个层次上，但其目的是试图解释背后的潜在基本假设。因此，顾问应该向群体展示三层次模型（见图 17.1），确保每个人都理解这三个层次间的区别，并领会文化是一套可习得的、以群体共同的历史为基础的假设。重要的是要让群体了解将要评估的是他们自己的历史，理解组织文化的稳定性取决于组织过去的成功。

第六步：引导对人工成分的描述 顾问随后让群体先根据人工成分来描述组织文化。一个很有效的开始方法是找到群体中最新加入组织的成员，询问其加入该组织的感受是什么，以及加入后最常注意到的是什么。谈论到的一切内容都记录在白纸上，当写满一页后撕下来贴在墙上，让所有信息保持可见。

如果群体成员积极发言，过程顾问可保持相对沉默。如果群体需要预热启动，顾问应建议一些相关类别，如着装规范、向老板汇报时的预期行为模式、工作场所的布局、时间和空间的使用方式、注意到的情绪、奖励与惩罚方式，以及如何在组织中有所作为，等等。顾问不应提前决定选用哪些类别作为讨论内容，而要让群体自行建立类别以了解他们脑海中关注的是什么。

这个过程建议持续约一小时，或者直到群体成员已明显绞尽了脑汁。同时应生成一个长长的人工成分清单，涵盖群体生活的各个方面。从视觉上被自己的人工成分的描述所包围，这是促进群体开始就所共有的假设进行更深层次思考的必要条件。

第七步：识别信奉的价值观 引出人工成分的问题："这里正在发生什么？"相反，

能引出所信奉的价值观的问题："你为什么要这么做？"顾问应该选择一个群体明显会感兴趣的人工成分领域，要求人们说清楚他们会这么做的原因。例如，如果他们说，这个地方比较随意，很少有身份象征，询问"为什么"。这通常会引出对价值观的陈述，如"相比正式的职权，我们更重视问题解决"或者"我们认为多沟通是件好事"，甚至"我们认为老板不应该比下属拥有更多的权利"。

当群体成员在陈述价值观或信念时，顾问应检查共识度。如果达成了共识，就将这些价值观或信念记录在新的白纸上。如果有成员不认同，探询"为什么"。询问这是不是因为不同的子群体拥有不一样的价值观，或者是否本身就缺乏共识。在这种情况下，将该事项列入清单并加上一个问号，提醒群体之后重新讨论。应鼓励群体审视所有识别出的人工成分，并尽可能地弄清楚其可能隐含的价值观是什么。如果有一些很明显的价值观没有被群体指出来，过程顾问应该提出建议，但只是作为秉着共同探询的精神来发现更多可能性的方式，而不是像专家一样对他们的数据进行内容分析。通常，另行需要约一小时来完成价值观清单。此时群体已为推进到识别潜在的基本假设步骤做好准备了。

第八步：识别潜在的基本假设　要理解基本假设的关键在于需要检查已经识别出的所信奉的价值观是否能真正解释所有的人工成分。人们所描述的一些正在进行中的事物可能并未得到清楚的解释，或者可能与一些明确表达的价值观有冲突。例如，来自一家计算机公司的群体成员一直坚持所信奉的"合作和团队协作"价值观。但他们发现达成共识的决定并没有坚持下去，而真正的基本假设是"个人竞争"，完成事情的唯一方法是通过与相关人员进行各种各样的交易。

重要而显著的假设能产生一套全新的洞见，并让以前看似没有意义的各种各样的事物显露出内在含义。通常这些显著的假设能调和群体所认为的价值冲突。例如，保险公司一群人力资源专员进行了这种练习并确定了一项重要的价值观："随着环境的改变，变得更富创新性并承担更多风险。"但群体成员无法将这个目标与很少有真正的创新发生这个事实调和起来。当推进到假设阶段时，他们意识到在公司的整个发展史中，它一直是在以有关人类行为的两个核心假设为基础进行运作：（1）当人们有明确的规则去涵盖所有情况时，他们的工作状态最佳（在群体列出的人工成分清单中表述的是一个"长达一英里的书架放满了程序手册"）；（2）人们喜欢即时反馈，如果犯规行为没有立即得到惩罚，他们就不会遵守规则。一旦群体说出这些潜在的基本假设，就会意识到这些假设对行为的驱动力远远超过了所信奉的创新及风险承担的价值观。并不存在对创新的正向激励。事实上，创新是有风险的，因为任何一步错漏都会立即被处罚。

当群体成员和顾问都认为他们已经确定了大部分的关键假设，并且参会者现在也清楚假设是什么时，这一阶段的练习就完成了。预计这些步骤应该会需要 3 ~ 4 小时。

第九步：识别文化中的促进和阻碍因素 如果群体成员多达 10 人以上，这一步可分成若干小群体进行。子群体的任务取决于提出的问题是什么，在大群体练习中是否确定了亚文化以及可用的时间有多少。例如，如果在大群体会议中有证据表明存在职能、地域、职业或层级性的亚文化，顾问可能希望组成的子群体能反映这些假定的差异，让每个子群体去进一步探索自己的假设集合。或者，如果顾问发现在大群体中对确定的假设所形成的共识还过得去，可以随机分组，按业务部分或者任何其他标准来分组，只要这个标准对所处理的大问题而言是有意义的。

通常，子群体的任务包含两部分：

1. 花时间（约一小时）完善假设并识别其他可能在大群体会议中忽略了的假设；
2. 根据其是促进还是阻碍解决要处理的问题，对假设进行分类。

群体需要回顾什么是“工作的新方式”，以及识别出的假设将如何促进或阻碍它的实现。子群体向整个群体报告 2 ~ 3 个会促进预期变革的主要假设，同时也要报告 2 ~ 3 个阻碍的主要假设。

要求参与者从双重视角来审视假设非常重要，因为人们倾向于只把文化视为一种约束，从而过分强调具有阻碍作用的假设。事实上，成功的组织变革可能更多地来自确定有促进作用的假设，而非改变具有阻碍作用的假设，但群体最初会有一个更艰难的时期去探询文化如何能成为积极的促进因素。

第十步：共同分析并制订后续计划 这一步练习的目的是对什么是重要的潜在假设，以及这些假设对组织想要做什么的重要意义达成某种共识。当子群体向整个群体报告各自的分析时，就开始了这一过程。如果此时存在高度共识，顾问可以直接开始讨论假设的重要意义。更有可能的是，这里会有一些变更，可能存在一些分歧，这将要求整个群体在过程顾问的帮助下进行进一步探询。

例如，群体可能认同这里存在较明显的亚文化差异，必须予以考虑。或者有些假设可能必须进行重新讨论以确定它们是否反映了更深层次的、能解决分歧的问题。或者，群体可能认识到，出于各种原因，群体并没有太多共同的假设。在上述各种情况下，顾问的作用就是提出问题，推动澄清，验证认知，并以各种方式帮助群体对假设集合尽可能地有一个更清晰的认识，正是这些假设集合驱动着群体的日常认知、感受、想法及最终的行动。

一旦对共享假设是什么达成某种共识，讨论将着眼于这些假设在促进或者阻碍群体实现预期目标时所起到的作用。此时，顾问必须注意要确保讨论的平衡性，因为人们总是倾向于快速识别阻碍性假设，然后集中精力考虑如何应对。如前所述，群体最深入的洞察力是意识到一些假设会如何有助于他们，让他们有可能全力加强这些积极假设而不是对要克服阻碍性假设而忧心忡忡。

在完成第十个步之后，如果能识别出真正的阻碍因素，群体讨论的重点将转向分析如何管理文化，以及可以采取哪些措施来克服已识别的阻碍因素；此时，组织一个有关变革理论和文化变革机制的简短讲座会比较有效，同时要建立新的子群体去制定变革策略。通常，这将至少需要半天时间。因此，如果马上开展文化变革，除了原定的一天会议外，还需要额外的时间。然而，需要注意的是，如果采用这种群体自诊断干预措施，一天时间里又可以完成多少工作呢。

结论

本方法的要点在于，直到客户清晰地明确了需要解决的问题是什么，所确定的工作新方式是什么，以及组织高层愿意付出努力实施变革的程度，才开始文化评估或变革。高管必须清楚地了解什么是文化，甚至对文化变革的考虑意味着什么，以及文化在这些变革中发挥积极作用的可能性。

十步文化评估法借助了包含人工成分、信奉的价值观和潜在基本假设的文化模型，让来自组织内部的群体及作为过程顾问的组织发展实践者一起协作，在一天的计划中开展了文化评估，从而组织能决定如何利用其文化优势来实现所期待的变化。如果文化要素必须改变，可以使用强调转型变革的通用变革模型来启动文化演进项目。

参考文献

Schein, E. H. (1992). *Organizational culture and leadership* (2nd ed.). San Francisco, CA: Jossey-Bass.

Schein, E. H. (1999a). *Process consultation revisited: Building the helping relationship*. Reading, MA: Addison-Wesley-Longman.

Schein, E. H. (1999b). *The corporate culture survival guide*. San Francisco, CA: Jossey-Bass.

Schein, E. H. (2003). *DEC is dead; Long live DEC: The lasting legacy of Digital Equipment Corporation*. San Francisco, CA: Berrett-Koehler.

Schein, E. H. (2004). *Organizational culture and leadership* (3rd ed.). San Francisco, CA: Jossey-Bass.

Schein, E. H. (2009). *The corporate culture survival guide* (2nd ed.). San Francisco, CA: Jossey-Bass.

Schein, E. H. (2010). *Organizational culture and leadership* (4th ed.). San Francisco, CA: Jossey-Bass.

第 4 部分

与群体及个人合作

第 18 章

工作群体的自然发展[1]：自然发生的领导力

唐纳德·布朗（Donald T. Brown）

简介

从装配线到会议室，我们越来越多的日常工作都以小群体的形式完成。一些群体，如项目团队，有固定的成员和有限的服务期限。其他群体如董事会和委员会，则服务期限并

1 本章将唐纳德·布朗医学博士根据阿里阿德涅·贝克及其同事的研究和发现所著的有关工作群体和团队的发展阶段以及自然产生的群体领导力的手稿为开启章节。布朗博士于 20 世纪 80 年代末去世，他将自己的手稿托付给 NTL 学院，以确保他人能分享他探索工作团队和群体生活的旅程，自行发现群体领导力是如何在群体中自然产生的。布朗博士的手稿经由罗伯特·乐可利（Robert Legris）博士与凯文·康威（Kevin Conway）编辑。它融合了谢尔曼·金斯伯里（Sherman Kingsbury）博士的贡献和说明，并反映了布朗博士的著作在 NTL 实验室以及组织工作群体和项目团队中的应用，这些应用的实施者分别是谢尔曼·金斯伯里博士、伦诺克斯·约瑟夫博士、罗伯特·乐可利博士、伊丽莎白·沃克曼（Elizabeth Workman）、迈克尔·布拉泽和神学硕士克劳丁·潘尼·古德勒特（Claudine Pannell-Goodlet）。

无限制，而且可以定期更换成员。有关小群体和企业内的民间智慧的大量文献表明，新组建的群体与完善的群体相比较，运作方式是完全不同的。然而，对于群体随着时间的推移会如何发展则存在一些不同意见。

20 世纪 40 年代末期，群体发展的第一个概念模型正式发布。这些早期模型以个体心理发展、临床治疗流程或实验性问题解决为基础。虽然人们可能看到这些方法之间的相似之处，但是这项开创性工作并未产生任何群体发展的理论。

这些群体发展模型被证明已无法描述现代工作群体和团队的特殊演变。这一点也不奇怪。NTL 的 T-groups 及其疗法和自我分析研究群体明显不同于今天的小型工作团队，而前者却是许多模型建立的基础。它的成员通常互不相识，并且对自己的任务毫无技能可言。领导该群体的都是有经验的专业人员，他们会避免直接指导成员如何推进工作。结果就出现了一种非常模糊不清的境况，这反而鼓励了“荒谬”过程的浮现。这些“荒谬”事件在其所发生的背景下具有很高的价值。

将此画面与工作或任务群体的情况进行对比。任务群体由接受委派来完成工作任务或项目目标的个人组成。群体的目的会影响成员的特性、时间界限及其活动的范畴。群体是由个人为了发起组织而聚集成的。召集人的正式权力会影响群体的发展和单个群体成员的行为。任务群体各有不同，体现在对定义目标或任务及运作方式的自主程度不同，对发起企业定义及评价有效业绩的信任度不同。

群体的任务经分配而来，与工作相关且相对清晰。群体成员通常彼此熟悉，是依照其各自的专项技能而挑选组成的。被指定的领导者会感到有责任来指挥团队努力实现期待目标。在此情景中，“荒谬”行为是不受欢迎的，也是与目标相悖的。鉴于这些差异，现代管理者发现大多数的群体发展模式很难在工作场所得到应用也就不足为奇。

此外，还有少数发展模型基于在工作场景中观察到的行为，往往忽略了在群体之外的所有过程。当这些群体之外的过程干扰到群体要完成的任务时，通常被视为多余的干扰，会被“管理”而不是作为自然发展过程的一部分予以鼓励。这种排除一切只聚焦任务的做法会经常在群体内导致大量没有价值的争执，限制群体的创造潜力。

20 世纪 80 年代，在一般系统理论的影响下，出现了一批新观点。人们特别感兴趣的是对群体发展及自然发生领导力的研究项目，并公布了阿里阿德涅·贝克、詹姆斯·杜戈（James Dugo），卡罗尔·刘易斯（Carol Lewis）、拉娜·彼得斯（Lana Peters）和阿尔伯特·恩格（Albert Eng）的研究成果。

这些研究人员认为所有满足某些基本条件的工作群体都会经历类似的发展阶段。在这个过程中，社会结构会建立起来，领导者要么被推选出来要么自然产生，然后去执行与群体发展相关的特定职能。根据这些研究人员的成果，无论群体的组成和目的如何，这些发展过程都趋向于自然发生。他们认为，即使没有完全满足基本条件，群体发展也会经历类似的阶段性事件，尽管可能不会历经整个发展过程。

贝克模型为与小型工作群体合作的组织、管理者和顾问提供了新的可能性，可以更高效地开展工作。关注群体生活的方方面面能提高实现群体潜力的可能性，特别是当涉及创意工作时，尤其如此。

贝克和她的同事们的理论前提是从短期咨询和心理治疗组的研究演化而来的。他们的研究聚焦于凭经验识别发展性事件的方法。本文汲取了 NTL 的经验，将贝克模型应用到一系列组织工作群体和项目团队中，以更好地理解他们的发展及其内部自然产生的领导力。

有效工作群体的基本条件

明显可识别的群体发展阶段发生在 5 ~ 12 人组成的群体中，这些人员因特定目的被召集起来，其成员身份至少在 12 小时的会议期间保持不变。这种限制性条件的基本原理如下所示。

规模

群体的规模决定了它在实现目标时可获取的资源。人数低于 5 人的群体在角色可能性方面会受到很大的局限。当群体人数超过 15 人时，全体成员的有效参与就会变得愈加困难。此外，在较大的群体中，关键的领导职能往往由几个人或子群体来执行。当要求涉及的群体人数必须较多时，更有效的方法可能是将任务细分或创建系列群体或分群体。

目的

群体特定目的的存在是为群体成员提供了框架让他们能开始发展的过程。没有焦点的群体会花时间来寻求目的，并且在目标界定后才会启动进一步的发展。确定的目的应该足够清晰，这样所有成员能初步接受。进一步澄清群体的目的以及就内容修正进行协商都是群体发展过程的一部分。

持续性/稳定性

要求持续 12 小时的要求是指实际的会议时间。每周举行 6 次 2 小时的会议与两天内举行 4 次 3 小时的会议会产生同样的发展性事件。最少 12 小时只是一个平均值，而不是绝对值。一些群体的进展可能会快于其他群体，但是，大多数进展正常的群体都能在该时间内达成有效的工作关系。

稳定性是指希望同样的人每次都能出席会议。这能为领导者的选择和自然出现做好准备，也能为解决有关群体发展的问题创造条件。某个人缺席某个会议不会影响群体的发展（除了初次会议之外）。而一个成员的退出通常意味着群体需要暂停运作来重新确立关键角色。有新成员加入时群体需要概括已经完成的结构性工作。

现实意义

管理者想要发挥工作群体的最大功效，必须关注这些基本条件。临时性将一个人分配至一个群体中往往适得其反，就好像人们常做的派遣“代表”去参加一个群体的会议。如果一个群体成员不能参加会议却有重要信息，最好进行书面沟通。会议记录或口头报告可以让缺席的群体成员知道发生了什么。尽管帕金森定律表明“只要还有时间，工作就会不断扩展，直到用完所有的时间”，没有充分的会议时间来发展群体，可能意味着永远无法完成任务或完成质量下降。

一个工作群体可能出于特定目的接纳“访客”，例如，专家顾问的报告演讲。如果群体一直明确访客的非成员状态，发展过程将不会再生，然而在访问期间也不大可能发生发展事件。

自然产生的群体领导力

这种工作群体发展理论与其他方法不同，其他方法关注任命的或正式领导者的活动，而它强调群体自身职能领导者的自然产生和发展。领导角色是群体结构的一部分，会随着群体的发展而自然发生。每个角色都可以由很多该群体的成员来充当。

随着群体成员共处时间的增加，群体成员展现出的一系列行为会与自身个性及自己对群体目标的个人反应有关。有四类领导角色显而易见。每类都有具体的领导职能，这对群体发展过程的成功至关重要。在群体的整个存续期间，都需要领导者。当群体参与发展工作时，自然产生的领导者倾向于执行具体功能。给定时间内，领导角色通常从一个群体成员转换到另一个成员。这种流动性使得群体的绩效更高。在成效极高的群体中，角色可以在成员间无缝转换。在履行角色时，领导者因为具体阶段、群体问题而在相反的立场间不断反复。随着问题得到解决，群体历经各个阶段之后也逐渐成熟并取得进步。

这四类关键的领导角色必须在发展过程中自然产生。他们是任务领导者、情感领导者、分歧领导者和边界意识领导者。

任务领导者的角色

担任此角色的人又被称为“结构领导者”，并不总是那个从一开始就被指认为该群体领导者的人。但此人通常由发起组织来任命，并充当群体和组织的中间人。如果任务领导者不是正式领导者，这二者必须制定一种工作方法来合作共事。

任务领导者通常是启动任务的人。他帮助群体制定合理的目标、规则、沟通方法和决策风格，并对个人及群体业绩的评价标准带来影响。任务领导者经常召集或主持该群体的会议，因此可能有一些正式的权力。如果这种正式职位与其所拥有的有关任务及如何完成任务的知识不相匹配，另一成员可能承担任务领导者的功能。正式领导者必须支持实际上自然产生的任务领导者以让团队有效开展工作。

情感领导者的角色

情感领导者又称“关系维护”或“社交”领导者，而担当这一角色的人员，其个人对群体表现的投入最大，通常也是最受欢迎的群体成员。他主要关注群体的顺利运作，以及群体成员的参与、关系和互动性。情感领导者作为群体的激励者发挥着关键作用，以身示范合作与协作，也会支持他人并从他人处获得支持。只有情感领导者最有可能唤起对发展过程中的困难的关注。他通常会与任务领导者建立密切的联系，对监测后者与整个群体的关系往往特别有效。

分歧领导者的角色

分歧领导者又称“反常”或“替罪羊”领导者。分歧领导者也对任务高度投入。他会澄清群体的目的、工作方法、项目范围及组织对工作群体的期望，并检验群体成员的极限。这类领导者对群体凝聚力水平及成员的差异被忽略或抑制的状态特别敏感。

分歧领导者愿意冒险，也常常成为负面情绪的目标。缺乏同理心的人、个人沟通风格或观点与众不同的人更有可能承担这种领导角色。起初，分歧领导者可能感觉不被人赏识，从而变得戒心很重或想要退出。但到了后期，承担此角色的人所做出的贡献会得到高度认同并被视为群体表现的关键要素。

边界意识领导者的角色

边界意识领导者又称“挑衅型”或“警戒型”领导者。这类人对群体的运行系统高度怀疑并保持警醒。他特别关注个人和群体的自主权及成员在群体中失去自我的可能性。因此，会抵制群体成员间不切实际的信任及对群体结果不加批判地接受的倾向，他会对任务或参与群体持矛盾心态，并对群体内的不一致和对现实局限性的回避非常敏感。

这种谨慎的特质能让所有群体成员去检验自己对彼此及对任务承诺的程度和适当性。边界意识领导者坚持对边界的澄清，这种坚持可能表现出来的形式就是需要群体（尤其是任务领导者）的特别关注和支持。当群体在处理边界意识领导者提出的各种问题并日益成熟时，它也建立了一种应对所有成员特殊需求和局限性的机制。（有关领导角色的总结见示例 18.1。）

示例 18.1　自然产生的群体领导力

在发展工作群体时，领导者在结构进化过程中发挥着关键作用。每个领导者在工作群体的整个生命周期中都会执行其独特的职能，尤其是让需要群体解决的特定阶段性群体问题得到了明确。共有四类这样的群体领导角色。

任务领导者：最了解任务要求，对目标、规范和程序有影响力，并且会与外部环境建立联系。

情感领导者：个人对任务的投入最大，关注群体的关系和顺利运作，并以身示范协同合作。

分歧领导者：促进对限制和边界的澄清，是自然出现的负面情绪及竞争关系所针对的对象，对差异比较敏感，并且对任务投入较大。

边界意识领导者：促进对承诺的测试，是处理依赖和距离问题时所针对的对象，对不一致较敏感，并对任务持矛盾的心态。

现实意义

如果管理工作群体的人不够灵活或具有高度控制性，他们可能很难有时间去推进发展过程或很难接受各种领导角色存在的必要性。分歧及对限制或承诺的质疑所蕴含的建设性一面往往很难被看到。

看起来剔除行为棘手的人或者迫使他们顺从似乎更容易。但正式领导者和顾问必须对掩盖在人际冲突之下的群体结构问题的倾向性保持敏感。对于这样一个简单的假设：所有问题都源于个人，只要将这个人剔除就可以简单解决，去质疑并验证它非常重要。最佳状态的群体一定具有所有四类领导角色，并且这些领导角色能从一个群体成员转换到另一个成员。

如果一个群体的自然发展过程进行得并不顺利，顾问或引导师可以选择自己代表那些自然产生的领导者实施活动。这种临时示范领导力的做法可以支持自然领导者来承担自己的角色。但风险是顾问可能被视为该群体的一个成员，并且无法在不阻碍群体发展的情况下退出群体。

结构性发展

一个成熟的职能性工作群体是动态的，并且随着时间的推移，该群体会形成一种复杂的内部结构。群体的结构也包括其边界。例如，时间与资源、各种领导角色及他们的关系。一个群体中重要的社会心理要素包括认同感、个人担任的职能角色、进入与退出的标准、成员的行为规则或规范。一旦建立，这些结构面会一直存在，并影响群体的工作方式。虽然它们是无形的，但可在个体成员的行为中识别出来。

这里有关“结构”的观点明显不同于该术语在描述正式角色（如总裁和会计师）或组织内部单元（如营销部门）时的传统用法。这种工作群体的发展模型呈现出一种结构的流动性迹象和转变的领导力基础，这样可以鼓励所有成员去担任各种各样的领导角色。

从个体成员的聚集开始，群体一般要经历九个发展阶段（见示例 18.2）。每个阶段的特点由被整个群体认为重要的议题或问题来决定。对于任何一个稳定的群体，即在生命周期内成员身份和目的都保持不变的群体，这些问题出现的顺序是相同的。一个群体只有建立了结构去处理特定阶段的议题，才能前进到新的群体层面的议题。有时，也可以人为抑制或中止发展过程，但未解决发展需要的持续存在可能使对其他问题的工作无效或失效。因此，群体发展过程的最终结果是形成一个成熟的工作群体，它能有效并高效地完成被赋予的任务。

示例 18.2　群体工作的九个发展阶段

第一阶段：缔约/评估
第二阶段：竞争/建立一致性
第三阶段：差异化/执行程序及任务
第四阶段：亲密性/自发性
第五阶段：包容/适应局限性
第六阶段：自治/承诺
第七阶段：协作/责任
第八阶段：整合/成果评估
第九阶段：解散/确认

不是每个群体的互动都会表现出对结构发展的急切需求。一开始群体可以探讨多个主题，直到某个主题（如准时或着装规范）成为触发器激发了群体去解决一系列所有成员都关注的潜在问题。然而，一旦被引发，群体倾向于持续关注结构性问题直至得到解决。尽管问题总是相同的，但每个群体都会通过不同的语言和行为来表达它们。要记住群体成员是单独的个体，会对关键问题做出独特的反应，这一点很重要。分歧通常被看作群体关系紧张。群体的任务就是找到一个结构性解决方案，在这个方案中会包含一系列的态度和观点表述。在各个发展阶段，群体中一些自然产生的领导者会特别积极于界定问题并寻找解决方案。一旦发现，这种结构（如行为的规范或规则）就会成为群体社会结构的一部分，当类似问题出现时也可以进行使用。

建立结构来处理问题并不意味着在该领域不需要进一步的工作。事实上，阶段性的问题代表人类普遍关注的领域，会随着群体的继续向前发展而反复出现。例如，对群体如何解决冲突形成了理解并不意味着将来冲突不再出现。最初形成的社会结构可能后来需要进行修改以适应新情况。对于一个待“完成”的阶段，所需要的就是有足够多的解决方案或足够多的结构，这样所有成员对继续前行会感到怡然自得。

一个阶段的结束伴随而来的是紧张程度的降低和一种完结感。群体可能继续处理那些可作为触发器去展现潜在议题的内容。随着时间推移，新的问题会浮现，将群体带入下一个阶段。

虽然顾问必须了解群体发展的过程，但个别的工作群体可能不需要去识别潜在问题，也不需要推动群体发展的社会结构。例如，在项目团队中，讨论的内容更可能是处理工作相关的内容及相关的个人反应。有关工作群体每个发展阶段的问题容易唤起特定方面的人类情感冲突及相关应对的机制。例如，在第二阶段中，会常常通过欺凌或迁怒的企图来公开应对对攻击和愤怒不切实际的关注。然而，每个群体都是由个体组成的独特集合体，因此这些基本过程的外在表现也大不相同。虽然不绝对要求所有成员了解群体的演化过程，但是这可以大大改善群体的运作。

工作群体的九个发展阶段如示例 18.2 所示。

第一阶段：缔约/评估

基于个人的自我评估及其与既定目的的关系，参与者同意（缔约）组成一个群体。这一阶段最终会形成对任务的责任感，这一点在某种程度上是所有人都认同的。

在缔约阶段，每个成员都会评估自己的个人舒适程度及与他人合作的意愿。在判断过程中，每个成员也会估量他人与任务相关的能力及与其建立工作关系的可能性。判断会以语言及非语言线索为基础，非正式地和/或直觉性地进行。无论一个人是否已提前选择加入群体，判断过程都会发生。它们是对任务和群体做出承诺的必要的先决条件，并且是未来自然产生领导者的基础。

任务领导者为群体成员早期的沟通设定了基调。在这个阶段首位领导者通常由发起组织任命，但其能鼓励群体就群体既定的目的和组织对目的的期待进行坦率的讨论。任务领导者让成员能公开做出反应并自由表达自己的观点。自然产生的情感领导者会以身示范对工作的热情，激励成员通过识别共同的利益及关注点而彼此紧密联系。当这个阶段结束时，所有群体成员在某种程度上都对任务产生了责任感。任务领导者的角色现在就可以开始从指定的任务领导者转换给另一个个体成员。有关第一阶段的关键点如表 18.1 所示。

表 18.1　第一阶段的关键点：缔约/评估

议题	领导行动	阶段结束
理解并与任务群体的目的建立联系 胜任任务与共事的需要 成员边界及所需的时间与精力	任务领导者：阐述任务和局限性，鼓励提问并提供回应，说明发起组织对群体的期望，并促进群体成员与任务及彼此的联系 情感领导者：表达对任务的热情，通过互动和连接来示范如何投入	能量水平的提高 责任感和期待感

第二阶段：竞争/建立一致性

群体制定了应对有关领导力和个人影响力竞争的方法，并形成了一种群体一致性。共同目标得以澄清，也制定了能让群体成功运行的行为规范和标准，如会议的频率和时间等。当群体开始着手任务本身时，这一阶段就结束了。

在第二阶段中，一些成员希望能支配或控制事件，也会浮现出一些成员的个性差异，这些会产生负面的情绪，群体必须找到管理这些负面情绪的方法。在这种情况下，潜在领导者开始自然出现。这些潜在领导者个人以身示范所承担的角色，这在整个群体生命期中都会有帮助，因为他人也会承担这些角色。竞争和领导者的自然产生常常来自成员对群体目的的看法的讨论，以及关于如何推进的建议。在这种争辩中，分歧领导者采取强硬的立场，另一个或多个其他成员则持反对立场，其余的群体成员也被动卷入这场争论中。会存在一种忽视或抹黑分歧领导者观点的倾向，而他反过来也可能退出或攻击其他成员。

任务领导者让隐藏的分歧浮出水面或采取干预措施来确保争辩的公平性，建设性地解决这个冲突，这是他需要执行的一个必要职能。任务领导者必须将争辩聚焦在议题上，以消除人们认为“真正的问题”就是分歧领导者本身的观点。情感领导者通常最先发现分歧状态的价值。竞争阶段可以说是一个暴风骤雨的时段，让所有群体成员都会产生高度焦虑，但它在发展机制上起着非常重要的作用，它使持有不同观点的群体成员能够积极地履行职能。此时，任务领导者的角色经常会转换为另一个群体成员。

当群体开始着手任务本身时，这一阶段就结束了。有关第二阶段的关键点如表 18.2 所示。

表 18.2　第二阶段的关键点：竞争/建立一致性

议题	领导行动	阶段结束
表明差异 愤怒和冲突 目标和绩效标准 群体一致性 对领导力和影响力的竞争	分歧领导者：质疑自然产生的群体规范，聚焦消极性关注，可能反击或退出 情感领导者：与大多数成员保持一致，接受并理解分歧领导者的观点 任务领导者：提高对冲突和敌对的觉察，识别不正当行为和模糊沟通，让群体的关注焦点对事不对人	表明对接受和支配的需要 理解不同的立场 认同群体成员求同存异而无须因异议而退出 可轻松直接表达冲突 将注意力从成员互动转移到任务上

第三阶段：差异化/执行程序及任务

群体会对工作组织方式、资源识别及子任务分配的程序取得一致意见。成员们逐渐呈现出明显差异化，他们的工作关系也得到了发展。这一阶段结束时，会形成对群体工作组织方式流程的明确一致，各个成员都开始执行自己具体的子任务。

从竞争阶段发展差异化阶段，群体开始协作工作。个人会分享他们的技能并承担具体任务。对于共事的不同方式也进行了众多的尝试。在这个过程中，各个成员的优势和局限会变得更为明显。

在差异化阶段，各种自然产生的领导角色变得显而易见。分歧领导者再次作为同侪被接纳从而重新融入群体中，他会提出宝贵的建议。情感领导者经常活力四射，急不可耐地去完成任务，并欣然地得到他人的支持。情感领导者与任务领导者的联系被强化。任务领导者的职责因为工作性质而有所不同。对需要创造性密切配合的复杂工作，任务领导者会让其他成员采取主动并分享专业知识，开始放弃其唯一权威专家的地位。在相对简单的项目中，任务领导者可能继续提供大量指导并让其他成员遵循。

这个阶段的一些积极经验包括：明确了任务进展，以群体为主体进行决策，让冲突浮出水面并有效解决，在群体成员间建立了高层次的信任。

在这个阶段中，边界意识领导者的矛盾心理，特别是对他人的依赖性，变得更加明显。边界意识领导者的这种态度主要表现在：蔑视群体认可的规范、对群体的一些基本决策提出反对及对成功的可能性发出警示。

这一阶段结束的标志：形成了对群体工作组织方式流程的明确一致，各个成员都开始执行自己具体的子任务。对于发展演变已超出了差异化阶段的群体，这一阶段结束的标志是成员情绪的转变及成员间的“趣味性”日甚。表 18.3 对这个阶段的关键点进行了概括。

表 18.3　第三阶段的关键点：差异化/执行程序及任务

问题	领导行为	阶段结束
分享知识和资源 制定分配子任务的程序 识别成员的优势和劣势	分歧领导者：积极贡献，为群体成员所接受 任务领导者：不太活跃，提供总体指导，可能提供数据或程序性建议 情感领导者：对完成任务表现出高能量 边界意识领导者：鼓励他人、保持个人距离	成员差异化明显 成就感 心境转向更具“趣味性”特征

第四阶段：亲密性/自发性

群体会找到方法来提供积极反馈和支持并分享社交活动。这一阶段结束的标志是整个群体将采取更加非正式的工作方式。

在这个阶段出现了幽默和自发性。差异化阶段的积极体验加强了成员间的联系。通常，他们会变得关系更加密切，也会给予对方更多的支持。起初这些行为只是暂时的。如果这种状态没有受到干扰，群体成员就有可能互相表达欣赏和热情，并抽出时间进行娱乐。这种坦率开朗的氛围有利于自发创新和创造性思维。

任务领导者和情感领导者在这个阶段中经常发挥引领作用，以身示范采用更为非正式性的方法。随着这一阶段的发展，原本任务领导者使用正式权威的做法日益减少。当其他群体成员能采用这种更为轻松、非正式的工作方式时，这一阶段也就接近结束了。亲密性阶段的特点是对任务领导者的依赖减少、对群体的投入日益增加。第四阶段结束时，整个群体会采用更加非正式的工作方式。参见表 18.4 对这一阶段关键点的概述。

表 18.4　第四阶段的关键点：亲密性/自发性

议题	领导行为	阶段结束
分享社交活动 接受幽默和自发性 给予积极的反馈和支持	任务领导者：较少使用正式权力，示范非正式性，表达欣赏，特别是对情感领导者的欣赏 情感领导者：展现对任务领导者和他人的个人欣赏	富有创造性的建议 认同在工作和娱乐之间达成可接受的平衡

第五阶段：包容/适应局限性

群体会修改早先商定好的规范以顾及成员个体为组织带来的独特资产和负债。这一阶段结束时，群体会形成新的归属感和凝聚力。

在形成了强大的团队精神后，群体认识到各个成员的独特能力。此时会自然产生新的包容性，让群体重新调整个人的任务、责任和目标以适应资源（如时间和人员）的局限性。群体会重新审视哪些是可以包容的，哪些是可以完成的，而不考虑外部的期望。

在包容阶段，边界意识领导者获得广泛关注，因为他会经常就一些既定规则挑战任务领导者，或者要求给予特别考虑，又或者质疑群体所表现出的绝对信任的真实性。如同在第二阶段一样，这是一个紧张加剧、冲突公开的时期。在处理这种情形时，群体要把握其工作的现实和局限性，建立成员间的相互包容，并重申工作的目的。任务领导者负责确保发起组织能接受群体对自己最初职责的修改。这个阶段结束时，群体内会形成一种新的归属感和凝聚力。表 18.5 呈现了对第五阶段关键点的概述。

表 18.5　第五阶段的关键点：包容/适应局限性

议题	领导行为	阶段结束
表现出对成员局限性的包容 接受由于时间或资源缺乏而导致的任务完成的局限性	边界意识领导者：质疑群体成果和承诺的真实性，表示不满，要求给予特别考虑 任务领导者：成为质疑的焦点，作为领头人去与发起官方机构实现折中	较低的紧张程度 愿意彼此重新定义任务及期望

第六阶段：自治/承诺

群体将使自己的工作方法得到正式认可。成员个体对任务进行选择并实施，而整个群体对结果形成了强烈的主人翁意识。这个阶段结束时，正式的任务领导者开始接受群体内的这种新工作关系。

在早期阶段建立的对目标和承诺的认同现在被强调个人的成就所替代。已形成的信任关系意味着正式的领导力和任务分配已不再必要。因为初始或正式的任务领导者与发起组织的关系，他必须批准将权力和责任转移给个人，而且还必须接受自己的新角色更像一个同侪而不是正式专家。这个阶段结束时，正式任务领导者能接受群体内新的工作关系。表 18.6 概述了第六阶段的关键点。

表 18.6　第六阶段的关键点：自主/承诺

议题	领导行为	阶段结束
对任务的群体主人翁意识 转向自主行动 接受同侪领导	任务领导者：批准自然产生的想法，放弃正式的专家权威	群体采纳自主生成的建议

第七阶段：协作/责任

群体创造了新的方法来实现专注、灵活并创造性地工作，这些方法适当地融合了自主工作与相互依赖性协作。这一阶段结束时，根据具体的情况或问题，领导者角色能轻易地从一个群体成员转换给另一个群体成员。

在协作阶段，群体机能成熟且清晰可见。自然产生的领导者不那么突出了。领导者的角色会基于对需求的即时评估在所有成员间灵活转换。群体成员能识别到自己的限制并随意向他人寻求帮助。在这个阶段中，参与度、工作效率和满意度都很高。

这个阶段结束时，根据具体的情况或问题，领导者角色能轻易地从一个群体成员转换给另一个群体成员。表 18.7 对第七阶段的关键点进行了概述。

表 18.7　第七阶段的关键点：协作/责任

议题	领导行为	阶段结束
寻找独特的方法以协作并相互依赖地开展工作	领导者角色根据需要能够灵活地转换 每个成员都可以履行必要的领导职能	意识到任务即将结束

第八阶段：整合/成果评估

随着任务的完成，群体也制定了方法来整合结果并评估成果。这个阶段结束时，组织已经完成了原来分配的任务，并向发起组织提交了最终产品。

整合阶段拉开了群体结束的序幕。当群体明确了自己的成果并将其移交给发起组织时，任务领导者再次承担更具支配性的角色。边界意识领导者也会继续自己的职责，开始质疑并测试群体的评估过程。

这一阶段结束时，组织已经完成了原来分配的任务，并向发起组织提交了最终产品。表 18.8 给出了对第八阶段关键点的概述。

表 18.8　第八阶段的关键点：整合/成果评估

议题	领导行为	阶段结束
制定评估成果和不足的方法 考虑发起组织对产品的可能反应	任务领导者：重新产生对评估的强大影响力，代表了与外部人员的联系 分歧领导者：唤起对未完结事项的关注	重点从完成任务转移到人际关系的议题

第九阶段：解散/确认

随着群体趋于尾声，群体开始回顾自己的成绩并确认这段经历和已建关系的重要性。情感领导者帮助群体去探索他们对这段经历和群体解散的感受。边界意识领导者帮助让遗留的问题浮现出来，包括任何对未实现潜能的失望。

随着工作群体的解散，这一阶段也宣告结束。表 18.9 对这一阶段的关键点进行了概述。

表 18.9　第九阶段的关键点：解散/确认

议题	领导行为	阶段结束
结束群体和个人关系的失落感	情感领导者：确认群体经历的影响和积极关系，并惋惜于群体结束 边界意识领导者：让失望的情绪浮现 任务领导者：重申结束群体的必要性；强调个人贡献的价值，特别是分歧领导者和边界意识领导者的贡献	群体确认真正结束

对管理者的现实意义

对那些被委任为工作群体正式领导者的管理者而言，他们必须做好准备去接受并应对发展进程带来的挑战。从发起组织的视角来看，他们可能是正式的授权者，但他们不应该坚持掌控群体中任务领导者的角色。

在第一阶段，必须有足够的时间来评估数据并澄清群体的目的。此外，还必须给群体成员时间去建立协作，而不是试图强行过早启动。

在第二阶段，耐心、包容并有能力去客观看待冲突都会有帮助。很少有人会喜欢这个阶段的紧张气氛，但它又是必须且重要的。管理者无论如何都要避免加入他人一起攻击分歧领导者。抑制或中止冲突可能导致这一阶段无法完成。

在第三阶段，管理专长尤其重要。群体成员可以分享他们对目的的了解、预期的问题及过去奏效的问题解决方法。如果正式的领导者不是真正的任务领导者，就会存在特定困难。在这种情况下，两个领导者之间的协作变得至关重要。

第四阶段会让群体成员放松下来并找到乐趣。对于那些不喜欢看到“时间荒废”的高度任务导向的人来说，或者对于那些在任何情况下都必须维持自己的地位和正式的结构化关系的人来说，这可能是个问题。学会放松是产生创造性、群体进一步成熟的先决条件。

边界意识领导者所要求的“特殊待遇”，特别是在第五阶段期间，可能被一些人视为此人不称职的证据，而不会被看成群体发展的一个方面。对一些有较多正式结构感的人来说，可能很难接受这样的做法：要根据群体的优缺点及时间、资源的限制去重新定义能完成的任务内容。

到了第六阶段，那些具有正式授权的人必须灵活而体面地允许对其权威地位进行必要的改变。尽管如此，他们仍须保持作为群体的资源或专家的重要角色。这种角色在接下来的群体发展过程的第七、第八和第九阶段应该继续维持。

了解自己对领导角色的个人喜好能让工作群体的成员受益。能够识别一个人何时在服务于群体目标、何时在满足自己的个人需求是需要技巧的，这种技巧能带来更大的掌控感和赋能感。由于自然产生的领导角色是针对群体的，个人在不同的群体中可能担任不同的角色。保持足够的灵活性以担任各种角色，这是有必要的。

结论

当人们聚集在工作环境中执行任务时，不是所有人都能符合基本标准，并经由上述过程发展成一个成熟、协作的群体。在大型且不稳定的群体中，引入适当的会议引导和工作指令技术，或许有可能形成高效的工作关系。与上述类似的过程议题可能影响工作，也许需要进行考虑。

有时，成员间的个性组合根本不能提供必要的资源来建立有效的群体结构。在这种情况下，管理者可能必须重新评估自己期待的结果。然而更多的时候，关注发展问题将带来改变，因为群体会影响单个成员。偶尔，群体也会“身陷”有关发展问题的徒劳挣扎中。

在这种情况下，中立的第三方经常可以找到重新定义议题的方式，并将注意力重新导向潜在问题。这种干预措施是顾问的惯用方法，也可以由主管或组织其他部门的管理者来进行。让群体准备好接受来自外部的干预，这是必不可少的。

一些管理者可能觉得对已经建立协作（第七阶段）的群体的氛围很难轻松面对，在这种氛围中人们的关系比较亲密，以同侪为关注导向。幸运的是，不是所有的工作群体都需要发展到这一层次才能有效工作。对于常规或熟悉的工作任务，第三发展阶段以内的群体可能就可胜任。即使管理者不希望或不需要自己的群体完成全部的发展过程，他们也必须让群体有时间完成前两个阶段，以便让第三阶段的有效成果能够产生。

我们每个人都有在高效群体工作的体会，在这类群体中一切工作都在有条不紊地进行，并且工作成果显著。同样，我们也都遇到过一开始就陷入泥沼且从未成功的群体。这种发展模型提供了一种工具来帮助理解这些差异形成及存在的原因。使用这个模型，可以让管理者更好地领导这类工作群体，充分利用群体互动中内在的可能性。

参考文献

Beck, A. P. (1981). Developmental characteristics of the system forming process. In J. Durkin (Ed.), *Living groups: Group psychotherapy and general systems theory* (pp. 316-332). New York: Brunner-Mazel.

Beck, A. P. (1981, Winter). The study of group phase development and emergent leadership. *Group*, *5*(4), 48-54.

Beck, A. P., Dugo, J. M., Eng, A. M., & Lewis, C. M. (1986). The search for phases in group development: Designing process analysis measures of group interaction. In L. S. Greenberg & W. M. Pinsof (Eds.), *The psychotherapeutic process: A research handbook* (pp. 615-705). New York: Guilford Press.

第 19 章

与组织内的群体合作

马特·米纳汉（Mate Minahan）

在历史的长河中，人类取得了巨大的成就，这些成就超过了任何个人或群体的能力。它们通常是我们所面对的最复杂、最艰难的任务，需要人与群体的相互依赖、领导力、沟通、建设性规范、差异化的职责和角色。此外，也许最重要的是，还需要为了共同的目标而理解并调动人类行为的能力。

有时，有些任务似乎超出了我们的能力范围——在十年内让普通人登上月球；绘制出人类基因图谱；建设国际空间站；或者对国家灾难的政府间联动反应，如地震、海啸和飓风。有时，有些任务比较简单，如制定任务团队的绩效措施。无论人们的规模、努力、理念、兴趣及自我意识如何，都必须组织团结起来以产生整体远远大于各部分之和的效果。事实上，群体在人类和组织生命中同时是最丰富却又深深令人费解的元素，它可以解释人们对群体所产生的推动/牵制、爱/恨、接近/回避的反应。

身处群体中并开展工作面临的一个主要挑战是理解动态的多样性和复杂性。群体中的每个人都会遇到复杂的问题；群体中人与人之间存在着复杂而心照不宣的动力；在群体层面会发生复杂又难以观察到的现象；并且群体与环境间存在着互动，所有这一切都会深刻影响其他的一切。这对于高效的群体成员、引导师和组织发展顾问来说是至关重要的，因为他们能够观察到不同层次的互动，并将其观察结果应用于理论或模型中，然后适当地加以干预。

本章将概述关于群体和团队的一些基本思想和知识，提供综合的群体发展理论和模型，确定群体和团队之间的一些主要差异，收集影响团队绩效的一些关键因素并将其纳入综合的群体动力学模型中，总结群体和团队中的一些较好的干预策略，然后建议一些胜任工作的能力。

思想奠基者及其思想

最早对人及群体的研究发生在 19 世纪 90 年代，当时心理学家诺曼·崔普里特（Norman Triplett）正在研究自行车比赛的结果，他发现自行车骑手在相互竞赛时的车速快过计时比赛时的速度。在自己的实验室里，诺曼发现，儿童组完成任务的表现要好于单个儿童完成任务的表现。是他人的存在激发了更好的表现吗？他人在场时除了导致速度更快外，还有其他影响吗？这是我们在寻求有关自己在群体中的行为的信息时想要询问的第一个问题。20 世纪初，研究人员得出结论：有他人在场可以提高简单任务中的表现水平，对于复杂的任务却会适得其反。

勒温

第一次提出“群体动力学”的概念要追溯到 1939 年，当时社会科学家库尔特·勒温将群体描述为独立的实体，它不同于且也不仅仅是其个体成员的总和，而具有自己的“生命”和潜在动力。

作为一个生活在纳粹德国的年轻犹太人，勒温对个人与社会的关系产生了浓厚的兴趣，并将自己的研究工作投向一种深入而持久的生活觉察：多数人孤立并伤害少数人的权力。组织发展所承诺的民主、社会公正、赋能给边缘化群体、消除种族主义与压迫，以及时至今日仍然影响组织发展实践的一些要求均来自勒温、多萝西·戴（Dorothy Day）和保罗·傅瑞雷（Paulo Friere）等人。

勒温于 1947 年心脏病发作，英年早逝。但于他一起研究的同事肯·贝恩、利兰·布雷德福（Leland Bradford）和罗恩·李皮特继续建立了 NTL 学院。该学院主要在全球进行 T-groups 的传统项目，并致力于通过实验室教育来研究信息反馈及个人发展。很多我们所知道的及大多数所实践的有关体验式学习与教育的内容均来自这些早期的实践者。现在，健康的群体能观察到自己的互动，反思自己的价值，并做出改变加以完善，这种方式与勒温及其同事们所发现的方法大致相同。

比昂

同时，英国心理分析师威尔弗雷德·比昂开发了一个理解群体动力学的结构。比昂的理论在很大程度上是基于他第二次世界大战期间在英国军队管理精神病患者康复机构的经验，以及战后在塔维斯托克诊所对群体的研究。比昂的理论的核心概念是，在每个群体中都有两个群体存在："工作群体"和"基本假设群体"。应该说明的是，比昂指的不是群体内的派别或分组，而是指群体内部同时存在的行为的两个维度。工作群体是功能群组，关注群体的主要任务或工作。一个成熟的工作群体了解自己的目的并能定义自己的任务。群体成员合作共事，具有群体归属感，因为他们与群体的利益保持一致。这样的群体会验证自己的结论，寻求知识并从体验中学习。

比昂所说的基本假设群体会采用无效且自我矛盾的行为，降低了群体的有效性。基本假设群体可以被认为"似乎"群体，意思就是该群体的行为看起来"似乎"源于其成员持有某些心照不宣的假设。这些假设隐藏在群体的潜意识中，不在群体成员的意识之内。比昂识别了三种类型的基本假设群体：依赖型、斗争—逃避型和配对型，如表 19.1 所示。

表 19.1　比昂的基本假设群体和行为

依赖型	斗争—逃避型	配对型
成员被动地指望培训师/领导者给出所有答案 成员提供的信息不完整或不充分 针对问题，群体坚持过于简单化的解决方案 群体最终表现出对培训师/领导者的敌意和失望 当原领导者不能胜任时，群体寻求替代性领导者	群体表现出偏执倾向 群体拒绝批判性地自我检查 群体会创建一个真实或想象的"敌人" 为了群体的利益可以牺牲个体成员或让其当替罪羊 不能容忍缺点（被群体所感知到的）	群体依赖于两个成员合作来进行所有创造性的工作 群体成员会使用诸如"当……时，事情会更好"等老套路来表达满怀希望的期待 群体成员都很关注创意过程并对其有兴趣 通过配对产生的解决方案或领导者会被群体阻挠或破坏

比昂的研究促成了在伦敦成立塔维斯托克研究所，该所继续在全球范围进行研究、咨询和专业发展工作以支持变革与学习。

舒茨的 FIRO-B（基本人际关系取向）

第二次世界大战后，技术的进步以及从体力劳动向脑力劳动的转变给作战情报中心（Combat Information Centers）带来了挑战，作战情报中心是设置在大型船只上的神经中枢。有些非常有效，而有些则功能失调。威尔·舒茨对此很好奇，那时他已经是拥有博士学位的研究员和大学讲师了。他作为海员开始了自己的海上航程，其间研究了在这些中心工作的男性的特点以寻找判断适应性的标准，根据这些标准对作战情报中心进行人员配备。1958 年，他发表了基本人际关系理论及后来的行为工具——FIRO-B。该模型针对三种人际需求解释了个人对他人取向的人际行为；包容（Inclusion, I）、支配（Control, C）及情感（Affection, A），以及个人向他人表达（Express, E）或展示某种行为，或希望（Want, W）或渴望接收他人表达某种行为的需求。

舒茨还认为，群体通过生命周期的三个阶段向前发展，首先处理的问题包括：

- 包容，或者谁参与了（参与并投身于任务中）及谁退出了（较少参与并投身于任务中）。一旦群体已经处理了它的包容需求，那么它就可以处理……
- 支配，或者谁强（有势力，强大，有影响力，具有领导性）及谁弱（势力或权力较小，影响不大，不具领导性）。一旦群体处理了支配需求，然后就可以处理……
- 情感，或者和谁亲近（关系性的、支持他人）及和谁疏远（孤立的、不参与或不支持他人）。

FIRO-B 仍然是处理群体和团队的一种最有效也是最好的记录工具，了解该模型可以有助于了解群体和团队处理业务时要满足的潜在人际需求。

本尼斯和谢巴德的群体发展理论

在同期，基于 T-groups 的工作，沃伦·班尼斯（Warren Bennis）和赫布·谢巴德在自己的理论中吸收了比昂、舒茨和其他人的理论成果，并在理论中概述了群体必须解决的两个内部不确定性的主要领域：依赖从属（Dependence）（职权关系）和相互依存（Interdependence）（人际关系）。

第一个主要领域，即第一阶段，是依赖从属阶段，是指群体成员的情绪或焦虑与群体的领导者、群体结构或规则有关。权威结构（如程序、规则、议程和专家）会让“依赖从属”的成员感到舒服；而抗拒这种结构的成员被认为“反依赖从属”的人员。与领导力和权力没有冲突的成员被认为“客观公正”，他们是群体从一个子阶段向下一个子阶段显著推进的原因。依赖从属阶段有三个子阶段：逃避、斗争和宣泄。

群体只有解决了有关权威、领导力和结构的问题后，才能把注意力转向成员彼此的关系并分担责任。第二阶段是相互依存阶段，是指成员对人际亲密关系的需要。只有在群体中建立了高度的亲密关系才会感到舒服的成员，被称为“过于个人化”（Over-personal），而回避或退出人际亲密关系的成员被称为“对抗个人化”（Counterpersonal）。而在这方面没有冲突的人被称为“个人化”（Personals）。相互依存阶段也有三个子阶段：赋魅（Enchantment）（逃避的另一面）、祛魅（Disenchantment）（斗争的另一面）和同感效证（Consensual Validation）。表 19.2 概述了该理论。

表 19.2　本尼斯和谢巴德的群体发展理论

第一阶段：依赖从属（职权关系）	第二阶段：相互依存（人际关系）
子阶段 1：依赖从属——逃避 成员徒劳无功地寻找共同目标 成员共享无害的事实和信息如关于自身、闲混的日子、令人厌恶的事，或者彼此高谈阔论 群体如同外人一般讨论人际关系问题 成员依赖培训师/领导者的批准和指导	子阶段 4：赋魅——逃避 成员轻松快乐，并富有凝聚力 在会议上可能提供咖啡和蛋糕 群体计划一些活动，如群体派对及郊游 群体可能创作诗歌或歌曲来纪念群体的重要人物或事件 曲解或忽略分歧和问题
子阶段 2：反依赖从属——斗争 群体分成两个对立的子群体 通过选举主席、制定议程、建立委员会等方式以强行建立结构等意图均遭挫败 成员经常提议或建议：群体规模过大，应予以分解 成员公开质疑培训师/领导者的能力 成员公开表示反对和不满	子阶段 5：祛魅——斗争 群体分成两个对立的子群体 成员以自己的方式参与到和子群体的交流中，而不是与整个群体沟通 对抗个人化的人会发表诋毁群体的言论，或者有缺勤或厌烦的表现 过于个人化的人一定要让自己开心，会用宗教术语来谈及“基督之爱”、考虑他人等
子阶段 3：解决——宣泄 群体建议培训师/领导者“实验”离开群体 加强了警觉性和注意力 群体会讨论成员角色和责任	子阶段 6：同感验证 外部的压力和群体的共同目标迫使群体进行自我审视 未产生冲突成员会进行自我评估，要求对自己的角

续表

第一阶段：依赖从属（职权关系）	第二阶段：相互依存（人际关系）
群体将撤去培训师视为“我们成为一个群体之时”或“一个转折点”	色进行评估或表达对群体能力的信心，以此来获得重大突破 成员会开始有意义的讨论和问题解决阶段 成员表明他们对自己的参与度及群体流程的理解

最容易应用的一个模型是布鲁斯·塔克曼（Bruce Tuckman）的五阶段模型，因为它让人印象深刻。这个模型包括组建期（Forming）、激荡期（Storming）、规范期（Norming）、表现期（Performing）和解散期（Adjourning），在教科书和网上都有详细记录。

东方视角：安东尼·贝尼特

首次尝试把主要为英美及西方研究的内容与东方哲学进行整合的学者是安东尼·贝尼特（Anthony Banet），其在1967年提出了基于《易经》的群体发展理论。连续变化和动态现象可至少追溯到公元前500年，当时哲学家——希腊的赫拉克利特和中国的孔子——分别把经验的不断变化比喻成河流的不断变化。西方科学倾向于寻找因果关系和冻结—解冻—重新冻结的反复循环，而东方哲学承认万事万物中经验的连续流动，称为“道”。“个体成员和群体的能量在阴（被动、接受、简单、温顺）和阳（积极、创造、兴奋、坚定）之间分布、流动。”

对于舒茨、本尼斯和谢巴德描述为阶段或时期或群体发展的东西，贝尼特将其描述为“运动”或阴阳力量不断变化的排列（见表19.3）。

表19.3 安东尼·贝尼特基于《易经》的群体发展理论

依　赖	斗争—逃避	配　对
成员被动依赖培训师/领导者获得所有答案 成员提供的信息不完整或不充分 针对问题，群体坚持过于简单化的解决方案 群体最终表现出对培训师/领导者	群体表现出偏执倾向 群体拒绝批判性地自我检查 群体会创建一个真实或想象的“敌人” 为了群体的“利益”可以	群体依赖于两个成员合作来进行所有创造性的工作 群体成员会使用诸如“当……时，事情会更好”等老套路来表达满怀希望的期待 群体成员都很关注创意过程

续表

依　赖	斗争—逃避	配　对
的敌意及失望 当原领导者不能胜任时，群体寻求替代性领导者	牺牲个体成员或让其当替罪羊 不能容忍缺点（被群体所感知到的）	并对其有兴趣 通过配对产生的解决方案或领导者会被群体阻挠或破坏

迈向整合的理论与模型

几乎所有关于群体发展和组织发展的基础概念，特别是 20 世纪 40 年代到 70 年代的概念，都是基于心理学和社会学的研究成果——许多研究都使用了 T-groups 和群体治疗环境——其中的重点是个人和群体间的关系。20 世纪 50 年代到 90 年代，对管理和组织领域的研究作为独立的领域建立起来，提供了更多组织导向的知识，并把基础概念的适用性扩大到更多日常场景中，如企业与组织中。

从 20 世纪 90 年代中期开始，物理科学、生物科学的新概念开始注入群体发展思想与研究的新概念中。数学家亚瑟·杨（Arthur M. Young）的过程理论、物理学家大卫·伯姆（David Bohm）的对话实践、智利学者温贝托·玛提伯那（Humberto Maturano）的生物和控制论观点只是众多科学家中的几个例子。新科学思想家也为目前更多的群体发展模式的出现做出了贡献，包括：物理学家格雷戈里·贝特森（Gregory Bateson）、伊利亚·普里高津（Ilya Prigogine）和弗里乔夫·开普拉（Fritjof Capra）。哲学家肯恩·威尔伯整合了东西方思想，而科学作家大卫·贝勒比（David Berreby）为我们的群体及部落思想带来了脑物理科学和神经科学的知识，所有这些为我们的模型和观点提供了所需的支持。

图 19.1 所示的“群体螺旋”融合了早期群体研究与复杂系统的新兴原则的一些关键概念，并为实践者提供了一个有用的工具。以螺旋状呈现的各个阶段看上去毫不起眼，具有限定性，但事实并非如此；有一点很重要，要记住群体是以非线性方式进行工作的，这些阶段在群体生命中的任意出现，并且一个阶段结束与另一个阶段开始之间没有明确的界限。

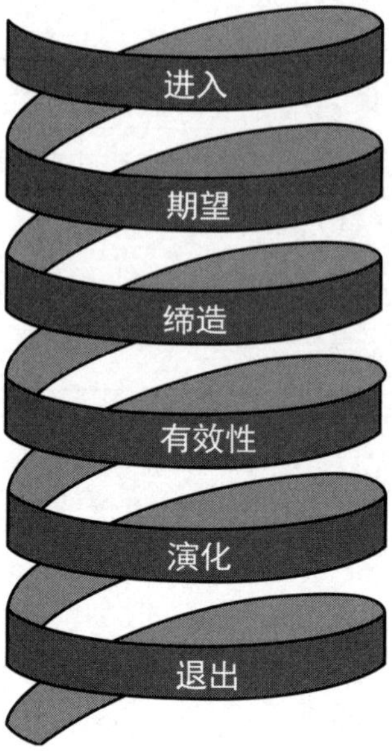

图 19.1　群体螺旋

螺旋意味着群体生活的循环性，它也可以是双向的，可以在深度和亲密度两个维度上往复移动。螺旋也有无限的弹性，而不仅仅像螺旋弹簧玩具那样是个儿童玩具。

进入：对进入的总体关注主要围绕在群体的目的及其成员结构上。所有的个人与系统的关系都是从进入点开始的。新进入者会专注于有关群体目的及其与个人目标、需求一致性的问题，不论其是否加入系统、以什么条件加入及如何在情感上对系统及其成员充分投入。

期望：对领导和角色的期望是这个阶段的关注重点。解决了进入的问题后，新成员开始全力解决"群体成员需要什么"这个问题：这个群体的领导力如何形成？需要我做什么？我是否能够胜任？我如何能够或愿意全情奉献？

缔造：缔造期间主要关注群体的计划、方法、过程及整体性或其会采取的手段。个体询问的主要关注点是，作为一个群体的正式成员，可以为增加价值做出什么贡献，可以信任谁。正如螺旋结构中的其他因素一样，在群体生命周期的后期可以重新审视这些问题，但是个体在这个阶段必须对它们做出早期初判。同时，群体会制定未来的目标，规划实现目标的计划、取得进展的措施及能达到目的的过程或方法。

有效性：内部模式与关系及与其他类似实体的关系（或交流）是有效性阶段的关注重点。个人主要关注的问题有：我是否高效？我是否有效？和谁在一起会这样？为什么？在这个阶段的群体会建立模式来减少不确定性和焦虑，当这种模式出现时，至少从表面上看来，可以提高工作表现。

演化：这一阶段的关注重点有关于群体工作的执行并超越原有形式。这是群体的转折点，要去选择结束的形式或者继续下去的形式。个体会计算付出的回报，可以提出下列类似的问题：我付出了什么？得到了什么？是否值得这种努力？我的贡献以什么方式增加了价值？

退出：直面解散的事实是螺旋结构中退出阶段的核心关注点。个体会纠结于一些相互矛盾的问题。一方面，个人会产生一种失落感：任务结束了，目标实现了，群体的作用已完成了，这种形式已到期了，所形成的关系也必须走向完结。另一方面，个人也可能有一种如释重负的感觉：工作已经完成了，压力现在也已经解除了。还可能对群体工作的应用及重要关系可能的新形式产生期盼。有关螺旋结构的详细信息如表 19.4 所示。

表 19.4　群体螺旋

阶段	关注点	个体的任务	群体的任务	引导任务
进入	目的 成员身份	探究自己与目标和其他成员的匹配程度	确定目标和成员身份	确保所有成员都是受欢迎的，确保他们已经了解了目标并对其有清晰的认识
期望	角色 领导力	确定别人对自己的期望，以及如何与领导相处	确定成员的义务、正式和非正式的群体领导	确保所有成员都明确各自的角色和职责
缔造	目标 计划 措施 流程 手段	确定自己的身份 把自己定位为贡献者 暂时建立联盟	制订计划、目标、措施及生产的方法与流程	帮助阐明并强调群体的身份 引导对沟通和决策的思考
有效性	模式 关系 交流	有效并高效地做出贡献 观察群体流程并给出评论 寻找改进方法 加深关系	建立并维护规范与模式 与其他实体协商关系及相互依赖性	审视日程、习惯和模式 直面未明言的设想及不成文的规则 鼓励不同意见
演化	超越	增长 开发新技能并增长见识	规避以往的局限，以实现更高的形式	确保会进行反思，整合经验教训

续表

阶段	关注点	个体的任务	群体的任务	引导任务
退出	解散	整合经验教训 脱离现有形式 采用新方法来维护重要关系	评估贡献，庆祝成功	确保对贡献的认同和庆祝活动

群体和团队

团队是一个具体和独特的群体，是一种跨结构、职能、时间和空间的重要组织形式。虽然群体和团队有很多相似之处，但两者存在重大的差异，如表 19.5 所示。

表 19.5　群体和团队的差别

标　　准	群　　体	团　　队
目的是什么	就所选择的领域，支持成员建立相关原则，培养所需技能和能力	完成一个支持组织目标的项目计划
谁归属于它	成员来自一个或多个组织或根本不隶属于任何组织	组织成员
让成员团结在一起的原因是什么	基于专业或激情的自我选择	管理层的选择和分配
组织团结的凝聚力是什么	激情、承诺及对选定的事业或知识领域的认同	组织计划或项目章程
目标是什么	目标通常自行产生，若符合成员的利益和需求，则效果最佳	目标来源于组织设定的目的
活动性质是什么	可选的、自愿的、主要为内部奖励的项目	符合组织利益的任务，有既定的交付物和截止期限，也可能有内部、外部奖励
会持续多长时间	只要成员有兴趣打造实践并维持社区	直到项目或工作完成
资源是什么	信息、知识、经验、成员承诺和协作等	同前，此外还有组织支持，包括技术、预算等

最好的也是最广泛应用的建立、打造团队的模型是由艾伦·德雷克斯勒（Alan Drexler）和大卫·西贝特（David Sibbet）建立的团队绩效模型（见图 19.2）。

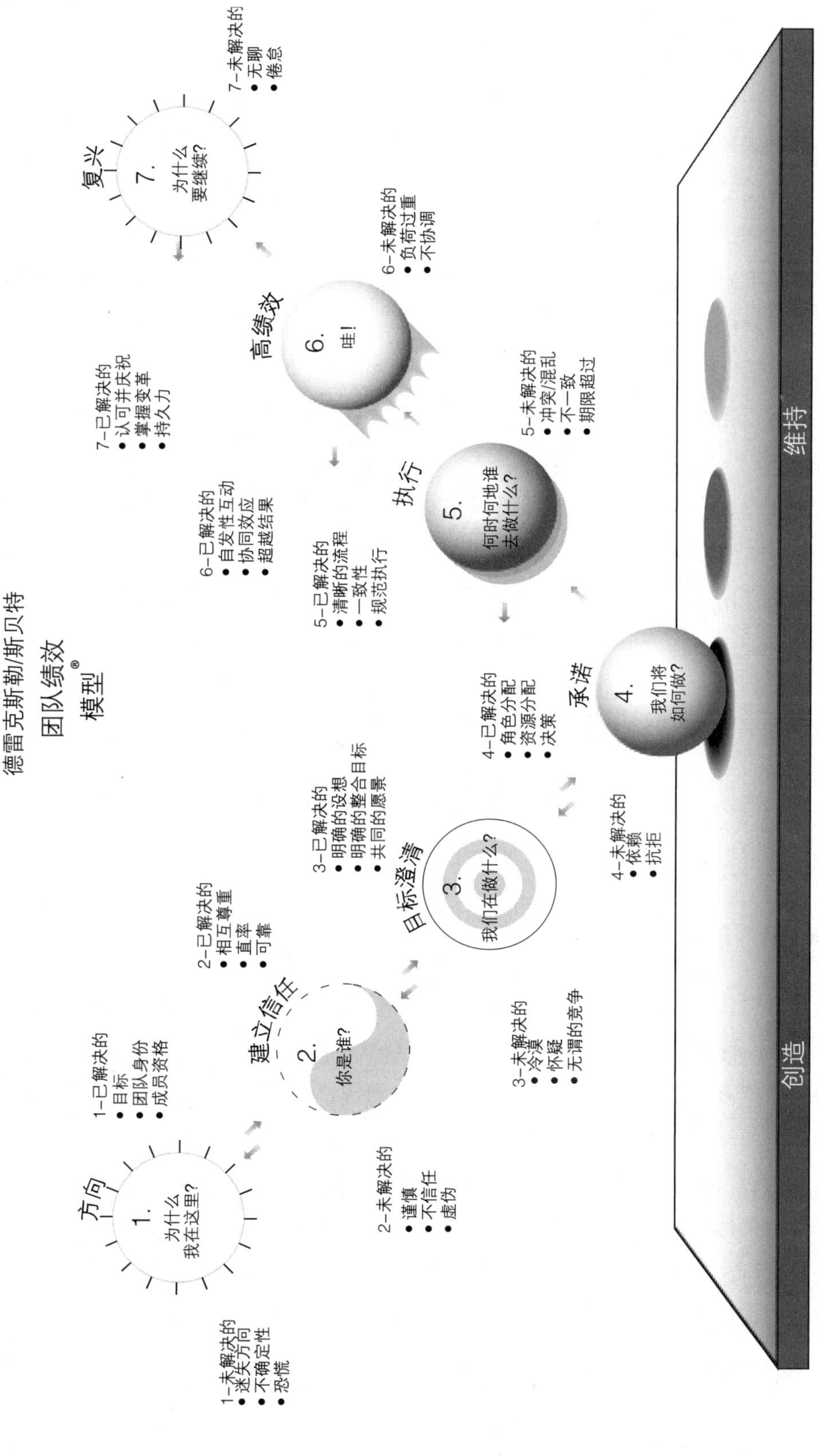

德雷克斯勒/斯贝特
团队绩效模型®
方向
1.
为什么
我在这里?
1-已解决的
• 目标
• 团队身份
• 成员资格
1-未解决的
• 迷失方向
• 不确定性
• 恐慌
建立信任
2.
你是谁?
2-已解决的
• 相互尊重
• 直率
• 可靠
2-未解决的
• 谨慎
• 不信任
• 虚伪
目标澄清
3.
我们在做什么?
3-已解决的
• 明确的设想
• 明确的整合目标
• 共同的愿景
3-未解决的
• 冷漠
• 怀疑
• 无谓的竞争
承诺
4.
我们将
如何做?
4-已解决的
• 角色分配
• 资源分配
• 决策
4-未解决的
• 依赖
• 抗拒
执行
5.
何时何地谁
去做什么?
5-已解决的
• 清晰的流程
• 一致性
• 规范执行
5-未解决的
• 冲突混乱
• 不一致
• 期限超过
高绩效
6.
哇!
6-已解决的
• 自发性互动
• 协同效应
• 超越结果
6-未解决的
• 负荷过重
• 不协调
复兴
7.
为什么
要继续?
7-已解决的
• 认可并庆祝
• 掌握变革
• 持久力
7-未解决的
• 无聊
• 倦怠
创造
维持

图 19.2 团队绩效模型

团队绩效模型是根据亚瑟·杨的过程理论建立的，其中：X 轴表示时间，Y 轴代表约束性。但是，在杨氏模型和团队绩效模型中 Y 值的范围并不是从低约束性上升到高约束性，约束性在 Y 轴底部时其值最高，而在 Y 轴顶部时其值最小。因此，起初阶段的取向和信任建设及最后阶段的高绩效和复兴都位于该模型的顶部，因为约束最小。中间阶段的目标澄清、承诺和实施位于在该模型的底部，因为约束最大。

请注意在承诺阶段出现的关键点。向下的趋势结束，团队承诺共享愿景，资源也进行了分配并且团队已准备好开始实施。

健康、管理良好的团队基本会按顺序经历这些阶段。然而，如模型所示，当关键问题未得到解决时，群体也会后退。群体成员人数的增减、环境或任务的变化都能让群体退回到早前的阶段。

即使它们看起来规模相同，这些阶段中有的会很快发生，而其他的则会持续相当长时间。一个精心设计的团队启动研讨会可以通过定向、信任建设、目标澄清和承诺等方式在短时间内帮助群体管理好自身，从而促使团队把大部分时间花在实施和高效执行上。

迈向整合的群体动力学模型

除了群体或团队生命周期的不同阶段，还有其他变量或群体动力学因素会决定群体或团队的成功和失败。

了解内容和过程

在与群体合作时，把内容（或群体的工作是什么）和过程（或群体是怎样工作的）区分开非常重要。此处暂且不提 T-groups，因为这种群体工作内容是了解过程。每个成功并能持续的群体都有一个目标，群体成员会致力于实现这个目标，大多数成员都有需要完成的任务。

冰山是形容这两个变量的一个绝佳比喻（见图 19.3）。水平面以上的东西一览无余，这就是我们被训练去从事、发现的东西。群体的工作内容通常是围绕群体的任务、事件、产品、会议和对话来组织的。当我们寻求如何完成任务时，我们是在寻找明确的目标、适当的知识及其他资源、朝向目标的进展和有效绩效衡量指标，这些都是可以影响群体工作内容的典型变量。

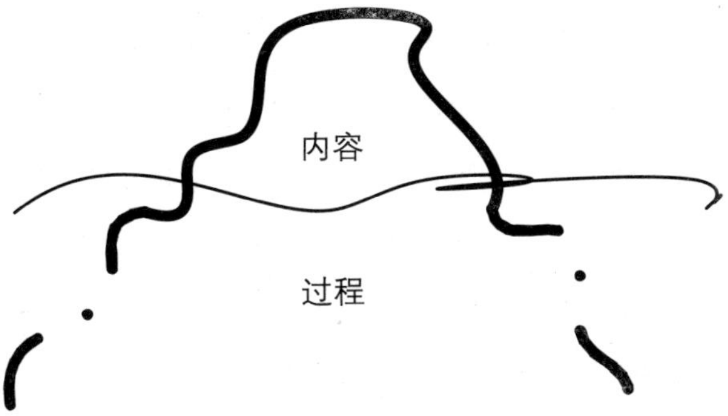

图 19.3　群体工作的内容与过程：冰山

更难看到的是水平面以下的一切，即过程变量。我们通常在这方面没有接受过专门的训练。当我们着眼于过程变量或者群体如何工作时，会希望了解群体是否/如何规划工作、创造想法、评估选项、做出决策、倾听并沟通、让所有成员参与、利用自身多样性及创建并保持模式、习惯、不成文的规则和规范。我们会寻找群体无意识或潜意识动力的证据，成员是如何加入及离开群体的，领导力是如何发生的，谁会参与并参与多少，以及其他众多变量。

大多数时候，群体成员专长于任务或者工作的内容或实质；很多时候，会聘请群体引导师，因为他们拥有过程变量或群体工作方式的知识。了解差异并能够分而视之，这是与群体合作需要的一项关键技能。

目的

一种最有效的组织群体并使其高效运作的方法是根据总体目的和明确的系列目标来指导群体成员。个体总是有自己的理由加入或参与任何群体，但当个体目标与群体目标一致和谐时，就可能大大提高工作的绩效和对结果的满意度。战略规划、目标设定和目标澄清练习澄清并调整了群体的目标和期待结果，从而提高了群体过程的有效性和效率。

领导力

我们所称的领导力概念的基础可追溯到 20 世纪 50 年代至 60 年代。道格拉斯·麦格雷戈描述了领导者对员工的两种不同观点及其导致的两种不同的领导风格。X 理论的管理者认为，人们不愿意工作，总是回避责任、自私自利，没有管理监督就会磨洋工。X 理论领导者只会通过指导、组织、管控和强制来管理员工。Y 理论的管理者认为，一旦满足了基本的生存需求，人们就会进行自我指导、自我控制，并且可以富有创造性及想象力地进行工作。Y 理论的领导者会创造挑战和机会，从而鼓励员工成长。

俄亥俄州领导力研究中心（Ohio State Leadership Studies）将 1 800 多个领导行为的例子合并为两个维度：关怀维度，这是领导者行事友好、具支持性并为下属谋福利的程度；结构维度，这是领导者界定并构建下属的工作及角色以完成群体目标的程度。富有魅力、高情商的变革型领导者会进一步扩展这些概念（见图 19.4）。

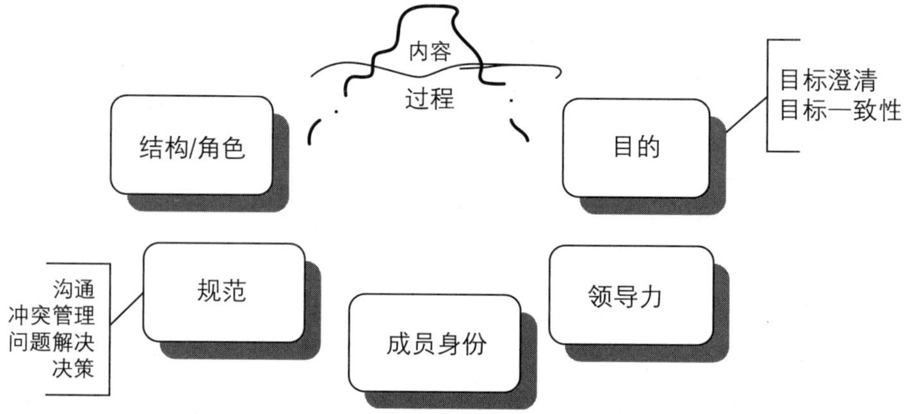

图 19.4　群体动力

成员身份

决定群体成功与否的另一个关键因素是成员身份。是否有足够的人员？人数是否偏多？成员是否适宜？他们拥有这项任务所需的技能吗？他们熟悉组织及其工作吗？他们是否能代表不同的观点和人员类型吗？

规范

规范就是不成文的规则和标准，群体用来界定哪些行为是可接受的，哪些行为是不可接受的。在群体生命周期早期，规范通常来自其所运行的大环境。然而，随着群体逐渐成熟，群体开始根据群体内部形成的意见来采取行动，这就是规范的形成。当对违反群体规范的行为有处罚措施时，规范就能充分运作。

规范对限制成员行为作用极大，可以是建设性的，也可以是破坏性的，具体取决于规范和当时的情况。例如，一个有助于群体成功的有效规范可能是所有期限必须如期完成。

而一个破坏性的规范可能是成员对群体的问题进行私下抱怨，却不在群体中提出，也不直接向领导者提出。

因为这些规范是不成文的规定，所以群体成员经常很难意识到规范的存在。组织发展顾问或群体引导师能为群体工作带来的一项最有力的资产就是，提供了距离和视角来观察群体行动中的惯例和模式，这些似乎总是令人困惑、不得其解或带来适得其反的结果。除此之外，组织发展顾问或群体引导师还有将这些观察结果反馈给群体的能力。

有四类特定的规范或模式或习惯，这些大多是群体在潜意识下创建的，能显著影响群体工作。

沟通：当沟通不畅，经常出现错漏、误读或曲解时，群体沟通的动态会极大增加复杂性，甚至可能发生潜在事故。因为沟通机会如此之多，很容易形成模式化、常规化或习惯化，这会让人更难以发现并做出改变。一些有助于良好沟通的指导原则包括：假设对方出于好意，全身心倾听，在回应前验证自己对对方所说信息的理解，拥有自己的认知、感受和信息，承认不同的观点就是事实（不论你是否认为它是正确的），以及彼此给予善意。

冲突管理：我们生活在今天这样一个充满互动又相互依存的世界里，没人喜欢冲突，也没人能避免冲突的发生。早期的冲突解决模型起源于婚姻及家庭系统的工作，它鼓励各方先去分辨或描述所有存在分歧的因素，然后进行整合，聚焦于各方都能认同的因素。这种方法基于这样的一种理念：当事人描述争执的不同方面时，彼此聆听这样的简单行为就可以促进理解和共情，而这二者就是解决冲突的先决条件。20 世纪 60 年代中期，该领域建立了一个被称为"群体间冲突"的专门化领域，专门研究工会/管理冲突，并迅速延伸到种族和性别群体间的冲突。今天，有成千上万的解决纠纷的专业人员，他们的工作就是在冲突进入正式诉讼程序前把它解决掉。这些专业人员有的隶属于法院系统，有的在法律界工作，还有的在组织内担任监察职能。根据《美国新闻与世界报道》的报道，争议解决将是 21 世纪全球三大增长最快的行业之一。

但冲突并非全都是有害无益的，无须像在法制系统中那样去人为回避。当群体中存在冲突时，经常会带来能量提升，可建设性地用于群体的发展。有关群体冲突的好消息是，它能表明群体成员对相关话题的高度兴趣和投入，如果对此进行有效管理，它能为这些或支持或不支持群体过程的沟通、领导力及决策模式提供洞察。冲突也是一个很好的指标来发现对群体成员真正重要的是什么，对群体引导师而言，这是有价值的信息。

问题解决：在问题解决的过程中，有几个环节会对最终结果产生重大影响。群体如何定义及界定问题决定了解决方案的可能范围。群体如何通过头脑风暴、讨论、名义群体技术或其他方式形成新想法及可能的替代方案决定了这些替代方案的广泛性和创造性。大多数群体会创建或沿用这些默认支配选择的规范，但是有一个具体而明确的任务处理策略有助于确保群体会选择正确的工具和流程并以适合的方式来完成工作。

决策：这是另一个规范，群体经常会从自己的环境及现有组织习惯与模式中获得。然而，这也取决于该模型中另外两个变量：领导力和成员身份，以及这两者间的相互作用。在领导独自决策和群体集体决策之间存在多种变化。

结构/角色

影响群体及其绩效的另一个主要因素是群体结构及角色是否/如何分化。子群体，有时甚至在并行运作，可以帮助一个群体实现更多成果。像记录员、召集人、讨论领导、过程观察者、计时员和引导师这样的角色都可以帮助群体充分利用其资源。

群体干预

在图 19.3 的冰山模型中，专家管理顾问通常会干预工作的内容，提出如何解决有关业务变量问题的建议，如财务、营销、投资、生产、供应链、员工流失率等业务变量。

当组织发展顾问进行干预时，针对的是冰山水平面之下的变量，这些过程变量会影响群体及其工作方式。作为过程观察者中，顾问会去关注那些似乎在支持群体工作的行为，也会去关注那些不支持的行为，然后和整个群体分享这些观察结果。这些观察结果可以以冰山上的任何变量为中心，并聚焦在个人或群体层面正在发生的事情上。

群体和组织生活的复杂性让人很难确切地知道如何及在何处进行干预以确保成功。正如该模型所建议的，与群体共事的方式很多，也有很多干预方式。最有效的群体干预方式是那些能准确评估群体，并在系统内各个层次上严密而有目的的干预。要知道，一个问题是否涉及领导力、沟通、群体规范或冲突，还是与群体生命周期的现有阶段或期间有关，这需要知识、技能、实践以及一定程度上的良好直觉。

所需的能力

要成为一个高效的群体或团队成员、领导者或引导师，具有以下观点及技能将大有帮助：

- 全系统观点，通过它可以观察个人内心、人际间、群体内、群体间及系统层次的行动与互动；
- 具有对群体生命周期或螺旋的知识及了解，包括特定阶段的动态及该如何回应；
- 能够从多角度与群体共事，发现心理因素、人际关系、领导动力学及系统性模式；
- 了解并理解自己及自己在群体环境中的反应，以此来调节自己的体会；注意自己对群体的影响，管理自己的反应和干预做法，既为自己也为群体。

作为干预者，当我们不断针对群体生命周期和自己进行学习时，我们能为群体和我们自己提供最大收益。最佳的群体领导者和引导师总是希望多了解群体、群体工作结构、群体生命周期，以及通过干预去实现群体成长与发展的最有效方式，以充实他们的知识及理论基础。

最后，有两个主要因素决定我们作为引导师在群体中的成功与否。第一个是我们能够注意到并理解在群体生命周期各个层次、各个阶段和各个时期发生了什么；所有理论和模型的目的都是支持这项工作。第二个是我们能够注意到并理解在我们内在生命中发生了什么；作为群体的干预者、领导者或成员，我们所从事的工作是自我觉察的一种功能，也是与人沟通那些复杂因素及让我们生而为人的多种动机的能力。

很难想象未来会是这样的：人们的接触比现在少，互动比现在少，就连相互依赖也比现在少。随着组织和社会变得更为复杂，这两者都会要求我们花更多的时间与更多的人在一起；开展更复杂、更艰难的工作，有时是群体的形式，有时是团队的形式。这只会让我们更加重视在群体及团队中有效工作的能力。要成为一个有效能的成员、领导者和引导师，我们需要掌握一些关键工具及概念随时备用，保持对群体现象的好奇，以及愿意走出自己的舒适圈进入真正发生学习的地方。

参考文献

Bales, R. (1950). *Interaction process analysis*. Reading, MA: Addison-Wesley.

Banet, A., Jr. (1976). A theory of group development based on the I Ching. *Creative psychotherapy* (pp. 258-282). La Jolla, CA.: University Associates.

Bateson, G. (2002). *Mind and nature: A necessary unity (advances in systems theory, complexity, and the human sciences*. New York: Hampton Press.

Bennis, W. G., & Shepard, H. (1956). A theory of group development. *Human Relations*, *9*(4), 415-437.

Berman-Rossi, T. (2002). My love affair with stages of group development. *Social Work with Groups*, *25*(1-2), 151-158.

Berreby, D. (2005). *Us and them: Understanding your tribal mind*. New York: Little, Brown.

Berreby, D. (2008). *Us and them: The science of identity*. Chicago, IL: The University of Chicago Press.

Block, P. (2008). *Community: The structure of belonging*. San Francisco, CA: Berrett-Koehler.

Bryannan, L. (1999). Dancing in the shadows. Retrieved from http://homestar.org/bryannan/family.html

Capra, F. (2002). *The hidden connections: A science for sustainable living*. New York: Anchor Books.

Carter, J. D. (with Gestalt Institute of Cleveland Professional Staff). (1980-2004). *Organization and systems development center: Gestalt workbook*. Cleveland, OH; Gestalt Institute.

Cohen, A., & Smith, R. (1971). The critical-incident approach to leadership intervention. In W. Van Nostrand (Ed.), *Training group: Modern theory and method in group training* (p. 93). New York: Reinhold Company.

Fisher, B. A. (1974). *Small group decision making: Communication and group process*. New York: McGraw-Hill.

Kass, R. (1996). *Theories of small group development*. Montreal, QU: Center for Human Relations and Community Studies, Concordia University.

Lewin, K. (1939). Field theory and experiment in social psychology. *American Journal of Sociology*, *44*, 868-897.

Lewin, K., & Cartwright, D. (1964). *Field theory in social science: Selected theoretical papers*. New York: Harper & Row.

Maturano, H., & Poerksen, B. (2004). *From being to doing: The origins of the biology of cognition*. Phoenix, AZ: Zeig, Tucker & Theisen.

McGregor, D. (1960). *The human side of enterprise*. New York: McGraw-Hill.

Minahan, M. (2005). From groups to team. *Practicing OD*, *4*(1). www.odnetwork.org

Minahan, M., & Hutton, C. (2002, Summer). Group development tools practitioners can use. *OD Practitioner*.

Minahan, M., & Hutton, C. (2004). Group development: Meet the theorists. *2004 OD Network Annual Conference Proceedings* from San Juan, PR.

Napier, R., & Gershenfeld, M. (1999). *Groups: Theory and experience*. Boston, MA: Houghton Mifflin.

Peck, M. S. (1998). *The different drum: Community making and peace* (2nd ed.). New York: Touchstone.

Prigogine, I. (1990). *From being to becoming*. New York: W. H. Freeman.

Prigogine, I. (1997). *End of certainty*. New York: The Free Press.

Scheidel, T. M., & Crowell, L. (1964). Idea development in small discussion groups. *Quarterly Journal of Speech*, *50*, 140-145.

Schein, E. H. (1982). What to observe in a group. *NTL reading book for human relations training*. Bethel, ME: NTL Institute.

Schutz, W. (1994). *The human element: Productivity, self-esteem and the bottom line*. San Francisco, CA: Jossey-Bass.

Smith, G. (2001, Spring). Group development: A review of the literature and a commentary on future research directions. *Group Facilitation: A Research and Applications Journal*, *3*.

Sorensen, P., & Minahan, M. (2011). McGregor's legacy: The evolution and -current application of theory Y management. *Journal of Management History, 17*(2).

Sweeney, N. (Ed.). (1993). *Introduction to the FIRO-B in organizations*. Palo Alto, CA: Consulting Psychologists Press.

Triplett, N. (1898). The dynamogenic factors in pacemaking and competition. *American Journal of Psychology*, *9*, 507-533.

Tuckman, B. W. (1965) 'Developmental sequence in small groups. *Psychological Bulletin*, *63*, 384-399.

Vaill, P. (1989). *Managing as a performing art*. San Francisco, CA: Jossey-Bass.

Weaver, R., & Farrell, J. (1999). *Managers as facilitators*. San Francisco, CA: Berrett-Koehler.

Weisbord, M. (1987) *Productive workplaces*. San Francisco, CA: Jossey-Bass.

Wheelan, S. (2005). *Group processes: A developmental perspective*. Boston, MA: Allyn and Bacon.

Wilber, K. (2001a). *A brief history of everything*. Boston, MA: Shambhala.

Wilber, K. (2001b). *A theory of everything: An integral vision for business, politics, science, and spirituality*. Boston, MA: Shambhala.

Yukl, G. (1989) *Leadership in organizations*. Englewood Cliffs, NJ: Prentice-Hall.

Yukl, G. (2012). Effective leadership behavior: What we know and what questions need more attention. *Academy of Management Perspective*, *26*(4).

第 20 章

大型群体干预[1]

芭芭拉·本尼迪克特·邦克（Barbara Benedict Bunker）
比莉·奥尔本（Billie T. Alban）

20 世纪 80 年代和 90 年代，组织发展方法取得了关键性突破。组织发展实践者在组织中处理系统问题时，开发了集成“系统”的方法，把所有相关各方或“利益相关者”集中在一起针对所面临的议题做出决定。

直到 20 世纪 80 年代，变革工作经常在组织的部门或单元内发生。“团队建设”广受青睐，并对相关群体效果明显。同时，由高层管理人员领导的、会影响整个组织方向的变革过程通常都是像瀑布倾泻而下般从上至下地发生。计划或战略从组织高层开始，沿着层级结构向下发展。当到达组织基层时，通常只留下了精简版本。出于确定起见，一些变革实践者，特别是那些以格式塔理论或塔维斯托克组织系统观点为基础开展工作的人，总是针对整个系统来进行。然而，因为缺少让所有利益相关者齐心协力的方法，执行这些想法的能力会受到限制。

大型群体式方法的发展史可从三个发展阶段进行理解：创建与早期发展；大型群体式

1　致谢：作者在此对希尔维亚·詹姆斯、桑达·詹诺夫、克里斯汀·惠特尼·桑切斯（Christine Whitney Sanchez）、迪克·阿克塞尔罗德和苏珊·杜普雷（Susan Dupre）表示感谢，感谢他们分享了自己的工作成果并为本章撰写了案例草稿。

方法的应用。

创建与早期发展：20世纪80年代中期至1993年

组织变革理论与实践的三次发展让大型群体式方法于20世纪80年代中期创建成为可能。第一次发展是在20世纪50年代，主要重点是埃里克·特里斯特与弗雷德·埃默里提出的组织工作中的系统性，这一观点来自他们对英国煤炭开采业引入新技术的研究。他们的理论与社会技术系统表明，技术变革是如何破坏系统运作的，即便正被引入的是一种更高效的技术。他们提出的理论要求同时关注技术系统与社会系统以获得最高效的生产效率。他们的成功有助于实践者了解系统某部分的变化能影响整个系统。因此，可持续变革需要系统性干预。

北美和英国。在美国，赫布·谢巴德创造了“生活规划”（Life Planning）体验练习，在练习中人们可以创造自己期望的未来。赫布·谢巴德是一个富有创造力的早期组织发展实践者，他发现这种“创建未来”在个人层面为变革创造了积极的能量。大约在同一时间，密歇根大学的罗纳德·李皮特注意到解决问题会消耗能量。另外，他发现，当要求人们去设计未来时，他们会更喜欢并很享受这一过程，从而激发出能量。李皮特开始为许多位于密歇根州的城市提供咨询，这些城市因为汽车厂的关闭而饱受痛苦。他召集城市利益相关者一起召开大型群体会议，一个城市可多达3 000人，大家一起创造并规划他们的新未来。这项聚焦未来的工作成果在*Choosing the Future You Prefer*中进行了公布。有趣的是，这项回顾起来显然具有开创性的工作被当时的许多实践者仅视为由一种好奇所致。

在英国对未来的强调发展于20世纪60年代初，当时埃里克·特里斯特与弗雷德·埃默里运作了一次大会以促进两大航空航天工程组织的合并。会上他们要求这两家合并公司认真思考希望成为哪种新公司。这一探索期待未来的过程最终演变为“探索会议”技术，然后由弗雷德和玛丽莲·埃默里（Merrelyn Emery）在澳大利亚的组织、社区甚至国家层面对其进行了扩展。

第三次发展体现在20世纪60年代美国NTL学院在缅因州伯特利的大型夏季实验室所做的工作。在社群实验室和大学实验室里，培训师通过在较大框架内创建小群体来学习与大群体合作。这创立了一个与较大人群合作的模型，但该模型直到20世纪80年代才得到充分发展。

在 20 世纪 80 年代中期，与整个系统合作的重要性成为组织发展实践者关注的焦点，几乎是同时，这些早期的工作线索也汇集在了一起。第一个清晰阐明这个新方法的是马文·韦斯伯德，他写了一本有关组织的思想史，名为 *Productive Workplaces*。当反思自己的变革实践中哪些是有效的、哪些是无效的时候，他意识到，只有"让所有的利益相关者汇聚一堂"，他才能创建持续的变革。在与埃里克·特里斯特和玛丽莲·埃默里讨论了有关探索会议的工作时，他创建了一种新的方法，并将其称为"未来探索"。与探索会议唯一不同的是，它可以适用于包含 70 人或更多人的利益相关者群体。

同样在 20 世纪 80 年代中期，罗恩·李皮特的学生兼同事凯西·戴尼米勒（Kathie Dannemiller）被要求去培训福特中层管理者以让他们更积极主动。了解到福特体系并不鼓励这种行为，时间太长的培训可能不会达成目标，她拒绝了这份内容宽泛的合同。作为潜在客户的福特有些震惊，询问凯西·戴尼米勒可能会去做什么来达成目标。她提议，如果他们真的想改变，就给她 500 名来自 3 个管理层级的经理，让他们在工作场合以外的地方待上一周的时间。这就是实时战略变革（全规模变革）[Real Time Strategic Change (Whole Scale Change)] 的起源，它是一种让利益相关者投入变革规划与实施过程的方法，从而实现更美好的组织未来。

这项成果所取得的突破是较大数量的人群可以参与其中，这样一来，整个工厂或组织就能够切实地一起处理相同的问题，并做出可以立即实施的决定。

几乎在同时，哈里森·欧文使用了截然不同的结构，创建了一种将有激情、高能量的人们聚集在一起进行讨论的方法，被称为"开放空间"。再一次，几百人同时参与去创建一到两天的会议议程，处理他们希望讨论的问题。

一般的大型群体会议都是在一个大型的开放性房间举行的，里面设置了许多 5 英尺或 5.5 英尺规格的圆桌用于工作会议。不采用常见的 6 英尺规格的宴会桌，因为桌子的直径要足够小，这样人们可以轻松地隔着桌子讨论。房间里还要有供两名引导师使用的平台，其位置要最合适看到所有的圆桌。侧堆叠大白纸以便需要时随手可用。通常穿着独特颜色工作服的后勤人员会在自己的工作区域内来回走动，给每个桌子分发印制的说明及材料，为报告或讨论递送麦克风。

这些突破性的方法并不需要为每张桌子都配备专业引导师，因为领导角色由每桌成员轮流担任。大多数情况下，每张桌子的群体人员组成是多样化的，但是当任务需要时，也可组成职能群体。

这些方法的基本假设和价值观都与库尔特·勒温提出的变革理论相关。勒温享有"社会心理学之父”的盛誉，他的研究表明，参与变革过程的人们更易于支持变革。所有的大型群体式方法都会让利益相关者参与议题界定、提出解决方案并采取行动。

大型群体式方法的应用：1993—2000 年

随着 20 世纪 90 年代逐渐过去，这些方法间的差异变得越发明显。以下是一些促进了这种发展的出版物和活动。

邦克和奥尔本编辑的《应用行为科学》杂志有一期特刊专门收集了多个不同大型群体干预创始人的文章。大家分享了与大型的利益相关者群体共事的观点。除了一些已经提到的方法，迪克（Dick）和艾米丽・阿克塞尔罗德（Emily Axelrod）使用一系列大型群体会议方法来重新设计工作，他们称这个过程为会议模式。唐・克莱恩 （Don Klein）提出，他在 20 世纪 70 年代提出的现实模拟（SimuReal）方法是一种可以容纳许多利益相关者的系统模型，相关内容也被列入特刊中。跨文化协会（The Inter-Cultural Association）也在使用并进一步发展他们在组织发展早期从组织发展实践者处学到的方法。尽管这些方法只与个体实践者相关，但都被应用于将利益相关者聚集起来彼此参与共同关注的议题，在这样的实践中方法被发展并完善。人们对这些新方法的兴趣如此强烈，以至于《应用行为科学杂志》的特刊进行了五次追加印刷。

从 1993 年开始，两种发展开始齐头并进。首先，方法的开发者撰写书籍说明如何使用他们的方法，在国家级会议上演讲并针对这些方法提供培训工作坊。实践者对这种新知识如饥似渴。其次，邦克和奥尔本开发并提供了一种框架以理解这些工作坊和会议所提到的十二种原创方法。人们对此兴趣浓厚，连续四年（1995—1998 年），汤姆・蔡斯（Tom Chase）协助规划并主办了“大型群体干预”会议，该会议在得克萨斯州的达拉斯召开，参加会议的人员有方法原创者、实践者；有曾使用过这些方法的公司，它们能分享经验、提供案例；有首席执行官，他们能谈谈当这些方法应用到整个公司范围后会是什么样；还有来“采购”的组织，它们正在考虑使用这些方法。

随着这些方法被吸收、采用，它们间的差异逐渐变得明显。例如，一些方法更易于学习及采用。活动具有结构化流程的方法（如探索会议或未来探索）很容易掌握。这意味着他们很容易让毫无疑虑的客户进行尝试。在创新的早期阶段，总是有一定量的实验。有职业道德的实践者会将实验控制在最大的限度，并且在议题不适用于该方法时不建议采用。

把利益相关者汇集在一起需要高昂的时间成本和资源成本，故应该用在值得如此投入的议题上，如组织的未来计划或重要问题。

还有一些方法需要投入更长的时间来计划并实施。工作再设计需要几个月的时间进行大大小小的会议。而开放空间的建立与运作只需要非常短的准备期。*Large Group Interventions* 首次尝试描述并比较了所有大型群体研究方法（见表 20.1）。作者根据成果将这些方法分为三类：展望未来的方法、工作设计的方法及讨论并决策的变通方法。他们还就这些方法的结构化程度、能处理的群体人数，以及活动所需的时长进行了比较。这个框架证明是有效的，能帮助人们选择适当的方法。几年后，霍尔曼和德韦恩（Devane）编辑了 *The Change Handbook*，很多方法的原创者就这些方法进行了讨论。其中也包含了邦克和奥尔本书中所提到的那些，还增加了一些新的方法并进行了比较。表 20.1 对目前正使用的方法进行了比较。该表也包括在我们第一本书出版后才出现的三种方法：世界咖啡、欣赏式探询峰会和美国说（AmericaSpeaks）[1]。

表 20.1　大型群体式方法的比较

	展望未来的方法			工作设计的方法		
方法	探索会议	未来探索	跨文化联想（Inter-cultural Association）	欣赏式探询	会议模式 实时工作设计 快周期全员参与	参与式设计
最佳会议时长	2 天	2.5 天	2 ~ 3 天	2 ~ 4 天	2 天+,6 个月内 2 或 3 天的会议	2 天或 3 天
会议人数	20 ~ 35 人	40 ~ 150 人	50 ~ 200 人	80 ~ 1 000 人	80 ~ 200 人	30 ~ 50 人
前期规划时间	一般	一般	一般	较长	较长	较长
设计*格式	1	1	1	2	2	2

注：* 1=需要预先设计的优质书面材料。

2=需要一般准则和书面材料，顾问需具备一些设计技能。

3=需要灵活设计的书面材料，也要求具有卓越设计技能。

1　这是个位于美国华盛顿的非营利组织，成立于 1995 年，其使命就是让更多的公民参与到会影响自己生活的公共决策中，其主要工作就是创造各种机会让公民去影响决策，鼓励政府官员进行知情和持久的决策。这个过程就需要很多大型群体会议，也由此开发了一些大型群体协商的方法。——译者注

20 世纪 90 年代期间，实践者学习了这些方法并建立一个体验基地。有些人选择将自己界定为其中某个方法的专家。而其他人则培养自己在一般的组织变革实践中使用几种方法的能力，由于工作再设计是从社会技术设计理论发展而来的，通常需要几个月的时间，故有一群实践者主要从事这项工作。另一方面，未来规划顾问通常会了解好几种展望未来的方法。未来探索、开放空间、工作设计和欣赏式探询的实践者网络也建立起来了。通用电气开始为客户公司提供有关群策群力流程的培训，但客户对这个流程经常有自己的看法。

实践者学习了一种方法并获得经验后，会开始对方法进行改变以适应客户的要求。他们尝试过较短版本的探索会议和未来探索，也会把开放空间设计成间隔举行。能召开全球或全国各地的同步会议使得跨国公司可以更有效地使用这些方法。20 世纪 90 年代后期涌现了各种创新并持续到今天。一些创新成绩卓著，成为我们知识储备中的一部分；另一些则带来了问题，阻碍了方法的有效使用。遗憾的是，当对某种方法有不好的体验时，人们倾向于认为这种方法是无效的，而并非使用方法不当。

20 世纪 90 年代末形成的这些方法成为处理系统层面问题时所需组织发展技能的标准组成部分。

整合：21 世纪

21 世纪标志着第三个发展时期的开端。大型群体研究方法，曾经是一种令人着迷的新方法，如今已成为变革实践领域的一部分。邦克和奥尔本的著作现在被认为是“经典”文本，并被用于许多组织发展课程中。长久以来一直存在一些可用于个人、人际关系、群体内部及群体间层面变革的方法。现在，也有用于系统/组织层面的方法了。这些方法填补了一个特殊的空白领域，之前该领域没有类似的方法可用（见表 20.2）。

表 20.2　大型群体式方法的比较（续）

讨论和决策的变通方法						
方法	开放空间技术	全规模（实时战略变革）	群策群力	现实模拟	世界咖啡	美国说
最佳会议时长	1～3 天	2～3 天	3 天+，30 天、60 天、90 天，后续行动	1 天	2 小时；可重复	1～2 天

续表

会议人数	30 ~ 500 人	50 ~ 1 000 人以上	20 ~ 200 人	50 ~ 150 人	12 ~ 1 200 人	500 ~ 5 000 天
前期规划时间	较短	较长	较长	一般	较短	较长+
设计*格式	1	3	1	1	1	3

* 1=需要预先设计的优质书面材料。

2=需要一般准则和书面材料，顾问需具备一些设计技能。

3=需要灵活设计的书面材料，也要求具有卓越设计技能。

一些大型群体式方法拥有实践者网络。这些实践者会举行会议、培训活动，通过listservs、Facebook 或其他媒体来沟通交流。未来探索和开放空间也有活跃的 listservs，实践者可以分享经验、辩论问题并征求意见，而新的实践者可以学习、提问。欣赏式探询有积极的区域群体，这些群体在欧洲及其他地点聚集举行会议。这些非正式网络可能随着时间而变化，但只要它们保持旺盛的生命力，就是一种真正的资源，能保持方法的完整性，也能将其延伸到新的企业中。

这些方法现在不仅成为人力资源和组织发展实践者所需技能的一部分，也给一些基本思想的普遍文化带来意外效果。例如：

- 利益相关者需要参与决策的观点并不新鲜，但使用“利益相关者”这个词就意味着参与。现在这个词语比以往更频繁地出现在报刊和口语中。
- 小群体中领导角色轮流担任是更常见的做法。专业的引导通常被用于预计会很艰难的讨论。
- 用于讨论的圆桌现在已被普遍接受。早期，要获得比宴会桌小的桌子还要与酒店多次交涉。现在，大多数酒店会议协调人员都知道需要的是什么并能够提供。
- 在高度分歧的情况下积极寻找“共同点”，这一观点已经很普遍。

我们在出版的第二本记录这些方法发展演变的书——*The Handbook of Large Group Methods*——中展现了来自很多环境和国家的实践者所提供的案例，以表明这些方法的广泛应用及可产生效果的多种情境。在本章中，我们希望让读者了解我们认为在组织与社群变革中最紧迫的问题：随着时间的推移变革将如何持续下去？在对此进行讨论之后，我们提供了五个案例。这些案例中的变革都采用了大型群体式方法，并持续了相当长的一段时间，不是只有几个月，而是几年！

在快速变化世界中持续的变革：大型群体式方法和组织发展干预

今天我们面临的是前所未有的快速变革。很少有变革会长期持续，有些甚至在短期内都无法持续。当我们回顾所做的工作时，希望其对客户是有所帮助的，不仅短期内如此，长期来看也能大有裨益。然而，我们也听到过管理者、人力资源专业人士和组织发展同行们的沮丧经历，他们描述了一个非常成功的变革计划，一开始前景光明，但后来发生的某些事情导致任务被取消，所完成的有效工作也没有持续下去。最近，有人提出，"变革与可持续性本来就是相互矛盾的"！

以下是一些常见的变化示例，这些变化会影响内部或者外部顾问的工作。

内部变化

- 总裁/经理辞职或调离，未经历过最初干预措施的新总裁/新经理走马上任。
- 几名主要变革发起人离职、晋升或退休。
- 职场人员流失率高。

外部变化

- 最新产生的技术发现让现有产品过时。
- 新法规给国内及国外市场带来了困难。
- 兼并、收购、撤资、接管。
- 海外市场出现政治动荡。
- 本国或他国出现经济衰退。

可持续变革咨询的经验规则

我们知道有些变革条件超出了我们的控制范围。我们也知道我们的回应方式就是拒绝！我们生活在一个持续变化的世界中。可持续系统变革的关键是帮助客户建立自身的系统和能力，从而能够处理不断的变化。以下是我们根据经验总结的重要步骤。

1. 帮助客户监控并了解内、外部的世界。路德维希·冯·贝塔朗菲原本是生物学家，后又做了系统理论家。他认为，组织，如生物体一样，只有适应周围环境才能生存。这意味着组织必须持续监控内、外部的趋势。除此之外，掌控正在发生的一切，拿出勇气采取必要的措施来适应并应对正在发生的变化，这至关重要。这对组织存续意义重大。当 1993 年路易斯・格斯特纳（Louis Gerstner）成为 IBM 的首席执行官时，他对 IBM 的文化和产品做出了彻底的改变。公司如果不能适应这种变化的环境和内部的文化，就无法生存。作为顾问，我们需要鼓励并促进对内部组织和外部世界的理解与关注。这意味着要发展并维持一种组织文化，在重大问题出现时能够识别出并进行解决，而不是对其视而不见。

2. **没有永恒的变化。**战略、文化变革、团队有效性干预措施或已改进的制造技术都是如此。客户经历过的这种内、外部波动越多越好。顾问不得过度承诺。这意味着我们要帮助客户克服“快速修复”的错误想法。我们该如何帮助他们了解，即使一个非常成功的大型群体事件也只是一个成功的持续变革过程的推动因素？关键在于制定合约的过程。我们会采用一个四步行动来让客户群体参与到有关合约的会谈中。首先，让他们识别并描绘过去给公司带来变化的趋势（鼓励他们讲故事、举例子）。然后，让他们预测将来可能影响公司的趋势。在这之后，审视过去已发生的及未来潜在的变化。关注变化并不会永恒不变。最后，就整个变化过程而非一次性事件签订合同。
3. **不对没有完整过程的变革进行承诺。**首先从规划开始，让利益相关者参与规划的过程。然后大大小小的群体变革事件组成了一个有计划的实施过程。最后，从变革过程中获得学习，从而构建内部能力。对于许多组织发展实践者来说，这是基本的组织发展实践。然而，在当今时间压力巨大的时代，我们经常被迫对没有完整过程的变革进行承诺。当这种情况发生时，结果往往达不到期望。
4. **提供支持和协助“检查”。**外部的咨询帮助很重要。与内部人员合作时，外部人员可以询问一些艰难的问题，突破共谋并帮助客户识别出需要在哪里采取新措施。
5. **创建反思和学习的时间。**在取得期待结果的兴奋中，人们可能忽略引发这一结果的过程。反思会增加转回到工作场景的可能性。我们会采取以下行动：当目标实现后，组成三人小组，让每个小组成员反思两个问题：

- 你认为哪些因素帮助我们实现了这一结果？
- 在这个过程中，你可以吸取哪些经验教训并将其应用于另一场会议中？

让小组分享自己的反思结果。

经理、人力资源专家及内部顾问都需要有关于大型群体式方法的培训以支持变革项目。人力资源专家正在越来越多地扮演着商业伙伴的角色，需要这一实践领域的知识和技能。内部组织发展顾问可以获得一些要求方法的高级技能。这些群体相互合作，就能在组织需要变革时成为组织的关键资源。

案例：采用大型群体式方法进行可持续的文化变革

我们在此展示了五个采用不同大型群体式方法的案例，在这些案例中组织都成功地实现了长期可持续的变革。我们相信，它们阐明了我们刚刚讨论的重要议题。

多项目实现的持续变革：佐治亚州健康政策中心

自 2001 年以来，凯伦·明亚德一直主管佐治亚州立大学安德鲁·杨政策研究学院的佐治亚州健康政策中心（Georgia Health Policy Center）。该中心“致力于在地方、州和国家层面的公共及私人环境中寻求政策解决方案，并保持它们之间的一致性”。2005 年，明亚德发现了我们有关大型群体式方法的书籍，意识到采用这种方法促使利益相关者保持一致的可能性。她与外部顾问希尔维亚·詹姆斯（Sylvia James）和罗兰·卢普（Roland Loup）合作，采用了全规模（Whole-Scale™）方式。当时，其中心正与州公共卫生负责人合作“为佐治亚州健康系统及公共部门的转型制定课程”。詹姆斯和卢普引导了建立公共卫生协调小组的过程，以便商定相关的战略变革活动；还引导了健康佐治亚峰会（Summit for a Healthy Georgia）（来自全州 900 多名利益相关者出席，是利益相关者的一个缩影）；并共同创建了维持项目目标的路线图。自从 2005 年实施这项工作以来，即便州领导换人后，全州仍然能继续保持高度的一致性。该中心工作人员在与客户的工作中继续应用全规模变革，这些工作包括医疗补助现代化项目、公共卫生、社区健康、佐治亚州政府立法教育系列战略规划项目、多个与疾病控制中心合作的项目，以及设计/引导佐治亚州健康政策中心十五周年纪念项目“回馈佐治亚州全系统”（Giving Back to the Whole System in Georgia）。

同样在 2005 年，明亚德采用了全规模方法作为她领导佐治亚州健康政策中心的方式。该方法最终带来使命与愿景的一致，让人们在工作时“不可言喻”的差异显露出来并得到了解决。明亚德说：“变化是一个需要关注一致性的持续过程，并不是每个人都必须以同样的方式思考，而是我们没有隔阂。”

2007 年，随着中心继续发展，明亚德再次让大家参与到战略规划中。2007 年的计划包括组织重组，这形成了新的职位、家庭办公计划和大学系统内的职业发展阶梯。

明亚德这样描述使用全规模变革的结果：“过去两年中，我们一直是佐治亚州立大学中最高级别的单位/中心，获得的外部资金比任何其他中心或部门都要多。我们的团队人数从 25 人增加到 45 人。每个领导团队的成员都提升了筹资能力。我们会继续使用全规模变革作为我们对外合作合同中的标志性工具。2009 年，我们举行了一次内部研讨会以深化对全规模原则和过程的培训。我们有资深的骨干队伍来指导新的成员。”最近，明亚德再次决定进行投入，将佐治亚州健康政策中心带入下一个技能水平。在中心资源有限，受训人员越多，他们能签订的合同就越多。这就是明亚德认为佐治亚州健康政策中心在持续变革中应该采取的下一步：“接下来的 3 ~ 5 年，要确保中心的可持续性和成功，我们每个人需要做什么？对我而言，我完全相信全系统方法，认可它的价值，它值得为我们下一代而进行投入。”

以上就是一个领导者的所言所行，他打造了一种持续适应不断变化的环境和与其紧密联系的组织文化。

加拿大卡尔加里降低专科候诊时间

卡尔加里卫生局（Calgary Health Authority）负责为卡尔加里市及周边地区的居民提供医疗保健服务。2006 年，该局采用了迪克和艾米丽・阿克塞尔罗德制定的会议模式来重新设计转诊系统以减少患者的“候诊时间”。来自内科医生、护士、工作人员、患者及其家属的 250 人分成两个单独的场地聚集一起，制定新的转诊系统。

省政府拨款 420 万美元来资助这个项目，因为他们清楚所有的关键利益相关者参与制订了这项计划。家庭医生和各科的专科医生能商定伴随每次转诊时需提供的基本信息。这样一来，候诊时间减少了 10% ~ 40%（具体取决于专业科室）。

这些都是非常重要的结果，但并不是最重要的。在这个过程中，卡尔加里卫生局掌握了新方法可以让人们汇集起来完成工作。时间来到了 2006 年年底，需要建立一所新医院时，该局再次使用会议模式的方法汇集了几百名工作人员和外部利益相关者，其中也包括设计新的医院大楼的建筑师。2008 年，他们解决了瘾君子获取服务途径的难题。卫生当局与地方政府机构（如学校、警察局和法院）合作，改善获取服务的途径和服务交付。这一结果的发生来自两次会议。当时，几百名与会者，包括那些正在戒毒的人员及其家属，一起处理如何改善卡尔加里市瘾君子获取服务的途径。其中的一个成果是成立一个中心，帮助瘾君子及其家属查询可获取的服务项目及如何获取服务。会议的另一个成果是加强了众多服务机构之间的协作和交流。它们开始彼此了解，并意识到在会议上可以实现协作的可能性。

阿尔伯塔（Alberta）省正在探索在全省范围使用会议模式法，意在减少候诊时间并为医生、工作人员、病人及其家属提供更准确的信息，让他们知道在候诊名单中还有谁以及候诊时长。这样做旨在提供更好的治疗，同时减少患者的焦虑情绪。

当我们考虑可持续性时，一个关键的问题是：该组织是否已掌握了新方法去召集人们投入到解决重大问题的过程中？

要将对如何通过高度参与的方式解决组织关键问题的理解深深印入脑海，会议模式法培训至关重要。每项计划都有自己的设计团队，每个设计团队开始他们的工作与培训的方式是，根据要处理的问题参加一次会议模式法模拟。设计团队在最开始模拟时了解过程，然后在设计每个会议时强化他们的学习。在这样做的过程中，通过运用我们设计会议时所使用的四个核心原则，他们学会了这些原则。更重要的是，他们能吸收这种学习并将其应用于日常工作之中。这些原则是：

- 扩大参与范围
- 促使人们相互联系
- 创建行动社群
- 促进公平公正

宜家的未来规划

宜家是一家世界领先的家居用品公司。其高管人员对他们所听到的未来探索过程反应积极，当时他们中的一员参加了由未来探索原创者马文·韦斯伯德（Marvin Weisbord）和桑达·詹诺夫（Sandra Janoff）主持的一个工作坊。宜家长期以来都拥有一种团结全员的文化。这是一个很好的机会让多元的利益相关者融入重要系统问题中，使每个人都能更清楚地看到整个过程。

2003 年的首次未来探索聚焦于“管道”的重新设计。在一次会议中，按照“让整体系统在房间里”的原则，他们创建了一种新的结构和流程用于产品设计、生产及分销，打散不再有帮助的“壁垒”。来自整个开发和供应流程的代表，包括外部供应商和客户，检查了现有的系统；开发了一款新的设计，创建了战略计划，并组成了工作小组，由关键高管牵头实施。他们选择了一款命名为 Ektorp 的特定沙发，以此作为样本来实施每一步。作为由詹诺夫和维斯伯德引导的第一个宜家未来探索，Ektorp 成为宜家产品线中最畅销的沙发。

第二年，另一个未来探索检视了全球供应链及其与系统其他部分的链接。供应链流程所有的内、外部利益相关者为他们的世界构建了一个画面，并明确了事情难以完成的原因。他们的共同愿景成为一项供应链战略，旨在实现冗余减少、集成更好、效率更高及适应性更强。

2006 年，宜家举办了由詹诺夫引导的第三次未来探索。其目的是加强在中国的伙伴关系。过去十年里宜家增加了生产，并在北京、上海开设了多个商场，希望能增进与中国供应商的关系，以确保带给消费者持续的高质量、高实用性和低成本的商品，并给员工创造良好的工作条件。这次的未来探索在中国上海举行，来自整个中国供应链的人员参加了这一活动。

有一点很重要，需要我们了解清楚。那就是未来探索不只是“活动”，而是宜家最高管理层所选择的让整个组织参与未来规划并执行计划的方式。每次会议都聚焦在一个关键性业务问题上，所有参会者一起决定该做什么。主要高管会一起出席活动，并在规划过程中充当合作伙伴。期望的目标显而易见，让决策成为所有关键管理人员职责的一部分。

宜家的愿景是“为大众创造更加美好的日常生活”。他们也想成为世界领先的家居公司。随着公司的增长，重大挑战也不断出现，这些挑战与原材料采购、能源使用和环境影响的需求有关。2008 年，宜家举办了一次未来探索，名为“引领迈向可持续发展世界的道路”。除了内部利益相关者之外，他们还邀请了世界级的非政府组织来推动和监督宜家的可持续发展议程。世界野生动物基金、绿色和平组织、联合国儿童基金会也名列其中。在会议过程中对每个主题都进行了探索——生产、范围、客户教育和社区责任。此次未来探索的一个成果是，可持续发展是他们的一个主要业务目标，将成为每个管理者业务计划的一部分。

2010 年，宜家零售就未来商场进行了一次未来探索，他们给其命名为“未来增长中的宜家零售”。包括客户在内的所有利益相关者一起解决了未来商场的议题。这次会议带来了新的营销举措，更加强调送货上门、家庭装配服务和设计支持服务。

2012 年 10 月，宜家将遍及全球的领导层又带回到中国来关注“2030 年在中国的消费者成功是什么样的”。宜家中国在发展，同时中国社会的需求在变化，两者都以惊人的速度在发展。现在是时候将一众广泛的利益相关者纳入未来规划的过程中了。在会议中，宜家中国和全球宜家与中国思想领袖、商业领袖、市政府、中国社会的其他代表、现有及未来客户、学生一起共商大计。

在十年的发展历程中，宜家使用未来探索的方式来定位利益相关者并让他们参与合作，共同决定有关未来的关键行动。每次会议时，该议题的主要管理者都会参加并认真对待决策制定后的行动执行。主要利益相关者也参与到议题中。规划团队与顾问紧密地合作，并代表有关利益相关者群体。詹诺夫和维斯伯德在会议后还和他们保持联系，但很显然，组织本身在承担责任，促使变革发生。

女童子军：亚利桑那州仙人掌-松树委员会

二十年前，亚利桑那州仙人掌-松树委员会（Arizona Cactus-pine Council）的工作人员和志愿者越来越意识到需要改变。当时报名人数在下降，并且不断有女孩退出。亚利桑那州仙人掌-松树委员会（位于凤凰城）主席塔玛拉·伍德伯里（Tamara Woodbury）邀请了组织发展顾问克里斯汀·惠特尼·桑切斯（Christine whitney Sanchez）帮助他们了解为什么女童子军无法吸引女孩子和志愿者队伍领导者。到底发生了什么？

克里斯汀建议求助于女孩们自己及志愿者与职员领导者。在会员年会、工作人员会议、董事会会议和社区活动中，她使用欣赏式探询、世界咖啡和开放空间技术邀请女童子军们共同创建她们自己的委员会。当形成了动力时，女孩们学会了如何使用大型群体式方法来引导一些会议。

在早期的开放空间活动中，女童子军领袖、董事会成员、工作人员、家长、社区领导和来自其他女童子军委员会的主席们受邀参加开放空间会议，会议上他们被询问了这样的问题："如果可想象的任何东西都是可能的，如果没有任何约束，要服务于辖区内每个想成为女童子军的女孩，理想的委员会结构应该是怎样的？"

这次会议的成果是组建了一个"结构团队"，他们使用了从开放空间过程中获得的信息，制定了运作原则及组织再设计的架构，以鼓励分布式领导、协作和团队担责。

除了大型群体会议，塔玛拉和克里斯汀开始尝试举办针对成人志愿者的"内在领导力"务虚会。全国女童子军研究所发布了一项研究，表明女孩们对于"领导力"一词有疑虑。她们认为这个词听起来有些盛气凌人、等级森严的感觉。她们想要另一种类型的领导力，可以让她们带着敬意与之建立联系、谈话和倾听，让她们尊重多样性、相互协作。塔马拉意识到，虽然女童子军组织一直善于强化身体安全，但女孩们也需要情感安全。这场“真正领导力”务虚会形成了一项策略，要提升成人领导者为女孩们创造安全情感空间的技能。

随着变革进程的发展，顾问贝斯·詹得瑙（Beth Jandernoa）、格林尼弗·吉莱斯皮（Glennifer Gillespie）和芭芭拉·塞西尔（Barbara Cecil）主导了一门被称为“走进你自己”（Coming into Your Own）的课程，强调女性领导力。数百名女童子军领袖学会了如何创造安全空间，深化了对自己及自己内在生命的理解。现在像围坐成一圈、反思、讲故事、共生学习（co-generational learning）以及举行仪式这样的做法都已经被融入志愿者领袖培训中。当一名女童子军新成员第一次参加团队会议时，她很可能与朋友们围坐一圈。因为这项工作，亚利桑那仙人掌–松树委员会女童子军成员和志愿者的保留率（持续入会）高于全国平均水平。

凤凰城女童子军的区域性变化是一种基层的努力，但它已经影响了全国的女童子军。其他地区女童子军的人们来到凤凰城一探究竟。很多人回去在自己的组织中也发起了类似的变革。塔玛拉·伍德伯里在全国女童子军会议上介绍了自己在凤凰城区域开展的工作。克里斯汀为美国女童子军提供咨询，并在 2005 年和 2008 年女童子军全国代表大会上引导了开放空间、战略咖啡和欣赏式领导访谈，超过 10 000 名女孩和成人受益。

这一连串的变化已经扩展到亚利桑那州更大的社群。女童子军亚利桑那州仙人掌–松树委员会开始为社群领导人提供内在领导力课程。之后女性社群领导人帮助发起了“女性联合”务虚会。100 多名女性社群领导人参加了这些务虚会，让她们与自己以及彼此之间形成了一种更真实、更有意义的联系。随着女童子军毕业，她们可以与凤凰城地区的女性社群建立更深的联系，在那里她们可以寻求女性之间的帮助、支持和尊重。

尼日利亚、埃塞俄比亚和菲律宾生殖健康护理优化

1999 年，大卫和露西尔·帕卡德基金会（Dard and Lucile Packard Foundation）将他们的人口项目在全球进行扩张。他们从尼日利亚开始并雇用了组织发展顾问苏珊·杜普雷（Susan Dupre）与他们合作。尼日利亚的人口项目负责人曾经参加过未来探索，他发现这种方法符合自己的信念，当进入另一个国家时，千万别把自己的文化强加给他人。未来探索将让利益相关者自己确定未来在生殖健康方面的工作。帕卡德基金会在接下来的十年提供捐助支持。

未来探索在北尼日利亚（主要是穆斯林地区）的第一个活动进展得很缓慢，只有 30

人愿意参加。在这种新的体验之前，“会议”在尼日利亚意味着正式、等级森严的活动，人们会坐在大礼堂里，彼此读文件。然而，这次会议激发了参会者的想象力。他们创建了在自己的国家里有关生殖健康/生育间隔的愿景，并制定了一些基金会同意支持的项目。

两年后尼日利亚又举行了一次州级的未来探索会议，来自 9 个州的代表团共计 90 多人参会。有些人想来，但已经无法安排住宿了。此时杜普雷和她的同事雷·高德泽科（Ray Gordezky）意识到需要打造内部能力，开始向尼日利亚人提供有关未来探索的培训。他们同时举办了两场未来探索会议，每场都配有本土的引导师。了解到未来探索的方法和原则对这些参会人员产生了积极的影响，尤其是那些受培人员，他们中有些人开始以不同的方式开展自己的工作。生殖健康领域也开始开放，融入了宗教和传统领袖、媒体、政府官员及服务提供商，传统而封闭的文化开始了转变。人们开始彼此吸引，跨越以前被认为不可逾越的边界。

随着工作产生进展，很显然由当地人组织会议会更好，于是帕卡德基金会与当地的非政府组织合作，由他们主导策划团队、会议并支持行动步骤的管理。这些做法提升了当地非政府组织的领导能力并增强了会议后维持行动的能力。

随着时间的推移，杜普雷开始与一些基金会的项目受让人合作。对这些新产生的生殖健康项目领导者使用了开放空间，让他们能够分享经验和困境，并提出行动的新想法。作为一种技术，开放空间易于学习，整个北尼日利亚的领导者都进行了此方面的培训并且将其用于召开各种目的会议。在尼日利亚这 10 年的人口工作中，最显著的成果是创建了“有利环境”。这里曾经无人知道“生殖健康”这个词，很少有人参与其中，也不在政府的关注范围内；如今该领域已成为政府举措的重点，领域内有众多愿意发挥领导作用的人，并且也已成为广播、电视和新闻中日常语言的一部分。

2009 年，英国政府国际发展部提供一笔大额拨款，这笔资金被用于发起尼日利亚整个卫生健康系统的再设计工作。2010 年，杜普雷主导了一个未来探索项目，创建了对这一新医疗保健系统的愿景。联邦卫生部部长和再设计项目的首席董事均是 1999 年第一个未来探索规划委员会的成员！

在此期间，埃塞俄比亚和菲律宾也发生了类似的过程，同样由帕卡德基金会资助，苏珊·杜普雷担任组织发展顾问。这项工作说明了文化变革方法的威力，以及要实现系统性变革的工作方式。它还展示了，如果顾问和一个属于当地文化群体并且能提供建议和指导的人合作，这些方法能如何在不同文化中被调整、改编。

结论

本章我们回顾了 25 年来大型群体式方法从发展演化到推广应用的历史。这些方法如今应用于世界各地的组织和社群以吸引利益相关者的参与并引发变革。实践者社群的成员一般对使用个别方法开展工作较了解，但很难全面了解整体情况。

我们也知道，有许多组织从未听说过也未曾使用过这些方法。让人们可以影响并参与决策的制定与规划，这种基本价值理念可能不为某些背景下的领导者所喜好。

因为人们倾向于记住“负面信息”，他们可能听说过这些方法使用欠妥或不当，所以我们决定寻找大型群体式方法真正带来长期可持续性变革的案例。我们对于刚刚分享的五个案例非常兴奋。它们展示了，当大型群体式方法不是作为偶尔的活动进行使用而是应用于提高组织或社群应对变化的能力时，所能产生的强大威力。

值得注意的是，这些案例中多数都有一个明确而持续的领导承诺去采用这种工作方法。在某些情况下，这些方法能匹配组织的价值驱动目标。而在其他情况下，人们也逐渐理解并欣赏采用不同方式工作能为当前所带来的价值。

在这个彼得 · 维尔（Peter Vaill）所说的“永远是激流变革”的时代，应该如何进行变革，需要怎样进行变革。我们把以上的讨论看成我们对这个问题理解的成熟体现。

参考文献

Bunker, B. B., & Alban, B. T. (Eds.). (1992). Large group interventions. [Special Issue] *Journal of Applied Behavioral Science*, *28*(4).

Bunker, B. B., & Alban, B. T. (1997). *Large group interventions: Engaging the whole system for rapid change*. San Francisco, CA: Jossey-Bass.

Bunker, B. B., & Alban, B. T. (2006). *The handbook of large group methods: Creating systemic change in organizations and communities*. San Francisco, CA: Jossey-Bass.

Dannemiller Tyson Associates. (2000). *Whole scale change: Unleashing the magic in organizations*. San Francisco, CA: Berrett-Koehler.

Emery, F. E., & Trist, E. L. (1960). Socio-technical systems. In C. W. Churchman and others

(Eds.), *Management sciences, models and techniques*. London: Pergamon.

Emery, M., & Purser, R. E. (1996). *The search conference: Theory and practice*. San Francisco, CA: Jossey-Bass.

Holman, P., & Devane, T. (1999). *The change handbook: Group methods for shaping the future*. San Francisco, CA: Berrett-Koehler.

Lippitt, R. O. (1980). *Choosing the future you prefer*. Washington, DC: Development Publishers.

Owen, H. (1992). *Open space technology: A user's guide*. Potomac, MD: Abbott.

Teaching an elephant to dance. (2002, November 11). *Forbes*.

Weisbord, M. R. (1987, 2012). *Productive workplaces: Organizing and managing for dignity, meaning, and community*. San Francisco, CA: Jossey-Bass.

第21章

与组织内的个人合作：教练、促进与他人的互动并提供战略性建议

埃德温·尼维斯（Edwin C. Nevis）
约翰逊·哈纳芬（Jonno Hanafin）
玛丽·安·雷尼（Mary Ann Rainey）

组织发展的主要焦点是提高组织的绩效。我们在组织使命和群体目标的背景下来理解工作。然而，组织的结构化导致了个体要对各个群体的人们或对众多员工的工作协同负责。因此，无论一份给定的咨询合约要承担的工作是什么，执行过程中实践者与个体之间总会有各种互动。因为这些个体承担着重要的“联系纽带”（Linking Pins）作用，他们与实践者间的互动质量会极大影响干预措施的成败。

当一对一互动趋向在参与人员当中越来越亲密的联结时，个人层面的工作需要掌握一套独特的技能，主要侧重于身处外围开展工作。当实践者让自己过于暴露，界限管理就变得更为复杂。如果实践者给予太多支持并且与个体变得过于亲近，就无法中立观察，不能采取强硬（可能是反对）的态度。解决这个问题的技能就是在与个人的战略性互动和亲密性互动间取得平衡，同时牢记提高组织有效性的更大目标。战略性互动旨在完成任务，通常会使用到等级权力。亲密性互动则是为了让人们更紧密地团结在一起，最小化权力的差异。

本章提供了一个模型以描绘如何在组织发展服务中执行与个人的合作并对其进行改进。该模型最初由本文作者及克莱尔·斯特拉特福德（Claire Stratford）于1997年创建，本章提供的模型对原框架进行了改编。

我们在组织中与个人合作时对更复杂框架的需求受到若干发展因素的影响。几乎所有的外部咨询工作都会涉及与内部专家和管理人员在一系列举措上的合作，从制订计划到支持个人和专业的发展。有关战略规划、愿景创建、全面质量管理等结构化干预的咨询代表了组织在高管教练方面的重大投入。有一些关于领导力的新著作强调了自我觉察和对话技巧的重要性。许多实践者与高管在一起的时间更多的是提供咨询，这一点完全不同于传统意义上的过程实践者。这些观察结果让人们得出的结论，对有关在组织情境中与个人合作的各种方式的可能性与议题的系统性观点，应该进行检视。

个人工作的三张面孔

虽然有很多角色都需要与个人合作，但能确定的主要有三类。这里将它们称为“面孔”是为了强调其各有不同的立场，为实践者或干预者的意图所驱动。使用一对一互动的运作方式，每张面孔能实现截然不同的成果。在此过程中，这些面孔都代表了支持特定目标的干预方式。示例21.1列出了这三张面孔。

示例 21.1 个人工作的三张面孔

教练

- 提高绩效、增强技能
- 改变失调行为
- 促进职业发展

促进人们更有效地互动

- 加强个人对第三方干预的准备度
- 提高对团队建设的准备度

提供战略性建议

- 深度参与内容议题
- 对客户采取的行动承担一定的责任

原始模型展现了与个人工作的四张面孔：（1）教练；（2）促进人们更有效地互动；

（3）提供战略性建议；（4）规划大型系统干预。第四张面孔对于组织发展实践者来说已经是众所周知的，这个视角和相关问题的著作也很多。但是，需要提请读者注意的是，这里提到的前三张面孔在规划大型系统干预时也有大量的应用。

从这些立场的差异可以看出，干预者角色的清晰理解必不可少。本章将对每张面孔进行介绍，说明其需要考虑的具体特点和议题：

1. 即使实践者作为教练的角色，也可以向个人提供建议，但客户采取行动的责任由自己承担。
2. 作为战略顾问，实践者总是被要求明确说明要采取什么样的具体行动。
3. 如果实践者被要求去实施一个行动计划，她无疑要对结果负责。如果她是内部实践者，将要负更多的责任。
4. 要想像教练一样高效能，实践者必须努力提高自己与客户交流或互动的质量。
5. 当作为第三方干预者时，实践者充当的角色是两个客户互动的“平台管理者”。

要想更好地了解组织咨询时的情景及涉及的干预选择，有一种方法是关注每种情况的复杂性。咨询需要进入常让人困惑又一贯复杂的组织局面中。这有助于在确定实际工作的落脚点和性质时梳理呈现出来的议题、系统的层级及干预者可用的选项。让干预者清楚采用一对一工作的目的。表 21.1 显示的矩阵就是用来辅助上述分析的。

表 21.1　在组织环境中与个人合作的矩阵

适用级别	进入点	合约方	工作重点	期待结果的范围
个人、基层、中层、高层、首席执行官				
两人系统				
群体				
部门或区域				
组织或公司				
行业				

使用这个矩阵作为指引，有可能分析出，对于某项任务的重要方面而言，一对一工作的意图是什么。例如，实践者的合约签订方可能涉及两人（高管及人力资源总监），合同的内容是教练另一位经理。虽然表述出来的期待结果可能是提高被教练者的有效性，但实践者与高管及人力资源总监互动的程度和性质往往并不明确。（更多详情将在后面的咨询

挑战中讨论。）培训教练的经验表明，实践者最常见的困难并非来自教练工作搞砸了，而是源于没有足够重视与其他相关人员的互动质量。

在另一种情况下，实践者可能与首席执行官合作，但工作的焦点是有关整个系统的问题，很少关注该首席执行官的管理风格或个性特点。此时，期待成果可表达为制定新战略或打造高管团队。在某些方面，这看起来像一项教练任务，但更多的是战略顾问的角色。

还有一种情况，这是本书一位作者接到的任务，实践者与首席执行官建立了合约。工作内容为，与一名内部实践者合作，实施该公司一个主要业务单元的文化变革项目。随着工作的推进，很明显内部实践者不喜欢该部门的主管，会在执行工作的过程中回避他。由于是该内部实践者在领导这个项目，因此有必要就此情况与其进行交涉。这引发了一场艰难的对话，一度在对话中，内部实践者被挑战要么改变态度，要么放弃任务。最终，为了完成组织层面的工作，实践者的工作范围被扩大，也要涵盖与内部实践者开展一对一的工作。内部实践者在帮助下发现了自己行为的失调性本质——一项司空见惯的教练工作。

第一张面孔：教练

教练是本次讨论的第一个话题，因为当实践者谈到一对一工作时，首先在脑海中出现的就是它。对于有兴趣发展领导者的组织而言，它也是最先被提出的。请参见图 21.1 中的发展连续体。

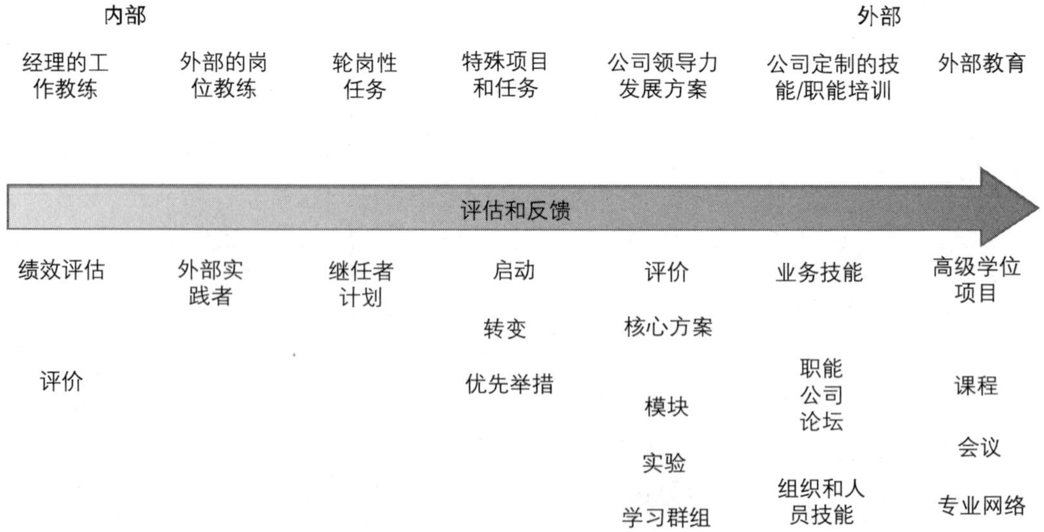

图 21.1 哈纳芬和基特森发展连续体

哈纳芬和基特森（Hanafin & Kitson）的发展连续体理论提供了一份发展选项的清单，涵盖了从完全依赖内部资源到完全依赖外部资源，以及两者间的渐变体。当为个人制订发展计划时，大多数管理者都倾向于先看自有的组织培训目录和发展方案。内部方案可能品质较高，但它们通常在设计和诉求方面缺乏针对性。然而，特殊案例——如识别高潜或不擅交际的技术奇才——能保证产出某些满足特定需求的更为定制化的方案。

针对高潜人才首选的方法是送他去知名大学参加密集而昂贵的通用管理课程。这类课程虽然提供了高层次和战略性视角的基础，但仍然无法解决个人具体的发展需求。对于经验丰富的个体而言，这些课程并不适用。

设置教练项目

教练项目的选项往往引人注目。为个人配备外部教练来提供聚焦的相关指引。当然，这一切的假设条件是，此人的管理者也在积极地为其提供教练。在教练活动的初始就必须处理一些议题。

谁是客户？实践者必须清楚并在过程中确保每个人都清楚实践者正在为谁工作，以及由谁决定这项任务是否成功。在工作期间，就是否汇报、如何汇报及向谁汇报进度来确认谁是客户将具有积极的意义。很明显，如果教练对象本身就是客户并负责向组织其他人员传达进度情况，教练能与其建立牢固的关系。实际上，发起的管理者或费用支付者希望实践者能够周期性地提供最新信息。此类报告的条款和界限范围需要提前确定。安排教练、教练对象及他的管理者定期更新信息通常会很有用。这样一来，每个人都可以获取有关教练工作的相同信息。这也让实践者有机会听取个人是如何向管理者汇报进度的。

谁选择实践者？即使被教练者是被“鼓动”使用教练的，在选择教练时，他也应该有一定的话语权，也许可以让他从两三个备选教练中选择一个能与之产生某种化学反应的。个人有权选择教练，这有助于减少抗拒心理，并使其对整个教练过程产生一种归属感。匹配教练与被教练者是一个双向的过程。实践者和被教练者需要感觉彼此是适合的。

教练的目标是什么？被雇来“帮助某人成为更好的管理者”会有很多麻烦产生。因此，合约需要精确化：期待的结果是什么，由谁来评判教练工作的结果？实践者可以推动更准确地界定发展目标来支持组织。通过询问探究性问题、提供备选方案，实践者可以帮助大家制定共同的期望目标。

教练工作的边界条件是什么？存在超出工作边界的事物吗？大家都知道此人在接受教练吗？实践者能与组织中其他人交谈吗？谁会期望参与到沟通循环中，以及他们将如何参与？预计教练的委托时期会持续多久？在决定这次的运动场地规模时，让每个相关者都能参与进来。

教练情境：祝福还是诅咒

任何教练任务都应考虑其所处的情境。接受教练在不同的组织里传递出明显不同的含义。实践者必须了解教练在该组织中主要是发展性的还是补救性的存在。在一些组织中，为某人引入一个教练意味着这个人遇到了麻烦，这时教练是拯救事业或扭转业绩下滑的最后一张王牌。在一个跨国组织中，这点更为具体：为你指派一名教练意味着你有 90 天时间来实现重大自我转变，否则面对的就是解雇。通常，这些委托任务管理相当严格，会使用严格的绩效标准进行确定最终是成功了还是失败了。此时，被教练者希望隐瞒被教练一事，只与必须了解情况的人员讨论这些事情。在另一些组织中，为你指派一名教练意味着你是被选中的屈指可数的晋升候选人之一，并已为你指派好了职务。毕竟，如果组织没看到令人满意的投资回报迹象，一般不太愿意承担昂贵的教练费用。在这种情况下，教练类似于具有审批大权的"公章"，为众人争相讨论并炫耀。

对于是祝福还是诅咒的问题，还有一个需要注意的因素：评估。教练的引入是为了评估个人潜力还是挽救其能力？区分发展与评估这两种目的对教练工作至关重要。这两类任务都能增加组织价值，但明确是哪种意图非常重要。如果将评估者和发展者的角色混为一谈就容易让所有相关人员感到困惑。使用不同资源进行评估和发展的组织往往在人员发展方面更高效。对那些不会影响自己职业生涯的人，人们通常更容易敞开心扉。

第二张面孔：促进人们更有效地互动

实践者作用的第二张面孔涵盖了两人制咨询和提升团队建设的准备度。

两人制咨询

这项工作关注的是两人互动，以期待增强彼此的工作关系。采用这种方式有可能是为了促进营销总监和工程总监间更好的协作；也可能是为了减少对任何一方或双方的有效运营造成困扰的冲突。在解决争议时，这项工作被称为"第三方干预"。在这些情况下，各方需要一起努力才能实现某些目标，这些目标对双方都很重要，但任何一方都无法单独实现。谢里夫（Sherif）在关于群际冲突的著名实验中把这个目标称为“最高目标”。在某些时候，需要和这个两人组的个体共事，或分别进行，或一起进行。这么做让每个人都能看到并接受个体差异，洞察到自己对形成的互动关系该负什么责任。对个人工作的重要性就在于能促进这两人参与到通常都比较艰难的对话中。

一般需要通过个人工作来帮助双方团结起来，扮演的是桥梁或守门员的角色，也可以视为一种另类的穿梭外交。对经验丰富的实践者而言，我们所谈到的这些已不是什么新鲜事了。但无论是新手还是高级实践者经常会忽视的事情就是要保持特定的立场：

- 聚焦于参与的准备度——在各方都准备完毕并且在情况和基本规则都已经明确之前，不要急于举行会议。
- 平衡对每个人的关注——包括与每个人单独相处的时间及与他们在一起时与各方交谈的时间持平。
- 避免对任何一方有偏见或与某方保持高度一致，或者把某方视为可怜人或罪魁祸首。
- 保持中立——专注这个两人系统的共同行为，即他们如何对彼此说话、做出回应及反应。
- 避免参与到内容或实质性议题中——提升个人对协作的潜在价值及阻碍协作的障碍的觉察。
- 在过程中运用自我去建立信任，鼓励每个人持有乐观的态度，并教授各方在会议外建立联系的策略。

干预者的角色是改善两人组作为一个系统的运转，并支持两人间的互动。支持两人制工作的个人工作元素包括：

- 让彼此对对方的推测浮现出来。
- 让两人合作会发生什么的想象浮现出来。
- 促进双方对可能发生的事更有掌控感。
- 引导会议，管理相关后勤工作。
- 向双方征集有关二人共同合作的成绩及他们的优势所在的证据，努力唤起一种信心。

在与其中一人会面时，干预者可能提出以下问题：

- 你如何描述对方与你相处时的行为举止？
- 对方会如何描述当你们两人在一起工作时你的行为举止？

- 你拒绝与对方会面，能公开说明的反对理由是什么？
- 你们两人共同的目标和价值观是什么？
- 与对方合作需要些什么？
- 你认为对方不愿与你合作的原因是什么？

显然，如果双方缺乏彼此建立联系的动机，这项工作就无法取得成功。一方通常会比另一方意愿更强。处理这种差异需要高超的技巧，能在与一方单独合作时避免产生任何偏袒的迹象。任何一方的任何抗拒都应得到尊重。

当两个人在一起时，有一些关键时刻对个人工作会很有帮助。这里的焦点仍是促进两人彼此建立联系。可能的干预措施包括：

- 促使双方彼此交谈，而不是与干预者交谈。
- 鼓励双方分享各自的信息，包括事实、态度、感受、预测和有关“如果……可能会发生什么”的想象。
- 干预者在询问其中一方并获得回应后，允许另一方对第一方的回应进行评论。
- 周期性地与双方进行确认。
- 强调每个人所取得的进步。
- 允许终止。每个人完成了什么及待完成的工作是什么。

提升团队建设的准备度

以上这些原则和建议同样适用于让人们准备好参与团队建设，特别是提升团队建设的准备度方面。然而，团队建设是一个公共活动，通常涉及层级差异。个人往往私下里更易于接受干预者对他们提出的严苛表述，同样的言论，发表于人前会激发愤怒和防御。重要的是要认识到（虽然在东方文化中更容易观察到），“爱面子”在西方世界也很重要。干预者最不愿看到的是，让领导者或管理者在其下属们面前感到难堪。由于这一原因，在团队建设前，干预者经常需要单独和团队领导者进行大量的工作。做好准备、创造归属感、澄清目标及管理好期望，做好这些工作能够大大增加所做努力的成功可能性。

第三张面孔：提供战略性建议

这一立场需要干预者在过程咨询与内容参与之间保持平衡。过程咨询与内容参与可以应用于所有三个方面，但战略建议方面会较少关注中立立场。意见、观点、信息甚至偏见都有可能为干预者所提出。如果以格式塔或别的取向为基础的过程咨询强调提高客户的觉察力，那么战略建议或内容咨询会更聚焦于客户行为及行动。干预者应能随意从客户考虑的若干选项中去推荐其中一个，或者试图说服客户不去采纳正在打算的行动。在这种情况下，干预者要对结果担责。经验丰富的实践者在一段时间内经常会在过程咨询和内容咨询间进行切换。这有助于为客户提供支持，扩大他们的觉察范围。

有这样一个案例。实践者听到管理者多年来一直在抱怨公司的激励薪酬计划，于是召集了高管会议建议改革该计划。在与人力资源高级副总裁和另一位高管进行合作并寻求薪酬专家提供了专业意见之后，一个新的薪酬计划被制订出来。值得注意的是，初始合同并不涉及高管薪酬内容。相反，合同明确的工作旨在进行教育干预和相关咨询以帮助企业更好地发挥知识网络的功能和作用。此外，另一个重要之处在于，该实践者已经在早期职业生涯中拥有了十多年制定考核和薪酬体系的经验。这些经验可以告诉实践者需要的是什么。

在另一个案例中，营销副总裁多年来一直听到这样的建议，他无法实现其营销目标的原因是没有足够具备专业技能的市场和销售人才。实践者告诉该高管其需要的是什么，并对被认为不胜任工作的某些个人进行评估。实践者有何等权力可以这样做？毕竟，实践者并不是被请来提供商业营销建议的。答案是，该实践者已与同行业的商业营销组织合作多年，并拥有丰富的管理人才评估经验。当然，实践者坦率说出来的做法可能是错误的，然而，在这样的立场下有承担风险的意愿是战略性顾问的标志。

这些案例可能具有负面效应。实践者也可能给出错误的建议从而带来不利结果或者其干预建议被驳回。实践者需要考虑的一个重要因素是与客户组织的关系性质——特别是与合作多年的客户。这为提供意见打下了更坚实的基础，并提高了客户愿意倾听的可能性，认为这些建议是真心试图帮助组织实现其期待目标的，值得尊重。

另外，提供建议也可能不符合预期或违反合约。例如，当你对某个人的评估数据大多来自培训期间或被认为是个人私事的教练过程时，请考虑一下对其晋升的合适性发表看法会带来怎样的影响。这对于内部实践者来说是一种常见的两难境地，他们有各种机会来观察管理者。如果在假定这些情况下存在保密要求，当主管就某个人寻求内部实践者的意见时，他将如何回应？当内部或外部实践者被要求去对某个人进行评估时，有义务让这个人知道可能对自己进行评估。

自视为战略性顾问的实践者会发现，难题存在于如何处理已经与客户建立起来的熟悉感和亲密感。与一家组织合作多年且备受尊重的实践者经常会发现保持中立或行事置身事外几乎是不可能的。他们已经成为客户组织中的一员。那么工作将如何受到影响？如何让相关人员都能适应这种状况？实践者如何在这种情况下发挥外部咨询的角色？这种类型的关系明显改变了与组织互动的本质。

个人层面工作的扭曲

无论立场或角色如何，与个人合作时，实践者都面临着一组独特的动态。在组织咨询方面，实践者的边缘性是一种重要资本。在咨询的初始阶段，当实践者开始工作时，虽然缺乏对组织系统的了解，却恰恰因此而能以全新的眼光接收数据和信息。这种开放性是主要优势和机会，尽管有些实践者希望自己快速得出结论，以便让人们觉得自己很能干。随着工作的推进，实践者与客户建立了工作关系，逐渐失去一些新鲜感和边缘性。这是一种发展必然，但会存在一些陷阱，体现为我们所说的“扭曲”。在现实中常常谈论的两种扭曲是移情和反移情。移情是客户的一种与心理咨询师有关的心理归因和期望的扭曲。反移情是心理咨询师表现出的感知和态度的扭曲。此处讨论的咨询扭曲是从客户和实践者的角度来理解的。

影响工作的客户扭曲

心理治疗师需要知道并关注客户的移情及其对心理治疗师—客户关系的影响。同样，实践者也必须警惕客户扭曲会如何干扰组织的个体成员和实践者之间的联系。

参与性悖论　最奇妙的一个咨询矛盾是客户与实践者取得联系并订立重大变革方案的合约，然后他立即抵制这一变革。变革的意图是真实的，但是当它真正涉及变革内容和方式时，自然的自我保护机制开始发挥作用了。

“在那边”　大多数人承认组织中存在需要解决的问题。然而，很少人认为自己有问题。个人或群体很少认为自己需要改变。当指出“真正的”问题在哪里时，我们通常说“在那里”，而不是在我或我们身上。例如，领导者希望实践者来解决文化或系统缺陷，但是不愿意检视他们自己的行为和思维是如何造成这一问题并使其持续存在的。

无论你说什么　虽然客户心甘情愿接受实践者的影响是一件令人高兴的事，但是无条件的接受也是存疑的。与他人合作而不考虑自身观点的模式会有问题。实践者的工作是支持客户辨别自己。

顾问是向你借手表然后告诉你时间的人　组织中的个人经常将实践者归为一个群体。如果他们对任何顾问或实践者曾有过负面体验，那么会认为所有的实践者都是可疑的，不值得信任。在这方面，实践者需要多花时间来构建与客户的关系，向其展示自己的独特性，这样可以明显减少被视为“无非又是一个实践者”的概率。

影响工作的实践者扭曲

在组织咨询的世界中，许多潜在的扭曲也可能发生，这要求实践者需意识到他扭曲关系和工作的倾向。这里讨论了在实践者身上发现的一些扭曲。

让我展示一下我有多优秀　实践者常常有一种冲动，希望新客户把自己认可为有能力、有经验的专业人士，这会导致实践者过快结束审查和评估过程。这种渴望主要来自让客户判定为合格专家的内心焦虑，会造成重大的工作盲点。结果可能是损失实践者在进入系统时拥有的最宝贵优势：无知与对学习的渴望。这种无知应该用来保持开放性和好奇心，而不是形成过早的确定性判断。

我之前见过这种情况　这种倾向是期待下一个客户与上一个客户相同。在同行业中工作显然会带有一些相似之处。不管怎样，在开始工作时实践者去探究新客户与上一家有什么不同的程度，会减少扭曲。造成这一问题的原因不是由于焦虑，而是由过度自信或完全的偷懒造成的。

基于个人偏好　这种倾向是对人对物形成好恶，或者对好坏行为标准具有的根深蒂固的价值观。所有实践者都有他们喜欢与之共事的特定类型的人员。当他们与一个相处困难的管理者或风格不同于自己的人员一起共事时，保持中立立场就会变得困难。这会导致在客户参与中耐心或创造力的降低。同样，实践者经常喜欢更接近他们喜欢的客户，而没有看到这些客户身上效率较低的方面。实践者可能安排避免或寻求组织的一些人和一些部门。这样的偏见会妨碍工作的有效性。

变得太熟悉　随着工作的进展，实践者很可能要么对客户建立了信心，开始毫无疑问地接受客户的观点，要么对客户的信心不足或变得太多疑和不屑一顾。无论哪种倾向走过了头，都会将工作搞砸。即使最有能力的客户也会有错误的想法，偶尔犯错，而那些不善判断的客户在他们的评价里也会有正确的时候。

贪恋权力　在处理控制权、权力和权威问题时，每个人都有一些行为模式。大多数独立实践者属于具有高度自主能力的人，对于要做的事情拥有很大的控制力、权力和权威。

他们还通过其角色在组织中实际行使很多权力。实践者需要铭记的一点是，要注意他们个人权力问题是如何影响工作的。

自我认识是有效管理实践者扭曲所必需的东西。在此方面，可以提出的一些问题包括：

- 我不想妥协的价值观是什么？
- 这份合同是否超出了自己运用自我的极限？
- 这个人让我想起了谁？他有什么不同？
- 我为什么恼怒？这提示了我什么？
- 我在这里想回避什么？更直接地处理情况将如何产生帮助？
- 我对权力的立场是什么？我是如何变成这样的？

结论

与个人合作共事是组织发展的一个令人兴奋和关键的维度。它允许干预者通过在更大的系统层面工作中创造通常不可能的机会来影响组织的主要成员。另外，它也会产生紧张感并带来困境，如果对其管理不善，可能对组织干预造成负面影响。通过提高对相关问题的认识，提高个人在一系列情境中的工作能力，干预者可以极大地改善他们的工作。本章提供了一种模型来帮助这一工作努力达到期待结果。

参考文献

Nevis, S. M., Backman, S., & Nevis, E. C. (2003). Connecting strategic and intimate interactions: The need for balance. *Gestalt Review*, *7*(2), 134-146.

Sherif, M. (1971). Superordinate goals in the reduction of intergroup conflict. In B. L. Hinton & H. J. Reitz (Eds.), *Groups and organizations*. Belmont, CA: Wadsworth.

第 5 部分

多元文化视角

第 22 章

组织实践中的多样性和包容性

艾琳·沃瑟曼（Ilene Wasserman）
普拉西达·加莱戈斯（Placida Gallegos）
艾琳·泰勒（Erin Taylor）

在过去 40 年间，组织内的多样性实践和领导力已经发生了重大转变。这些转变改变也扩大（在许多情况下）了我们定义多样性的框架，并强化了组织实践者的设计方法。本章将探讨多样性和包容性的演变框架，并说明创造性方法的新前景，这些创造性方法充分利用了多元化员工队伍的潜力。

“多样性”和“包容性”这两个词经常被认为是有关联的，就让我们从这个重要的地方开始讨论。有时，这两个词可以交换使用，而其他时候，它们的用法是不一样的。这类不一致造成了使用混乱并难以区分。例如，组织有时会宣称有兴趣招聘多样性人才，但没有详细说明对这个术语的使用或他们的意图。很多时候，当人们使用“寻求多样性人员”这个短语时，意思是他们正在寻找一个有色人种的人。因此在本章中，多样性定义为：“是一种群体（含两人或以上）特征，指群体成员在下列方面具有人口统计学差异——种族、民族、性别、社会阶层、宗教、国籍、社会认同，或者总会出现有关群体间的偏见、耻辱、歧视或压迫历史的社会认同的其他方面。”包容性被定义为促进一个更多样性的员工队伍做出贡献所必需的文化条件。

对包容性这个词的使用扩大了整个架构，从原来的个人与群体的特性扩展到组织的条件，如文化、政策及促进全员参与的实践。使用“包容性”这个术语还有另一个目的，它有助于缓和对“多样性疲劳”的关注，“多样性疲劳”这个术语是指，多次尝试促成对多样性的重视却未取得实质性进步，由此开始厌倦了的状态。然而，只是改变术语对帮助我们解决根本问题或改变根深蒂固的结构性权力不平衡常常收效甚微。更大的阻力问题依然存在，这些问题通常在试图改变根深蒂固且常常难以处理的组织问题时就会出现，包括但不限于阶级主义、种族主义、性别歧视和同性恋恐惧症。

让我们回顾一下在多样性和包容性发展过程中的重要时刻，它始于以美国为主的合规问题。随后经历了计划性举措过程、系统性文化变革过程，到泛化多样性定义以纳入全球框架的阶段，最后到超越多样性维度的交错性和跨界性的概念化阶段。它强调了当前的挑战和机遇，并为今后的工作提供有用的框架。这条发展线就像一份请柬，邀请人们去探索全球跨界性和交错性是如何在一个多层次系统中同时发生的：个人的层次/人际间的层次、群体的层次/群体间的层次，以及系统内的层次/系统间的层次。然后提出建议要打造该领域的建设性的基础并复兴相关实践，以激励组织发展专业人士和领导者挖掘和充分利用当前环境中差异的巨大潜力。

从合规到文化变革

到 20 世纪后半叶，术语“多样性”和“包容性”成了组织理论和实践的一部分。均等就业机会（Equal Employment Opportunity）与平权法案（Affirmative Action）的立法激发了多样性议程。本章作者一直在考虑的一个问题是：均等就业机会和平权法案、多样性与包容性及随后的跨界性与交错性的引入为组织发展领域带来了什么？

均等就业机会与平权法案的根源

20 世纪 60 年代，在民权运动风起云涌之际，恰逢均等就业机会与平权法案通过、经济机会均等委员会成立。该委员会的关注点是帮助有色人种及白人女性进入组织，传统上这些人在组织中是被忽视的，无论是人数还是职位类型上，特别是那些有权力及有影响力的职位。既然获得机会是最受关注的问题，重点就在于“融入”。早期的多样性项目解决的是人们应该穿什么，应如何行事，以及改变他们语言模式的方法以更为主流文化所接受。最小化他们的差异就是让女性成为“名誉男性”，常见的做法包括一旦女士怀孕显怀后就让她们休假，让女士像小女孩一样着装或模仿男性的工作着装，即领结和西装。其他项目专注于淡化有色人种的文化差异来同化有色人种。在历史上，肤色更浅与语言“得体”的人更可能获得雇用和晋升。这样的组织信息或言语行为，有些相当露骨，而有些则微妙得多。虽然没被公开承认也未明说，但这些项目的最终目标是要确保白人的领导地位，在领导层级引入女性和有色人种只会对标准运作方式造成最小的干扰。最初的希望就是让组织员工的多样性能满足法律要求。

起初，均等就业机会和平权法案让某些特定群体代表的不均衡问题变得重要起来。一旦比例问题得到了解决，历史上被边缘化的群体或组织中受保护的较高层级代表的比例失衡问题就显现了出来。平权法案满足了要更有意识地制定招聘制度的需求，新的制度能弥补职场不平等历史中根深蒂固的不平等性。

在这项工作的早期阶段，很少有人战略性地把组织发展和多样性联系在一起。相反，多样性只是更大的文化变革计划的一个附加模块。这些模块主要涉及社会公正问题，其重点是社会多样性及与社会认同群体包容性有关的问题。包容性被视为一个关系不大的问题，而不是一个关键的战略重点。

从意识及敏感性到战略文化变革

随后的几十年中，对职场中多样性的强调在日益增加并深化。20 世纪 70 年代，多样性举措的重点从仅仅关注人数和比例转变到注重对社会正义和文化历史的意识和敏感性，后者会影响职场中对边缘化群体的包容性。这项工作早期经常被结构化为一系列研讨会或扩大的务虚会。重点是改变个人的意识、态度和行为以理解个人和群体的差异。

卡利尔·贾米森是最早讨论不同背景的人们能给组织带来的可能性的学者之一，他研究的是人们的差异会给职场带来的附加价值，而不是仅仅注重增加被忽视群体的人数，然后帮助他们“融入”主流文化。她的逻辑是，通过把多样化的个人聚集在一起并推动关于种族和性别的有意的对话，企业可以加强不同人群间的伙伴关系。另一些组织发展实践者把多样性整合为自己变革实践的一部分，在这一领域的先行者包括贝利·杰克逊和丽塔·哈迪曼，罗斯福·托马斯，埃尔希·克罗斯，泰勒·考克斯以及弗雷德里克·A. 米勒和朱迪斯·H. 卡茨。

20 世纪 80 年代末到 90 年代，多样化举措的框架不断扩大，多样性的定义越来越广泛，包括了种族、国籍、体能、宗教和性取向。务虚会和教育课程通过文化变革举措变得情景化，从而把多样性与高绩效联系一起。杰克逊和哈迪曼及其他人员都认同，组织而不是只有个人和群体需要成为变革的对象，从而促成多样性、包容性以及一个多元文化组织。

20 世纪 90 年代，许多学者和实践者加入了讨论，进一步论述了在职场中充分利用多样性并培养一种包容性文化的优势。考虑到组织对领导者和员工有关多样性的培训投入了大量资源，对这项投入的回报也受到了越来越多的关注和质疑。人们的关注点因而发生了转换，变成去确定并说明能给那些投入了人力、物力以变得更具包容性的组织带来什么直接商业利益。"商业案例"法就试图从财务角度阐明多样性举措的成本和利益。

虽然商业案例是一个有效的探询领域，但其期待效果并不总能完全匹配敏感而微妙的多样性和包容性工作。改变思维方式，在长期不信任并具有制度化偏见的群体间跨越差异建立合作伙伴关系，这些不会在短期内经常发生，也不会按照标准公式或商业模型而形成。

在 21 世纪，组织背景已经扩大到包括个人维度（如性格、思维和学习风格、社会和文化认同）和全球性维度（因为这些维度与组织成功相关，也与领导者开展工作的方式紧密联系、不可分割）。现在，多样性和包容性并不仅仅被视为平权法案的举措，也不仅仅被认为商业案例的判断理由，它们对组织内的学习和发展至关重要。

领域内的争议和焦虑

鉴于近年来多样性的概念已经变得如此多面性，对职场多样性是否适宜纳入组织发展工作中，或者是否应该独立成为一个单独的专业领域，人们提出了一些疑问。马夏克在对组织发展作为一个领域的重要综述中谈到了"解决多元文化主义和多样性"的焦虑。他注意到，这种困境会继续严重影响组织发展的实践，特别是人们会心存社会公正和多样性是不是这一领域的中心的疑问：

> "这个领域内及实践者间的焦虑在于多样性究竟是一个独立或半独立的实践领域，还是组织发展的一个固有方面。如果是后者，那么所有专业实践者都应该知识渊博、专业精通并需要处理多样性和社会公正问题。反之，尽管组织发展实践者应该敏感地意识到存在着要解决这些问题的需求，但从某种方式上，这只是

有关专业实践与责任的可选项。”

鉴于解决与差异有关的系统性问题的固有困难，当然需要实践者具有专门的知识和专长，这些是许多大众实践者可能并不具备的。缺乏对结构性不平等的广泛社会问题的理解，多样性可能只会被看成小事一桩，无非是歌颂人与人之间的差异性，容忍来自不同背景的人。要理解权利和控制的问题需要多层次的知识，要将它们战略性纳入变革举措中更需要综合性的能力。

在《塔玛拉期刊》（*Tamara Journal*）2011 年发表的特刊中，编辑威廉姆斯、霍华德（Howard）和加莱戈斯直接向撰稿人提出这个问题：“在何种程度上，组织发展多样性咨询促进了社会公正的系统性变革？”答案五花八门。虽然许多实践者都声称要解决系统性问题，但他们经常描述的是个人或人际变革措施，这些都达不到能实现组织转型的大目标。

因此，要想让这些变革能持续并继续发展，必须在系统层面上解决利用多样性和包容性文化的问题。布拉克斯顿警告说，有一点很重要，要注意“想就只关注个人（领导者及其管理团队或被认为麻烦制造者的人）而不把他们的工作与组织变革过程联系起来的念头，[像这样]通常不起作用，最多也就产生短期结果”。他指出，必须在系统层面进行工作，改变系统的结构和过程，从而创造所需的变革。

虽然马夏克和其他人都认同，组织发展的价值观决定了任何一种合格的组织发展实践都会有一些基本知识和能力会契合多样性问题。但争议仍在继续：

> “鉴于组织发展的核心价值观和其运行的组织环境日益多样性且呈文化多元化，很明显，所有的专业实践者都需要充分了解多元文化与多样性问题以及相关动态，并在它们出现时进行酌情处理，就如同他们需要去解决任何涉及组织发展理论及价值取向核心的其他问题与相关动态一样。在实践中这究竟意味着什么，以及对如何最佳解决这些问题的不同意见将留待实践者继续讨论并反思”。

许多学者和实践者都面临着阐释多样性、包容性和社会公正的概念的挑战，同时还被鼓励关注更大的结构性问题，而不仅仅聚焦于将多样性的员工纳入现有的组织层级中。瑞恩（Ryan）指出，虽然多样性在增加，但社团及机构中优势群体和弱势群体间的差距也在加大。只有改变制度性权力分配的模式和过程才能真正认识到并解决这些不平等。将领导力实践作为重点关注，研究人员和实践者正提出新的框架来帮助实践的发展，强调“寻找、理解、批判及就不公正采取行动”。

在下一节中，我们将讨论全球多样性是如何扩大并进一步增加对话复杂性的。

全球背景下多样性的形式

"今天，管理多样性员工的问题并非源于劳动力本身的同质性，而是来自公司管理者的无能，这点令人感到遗憾。这些管理者不能充分理解员工的动态，不愿放弃个人的偏见，也不能创造性地发挥多元文化的员工所蕴藏的潜力。"

—— 莫尔·巴拉克（Mor Barak），2005

由于以上提及的开拓性论述，目前关于职场多样性的谈话更加微妙。员工多样性框架的复杂性体现在美国职场中不同国籍的数量在增加和全球公司的规模在扩张。虽然均等就业机会和平权法案的重点是通过平衡竞争环境及实现平等机会来解决源于美国的历史不平等，但是全球多样性涉及的是，从单一文化的方式转向更国际化的方法。这种转变不仅仅是解决社会正义和历史不平等。它要求所有人，特别是那些身处领导位置的人，扩大自己的框架，从身为讨论的中心转变为能够认可考虑其他文化视角会带来的价值。

无论组织如何接近于国内市场或全球市场，一些人意识到通过立法促进职场公平和公正的重要意义。虽然立法和政策为重视差异提供了支架和支持，不断发展的过程将关注点聚焦在重视多样性和包容性是如何强化组织和团队的。

接下来的两部分将描述新兴概念化的社会认同，以及在日常情况中使用多种社会身份的复杂性。综合性的组织环境对个人和领导力发展的要求会超越过去更为同质化的环境。

将交错性作为一种有用的分析框架

交错理论探讨了"连锁的压迫系统"或者外在表现为歧视性别、种族、阶层和性取向独特的相互作用的方式。克伦肖（Crenshaw）对交错性概念的使用是一个重大进步，从而认识到种族和性别的体验并非独立影响着人们的生活。克伦肖指出，我们的各种认同汇集在一起形成了一种经验，如果所有交错的片段没有被识别出来，就无法理解这种经验。贝特森（Bateson）用梭织布来比喻知道与认同间的关系，这是对克伦肖的隐喻的一种有效延伸。我们的认同不会一辈子都是静态的，同样，我们对于认同的概念也不应是静态的。我们认同的任何一面都不是独立存在的，它的各个方面不仅会发展并且相互促进，在与他人及其认同的方方面面的关系中也是如此。

此外，各种各样的认同行为发生并受到组织和文化系统背景的影响，这些认同行为往往倾向于偏袒某些群体，而伤害其他群体。例如，一个被认同为西班牙裔女性的人可能肤色会更浅或更深一点，多多少少受过教育或拥有某些特权，有孩子也可能没有，体格也还算健壮，等等。一个在特定阿拉伯国家工作的女性，人们对她的想法可能完全不同于她在其他西方国家那样。在不同的区域环境中，人们对某些宗教、性取向、年龄等都有不同的看法。这些不同的认同彼此联系并相互作用，从而创建与多个社会类别相关的独特个人认同。

交错性框架论证了基于种族、阶层、性别、性取向、能力和国籍的各种不平等制度的综合研究。从这个角度来看，认同的特定维度不再被认为彼此独立而截然不同，而是与个人认同的所有其他方面相互关联并受到共同情境的影响，包括那些与权力分配不平等和结构不平等相关的认同维度。这种方法使得非此即彼地将人群分类的观点发展成更为整合性的彼此兼有的方法。认同的各个方面被认为密切相关，它们彼此呈倍数促进或相互作用而不是简单地累加起来，形成了一个复杂的矩阵，该矩阵将认同的每个独立的方面整合起来组成了一个完整的认同。“我们会用多种声音说话，只是因为我们会把这些声音进行分类，每个类别彼此独立。我们不可能只是女人、墨西哥裔女性、女同性恋者或我们认同的任何其他部分。使用这个词只是为了‘弱化立场’，并试图让聆听者知道，即便他们有更多的期待，也不会在此刻得到。”

复杂的认同不是静止的，而是直接与当时的情境相关的。在某些情况下，性别或种族能够决定个人具有较低的地位，而在其他情况下，年龄、阶层或性取向会让同样的个人获得某些特权。因此，这种转移的权力关系使得过于简单的认同概念范围狭窄且说明不了什么问题。

跨界

要改变对职场多样性的讨论，从合规到文化——从融入到好奇，从认为相似性是理所当然到承认认同的复杂性，这需要一套全新的能力。“从一种有界的群体内心智模式转变到跨界的超越群体的心智模式，这对于领导者来说是其职业发展的重大的挑战，也是难逢的机遇。随着层级的每一次提高，就有更多的边界要突破，也更需要强调跨企业协调，更重视组织与外部环境的联系。领导者未能实现这些转变就会导致在更高层次的工作中陷入困境而不是取得成功。”

这些研究人员建议了实用而具体的方法，组织领导者可用来有意识地处理职场中的差异，这显著充实了正在进行中的包容性实践。跨界工作的重点并不是要忽略或回避这些差异，而是在不同文化交汇而差异被当成组织资产时，需要更深入、更有意识地去理解相关的歧视分界线。组织变革倡导者绝对不能采用一成不变的方式来对待多样性，而是需要倾听、观察并研究群体动力，并设计干预措施进行实验。为了充分利用多样性群体的优势和能力，需要有空间来容纳差异和重视冲突。

> “跨界不仅为领导者带来了挑战，也为新的学习和发展提供了难得的机遇。超越边界的过程中，领导者学会了扩宽视野，练习新的协作技巧并形成了促进跨组织创新及转型所需的行为。”

这种转变需要打破层级和部门阻碍。组织需要转变对能力的定义，从强调个人绩效到重视协作。他们需要奖励的是促进接触而不是建立竞争性。包容性组织提高了对领导者可以做什么以及该如何做的标准。包容性领导者需要“开发覆盖面广的多样化网络，这些网络阅历丰富并能跨越组织的边界”。

应对多样性和能力建设的技巧

从合规到文化的转变（从融入到好奇，从认为相似性是理所当然到承认认同的复杂性）需要一套全新的能力。现在，随着多样性越来越广泛，有必要超越单一群体认同来审视并探讨采用什么方式进行讨论，以及如何彼此互动能最好地利用关系的流畅性与协作性。要完成这项工作必须能采用反思性的实践和接触，充分考虑对方的状况。

REAL 模型

有关自我和他人的故事如此之根深蒂固，如果想在关系动态中发生重大转变，必须在组织的关系和文化中发生变革性学习，而不仅仅只是个人学习。此外，关于差异的讨论也会随着这一学习过程的发生而相应发生。要改变我们的参考框架，特别是当我们和不同于自己的人交往时，需要一套特定的能力和接触过程。沃瑟曼确定了五种能力可以促进关系中的变革性：

- 关系的灵活性，或从单向相关或给予转变到对话式参与或共处的能力；
- 关键的自我—他人反思能力，把一个人认为理所当然的假设或框架看成众多可能性之一；

- 愿意秉持自己的观点，并甘愿承担被他人所影响而改变自身观点的风险；
- 采用讲故事及循环提问方式与相关人员一起进行有意识的反思；
- 通过分享故事创造共情接触。

REAL 模型如表 22.1 所示，概述了关系中变革性学习的步骤并对过程进行了引导。REAL 的含义如下。

- **反思**（R）当前的关系、假设和情况：鉴于当下职场复杂性的多层次，花时间去反思并确认我们正互相裨益对于持续学习进程而言变得更为关键。在一些进展更快的组织中，关注多样性问题被认为有益于整个组织，因为这能带来学习的机会并增加组织有效性。
- **扩展**（E）对差异的觉察：在每个组织中，同时存在着多个版本的组织故事，过去的、现在的及未来的，还有多种为使命服务并成功实现使命的方法。我们推动故事的分享，并共同创造条件让人们就差异进行深度而广泛的对话。这些条件包括探讨什么能带来安全感和信任感，以及在社交交往时搁置已有的认知和确认无疑的事的重要性。
- 行为及接触方式的**灵活性**（A）：在最近的一个教育课程中，一名参与者由衷地说他的意图是“决不说出可能再次冒犯他人的话”。虽然他的诚恳是令人钦佩的，但他的目标即便有可能实现，也将非常艰难。没有人期望自己在所有互动中都表现完美，或者完全理解，或者巧舌如簧。我们能期待的最好状态就是成为学习者，怀有好奇心，愿意倾听，同时反思我们自己的行为和理所当然的心态以及建立接触的习惯，探索我们该如何理解自己与他人互动的经历，以及是否存在意义构建的其他可能性。
- 从转化个人及组织的共享故事中获得**学习**（**L**）：花时间去审视我们如何共同造成了误解，以及我们如何从此获得学习并在今后进行更好协作。

当焦点从我是谁、你又是谁转变到我们一起在做什么，这会形成不一样的接触水平。审视我们在关系中一起在做什么究竟意味着什么。当谈话开始时，参与者可以创造一系列的可能性。协作、批判、灵感或也许只是探索，这些都是可能的选择。关注自己形成模式的一些方式有助于提高审视自己在做什么的能力。

表 22.1 REAL 模型

反思现有假设	扩展对差异的觉察	行为及接触方式的灵活性	从共享的故事中学习
我们倾向于相信保护所有人均等机会的法律能促进多样性	寻求扩展对系统障碍的觉察来促进某些根植于结构的问题解决及职业发展障碍的移除	让那些尽管长久以来一直被边缘化但级别已有所提高的人也能发声表达。确认促进性因素	我们在搜寻那些知道去如何贡献并发展的人。我们要形成相互指导的关系，并且传播成功故事
良好的沟通意味着对人有礼貌。我们要坚守的是谁的礼貌规则（如不参与冲突）	良好的沟通意味着彼此联系。这可能意味着会听到令人不快的或不受欢迎的内容	处理抱怨以发现共同承诺到底是什么，这可能提高灵活性，并带来更具有包容性的解决方案	我们要学会明确表达处理建设性的争议和扩展我们的接触原则的共同规范和过程
当我们按计划或需要给别人提供反馈时，我们才会这么做（如年度业绩评论）	我们会避免给一些群体提供反馈，这么做的原因是不确定他们将如何看待反馈或者担心被指控为种族主义或性别歧视	通过让所有人对共同规范负责，同时鼓励界限内的言论自由，我们提高了灵活性。我们会密切关注这些规范对工作和组织的重要性和适当性	我们重视持续性的学习。我们会持续给予人们反馈以支持成长与发展。我们就最佳的做法达成了共识
我们强调大家的共同之处，以及都觉得舒适的领域。当与不同于自己的人沟通时，我们会小心谨慎	我们注意到何时自己处于困惑中或觉得被误解是探索的机会，而不应该回避。我们认识到自己正在利用相似之处来做出改变	身处安全网中的不和谐之处，这样我们能一起卷入混乱中以发现更深层次的理解	我们把困惑或误连接视为获得学习和与人建立连接的日常普通机会

资料来源：Wasserman and Gallegos, 2009。

指导性和发展性的关系

指导性伙伴关系已被确认为一种强大的工具，能帮助那些在组织中级别得到了提升的人们获得职业发展。导师提供职业发展支持来帮助被辅导者，包括提升曝光率与知名度、提供赞助、教练辅导、予以保护及下达挑战性任务。导师也会提供心理或情感支持，包括接受与认可、建议、友谊及以身作则。当导师和被辅导者来自不同的文化、性别或社会经济背景时，指导性关系会更加复杂。

由于人口结构的持续变化，处理好日益多样性的员工队伍显得尤为紧迫。根据最新的人口普查预测，美国非白人人口的增长速度高于总人口的增长速度。非白人人口的增长率从 2000 年估计的 19.9%增长到 2010 年的 27.6%（美国人口普查，2005，2010）。虽然在这段时间内总体人口的增长率大约为 4.2%，但在这十年间，白种人口增长百分比估计为 5.7%，非裔美国人为 12.3%，美洲印第安人/阿拉斯加土著人为 18.4%，以及亚洲人/太平洋岛民为 34.4%（美国人口普查局，2010）。

如前所述，这些数字不一定能够说明各个层次的包容性情况。传统的“玻璃天花板”被改造为“混凝土天花板”—— 这是各行各业的组织中的妇女和有色人种员工无法逾越的权力障碍。根据就业机会均等委员会提供的数据，专业人士中非裔美国人占 7.2%，拉丁裔人占 5.0%，而白人占 84.5%（就业机会均等委员会，2003）。2003 年的统计数据甚至让人更为担忧，因为考虑到有色人种间存在的不满、沮丧和高流失率有可能是未来问题的先兆，而大多数的群体成员也将经历这些问题，如果这些更为弱势的群体所面对的问题没有得到解决的话。因此，种族与指导的问题可能不仅仅是为了改变劳动力人口结构而采取的行动结果或一个改变职场中不同种族间动态的过程，也可能是组织整体健康和优势的一个预测指标。

卡拉姆（Kram）是指导领域的一位学术泰斗，他发现指导互动具有两个主要功能：职业（工具性）支持和心理（情感性）支持。职业功能包括提升曝光率与知名度、提供赞助、教练辅导、予以保护及下达挑战性任务。心理功能包括以身作则、接纳并认可、建议与友谊。这些功能在促进职场包容性方面具有重要的意义。

对跨性别和跨种族关系的近期研究表明，当关系的质量较高时，它们不仅具备提升来自非主流群体个人的职业发展的潜能，还能同时促进导师和被指导者的个体学习。研究经常使用白人男性的经历作为评价的基础，也审视了妇女和有色人种是否会经历与白人男性相同的过程、裨益和结果。这样做会发现一种可能性：多样性的关系可能产生完全不同的利益和结果，而这些利益与结果只和非主流群体的独特性及非主流群体导师可能提供的方方面面有关。这可能包括帮助被指导者发展自我觉察及提升与个人成长和人际关系有关的技能。

弗莱彻（Fletcher）和莱根斯（Ragins）将我们的观点扩大为社会层面的系统性力量的影响。他们强调，有关人类成长及发展的主流理论的性别本质是如何塑造了我们对指导关系中性别和种族动态的观点。他们还提出，这些动态是如此根深蒂固，以至于我们的理论和研究本身就带有偏见。正如托马斯在他关于跨种族指导和种族禁忌的原创作品中声称的，群体间权力关系的历史与社会认同结合起来，共同形成了关系互动及达成有效指导关系的能力。这再次提出了对交错性的考虑。因此，不论从权力和多样性视角，还是从跨文化的国际角度来看，社会环境对指导关系的影响都至关重要。

领导力

在促进多样性并创造包容性文化过程中，领导力技巧及其展现对于建设组织能力和技能至关重要。倡导多样性和包容性文化的领导者必须是关系型领导者。关系型领导者需具备的技巧包括阐明共享愿景以让人们共同承担，灵活，灵敏，关怀他人且为人谦虚。带着包容性进行领导需要特定的心智模式、技巧和行动，如有意去选择非正式和正式的顾问，有意去寻求反馈来源，以身作则地展现出好奇心，以及对持续学习和发展的兴趣。此外，带着包容性进行领导需要有能力去处理差异的复杂性，并同时成为过程的参与者和观察者。领导者的公开讲话需要保持一致性，把多样性和包容性编入每次的公开声明中，也纳入所有的政策和实践中。

新视角：积极组织学术研究

在职场多样性中的新发现及新产生的复杂性提供了用新方式研究多样性的机会。对 1998 年至 2010 年组织多样性研究的文献进行回顾，会发现多样性研究的积极性方法与从多样性研究中可能产生的积极发现间的区别。拉马拉杰和托马斯把描述为积极发现的那一类视为"一些实例，在这些实例中对多样性团队、群体和组织的研究展示了群体间平等、积极群体间关系或者积极群体成果的证据"。研究多样性的积极方法侧重于优势或"能推动超越最佳功能的机制"。在这种情况下，拉马拉杰和托马斯把积极的研究方法定义为形成研究者要提出的问题，聚焦能够以实例证明一个公正、公平和分权社会的条件和现象。

拉马拉杰和托马斯建议了一些对积极多样性研究议程有支持作用的问题。从组织层面看，可能提出的一个问题是："一个大力推动为多样性承担责任或提倡'整合+学习'观点的组织具有什么特点？"或者"取得成功的多样性团体随着时间的推移会如何发现自己支持多样性的态度？"在个人层面，人们可能会问："主要群体成员如何构建并确立社会认同，从而能与少数群体建立更积极的关系并取得更好的群体绩效"。

拉马拉杰和托马斯强调了成功的多样性工作需具备的关键要素。他们确定的三个“变革支柱”分别是“来自公司领导者的鼎力支持；全情参与到自发管理实践中的员工队伍，这些实践都经过了整合并和多样性工作保持一致；一个阐述清晰、有说服力的商业行动案例”。

从积极组织的视角开展工作的实践者会有意识地提出一些问题，以探讨组织中的人员在与差异的联系中已具备了什么样的学习体验，什么条件会支持这样的体验以及组织可以进一步采取哪些措施以增强与差异的联系，并超越个人、职位和文化的差异加强组织中人们的联系与赋权。

新兴的多样性和包容性实践开创了对所有群体进行探讨和参与的先河，包括那些传统上占据文化主导地位的群体。那些曾经被认为理所当然的主流文化现在也开始加入其他群体，来阐明自己的行为模式和特点，以及被认为属于其他群体的行为模式和特点。因此，最开始作为一种并入他人的行动现在发展成为相互联系并相互了解的行动。

结论

本章的前提是观察组织实践领域涉及多样性和包容性的新模式，通过这种方式，试图超越一些根深蒂固的模式。虽然没有尝试全面审视多样性实践的复杂领域，但重点是采用一个深度视野来看待这一领域的演变，考虑已经改变了的是什么，还需要做什么来继续取得进展。很显然，世界已经改变了，多样性和包容性的实践也在持续变化以满足不断变化的环境。认识到我们已取得的成绩是保持前进势头的重要一步。同时，我们所面临的挑战是接受位于前行路上的任务和未来可预见的困难。只有从长远考虑，我们才有希望建立真正具有包容性的组织，充分发挥组织内多样性人才的潜能。

参考文献

Bateson, G. (1972). *Steps to an ecology of mind*. Chicago, IL: University of Chicago Press.

Blake-Beard, S., Murrell, A., & Thomas, D. A. (2006). Unfinished business: The impact of race on understanding mentoring relationships. *Organizational Behavior*.

Braxton, E. T. (2010). Healing the wounded organization: The role of leadership in creating the path to social justice. *The Tamara Journal*, *8*(3), 89-115.

Buber, M. (1947, 1965). *Between man and man*. New York: Macmillan.

Catalyst. (2001). *Women of color executives: Their voices, their journeys*. New York, Author.

Cox, T. H., Jr. (1993). *Cultural diversity in organizations: Theory, research, and practice*. San Francisco, CA: Berrett-Koehler.

Crenshaw, K. W. (1994). Mapping the margins: Intersectionality, identity politics, and violence against women of color. In F. M. Albertson Fineman & R. Mykitiuk (Eds), *The public nature of private violence* (pp. 93-118). New York: Routledge,

Cross, R., Davenport, T., & Cantrell, S. (2003). The social side of high performance. *Sloan Management Review*, *45*(1), 20-24.

Ely, R. J., & Thomas, D. A. (2001), Cultural diversity at work: The effects of diversity perspectives on work group processes and outcomes. *Administrative Science Quarterly*, *46*, 229-273.

Ely, R. J., & Roberts, L. M. (2008). Shifting frames in team-diversity research: From difference to relationships. In A. P. Brief (Ed.), *Diversity at work* (pp. 175-201). New York: Cambridge University Press.

Equal Employment Opportunity Commission. (2008). Retrieved from www.eeoc.gov/abouteeoc/35th/1970s/focusing.html.

Ferdman, B. M. (1992). The dynamics of ethnic diversity in organizations: Toward integrative models. In K. Kelley (Ed.), *Issues, theory and research in industrial/organizational psychology* (pp. 339-384). Amsterdam, Netherlands: North Holland.

Fernandez, J. P. (1991). *Managing a diverse workforce: Regaining the competitive edge*. New York: Lexington.

Fletcher, J., & Ragins, B. (2007). The Stone Center relational cultural theory: A window on relational mentoring. In B. Ragins & K. Kram (Eds.), *The handbook of mentoring at work*. Thousand Oaks, CA: Sage,

Jackson, B. W. (2006). Theory and practice of multicultural organization development. In B. B. Jones & M. Brazzel (Eds.), *The NTL handbook of organization development and change: Principles, practices, and perspectives*. San Francisco, CA: Pfeiffer.

Jackson, B. W., & Hardiman, R. (1994). Multicultural organization development. In J. H. Katz, F. A. Miller, E. W. Seashore, & E. Y. Cross (Eds.), *The promise of diversity: Over 40 voices discuss strategies for eliminating discrimination in organizations* (pp. 221-239). New York: McGraw-Hill.

Jamieson, D., & O'Mara, J. (1991). *Managing workforce 2000: Gaining the diversity advantage*. San Francisco, CA: Jossey-Bass.

Jamison, K. (1978). Affirmative action program: Springboard for a total organizational change effort. *OD Practitioner*, *10*(4).

Jones, S. R., & Wijeyesinghe, C. L. (2011). The promises and challenges of teaching from an intersectional perspective: Core components and applied strategies. In M. L. Ouellett (Ed.), *New directions for teaching and learning: An integrative analysis approach to diversity in the classroom* (pp. 11-20). Hoboken, NJ: John Wiley & Sons.

Katz, J. H., Miller, F. A., Seashore, E. W., & Cross, E. Y. (Eds.). (1994). *The promise of diversity: Over 40 voices discuss strategies for eliminating discrimination in organizations*. New York: McGraw-Hill.

Kirk, G., & Okazawa-Rey, M. (2009). *Women's lives—Multicultural perspectives* (4th ed.). New York: McGraw-Hill.

Kram, K. (1985). *Mentoring processes at work; developmental relationships in managerial careers*. Glenview, IL: Scott Foresman.

Lorbiecki, A. (2001). Changing views on diversity management: The rise of the learning perspective and the need to recognize social and political contradictions. *Management Learning*, *32*(3), 345-361.

Marshak, R. J. (2006). Organization development as a profession and a field. In B. B. Jones & M. Brazzel (Eds.), *The NTL handbook of organization development and change: Principles, practices, and perspectives* (pp. 13-27). San Francisco, CA: Pfeiffer.

Miller, F. A. (1998). Strategic culture change: The door to achieving high performance and inclusion. *Public Personnel Management*, *27*, 151-161.

Miller, F. A., & Katz, J. H. (2002). *The inclusion breakthrough: Unleashing the real power of diversity*. San Francisco, CA: Berrett-Koehler.

Mor Barak, M. E. (2005). *Managing diversity: Toward a globally inclusive workplace.*

Thousand Oaks, CA: Sage.

Pearce, W. B. (1989). *Communication and the human condition.* Carbondale, IL: Southern Illinois University Press.

Ragins, B. R., & Kram, K. E. (Eds.). (2007). *The handbook of mentoring at work: Theory, research, and practice* (pp. 197-222). Thousand Oaks, CA: Sage.

Ramarajan, L., & Thomas, D. A. (2012). A positive approach to studying diversity in organizations. In K. S. Cameron & G. M. Spreitzer (Eds.), *The Oxford handbook of positive organizational scholarship* (pp. 552-565). New York: Oxford University Press.

Roberts, L. M. (2006). Shifting the lens on organizational life: The added value of positive scholarship. *Academy of Management Review*, *31*(2), 292-305.

Ryan, J. (2006). Inclusive leadership and social justice for schools. *Leadership and Policy in Schools*, *5*, 3-17.

Sims, C. L. (2009). *Faceted identities: Extending intersectionality.* Boulder, CO: National Communication Association.

Tannen, D. (1993). *Framing in discourse*. Oxford, UK: Oxford University Press.

Thomas. D. A. (1993). Racial dynamics of cross-race developmental relationships. *Administrative Science Quarterly*, *38*, 169-194.

Thomas, D. A., & Ely, R. J. (1996, September/October). Making differences matter: A new paradigm for managing diversity. *Harvard Business Review*, pp. 79-90.

U.S. Census Bureau. (2005, 2010). http://2010.census.gov/2010census/data/.

U.S. Equal Employment Opportunity Commission. (2003). www.eeoc.gov.

Wasserman, I. C. (2004). Discursive processes that foster dialogic moments: Transformation in the engagement of social identity group differences in dialogue (Doctoral dissertation, Fielding Graduate University, 2005). *Dissertation Abstracts International*, *66*(3), 1790B. (UMI No. 3168530).

Wasserman, I. C., & Blake-Beard, S. (2010). Leading inclusively: Mindsets, skills and actions for a diverse, complex world. In K. Bunker, D. Hall, & K. Kram (Eds.), *Extraordinary leadership* (pp. 197-212). San Francisco, CA: Jossey-Bass.

Wasserman, I. C., & Gallegos, P. V. (2009). Engaging diversity: Disorienting dilemmas that transform relationships. In B. Fisher-Yoshida, K. D. Geller, & S. A. Schapiro (Eds.),

Innovations in transformative learning: Space, culture, and the arts (pp. 156-176). New York: Peter Lang.

Wasserman, I. C., Gallegos, P. V., & Ferdman, B. M. (2008). Dancing with resistance: Leadership challenges in fostering a culture of inclusion. In K. M. Thomas (Ed.), *Diversity resistance in organizations* (pp. 175-200). Mahwah, NJ: Lawrence Erlbaum Associates.

Williams, H. S., Howard, D., & Gallegos, P. V. (2011). Speaking through the void: An introduction. *The Tamara Journal, Special Issue on the Capacity of Organization Diversity Consulting to Foster Systemic Change for Social Justice. Retrieved from* http://tamarajournal.com.

Yip, J., Ernst, C., & Campbell, M. (2011). Boundary spanning leadership: Mission critical perspectives from the executive suite. CCL White Paper Series. Greensboro, NC: Center for Creative Leadership.

Zane, N. C. (1994). Theoretical considerations in organizational diversity. In J. H. Katz, F. A. Miller, E. W. Seashore, & E. Y. Cross (Eds.), *The promise of diversity: Over 40 voices discuss strategies for eliminating discrimination in organizations* (pp. 339-350). New York: McGraw-Hill.

第23章

边境与边界：组织发展实践者的跨文化视角

肖恩·加夫尼（Seán Gaffney）

本章将探讨跨文化研究中的一些核心概念，既有广为人知的，也有名不见经传的，并将它们应用于跨国组织发展实践者的工作中。本章还审视了国家文化的内涵、个体认同及组织发展实践者跨文化工作的边界。本章从一个迷你案例开始，进行场景设定并例证了相关工作。这个迷你案例是根据作者作为一名跨国组织发展实践者的经历改编的，目的是突出跨文化组织发展工作中会涉及的一些问题及可能的解决方式。本章也提及了有关跨文化组织发展工作的其他方面。最后，本章简要探讨了国家文化与种族认同，以及这对从事跨文化工作的组织发展实践者的影响。

迷你案例的介绍

此迷你案例是以作者作为跨国组织发展实践者的经历为基础编写的。出于案例的情节考虑，将故事中组织发展实践者称为利亚姆·奎恩。

以前的客户亚当·斯文森联系了利亚姆。亚当被挖角去了一家美资跨国企业，这家企业是他前任雇主的竞争对手。利亚姆最初认识亚当时，他是瑞典一家大型跨国公司的技术总监。利亚姆作为亚当所领导部门的组织发展顾问与其展开合作，担任该事业部中高级管理人员的教练及跨文化业务与管理的培训师。在此期间，亚当在收购并整合一家意大利公司的交易中担任领导角色。整个过程充满挑战性且十分复杂，但最终圆满完成。而亚当现在的雇主最近也收购了一家意大利子公司，并指定由亚当负责，因为他对业务本身及意大利的生产设备都很熟悉，拥有成功经验。

亚当现在常驻在意大利北部，担任大型生产设备厂的技术总监，与妻子和女儿一起住在公司附近。他知道利亚姆会定期来米兰工作，就与利亚姆约定下次去米兰出差时到他办公室坐坐。利亚姆如约前往，在接待处要求见亚当总监。一名接待员领着他走过长长的走廊，来到一个房门前。门旁的墙壁上挂着一块黄铜板，上面刻着他客户的头衔和名字。门上有一块小一点的牌子，内容也更简单，只标示了名字的首字母和姓氏；他（正确地）推断这是女秘书的名字。接待员敲了门，秘书开门把他带进房间。请他坐下后，秘书敲了敲里间的门，然后走进去告诉亚当利亚姆已经到了。亚当马上来到门口，随即就变成三人有点奇怪地挤在门口。秘书回到自己的房间，亚当和利亚姆则进入了宽敞舒适的办公室。

亚当把他一直带往房间尽头的另一道门处。出门就是另一条走廊，这条走廊与利亚姆走过的第一条走廊平行，是进入高管办公室的专用通道——也是亚当面临的一个小问题。他不太喜欢走这条走廊，反而更愿意通过秘书的房间进入自己的办公室，顺便和她打个招呼。他感觉她似乎对他的做法觉得不太舒服，这也是他所面临的普遍困境中的一个具体表现，即他的员工，尤其是工厂一线员工，都希望和他保持一定距离。在瑞典，亚当很喜欢到工厂去，他会脱掉夹克，一头扎进生产的细节中。现在，他觉得自己不了解员工，都无法辨认出谁是自己所管理的部下，这对他来说是从未有过的。而利亚姆的任务是帮助亚当处理这一困境。

我们稍后再继续讨论这个迷你案例，让我们先了解本章主题的一些背景信息。

跨越边境

文化差异的概念已经从遥远国度的奇闻逸事和令人兴奋的旅游书籍中转移到了包含人类学、历史学、社会学、社会心理学及（越来越多的）组织、管理和商业等方面的学术主题中。事实上，霍夫斯泰德曾宣称“跨国公司业务应该关心的要事就是文化”。组织发展实践者越来越多地在跨文化互动界面上工作。那些与跨国公司合作的人虽然在同一家公司工作，但当他们在不同子公司间转换时却是处于不同的社会文化情境中。就此，霍夫斯泰德开始对企业文化进行研究，却发现当地子公司具备的显著文化特征更多是地方和国家文化的而不是公司文化的特征；也的确如此，尽管人们通常只会提到企业文化，但地方和国家文化却在创造性地滋生。

有时候，某种情境下获得的成功会带来在完全不同的文化中的工作业务，组织发展实践者会洞见到在本国文化中有效的东西并不一定在哪里都适用，甚至在任何别的地方都不适用，这对他们而言是种挑战。能带来新合约的能力也许在新的文化情境下恰恰变成最佳组织发展实践的障碍。

从一种社会文化情境转变到另一种社会文化情境，最明显的标志就是跨越实体的国境。在大多数情况下，这意味着语言、社会行为和商业行为会有变化。其实在到达机场的那一刻，就已经有当地的独特行为存在。比如说，作为一个持爱尔兰/欧盟护照且在瑞典居住了 29 年的爱尔兰人，我就会把快速而便捷地跨境进入丹麦或意大利等欧盟国家的经历与跨境进入美国、加拿大、以色列、伊朗等国的经历进行比对。我还经历过从以色列的特拉维夫机场起飞前往伊朗，护照上被盖了 15 个印章（有人统计过！）——然后再进入以色列境内，护照上带着伊朗的入境签证。就更别说美国移民局的检查了！

机场到达厅的指示牌也会有地方差异，也别忘了出租车停靠站（或者压根就没有）以及价格谈判方式（当最终坐上出租车后这可能会发生也可能不会）。再然后，酒店是一定有差别的！例如，现在在米兰常住的酒店办理入住时，我需要进行一系列冗长的握手、互相强调再次见面的喜悦。因此，通常就是在这些早期的接触中，组织发展实践者能开始感知到这不是他所熟悉的环境，他已经跨越了一个有关文化和行为的边境。所有这一切都可能发生在与实际客户开始工作之前！

还有其他一些重要问题会对跨境产生影响。首先，这是一个后殖民世界，而之前的殖民地仍在努力摆脱常年的屈从而进入一个崭新的自给自足与文化认同的时代。“西方最好”这个概念带有许多新、旧殖民主义的色彩。我们中以任何方式代表着某种形式的优势的人——无论是种族上的、性别上的、政治上的、历史上的、财务上的、组织或管理方法上的、语言上的或其他方面的优势——都必须意识到这可能对我们的跨文化关系构成何种影响，并对此保持敏感。这点尤其适用于当我们进入一些地区，那里任何类型的原教旨主义基于模糊的类化（“所有的美国人都是恶魔”、“全球化是西方的阴谋”）形成了极度分裂的态度。类似这样的观念是不可能心平气和地讨论或草率地置之不理的。

第二个议题与第一个议题有关：任何反对西方政治或商业理想的人现在都可以被归为恐怖分子。这足以证明西方势力在入侵别的国家，强推民主——完全就是一个悖论式矛盾。对很多中东地区的人而言，这是 21 世纪殖民主义的新面孔。最近在德黑兰的工作让我对当地人的观点有了清晰的认识。他们向我展示了该地区的地图，指出伊朗四面八方都被"美国"包围着：东边有阿富汗，西边有伊拉克。然后他们提到还有来自美国的盟友以色列的威胁。当地英文报纸经常提到"美国魔鬼"和"犹太复国主义阴谋"。

无论人们如何看待这些观点的可信性或现实性，如果组织发展实践者选择在这些文化中开展工作，这些观点就不可忽视。例如，当为跨境进入伊朗做准备时，必须留意并尊重一些重要的区别：伊朗人不是阿拉伯人，伊朗是一个伊斯兰共和国，可以在斋月期间访问伊斯兰。以我为例，可以加在我身上的背景信息有，我是一名传统的爱尔兰天主教徒、白人、来自西方、相对富裕，在瑞典生活舒适且生活水平高。我需要意识到，自己背景的这些方面会左右我对伊朗文化的看法，并对此保持敏感；同样，也要意识到，在伊朗的文化情境下人们会如何理解这些特征并对此保持敏感。

一般来说，跨境是跨文化业务研究的重点。例如，霍夫斯泰德、阿德勒、特罗姆贝纳斯（Trompenaars）和桑德尔（Zander）已经彻底研究并探讨了与组织、管理和业务相关的文化的各个方面，为组织发展实践者的工作奠定了基础。此处提到的作者中，来自荷兰的吉尔特·霍夫斯泰德被公认为在文化和商业方面产生了重要的成果。他从 20 世纪 70 年代开始研究，至今工作范围已覆盖大约 50 个国家和地区，是该领域中覆盖范围最广的。如示例 23.1 所示，霍夫斯泰德目前通过五个维度进行文化探索和比较。

示例 23.1　霍夫斯泰德的五个文化维度

1. 权力距离（大或小）：与正式权力的使用和接受度有关的问题和态度
2. 不确定性规避程度（强或弱）：对固定或灵活结构的倾向性
3. 个体主义—集体主义：个体选择与集体准则
4. 阳刚气质—阴柔气质：自信的表现与谦逊的贡献
5. 长期导向与短期导向：坚持与速度

资料来源：Hofstede (2001)。

霍夫斯泰德提出的维度可以用来指导处于另一种文化边境上的问题，也有助于解释在其他文化中工作的体验。例如，将这些维度应用到本章开始提出的迷你案例上，就会产生一些有关瑞典（亚当所属的文化）和意大利的有趣的相关信息。在权力距离的维度上，意大利靠近大权力距离的一端，表明其接受等级制度、不平等和特权；瑞典则处于小权力距离的一端，表明其重视平等、互依和民主管理的价值观并尽量避免特权。意大利的评分为不确定性规避程度强，表明其持有“不一样是危险的”的态度，以及对结构和规则的情感需要，即使不工作的人。与之相反，瑞典的评分为不确定性规避程度弱；不一样会让人产生好奇心，并且至少会有可以随时改变的规则。这两种文化在个人主义方面评分都较高，表明在坚持自身立场上的能量相当。意大利阳刚气质指数高，而瑞典则领先于阴柔气质指数，因此，出现了自信的表现对阵直觉与共识。

因此，霍夫斯泰德无疑提供了相当多引人深思的事。使用他提出的维度，当组织发展实践者从自己的文化情境转移到其他文化情境，或者为客户提供跨文化边境的支持而出现各种困难时，可以找到相关解释和背景信息。对于要长途出差来到新文化中进行工作的人来说，霍夫斯泰德最简单的一本书《文化与组织》（*Cultures and Organizations*）是一本必备的有关新文化中普遍态度和行为倾向的指南。该书也可用来提醒组织发展实践者，自己本身就是一种文化的产物，其态度和行为偏好不一定是个人有意选择及理性的结果，也不是一种战术价值，反而更像人们使用语言般自然习得的（并且深深融入那种语言中）。

霍夫斯泰德的研究在提供有力支持的同时，还解释并在一定程度上证明了文化差异，但并没有提出处理困境的解决方案，就像利亚姆的客户亚当所面临的那种困境。只借助霍夫斯泰德的研究会让亚当陷入某种不知所措的境地。在意大利就该像意大利人那样处事。然而，亚当不是意大利人，要改变文化价值观和行为并不容易。

甚至在培训瑞典管理人员时，有一个有效的跨文化练习是让他们尝试一个 30 分钟的练习：“在接下来的半小时里，说一些不诚实的话，吹嘘自己的专业成就并且向你的同事说一些恭维的话。”整个试验叫停前 5 分钟，这群瑞典管理人员就已经受不了了。练习所要求的行为实在与瑞典人普遍接受的价值观太格格不入，已经超出了群体的接受限度，哪怕只是作为一个有趣的练习。尽管，就是这群管理者几分钟之前还声称“只是一个练习而已，该怎样就怎样”，和“文化”这么抽象的概念无关；同时雇员从道义上也必然要支持雇主的职业伦理，不管那是什么；还有其他诸如此类听起来很合理的理由。但显然诚实、谦逊和中庸的价值观已经深深根植于瑞典式文化中，根本不可能贬低它们的重要性。

所以，即使知道并了解其他文化会促进对不同的新事物的兴趣，组织发展实践者并不会自然而然地——或者愿意——去调适其行为。例如，知道耶路撒冷老城或者雅法地毯市场里的买卖人都喜欢讨价还价（也对这样的行为做好了准备），并不一定意味着游客就可以轻易地入乡随俗也这么做。永远不会出现“完全一样”的情况。处于这种情形的一些外地人会很专注于讨价还价以免吃亏，把时间都花在议价上却最终未能将属意之物纳入囊中。换言之，改变根植于我们原本文化情境下的行为并非易事。即使我们尝试去改变，可能也只觉得自己是新文化中的二等成员，无法充分发挥自己的潜能。

由此产生了边界的概念。

边界

对于接受过格式塔心理训练的组织发展实践者而言，边界的概念是一个中心理论和方法论参考框架。接触边界是有机体与环境相遇并相互产生影响的所在。当影响相互交换、做出反应——或抗拒或整合，边界上就发生了变化。实践者作为一个有机体，客户就是环境，与此同时，客户也是有机体，而实践者就是客户的环境。组织发展实践者必须非常仔细地留意并尽可能觉察到实践者与客户的边界处发生的交换、影响力的流动，以及什么能支撑适度渗透性或严密的边界。下面会探讨其他的边界问题，但首先让我们先短暂转移一下注意力。

其他文化维度：认同问题

霍夫斯泰德及特罗姆贝纳斯（在较小程度上）已经进行了文化探索，并将自己的发现应用到组织和管理上，但从社会心理学的角度来看，仍有很多需要去了解的方面。霍夫斯泰德和特罗姆贝纳斯的概念结构都包含个人主义—集体主义连续体。霍夫斯泰德在自己最近的研究中用“家族”一词来比喻其提出的各个维度的特定分数组合。这也反映了从更贴近人类学或社会心理学角度形成的成果，基本上强调了三个观点，都有关于发现并维持一种认同感。这三个观点是个人主义、家族主义和集体主义。其中个人主义和集体主义是比较完善的文化概念。家族主义（Familism）由法国文化人类学者安尼克·舍格伦（Annick Sjögren）提出，他在瑞典进行了多年研究。马林（Marin）也使用了这个概念，他称为“家庭主义（Familialism）”。示例 23.2 介绍了这些概念，并对每个概念的核心问题进行了简要描述。

示例 23.2　文化维度与认同的核心问题

- **个人主义**：自我定义认同，也可以人际间进行界定。大多数情况下，都是自愿成为任一类型的成员，且通常都是经过战略选择的结果（美国、澳大利亚、英国、北欧大陆）。
- **家族主义**：由家庭成员、家庭状况、兄弟姊妹排行和责任来定义认同。其他成员身份通常以家庭为情境进行界定（犹太传统、地中海地区、阿拉伯文化、伊朗）。
- **集体主义**：认同就在于群体成员身份，这已成为可以肯定的事实；群体被嵌入更大的社会集体中（日本、韩国）。
- **嵌入式家族主义**：家庭被嵌入其他社会结构（如宗族、部落、族群）中，这些结构又继续被嵌入某特定地理区域内的族群集体中。或者家庭被嵌入单独的社会阶层中（西非、南非、东非、中国和印度）。

这些宏观层面的概念是区分组织中跨文化态度和行为差异的坚实基础。随即人们就会发现，无论从理论上还是无数出版物及训练课程都表明，组织发展行业源自个人主义文化。例如，来自嵌入型家族主义和集体主义文化的人，很少或根本不需要进行个人主义路线的群体管理及领导力的培训。在那些认为以群体为主的理念是必然的、是应遵守的规则的文化中，他们能表现得当。群体环境优先考虑群体再到个人也是正常的，而不像在更为个人主义文化中做的那样，只是策略情境下的一种个人选择。

因此，根植于一种文化情境的群体发展和动态模型，在其他文化情境下不一定同样有效。例如，在与多元文化学生群体合作时，当学生被分成不同项目小组后所展现的各种反应和能力是非常有趣的——都符合其文化。任何试图不加区分地应用盎格鲁—撒克逊或西方的发展与领导力模型都会惨败——我全都试过！因此，现在我会从个人主义、家族主义和集体主义概念出发来开展工作，也发现大多数学生更加能够也更愿意与它们产生关联。

认同是一种边界问题

当运用到文化中时，“环境他者”这个理念也包括共享边界，在个人主义、家族主义和集体主义的概念中会有着细微却又重要的差异。在美国有关组织发展的文献中，经常会提到“系统层面”。这些层面通常是指个人的、人际的、子群体的和整个群体的，而干预就是针对工作情境中的特定层面进行。在家族主义和集体主义文化中，个人或人际层面不总是适宜的。同样，在强烈的个人主义文化中，对子群体和整个群体的干预往往很快就具备个性化。例如，在丹麦，所有群体和组织问题都很快聚焦在人际层面的交流上。来自丹麦的人们可以在认知上把握系统的概念，但他们的天性倾向于将系统问题个人化及个性化。

显然，如果认同是自我选择的并在人际交往间得到发展，如同在个人主义文化中那样，那么首选的接触边界是个人与个人或与多人。在家族主义文化中还存在一种私人的个体—家庭边界。与社会和工作相关的边界更可能是家庭（成员）—环境边界。爱尔兰人有强烈的家族主义文化，同时带有丰富的个人主义色彩。因此，爱尔兰人——可能尤其是男性——会因此发现自己在意大利感觉到很自在，若在以色列的话，感觉就更棒了。

我曾说过自己每年会到一家米兰酒店住两次，在这家酒店次次都见到的员工在那里工作的年头至少也有七年了。作为每次都会住两到三周的常客，我也成了该酒店家庭中的一分子，并因此获得了一些特权（偶尔享受到酒吧的免费白兰地）。当然也会有一些义务，不能提太多麻烦的要求，绝对不能有苛刻的要求（想要感觉自在而付出的小代价）。在意大利，办公室的谈话内容与在某人家中餐桌上（在家庭情境中）的谈话也是有差别的。路易吉·巴齐尼（Luigi Barzini）写道，任何在意大利公开谈论的东西可能都不是真的。然而，由于所有意大利人都知道这一点，没人会被愚弄——可能除了一些老实巴交的北欧人，他们更习惯于相信在商务和组织情境中所听到的任何内容。

对于嵌入型家族主义，我们可能接触到像家族成员一样的家庭、像部落成员一样的家族等。在与加纳同事讨论工作时，有人提醒我在制定任何决策或提议时需要了解相关的家庭和家族情境。同样，在伊朗，家庭是主要的环境他者，嵌入伊朗人的丰富民族生活中。一位当地客户要我与他和他的妻子及十四岁的女儿一起外出进餐。客户特意要求我和他女儿说英语以帮她改善语法。当我们经过一家唱片店时，我请他女儿帮我选一张与她同龄的伊朗人都喜爱的一位伊朗音乐家的 CD。我的客户坚持为那张 CD 付费，从那一刻起，我们的关系变得坦诚而稳固。

集体主义文化将群体作为核心有机体或环境。我清楚记得有一位日本首席执行官要我与他的管理团队合作。我问他希望从咨询服务中获得什么。他回答："我们需要……我们想要的是……"他的身份没有体现在拥有独特的个人意见；作为首席执行官，其身份体现在负责代表其群体提出意见。

在将这种边界概念应用于迷你案例前，还要介绍跨文化组织发展配方的另一个构成要素：情境。

情境与沟通

爱德华·霍尔（Edward Hall）介绍了“高情境”和“低情境”文化的概念，尤其是与沟通相关时。高情境文化是指大部分要沟通的意思都与文化情境相关；参与者对共有的意义建构做出回应。在低情境文化中，每位发言者都需要明确其要沟通的意思。这与跨国组织发展工作及引导高度相关，不论其是在同质文化环境中还是在异质文化环境中。

换言之，当引导师与来自高情境文化（非其自身文化）的同质群体合作时，他们可以预料到发生的事情大多会超出自己的理解范围。这当然也反映了我在意大利的经历，在芬兰更是如此。谁知道什么时候“是”确实意味着“是”，而不是“也许”“谁知道”“绝不会”或者甚至我当时感觉很像的某个意思？在芬兰，沉默几乎是一种规范。说出来的任何内容都应该是有意义的、准确的并且必要的。在之前提到的桑德尔的研究中，芬兰的领导风格特征是“沉默的教练”：如果你老板什么也没有和你说，那代表你做得不错！

作为组织发展实践者，我们需要记住，我们的准则建立在个人主义的低情境文化之上，明确表达是我们的文化规范。不要把这视为一个普遍的规范而展开应用。

边境、边界、情境和迷你案例

现在，让我们回到本章开头提到的身处意大利的亚当·斯文森的案例，从本章介绍的所有内容角度出发进行探讨。边境问题非常清晰：亚当身处意大利，这是一家意大利公司，位于一个意大利小镇中。

现在可以把有关边界的问题和之前从霍夫斯泰德的理论获得的信息进行对照。亚当属于个人导向，倾向于良好的人际互动（例如，与他的秘书以及——正如他告诉利亚姆的——与他的助理，一个意大利长期雇员）。这里也有一个向上管理的边界：从有点象征性的前企业主到位于美国的总部。对于亚当和他的美国经理而言，后者的边界将是令人满意的人际互动。他们都可以处理低情境沟通，尽管亚当可能无法像他的美国经理那样习惯于此。和意大利首席执行官在一起，亚当则有点失落。强烈的家长式作风、非常高情境的文化（还是意大利的情境）、温和的等级制度——所有的这些混在一起让亚当感到困惑。他可以看到它们，也不对此感到惊讶，但他不知道该说什么或做什么以产生改变。

亚当和利亚姆的关系很好。利亚姆那时已经在瑞典居住了 20 多年，能够用流利但略带口音的瑞典语上课并提供咨询服务，作为顾问和培训师为亚当的前雇主服务多年。利亚姆此前也曾为两家意大利公司工作过，并为一间意大利商学院的硕士项目授课。这些因素结合起来让他们的共享边界具有高度的可渗透性。他们可以汇集各自的资源和经验，寻求创造性的解决方案。

他们很快对以下事实达成一致意见：没错，这里是意大利，他们都知道这就是意大利组织的倾向方式。同样，他们也都知道亚当习惯而且偏好一种更平等的、民主的且个人化的领导风格。他需要了解“他的人”。他渴望以轻松、灵活的方式和工厂一线员工打成一片。只有这样才会带来他所需要的事必躬亲的领导感觉。他也知道这是他瑞典式文化的想法，在意大利情境中的瑞典式文化的想法。

从边境问题转移到边界问题：瑞典和意大利之间的边境问题就是如此；要跨越它会有很多困难。此时亚当可以探索的边界有哪些？可以在哪里发挥影响力？又在哪里产生变化呢？

利亚姆想到了家庭。他建议亚当、他的妻子和女儿可以在周末经常光顾镇上的餐馆和咖啡厅。亚当可以让他的秘书和助理帮助挑选一些可供选择的“普通意大利家庭吃饭的地方”。他和妻子想练习意大利语，了解当地习俗。亚当和利亚姆都清楚亚当的秘书和助理可能推荐他们亲属经营的地方（同时，他们也不会对他缺斤短两）。毕竟在等级架构中他是他们正儿八经的上级。利亚姆的想法是这样的：当亚当和家人在镇上走动时，不可避免地会被“他的人”看见、注意到并且打招呼，即便简短而不正式。他会知道这些人的容貌，又在工作中认出他们来。并且，如果就在之前的周日，曾经和某些员工及其家人坐在相邻的餐桌前吃午餐，会很容易与他们建立联系。

在沟通方面，现在亚当转向了一种非语言且非常高情境的形式：他的家庭正在以一种意大利环境可以理解的语言（家庭）在与环境进行沟通。亚当从一位遥不可及的位高权重者变为一个外出午餐的家庭中的普通男人。

不用说，推荐的餐厅也会包括首席执行官及其家人经常光顾的那家，还会包括助手和家人经常光顾的那家。三个月内，亚当发现自己正在顺利解决困境，并与首席执行官建立起更轻松的社交关系。

因此，亚当显然摆脱了之前的沼泽，但可能正陷入另一个泥潭！利亚姆的工作仍未结束。因为利亚姆在瑞典的社交场合中见过亚当的家人，对他们很了解，所以安排了在亚当位于意大利的家中与所有人见面。

利亚姆主要担心两个问题。一是瑞典人通常不轻易也不准备将私生活和工作混在一起。他预计，亚当的妻子比尔吉塔对将家庭午餐用于工作目的的意愿程度是个门槛。亚当在这方面会支持她。二是有关于亚当的能力。考虑到他瑞典式文化的前提，在社交关系和管理关系间维持并发展一种微妙的平衡能力是一个挑战，但这对意大利人来说是再自然不过的了。

利亚姆和亚当、比尔吉塔及他们的女儿塞西莉亚讨论了这些问题。他们还讨论了亚当作为瑞典母公司的高管定期访问意大利子公司与他目前职位的本质性差别，现在他是一家美资却非常意大利式公司的高管，公司里他是唯一的非意大利人。他们同意整个家庭有限度地参与到他与工作有关的关系中，而且这个限度并不苛刻。

利亚姆和他们一起从另一个角度来看待接触边界。他利用了一个简单的概念，从一种国际情境中来审视不同接触层面或接触主题（见示例 23.3）。

示例 23.3　接触层面和主题

- 文化
- 组织
- 功能
- 社会
- 个人
- 私人

他们讨论自己与意大利人交往的经历（以及利亚姆与瑞典人交往的经历）。意大利人在谈话开始不久就会轻松谈到“在意大利会怎样”，因此文化层面或主题是一种可建立联系的自然边界。亚当清楚自己不会随时将瑞典作为主题，尽管他可以感受到自己对了解意大利的好奇和无尽渴望。瑞典是个过于抽象又过于主观的主题。在瑞典式情境中主观意见并不会有太多关注。他对组织和职能层面的接触会感到更轻松，这样会“真实”“客观”得多。然后他们又讨论了亚当该如何将这些与自己的经历（而非观点）结合起来。换句话说，他可以用文化的“语言”就组织和职能的主题进行互动（如“这是我在瑞典构建部门的方法，在意大利是怎么做的”），对职能也类似。

他们都认同，对他们来说，最不清晰的——可能也仍会存在的——是社交和个人间的区别。他们对私人的概念有清晰的理解，都认为这种层次的接触是需要时间在一种意大利情境中去建立的，而且通常最好留给意大利方来发起。所以他们都认为，整个家庭应仔细留意在这些特定边界（社交和个人边界）上的全部接触过程——日常的公众接触和可能的个人友谊。

利亚姆的干预为亚当及其家人在一些特定可渗透的边界上积极交换影响提供了支持，并让他们了解了应对环境的不同做法。现在他们都与环境建立了接触，而不再是困惑的旁观者或超然的观察员。

边境、边界和种族

本章探讨了国家文化、个体身份和边界等组织发展实践者在进行跨文化工作时会涉及的几个维度的含义。种族认同和文化的问题经常存在于跨文化的工作中，但文化理论家通常会规避这个议题，将其归纳到国家文化的一般描述中去。许多国家的人民都经历过长达几个世纪的来自白人的直接殖民压迫，以及压迫者对被压迫者灭绝人性的对待。除此之外，还有传说中“善意”的白人对原住民自命不凡、居高临下的态度，以及由此形成的互相束缚关系的后果所带来的双重冒犯。对跨国组织发展实践者来说，这些种族间的经历所产生的后果不容忽视。

暂时回到之前提到的在伊朗工作的情形：边境清楚且大部分是明确的——我是一个在伊朗情境中的西方人，在普遍的伊斯兰教情境和特定斋月情境中的基督徒，在多民族情境中（伊朗人中又分为多种民族起源）的白人。我发现，将自己看成一个文化集合体的代表，提起自己作为爱尔兰人反对英国殖民主义的感受，这些做法在伊朗客户和我之间建立了可渗透的边界和文化桥梁。这种可渗透的共有界限——共有对英国殖民主义的批评和恶劣体验——使得双方能超越更为严密的差异边界；当我们在国际商业情境中探索他们的文化价值观时，就能相互沟通、彼此理解。

就有关种族的敏感话题，除伊朗外只有在古巴，我才了解到如此多样的民族性，为“有色人种”这个词赋予了真实的意义。我在这两个国家的感觉是：问题很大程度上不在于我是白人，而在于我不是古巴人或不是伊朗人，从我较白的肤色就能看出来。在哈瓦那，身处奥莱利街的酒吧和餐厅内，爱尔兰人的身份肯定比我的肤色更重要；在伊朗，爱尔兰人而非英国人或美国人的身份肯定比我是白人更为重要。在这两个国家中，一种共有的历史文化认同感和其他文化认同一样非常重要。既不是旧殖民主义（英国）的代表，也不是新殖民主义（美国）的代表，这为找到接触领域创造了可能性。

顺便提一下，来自更为个人主义文化的人们可能从人际互动的角度来看待这一切；也就是说，古巴人和伊朗人已经认识了这个个体，肖恩，我本人。另一个角度可能是：我已经被归入另一种后殖民文化中。作为爱尔兰人，我必须清楚地分享环境对殖民压迫者的看法。甚至在我撰写本文的同时，我还正在支持四名加纳同事处理被爱尔兰拒发签证的事情。惭愧地说，不到一个世纪的时间里，爱尔兰人已经从被压迫者变为漫不经心的压迫者，将种族主义制度化。

我对这一切的观点是，种族文化问题已深深融入种族间的观点中，并与国家文化的描述混为一谈。也许组织发展实践者的唯一途径就是继续努力了解自己的种族（以及，没错，种族主义）态度和看法，不断地质疑、探索并诚实地承认它们在自己身上存在的证据，审视并控制这些观点和态度在与其他种族的人互动时可能产生的影响。

结论

跨国组织发展实践者可以采用前面提到的方式在选定的可渗透边界与环境进行接触，从而不只是或主动或被动地与客户互动，越充分地互动，就能越全面地共同创造并分享学习的体验。

除了参加组织发展培训、具备组织发展技能和组织发展能力之外，组织发展实践者还需要了解自身的文化并清楚其对思想和行为的影响；了解其他的文化，尊重其对客户及行为的影响，以及会对自己产生的影响；以及了解、知悉并感觉到能发现共同主题和互相影响的边界。

参考文献

Adler, N. (1991). *Organizational behavior* (2nd ed.). Belmont, CA: Wadsworth.

Barzini, L. (1983). *The Europeans*. Harmondsworth, UK: Penguin Books.

Hall, E. T. (1973). *The silent language*. New York: Anchor Books.

Hall, E. T. (1976). *Beyond culture*. New York: Anchor Books.

Hall, E. T. (1990). *Understanding cultural differences*. Yarmouth, ME: Intercultural Press.

Hofstede, G. (1980, Summer). Motivation, leadership, and organization: Do American theories apply abroad? *Organizational Dynamics*, pp. 42-63.

Hofstede, G. (1991). *Cultures and organizations: Software of the mind.* London: McGraw-Hill.

Hofstede, G. (2001). *Culture's consequences* (2nd ed.). London: Sage.

Huckabay, M. A. (1992). An overview of the theory and practice of Gestalt group process. In E. Nevis (Ed.), *Gestalt therapy: Perspectives and applications*. Cleveland, OH: GIC Press.

Lonner, W. J., & Malpass, R. S. (Eds.). (1994). *Psychology and culture*. Needham Heights, MA: Allyn and Bacon.

Marin, G. (1994). The experience of being a Hispanic in the United States. In W. J. Lonner & R. S. Malpass (Eds.), *Psychology and culture*. Needham Heights, MA: Allyn and Bacon.

Sedikides, C., & Brewer, M. B. (2001). *Individual self, relational self, collective self.* Philadelphia, PA: Psychology Press.

Sjögren, A. (1990). Doctoral seminar notes, Stockholm School of Economics.

Smith, P. B., & Bond, M. H. (1993). *Social psychology across cultures*. London: Harvester-Wheatsheaf.

Trompenaars, F. (1993). *Riding the waves of culture*. London: Nicholas Brealey.

Zander, L. (1997). *The license to lead*. Stockholm: Institute of International Business.

第 24 章

全球组织发展实践：殖民主义和压迫的遗留影响

安妮·利特温（Anne H. Litwin）

对于在国外工作的组织发展专业人士来说，从国家和地区层面了解压迫历史对工作所在国的遗留影响是一项复杂且重要的工作，尤其是对于那些美国及在美国受训的组织发展实践者而言更具重要意义。我们的培训通常不会教我们认识或管理由于这种影响对我们的有效性带来的挑战。本章将探讨两类压迫——殖民主义和残酷的独裁统治——对民族文化带来的持久性影响，这些影响对全球性组织发展实践者也意义重大。殖民主义的定义是“白种西方人对当地非白种原住民的身体、土地和资源进行奴役、统治和剥削的无情统治制度”。其他国家层面的压迫类型，如战争时期的占领，不在本章讨论范围之内。

“殖民主义的遗留影响”是指当西方人在非西方人地区工作时，会唤起的根植在国家和文化记忆深处有关西方殖民主义、暴力和压迫的历史，无论是有意识的还是无意识的。我们这些在美国出生的人可能不知道或不记得这些殖民历史，但是它在世界许多地方已经深入人心并形成消极的固有印象。对于组织发展专业人士追踪、识别和处理殖民主义和压迫历史遗留影响的重要性却少有记载。作为西方人，特别是白种西方人，我们会在他人之中引发一种优越感，这是一种认为白种西方人具有高人一等的知识和能力的观念，除非我们能意识到这一点，否则我们可能在不知不觉地强化当地人集体记忆中低人一等的固有观念。

让我们和他人都注意到殖民主义的遗留影响，这将有助于提高组织发展计划和积极变革举措的有效性。意识到这一点，我们可以理解并准备好应对当地人对我们作为西方人的反应，调整我们的方法来提高效力，更好地促进客户的安全感并对其赋能，也可以与当地同行结为盟友。

本文作者是一位在美国出生、受过良好教育的白种犹太女士，出生在特权阶层，在美国接受过组织发展培训，已经在美国及其他国家工作了 30 多年。在我早期作为语言学家的职业生涯中，就开始对语言如何塑造思维和认知的差异并反映出定义文化的价值观产生浓厚兴趣。我发现，人们从不同的角度来看待对方时，彼此产生误解是如此之容易。我知道，只有先了解西方价值观的思维和认知是如何塑造了组织发展和自我本身之后，才能有效地开展工作。我也意识到，内化的压迫源于殖民主义统治，并产生了一种无形的力场，拉扯着每个必须进入并对此保持敏感的西方组织发展顾问。遗憾的是，我所受到的组织发展培训很少提供对这些压迫性历史的觉察，或者提供识别它们并处理其影响的技能。

本章为美国顾问提供了背景信息、工具和迷你案例分析，用于指导他们如何识别并应对根植于很多民族文化中的压迫史所造成的无形影响。但首先，我们来看看组织发展价值观和一些现有的框架以了解民族文化的差异。

了解国家和地区文化

组织发展起源于西方，因此组织发展价值观也体现了西方价值观，表现在个人的学习、发展、成长与转化；广泛而有意义的参与；开放性包括建设性地面对差异。美国顾问可能没有意识到这些是西方价值观，会将其视为“唯一”或“正确”的组织发展工作方式。这种假设可能导致我们无视重要的全球文化差异，因而阻碍我们的工作。

有很多可使用的框架能有助于西方组织发展顾问了解一些对组织发展实践有影响的重要文化差异，尽管它们不能帮助我们了解殖民主义和压迫的遗留影响。借助霍夫斯泰德的框架，我们可以发现西方参与和开放的组织发展价值观可能与一些地区的价值观存在冲突，在这些地区盛行一种高权力距离的文化，该文化认为领导者知道最佳决策，并接受不平等的权力分配（见示例 24.1）。那种不确定性规避文化对冲突和紧张备感不适，这种不适应很显然与西方直面差异的西方组织发展价值观存在冲突。集体主义文化的地区往往聚焦于家庭和群体需求，而非个人需求或权利。

作为接受西方教育体系训练的顾问，我们必须对自己工作所处的文化环境保持敏感性，即便我们基于自己的价值观开展工作可以有助于创建健康的组织，也应审慎小心。

示例 24.1　西方组织发展价值观和文化价值观之间的某些冲突

西方组织发展价值观	冲突的文化价值观
参与和开放	高权力距离文化认为，领导者知道最佳决策并接受领导者为群体做出的决定
直面并解决差异	在不确定性规避文化中，冲突和紧张会令人不舒服
聚焦个人的需求或权利	集体主义文化强调家庭和群体的需求，而非个人需求

资料来源：Hofstede and Hofstede, 2005。

殖民主义的遗留影响：权力动态传统

殖民主义的介绍

虽然有关全球文化差异的文献数量众多，却没有太多书面材料来帮助西方组织发展顾问了解殖民主义的权力动态或其时至今日的遗留影响。本节将阐述殖民主义的历史和影响。作为一种介绍，我们可以说，殖民主义的目标是要控制一个国家，剥夺被征服人民的资源和土地，同时也试图消灭当地本土文化、语言和宗教，并用殖民者的文化、语言和宗教取而代之。有时，殖民者甚至试图彻底灭绝当地人口并取而代之。今天，在殖民主义统治终结许久之后，我们仍可以看到压迫内化的种种表现，例如，比起深肤色，当地民众更喜欢浅肤色，或者认为西方文化和方法优于本地的文化和方法。

同时，毫不意外，对以前的殖民者及其后代的愤恨也继续存在。美国组织发展顾问需要了解并有效处理西欧国家的文化差异。尽管每个欧洲国家都有不同的文化。但这些文化的脉络创造出了美国文化的基本结构，因此对我们而言会更易于理解。这是一回事，虽然不是小事，然而，让美国顾问去了解和处理非西方地区的文化差异及有时非常微妙的内化的压迫动态时，这完全是另一回事，这种内化的压迫就是殖民主义的遗留影响。在这些地区工作时，我们必须对其历史保持敏感，并与该国的同行合作，他们能帮助我们了解那些可能浮现的微妙线索，而这些线索可能影响我们在当地实施的组织发展项目和计划。

现在，让我们来看看殖民主义及其带来的持续性影响。

殖民主义的历史

殖民主义最早由奉行扩张主义的欧洲国家发起。后来，美国从 15 世纪也开始了殖民主义扩张。查尔斯·米尔斯（Charles W. Mills）写道，这些国家采用无情的军事行动连同资本主义垄断来扩大统治体系，在这个体系下白种人群“对当地非白种原住民的身体、土地和资源进行奴役、统治和剥削”。白种人至上（种族主义）和性别歧视是这种统治体系的两个基本组织原则，这些原则甚至至今仍在许多重要方面继续主宰非白种人群。

欧洲/西方帝国的形成存在两个不同时期。第一个时期是 1492—1850 年美洲殖民化时期。这个时期包括葡萄牙和西班牙对墨西哥、中美洲和南美洲的殖民统治，在此期间大量的土著居民流离失所，而土著语言也被取而代之。第二个时期是 18 世纪 30 年代到第二次世界大战后西方列强占领了亚洲、非洲和太平洋的广大地区。米尔斯指出，“到 1914 年，欧洲列强统治的地域大约占全球的 85%，包括其殖民地、保护地、附属国、自治领和联邦”。只有日本幸免，没有遭到殖民化。

有些学者提出将帝国殖民主义与定居者殖民主义相区别。帝国殖民主义发生在美洲、亚洲、非洲和太平洋地区，如上所述，是欧洲各国为了奴役、统治和剥削这些地区的人民、土地和资源而采取的行动。定居者殖民主义出现于 17 世纪，最典型的是北美和澳大利亚的经历。凯里（Carey）、鲍切尔（Boucher）和埃林豪斯（Ellinghaus）解释：“定居者殖民主义从根本上说是人口种族政治所导致的——‘消除原住民’并繁衍白种人群取而代之。因此，它的推行结构是保护白种人的特权……［通过］暴力冲突手段消除原住民的存在并导致幸存者可以忽略不计或至少‘无害’于他们的统治。”

定居者殖民地化寻求的不仅是进行奴役和剥削，还要取代当地人成为大多数人口，从而获得土地和资源。帝国主义和定居者殖民化都涉及无情的军事行为和资本主义垄断，但定居者殖民地化又增加了“消除原住民人群”这一目标，然而这一目标尚没有为研究种族动态的美国学者所承认。似乎大多数美国人并没有把这种动态视为国家的根基。大多数公立学校的教科书甚至直到最近才提及美国历史中对原住民人群的系统消除。我们关注的是奴役和移民是美国文化基础的主要促进因素，而不是对美洲原住民的野蛮剥夺。

20 世纪的殖民化发生了变化，又转回到帝国殖民主义。1948—1994 年南非种族隔离政权中，殖民者并不打算成为当地的多数人口。发生在 20 世纪的其他例子还有日本控制之下的韩国和中国东北、巴勒斯坦的犹太定居点、葡萄牙控制之下的安哥拉和莫桑比克、被占波兰境内的德国移民定居区，以及在法国控制之下的阿尔及利亚、南非、肯尼亚和罗德西亚。

对受过西方文化培养的组织发展顾问来说，重要的是了解这段统治和征服的历史。这种了解必须充分承认西方国家不仅在剥夺美洲原住民方面，而且在吞并和占领如菲律宾和波多黎各等其他国家中都扮演了不光彩的角色。在许多人看来，美国也是压迫者。他们知道我们的历史，而我们也需要知道他们所了解的历史，这样才能带着敏感与真诚与其互动。

殖民主义的影响

米尔斯将“白色”描述为并非一种颜色，而是一种权力关系。作为征服者的欧洲人认为他们接管的社会存有“缺陷”，他们辩解称自己的行动有益于被认为低等人口的非白种原住民——“幼稚、无能力自治及处理自己的事务，也无力妥善保家卫国”。无论是奴隶制度还是公开的殖民地“合约”都声称欧洲和美国统治亚洲、非洲和太平洋国家的权利，以及基于“道德优越感”奴役美洲原住民和非洲人。最终，玛马（Mama）将这种情况描述为“白人统治主义”，持这种主义的人“根据他们的种族祖先和身体特点来详细区分了人群，将纯白种人放在复杂的人种列表最上端，而将纯非洲人放在最下端。”

许多作者详细陈述了殖民主义的影响，认为它损害了被殖民人群的自信心及其对自己的脑力和创造性工作的价值感——换句话说，殖民者信息已经深深地内化在当地人的心中，即当地人的智力和能力都比不上西方白种人。虽然 20 世纪的解放运动促进了当地人的自信心提升和本土工作的价值认可，但对于知道要关注什么的西方组织发展实践者而言，仍能看到尚未解决的内在挣扎。米尔斯观察到：“在某种意义上，一个人必须进行艰难的内心斗争……才能克服低人一等的人格内化……以抵制殖民者对人的官方分类……消除殖民地区人民的心理烙印。一个人必须学会相信自己的认知能力，形成自己的观念、见解和解释模式”。

美国顾问在国外工作的一些经验

殖民主义的遗留影响不仅从外部迹象看是显而易见的，如在非洲和印度可看到的皮肤漂白霜广告牌；从一个人进入一个负面的自我形象力场的角度来看也是很明显的。“力场”这个术语最能描述遭遇殖民主义遗留影响的那种无形拉扯的体验。这个词由常被尊称为组织发展之父的库尔特·勒温创造，他描述了个人或系统中能影响行为的对立力量。“力场”描述了，当一个西方顾问获得了一些机会和信任而这些机会与信任通常不会给予那些至少具有同等经历和成就的非西方同行时，这个顾问所体验到的被人尊敬的同时又被人愤恨的微妙经历。

根据作者在国际背景中作为国际组织发展实践者的经历，本章选取了四个迷你案例来说明如何识别并应对殖民主义遗留影响的力场。在这些迷你案例中，组织发展实践者是美国出生的“简·拉帕波特”（Jane Rappaport）。最后，第五个小案例将主要说明民族内部压迫的影响。

迷你案例 1：神坛的诱惑

被置于高高的神坛之上并被公认为才智超群，这对任何人都很有诱惑力，特别是对于白人女性或有色人种，这类人有时候在自己的国家会感到被低估和被忽视。作为在非西方环境中工作的白人女性，“白种西方人”的身份将我们置于神坛上，而我们的性别通常变成次要考虑因素。但是，接受特殊待遇不仅违反了我们的社会公正意识，也会强化过去殖民地的内化信息：“西方最好”和由此体现出的以往的殖民地人民低人一等。由此产生的怨恨和抵制也是可以理解的。简·拉帕波特的故事就提供了一个当我们占有优势时面对神坛诱惑的例子，以及我们可以利用这种优势与同行和客户建立联盟的方法。

20 世纪 90 年代中期，联合国妇女发展基金（The United Nations Development Fund for Women）[现已成为联合国妇女署（联合国促进性别平等和增强妇女权能署）的一部分]，为来自世界各地的男女性别平等培训师组织并主办了一次会议，以分享最佳实践并加强协作。为确保公平参与，联合国同意每个地区派出四名性别平等的培训师参会并为其提供支持。简是代表北美地区的四名培训师中的一位，也是其中唯一出生于美国的白人培训师。作为普通成员，她参加了几天的会议，却无意中听到许多人在抱怨大会对有些人的创新工作缺乏认可，特别是对那些来自以前殖民地的南半球地区（非洲、南美等）的参与者。在参与者小组分享自己的工作时，简对各个地区的最佳实践所展现出的成就与创造性印象深刻。令她感到惊讶的是，在会议结束时，她获知专门为她提供了一个主题演讲的机会，所以她可以向全体参与者做工作报告。

以这种方式脱颖而出，让简戏剧性地被卷入了权力力场。接受这一安排/神坛，让她既感到受宠若惊又觉得危险。并没有什么明显的理由能说明为何自己的工作比他人的更值得关注。如果她不知道殖民主义遗留影响以及作为西方白种人所带来的虚高价值，她可能认为自己理应受此关注并欣然接受这个机会——从而强化了西方人高人一等的信息。简明显感觉到，当传来大会为她安排了主题演讲时间的消息时，大家传递出的强烈反感。她决定拒绝这个邀请，并且还利用自己的影响力来倡导让大会的其他人有更多展现机会。她的决定是否会影响自己的长期成功？也许。但是，作为西方组织发展实践者，我们最重要的是要意识到自己作为西方白种人的优势地位和自己的社会公正价值观。简在这方面做出了明智的决定，她没有后悔。

迷你案例 2：加强合作，成为盟友

接下来的案例中，简在印度与一位印度女同行拉克西米・森一起举办了一次领导力研讨会。拉克西米邀请简担任外国客座导师，与她一起开展一个为期多日的公共研讨会。她解释说，设置西方导师会增加研讨会的信誉，增加参会人数，并且她们的合作将增进研讨会成效。她们都意识到需要保持警惕以处理好可能使她们彼此冲突的优势动态（Dominance Dynamics）。

对于大多数的研讨会材料，拉克西米和简都接受过相同的培训，虽然有些内容是拉克西米的原创。研讨会参与者大部分都是男性。在研讨会期间，他们经常就拉克西米提出的观点与她争辩，但他们没有和简进行争辩。拉克西米作为印度女性，地位较低，而简作为西方白人拥有较高的地位。看上去简好像就不会错——即使她能感觉到他们的怨恨，并推测这种怨恨来自自己这名局外人和西方人告诉了他们任何事情。在休息期间，参会者在谈话中表达了这种愤恨，然后被间接地反馈给了简。简知道，在一些文化中这种间接沟通是传递负面反应的常见方式。拉克西米和简能讨论所有的这些动态并一起合作处理，这样两人权威性都不会被削弱。当对参与者实现学习目标有帮助时，她们会同时利用参会者对简的抵制以及简所带来的额外信誉度的杠杆作用。如果她们没有达成共识，简可能在不知不觉中和参会者合谋损害了拉克西米的信誉，或者让自己变得具有防御性，而研讨会可能也无法取得成功。从这个例子中，我们再次看到，西方组织发展实践者认识到这种优势、文化差异、成为当地合作伙伴的盟友而建立信任并保持谦虚的重要意义。

说出当前和过去的不公正事实

说出我们所看到的事件能给人以赋能，特别是那些敏感、禁忌或深埋在集体无意识中的权力不平等现象，因为它能降低这些不公正的消极影响。卡罗尔·皮尔斯（Carol Pierce）曾谈到这种“说出”或描述出那些藏于心底的或未曾明言的习惯性历史不公的重要性。她指出，“说出”是迈向权力平等转变的有效工具，并解释说，讲述真相对于优势群体（在本案例中，是白种西方人）和从属成员都很重要。她称这种“说出”或真相陈述是一种传播勇气的工具。

在某些情况下，“说出”可能需要更多的勇气。以下是有关在美国出生的国际顾问简·拉帕波特的另两个案例。

迷你案例 3：往事不再

在这个案例中，简和同事汉斯·莱纳在德国为一家大型跨国公司实施了一个历时几年的领导力发展计划。这个计划的参与者都是来自世界不同地区的高潜员工，弄清楚该如何将他们的文化差异纳入考虑之中，并传授他们如何考虑彼此的文化差异，以及项目完成后他们会领导的团队的文化差异，这是一项有吸引力的挑战性工作。

在第一次新课刚开始时，有两位参与者拒绝参加由简担任主导培训师的会议，这让她感到很困惑。他们对她不做出任何回应。简很善于与人打交道，但她与他们进行的每次互动似乎都会碰壁。她知道，如果他们将自己隔绝在外，作为他们的培训师，自己是没有办法发挥作用的。她与同事汉斯谈到了此事，汉斯指出，这两个参与者都是越南人，而简来自美国。他建议，也许在他们能够参与进来之前，简需要承认美国曾对他们的国家所做出的行为，尽管他们出生于越南战争结束后。有了这个认识，简第一时间公开承认或说出她的国家在所谓的“美国战争”中对越南所作的一切并表示了歉意。（当然，美国对越南所做的投放凝固汽油弹及轰炸村庄只是这个东南亚国家长期遭受的殖民蹂躏中最近发生的一部分。）简的开诚布公和道歉产生了破冰效应，参与者心情放松了，简作为他们的领导力培训师也能够发挥有效的作用了。这个案例对简来说是一个风险低却很重要的例子，充分体现了说出往事以降低障碍从而能建立信任的关系。了解历史并说出过去的不公正现象也是全球组织发展实践者可以用来提高工作成效的工具。

迷你案例 4：选择对抗或合谋

另一个“说出”的例子则需要更多的勇气。简在最后一刻受邀成为全球组织发展会议的主题发言人，会议的举办地是在一个曾是殖民地的亚洲国家。当她到达时，发现所有主题发言人都是美国白人，而且除了她，其他都是男士。事实上，她在最后时刻受邀，是因为最初应邀做主题演讲的白人男士取消了日程，这体现在会前材料上，上面宣传了该名男士，却没有提到她。作为唯一的女性主题发言人，她被安排为四天会议中的最后一位发言者，在结束时发言。

简非常吃惊，因为会议的组织者（皆为男士）都是取得卓越成果的组织发展和学术专业人士，并且大部分都是会议所在国的当地人——但只有美国白人被邀请发表演讲。简每天坐在会议室里听着白人男士向众人展示自己的工作，但没有意识到本土实践者或学者并未获得平等的地位。她越来越感到难以接受，要与这种权力动态合谋。

随着会议继续，简在休息期间听到参会者们发出越来越多的抱怨，抱怨没有本土人士发言，传递出他们的工作没有得到重视的信息。女性们也注意到了参会名册上的女性严重不足——简的存在显然无足轻重，因为她的西方白人身份似乎要么超越了性别，要么让人们已经不关注她的性别了。虽然简觉得自己将要进行是一次作用巨大的全球关注的演讲，但她觉得，如果不承认会议中的权力不平衡——即便自己也因此而获利——就会违背自己的价值观或者不算一次有实效的发言。会议最后一天，在对约 200 名参会者进行演讲时，简开场就承认了这种权力不平衡现象，并对在自己之前发表演讲的同胞的迟钝表示道歉。某个瞬间，全场鸦雀无声。后来，很多参会者走到她身边向她致谢，感谢她的坦率和认可。说出权力不平衡对于简而言是有风险的，但对许多参会者很重要。作为西方人拥有的优势有助于她与当地同行建立信任。遗憾的是，殖民主义的遗留影响 ——“西方最好”——似乎还一直萦绕于会议组织者的心中。

内部历史背景：暴力独裁的遗留影响

除了殖民主义之外，还有其他类型的压迫历史，如内战、战时占领和暴力独裁，这些都会给集体民族文化留下伤疤，并可能影响我们作为美国组织发展实践者的工作。我们需要了解这些历史，寻找迹象并调整我们的工作方法，无论我们是否对参与者说出这些动态。

现在我们将关注一种国家内部的压迫类型——野蛮独裁统治，并讨论由此产生的挥之不去的恐惧感。我们接下来看一下简・拉帕波特在西方国家——西班牙的经历。

迷你案例 5：难以逾越的历史

马克・莱顿是简的一位同事，他出生于美国，居住在西班牙。在与他一起举行系列研讨会期间，简发现弗朗哥时代的遗留影响（弗朗西斯科・弗朗哥是西班牙的独裁者，其统治时间为 1939—1975 年）仍继续存在于今天的西班牙人身上。马克邀请简与他一起举行这些研讨会，因为他们有一起成功举办类似研讨会的经验，同时也因为他有一个机会把这项工作引入西班牙。当发现他们的方法在其他国家环境中非常有效而在西班牙却不太奏效时，简和马克对此非常困惑。回顾了 20 世纪西班牙的历史后，他们有了发现，并借助这些发现调整了在西班牙的工作方法，因而使其更有成效。

虽然简和马克都知道西班牙的弗朗哥时代，但他们没有考虑过弗朗哥残酷的独裁统治对今天西班牙人残留的影响，以及这些影响会对他们的参与者起到的作用。1936—1939 年的西班牙内战中，弗朗西斯科・弗朗哥带领法西斯武装推翻了西班牙民主共和国，此后弗朗哥成为西班牙的独裁统治者直至其 1975 年去世。在内战期间及其之后，弗朗哥的政权处决了大批反对其统治的人。他的法西斯主义对待妇女特别残忍，许多妇女被强奸、谋杀和羞辱，以作为在民众中散播恐怖的一种方式。在 1975 年弗朗哥去世之前，西班牙妇女的权利受到很大的限制。设置便衣秘密警察；若对弗朗哥而言很重要的人士有不同的政治观点，其整个家庭也会连带受罚，通过这样的方式，在弗朗哥 36 年的独裁统治期间他一直牢牢控制着整个国家。在当时，批评政权制度的人被视为叛国者，家庭成员和邻里之间被鼓励相互举报反政权的行为。

在弗朗哥去世后的 30 多年里，西班牙人对他的遗留影响依然存在分歧。1977 年，就在弗朗哥去世两年后，政府宣布对弗朗哥的同谋者进行大赦，心照不宣地保持缄默成了惯例。在当时，这种“遗忘”被认为向民主国家转型的必要举措，可以避免另一场内战。直到 2007 年左右，当时的民主选举政府通过了一项法律，支持开放未标记的坟墓，这样一些家庭可以领回在弗朗哥统治时期“失踪”亲人的遗骸，这种心照不宣的缄默也开始消失。弗朗哥时期仍然让民众喘不过气，因为西班牙从未认真审视并处理过去的历史以让国家得到宣泄。在西班牙，从没有人对施暴者和镇压者提起过一桩诉讼。即使在最近的 2010 年，最高法院还解除了巴尔扎扎尔・加宗法官的职位，因为他试图开启对被弗朗哥政府处决的约 11.4 万人口案件的调查。

希特勒和墨索里尼在第二次世界大战中落得战败自杀的下场，但弗朗哥胜利了。在西班牙，对弗朗哥主义者的怀旧之情并没有完全消除，而德国已经彻底根除了对希特勒的崇拜。随着时间的推移，支持弗朗哥的热情仍然在西班牙的一些地区爆发。一丝恐惧仍然徘徊在许多西班牙人的集体无意识中，因为他们没有能力从弗朗哥时代完全愈合，他们不知道身边到底有谁仍然在拥护弗朗哥。

在西班牙参与者的集体无意识中也隐藏着这个恐惧残留的影子，简和马克在研讨会中可能不知不觉就触发了这一点。他们发现西班牙参与者在大型小组环境中不愿意分享他们的想法或观点。他们也注意到，女性似乎比男性更加沉默寡言。研讨会的常规活动均没有奏效，如头脑风暴、给予和接收反馈，以及向大型小组汇报体验练习。这些参与者更愿意积极参与小型的小组体验活动，然后在大型小组汇报环节就一声不吭地静坐着，即使“大型”小组也就 12 ~ 16 个成员。因为在研讨会之前，小组成员并不熟悉，在大型小组中表达任何观点都会让他们没有安全感。一旦简和马克认识到参与者可能有源于过去文化的恐惧心理，他们改变了方法，主要采用小型小组的方式。他们也会让参与者自己选择合作伙伴；这样，他们就能够使参与者感到足够的安全，愿意了解他们应该学习的内容。虽然对西班牙暴行历史的了解最终让简和马克明白如何调整自己的方法，但是他们认为，在这种情况下说出这段如梦魇般的历史是不明智的做法。因为心照不宣地保持缄默的做法仍然在发挥作用，这么做不可能取得建设性成果。

组织发展实践者可以做什么

为了取得良好的效果，在国外工作的组织发展顾问需要注意和东道国历史有关的文化框架和隐形权力动态——无论是从殖民主义遗留影响或其他未解决的历史压迫事件（见示例 24.2）。当在被白种殖民压迫过的地区开展工作时，西方白人顾问需要意识到她的优势地位可能带给她不公平的优势。当地参与者和同行可能都会把她放在一个象征性的神坛之上，同时又会对她心生怨恨。甚至来自西方的有色人种顾问很可能开始也被视为神坛上的西方人，也许这反映出国外客户并不清楚从肤色的角度看，这类顾问在西方也处于从属地位。

示例 24.2　西方组织发展实践者可以做什么

- 了解文化差异框架。
- 研究工作地点所在国的历史。

- 运用自己对身为西方人的优势地位的觉察。
- 与了解当地文化的当地伙伴进行合作。
- 与当地同行建立信任关系。
- 成为当地合作伙伴的盟友，并为展现他们的工作成就提供支持。
- 在适当的时候承认/说出过去的历史。
- 在适当的时候了解并承认美国/西方国家压迫他国的历史。
- 调整方法。
- 保持谦虚和好奇。

与当地合作伙伴合作时，保持谦虚和对当地文化的好奇心将有助于提高我们的觉察。利用我们作为西方人的优势支持当地合作伙伴展现其工作成果，从而成为其盟友，这有助于建立信任关系。在适当时，使用“说出”工具承认过去存在的不平等和痛苦经历，对历史在世界很多地区酿成的内化压迫所形成的无意识动态发出挑战，这样可以为参与者创造安全感和信任。

结论

虽然本章的重点是美国组织发展实践者，但是通过全球咨询得到的许多经验教训也同样适用于任何在国外工作的顾问——有时甚至也适用于在本国内不了解的地区开展工作或与不熟悉的群体合作时。所有顾问都需意识到，受压迫历史的遗留影响可能根植于群体、国家或地区层面的文化之中。在这些情况下，保持谦虚和好奇心将大有帮助。

本章描述的一些重要经验更易于记忆。但记住自己是处于优势地位的西方人可能比较难。如果我们能牢记这一点，那么作为西方人的优势地位也是可以建设性利用的优势。然而，这种意识很容易就会被遗忘或迷失，让自己成为问题的一部分，而非解决方法的一部分。

成为解决方法的一部分意味着我们行事要符合自己关于社会公正的价值观，做到平等、诚实和公平。我们可以建设性地利用自己的优势与不受重视的当地同行结成盟友，并冒险说出过去和现状的不公平。最后，同样重要的是，我们将会也应该继续对自己需要了解这个错综复杂的世界感到惊讶不已。

参考文献

Brazzel, M. (2007). Diversity and social justice practices for OD practitioners. *OD Practitioner*, *39*(3), 15-21.

Carey, J., Boucher, L., & Ellinghaus, K. (2009). Re-orienting whiteness: A new agenda for the field. In J. Carey, L. Boucher, & K. Ellinghaus (Eds.), *Re-orienting whiteness*. New York: Palgrave Macmillan.

Ellinghaus, K. (2009). Into the white man's kingdom: Whiteness and indigenous assimilation policies in the United States and Australia, 1880s-1960s. In J. Carey, L. Boucher, & K. Ellinghaus (Eds.), *Re-orienting whiteness*. New York: Palgrave Macmillan.

Hall, E. T. (1990). *Understanding cultural differences*. Yarmouth, ME: Intercultural Press.

Hinckley, S. R., Jr. (2006). A history of organization development. In B. B. Jones & M. Brazzel (Eds.), *The NTL handbook of organization development and change: Principles, practices, and perspectives*. San Francisco, CA: Pfeiffer.

Hofstede, G., & Hofstede, G. J. (2005). *Cultures and organizations: Software of the mind* (2nd ed.). New York: McGraw-Hill.

Jamieson, D., & Gellermann, W. (2006). Values, ethics and OD practice. In B. B. Jones & M. Brazzel (Eds.), *The NTL handbook of organization development and change: Principles, practices, and perspectives*. San Francisco, CA: Pfeiffer.

Litwin, A. (2007). OD: Dancing in the global context. *OD Practitioner*, *39*(4), 11-15.

Mama, A. (1995). *Beyond the masks: Race, gender and subjectivity*. London: Routledge.

Mills, C. W. (1997). *The racial contract*. Ithaca, NY: Cornell University.

Oshry, B. (2007). *Seeing systems: Unlocking the mysteries or organizational life*. San Francisco, CA: Berrett-Koehler.

Pierce, C. (n.d.). The power equity group: The nature and risks of power equity. Unpublished manuscript.

Preston, P. (2012). *The Spanish holocaust: Inquisition and extermination in twentieth--century Spain*. Temple Hills, MD: Harper.

Sen, A. (2005). *The argumentative Indian: Writings on Indian culture, history and identity*. London: Penguin.

So, A. (1990). *Social change and development: Modernization, dependency, and world system theories*. Thousand Oaks, CA: Sage.

Woollacott, A. (2009). Whiteness and "the Imperial Turn." In J. Carey, L. Boucher, & K. Ellinghaus (Eds.), *Re-orienting whiteness*. New York: Palgrave Macmillan.

第 25 章

欣赏式探询：组织发展和多样性过程

凯西·罗亚尔（Cathy L. Royal）

欣赏式探询是一个从肯定开始的变革过程，通过识别出系统中能发挥效用的部分，创造发展、变革的机会。从过程参与者的个人故事和欣赏式访谈中了解特征及主题，将其应用于设计全系统的对话和活动中，引导组织通向变革及未来。欣赏式探询旨在发现能使组织获得成功、使群体充满活力、达成期待的特征和行动。欣赏式探询的基本假设是组织和个人会对成功和肯定给予回应。

欣赏式探询认为，第一个提问非常重要。发出探询后，动力会随之而来，由此获知所探询的内容。语言描绘出充满力量的画面，借此激发并引导个人和组织的行动与行为。欣赏式探询的理论和过程强化了组织中故事和个人经验的力量，旨在关注并促进人们进行创造性对话，确定并捕捉人们何时会达到最佳状态及他们对工作和自身看重的是什么。理想的情况是，欣赏式探询能让所有人都参与到探询对话中。这会涉及组织（或任何系统）的所有层面，将其成员同时聚集在同一个空间里想象并设计一个期待的未来。

本章将欣赏式探询作为一种组织发展变革过程和多元化的干预方法进行谈论。重点介绍了创建一个组织驱动探询、组织发展实践者引导探询的环境需要些什么。同时也说明了欣赏式探询的基本假设、4D 模型的机制、欣赏式探询的哲学及其对组织发展实践者在工作中应用欣赏式探询的重要性。本章还会探讨实施欣赏式探询的过程，以及欣赏式探询的原则如何体现了多元化、广纳性（Inclusion）、公平系统和如何在国际环境中发挥效用。本章还提供了组织发展实践者在系统、社群和组织中将欣赏式探询作为一种组织发展和多元化变革过程时所需的信息。

欣赏式探询的核心

欣赏式探询及其作为组织发展变革流程的有效性具有以下四大支持性核心：欣赏、应用、令人振奋的可能性和共同构建。

欣赏

每个系统在一定程度上都能发挥作用，管理人员和组织成员的主要任务是发现、描述并解释那些给系统带来生机并激发想象力和能量的非凡时刻。欣赏式方法的灵感来自“什么是可能的”“什么建立了这种可能性”。它是对组织充满生机的力量和集体的历史进行的探询。欣赏精神的目的在于肯定、发现并启发理解。

应用

应用是指形成在组织员工的现实经验和愿望中根深蒂固的新行为、新政策及新态度。这种新（或者经改良）行为是能够被付诸实施的，因为它以各级员工的想法为基础。积极而有效的组织研究将产生可在行动中使用、适用并验证的信息。

令人振奋的可能性

组织是一个开放而不确定的系统，能随时扩大，也能学习如何积极参与指导自身的演化。当学习成为组织成员的一种规范性价值时，用欣赏式方式去了解“是什么”的过程会令人振奋。通过这种方式，欣赏式探询可以利用系统性的探询和分析帮助组织成员根据自身的想象和道德诉求来塑造一个印象深刻的未来。未来的各种可能性将让人感到振奋，激发组织去开展创造性的行动。

共同构建

第四个核心认为探询过程与其内容之间存在不可分割的关系。欣赏式探询广泛参与及互动的直接结果就是产生了一种涉及多边的方式来研究社会创新。作为一种协作行动，共同构建对欣赏式探询过程的各方面都不可或缺：组织发展实践者和组织之间的协作、欣赏式探询过程参与者之间的协作，以及整个组织内的协作通过共同构建欣赏式探询的每个阶段及决策的方式出现。这个核心营造出了一种氛围：每个人都很重要，每个人都值得重视。

搭建欣赏式探询的舞台

从本质上而言，欣赏式探询注重参与式行动研究过程，让整个组织通过共建积极的探询和研究来参与学习。组织发展实践者发挥核心作用，帮助组织根据欣赏式探询的原则去挑选设计规划团队、组建一个斜跨多层级的协作型群体参与欣赏式探询项目并确定探询的话题。组织领导者尽早公布相关过程，然后与成员展开对话让其了解致力于欣赏式探询变革举措的意义。在欣赏式探询的每个阶段有意地进行开放性沟通，将每个声音都融入欣赏式探询过程的设计和实施中。

欣赏式探询设计及规划团队

欣赏式探询涉及参与式行动研究，初始步骤始于组建欣赏式探询的设计、规划团队。组织发展实践者处于核心地位，要让组织或社群去组建一支设计及规划团队，它能反映平等的声音和共同的承诺并代表组织内的各个部门。这种对规划团队的有意设计也是一种转变的开始，让很多组织成员能参与其中，而他们之前都被排除在组织生活的决策之外。

毫无疑问，欣赏式探询是一种鼓励广泛参与、平等和多元化的组织干预。挑选欣赏式探询的规划团队是作为一种多样性干预措施运用欣赏式探询的第一步，当在任何一种存在种姓制度及阶层体系的文化中工作时，欣赏式探询是非常有必要且有价值的。在大型系统内，可以组建一支代表了不同性别、种族、年龄、能力、性取向和其他人类多样性关键因素的设计及规划团队，从而有可能代表系统内的所有声音和层级。机构中的地位和层级方面的组织多样性也体现在覆盖面广、斜跨多层级的团队代表上。全部利益相关者都能平等地获取必要信息以参与探询。

选择欣赏式探询话题

在选择探询的话题或焦点时，组织要采用一个能涵盖所有声音和观点的过程。例如，组织领导者可能在开始欣赏式探询过程时，就得出结论要将重点放在团队建设上。在与欣赏式探询设计及规划团队进行交流，并且通过该团队和与他们有联系的组织成员交谈后，组织领导者可能发现选择的话题是关于如信任或灵活性的，那么，欣赏式探询把它们作为焦点将最为重要。在此情况下，实践者应帮助组织制订欣赏式探询方案，以探索组织对团队信任和灵活性的理解。

环境扫描

在环境扫描中，组织发展实践者应与客户一起识别出开始实施欣赏式探询时需考虑的组织环境因素，如雇员、利益相关者和供应商的概况，工作氛围，地域，群体人群等。环境扫描过程对于确保欣赏式探询的协作性和参与性至关重要。它影响着设计及规划团队的组成、欣赏式探询话题的选择，以及欣赏式探询过程结果中所包含的声音和观点。扫描过程越全面，为欣赏式探询变革流程选择的话题就越能够真实反映组织成员的观点。

组织发展实践者应帮助组织开展环境扫描，以保证全面参与、平等地位和斜跨多层级代表。扫描的过程应包含女性、有色人种、同性恋者、双性恋者和残疾人等各类人员的声音。欣赏式探询的环境扫描还应涵盖组织流程图中的所有层级。从高管到保管员等利益相关者都有自己独特的观点和价值观，可以为共享未来的创建提供输入。在群体干预中，这种斜跨多层级会促进宗教、阶层、经济地位和年龄的大融合。在国际化情境中，让多元文化成员和曾经的反对者参与到平等对话中将非常重要。每种情境都会扩大人文维度的扫描范围以实现平等的话语权和广纳性。

欣赏式探询过程的各个阶段

如 4D 欣赏式探询模型所描述的，欣赏式探询过程分为四个阶段：发现（Discover）、梦想（Dream）、设计（Design）和实施（Deliver）（见图 25.1）。这四个阶段可以在一段时期内实施，从发现阶段的个人访谈开始，再到后续阶段中的小组、大组和组织全体会议。或者所有阶段也可以在一次组织斜跨层级会议或组织全体会议上实施。欣赏式探询过程也可以在系统的某部分实施。例如，组织的某事业部或部门在一个完整的团队或小组内实施欣赏式探询流程。本章所讨论的欣赏式探询过程都采用了组织斜跨层级会议或组织全体会议，分别称为“群英盛会”（The Great Gathering）和“组织大对话”（The Organizational Grand dialogue）。

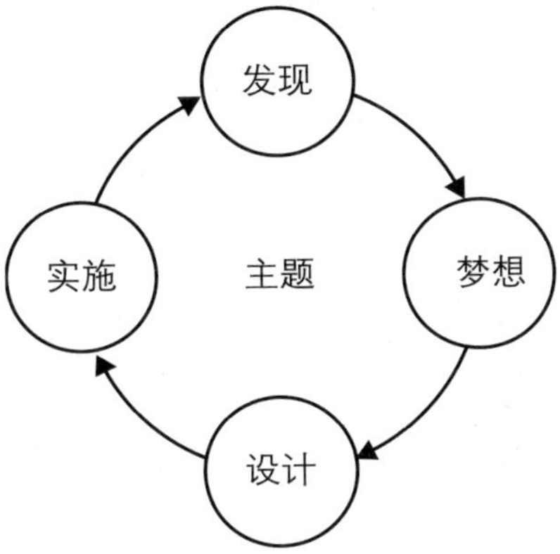

资料来源：Mann and Cooperrider, 1993。

图 25.1　4D 欣赏式探询模型

欣赏式探询过程的发现阶段

欣赏式探询过程从发现阶段开始。该阶段的目的是确定、欣赏并尊重关于组织“是什么”的最佳方面——探询组织充满生机的特性。欣赏式探询发现阶段的第一步是欣赏式访谈。访谈过程为通过分享个人故事和焦点对话来探询欣赏式探询主题。从一对一对话、小组访谈或组织全体会议中得出的主题和数据点进行总结及回顾。对有关成功和灵感的主题进行分享将激起灵感的火花，将组织推向梦想阶段。如果欣赏式探询过程是一场大型会议，采用群英盛会的形式实施访谈，同时也以此作为组织大对话的开始。组织发展实践者有助于创造一个让人们在现场形成自发性联系的环境。会议设计应确保充分的反思时间，也要让人们有机会去聚合并组织自己的想法，讲出自己的故事。

可根据“访谈方案”的模板进行访谈，访谈的问题有固定顺序。有关欣赏式探询访谈系列问题样本请参阅示例 25.1。罗亚尔和哈蒙德（Hammond）的研究列出了其他欣赏式探询访谈问题和访谈方案的示例。访谈首先从有关个人的询问开始，然后再转移到组织，接着发展至聚焦主题的巅峰体验，最后才是有关受访者会赋予组织的愿望或礼物的问题。

示例 25.1 欣赏式探询访谈方案示例

1. 你对自身和你工作的性质看重的是什么？什么让你对这份工作感到兴奋？
2. 请回顾你在组织中的全部经历，不需要太谦虚，回想一个让你对加入组织感到最有活力、最为兴奋或最有满足感的时刻。
   - 是什么让这一刻成为你的巅峰体验？
   - 谁是那些重要的他人？为什么他们重要？
   - 你的什么特质让它成了巅峰体验？
   - 是什么最重要的情景或组织因素使得它成为重要的体验（如工作类型、领导力、结构、氛围、关系、奖励等）？
3. 当想到你所在的组织（或欣赏式探询主题）时，它带给你的充满生机的力量是什么？
4. 如果你能发展或改造你的组织，你会许下哪三个愿望或送上哪三个礼物来让它更具活力、更健康？

关于访谈的说明

欣赏式探询访谈会采用积极的方式进行。鼓励发言者说出对其有利并让其感到兴奋的事。对话是开放性的，能畅所欲言，不会受到来自聆听者的结构性干预。请记住：要以叙事的方式进行，这样才能为共享的积极回忆——那些有关于在组织中鼓舞人心、成就目标时刻的回忆——创造空间。过程关注的焦点是故事讲述人，聆听者充当引导的角色，提出问题仅仅是为了激发发言者。

欣赏式探询力求发现当所谈话题处于最佳状态时发言者的想法和感受。如果发言者无法找到这样的时刻，那么请他聊聊在别的组织或者在同一个组织内的其他时刻。另一种挖掘积极性的方式是，鼓励发言者讨论“如果你对工作或所探询的话题感到兴奋并受到鼓舞时，会是什么样子。”

访谈方案的问题应包括组织成员对自身、工作性质及组织使命看重的是什么，两个或三个会赋予组织生命力的重要事物；最后一个问题是确定每个人希望在期许的未来中看到什么；如果人们为了系统的活力与健康而“送上礼物或许下愿望”，他们会给予组织什么？

会议开始时，让两个日常接触有限、分别来自组织斜跨层级的人进行访谈。安排两个人间的访谈是有意为之的。它象征着组织在对待个人自豪感和属性的价值观正在发生哲学性转变。两两分享各自如何在组织内创造积极体验会推动个人和组织形成这样的一种规范：公布成功的事，创造积极、充满生机的体验；分享个人的故事，展现能让一个人拥有热情、感到自豪的事物，这有助于与组织内的他人建立起超越职责和岗位的联结关系。

每个人都会分享自己的故事，同时另一个人在聆听。这是一种营造群体及组织亲密感的机会。欣赏式访谈是一种共享的个人体验，是一个人专注于分享并评价经验而另一个人在有意识聆听的时刻。这样的安排不会要求人们复述别人的故事。故事的分享是个人行为，故事的内容也是保密的。所产出的主题、特征和行动都可变为组织大对话的数据。发现人们看重的内容是 4D 模型的第一阶段。

欣赏式探询过程的梦想阶段

在欣赏式探询过程的梦想阶段，大型组织对话成为从访谈和共享故事中挖掘主题和行动的创新过程。梦想阶段会要求创造性的反思，并激发形成共同创建行动的想法。每个人都有机会公开畅想美好的未来。人人都能参与其中，必须去聆听共同点，同时尊重过去的体验。

共享的行动故事（记忆中积极、成功和值得重复的事件）会有助于为营造一个健康而积极的工作场所而进行变革。这样能产生希望并促进疗愈。当人们陈述自身体验时，梦想阶段就在现实中根深蒂固了。这个过程非常灵活，人们自行主导，旨在促进当下此刻及当前环境中的联结。

组织发展实践者引导该过程，并提示本阶段的工作“保持耐心会得到馈赠”。每个人都值得被聆听，为达成共识而进行的工作需要一个灵活的环境。在过程中引入灵活性和耐心的语言是组织发展实践者身为欣赏式探询变革哲学的典范的部分职责。欣赏式探询的梦想阶段是一种全系统的干预，让每个人都能参与到该过程中。汇聚一堂的人们共同创造他们期待的变革。

梦想阶段旨在根据访谈主题和最佳故事或有关欣赏式探询主题的引述，创建各种主张让人看到令人振奋的可能性，从而使理想的“可能性”显现出来。它们是将组织推向行动的主张——例如，“让整个组织的信任度最大化的团队”这样的陈述。

能产生令人振奋的可能性的陈述来自组织大对话。组织成员根据对其未来至关重要的关键主题，写下 5 ~ 7 条陈述。组织发展实践者的角色是使讨论聚焦于探询的话题选择上，并提出问题引导焦点。所讨论的主题是否体现了话题选择？当“它”（话题）处于最佳状态时，会存在哪些关键因素？是否所有的声音都已经得到聆听？每个人都发言了吗？此时有一个关键的方法窍门就是牢记耐心和灵活性的馈赠。通常就是在这个阶段，欣赏式探询参与者想要仓促完成，草草结束对话。

梦想阶段会涌现出许多事物。所有出现的可能性都能用于紧随其后的设计阶段。实践者要做的是继续关注能为当前话题创造最好未来的可能性。所有关于梦想的话题都会保留在组织记忆里以及欣赏式探询文件中。这些话题可用于进行未来的探询，或者当作可能性去支持或证实在设计阶段形成的项目。

梦想阶段要允许有足够的时间“大声说出梦想”并让反思得以发生。组织发展实践者充当整个系统的向导，鼓励每个参与者积极聆听同事的想法，在进入设计阶段之前充分展开梦想的翅膀。在这个阶段，组织发展实践者会插入有关欣赏式探询的参考资料并保持欣赏式探询的架构，而组织会对新语言、新政策和新行为进行整合。社会的每次创新都是某个人的梦想成真。那些认为是科学奇迹的事物都始于对“能怎样”的创造性梦想或愿望，始于一种对可能性边界的探索。提醒欣赏式探询参与者构筑梦想的价值是有帮助的。

欣赏式探询过程的设计阶段

在设计阶段，参与者将就“应该怎么样”展开对话。有关可能性的主张体现的是组织的最终目标，其重要性与在组织实践中所看到的该主张的当前现实形成了对比。包容性的态度和行为成为组织未来的典范。所有探询参与者过往的相似历史都应得到尊重。根据多元的文化维度及组织地位层级确定的目标群体与特权群体同台对话。组织中任何部门存在的多元文化生活的相似经历都出现在彼此的对话中。这样的对话为系统中存在的多种经历创造了“同感共情的含义”。同感共情的含义为创建美好未来的共享意义开辟了途径。这个过程形成演化于梦想阶段，精雕细琢于设计阶段。

在设计阶段，每一项政策、行为、规范、规则、行动或假设都是可以改变的。组织发展实践者在这个阶段通过提问来进行指引，问题包括：“要设计培训、政策转变或行为改变，谁应该在场？”“你希望作为设计阶段的结果会发生些什么？”“你做过第二轮访谈以接触尽可能多的人并包含了外部利益相关者吗？”

梦想阶段会创造出一套新的“有关广纳性的态度、行为和情景”。这些来自梦想阶段的新 ABC 在设计阶段将再次出现。在多样性工作或社会公正变革工作中，觉察培养和政策转变通常是通过事先计划的干预而发生的。在欣赏式探询中，觉察培养和政策转变是作为设计阶段过程中的一部分共同创建出来的。

在此阶段，参与者将谈论美好未来将呈现出什么。在这个过程中，那些相关利益者的声音，关于他们在组织文化、体系、组织和工作环境中的历史及经历的意义，也会被提出来讨论。在那时，组织的规范、参与者的态度和行为，以及环境的情景都处于开放状态，可以进行设计修改。

要提升在反种族主义、性别公平、多元文化和广纳性环境中的工作能力，针对于此的培训是设计阶段中行动和活动的重要部分。所谈论的故事中，难免存在伤害和排斥。如果人们已经分享了这些故事，并要求实施培训和政策改变，则必须在设计阶段对他们的经历和诉求进行处理，否则，将增加他们的重负，而非希望和喜悦。不作为会让组织脱离欣赏式探询的哲学，会导致从鼓励充满生机的体验走向鼓励士气低沉的体验。

欣赏式探询方法的设计阶段也创建出“我们如何知道自己做到了”的方法。美好未来将会呈现出什么？任何组织中有良知、有担当的成员都想为组织的成长和历史做出贡献，无论自己处于什么职位。那些令人激动的、会驱动每个参与者为新的可能性而努力的想法和行动是什么？

欣赏式探询过程的实现阶段

在欣赏式探询过程的实现阶段，参与者将致力于实施自己设计的行动。他们公开谈论要为美好未来而努力的渴望。他们来自优势和激情的工作能力会激发出巨大的潜力，带来无限可能性。一旦达到基本的能力水平，点燃了热情，人们就会想进行更多那样的活动。他们在自身效力的基础上不断发展。承诺既来自在共同创建要实施的项目时的充分参与，也来自让参与者产生激情、曾经体验过的领域。这可以产生出使变革持续保持的能量，以让变革随着时间推移而得以保持。在欣赏式探询中，变革的成功率较高，各层级员工自述的满意度也较高。每个探询的成员都被邀请讲述自己认为的美好未来，以及自己为实现它能担当的责任。参与者认同会去支持彼此。每个参与者还被鼓励说出要达到自己的最好状态还需要什么。

在实现阶段，将展开梦想的时间表和表现形式。组织发展实践者要提醒组织成员，每个能推动系统实现美好未来的行动都必须嵌入广纳性的态度、行为和环境。此时还要进行全面审视，确保所有的声音都得到了聆听，确保参与探询的每个人都还感觉到自己仍是欣赏式探询流程的一部分。

实现阶段会列出在当天即时就可以完成的事项。这些“即时事项”是在小组和个人层面的变革，强调每个人会如何从自己的职位出发去欣然接受能产生令人振奋的可能性的陈述。人们会知道哪些是错的，同时脑海中也有事情朝正确方向发展时会是什么样的画面。

每个通过探询被定位为需要变革的领域都要确定一些行为描述，让组织成员可以作为工具去审视自身的变革发展阶段。个人可以立即改变这些因素以实现各自的美好未来。

领导者、政策制定者、主管和组织成员要宣布他们将如何长期锚定并支持各事项的实施。在公开的实现时间表里，会检视包括经费分配、培训机会和规划、政策转变，以及对组织氛围的期望等事项中的具体细节。组织层面的“即时事项”聚焦于握有实权的领导者、经理和行政人员会如何转变对规范、道德观念和政策的运用，以支持梦想阶段形成的能产生令人振奋的可能性的陈述和设计阶段中确定下来的重点关注领域。

对组织发展实践者的影响

组织发展实践者必须充分理解欣赏式探询，以便能够在组织进行欣赏式探询的四个阶段时提供相应支持。从工具视角理解欣赏式探询过程是不够的，实践者对欣赏式探询的理解必须超越仅是引导欣赏式探询四阶段的程序性步骤这种观点——也不是梦想阶段结束就算大功告成了！欣赏式探询是一种多元化的干预，也是一种组织发展干预，因此需要组织发展实践者能够整合并支持欣赏式探询过程中不可或缺的多元化、广纳性和平等性。支持欣赏式探询过程需要组织发展实践者从哲学、方法论和过程等不同层面来充分理解欣赏式探询，了解系统的多个层面（个人、小组、组织和社会）是如何被纳入的以及故事的语言和力量。

多元化、广纳性和平等性

欣赏式探询是一种支持组织多元化、广纳性和平等性的干预手段。欣赏式探询有三个方面对维持积极干预和变革非常重要，能鼓励充满生机而不是萎靡不振的体验。

1. 重视每种声音，每个人都有价值和优点。
2. 每种声音都值得被倾听，每个个体都能做出独特的贡献。
3. 把房间内的每种声音都纳入欣赏式探询的对话中。

这些原则将欣赏式探询定位为直接体现了社会公正和多元化主题的组织发展变革过程。在与国际客户合作时，欣赏式探询也是一种有价值的干预方式。在曾受过殖民历史和伤害而影响的国家中，欣赏式探询尤为有价值。欣赏式探询意在发现、了解和促进能进行积极、包容和坦诚对话的变革。它减少了系统内的层级，平等重视每种声音和每个个体。

欣赏式探询是一种“关于人的过程”，它让组织或社群中所有阶层和地位的公民在创造美好未来过程中被聆听成为可能。

欣赏式探询的过程创建了斜跨层级的做法。它是任何一个系统的“横切面”，在探询“现在做得好的是什么”时，它能把系统内所有的声音都归集到讨论中。组织发展实践者要充分支持这个群体，在作为组织横切面的斜跨层级人员组成了组织大对话时，以及在发现阶段开始时，利用每次机会去宣扬欣赏式探询的原则。组织发展实践者必须切实掌握有关欣赏式探询所依据的哲学、参与式行动研究的运用及 4D 过程的步骤。组织发展实践者向所有成员讲解过程，向全面参与欣赏式探询干预和变革举措的任何人提供所需的信息。

要推进探询，需消除组织的地位和阶层属性。系统中的每个人，无论其职级、职责或任期如何，都应得到重视，可以畅所欲言。采用斜跨组织层级的方式能减少权力和特权行为。欣赏式探询干预表明了故事的力量和将所有声音纳入组织大对话中的积极效果。

理解欣赏式探询的不同层面

组织文化可持续且连续的变革可以通过欣赏式探询在三种范式转换和理解的层次上发生：哲学层次、方法论层次和过程层次。将欣赏式探询孤立地看成一个 4D 过程或者一种组织工具，就无法领会通过组织文化范式的转换来协助组织的重要性。

第一个面向积极变革的转变是哲学的转变：欣赏式探询是从批判性转向肯定性，从对系统每个层面进行批判性分析转向作为一种发现的方法进行积极的探询，保持好奇。这需要有意识地转变语言、隐喻和心理模式，通常从肯定、关注解决方案的对话开始。这种哲学的转变使组织和组织发展实践者能够开放性地接受欣赏式探询积极原则的影响。实践者所需的技能是维持以哲学的容器持续提出欣赏式探询问题：“你（组织）希望在此发生什么？”

第二个是朝向探询和参与的欣赏式探询方法论进行转变：这会转变组织发展实践者和组织的行为，从进行调查并提出报告转变为采用参与式行动研究。在欣赏式探询语境中，这种研究会让组织中的各种声音积极参与，从而持续探询并发现是什么在有效地“创造可能的最佳变革进程”。这样的探询会变成组织驱动过程，人们会积极参与，因为自己得到了聆听，是其中的一部分。

由于在实践中采用了斜跨层级代表和欣赏式探询原则，欣赏式探询成为一种组织过程，所有成员都涵盖在内并参与其中。欣赏式探询将自上而下的干预方式转变为一种“关于人的过程”；而组织发展实践者成为组织的教练和探询指导。每位员工都希望组织能茁壮成长，并且拥有那些能帮助实现可能的最好未来的想法。

第三个转变是欣赏式探询的 4D 过程：大多数组织发展实践者利用 4D 模型来创建探询及对话，以处理有关系统的任何主题或情况。这是一个工具层面的过程。将肯定和包容哲学以及参与式行动研究的运用带入欣赏式探询干预方法中的组织发展实践者有能力进行更深刻且可持续的干预。在深入的认知层面上拥有这种意识，会令实践者具备相关技能将包容性和多元化植入任何欣赏式探询主题选择中。4D 模型是确定主题选择、收集数据和构建欣赏式探询访谈方案的路线图。该模型通过欣赏式访谈和组织大对话来引导组织。它有助于构建一个沟通模型，有意识地为所有参与者和组织成员提供足够时间去对话、反思和交换信息。这种对时间和信息的使用，是一种包容性哲学的转变，能在组织的发展中创造复兴。

欣赏式探询的方法论、哲学理念和 4D 过程将社群、组织和个人的行为从等级森严、纪律严明、令行禁止及有限公开转变为协作、开放并包容的行为。对过去曾被排挤或目前正受到歧视或结构性不平等对待的人而言，这种方法开放了封闭的系统。要认识到讲述故事和共同参与的力量，这很重要。

在系统中的多个层面发挥效用

欣赏式探询可以改变组织的规范。重要的是要从系统的四个层面——社会、组织、群体和个人——来审视这种转变。欣赏式探询原则动摇了系统中各个层面的社会“文化隔膜”。这种隔膜指的是环境，在该环境下一种文化中所有有组织的活动得以成形并被赋予意义。要让组织中的欣赏式探询干预尽可能地深入，组织发展实践者必须有能力在多个层面上对环境进行审视并诊断。这能让组织和参与者了解多层级探询的结果。在梦想阶段尽早获得这种多层级信息，对于在该阶段及之后阶段指导活动和政策的创建有重要意义。

在宏观层面上，欣赏式探询引发了包裹着每个社会的文化隔膜的哲学式转变，而社会又包含了对其方方面面都会有影响的价值观、规范、假设及道德观念。这种文化隔膜的价值观和规范因文化而异，每种文化都有一个萦绕在外的隔膜。文化隔膜包含系统规范和规则，能引导所有机构的行为，而这些机构属于更大的国家文化的一部分。形成了更大文化的法律、金融、教育、宗教和医疗框架的各个机构能体现、支撑并增强这种文化隔膜。假设欣赏式探询变革能为组织中的每种声音创造出积极结果，那么欣赏式探询就是在大范围文化层面上开展的变革。

要为所有参与者和组织成员带来变革并创造一个多元化且富有成效的环境，组织和其他系统必须对领导者和普通公民的行为变化进行探询。他们必须探询宏观层面的变革和系统变革。将探询方向调整到共同创造并共享美好未来的愿景会带来微观和机构层面上的变革。在微观层面，文化隔膜会影响组织中群体和个人的行为。当做出了选择，开始思考并想象一套新的规范和价值观及继续致力于这种变革和欣赏式探询原则时，就会转而奉行一套广纳性的态度、行为和情景。探询的关键是对系统的每个层面感到好奇。因此，必须去探索支配一切的文化隔膜。

故事的语言和力量

语言和使用文字来描绘他人和自己是欣赏式探询的核心，组织发展实践者需要将上述理解及信念融入自己的欣赏式探询实践中。语言和文字的使用是塑造美好未来、共享愿景的主要因素。要在所有层面上以欣赏的方式开展工作，就必须转变思维。人们如何描绘未来、自身及其他群体或个人，对他们如何看待未来会产生巨大的适用性和影响。语言和图像会引导文化和系统如何看待将被针对和被排斥的群体包含进他们的美好未来中。

欣赏式探询避免使用批判性分析来解释欣赏式探询变革工作。消极或批判性的语言会使探询变得复杂，让探询者困惑。使用批判性的语言，再加上消极的画面，会使探询背离积极框架，也背离欣赏式探询的框架。

将欣赏式探询主题定义为问题或危害也会强化困难、痛苦或麻烦的心理表象，系统中的能量会被阻挡和抑制。组织发展实践者用来解释、缔约或实施任何欣赏式探询阶段的语言对欣赏式探询干预带来的组织转变很关键。语言能描绘美好未来。创造美好未来的核心点是刻意地选择并清晰知道用于描绘此未来的语言，同时也清楚地理解富有同理心的对话的重要性。

组织发展实践者谈论的画面和他们心中坚持的信念，也决定了各组织成员会如何拥有并坚守未来的画面。反之，当组织发展实践者在组织内工作时，组织与他们联系的方式也会影响他们。语言创造了我们生活和工作的世界。充满力量的积极故事会生成能量去促进探询、共创未来。

欣赏式探询肯定系统和个人生活中故事和体验的力量。所有过程中出现的重要画面和感觉都储存在组织成员的个人故事中。记住自己生活中的积极体验对人们来说是极其重要的。以讲述人们在最好状态的故事为序幕开始欣赏式探询，会告诉聆听者和讲述者何时事情的确发展顺利。这些故事设定了一个可以开展工作的标准和地方，将希望和可能性融入了故事讲述中。

欣赏式探询要求人们讲述那些在组织中当他们个人或组织处于最佳状态时的高峰体验的故事。通过经引导的结构式访谈对话，欣赏式探询使人们能够从个人角度出发，一对一地进行发言。通过个人访谈并分享积极体验，人们就自己所取得的成功和个人的高峰体验进行对话。欣赏式探询协助所有组织成员展望能提升组织和个人活力的政策、实践和行为。欣赏式探询寻求“最好是什么”，以激发“可能会怎样”的集体想象。其目标是发现并扩大可能的领域，同时超越当前的视野进行思考。人们可以设想共同期望的未来。他们承载着这些创新性的想法，将意向转换为现实。组织发展实践者在欣赏式探询过程中就像向导。

结论

欣赏式探询哲学具备独特的力量，能够通过探询和发现为任何系统提供协助。那些将自己的信念和行为转变为欣赏式探询概念的实践者，最能发觉客户系统中转变的可能性。

当组织发展实践者在咨询、引导和探询的各个层面上使用欣赏式探询模型并遵循广纳性原则时，欣赏式探询方法最为有效。如果实践者认为系统尚未准备好或未能转变其规范和行为，欣赏式探询作为一种干预手段，是不适合的。选择欣赏式探询还是另一种组织发展干预，是客户与组织发展实践者的联合决定。很少会出现要改善组织动态人性方面却选择其他组织发展干预方法的情况。

欣赏式探询是一个变革过程，能为组织内的所有人创造共担责任与自豪的空间。让他们有机会来讲述自己的故事，铭记自己的贡献，诉说自己的梦想，与系统未来的健康和繁荣建立联系。欣赏式探询的过程让人们在系统中寻找到快乐，给他们提供了通往希望的途径，也让背负着痛苦历史和经历的群体和文化相互和解。希望、和解和快乐是可持续组织变革的重要组成部分。

参考文献

Cooperrider, D., Srivastva, S., & Associates. (Eds.). (1990). *Appreciative management and leadership*. San Francisco, CA: Jossey-Bass.

Mann, A. J., & Cooperrider, D. (1993). *Global excellence in management project*. Cleveland,

OH: USAID/Case Western Reserve.

Royal, C. L. (1996, April). The fractal initiative. Presentation at Tonoloway Women's Workshop, Wolfordsburg, PA.

Royal, C. L. (1997). The fractal initiative: Appreciative inquiry and rethinking social identities. Doctoral dissertation, Fielding Institute, Santa Barbara, CA.

Royal, C. L. (2000, March). Conference on diversity: Conference proceedings. Department of Health and Human Services, Washington, DC.

Royal, C. L. (2003). Quadrant-behavior theory: A social justice and diversity practitioner's handbook. Unpublished manuscript.

Royal, C. L., & Hammond, S. (1998). *Lessons from the field: The appreciative inquiry handbook*. Plano, TX: Thin Books.

第 26 章

发展多元文化组织：多元文化组织发展模型的应用

伊万杰琳娜·霍尔维纳（Evangelina Holvino）

在过去 20 年里，多元化和包容性举措在公司和非营利组织中越来越普遍，以至于如今世界各地都在推行多元化。虽然许多概念、模型、资源和咨询顾问在蓬勃发展，它们界定了多元化的定义，建立了“十大最成功多元化实践”基准，交付了多元化项目，并帮助组织变得更具包容性，但针对组织内多元化、包容性和平等性的系统性观点依然严重缺乏。

多元文化组织发展模型起源于数十年前。然而，仍可用作计划实施变革的组织和实践者的有力工具，这些组织和实践者希望从实施单个的多元化项目，转为执行更全面、更具战略性的干预，这些干预基于多元文化论的整体愿景，更适用于符合当今全球化组织的平等的复杂观念。在本章中，我将对多元文化组织发展模型进行一些延展，提供一些有助于对组织在何处反映了多元文化进行综合评估的实用工具，为在组织中构建公正的综合方法提供愿景和指标，还有一套战略性标准以提供系统视角指引组织变得更为多元、包容和平等。

多元文化组织发展是一种变革过程，具备一套支持性的微观实践及宏观结构，能帮助组织从单一文化或者排他/非多元化组织转变成多元文化或包容性、多样性及平等性的组织。这种实现多样性和平等性变革的方法需要对组织进行初步分析，判断其处于从单一文化到多元文化连续体的何种位置上，也需要承诺会去展望组织未来期待达到哪个位置。基于对组织当前位置与期待位置间的差距进行的评估，制定出具体的干预措施以帮助组织迈向确定的变革目标。基于契斯勒（Chesler）、契斯勒和克劳福特（Crowfoot）契斯勒和德尔加多（Delgado）、考克斯、杰克逊、杰克逊和哈迪曼、杰克逊和霍尔维纳以及米勒和卡茨早期和/或类似的研究，多元文化组织发展变革模型为组织提供了一个有用的方法，用于在变革过程中完成三个重要步骤：（1）构建对组织多元文化发展现状的初始评估；（2）决定组织期待的多元文化愿景；（3）选择适当的目标和干预支持愿景的实现。

多元文化组织发展变革模型：一种诊断透镜

多元文化组织发展变革模型（见表 26.1）确定了组织从单一文化转变成多元文化要经过的六个阶段，即从以一个群体的价值观、文化或风格（如男性异性恋白种人）为主导的排他性组织，转向多样性人群的观点、文化和风格都得到重视并能为组织卓越做出贡献的包容、多元并平等的组织。

表 26.1　多元文化组织发展变革模型

单一文化		过渡		多元文化	
排斥	被动式俱乐部	服从	积极行动	重新定义	多元文化
致力于一个群体的主导性地位、价值观和规范。主动地将非主流群体成员排除在使命和实践之外	主动或被动地将非主流群体成员排除在外。只让“符合”主流规则的其他成员加入	被动地致力于让他人加入，但不会进行重大变革。仅让少数其他群体的成员加入	致力于做出特别安排以让他人加入，尤其是指定受保护群体。容忍其他人带来的不一样	主动努力扩大包容性、多样性和平等性的定义范畴。尝试检验并更改可能对非主流群体成员而言是障碍的实践	主动接纳代表不同群体风格和观点的多样化人群。不断学习并采取行动去进行系统性变革，实现重视各种类型的人群，让他们参与其中并得到公平对待
重视并提倡一类群体、文化或风格的主流观点		寻求将他人整合到根据主流规范创造的体系中		重视各种身份、文化、风格和群体的各种观点并将其整合到组织的工作和体系中	

单一文化组织存在两种形式。在第一个阶段，即排他阶段，组织会明确而积极地将其业务和流程建立在一个社会文化群体的规范和价值观之上，并积极主张该群体的特权和主导地位。现在，尽管美国的三 K 党和雅利安民族党这些白人至上的组织就是当前这种类型的单一文化主义代表，但属于这种类型的排他性公共组织并不多。

在第二个阶段，即被动式俱乐部阶段，组织仍然遵循某个文化群体非正式的规则、制度和做事方式，但没有公开主张其主导地位。例如，它们只接纳同一类人（如入读同一所学校），或者高度符合主导群体的规范和期望的人（如着装与言谈等）。在此阶段，组织就像一个私人社交俱乐部一样运作，会有正式和非正式的规范以确保排除并规避了明显不一样的人。在美国，整个金融业日益被批评为就像一个"俱乐部"，通过其非正式的网络和"圈内人"规范来排斥女性和少数群体，只服务于最富有的 1%的人口。目前，在许多组织中，员工可以轻松识别出像被动式俱乐部这种方式运作的部门或单位。

从单一文化组织转向多元文化组织的过程中存在一个过渡期，并构成了发展的第三、第四阶段。在第三阶段，即服从阶段，组织被动承诺去接纳非主流群体成员，但并不会对管理实践、组织文化或结构做出任何重大变革以融合这些不一样的人。根据相关法律，这些组织可能宣传平等就业机会，然而，它可能仍然只会招聘同样学校的毕业生来确保员工都是特定类型的。在这一阶段，对差异的关注更多只是象征性行为，并未落到实处。例如，在一个基督教徒占多数只夹杂一两个穆斯林成员的组织，其文化符号和庆祝活动仍保持基督教的特色，那些不一样的人被认为应该接受主流群体的方式，放弃自己的。

在接下来的积极行动阶段，组织积极致力于接纳非主流群体成员，努力去吸引这些成员，愿意包容他们的差异。但在规范、结构和工作方式等方面的细微处仍会偏向主流群体成员，这使那些不一样的人员感到难以在组织中全身心投入并获得进步。尽管组织中存在着包容的氛围，在人员招聘方面也做出了特别努力，甚至可能还提拔了那些不一样的人员，但没有开展充分的文化和结构变革以真正融合之前被排斥的群体，使其获得平等的机会和服务。

在这个阶段，处于"临界点"的非主流群体成员通常会质疑现有的做法，提出新的工作方式，从而联合起来推动变革。这样的示例就包括了近年来人们对"露面时间"（Face-time）这种惯例提出的质疑。"露面时间"是指一个尽职的员工被认为就应该在办公室待很长时间，每天的会议要开到很晚结束或者一大早就开始。这非常不利于需要承担大部分家庭责任和家务劳动的女性和单亲父母。虽然他们中有许多人工作表现出色，但他们在交付工作成果及履行职责的地点、时间和方式上需要灵活性。

积极行动阶段出现的不平衡和冲突常常促使组织以三种方式予以回应：变得更加包容并开始试行下一阶段的多元文化论——重新定义阶段；退回之前的阶段；或者陷入一种现状，能“容忍”差异，但不会过多关注或作为组织资源加以利用。尽管可能制定一套多元化和/或包容性程序，但不平等待遇还是会很明显，如少数种族或宗教群体担任领导的人数。

在重新定义阶段，即完全多元文化组织的开始阶段，组织会主动尝试包容所有的差异，试着改变现有规范、关系、领导和其他组织流程中的包容性和平等性障碍，不管是难以察觉的，还是显而易见的。本阶段中人们可能开始接纳差别，但是尽管整个组织的可接受行为范围开始扩大，但由于主流和非主流群体的成员仍在学习如何有效管理差异并建立更加平等的全新权力关系，因此，不是所有人都可以做到，也不是所有行为都可以被接纳。

在多元文化或者具有多样性、包容和平等的阶段，即在多元文化组织发展过程的理想愿景中，组织寻求并重视所有的不同，会建立各种体系和工作实践以支持每个群体的成员取得发展、获得成功并全情投入。在本阶段，各种类型的差异都会被整合到组织业务架构中，这样就会成为日常工作的必要组成部分。因此，一个多元文化组织能被定义为：（1）不同群体带给组织的多样性知识和观点形成了组织的策略、工作、管理和运营体系，以及组织获得成功的核心价值观和规范；（2）所有群体成员都受到公平对待，能参与重要决策，公平分享组织提供的奖励和机会，并代表组织的所有层级和职能。

多元文化组织发展变革模型：评估工具

多元文化组织发展变革模型是一种组织评估工具，可用来评估组织多样性、平等性和包容性等特征的复杂性、系统性和相关性等维度。在进行此类评估时，必须考虑组织的所有重要维度，以及传统上被排除在外但应该包含在内或需要参与其中的不同社会群体，以确定其在多元文化发展连续体上的当前阶段。在美国的大多数组织内，这些以社会为基础的群体包括白人女性群体、少数种族、民族、宗教和语言群体中的男性与女性群体、残疾人群体和男同性恋、女同性恋、双性恋、跨性别及性别疑惑者群体，以及来自贫困和工人阶层背景的人群。

多元文化组织发展变革模型的基础性观点将组织理解为开放型的社会系统，从环境中获得输入，通过内部转化过程将输入转化为输出。转化过程通过各种活动来完成，而这些活动能被分组到不同关键组织维度——复杂体系的各个部分，如图 26.1 所示。

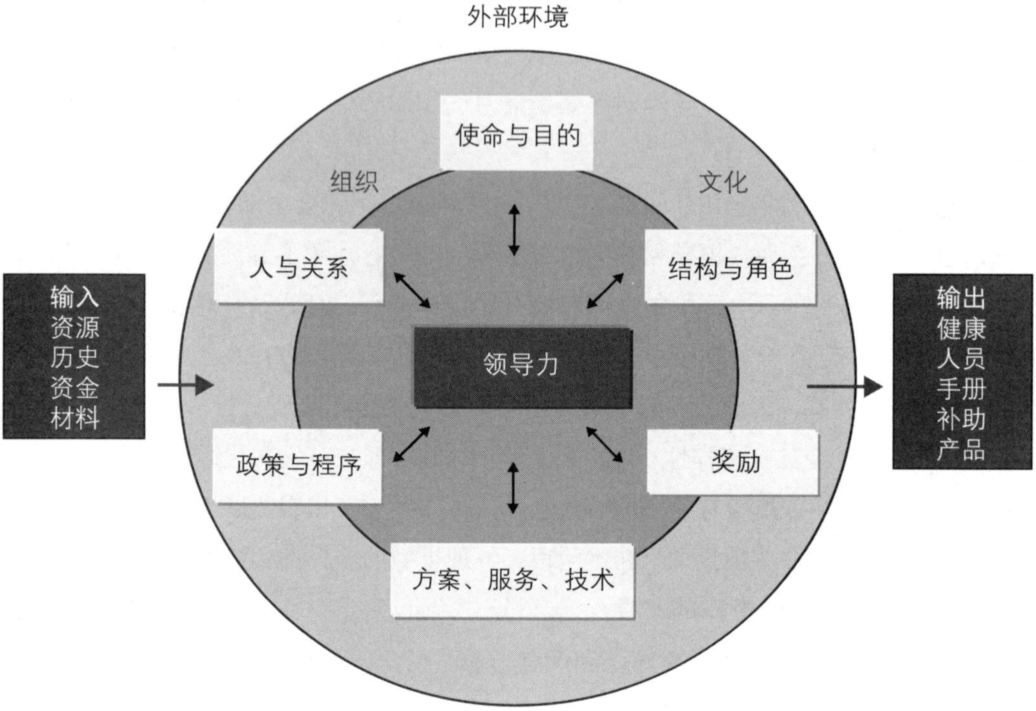

资料来源：Adapted from Weisbord, 1978. With permission of the author。

图 26.1　开放系统诊断模型

例如，组织使用资金（输入）去设计并实施研讨会（项目），从而形成了有关流浪者权利（使命）的倡议（输出）。虽然是一个简化了的版本，但开放系统模型以启发式的方法聚焦于领导力、政策和方案等关键组织维度。运用了开放系统模型，多元文化组织发展模型能进行延展，从而识别每个组织维度中的包容性、平等性和多样性指标，以便确定变革的目标和能实现多元文化组织愿景的适当干预方式。当不同的利益相关者在多元化变革工作中使用这样的工具时，会得到一个共同框架用来以协作的方式处理系统层级变革。它特别适合希望从事参与式组织学习或行动研究项目的民主式组织，这种组织的成员会与外部顾问及彼此之间相互合作，收集、分析信息，制定变革目标及战略，从而使组织呈现出更加多元文化的特征。

表 26.2 展示的矩阵可作为一种工具使用，进行集体分析和讨论，并对组织多元文化发展的进展构建一种共同理解。纵轴表示组织的开放体系维度，例如，使命、结构和政策；而横轴展示了多元文化组织发展连续体中单一文化类型、过渡类型和多元文化类型三个不

同层面的潜在指标。这不是一个固定的或客观的工具，而是可根据具体被评估组织进行改编，因为有一些组织维度与该组织具有独特的相关性，可能需要加入矩阵内。

表 26.2　评估工具：多元文化组织发展阶段指标

组织维度	单一文化类型	过渡类型	多元文化类型
使命/目的	排他 无视差异 由主流群体驱动	态度不明确 与多样性建立联系 服务非主流群体	包容性 底线复杂，如经济的、政治的、社会的
结构/角色	僵化的层级结构 仅由主流群体决策	层级性 有限的团队/矩阵 玻璃天花板	共享决策 创造 平面/灵活 广泛参与
政策/程序	歧视 不成文规矩/口头传达 缺乏透明度	平等雇用 机会/肯定式行动 一些支持性政策，如合作伙伴福利 绩效评估	灵活的工作安排 公平透明的绩效评估 记分卡
非正式体系/文化/规范	公开和不易察觉的骚扰行为 同性社交 同化	支持群体 “不问，不说” 适应	多语言、多元文化符号/规范 公开反对歧视
人/关系	同类/象征 父权制 隔离的工作团队	最小数量 谨慎的/政治关系 容忍差异	利用差异 不同群体间对话 组织学习
领导	魅力型 独裁型 多数代表制	官僚主义 高瞻远瞩 象征性少数代表制	共享/轮流 参与式 平等代表
环境	剥削 对立	有限互动 对人口数据变化的回应	聚焦全球/当地行动 承担社会责任
产品/服务/技术	一个维度 “文化中立”	有针对性/固定的市场	适应/创造新市场 不恪守成规

续表

组织维度	单一文化类型	过渡类型	多元文化类型
语言使用	单一语言 只使用“标准英语”/不兼容	容忍双语制 主流语言使用压力	完全双—多语 因使用多种语言而受益

例如，经董事会与员工热烈讨论后，一个服务于拉美裔群体同时也拥有大量拉美裔员工的双语社区组织将“语言运用”维度纳入多元文化主义的重要指标。一个以建立可持续社区为使命的组织将“预算”作为重要维度纳入他们的矩阵，并将其继续分解，在单一文化类型的组织中，预算由主流群体成员制定并管理；在过渡类型的组织中，预算由代表委员会与社群进行协商管理；而在多元文化类型的组织中，预算则由集体制定并经组织和社群的代表批准。

与各类组织成员讨论评估结果时，请务必让个人对组织当前所在多元文化发展阶段的不同看法浮现出来并对其进行探索。这些差异通常反映出组织中不同位置的成员感知组织多元文化程度的不同方式，因而是重要的学习来源。正是通过这样的观点交流、信息分享及一些共同立场的达成，所有利益相关者会支持的愿景和变革议程才能开始浮现。

例如，在一家城市养老院里，高管人员评估这家养老院处于“多元文化”阶段，因为员工有很大一部分比例是有色人种（表 26.2 中的人/关系维度）。然而，一些护士助理指出，虽然很大比例的员工是有色人种，但大多都处于初级岗位，属于护士助理和维护工作类别，几乎没有有色人种员工处于管理层（领导维度）。因此，他们将该组织评估为“过渡阶段”。在一个金融服务组织中，来自不同社会群体和层级的几乎所有员工都认同，根据该组织对待拉美裔雇员、顾客和社区的态度和方式，该组织处于“服从阶段”。在这种情况下，这种有关发展与提升的非正式体系，以及相关政策和程序的缺乏透明度会造成“旋转门”现象，即拉美裔的人进入后先处于初级岗位，但很快就因为缺乏机会和受到不公平对待而离开。处理这些不同的看法时，通常需要外部顾问的帮助，他们能支持达成共同理解，将看法中的差异与相似性当成了解组织多元文化水平的来源。

在组织多元文化发展阶段，以下活动可用于信息收集的集体过程。向来自不同的部门、利益相关者、层级和社会认同群体的成员代表介绍“评估工具：多元文化组织发展阶段指标”（见表 26.2）后，将他们分成混合小组，要各小组从表中选取三个有兴趣探讨的组织维度。每个参与者分别就所选择的维度回答以下四个问题：

- 根据你选择的维度，你如何评估组织多元文化的水平：单一文化、过渡阶段或多元文化？
- 在做出此评估时，你使用了哪些指标或信息？
- 根据你的非正式评估，为了变得更加多元文化，适当的变革目标是什么？
- 要更充分地评估组织的多元文化水平，你还需要哪些信息？

在小组中，参与者互相分享各自评估的结果，并尝试理解对方的评估及得出此结论的原因。接下来的大组讨论通常会出现很多不同和相似的观点，让整个大组都形成共同的理解，在评价处于一种或另一种多元文化水平的组织时，关注所使用的指标是比较复杂的，但又是非常重要的。例如，在上述养老院的案例中，从分析中得出的变革目标显然是增加担任领导角色的有色人种群体的数量，而这也要求更积极的人才发展与晋升方法，即表 26.2 中政策、程序和非正式体系维度。在金融服务组织的案例中，人们一致认同有必要制定一个商业案例，将使命和目的的组织维度与拉美裔人口日益增加的重要性联系起来，因为拉美裔人口是该组织的市场和人才来源。

多元文化组织发展变革模型：建立多元文化组织愿景的工具

本章开始时提出的多元文化组织总体愿景将在本节进行延展，在这样的多元文化组织中：（1）不同群体带给组织的多样性的信息和观点形成了组织的策略、工作、管理和运营体系以及组织获得成功的核心价值观和规范；（2）所有群体的成员都能受到公平对待，参与到重要决策中，公平地分享组织提供的奖励和机会，并能代表组织的所有层级和职能。

多元文化组织的这种愿景来自三种不同却互补的方式，其中对组织中的平等和公正进行了研究，涉及了社会、经济政治和社会环境。有关这些不同观点如图 26.2 所示。我们会对每种方法进行简要讨论以引出评估后更具体的工作：界定根据这三个主要参数所预想的多元文化组织类型。

一般来说，多样性和包容性的方法本身会涉及“消除压迫并建立为所有人类提供包容、平等、参与权和机会的文化和体系”。这方面的工作需要处理社会公平问题，寻求确保不同社会群体成员在机会、代表性和组织奖励方面拥有平等的权利。具体来说，这些工作试图纠正基于社会认同的种族、性别、能力、性取向、宗教、民族、阶层和其他社会相关差异的歧视与不公平，在整个组织内推动包容差异性的文化。虽然存在着大量对“多样性和包容性”的批评，但鼓励组织多样性和包容性的重大实践为实现组织内的平等做出了巨大贡献。

职场民主的方法本身会涉及“将权威结构向自主、权力均等和自我管理方向转变［着］”。这些工作侧重于组织公正的两个维度：（1）经济公正，确保成员拥有工作和/或得到公平的工作报酬；（2）政治平等，确保所有员工都参与到组织治理与决策机构及过程中。属于这种方法的议题和干预手段的示例包括员工主人翁意识、工会、共同治理，以及员工拥有掌控自己工作和工作条件的能力。这些工作也大大有助于实现组织内的平等。

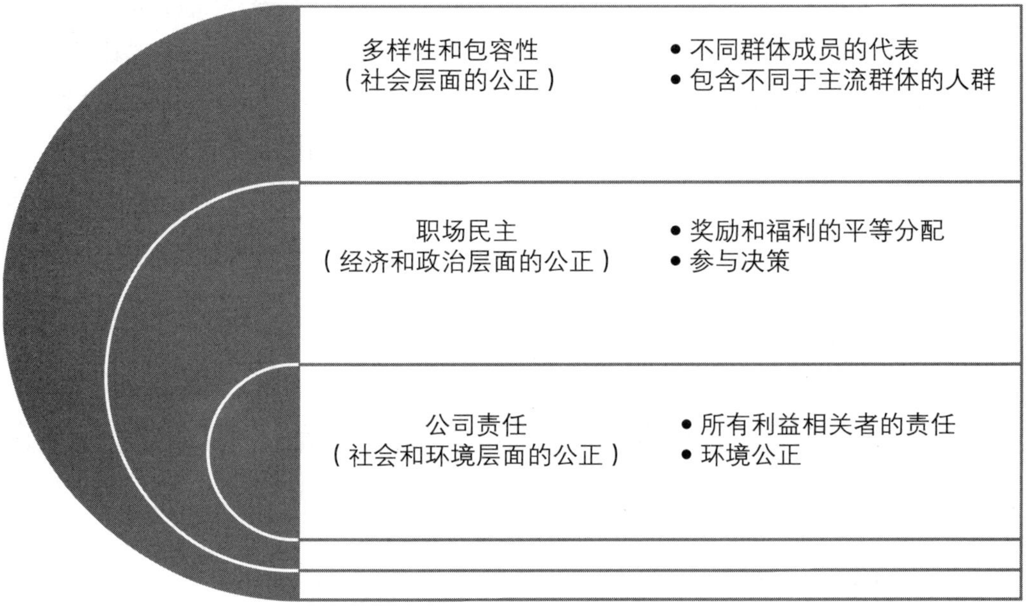

图 26.2　实现组织内平等与公正的三种方法

企业社会责任方法考虑的是社会利益，会要求组织对其活动给客户、员工、股东、社区和其经营所处的环境造成的影响承担责任。组织责任被理解为超越了守法的义务，是组织自愿采取措施去改善员工及其家人与组织经营所在的当地社区和社会的生活质量（维基百科）。工作的重点是确保组织无论是短期还是长期内对其社区、社会和环境会做出积极贡献，不会产生危害。例如，CSR 倡议中会包括保护人权、劳动法、环境可持续性、责任报告，以及主张使用三重底线来评估组织的经济、环境和社会成就及影响。

与多性样和包容性方法一样，CSR 一直被批评是用来鼓吹公司公众形象、管理风险及避免政府法规的噱头，仅聚焦于狭隘且易量化的目标，提供基于市场的肤浅解决方案，不能解决社会不公的根本原因。然而，企业社会责任关注环境公正、自然资源的保护，以及组织对所有利益相关者（不仅仅是股东）福祉的贡献，因而为组织内的平等提供第三个重要组成部分。

一个已经实现了社会、经济政治和环境社会公正的多元文化组织所应有的理想而全面的愿景会具备什么样的元素或特征呢？虽然要确定所有的标志性元素或特征已经超出了本章的范围（也超出了任何一位作者的能力所及），但表 26.2 提供了此类指标的一些初步示例。我们建议的方法是，组织不是要试着以抽象和先验的方式确定此类指标，而是要使用评估工具（见表 26.2）来建立多元文化组织的普遍愿景，关注当前学习体系的实施以继续有助于做出诊断，了解在组织维度的何处及如何会出现（不）平等，继而处理此处讨论的公正的三大类别相关的问题。然后可以试验各种已知或发明的具体实践，向更平等的方向发展。

例如，一家位于新英格兰的小型建筑公司的联合创始人约翰·艾布拉姆在他的杰出企业家和职场民主会议录（*The Company We Keep*）（2005）中，介绍了自己的公司实现成长并盈利的有机过程，而实现的方式就是遵循了以如下七个原则为基础的愿景："培养职场民主"、限制增长、"平衡多重底线"、对社群及其成员进行投入、致力于高品质工艺，以及为子孙后代着想并采取行动。如果用职场民主和企业社会责任的标准去衡量时，这家公司很多多元文化组织的指标都是满足的，如复杂底线、共享决策、集体学习活动、社群参与和工人主人翁意识。另外，来自多样性与包容性方法的指标却不太明显，如多语言和多元文化的规范，多元化社会群体代表及为社会多元化社群提供的服务（见表 26.2）。从这层意思上说，不能说这家公司已经实现了本章提出的真正多元文化愿景。

多元文化组织发展变革模型：采取行动的工具

就像在展示中提到的那些示例一样，多元文化组织发展变革模型还可以用于确定变革目标和战略，使组织变得更为多元文化。但是这些目标必须以之前讨论的组织多元文化发展阶段的评估为基础并与之相对应。例如，尽管组织的愿景可能是成为完全多元文化，但如果组织还处于服从阶段，试图立即变成"多元文化"是不切实际的期望。相反，对组织而言更适合的变革目标可能是采取积极行动，如设定目标去招聘、发展并提拔被忽略的群体成员，从而提高组织多样性和包容性，并迈向再定义阶段（见表 26.1）。相应地，一些变革战略相比较而言会更适合某些多元文化发展阶段，这取决于变革目标。

表 26.3 列出任何组织变革过程中需要考虑的五大战略问题：总体变革目标是什么？

具体变革目标是什么？适当的干预有哪些？指导变革过程的价值观是什么？最有可能支持这种变革的利益相关者或拥护者是谁？在面向多样性、包容性和平等的变革工作中，上述问题的答案根据多元文化发展阶段而各有不同。在实施变革过程之前回答这些问题有助于确立一致的战略，而不仅仅是一系列“最佳实践”。后者在特定的组织中可能不会产生任何重大变革。

表 26.3　多元文化组织变革战略问题

	单一文化型	过渡型	多元文化型
总体变革目标	致力于从排他性向多元文化的改变	评价和消除不平等实践 锁定新群体，借此提高市场份额	将所有群体整合起来 持续学习 协调一致 社会责任
变革目标	修正目标/使命 中断“主义”/保护弱势群体 教育/创造觉察 增加多样性	增加代表性/参与 减少骚扰 教育/增加觉察 支持发展/提升	保证与所有层级/群体的连接性 共享决策 将多样性融为一体 转变组织文化
变革干预	诉讼 抵制与制裁 开放招聘标准 扩大触及范围	有关多样性的培训 肯定的行动目标 指导和职业发展 政策转变和授权 ERGs/员工网络	记分卡和多层级问责制 灵活的工作结构 大型群体干预以学习“最佳实践”
价值观引导的变革	无，除非法律规定/其他来自外的部压力 企业生存	社会接受度 人才、市场、声誉、其他业务优势	复杂的底线 绩效与学习 平等
变革拥护者	外部压力群体 先锋	有远见的领导 合法申请人 零星的准备 内部联盟	多元文化联盟 广泛/多层级领导 跨利益相关者协作

表 26.3 的目的不在于提供最终答案，而是说明在回答有关从单一文化到多元文化组

织发展连续过程的战略性问题时，多样性、包容性和平等性的变革战略是如何开始成形的。

例如，在一家被评估处于单一文化水平的美国中型制药公司（也可以是一个部门或单员），其总体变革目的被确定为“对女性和少数群体更加包容并呈现多样性”。如果关键利益相关者和领导者未做出这样的初步承诺，不会有太大的变革。最终根据所述承诺制定的具体变革目标是修订组织使命，为多样性的客户、员工和社区群体服务，而不仅仅是之前的传统目标的主流群体。而需要投入很多精力和资源的关键性干预措施包括：修改关键专业职位的招聘标准、扩大可聘用的人才来源和可提供服务的客户来源、就如何减少招聘中的偏见对管理人员进行培训、设计制作营销资料并针对新客户群体开发新产品。该组织在“市场”和商业环境的推动下要变得更加包容和多样性，因为外部的人口变化使得白人女性以及少数族裔成为组织所制造并销售的产品的新客户。

在其他组织中，是雇员、社区及/或政府提起的诉讼对组织施加了足够的压力，迫使其不得不开始改变其排他的任务和实践来予以回应。驱动这两种单一文化组织有所变革的价值观是企业生存以及对外部力量（如法律）的回应。在处于多元文化发展阶段的其他组织中，对表 26.3 中提出的战略问题的答案有所不同，但同样需要回答以便确定一致的变革战略。

结论

本章提供的工具是基于一个重要假设：组织，即其员工、领导者、顾客和周围的社区将逐渐理解包容性、多样性和平等性所带来的好处，因此将支持变革。这就是变革的原因，也就是很多人所说的“商业案例”，需要推敲各种理性和感性的考虑以及不同利益相关者的动机。对于一些组织而言，理由可能是组织效率和盈利能力，例如，公司董事会的性别多样性带来了公司财务业绩的提升。对于另一些公司而言，理由可能是因为社会及道德责任需要做到公平、平等或者要增强组织的学习和创新能力。处理这些差异，让人们达成共识并下定决心迈步前行，这不是一个简单的过程，也不能只是权宜之计。

在过去 20 年里，很多有关组织如何变得包容、多样性和平等（完全多元文化）的学术研究和实践学习纷纷涌现。例如，干预措施已经发生了转变，原来仅依赖对个人的培训，关注改变个人的偏见态度及增加其对差异的了解；现在会关注系统性变革以及针对组织系统和日常实践的干预，尤其是那些会维持不平等并阻止“不一样的”人全情为组织贡献的日常实践。我们已经了解多元文化组织发展不仅仅是管理多元化，而是管理生产力、人才和有利于组织的市场。多元文化组织发展变革模型也在寻求组织层面上的平等和公正。

我们还了解到，从单一文化到多元文化的变革是一个复杂的发展过程，而不是一个轻松的一蹴而就的过程。它需要针对具体组织的现实情况和独特性持续投入。它没有标准化的过程，但需要持续的探询和学习，而且组织可能需要在内部培养各种能力。必须考虑所有社会群体和组织的所有方面，了解它们如何促成及是否与组织内外的包容性、多样性和平等性的愿景保持一致。可能正是因为缺乏致力于复杂和持续变革的承诺，多年来真正的多元文化组织还是少之又少。

成为更加多元文化的组织需要有意识地努力，别指望坐享其成。不经过之前的发展阶段，是无法实现这一步的。如果你要实现变革，就必须了解自己当前的状态和期望目标。这就是为什么评估和愿景规划一直都是组织成功变革并实现多样性、包容性和平等性的基础。

参考文献

Abrams, J. (2005). *The company we keep: Reinventing small business for people, community and place*. White River Junction, VT: Chelsea Green.

Acker, J. (2006). Inequality regimes: Gender, class and race in organizations. *Gender and Society*, *20*(4), 441-464.

Blowfield, M., & Frynas, J. G. (2005). Setting new agendas: Critical perspectives on corporate social responsibility in the developing world. *International Affairs*, *81*(3), 499-513.

Brazzel, M. (2007). Diversity and social justice practices for OD practitioners. *OD Practitioner*, *39*(3), 15-21.

Catalyst. (2007). The bottom line: Corporate performance and women's representation on boards. Retrieved from www.catalyst.org/knowledge/bottom-line-corporate-performance-and-womens-representation-boards. Chesler, M. (1994). Organization development is not the same as multicultural organization development. In E. Y. Cross, J. H. Katz, F. A.

Miller, & E. W. Seashore (Eds.), *The promise of diversity: Over 40 voices discuss strategies for eliminating discrimination in organizations* (pp. 240-251). Burr Ridge, IL: Irwin/NTL Institute.

Chesler, M., & Crowfoot, J. (1992). Visioning change: Stages in the movement from monocultural to multicultural organization. Working paper #103-369-763. Ann Arbor, MI: University of Michigan.

Chesler, M., & Delgado, H. (1987). Race relations training and organizational change. In J. W. Shaw, P. G. Nordlie, & R. M. Shapiro (Eds.), *Strategies for improving race relations: The Anglo American experience* (pp. 182-204). Manchester, UK: Manchester University Press.

Corporate Watch. (2006). What's wrong with corporate social responsibility? Retrieved from www.corporatewatch.org/?lid=2670.

Cox, T. H., Jr. (1991). The multicultural organization. *Academy of Management Executive, 5*(2), 34-47.

Cox, T. H., Jr. (1993). *Cultural diversity in organizations: Theory, research and practice*. San Francisco, CA: Berrett-Koehler.

Edelman, L. B., Fuller, S. R., & Mara-Drita, I. (2001). Diversity rhetoric and the managerialization of law. *American Journal of Sociology, 106*(6), 1589-1641.

Elden, M. (1987). Democratizing organizations: Challenge to organization development. In R. Tannenbaum, N., Margulies, F., Massarik, and Associates (Eds.), *Human systems development* (pp. 198-392). San Francisco, CA: Jossey-Bass.

Haq, R. (2004). International perspectives on workplace diversity. In M. S. Stockdale & F. J. Crosby (Eds.), *The psychology and management of workplace diversity* (pp. 277-298). Malden, MA: Blackwell.

Holvino, E., Ferdman, B., & Merrill-Sands, D. (2004). Creating and sustaining diversity and inclusion in organizations: Strategies and approaches. In M. S. Stockdale & F. J. Crosby (Eds.), *The psychology and management of workplace diversity* (pp. 245-276). Malden, MA: Blackwell.

Holvino, E., & Kamp, A. (2009). Diversity management: Are we moving in the right direction? Reflections from both sides of the North Atlantic. *Scandinavian Journal of*

Management, *25*, 345-403.

Jackson, B. W. (2006). Theory and practice of multicultural organization development. In B. B. Jones & M. Brazzel (Eds.), *The NTL handbook of OD and change: Principles, practices, and perspectives* (pp. 139-154). San Francisco, CA: Pfeiffer.

Jackson, B. W., & Hardiman, R. (1994). Multicultural organization development. In E. Cross, J. H. Katz, F. A. Miller, & E. W. Seashore (Eds.), *The promise of diversity: Over 40 voices discuss strategies for eliminating discrimination in organizations* (pp. 231-239). Burr Ridge, IL: Irwin/NTL Institute.

Jackson, B. W., & Holvino, E. (1986). Working with multicultural organizations: Matching theory and practice. In R. Donleavy (Ed.), *OD Network 1986 conference proceedings* (pp. 84-96). New York: Organization Development Network.

Jackson, B. W., & Holvino, E. (1988). Developing multicultural organizations. *Journal of Religion and the Applied Behavioral Sciences*, *9*(2), 14-19.

Kalev, A., Dobbin, F., & Kelly, E. (2006, August). Best practices or best guesses? Assessing the efficacy of corporate Affirmative Action and diversity policies. *American Sociological Review*, *71*, 589-617.

Karnani, A. (2010, August 23). The case against corporate social responsibility. http://online.wsj.com/article/SB10001424052748703338004575230112664504890.

Miller, F. A. (1994). Why we chose to address oppression. In E. Cross, J. H. Katz, F. A. Miller, & E. W. Seashore (Eds.), *The promise of diversity: Over 40 voices -discuss strategies for eliminating discrimination in organizations* (pp. xxv-xxix). Burr Ridge, IL: Irwin/NTL Institute.

Miller, F. A., & Katz, J. H. (1995). Cultural diversity as a developmental process: The path from monocultural club to inclusive organization. In J. W. Pfeiffer (Ed.), *The 1995 annual: Volume 2, consulting* (pp. 267-281). San Francisco, CA: Pfeiffer.

Mor Barak, M. E. (2005). *Managing diversity: Toward a globally inclusive workplace.* Thousand Oaks, CA: Sage.

Prasad, P., Mills, A. J., Elms, M., & Prasad, A. (Eds.). (1997). *Managing the organizational melting pot: Dilemmas of workplace diversity*. Thousand Oaks, CA: Sage.

Ramarajan, L., & Thomas, D. A. (2010). A positive approach to studying diversity in organizations. Harvard Business School working paper 11-024. Cambridge, MA.

Thomas, D. A., & Ely, R. (1996, September/October). Making differences matter: A new paradigm for managing diversity. *Harvard Business Review*, pp. 79-90.

Vogel, D. (2005). *The market for virtue: The potential and limits of corporate social responsibility*. Washington, DC: The Brookings Institution.

Weisbord, M. (1978). *Organizational diagnosis: A workbook of theory and practice*. Reading, MA: Addison-Wesley.

Wikipedia. (n.d.) Corporate social responsibility. Retrieved from http://en.wikipedia.org/wiki/Corporate_social_responsibility.

第 6 部分

组织发展的焦点领域

第27章

推动社会变革的组织发展实践者[1]

马克·利奇（Mark Leach）
罗宾·凯彻（Robin Katcher）

很多我们在生活中发现最感兴趣的事物——包括权力和资源的分配、群体内及群体间的动态、文化差异、群体情境中的领导角色和无意识想法、厘清人类复杂的困惑——恰恰是实践者在推进渐进式社会变革时最有帮助的。但近年来的巨大变化让我们认识到，社会变革组织发展实践本身必须有所改变。与客户一样，我们正在重塑外部分析能力、自组织能力和竞争能力，以推动渐进式社会变革。

1 注：本章以我们及发展研究院和管理援助集团（Management Assistance Group）（包含非营利性咨询和场域营造公司（Field-building Firms）的社会变革组织）同行们的经验为基础。虽然我们已从婴儿潮一代进入 X 一代，仍始终不渝地坚守着社会正义。马克出于对经济正义和社会发展的担忧开始了他的研究工作，在目睹了南半球令人难以忍受的非人道贫困境况其研究成果逐渐成型。罗宾最初的抱负是做一名研究美国贫困、暴力和不公正问题的年轻组织者，因此她要与社会结构的根本性问题较量。现在，作为管理援助集团的同事，我们有幸为各组织、联盟、网络和领导者提供职场生涯咨询服务，他们的使命正是我们会大力支持的。

简介

本章是写给那些想要利用自身技能作为外部变革推动者促进渐进式社会变革的组织发展实践者的，无论他们经验老到还是资历尚浅。出于我们的目的，“社会变革”被定义为“长期持续改变比单一组织更大范畴的结构、流程和结果”。对组织发展实践者而言，这可能意味着：

- 支持寻求改变某个组织（如世界银行和英国石油公司等组织）实践的非营利性倡导群体，其活动的后果会远远超出目标组织的边界。
- 协助一个小规模但具创新性的扫盲项目，使该项目的模型作为国家政策被采用，扩大项目影响力。
- 就共同的社会变革议题创建全新的跨组织实体，如重振萧条的城市、建立公平的经济体，或者确保传统上被剥夺权利的人群拥有投票权。
- 召集领导者群体，培养他们的能力，让他们相互学习，开展集体分析并采取行动。

从事此类活动的组织发展实践者深入参与到自己所服务的组织及体系中，但至少在两个方面始终是“局外人”。首先，直接客户（非营利性倡导组织与政策组织，活动家同盟与网络、政府或企业中富同情心的内部人士）自己通常都不属于其想要产生影响力的社区或选区。例如，为街头流浪者服务的非营利性倡导组织的执行董事通常自己都不是无家可归者，也不是所在组织想要去影响的立法机构的一部分。其次，参与本文所提到的此类社会变革工作的组织发展实践者通常也不是自己使用组织发展技能提供服务的组织的成员。尽管存在着这种和社会变革工作“冲击点”的距离，顾问与活动家、组织发展实践者及社会变革推动者之间的界限可能变模糊。为了有效辨明这种界限，组织发展实践者必须清楚发挥作用的权力动态，以及自身作为变革推动者角色的性质。最后，与那些合作的活动家、领导者、组织和网络相比，组织发展实践者所承担的责任或风险级别是不同的。

本章从概述社会变革组织及其不断变化的工作背景入手，提出了四种类型划分的方式，从而有助于澄清干预、角色和服务社会变革组织所需能力的范围。本章简要地概述了跨组织系统反复出现的特有挑战，随后将讨论组织发展实践者在社会变革中所需的技能与方法。

社会变革组织、系统和客户

认识到大多数社会公正问题不适用于通过单一领域的方案来解决，我们将非营利性组织、政府和营利性公司视为社会变革的合法行动者。除了这些较传统且界限明确的组织外，社会变革服务中的组织发展往往要求与跨组织体系（协作、联合会、伙伴关系）以及界限更为松散的体系（如研究多个问题或运动的组织及个人的网络）合作。主题、部门、组织行动者和介入程度的范围——本地的、区域的、全国的和全球的——这些组织发展实践者在社会变革服务中可应用并磨炼自身技能的范围几乎是无限的。组织发展实践者选择在何处运作可能取决于实践者的本质利益、价值观、生活经历、政治承诺和社会变革理论。

在传统的组织发展中，“客户”通常是与实践者签约并支付顾问费用的人员或实体。当“客户”被定义为组织（或跨组织）的使命及预期受益者时，社会变革组织发展会最为有效。

社会变革组织的当前背景

在20世纪40年代以来的几十年里，所有领域中的组织发展实践者都能为实现组织使命做出重大贡献，在这个过程中自己的工作局限于单一组织的界限内。常规的组织发展干预（改善人员与组织流程、技术结构；将组织作为一个整体施以干预）和技能（内在技能和人际技能建设；进入项目的咨询技能；诊断；反馈；规划变革）通常足以满足客户需求。

在至少30年里，人们普遍注意到以下若干常见因素使单一组织难以影响社会变革：经济、社会和政治全球化、加速的变革步伐、即时全球通信以及“混乱”社会问题间的相互关联。但无论是否陈词滥调，这些因素一直对所有领域的组织发展带来显著影响，尤其是社会变革领域。

特别是，社会变革组织已经开始认识到：

- 仅仅交付服务永远解决不了根深蒂固的文化及制度安排中存在的问题，这会持续造成发声和资源的不平等。因此，倡导是当下很多服务型组织的首要议题。
- 即使最具影响力的单一组织也常常缺乏解决其关切问题所需的资源、视角、合法性、触及面和/或技能。
- 单一问题社会运动——如果不与其他运动相关联——很少能积聚足够的选举权或广泛认同的公论去影响变革。

为保持有效性，各组织已形成一系列跨组织体系，如协作、伙伴关系、网络、联合会和联盟。这些体系中最复杂的是一些国家及国际网络，它们是通过深入而真诚的人际关系、集体思考、共享的长期愿景和针对短期目标的协作而联结起来的。

这些跨组织体系和不断变化的人口结构让组织需要跨越个人认同（民族、种族、阶层、性取向）和组织特征（文化、世界观、使命、政治和经济力量、地域、利益相关者基础）的差异进行运作。除此以外，还存在代际差异，尤其是较年轻的员工正在转变组织关于如何影响变革的观念，并探索诸如社交媒体、个人转型及不同社会运动建立协作等新战术。

外部变革的复杂性和步伐使许多组织领导者感觉到不堪重负、"难以驾驭"。外部的复杂性超过了许多领导者的能力来对其做出适宜组织响应。即使当领导者的"头脑复杂性"确实与其环境的复杂性相匹配，他们还会发现自己所拥有的组织结构、习惯和技能仅适用于更简单的时期和任务。

因此，组织发展实践者要如何在各种竞争力和背景不断变化的旋涡中找到自己的方位呢？明确适当干预的本质是一个有帮助的起点。

从外部干预不断变化的组织

对于涉足社会变革的组织发展实践者而言，有四种干预特别有效：从内部巩固社会变革组织；与现有组织或跨组织体系合作，扩大影响；支持建立新的跨组织形式；以及开展活动影响目标机构。（支持活动不是一种单独层面的干预，而是跨组织体系中的一种常用战略，应该特别处理。）

这四种干预形成了一个复杂性连续体，需要实践者具备一系列越来越不同于传统组织发展的技能和态度。沿着复杂性连续体继续发展，实践者还会在个人、职业发展与界限管理方面面临越来越具挑战性的问题。示例 27.1 和示例 27.2 概括了这些干预、任务和组织发展实践者的角色，这些信息改编自布朗（Brown）、利奇和科维（Covey）最初开发的框架。

示例 27.1　干预类型和任务汇总

从内部巩固社会变革组织

1. 澄清组织使命及活动间的关联。
2. 管理基本权利和价值差异方面的冲突。
3. 设计复杂的组织架构。

4. 教练领导者。

与现有组织或跨组织体系合作，扩大影响

1. 澄清构成组织战略基础的社会变革理论。
2. 强化对外关系和跨组织体系。
3. 设计组织架构和外部关系以扩大影响力。
4. 支持在联盟、网络或社会运动层面上的战略思考。

支持建立新的跨组织形式

1. 召集并引导行动者间的初始对话。
2. 为新的跨组织工作打造领导力。
3. 创造共同愿景、价值观、分析和计划。
4. 设计完成工作的正式和非正式方式。
5. 处理跨组织体系中的权力动态。
6. 创建体系以实现跨组织学习。

开展活动影响目标机构：跨组织战略的特例

1. 明确令人憧憬的愿景。
2. 创建背景影响的理论。
3. 为集体行动争取支持者。
4. 创立联盟，支持改革。

从内部巩固社会变革组织

处于复杂性连续体的这个点上，组织发展实践者要努力改善一个单一组织的功能或能力。这项工作需要使用最传统的组织发展技能和方法，但不能认为适用于私营企业的组织发展技能可以简单转用来处理社会变革组织。

进行第一种类型的干预时，典型的任务包括以下几项。

澄清组织使命与活动间的关联　许多社会变革组织都清楚自己的使命和计划活动，但却难以阐明与此相关的战略和目标。鉴于这些组织工作的复杂程度和瞬息万变的环境，组织发展实践者的工作是帮助确定该组织希望实现的影响力，并将组织的资源和能力集中到最有前景的长期目标上。这意味着要帮助组织学习绘制社会运动/议题生态系统、了解其独特附加价值以及持续评估并调整战略。

管理基本权利和价值差异方面的冲突　社会变革组织的参与者经常会发现在职位、价值观和选区方面的微小差异能对战略、文化、目标和优先考虑产生实际的影响。这些差异可能使冲突迅速升级。在根据价值观、愿景和不同的选区需要而集合成的组织内，冲突管理至关重要。将不可避免的内在张力看作可预见的组织使命的正常结果对其进行重构，这种做法会有帮助。组织发展的任务是清楚说明价值观和意识形态，并使这两者与具体的目标和战略相一致，确保体系内的所有关键因素都尽可能一致。

设计复杂的组织架构　几乎没有什么社会变革组织（或其董事会）高度重视组织和管理。当员工试图在组织内推行自己对世界所信奉的价值观时，如参与式决策、扁平式组织结构、任务、角色和权威的低差异性及问责制的有机体系，上述情况会加剧。组织发展实践者有助于将这些价值观变成组织结构的明确组成部分，在组织价值观（如效率和参与性）出现冲突时帮助管理对立性。此时，对各种组织架构和决策制度有所了解会发挥重要作用。

教练领导者　许多社会变革组织领导者是内容专家或有魅力的创始人，管理日益复杂的成长型组织的经验不多。那些想要成长的人可以从个人教练过程中受益，从而帮助其反思不断变化的工作背景及对其领导力的影响。通常由解决系统问题的实践者以外的人提供教练服务会有帮助。社会变革领域中在越来越多地使用同侪教练和团队教练。

在这种类型的干预和任务中，要强化单个的社会变革组织，组织发展实践者需要扮演组织战略家、冲突调解人、组织设计师和领导力教练的角色。示例 27.2 汇总了组织发展实践者在这种干预类型及其他类型中所扮演的角色。

示例 27.2　组织发展实践者的角色与干预类型

从内部巩固社会变革组织

- 组织分析师
- 冲突和权力关系的调解人
- 组织设计师和缔造者
- 领导力教练

与现有组织或跨组织体系合作，扩大影响

- 社会变革理论家
- 网络和合作伙伴关系设计师
- 对外关系促进者

支持建立新的跨组织形式

- 多个利益相关者的召集人和引导师
- 新型结构和制度的创始人或助产士

- 多方差异的调解人
- 网络学习流程的催化剂

开展活动影响目标机构：跨组织战略的特例

- 有远见的活动家
- 能够理解并整合不同的战略——政策分析、沟通、研究、组织安排、公民参与
- 支持打造联盟、网络和运动的领导力
- 目标机构和外部环境的概念情景分析师
- 机构和领域的联结桥梁缔造者

与现有组织或跨组织体系合作，扩大影响力

小型的成功组织通常发现难以扩大自身的影响力。许多人将扩大规模等同于简单的扩大自己的运营：增加预算，服务更多客户，提供更多服务，或者解决新的问题。

一些间接方法可以帮助组织发挥更大的影响力，包括培训其他人进行类似的工作，分拆出新的组织，或者建立战略联盟和网络，从而影响其他社会变革行动者的政策。

扩大社会变革的影响可能需要组织发展实践者去执行常规组织发展范围以外的任务。这些任务可能涉及推动实践者去引入一些内部人员感到陌生的新观点，去临时扮演思想领袖的角色以设计变革项目，去强化网络结构或体系，或者去指引进行有难度的会谈。从长期来看，这种领导力如果能够移交给内部体系领导者，才会有作用。有时候有关领导力的愿景是存在的，但是需要有一个中立的临时召集人去让它显现出来。

扩大社会变革影响的一些典型任务如下所示。

澄清构成战略基础的社会变革理论　吸引其他组织并对其产生影响，通过这种方式来扩大影响力需要组织发展实践者和客户确切了解外部的力量动态、关键参与者的利益、有利或不利于预期影响的力量，以及组织在社会运动生态系统中的角色。只了解组织的情况是不够的，组织发展实践者必须知道或能迅速掌握与客户的使命相关的社会变革是如何产生的。例如，寻求改变州最高法院法官甄选方式的组织所采取的理论与要改变关于移民的全国性话题的群体所使用的理论一定是截然不同的。

强化对外关系和跨组织体系　扩大影响的间接方法需要社会变革组织成为与外部行动者（如分包商、同盟、合作伙伴关系、联合会、联盟和社会运动网络）多方约定的一部分。在此背景下，像冲突管理、群体间关系和团队建设等常规组织发展干预措施可以发挥

作用，但尚不足够。而且，大多数组织发展实践者通常不具备在跨组织情境下运用这些常规技能的经验或没受过相关训练。处理进一步的复杂性需要新的技能和框架，有时还需要实践者个人要有所发展。

设计组织架构和外部关系以扩大影响力 不同的扩大战略需要不同的组织设计。在管理内部发展时，使用常规组织发展法来进行设计是有效的，而提高架构的复杂度是典型的扩大影响力的直接方法。间接的扩大法需要组织设计能力以支持组织外部的创新和连接，例如，孵化并分拆出新的组织或者加入政策及倡导同盟。深入的外部协作会在董事会角色、领导力模式和高级团队角色方面产生强大的内部转变。这些模式都是新兴的，对于什么会有效并不存在“专家”答案。

支持在联盟、网络或社会运动层面上的战略思考 更深入地了解外部环境或社会运动生态系统中的参与者，会使一个组织的使命和战略与其他组织保持一致的机会变得更加清晰。战略工作在跨组织或网络层面上会呈现出不一样的识别力。

想帮助组织扩大社会变革影响的组织发展实践者必须拥有多种能力（见示例 27.2）。他们必须是社会变革理论家（不同于组织变革理论家），专长于大规模的政治和社会动力学、权力分析、运动分析、同盟构建、倡导和组织内部关系。实践者应该熟悉网络与合作伙伴关系设计，有能力协调对外关系。总体而言，这要求将重点从单一的组织发展“客户”组织转变为大型组织群体和复杂社会力量中出现的动态和问题。

支持建立新的跨组织形式

从外部改变组织和体系的第三类干预方式是协助创建新的跨组织形式——如协作、战略联盟、同盟或社会运动网络。当单一的组织无法解决问题，多个组织的现有体系又不能提供行动的焦点时，采用此类干预方式是必要的。例如，当历史上发生过冲突的多方必须联合起来管理稀缺的自然资源时，当帮派暴力正在危害社区和个人生命时，或者当社会运动行动者想要改变有关赤字支出的辩论和政策的条款时。在冲突不太明显的情况下，如当多个行动者必须合作以降低婴儿和孕妇死亡率时，也有必要创建新的跨组织形式。

起初，在这些干预中，组织发展实践者的角色和技能与传统组织发展顾问比，看起来更像组织领导者或运动组织者。也正是在干预复杂性连续体的这个点上，组织发展实践者的角色和社会变革推动者或活动者的角色之间的界限开始模糊，也最需要对谁的利益和声誉正面临危机保持敏锐的意识。

创建新的组织体系的一些典型任务包括如下几项。

召集并引导行动者间的初始对话 有时候，像组织发展实践者或行动研究者这样的局外人能符合中间人要值得信赖、诚实的需要来召集不同群体。这可能需要与现有的社区组织及组织者或者更大型社会运动或网络领导人合作，找出共同点、消除不信任并探索未来行动的可能性。在其他情况下（也最好是）来自成员组织的现有领导者扮演召集角色。

为新的跨组织工作打造领导力 当组织发展实践者临时担任召集新跨组织群体的领导角色时，他必须快速采取措施，确保领导角色由那些利害关系最大的人来承担，即新体系中的常任成员。可采取的措施有支持现有领导者或在体系内扩大领导力，以确保被认可并实现所需的观点和经验的多样性。

这在干预过程中是特别敏感的时刻，考验着参与群体愿意去信任已担任了领导和差异化角色的彼此的程度。

创造共同愿景、价值观、分析和计划 当这种标准的组织发展任务应用于新建立的跨组织体系中时，呈现出大为不同的特性。它需要不同寻常的深入聆听、商定不同的世界观、建立并重建人际和群体间信任、分析复杂的权力和社会运动、协调组织内和跨组织的目标及行动并管理高度的模糊性和适应性。

此时，新体系的合作伙伴必须决定其集体工作的范围和规模。他们会努力改变问题或讨论的框架吗？建立社会运动行动者的能力？形成跨领域联盟？改变目标机构？只有在决定了“他们想要玩得多大”后，才能开始考虑结构问题。在此之前，任何结构都应被视为只是临时的。

设计完成工作的正式和非正式方式 一旦多个组织同意联合工作，组织发展实践者就可以协助设计一个结构来管理集体任务。建立结构时，不仅要基于体系愿景的规模，也要考虑会涉及的其他非成员行动者有哪些、成员间的信任程度和权力关系，各成员对风险的偏好，以及各自在损益方面的立场。这样的结构可以是举办中央领导论坛的网络，小型工作群体或团队的指导委员会，拥有常任成员和合作或协作委员会的同盟，或者拥有董事会的较传统的组织。

通常还需要创建其他基础架构（员工、志愿者管理层、公共关系体系、财务与会计体系、筹集机制），可以是重新创建的，也可以利用有现成技能和基础架构的组织。要制定明确的约定和指导原则来帮助对不同的参与者如何共同运作设定期望，就需要对结构进行加固。组织发展实践者可以帮助设计基础架构的创建方式。但大多数跨组织架构（尤其是社会运动网络形式）需要维持松散、定期审视并调整适应不断变化的情况。

处理跨组织体系中的权力动态 如果不有意识地使用复杂的权力动态，新的跨组织方法就无法取得成功。要取得效果，此类群体应吸引具有丰富的经验、多样性的观点、不同层次的组织资源与影响力及不同认同（种族、民族、性取向、性别、阶级、年龄）的人群。识别并管理伴随这种多样性出现的权力动态，这种技巧包括但不限于传统的文化素养。此外，组织发展实践者必须了解自己的角色、认同和作为这个过程的顾问所拥有的权力。

创建体系以实现跨组织学习　许多组织已经发现，组织学习极有价值又具挑战性。当多个组织进行学习分享、协调联合行动时，学习与适应的挑战会相应增加。组织发展实践者的行动学习经验以及网络和协作中对信息技术的使用非常有助于支持学习与灵活的适应。

示例 27.2 中列出了创建新组织体系时组织发展实践者的基本作用，包括：召集并协调多个利益相关者、引入新的构建理念、体系创业、调节多方差异和促进网络学习。

开展活动影响目标机构

这种类型的干预旨在给对特定社会变革很重要的组织内部动态与政策带来外部压力。例如，改变世界银行的贷款政策，影响美国家得宝公司购买以可持续性方式采伐的木材，或者倡导通过全面移民改革。

此类活动是组织或跨组织体系可能会用来创造社会变革的众多战略中的一种。活动通常具有特定的目标，并受到时间限制（尽管有些会持续数年），而且活动行动者间通常更具事务性（实现特定任务和目标），而非转型性（为追求长期愿景而创造长期关系和生成性空间）。

此处组织发展实践者的角色仅仅与常规外部组织发展实践者的角色有些许相似之处。大多数活动中都有多个变革推动者，而变革领导者会在来自不同选区和施压集团的人中轮换，最终取决于手边最紧急的任务和工作的发展阶段。

在这种类型的干预中，组织发展实践者的典型任务包括以下几项。

明确令人憧憬的愿景　活动中通常不乏如何改变目标组织的点子——关闭目标组织、改变其董事会的组成及问责制、改革原则与实践等。组织发展实践者的挑战往往在于要帮助人们从多个相互对立的变革陈述中提炼出一个共同的愿景。

创建背景影响的理论　形成共同的变革愿景后，就如何影响目标组织达成约定（媒体活动、经济压力、政府压力、公众教育活动或与内部支持者合作）也同样困难重重。在活动中组织发展实践者担任的一个重要角色是作为值得信赖的、诚实的中间人，最好具备类似情况的经验和理念，可以帮助指明方向。

为集体行动争取支持者 动员人们去影响目标机构背景的任务通常就落在已有或新形成的倡导或组织群体身上。但参与这种干预的组织发展实践者必须牢固掌握社会组织和动员方面的任务和动态——即便只是为了了解这些群体如何适应更大规模的影响力战略。

创立联盟，支持改革 偶尔，组织发展实践者在开展一项活动时，需要协助建立较长期的联盟、社会运动网络或其他结构性关系。这就需要具备上文提到的创建新的跨组织体系所需的技能和角色。在某些情况下，组织发展实践者帮助活动确定能如何最好满足不断变化的员工配置需要，这让其自身的角色也在变化，与此同时还帮助领导者将需求和技能与复杂多变的任务匹配起来。

重塑目标机构的背景需要组织发展实践者发挥多种作用：具备高瞻远瞩的能动性、支持构建网络和具有打造运动的领导力。实践者还必须了解并整合一系列战略：政策分析、沟通、研究、组织安排、公民参与、外部背景和目标机构的概念及情境分析以及与机构和领域间的桥梁缔造（见示例 27.2）。极少有人能扮演所有这些角色或具备所有这些技能。但最低限度，参与到这种干预中的组织发展实践者必须了解所需要的是什么，了解自身能力的局限性，并且擅长协作式的共享领导。

跨组织体系中反复出现的挑战

虽然本章没有深入讨论跨组织体系中需要创建、管理或参与的特定组织结构和实践。但对于考虑从事这方面工作的组织发展实践者而言，表 27.1 汇总了四个可能需要帮助去应对的反复出现的问题：（1）联合工作的设计；（2）跨组织体系的领导力和协调；（3）跨组织体系的治理；（4）为跨组织体系提供资金。这些都是跨组织工作的“基本组成部分”，而且以两种方式“反复出现”：每个跨组织体系都必须应对这几个问题；而且极少能够一劳永逸地解决每个问题。

联合工作的设计解决以下问题：谁应该参与其中？如何参与？我们在这里的目的是什么——为了互利交易还是转型？我们达到了何种信任程度？需要达到何种信任程度？我们在行动之前需要就哪些情况达成约定？组织发展实践者的关键作用是帮助跨组织体系将双重焦点放在其愿景和领导、业务人员及成员的实际能力上。

表 27.1　创造和强化跨组织体系时反复出现的组织发展挑战及任务

挑　战	任　务
联合工作的设计	确保启动期间的时间充足以识别合适的合作伙伴或成员 联合工作的内容尽可能“贴近基层”，并让执行者尽早参与 为合作伙伴提供机会去兑现小承诺，从而建立互信；或从已存的信任开始 澄清每个成员对联合工作的附加价值 只在对基本目的、价值观、目标和方向达成共识时才继续进行 商定子群体在缺乏所有成员参与的情况下采取特定举措的方式
跨组织体系的领导力和协调	确保必要的技术和管理技能 确保具备能够监管治理机构、方案执行者及其他治理机构成员的技能和专注力。确保具备能够明确统一愿景、激发对共同使命的忠诚度及处理异常的概念性、技术性和关系复杂性的技能 授权领导者行使管理职责 澄清并维持行政和治理职责间的界线 支持成员首席执行官们管理组织/网络边界
跨组织体系的治理	与管理团体成员及在团体成员间建立互信关系，同时，与各成员所在组织的关键人员建立互信关系。谨慎管理从临时到较长期领导职责的过渡；确保不会由组织发展实践者长期承担领导责任 确保治理群体成员拥有战略思维技能和代表所在组织决策和投入资源的能力 确保治理群体拥有维持治理与管理间界线的必要权力、接受过相关培训并对此充满信心 确保治理机构成员适当共享对政策和战略的影响力 针对成员间财务问责制建立透明而可信的体系 缓和成员组织间政策差异产生的体系运作 存在大量运作和项目时，创建独立于治理机构的运作协调小组
为跨组织体系提供资金	确保出资人支持实施者对跨组织体系设计和体系方案运作的影响 确保筹资和分配协议能得到成员的支持 随着多方体系不断发展、学习和日渐成熟，建立灵活的战略 尽早为创建协作体系和持续联合学习的高额前期成本提供足够的资源 建立将出资人和治理机构连接起来的正式和/或非正式沟通机制 明确出资人对战略和政策的影响力

跨组织体系的领导力和协调有关于谁将每天推进跨组织体系的工作，以及这个（些）人该拥有多大权力。有不少多方体系的领导角色及主要协调角色由个人或团队承担，同时他们也在负责更大的治理机构。创建长期同盟与网络的活动家通常也在领导自己的组织的同时，在跨组织体系中扮演关键领导角色。领导者在这种边界上运作的技能与实践——以及组织发展实践者能够如何给予他们支持——还处于萌芽阶段，但是一个重要的学习和实践领域（请参阅 http://networkleadership.org/）。

跨组织体系的治理关系到由谁制定总体方向、政策及战略，以及如何选择并替换人员。治理群体将如何与指定协调人或领导者建立联系？治理成员如何避免陷入运作的琐碎中？如果资金都花完了，谁该来承担责任？如果合作伙伴不分担同等责任，如何分享同等信用？

为跨组织体系提供资金是成员组织通常无法控制的反复出现的挑战。资金结构会带来或明显或不那么明显但有力的激励。组织发展实践者在新建多方体系时要及早发挥作用，帮助成员了解因出资人利益及收购、分配新资源而形成的动态。会涉及的主要问题包括：如何减少成员争抢资金；如何在没人可以保证成功的情况下筹集资金；以及如何将出资人转换为合作伙伴（以及知道何时不该这样做）。

对组织发展实践者的影响

显然，在跨组织社会变革环境中要成为一名有效的组织发展实践者，其要求远远超出大多数实践者最初接受的培训范围。一些要求是针对个人特质和工作方法的，还有一些则是针对具体技能和能力的。

特质与方法

个人信誉、影响力和可持续性 一个人在社会变革方面的个人价值观、意识形态倾向和专业重点，对是否能获得多个体系的认可至关重要。在充满意识形态的环境中，之前与一些行动者合作的经历可能使实践者失去项目缔约资格或赢得合约。此外，以往具体的工作经历（组织安排、筹措资金、政策分析）与客户体系中关键行动者的经历类似，会有助于提升个人的可信度和能力。

从个人层面看，此类工作要求很高，回报也丰厚。要相信客户的使命，才更有可能保持这些体系所需要的关注度，并挑战客户如何履行使命，这也是通常需要做到的。如果组织发展实践者没有准备好解决难题或者因为使命而放弃客户，那么这份工作可能并不适合他。

在多个层面上进行干预的能力和兴趣　许多社会变革体系无法承担多个外部顾问的费用，因此能够在多个层面——个人、群体、群体间、组织和组织间——适当发挥分析和干预功效的人是真正的资产。

在"多领域运作"（Juggling Many Balls）方面的能力和兴趣　向大多数社会变革组织提供服务不如向私营企业或大型服务提供商提供类似服务利润高。希望为这个市场提供服务的实践者要能接受较低的收入，每年的"计费日数"比为私营公司提供服务的同行更多，客户群体既包括社会变革客户又包括收费较高的私营公司客户。我们也成功试验过支持关键领导和员工开展他们自己的行动学习和组织发展活动。

能包容模糊性和复杂性　有效社会变革的本质是杂乱、非线性及不可预测。这要求组织发展实践者愿意放弃"专家"角色，与客户一起建立一个空间，保持好奇心，积极试验并乐于从失败中获得学习。

不必执着于"创建什么"　刻板地坚持特定的结构或战略会僵化并削弱跨组织工作。正如某位高效的网络领导者所说："我喜欢让我们的思考保持复杂，但让我们的结构保持松散。"（请参阅 http://networkleadership.org/上就有效网络领导力的 MAG 案例研究）。组织发展实践者的作用是帮助结构及战略的演变或迭代，从而抓住跨组织体系不断变化的机会，满足其需求。有时组织发展实践者不得不去质疑是否仍然需要当前的跨组织形式。这样可以为一些新的参与者结构腾出空间，从而一起迎接下一个问题或社会运动的挑战。

技能与能力

除了对工作的态度和方法之外，在跨组织社会变革环境中工作的组织发展实践者必须具有以下能力。

跨文化能力　对于一个在社会变革领域的组织发展实践者而言，这已不再是一种非必备的能力了。要进行有意义的变革需要能与来自广泛背景、具备不同观点、世界观及学习风格的人充分合作。跨文化能力超越了个人及小群体间动态的层面而进行了延伸，还涵盖了理解和实时处理结构动力分析的能力。除了学术型组织发展长期宣传的认知性、线性和概念性的方法之外，合格的跨文化组织发展会越来越多地使用与身体、表达方式和视觉有关的方法，并践行反思。

政治技能和敏感性 组织发展实践者必须能提出明确的战略性问题，创建空间让不同的政治战略和张力显现出来，并找到共同前进的方向。当组织发展实践者接触过多种社会变革战略及有效推进战略的方法时，创建的过程会变得更为容易。

有意识地增加或减少冲突以进行调停 基于利益的谈判再加上构建共同理解的能力（对社会变革行动者的利益、愿景、贡献和局限性的理解及对目标和成果的理解等）可以减少社会变革体系中的无益冲突。一名该领域的合格实践者也必须知道什么时候冲突的表达是不够的，这样会导致所需要的想法被压制。

澄清组织在社会问题中的角色 包括给社会变革举措界定概念、调解并整合不同的价值观、帮助明确共享的愿景和目标，以及设计有效的多方体系。组织发展实践者应该有能力帮助组织确定自己的最大贡献（和承认自身的缺点），并和他人一起找到组织在更大的社会运动中的合适位置。

引导多方对话和决策流程 这需要与多方及与几十人到数百人规模的群体合作的技术和技能，不管是面对面的开展还是远程开展。其中保持平衡特别棘手的是要知道如何及何时扮演内容专家和引导师的角色，以及知道何时不能将这些角色混合使用。

平衡用于诊断和规划的欣赏式和批判式方法 通过强调组织的优势和成就，并确定达成共识及已获成功的领域，一个人通常能蓄积动力并建立互信。然而，参与者深知意识形态和利益之间存在冲突（技能、资源和潜在贡献间也存在冲突）。如果多方组织发展干预要获得任何可信度或影响力的话，这些冲突必须是可以进行讨论的。

能承担并迅速转变角色的系统领导力 在跨组织的权力共享环境中，从外部进行社会变革需要组织发展实践者在不同的角色之间进行转变，从技术顾问（如与组织设计有关）到不完善体系的临时领导者（提供创业领导力以推动想法多、信任少的群体发起协作），到社会变革活动家，再到网络学习推动者等。要承担此领导职能可能还需要实践者从个人顾问模式进行转换，成为变革推动者团队中的临时成员。帮助确立核心原则和运作约定，教练关键体系成员，建立持续学习和适应的体系，这些适当且有效的方法可以让领导力扎根于自己的归属所在，即系统成员自身。

结论

社会变革推动者通常对世界应该怎么样有着清晰的愿景，也会想象他人该如何改变以促成愿景的实现。然而，变革推动者往往并未准备好去经历必要的转型——无论是个人层面还是组织层面——以实现外在表现的有效性。从个人层面看，这可能意味着要直面自己的局限性和盲点，也意味着要去适应不确定性。在社会变革领域中，极少存在重复的模式，机构和战略都是新兴出现的，大多数因果关系都是不可知的。给予相关情境的专业知识和经验提供附加价值，同时不忘“初心”地开展工作，这让在社会变革领域运作的组织发展实践者一直处于紧张状态。

有效性也需要组织变革。许多社会变革领域的领导者、活动家和出资人都表示，密集的外部协作的最大影响就是显著改变了自己所在的组织。在协作的过程中，澄清了社会和社会运动的使命及角色；转变了对成功的定义；揭示了组织的优势与劣势；也显著——但愿也是创造性地——颠覆了对领导力、组织结构、高管团队角色、董事会及投资人的概念与对稳定性及适应性的文化观念。

最后，作为选择通过组织发展贯彻自己行动主义的社会变革推动者，在自己和客户间，就大家想要创造的未来基本愿景及如何实现的价值观，存在并且应该存在令人信服的一致性。但我们的角色和客户的角色并不一样。社会变革工作最终的领导力必须来自所服务的选区及授权去推动组织及协作任务的可信赖的领导者。我们作为组织发展实践者的角色是临时的。我们在体系发展的某个阶段的某个点与之相遇，并帮助它继续发展下去。无论我们的价值观和愿景多么强有力，也不应掩盖这样的事实：在履行咨询合约过程中谁的未来、权力和资源最具风险。

从诸多维度来看，如果不同时从内部进行变革，也就无法从外部实现变革。

参考文献

Bass, B. M. (1990, Winter). From transactional to transformational leadership: Learning to share the vision. *Organizational Dynamics*, pp. 19-31.

Brown, D., Leach, M., & Covey, J. (2005). Organization development for social change. In T. G. Cummings (Ed.), *Handbook of organization development*. Thousand Oaks, CA: Sage.

Garvey Berger, J. (2012). *Changing on the job: Developing leaders for a complex world.* Stanford, CA: Stanford University Press.

Katcher, R. (2010, Spring). Unstill waters: The fluid role of networks in social movements.

Nonprofit Quarterly.

Kegan, R. (1994). *In over our heads: The mental demands of modern life*. Cambridge, MA: Harvard University Press.

Kunreuther, F. (2002, December 20). Generational changes and leadership: Implications for social change organizations. The Hauser Center for Nonprofit Organizations, Report to the Annie E. Casey Foundation.

MAG network leadership case studies. (2012) Retrieved from www.management assistance. org/.

Snowden, D., & Boone, M. (2007, November). A leader's framework for decision-making. *Harvard Business Review*.

Zemsky, B., & Mann, D. (2008, Spring/Summer). Building organizations in a movement moment. *Social Policy*.

第 28 章

情商的力量及如何在工作中产生共鸣[1]

安妮·麦基（Annie McKee）
弗朗西斯·约翰斯顿（Frances Johnston）

情商将优秀领导者与普通领导者区分开来，也将普通领导者与煽动者区分开来，后者在工作中会索取太多我们的关注。在工作场所，情绪以及情商往往被忽视，因为人们认为它是“软实力”，所以无关紧要。这真是一种目光短浅的看法！人们总是先感觉后思考，所以有可能会感情用事以此来左右认知——或者也可能由此做出正确的决定。人们的感受会影响他们接受新信息、处理数据的能力，也会影响他们适应、学习、创造和成长的能力。同样，创造性思维与情绪有着不可分割的联系。它们息息相关。

感觉会影响我们的大脑、身体、行为，还有其他人。因为情绪具有传染性，它们如野火燎原般在大脑与大脑之间、人与人之间、群体与群体之间蔓延。刘易斯、阿米尼（Amini）和兰农（Lannon）创造了“边缘共振”（Limbic Resonance）这个短语，用于描述当感觉以一种非常微妙而复杂的方式从一个人传递给另一个人、从一个群体传递给另一个群体时，究竟发生了什么。近期关于情绪传染的研究——情绪如何从一个人传递给另一个人，如何在领导者与追随者之间进行传递——对组织发展实践产生了有趣的影响。

1 本章提到的所有企业都使用的是假名。

备注：我们要感谢克丽丝·艾伦·托马斯（Chris Allen Thomas）为本书的编辑提供了大力支持。

情绪会深刻地影响我们的组织氛围——我们工作环境。我们使用“共鸣”和“不和谐”这两个词来描述当人们分别处于一个积极、投入和乐观的状态时或者一个负面、愤世嫉俗、具破坏性的状态时，一个群体和组织的情绪现实。组织环境在某种程度上是不和谐的、失常的，或者有共鸣的、充满潜能的，无论是对个人幸福还是对集体有效性都会产生影响。遗憾的是，我们大多数人都有在不和谐的团队或组织中工作过的经验。在这种情况下，恐惧、焦虑和不正当（毫不夸张地说）的竞争司空见惯。结果就是，大多数人拒绝交流或成为问题的一部分。能产生共鸣的组织充满着希望和有效性，会赋能并且有着“我们共进退”的共识。能产生共鸣的组织很强大，它使人们感到自己充满活力，会全身心投入某些比自己还重要的目标上。这种类型的组织的领导者知道如何利用（自己和他人的）情绪，将人们团结起来为共同的目的而努力。我们称这些人为共鸣领导者。

共鸣领导者关心的是结果，如提高销售额、改善财务状况、提升客户保留率。我们也关心这些结果，但我们还关心人们在工作中的整体体验。部分原因是本应如此，毕竟，许多人大部分清醒的时间都用在工作上。难道我们不该营造充实和愉快的工作环境吗？但又不仅仅是这个原因。研究表明，情商、共鸣领导者及其创造的积极氛围与业绩之间存在着强有力的联系。为此，我们研究了情商对领导力的影响，然后又反过来研究了如何创造一个充满共鸣与活力的组织。我们希望能帮助人们了解集体情绪状态或一个群体的心境，我们称为一个组织的情绪现实。情绪现实是你凭直觉能感受到的微妙而强有力的情绪暗流。它是个人的情绪总和，是人们会带到工作中的所有情绪，连同组织中其他人的情绪及公司或机构的普遍情绪。一个组织的情绪现实似乎总是会超出任何个人的控制范围。但是，它是由参与组织及领导组织的人们所创造出来的，所以这些人也可以一起来改变它。

在本章中，我们将探讨情绪如何影响人们在工作中的关系和绩效。我们会讨论情商以及一个人的情绪能力将如何影响自己的领导力、他人和组织的情绪现实。我们也会来了解一个共鸣的环境如何积极影响个人与组织，而一个不和谐的环境如何带来相反的影响。最后，我们将分享一种被称为“动态探询”（Dynamic Inquiry）的定性研究方法。这种方法专为研究者和实践者而设计。这些人专门对人与组织进行研究，还必须以适合非学术界的方式开展研究并呈现研究结果。为便于讨论，我们将以两个组织及其领导者为例[2]。

---

2 有关领导力的主要理论，参见安妮·麦基的《Management: A Focus on Leaders》。

泰尔电信与贝克烤房：情商和情绪现实的力量

当你走进泰尔电信这家中型电信公司的总部时，会立即注意到，这里和大多数办公楼比，更为阳光明媚。即使冬天，依然让你如沐春风。每个人都笑面迎人，步伐中充满了活力。接待员会接待你，很显然，她真的对你要说什么很感兴趣。她的眼睛告诉你：她想了解情况，她在乎你。

在开放的大办公间里，人们在聊天，笑声不断。每个人都精神焕发，但也很放松。在空中有一种愉快的嗡嗡声，你会突然觉得兴奋，充满希望。这里正发生着什么，而你想成为它的一部分。进入会议室，你会注意到墙壁和书桌上的家庭照片。每一寸的空间都摆满了各种聚会的照片，团队认真工作却又充满乐趣的集体照。还有成百上千封装裱好的信件和电子邮件，那都是客户的感谢信。

会议室内，你会发现一张舒适的桌子，上面摆放着咖啡、苏打水和健康的零食。泰尔电信接待你的人会热烈欢迎你，向大家介绍你。每个人都能轻松自然地与你交谈。你之前并不认识他们，但他们把你当作老朋友一样。谈话从问候自然而然过渡到每个人都在做什么，还有一些关于个人生活的简短却真实的讨论。建立连接的过程是如此水到渠成。然后，大家自然地开始谈论当天的议程。这种开始会议的方式实在太棒了！当一天结束时，你会为整个团队所完成的大量工作感到震惊。团队在进行众多困难的决策时，并没有水火不容，也没有愤世嫉俗。制订出的发展计划明确，工作分工公平。你开始明白，为什么在经济低迷、行业竞争激烈且科技市场风起云涌之际，泰尔电信还能够依然实现目标、继续增长。

接下来要介绍的是贝克烤房。虽然它是一家食品服务公司，但在这家公司的餐厅待上一小时简直是一种恐怖的经历。大家都匆匆忙忙，甚至要互相推搡才能拿到食物。托盘发出碰撞声；每个人讲话就像机关枪在“突突突”一样。有些人在笑，但你能注意到，他们的笑容通常带有一种嘲弄的语调，他们在抱怨食物不好（这你也同意）。他们在抱怨天气（对此你很疑惑，天气很好啊）。很显然，这个部门疯狂的高级主管沦为了众人的笑柄。你加入同事们的餐桌，他们的欢迎礼貌而疏远。几个月前加入公司的老同事邀请你同坐，但他好像变了一个人。你必须提醒自己，你和他很熟，已经与他共事了很长时间，但你的感觉恰恰相反。

你试着转变话题，聊聊你希望与他们合作的新计划。但毫无帮助。你甚至都插不上嘴。

大家都忙着情绪激烈地谈论最近的问题。从大家的谈话中，你可以分辨出是有关“领导们”对于未来几个月将要发生的变革的失败沟通。你几乎要掐自己——他们说的是谁？在座的都是组织的领导者。很快谈话就完全不和谐了：有攻击性的玩笑，手指点来点去责备他人，接着是对个人、组织、工作，甚至彼此的嘲讽。防备心理在空气中流转。最后，你几乎能感觉到每个人都在叹息，在垂头丧气；开始听天由命，全桌人陷入沉默，然后一个接一个地拿起自己的托盘，回去工作。此时，你已疲惫不堪。

贝克烤房已成立近 20 年。目前可能处于蹒跚前行状态，原因是与一家知名的成功企业的合作。但这家公司业绩欠佳，多年来一直在苦苦支撑。财务绩效远低于类似的组织，员工参与度评分非常低。营业额也不如前几年，除此之外，众所周知，最优秀的员工还在陆续离开，其他留下来的是因为找不到其他工作。这家公司不会取得成功，即使它的愿景、服务和市场机会仍有吸引力，还能招到一些优秀的人。

泰尔电信与贝克烤房明显有着天壤之别。一个成功，一个不成功。一个由睿智而高情商的领导者带领；另一个由无知而傲慢的经理掌舵。一个是令人兴奋、充满活力的工作环境，另一个是完全压抑的工作环境。是什么决定了这些公司成功或失败？

要回答这个问题，我们需要考虑每个领导者的情商和行为，以及他们的组织情绪现实和文化。泰尔电信的首席执行官帕特（Pat）被公认为公司的文化建筑师，泰尔电信的文化被誉为业内最有活力、最成功的一种客户服务文化。帕特营造了一种积极且强大的情绪现实，它活力四射、开诚布公、相互支持，拥有想要成就正事的集体愿望。帕特的行为就体现了情商。

- 他对自我有深刻的认识（情商的基础）；
- 他以价值观和信念为基础，即使在压力下也能展现自信；
- 他具有很强的自我管理能力，大部分时间都保持积极的状态。他了解强烈情绪的力量，如正当的愤怒，并且能够妥善利用它们；
- 帕特与许多员工和客户建立了强烈的共情连接；
- 帕特保持个人关系的方式有会面（如果可能的话）、积极的电子邮件、取代电话的 Skype 或 face time，以及能触动员工却又能推进工作完成的温馨的电子邮件；
- 他总是会关心员工的日常生活和体验。

除了严谨地管理自己的精力和时间以避免体力消耗或职业倦怠，在帕特的日程中，每天要将部分时间留给需要自己全身心投入的活动。

帕特的领导能力与克里斯的截然不同。首先，贝克烤房的首席执行官认为把时间放在开发自我觉察上就是浪费。他要么根据短期绩效需求要么根据个人日程来制订日常行动计划。克里斯看不到这种方法有多大的破坏性，当有人质疑他的管理哲学时，他会感到震惊，甚至觉得被冒犯了。他的哲学认为让人处于没有把握、失去平衡的状态是“让人们动起来”的最佳策略。为了实现这一目标，有时克里斯会大发雷霆，让员工心有不满，匆忙开始工作流程。这位首席执行官营造了一种负面的、批判性的、普遍不稳定的工作环境。克里斯对员工如何看待领导层或组织并不感兴趣。他不认为自己的个人行为和领导风格造就了令人痛苦的消极情绪现实，使组织无法正常运行。

领导人的情商和组织的情绪现实影响着个人与组织的绩效和成果。因此，想要行之有效，组织发展实践者需要学会如何管理个人和集体情绪，帮助客户创造能产生共鸣的环境。事实上，我们已经确信，与客户合作要取得成功很大程度上取决于对情绪的解读和利用，包括个人情绪和情商（尤其是领导者的），以及任何群体或组织所展现出来的集体情绪状态。现在，让我们来关注这项研究，更好地了解情绪能如何影响领导有效性和组织有效性。

领导员工：在当今的含义

在过去的 100 多年里，学者和各界人士投入了无尽的时间和金钱来学习领导力。遗憾的是，很多我们“学到”的领导力完全就是错误的，或者仅是管中窥豹。例如，几乎主导了整个 20 世纪的特质理论让人们相信，具有某种特定教养和价值观的高大白人男子最适合当领导者。当然，这项研究的谬误已被拆穿，但今天在我们的民间传说与文化的背后，仍有很多有关成为领导者需要什么的无益谬见。例如，我们仍然根据智力来挑选、提拔员工；我们将像自我觉察这样的基本技能视为“软实力”；我们看重外向性格多过内向性格。

这些理念并未获得研究证实，不能为我们提供帮助。20 世纪形成的其他理论会更实用，甚至还有些帮助——如果你能发现的话。例如，情境领导理论宣称，应该改变个人的行为以更好地满足他人和/或特定情况的需要。直到最近我们才超越了过去的理论，有研究开始绘制出了一幅令人信服的图景，让我们知道情绪如何影响个人行为、领导力和群体绩效。

情绪：领导力的核心

传统上宗教和哲学一直都在研究大脑、身体、心灵与精神之间的相互作用。在很多近代西方历史中，宗教领袖和哲学家基本上已远离科学。幸运的是，这种情况已开始改变。让我们来了解一下神经科学和心理学领域现在是如何以不可思议的方式联系在一起来支持古老而现代的学说的。

遍及全球的本土居民都有各自的模式来解释头脑、身体、心灵与精神的相互作用。在北美，许多美洲原住民部落所使用的模式是一种类似罗盘的东西，当地人称之为“药轮”（Medicine Wheel）。在轮盘上，每个点都与人类体验的一个方面相关：心灵、头脑、身体和精神。在轮盘中心是身心平衡。这种对整体人类体验的研究也是佛教及其他一些宗教和哲学传统的基础。

现在让我们来看看神经科学，近年来，对（情绪）影响及其与人类行为关系的研究有了长足发展。威斯康星大学理查德·戴维森（Richard Davidson）等著名科学家主持的研究增进了人们对情绪心理学及其与个性、健康、认知功能和社会交往的关系的理解。同样地，积极心理学领域生成的理论和研究数据也支持了我们的发现。此外，当前在这两个领域里的理念也为管理教育和学习领域的最新发现提供了支持，这个发现就是，积极的情绪能支持员工及其所属群体的成长和发展。

无论所攻读的课程是什么，关于情绪在工作中毫无作用的观点正在失去可信性。这个信息很清楚：情绪驱动行为，无论是个人还是集体。科学、哲学以及常识现在都强调学会情绪处理的必要性，而不应忽略（不可能）或低估它们（愚蠢）。有关发现领导能力（尤其是和情商有关的）的一个研究领域通过了常识检验，也得到了严谨的研究证实。

情商能力：共鸣领导力的关键

多年来，研究人员一直尝试确定可能与个人和组织有效性相关的具体行为。这些研究都聚焦于能力：有明确意图支持的特定行为。越来越多的研究表明，情商能力是成功领导力的关键，包含自我觉察、自我管理和社会意识。具体例子如下所示。

- 研究表明，在越来越复杂、节奏越来越快的人类社会中，领导者是否成功，情商的重要性是技术知识和智商结合体的两倍。

- 对于组织整体的成功，情商的重要性被证明是其他因素的四倍。
- 一项对 15 家全球性公司的研究表明，85%～90%的领导力成功归功于情商。
- 我们的结论：研究支持了这样一种主张，即最重要的有效管理和领导的能力与情商相关。
- 与自我识别、自我管理、社会意识和关系管理相关的能力与有效的领导力行为有着明显的关联。这些能力如图 28.1 所示。

在管理文献和最卓越的公司的领导力发展计划中，情商已经占有一席之地。例如，谷歌的首席内部激励师陈一鸣被称为谷歌的“开心一哥”（无人否认）。这个称号甚至都印在了他的官方名片上。在《硅谷最受欢迎的情商课》（*Search Inside Yourself*）一书中，陈一鸣提出，情商和同理心就是生产力、创造力和幸福的基石。基于前人的研究，他阐述了一个重要事实：情绪会深刻影响个人的有效性和关系，特别是担当领导角色的人们。

图 28.1　有效的领导能力

实际上，情商使领导者能够理解并处理自己的内在反应、感觉和心情。它也能形成与其他人建立关系必要的洞察和技能。具体而言，具有情商的领导者带有自我觉察，能够管理自己及他人的情绪，能与社会环境高度协调并熟练地管理社会环境，具备高度成熟的关系技巧。具有情商的领导者会：

- 留意关注自我、他人和环境；
- 深入了解下属的想法和感受以激励、鼓励他们；
- 采用会使周围的人（合作伙伴、团队成员、员工、社区成员和其他人）自我感觉更强大、更能干的行动方式；
- 在压力下有效地管理自己，或在情况不明时保持冷静和专注；
- 培养积极的情绪以面对领导职位的自然压力，心怀希望，积极向上。

情商能为有效的领导力提供支持。但有一个问题：有效的领导力很必要，但它不足以保证组织的成功。即使最优秀的领导者也无法确保群体的健康与完整，尤其是复杂的跨国大型群体，它们通常功能多元且地域分散。为了支持创建并维护健康有效的组织，我们需要领导者建立有利于实现目标的氛围。这种关系如图 28.2 所示。

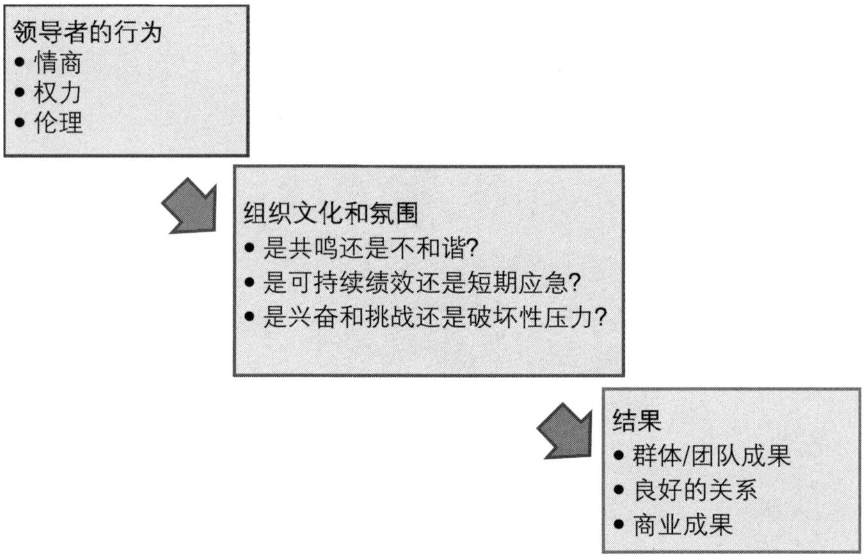

图 28.2　领导者的行为结果

群体的共鸣、不和谐和情绪现实

研究人员在继续探索领导者的情商与组织的情绪现实之间的关系。有意识地揭示并处理组织情绪、组织认知、组织行为及组织情绪现实间的关系，以协助人们了解如何同时发展个人和组织。当我们在讨论组织的情绪现实时，会对系统的主观生活充满兴趣，而它是通过系统中个人的感受、体验、想法和感觉表现出来的。过去，关于组织和系统的研究主要依赖外部客观现实可观察到的数据及对客观现实的描述。肯恩·威尔伯与同事令人信服地展示了这种世界观的局限性，认为如果要真正体验并理解人类存在的整体性，我们必须学会欣赏主观现实的力量并对它感兴趣。探索并利用系统的情绪现实展现了组织生活的这种主观方面。

在充满共鸣的环境中，人们相互适应，拥有共同的愿景和目标。大家重视积极的集体行动；他们满怀希望，个性达观，能经受考验和挑战；他们工作时通常关注集体效能，乐观积极。与之相反，不和谐的环境中满是敌意或听天由命、失望、悲观主义和普遍的绝望感。工作精力被耗尽或分散，人们大多数的工作状态似乎是承受了很大的压力，需要自保。

让我们回到之前介绍的案例，了解一个组织情绪现实的力量。当我们谈到贝克烤房时（一个不和谐组织的示例），人们很容易将公司的失败归咎于首席执行官克里斯。我们也经常指责领导者。但是组织氛围通常不仅仅与一个人的不称职有关。在这家公司里，抑郁、分裂和缺乏信心是整个高层领导群体的情绪特征。团队深陷在一种不和谐的氛围中，这种不和谐如传染病般蔓延开来，十分棘手。领导者个人受到彼此及氛围的负面影响，使团队不能积极运作。在总部和部门内部，以领导团队为核心的组织，无论是总部还是部门，会感受到群体的情绪，开始失去希望，并认为该群体功能失调，令人沮丧。

这些注重成绩的领导者并不习惯失败。他们无法像团队一样展开行动，只会觉得自己在被总部打压和误解。目标是早已商定并调整了的，新营销战略也已尝试了，创新结构也已试验了，但对改变组织绩效作用有限。业绩不佳、市场演变和多次重组导致大批员工裁员。组织苦苦挣扎，希望渺茫。领导者和员工都茫然失措。

人们计划采取干预措施来解决高管团队的抱负和能力问题以取得成果。教练服务开始启动，主要是集中的团体自我觉察研讨会。六个月里，在富有挑战、互相支持的环境中，大家对群体的情绪现实进行了探索。个人和群体的表现、情绪和抱负都一一得到明确处理。团队成员还探讨了，作为群体运作中的个人及作为向自己汇报的团队，自己个人的感受和行为间的相互作用。没有禁止谈论任何话题，他们也探讨了强烈的情绪，如内疚、责备和尴尬。他们还研究了人际冲突；这种现象虽然很少，但已导致团体的瘫痪。慢慢地，通过坦率的对话，人与人的关系得以恢复，团队找回了希望和效能感。

领导团队开始更快地做出决策，分享更多信息，为棘手的问题制订更为创新的解决方案。由于他们的关系更加真实，人们能够更快、更有效地解决冲突，真诚地相互支持。通过处理情绪，了解情绪和感觉如何影响行为，团队能够摆脱不和谐的恶性循环。从对话和真实的关系中汲取力量，群体重新找到了希望的感觉，制订了可行的行动计划，让人人都投身其中。处理情绪现实让团队：

- 展现了彼此相互依存、各自独立和从属的重要领域；
- 建立了一种共享的领导语言，它成为一条纽带让人们聚焦价值观、目标和彼此的成功；
- 深化和加强关键关系；
- 重振或释放正能量，并将它投入变革的过程；
- 制定能支持适应能力、协作行动和目标实现的集体规范。

团队的下一个挑战是开始了解集体情绪现实正如何影响整个公司，并对此采取行动。许多人（包括组织发展实践者）都会猜测一种氛围或文化中产生共鸣和不和谐的潜在驱动因素。精通社会意识技能的人的确能够更好地理解团队和组织，但我们需要的不仅仅是根据课本上的知识做出猜测。因为：（1）探讨真相而不仅仅猜测，这很重要。真相就在系统中；（2）对组织发展的偏见仍然存在，严谨研究成为人们接受我们的发现的关键所在；（3）变革很难。因为变革很难，我们需要让整个系统都参与其中去发现什么有效，什么无效，这样人们才会投身于变革。现在，我们来讨论一种研究组织情绪现实以最终产生共鸣的方法。

通过动态探询发现组织的情绪现实

在试图改变一个组织的情绪现实之前，你需要做出准确的诊断。一种发现组织情绪现实最有效的工具就是你：你自己的感觉和情绪反应。沙因、迪贝拉（Di Bella）和埃德温·尼维斯，还有索尼亚·尼维斯（Sonia Nevis），已分别阐明了使用“自我”作为诊断工具的重要性。将自我作为工具，使你这个研究者能正好置身于你正在审视的系统中，即使你身处其外。这很重要，因为人们会直觉性地拒绝考虑组织外部人士对于充满感情色彩的数据的解读，就像他们认为内部人士与系统关系太紧密而否定他们一样。这个人应该既是内部人，又是局外人，因为正是这种双重角度能够提供真实观察的机会及所需的语言去交流发现结果。

当关注自己的感觉、想法和感受时，人们是在收集信息，这些信息来自人们与群体中的个人、集体的情绪现实。通过密切关注自己的想法、感觉及与他人的能量联系（边缘共振），你可以更好地解读哪些是来自他们的，哪些是来自你的，以及/或者哪些是你们共同创造的。当尝试理解复杂的系统动力学时，这种明确性尤为重要，包括组织的情绪表达，权威是如何建立并接受的，权力的表达及包容/排斥动态（Inclusion/ Exclusion Dynamics）。

使用自我作为诊断工具非常必要，但还不够，可能有误导性及限制性。要真正辨别一个复杂系统的情绪现实，需要与系统内的个人建立关系，聆听他们的主观经历。这时可以采用一种被称为“动态探询”的方法来完成。正如《情商 4：决定你人生高度的领导情商》（*Primal Leadership*）中所讨论的，动态探询是一个定性过程，源于行动研究、共同探询和一种研究群体基本现实的人性化方法。它被应用于拥有 25 万名员工的公司，也在只有 20 名员工的公司中被采用，在非营利组织中使用过，也在董事会、宗教组织、乡村社团甚至多个国家使用过。在各种情况下，该过程都包含几个基本原则，我们将在下文概述。

充分认同真相就在系统中

假设作为组织系统一部分的个人知道有关真相。然而，他们可能已失去（或从未具备）能力或未获得许可来讨论情绪现实的基本真相，因此很难去阐述它。这需要安全空间和亲密关系去跨越这个障碍。作为组织的实践者，你的工作就是创造这样一种关系，带着尊重、虚怀若谷、保持开放、关怀和同理心去创造。你可以（实际上是必须）让动态探询对话的框架兼具人们的组织体验的积极和消极方面。这是因为人们的经验几乎从来没有全是积极的或全是消极的。强迫他们选择某个极端会导致曲解现实。当人们能够真正说出真相，他们才有机会说“是，我们就是这样，这对我们有帮助”或“是的，这里的情况就是这样，有些糟糕。我们必须改变”。

保持对话真实

真实的对话对于浮现和探索个人的经历、思想、观念和感觉非常必要。然而，没有一个人对群体情绪现实的描述能够完整地揭示群体的情绪概况。作为实践者，你的工作就是要确保所创造的情绪现实的画面是不偏不倚的。例如，你要格外留心以免对最高呼声、领导者的意见或与你的观点产生共鸣的问题产生偏爱。这意味着你必须拿捏好分寸，在将自己的情绪带入这个过程的同时，千万不要支配、引导访谈对象，更不能与其暗中串通，要与他们建立真正的连接。请记住，这个过程关注的是群体成员的经历，而不是你自己的经历。

最后，这个过程关注的不是你或者客户认为应该是这样的东西。群体在识别和处理自己的情绪现实时会遇到一个困难，群体成员总是用他们认为群体“应该是什么样”的信念和观点来滤除“是什么”的信息。

谨慎处理数据

通过这种访谈形式收集到的数据必须要小心处理。你正与群体的每个成员进行密切的交谈。谈话必须严格保密，无一例外。特别是在一个不和谐的环境中，最快得到不良数据（肤浅的、片面的或纯粹错误的）且十拿九稳的方式就是不能让受访者相信他说的一切都会被保密。

实施严谨分析

在动态探询过程中，你必须让自己保持最高学术标准。要做到这点，有一种方法是采用多种观点来看待数据，首先从发散性分析开始。这意味着你需要以几种不同的方式来考虑数据，包括识别明显的模式、分析隐喻、区分并研究带着感情色彩的语言，以及显露出分歧，还要考虑幽默和笑话、异常现象、英雄故事、坊间传说及完全谬论，或者根本错误的看法。这些都会提示你文化规范和价值观是什么，以及氛围里的情绪现实是怎样的。

不应只由单个人进行数据分析；相反，由团队共同完成才能了解数据更深层次的意义。团队进行数据分析可以减少偏见。当然，在定性研究过程中不可能消除所有的偏见。但是，通过彼此监督是否带有个人的偏见、动机和期望，分析团队成员更有可能理解组织成员呈现出的真相。

当你觉得自己已经从每个可能的观点对数据进行了考虑后，就可以开始确定主题和子主题了。作为辅助，你可以逐条查看访谈时的笔记或记录。这将再次确保你能忠实于人们告诉你的内容。

让领导者参与其中

你必须确保组织的最高领导者及其团队能积极参与动态探询过程。动态探询注定是一个关系的迭代过程。这意味着你需要与组织成员（特别是领导者们）确认从数据中浮现出的主题是否准确。这有助于检查准确性并建立对研究获得的最终结果的承诺。它还提供了深入对话的机会。公开地谈论情绪、优势和挑战通常都不是组织内的谈话方式。

总而言之，动态探询的过程旨在让客户参与到有关其组织的情绪现实的亲密交谈中。访谈会探讨积极与消极的情绪，还有组织内的所有体验。这个过程将揭示组织的情绪现实，为成员带来积极的体验。事实上，真正被倾听和被共情的体验给很多人带来了转变，让人们产生希望，激励他们致力于组织变革。这种发现个人及其所处工作系统的情绪现实的过程将对组织成员、组织发展实践者和组织都带来积极的影响。

对组织发展实践者的期望

本章中，我们探讨了情商及情绪对组织成员的影响。也分享了我们对情商领导力和共鸣的威力的观点，以及支持我们的主张的研究。我们认为，这些信息有助于组织发展，也有助于理解如何进行组织诊断。现在我们希望转入我们更深层次的信念：在真实的组织中与真实的人进行这种组织发展工作意味着什么。

我们的工作很神圣

探索并改变情绪状态是一项神圣的工作，需要一种整体的方法和对自我的理性认识。它要求具备开放心态、同理心和乐观精神。情绪的威力强大，选择去和情绪打交道需要高度的个人责任感。要负责任地实施这项工作，你可以用多种方法来做好准备，我们将在下文概述这些方法。

自我发展至关重要

如果你自己不能积极而持续地进行个人成长和发展，你是无法教授自我觉察、自我管理和社会意识的。换句话说，先做好自己的功课。努力深化你的自我觉察，了解自己的情绪（和自己的经验）是如何影响自己的行为的。通过管理自己的成功动力、实现行动一致来培养自我管理的能力，包括情感的自我控制。努力加强共情和自我觉察的能力。在处理人们对自己的领导力、对关系和对组织的理解时，觉察并控制自己的情绪、信念和价值观非常重要。用一个来自南非的朋友及同事驰萨・特塞诺力（Lechesa Tsenoli）的话来说，你必须“永远不要将自己的信念与他人的混淆”。

练习心智觉察

要真实反映他人的体验，同时又不失去自己的，我们需要练习心智觉察。觉察到并关注自我及他人，这有助于我们更清晰地观察、感受和思考。要培养创造性思维和情绪更新的能力。调动人们的情绪是一件很困难的事情，让人筋疲力尽，却又令人振奋，充满诱惑力。努力做到坚定、充满希望、开放、公正且富有同情心。这种方式会将练习（甚至像冥想这样的练习）作为个人持续成长的一部分。这种个人及专业的发展是不能在真空中或仅通过阅读和反思来实现的。要与人接触，获得反馈，并且寻求机会探讨一些有助于或妨碍你的情商能力的潜在问题。

带着勇气和尊重与个人、群体共事

越来越多的心理学和神经科学文献表明群体中情绪的真实力量。事实上，研究证实了我们对自己身为人类的认识：我们会在情感上适应他人以确保稳定的社会功能，最大限度地提高可预测性同时保护自己。但是，边缘共振的过程很微妙，几乎是无形的。大多数人都没有经过训练，无法有意识地读取情绪。在很多组织中，都大肆鼓励忽视个人和集体的情绪。所以，如果想要将情绪提升到个人或群体意识水平，你必须了解神经科学和心理学。然后（也很重要的是）你需要能够用平实的语言进行讨论。语言言简意赅。不要用行话。这是很多领域的诅咒，包括组织发展。

结论

要与个体领导者就有关其情商和组织氛围的议题开展有效合作，你可以从以个人和实践者的身份进行自我发展开始。你也可以要求自己与同事保持谦卑和专业。成为一名情商和组织文化的专家，开展研究以学习最佳实践和新兴理论。这将有助于建立一个以研究为基础、与商业相关的有利论点，以让领导者参与到发展自己和其他人情商的工作中。

帮助领导者和领导团队培养积极的情绪（希望、乐观、幸福和仁慈）极其重要，这将带来更好的业务成果。在最理想的情况下，有目的地去细心周到地处理情绪可以达到一种状态，在这种状态下个人利益与组织利益能保持协同并得到强化。这种集体情商的状态可以产生意想不到的结果。

本章介绍了一项极具影响力的研究，这项研究证实了采用显而易见、胸怀磊落且符合职业道德的方式来处理组织发展中遇到的情绪问题是有效果的，也存在很多机会。情绪会产生影响，有消极的，也有积极的，组织发展实践者可以利用这些情绪营造更鼓舞人心、更高效的环境。作为变革促进者，我们需要采用一种理性的方法来辨别情绪状态，将动态探询作为研究人与组织的一种方式。最后，我们提出了一些在处理组织发展中的情绪时可遵循的原则，包括对组织发展实践者的影响。我们希望，你能从中获得启发，对这种方式敞开心扉、开阔思维，从而可以应对组织中全面而真实的变革；能为客户和组织发展实践者提供助力。

参考文献

Ashkanasy, N. M., & Tse, B. (2000). Transformational leadership as management of emotion: A conceptual review. In N. M. Ashkanasy, C. E. Härtel, & W. J. Zerbe (Eds.), *Emotions in the workplace: Research, theory, and practice* (pp. 221-235). Westport, CT: Quorum Books/Greenwood Publishing Group.

Bartel, C. A., & Saavedra, R. (2000). The collective construction of work group moods. *Administrative Science Quarterly*, *45*(2), 197-231.

Boyatzis, R. E. (1982). *The competent manager: A model for effective performance*. New York: Wiley-Interscience.

Boyatzis, R. E. (2006). An overview of intentional change from a complexity perspective. *Journal of Management Development*, *25*(7), 607-623.

Boyatzis, R. E. (2008). Competencies in the twenty-first century. *Journal of Management Development*, *27*(1), 5-12.

Boyatzis, R. E., & Goleman, D. (2007). *Emotional Competency Inventory (now the Emotional and Social Competency Inventory)*. Boston, MA: Hay Group.

Boyatzis, R. E., & McKee, A. (2005). *Resonant leadership*. Cambridge, MA: Harvard Business School Press.

Boyatzis, R. E., McKee, A., & Goleman, D. (2002, April). Reawakening your passion for work. *Harvard Business Review*, pp. 86-94.

Brown, I. (1992). *The spiritual legacy of the American Indian*. New York: Crossroad.

Cherniss, C., & Goleman, D. (Eds.).(2001). *The emotionally intelligent workplace: How to select for, measure, and improve emotional intelligence in individuals, groups, and organizations* (1st ed.). San Francisco, CA: Jossey-Bass.

Cohn, M. A., Fredrickson, B. L., Brown, S. L., Mikels, J. A., & Conway, A. M. (2009). Happiness unpacked: Positive emotions increase life satisfaction by building resilience. *Emotion*, *9*(3), 361.

Davidson, R. J. (2004). Well-being and affective style: Neural substrates and biobehavioral correlates. *Philosophical Transactions of the Royal Society: Biological Sciences*, 359, 1395-1411.

Davidson, R. J. (2010). Empirical explorations of mindfulness: Conceptual and -methodological conundrums. *Emotion*, *10*(1), 8.

Davidson, R. J., & Irwin, W. (1999). Functional neuroanatomy of emotion and -affective style. *Trends in Cognitive Science*, 3, 11-21.

Decety, J., & Ickes, W. J. (2009). *The social neuroscience of empathy*. Cambridge, MA: MIT Press.

De Dreu, C.K.W., & Nauta, A. (2009). Self-interest and other-orientation in -organizational behavior: Implications for job performance, prosocial behavior, and personal initiative. *Journal of Applied Psychology*, *94*(4), 913-926.

DiBella, A., & Nevis, E. (1998). *How organizations learn*. San Francisco, CA: Jossey-Bass.

Dietrich, A. (2004). The cognitive neuroscience of creativity. *Psychonomic Bulletin and Review*, *11*(6), 1011-1026.

Dietrich, A. (2007). *Introduction to consciousness*. New York: Palgrave Macmillan.

Emery, C. (2012). Uncovering the role of emotional abilities in leadership emergence: A longitudinal analysis of leadership networks. *Social Networks*, *34*(4), 429-437.

Forgas, J. (2003). Affective influences on attitudes and judgments. In R. Davidson, K. Sherer, & H. Goldsmith (Eds.), *Handbook of affective sciences*. Oxford, UK: Oxford University Press.

George, J. M. (2000). Emotions and leadership: The role of emotional intelligence. *Human*

Relations, *53*(8), 1027-1055.

Goleman, D. (1995). *Emotional intelligence*. New York: Bantam.

Goleman, D. (1998). *Working with emotional intelligence*. New York: Bantam.

Goleman, D. (2003). *Destructive emotions: A scientific dialogue with the Dalai Lama*. New York: Bantam.

Goleman, D. (2006). *Social intelligence*. New York: Bantam.

Goleman, D., & Boyatzis, R. E. (2008). Social intelligence and the biology of leadership. *Harvard Business Review*, *86*(9), 74-81.

Goleman, D., Boyatzis, R. E., & McKee, A. (2002, 2013). Primal leadership: The hidden driver of great performance. *Harvard Business Review*, pp. 44-51.

Goleman, D., Boyatzis, R. E., & McKee, A. (2002). *Primal leadership: Realizing the power of emotional intelligence*. Cambridge, MA: Harvard Business School Press.

Goleman, D., Boyatzis, R. E., & McKee, A. (2001). Primal leadership: The hidden driver of great performance. *Harvard Business Review*, *79*(11), 12.

Grant, A. M., Gino, F., & Hofmann, D. A. (2011). Reversing the extraverted leadership advantage: The role of employee proactivity. *Academy of Management Journal*, *54*(3), 528-550.

Hatfield, E., Cacioppo, J. T., & Rapson, R. L. (1993). Emotional contagion. *Current Directions in Psychological Science*, *2*(3), 96-99.

Hatfield, E., Cacioppo, J. T., & Rapson, R. L. (1994). *Emotional contagion*. Cambridge, England: Cambridge University Press.

Hume, D. (2003). *A treatise of human nature*. Mineola, NY: Courier Dover Publications.

Isen, A. M. (2002). A role for neuropsychology in understanding the facilitating influence of positive affect on social behavior and cognitive processes. In C. Snyder & S. Lopez (Eds.), *The handbook of positive psychology*. Oxford, UK: Oxford University Press.

Isen, A. M. (2004, April). Positive affect facilitates thinking and problem solving. In *Feelings and emotions: The Amsterdam symposium* (pp. 263-281).

Kelner, S. P., Rivers, C. A., & O'Connell, K. H. (1996). *Managerial style as a behavioral predictor of organizational climate*. Boston, MA: McBer.

Koman, E. S., & Wolff, S. B. (2008). Emotional intelligence competencies in the team and team leader. *Journal of Management Development*, *27*(1), 55-75.

Langer, E. J. (2000). Mindful learning. *Current Directions in Psychological Science*, *9*(6), 220-223.

Lewis, T. (1990). *The medicine men: Oglala Sioux ceremony and healing*. Lincoln, NE: University of Nebraska Press.

Lewis, T., Amini, F., & Lannon, R. (2000). *A general theory of love*. New York: Random House.

Lopez, S. J., & Snyder, C. R. (Eds.). (2011). *The Oxford handbook of positive psychology*. New York: Oxford University Press.

Markus, H., & Kitayama, S. (1991). Culture and the self: Implications for cognition, emotion, and motivation. *Psychological Review*, *98*, 224-253.

Mayer, J. D., Salovey, P., & Caruso, D. R. (2008). Emotional intelligence: New ability or eclectic traits? *American Psychologist*, *63*(6), 503.

McKee, A. (2012, 2014). *Management: A focus on leaders*. Upper Saddle River, NJ: Pearson Prentice Hall.

McKee, A. (2013). Working paper and published speeches. Elkins Park, PA: Resonant Leadership.

McKee, A., Boyatzis, R. E., & Johnston, F. (2008). *Becoming a resonant leader: Develop your emotional intelligence, renew your relationships, and sustain your effectiveness*. Boston, MA: Harvard Business School Press.

McKee, A., & McMillen, C. (1992). Discovering social issues: Organization development in a multicultural community. *Journal of Applied Behavioral Sciences*, *28*, 445-460.

Nevis, S. (1998). Personal interview.

Niehardt, J. (2000). *Black Elk speaks*. Lincoln, NE: University of Nebraska Press. (Originally published 1932)

Oberman, L. M., & Ramachandran, V. S. (2007). The simulating social mind: The role of the mirror neuron system and simulation in the social and communicative deficits of autism spectrum disorders. *Psychological Bulletin*, *133*(2), 310.

Ozcelik, H., & Langton, N. (2008). Doing well and doing good: The relationship between leadership practices that facilitate a positive emotional climate and organizational performance. *Journal of Managerial Psychology*, *23*(2), 186-203.

Reimann, M., & Bechara, A. (2010). The somatic marker framework as a neurological theory of decision-making: Review, conceptual comparisons, and future neuroeconomics research. *Journal of Economic Psychology*, *31*(5), 767-776.

Rifkin, J. (2009). *The empathic civilization: The race to global consciousness in a world in crisis*. New York: Penguin.

Riggio, R. E., & Reichard, R. J. (2008). The emotional and social intelligences of effective leadership: An emotional and social skill approach. *Journal of Managerial Psychology*, *23*(2), 169-185.

Rock, D. (2009). Managing with the brain in mind. *Strategy+ business*, *56*, 1-11.

Salovey, P., Mayer, J. D., & Caruso, D. (2002). The positive psychology of emotional intelligence. In C. R. Snyder & S. J. Lopez (Eds.), *The handbook of positive psychology* (pp. 159-171). New York: Oxford University Press.

Schein, E. H. (1987). *Process consultation: Its role in organization development* (2nd ed.). Reading, MA: Addison-Wesley.

Seligman, M. (2002). *Authentic happiness: Using the new positive psychology to realize your potential for lasting fulfillment*. New York: The Free Press.

Shapiro, S. L. (2009). The integration of mindfulness and psychology. *Journal of Clinical Psychology*, *65*(6), 555-560.

Sidle, C. C. (2005). The leadership wheel: Five steps for achieving individual and organizational greatness (1st ed.). New York: Palgrave Macmillan.

Spencer, L. (2001). Improvement in service climate drives increase in revenue. Paper presented at the meeting of the Consortium for Research on Emotional Intelligence in Organizations. Cambridge, Massachusetts.

Spencer, L., & Spencer, S. (1993). *Competence at work: Models for superior performance*. Hoboken, NJ: John Wiley & Sons.

Suhonen, M., & Paasivaara, L. (2011). Factors of human capital related to project success in health care work units. *Journal of Nursing Management*, *19*(2), 246-253.

Sweetman, D., & Luthans, F. (2010). *The power of positive psychology: Psychological capital and work engagement*. In A. B. Baker & M. P. Leiter (Eds.), *Work engagement: A handbook of essential theory and research* (pp. 54-68). New York: Psychology Press.

Tan, C.-M. (2012). *Search inside yourself: Google's guide to enhancing productivity, creativity, and happiness*. New York: HarperOne.

Thomas, D. (2011). Examining the relationship between emotional intelligence and leadership effectiveness of Navy human resource officers. Unpublished doctoral dissertation, Northcentral University, Prescott Valley, Arizona.

Wendelin, M. K. (2011). Trans-+-form: Leader- and followership as an embodied, emotional and aesthetic practice for creative transformation in organizations. *Leadership and Organization Development Journal*, *32*(1), 20-40.

Wilber, K. (2000). *A theory of everything*. Boston, MA: Shambhala.

Wolff, S., Pescosolido, A., & Druskat, V. (2002). Emotional intelligence as the basis of leadership emergence in self-managing teams. *Leadership Quarterly*, *13*, 505-522.

第 29 章

组织网络动态和分析

玛雅·汤森德（Maya Townsend）

人们每天都在使用关系网络来解决问题、创新、制定决策并完成日常工作。当这么做时，他们就在开拓网络。

组织发展实践者都知道网络已存在多年，将其称为“非正式组织”，并运用基本社会关系网图来描绘关系网，鼓励人们去确定这些网络的影响圈。所有这些对组织网络应用的尝试都在增进我们的知识。今天，随着学术界的研究与科技的进步，组织发展实践者拥有了基于实验室与现场试验的雄厚理论基础，也具备了帮助识别、诊断及利用组织网络可使用的工具。

本章将组织网络作为一种概念和方法论进行探讨，介绍了网络干预对于组织发展实践者最有价值的领域，说明了对组织网络进行分析的过程，提供了建议来继续提高组织了解网络的能力。

什么是组织网络

网络是互相联系的群体或系统。我们就身处网络之中，人们的所有成就都离不开网络。

人们通过网络做出决策、提升个人和集体的知识、解决问题、制定策略、实施创新，以及开展几乎所有其他的人类及组织活动。图 29.1 展示了一些网络类型。

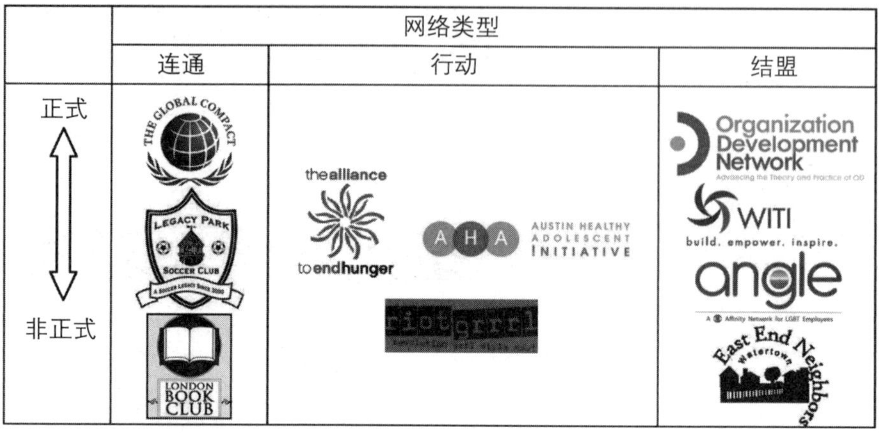

图 29.1　网络类型

所有网络都具有连通性：它们通过关系纽带将人们联系在一起。每天我们都在与他人建立联系，以共享信息、解决问题、相互支持、享受与我们信任并喜欢的人接触的体验。而我们这些本能的联系就形成了大多数的非正式网络。这些网络的成员包括朋友、家庭成员和同事。其他的非正式网络是指那些人们就一个共同感兴趣的话题而聚集在一起的情况。人们互相分享植物知识的社区园艺俱乐部，大家一起阅读维多利亚时期的小说或畅销书的读书会，每周六在公园里举行非正式比赛的足球队，这些都是非正式网络的例子。与之相反的是组织间的正式伙伴关系和联盟。联合国全球契约（UN Global Compact）就是这样的一个例子，它由多个遵守共同的人权、劳工、环境和反腐原则的组织构成。

有些网络的目标不仅仅局限于建立关系。行动网络寻求产出成果。例如，20 世纪 90 年代，出现了来自平民阶层的非正式的 American Riot Girls 群体，该群体经常采用朋克和/或激进的方式将年轻女性聚集在一起支持女权主义。还有一些正式的行动群体，例如，旨在宣传美国主张进步的政治候选人而设立的 Move On，还有 Alliance to End Hunger。在正式与非正式之间是松散的半正式网络，如 Austin Healthy Adolescent Initiative，该机构没有专职工作人员，但由奥斯汀市发起，定期召集组织举行会议以改善得克萨斯州特拉维斯群年轻人的健康。

最后，还有其他网络专注于结盟：帮助人们“发展并传播一种认同或集体价值主张”。有关结盟网络最清晰的例子就是那些就共同的传承或专业而形成的网络。组织发展网络的一个目的是帮助世界实现组织发展的价值。Women in Technology International 将在科技领域工作的女性聚集在一起。Angle 是 CBS（美国电视网络）中女同性恋、男同性恋、双性恋和跨性别者员工的同志网络。在更为非正式的另一端是松散的网络，如因邻居这一共同身份而团结在一起的社区居民群体，以及公司内享受特别午餐的拉美裔员工。

不管什么类型的网络——连通型、行动型还是结盟型，它们都有特定的特质，使其对组织具有重要价值。第一，网络能迅速扩散信息。人们常常在公司正式发布新闻之前就已经知道发生了什么。这是因为网络擅长通过系统快速发送信息。在网络中，信息是不可避免的；它的功用很像保持网络活跃而健康的燃料。信息快速传播的特质可以成为组织发展实践者的福音。例如，使用网络传播有关即将进行组织变革的消息，对传统沟通技巧而言是一种可行而有效的补充。

第二，网络具有复原性和适应性。网络比其他类型的组织结构能承受更多的压力。它会根据谁加入了，谁离开了，以及在与谁进行互动而持续地添加、删除及重建连接。因此，持续变化是网络的常态。这种特质有助于网络在面临内部或外部变化时能存续下去。网络已经习惯于重新建立，可以比其他结构更快地适应并恢复。

第三，网络比其他结构更容易获得专业知识和信息。例如，在正式的层级结构中，一个人想要寻求 Java 开发人员的帮忙，他可能必须等待自己的专业支持申请在整个组织中层层上报，然后再逐层下达。在网络中，人们通过自己的关系使用需要的资源。通常，很快就有人会引荐。为了促进快速建立关系，许多组织现在都使用网络应用程序，帮助人们根据专业知识或经验等标准搜索联系人。

关键连接者

网络还有一个特质令组织发展实践者特别感兴趣：关键连接者。史蒂芬森（Stephenson）已经对特定的数学算法申请了专利，该算法确定了三类关键连接者。斯蒂芬森认为，这些关键连接者占网络中所有节点的 5% ~ 10%，对整个网络具有重大影响。发掘关键连接者，将其作为变革的通道，组织发展实践者可以更有效、更迅速地创造变革。这三个角色是枢纽、看门人和把脉者。

枢纽　在图 29.2 中，凯伦是一个枢纽，因为她比其他人连接的人要多。史蒂文森对枢纽的描述是：对信息非常感兴趣，可能是八卦消息、技术专长、产品知识或任何其他类型的信息。他们倾向于八面玲珑，喜欢去应对各种活动和关系。枢纽在网络中价值重大，因为他们是情不自禁的分享者，会不断地传播信息。在变革期间，组织发展实践者可以利用枢纽的能力与他们分享重要的消息。由于宽广的连通性，枢纽有能力在整个网络快速传播这些信息。

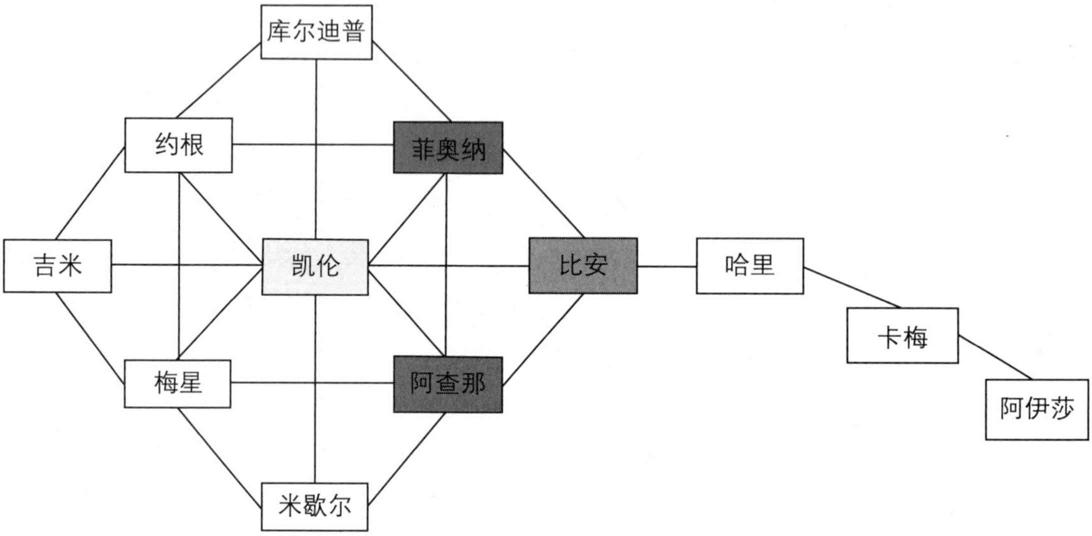

图 29.2　鸢形图

枢纽还具有所谓的高点度中心性（Degree Centrality）。点度中心性衡量节点的关系数。与其他人相比，卡伦的联系人最多，拥有最高的点度中心性：72%。相比之下，艾莎只有一个连接关系。她的点度中心性为 9%。高点度中心性也并非总是正向的。克雷布斯（Krebs）认为，“真正重要的是那些关系能带来什么，以及如何与其他无关联的人建立关系”。卡伦在与其最直接的群体中建立联系：这些人已经彼此联系。她可能有很多冗余的连接，要将时间花在无法为她的网络新增信息的人身上，他们只是重复信息。

看门人 比安是一个看门人，因为他充当一个群体与组织其余部分间的屏障。看门人并非总是在群体之间把门，他们有时也会管理信息流或与专业知识、客户或系统的接触机会。史蒂芬森写道：“作为组织内的重要环节或桥梁，看门人的作用是组织各部分之间或枢纽之间关键路径上的人员交流站（Human Way Station）”。

看门人具有高中间中心性（Betweenness Centrality），该指标衡量的是人们作为跨边界者的程度。比安的中间中心性比较高，因为哈里、卡梅和阿伊莎三个人只通过他与团体其他人建立关系。相比起来，阿伊莎只和卡梅建立联系，她的中间中心性为 0%。

具有高中间中心性的个人在组织内担任重要的中间人角色，协助信息在区域间流动。然而，那些高中间中心性的人也存在风险：他们代表了系统中潜在的瓶颈和薄弱点，因为他们是两个区域间唯一的通道。

把脉者 诸如菲奥娜和阿查那这样的“把脉者”要接触网络中其他人时需要经过的路径较少。他们处于战略位置，比大多数人更容易获得需要的东西。史蒂文森认为：“他们几乎是枢纽的另一个极端，被人忽略却知晓一切。这样的人影响力很大，却大多都难以察觉。他们精通文化，很大一部分人会成长为优秀的领导者。他们是知识传承的关键，至少应成为新员工和外行人的导师和教练。”

把脉者与高接近中心性（Closeness Centrality）有关。接近中心性关注的是在网络中比其他人都更快接触所有参与者的能力。即使菲奥娜和阿查那的连接关系并不是最多的，像卡伦一样，但他们拥有高接近中心性，因为他们可以轻而易举地接触网络中的任何需要接触的人。此外，他们的冗余关系较少——一个小圈子或社交圈内的连接，同时拥有更为独特的连接模式。

有人问是否可以招聘关键连接者来填补网络空白。还有人想知道性格是否决定关键连接者身份。虽然还需要对性格与网络位置间的相互作用进行更多研究，但对这两个问题的简短回答都是否定的。人们能成为关键连接者是出于三个原因的共同作用。第一，他们扮演的角色非常适合连接性。例如，由于角色的性质，一个人力资源专员与软件开发人员相比需要联系更多的人。第二，他们的性格有助于成为关键连接者。第三，组织中的其他人信任他们。这种信任的原因很复杂，并不能轻易预测得到，包括历史、性格、职位、社交关系。因此，雇用一个人作为关键连接者并不太容易，因为这个人与他人建立信任关系的能力，不仅仅取决于她的能力，也关乎他人接受她的意愿。

网络与组织发展

网络的动态结构非常适合当今快速变化的商业环境。对网络的了解能支持组织发展实践者从事许多活动，包括：

- 更换管理层
- 理解并创新
- 人才管理
- 新员工上岗辅导
- 流程改进

- 筹集资金
- 团队建设
- 联盟建设
- 重组
- 非营利管理，包括筹款、项目实施和志愿者管理

在本节，我们将探讨一些具体方式，让网络为那些与变革、团队和领导力相关的举措增加价值。

组织变革

有多少次公司投入重金进行重组，结果却发现无法达到期待目标？在这些情况下，挑战往往是非正式系统（也就是网络）没有根据组织结构而进行改变。人们继续利用自己拥有的连接关系来完成工作。本质上，他们是在利用维持现状的影子组织，破坏了新结构指定的理想关系。

组织发展实践者可以使用网络分析来协助对组织的重新梳理以支持重组。通过理解内部的网络，组织发展实践者首先深入了解人们在组织中是如何运作的，比如说，识别出那些运行良好、不应受重组干扰的连接群集。然后，组织发展实践者要做出选择，他们可以设计新结构去使用最有效和最高产的网络模式；他们可以将网络中有影响力的参与者转换职位以促进新的网络模式；他们可以让关键链接者参与新的活动来干扰机能失调的模式。这些方法都可以让正式组织与非正式组织协调一致，有助于缩短实现变革预期效果的所需时间。

对网络的了解还可以提升兼并或收购后的整合速度。让两个实体的关键连接者参与联合活动，组织发展实践者可以加速整合。有理论提出这样的观点（也经研究证实了）：同事们会直觉性地追随既被高度信任又擅长分享信息的关键连接者。因此，组织发展实践者可以将注意力放在关键连接者上，而不是让整个员工队伍深入参与。然后，由于联系人在网络中的影响，他们能够自然地将沟通和整合过程变得更轻松。

多样性和网络的相关研究如示例 29.1 所示。

示例 29.1 多样性和网络的相关研究

多样性

组织网络分析是了解组织多样性状态的理想方式。因为网络关系图展现的就是人们如

何互动，它提供了一种基于数据的客观方法来评估跨群体功能的角色和职责。例如，它可以显示，在领导者多为男性的公司里，女性高管相较于男性高管同事，可能收到更多来自低层级女性的指导请求。大量涌入的请求再加上作为开路先锋的女性高管愿意帮助其他女性取得成功的倾向，会干扰她们履行职责的能力，这样又会降低男性高管同事对她们的能力评价。

网络分析也有助于反驳潜在有害的观念。某公司里有人认为组织内存在一个美籍华裔小圈子。他们说，这些人互相支持，将非群体成员拒之门外，让其与晋升无缘。但网络分析结果恰恰相反。这个团体确实共享了一种个人的连接，他们有紧密的社会纽带，几乎每天都在一起吃饭。然而，他们的其他网络——有关如何完成工作、解决问题、进行创新和做出决定的网络——没有显示出对美籍华裔同事的偏好。这个现实打断了一种具有潜在破坏性的对话，那是有关想象中的以权谋私的误会。

网络和团队

团队依靠网络实现目标。团队需要稳固的内部网络来帮助成员共享信息、解决问题、进行创新并做出艰难的决定。组织发展实践者可以使用组织网络分析（Organization Network Analysis）来测量并分析网络活动，帮助诊断团队中的沟通、协作和生产力问题。

网络分析还会带来对构成成功团队的细微差别的洞见。例如，成功的研发团队在其结构规划时，就会考虑纳入的成员要有共同的特定网络特质，这样能提高成功的可能性。团队会利用技术咨询网络获得有关技术问题和组织关注问题的专家信息，例如，项目规划与协调。当他们需要“组织能力和技能”时，会利用组织咨询网络寻求支持。通过组建能接触到技术咨询和组织咨询网络的团队，成员可以获得成功所需的两类专业知识。

另一个重要的成功原因是团队有能力利用他们的个人网络来支持团队工作。这些团队借助成员个人网络的关系，将自己的知识与其所在网络的能力整合起来。卡明斯（Cummings）和普莱彻（Pletcher）对 177 个参与组织中团队嘉奖计划的项目组进行了研究，结果表明入选团队——那些实现了产品创新、展示了出众的客户服务和/或提高了运营有效性的团队——比落选团队拥有更强的项目网络。一个产品创新入围团队和另一个落选团队相比，它能利用重要的技术和营销专家并吸引更多的供应商和客户。他们更为广泛、更为深厚的知识使他们不落窠臼，在竞争中避开其他团队。

网络和领导力

今天，领导者生活的世界与过去大相径庭。领导者不是简单地对垂直领域或功能领域进行管理，而是身处复杂的生态系统中——一种由动态相互作用而形成的宏观网络，而这种相互作用来自为了共存而彼此依赖的相互关联组织之间。在这些商业生态系统中，建立连接和管理关系至关重要。

有效领导者以特有的方式调动网络。

- 掌控中心点：领导者会尽可能减少瓶颈，培养高绩效者，认可那些不是个人明星却帮助同事取得成功的人。
- 充分利用边缘化资源：领导者会为群体引进新人，让那些被忽视或失去联系的高绩效者重新加入。
- 联通孤岛：领导者会构建关系，改善群体之间或地区之间关键交汇点的协调。
- 鼓励专业意识：领导者会帮助系统内的人员识别具备与新问题和机遇相关专业知识的人们并与他们建立接触。
- 最小化偏狭性：领导者会引入与外部资源的连接，防止群体变得目光短浅，与外界隔绝。

这五项活动有助于个体领导者在系统内实现成功。

领导者需要培育不同类型的网络。伊瓦拉（Ibarra）和亨特（Hunter）概括了需要密切关注的三种网络。首先，运营网络，它包含了要有效完成工作、提供群体所需职能和维持能力所需的那些人员。这些联系人包括直接下属、主管、内部合作伙伴、能阻止或启动一个项目的内部参与者、外部供应链成员、分销商、合作伙伴和客户。

其次，个人网络聚焦于那些能帮助领导者进行个人及专业成长的人们。他们可以就有用的信息、联系人、绩效方面反馈意见及教练服务提供推荐。在面临压力及不确定的时候，个人网络能提供可信的资源和建议以支持领导者。

最后，战略网络包括能帮助解决未来重要任务和挑战的人，也包括那些有助于对发展新方向获得支持的人。这些连接是未来导向的，他们可能来自组织内部也可能来自组织外部。通常，战略网络需要新领导者的关注最多。许多人专注于建立和运营自己的个人网络，却发现缺乏实现未来愿景所需的连接。

即便仅仅拥有一些网络知识也可以提升领导力绩效。在一个领导力项目中，使用了雷神公司（Raytheon）的一个证据充分的案例来教授参与者有关网络动态的信息。与实验对照组相比较，积极参与企业领导力项目的高管所实现的绩效可能是对照组的两倍以上，远远超出绩效评估的预期。他们晋升的可能性提高了三倍，并且不太可能离开公司。

继任计划 关系网络思维也提高了继任计划取得成功的可能性，因为它不仅重视候选人对内容的了解，也关注他们对关系的了解。作为一种对传统继任计划工具的补充，组织网络可以识别在职者的优势，以及可能影响绩效的差距是什么。

有一家研发子公司因为无效的继任计划过程正大伤脑筋，该过程未考虑组织网络动态。首席执行官选择了他的高尔夫球友作为他的继任者。该继任者与首席执行官的社交关系密切，但对组织内其他人缺乏尊重，也不了解公司的业务。当他被提拔时，一位员工离开了公司。这位离开的同事深受同事信赖，精通公司业务及相关技术。她认为自己应该获得晋升。她的离任对公司运营造成了一个巨大的空缺。继任者无法解决因她离开而造成的损害，或者说无法建立取得成功所需的关系。在三个月的糟糕表现之后，董事会辞退了他。

网络分析

组织网络分析实践者依赖网络分析来理解并充分利用网络。网络分析会使用在学术领域里开发了数十年的复杂的数学算法。到 20 世纪末，学术成果开始应用于企业、非营利机构和政府领域。今天，组织发展实践者可以选择使用嵌入了数学运算程序的软件，所以几乎无须具备统计专业知识。还有其他一些软件则要求组织发展实践者去了解并分析数学信息。简单的网络分析无须软件即可进行。这个过程都是相同的，无论选择的是何种分析工具。从确定项目范围开始，然后进行数据收集，再到网络可视化，最后是数据呈现与行动。

项目范围

进行成功的网络分析的第一步是界定项目的指导性问题和目标人群。典型的网络项目希望回答的问题是人们是如何互动以完成任务的。项目可以聚焦于特定的组织过程（如采购流程如何运作）、组织有效性（人们如何解决问题或进行协作）、组织间的关系（跨组织人员如何完成工作），或者具体议题（特定城市的儿童营养计划如何获得资金）。

指导性问题有助于实践者澄清项目中会涉及的范围和界限。一些指导性问题会聚焦于有界群体：对于谁属于群体、谁不属于群体有明确界限的群体。一个采购部门、组织中所有的项目经理、志愿者导师，这些都是被界定了的群体的例子。当然，凡事总有例外。比如，采购部门可能也可能不包括在位于其他城市办公室办公的行政助理及提交采购订单的行政助理。不管怎样，群体都有能非常容易被定义的界限。

有界群体是组织网络分析的理想目标。调查表（通常是网络调查）将发送给该群体的全体成员，需要有较高的回复率以进行可信度分析。由于实践者知道谁收到了调查表，可以比较容易地跟进所有调查对象以鼓励参与。

其他一些指导性问题会聚焦于无界群体。在这些情况下，很难界定谁在范围之内、谁在范围之外。例如，有一个关注儿童营养计划资助者之间关系的项目，它涉及了许多不同的实体——政府机构、学校、私人资助者、医院等——因此很难为这些群体定义界限。在这些情况下，实践者有以下几个选择。

1. 组织发展实践者可以采用一种改编过的雪球采样技术。具体实践时，先确定一组初始参与者。邀请他们提交自己认为应该参与此项目的其他人的姓名。这个过程——联系参与者并请求提名其他参与者——反复进行数次。一旦项目发起人和组织发展实践者确定样本量已足够，就可以对样本中的所有人进行调查。
2. 组织发展实践者可以在网络调查中使用开放式问题，要求人们识别还有哪些人应该被纳入与项目要回答的核心问题相关的人员名单中。可以邀请这些新增人员加入项目，但那些在这拨人加入前已经接受了调查的人无法评估自己与这个新群体的关系。因此，这样的分析有局限性且可信度不高。然而，这种方法可用于扩展对核心群体的初步理解，为进行更彻底的后期调查做准备。
3. 组织发展实践者可以使用一种特定的网络绘制方法而无须受限于一定要确定一个群体的所有成员（参见“价值网络分析”）。

数据收集

收集组织网络数据通常都会使用类似网络精灵（Network Genie）或组织网络分析调查等专用网络数据收集工具。调查要求受访者确定自己的联系人（见示例 29.2），说明为什么要与联系人互动并估计与联系人互动的频率。示例 29.3 介绍了网络分析数据收集中第一步的简化版本：联系人确认。

示例 29.2 联系人信息

联系人确认：请选择在工作中你会与之互动的所有人。

☐ 乔治·华盛顿

☐ 约翰·亚当斯

☐ 托马斯·杰斐逊
☐ 詹姆斯·麦迪逊
☐ 詹姆斯·门罗
☐ 约翰·昆西·亚当斯
☐ 安德鲁·杰克逊
☐ 马丁·范·布伦
☐ 威廉·亨利·哈里森
☐ 约翰·泰勒

示例 29.3 网络分析问题样本

- 工作：为了完成日常工作，你与谁交换信息？
- 社交：当你想在工作之余放松并休息时，会去找谁？
- 专业：当你需要专家的意见或信息时，会去找谁？
- 创新：当你想探索一个新想法或头脑风暴时，会去找谁？
- 改进：当你想解决一个组织内持续的问题或改进做事方式时，会去联系谁？
- 战略：当你想谈谈组织的发展方向及如何帮助实现时，会去找谁？
- 职业建议：当你需要聊聊自己的职业发展方向、当前的机会或有关如何提升自己的选择时，会去找谁？
- 能量：在与这个人共处之后，你感觉能量水平如何？
- 文化：这个人如何代表组织有关团队协作的价值观？
- 愿望：如果更频繁地接触一个人能有助于提高你的工作效率和有效性，这个人会是谁？

完成第一步后，受访者会被问及为什么要与这些联系人互动及互动的频率。示例 29.4 展示了样本问题。请注意，该示例仅显示了参与者在第一步中选定为联系人的人群，而不是示例 29.2 名单中的所有联系人。

示例 29.4 问题示例

为了完成日常工作，你与谁交换信息？

	每天	每周	每月	每季度	每年
乔治·华盛顿	❍	❍	❍	❍	❍

托马斯·杰斐逊	❍	❍	❍	❍	❍
詹姆斯·门罗	❍	❍	❍	❍	❍
马丁·范·布伦	❍	❍	❍	❍	❍
威廉·亨利·哈里森	❍	❍	❍	❍	❍

当所有参与者完成调查后，使用数学算法分析结果。很多人会使用软件来进行分析，如 InFlow、UCINET，NetForm 或 NetMiner。关于各种软件工具的信息见《常见社会网络分析软件平台概要》(*Overview of Common Social Network Analysis Software Platforms*)。

网络可视化

通常会用可视化的方式描述网络。所有网络图上都有两个通用符号：节点和连接。圆圈或正方形代表网络中的节点或参与者。这些节点可以是个人、部门、组织、网站、议题或角色。线条表示节点之间的连接或互动。

图 29.3 展示了一个小型非营利组织的网络图示例。生成这张地图的指导性问题是："为了完成工作，你与谁交换信息？" 图中的方框表示各个部门，从图片正上方的方框开始，按顺时针方向依次为行政部、开发部、教育销售部、生产部、公共服务部和系统部。在方框中，每个点代表一个人。线条表示部门内的重要信息交换。例如，在生产部内，也就是图片底部的大方框内，员工之间有许多连线。这表明生产员工在频繁交换信息，他们的工作似乎需要互动而不仅仅是孤立的个人行动。部门之间也有线条，表明人们为了完成日常工作需要进行跨部门合作。

由部门构成的网络图（见图 29.3）最易于解读，因为它们呈现的是组织结构，这已为大多数读者所熟悉。以蜘蛛图的形式来描述关系也会带来很多价值。这种格式使用数学算法将人们进行分类。具有高中心性的节点移向图谱中心。中心性较低的节点位于外围。使用这种格式，我们可以发现采用部门模式的图谱无法明显体现出的规律。

图 29.4 中的蜘蛛图展示了一家科技企业中的专业互动。图谱根据部门用颜色编码，例如，所有的黑点都在同一区域工作。图中描绘的四个部门都具有很大的独立性。最大的集群主要由一个部门组成，其中有一个人（12 号）充当了与其他部门接触的守门人。左上方的小集群包括来自两个不同部门的成员。但是，55 号和 59 号却并未与所在部门的其他成员连接，如左上方的集群所示。

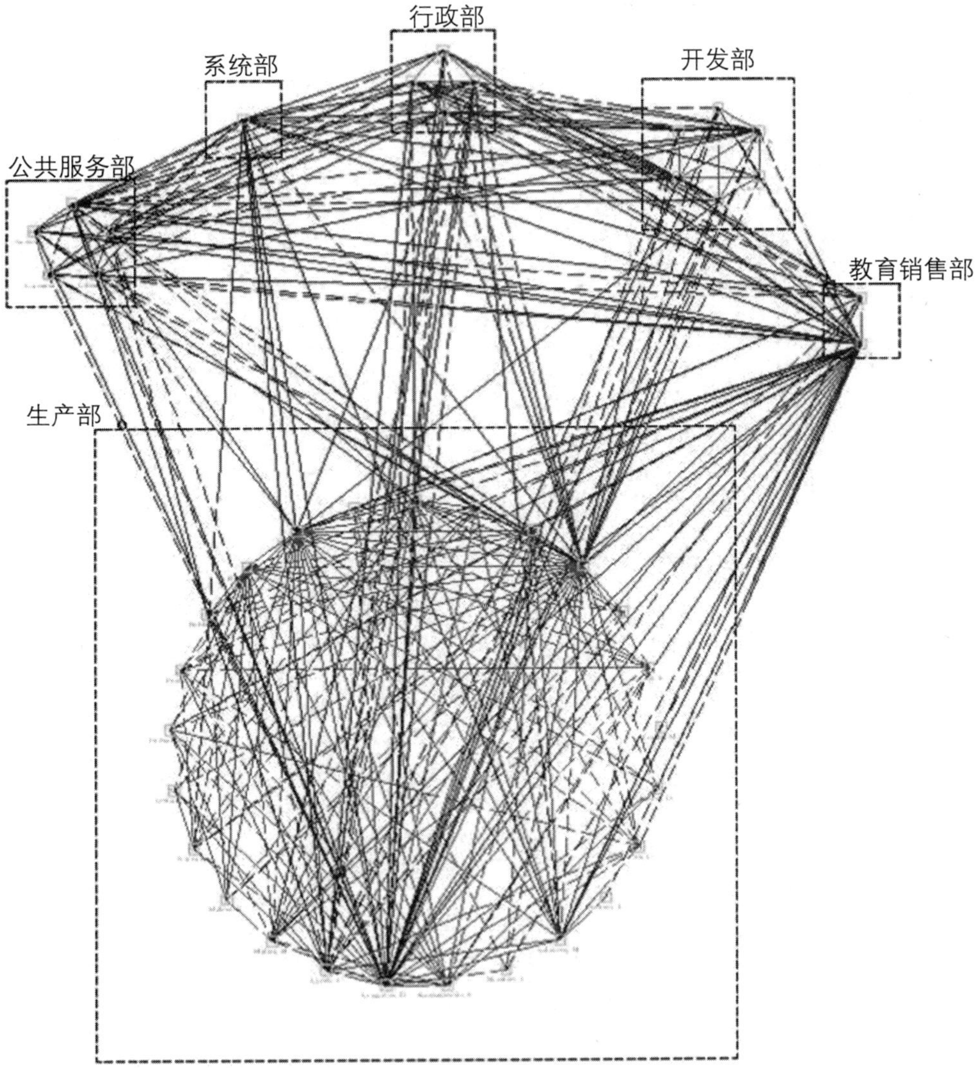

图 29.3 组织网络图

在蜘蛛图中还可以很明显地发现另一个有趣的模式，那就是网络中特定个体的中心性。例如，13 号是一个枢纽，与 10 个人有直接关系。这些人中很多是没有其他关系的。如果 13 号离职，组织将陷入困境，直到另有人填补该关键连接者所发挥的作用。为了降低这种风险，组织可以建立一种导师关系，这样 13 号就可以与别的人分担该责任，从而防止 13 号离职后工作可能受到影响。

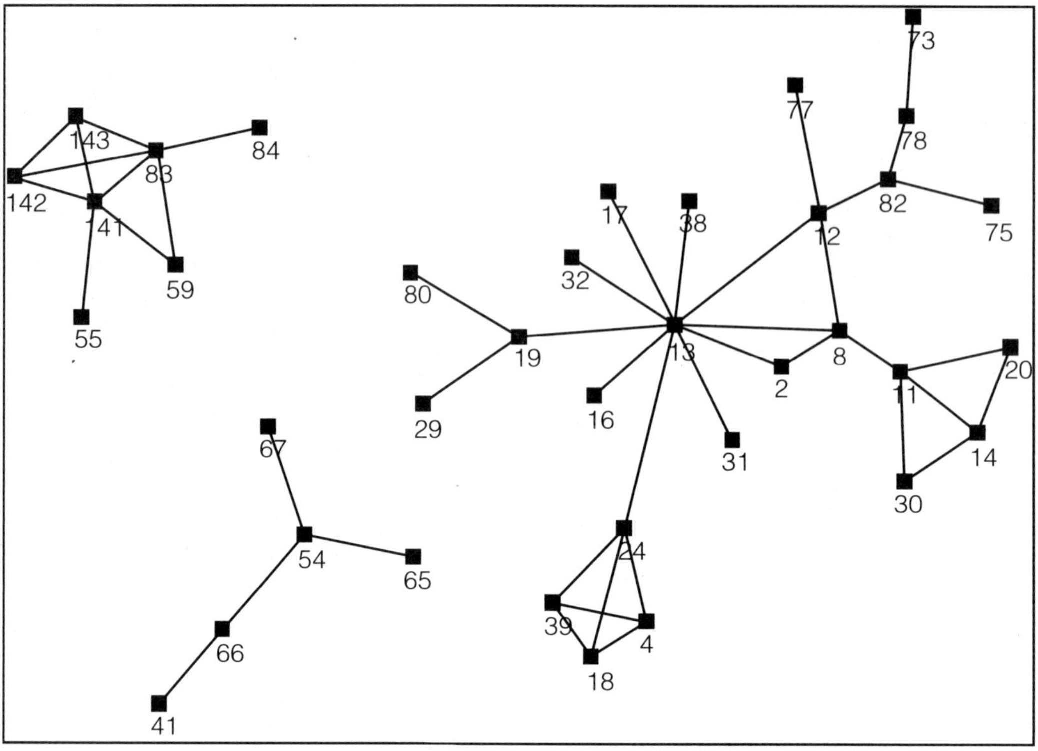

图 29.4　蜘蛛图

数据呈现与行动

与其他行动研究过程一样，收集数据之后要共享并集体解读数据。对于如何共享数据以最大化网络分析的价值，有一些具体的选项可供参考。

第一个选项是和整个组织共享所有数据，数据都附有人名标签。在这种情况下，每个人都可以看到其他人是如何与人连接的。这个选项可能很危险：人们有可能误解数据，得出有害的结论，例如，“乔治没有太多连接关系，所以没人喜欢他，他很可能被解雇”。所有参与者都需要接受有关网络的培训以准确解读网络数据。分享标注了人名标签的数据的组织往往是信任度高的新组织或成熟组织。

第二个也是更安全的选项是向整个组织共享所有数据，但不附识别标签。在这种情况下，每个人都可以看到人与人之间的信息流。然而，由于未被标注姓名，重点就会放在跨部门或团体的宏观层级的模式上。这是许多网络研究偏好的选项，因为它能促成集体数据解释，又不会产生共享所有信息固有的危险。即便如此，人们通常都能机敏地识别出图表上的一些名字。因此要关注向人们传授有关网络的知识，这样他们能对信息负责任并且能准确解读信息。

第三个选项是与整个组织共享调查发现的摘要而不是图谱。在这种情况下，一个小型工作群体和组织网络分析顾问要先分析数据，再基于他们的解读制定一个简短的收获信息列表。将这个列表与组织分享，并对这些收获信息进行集体讨论，包括关于解读有效性及其他解读的交谈。

介绍、讨论和集体解释网络数据结论之后，该过程采用标准的行动研究模型。根据调查结果选择具体干预措施并予以实施。许多组织选择在初步分析六个月或一年后进行后续网络分析，评估干预措施在解决重点网络问题方面的效果。

价值网络分析

价值网络分析（Value Network Analysis）是一种专门的网络数据收集与分析方法，特别适用于复杂问题及无界人群。20 世纪 90 年代，维娜 · 艾利（Verna Allee）开发了价值网络分析。她将价值网络定义为“通过两个或更多个人、群体或组织间复杂的动态交流而生成了……价值的任何关系网络”。例如，公共教育通过实体集团（学校、顾问、营养学家、课后培训、家长和学生等）所采取的行动以学习的形式来增加价值。公司的采购流程中，基于信任的关系和经验老到的谈判最终获得产品与服务，这个过程如果进行顺利，会受到公司的重视。

图 29.5 展示了在线拍卖巨头 eBay 的价值网络示例。所有的节点——eBay、买家、卖家、志愿者用户群体和托管及物流服务机构——代表在网络中扮演的角色。价值网络分析的独特性就在于关注这些角色。据艾利（Allee）介绍，强调这些角色很重要，因为尽管个人能在组织中发生改变，但角色会保持相当的稳定。聚焦角色使组织专注于什么能最有效地提供价值，而不是根据个人的优势和偏好定制流程或系统。

价值网络中的连接代表了业务：“由一个人发起的、涉及将一个……产品、服务，或收益传递给另一个人”的活动。在价值网络分析中有两类交易。实线代表有形的可交付物，“直接支持商品、服务和收入或资金的创造及交付”。这些可交付物是合同约定了的活动，被认为客户已付款或合作伙伴要求的产品或服务的一部分。此处 eBay 的有形可交付物包括物品与付款以及销售机会、是否接受出价的决策支持及出价结果。

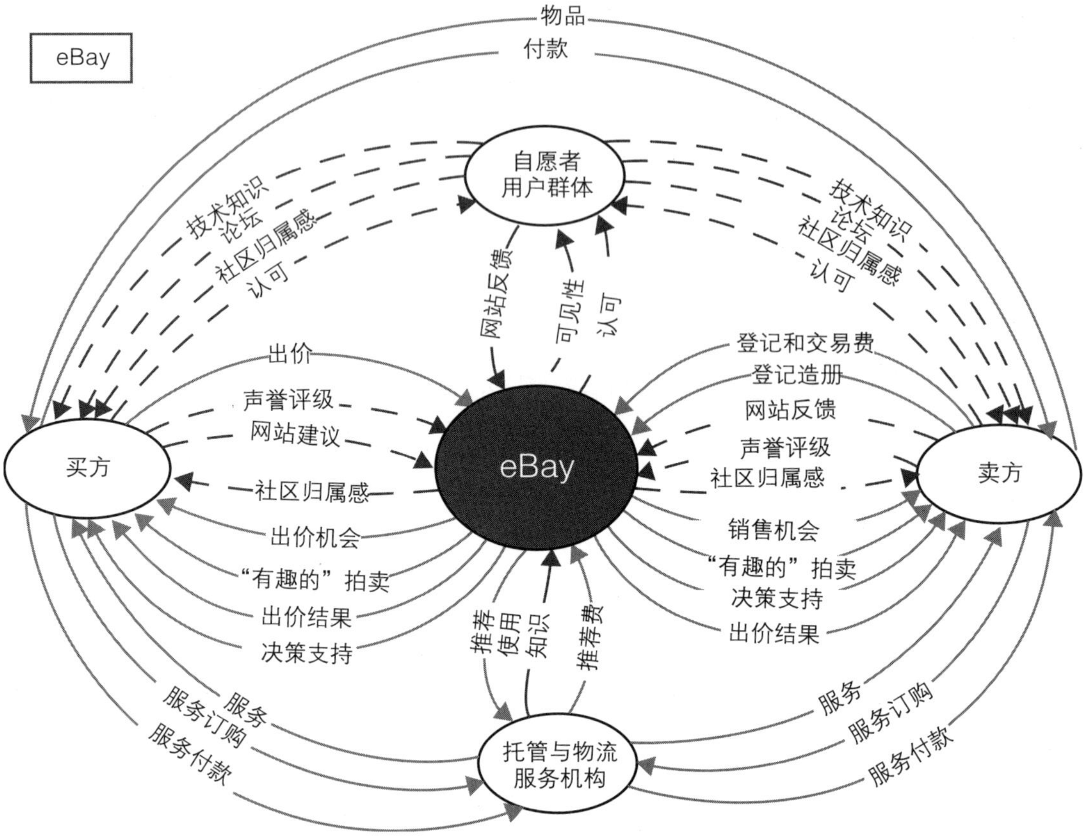

图 29.5　eBay 价值网络

第二种类型的交易是以虚线表示的无形的可交付物。无形的可交付物只是小小的“附赠品”，很少被具体化或契约化，却是整个过程或系统的关键性支持。eBay 的无形可交付物包括社区归属感，但它无法具体化，却是 eBay 体验的一种珍贵的副产品。

价值网络分析的应用

价值网络分析已成功应用于许多情境、出于各种目的。有时候，价值网络分析被认为是在这个复杂时代的理想的过程绘制工具。其擅长识别并分析非线性的动态流程，还能有效地绘制出业务的生态系统：为了共存而彼此依赖的相互关联组织的一种动态结构。价值网络分析的其他应用包括：

- 项目管理。价值网络分析有助于澄清角色和期望、澄清监测和质量控制技术并改善质量与协作。
- 组织重构。价值网络分析有助于确定当下及理想的未来关系、工作流程、关系和价值生产系统。

- 知识网络和实践社群。价值网络分析有助于展示知识网络和实践社群带来的价值。
- 人才管理。价值网络分析帮助公司从管理个人转变为管理角色，并明确信奉“使命至上”价值观的生产流程所需的核心竞争力。
- 无形资产管理。价值网络分析有助于识别和量化无形的组织资产，如声誉、品牌形象、客户和员工忠诚度及员工队伍的能力。
- 工作空间设计。价值网络分析帮助公司设计符合其工作流程并与其协同目标保持一致的工作空间。

实施价值网络分析

价值网络分析很少遵循一种行动研究模型，而更多的是一种对话系统模型，这种模型让人们在体验过程中清楚表达现实情况，形成对未来状态的共同愿景，并且基于他们集体形成的画面对此刻的系统进行分析。通常，价值网络分析的过程会通过一次有引导师协助的会议进行，会议时长为 3～8 小时，其间参加会议的群体将绘制出他们的关系网络图。绘制完成后，他们会提出具体问题以测试系统的复原性、有效性及使用价值。在这个阶段会提出的典型问题有：

- 角色间的互动性有多少？有些角色是否付出多于收获？其他角色是否收获多于付出？
- 在角色间及整个网络内部是否存在一种有形及无形的输入与输出的适当均衡？
- 是否存在特定角色在承担网络互动的责任并由此对网络构成了一种风险？
- 是否可能存在着无形的交易模式在以低效或无效的方式对现有流程进行补充？
- 哪里缺失连接？失效连接在哪里？
- 价值流在哪里陷入僵局或完全瓦解？
- 角色在哪里无法将投入转化为适当的产出？

分析价值网络图之后，通常会发生两件事情。首先，群体会绘制有关期待未来的图谱，展示他们希望系统如何运作。其次，群体会根据学到的内容对绘制的系统进行修改。

发展网络

希望将网络思维或网络分析纳入自己实践的组织发展实践者会有几种选择。列出每种选项并从最简单、最省时及最经济的开始。

结合网络知识 组织发展实践者能采用简单的网络思维，来决定自己如何在组织中实施干预。要采用这种方式进行，需要接受最低程度的正式训练。作为替代，组织发展实践者在工作时需要询问几个问题：

- 能帮助我们加快实施举措的关键连接者在哪里？
- 我们如何让关键连接者参与到我们的工作中？
- 网络中的漏洞在哪里？哪些部分没有建立必要的联系？
- 我们如何在这个组织中构建工作网络的后备力量，使其更具复原力？

要采用这种方式进行，组织发展实践者应大量阅读、参加培训课程、网络研讨会并加入学习小组，以此扩大自己的知识面。汉纳曼（Hanneman）与里德尔（Riddle）和安克拉姆（Anklam）提供了有关网络及网络分析的有用资源。

引导价值网络分析 组织发展实践者可以将价值网络分析融入自己的实践中。价值网络分析非常适合帮助群体绘制当前及期待的业务流程、分析业务生态系统并展现知识网络带来的价值。对组织发展实践者而言，学会如何引导价值网络分析会议是一件简单而容易的事，因为价值网络分析有赖于高超的引导技巧和对网络的理解，而前者大多数组织发展实践者已经具备了。若要采用这个选择，首先要去阅读 *Value Networks and Collaboration*，然后参加价值网络分析资格考试。

采用组织网络分析外包服务 组织发展实践者可以使用组织网络分析外包服务，通过这种方式将网络分析纳入自己的实践。组织发展实践者可以与经验丰富的合格组织网络分析供应商签订合同，由其执行“后台”网络数据收集、分析和可视化服务。供应商也可以提供关于数据收集方法、范围和过程的指导，帮助组织发展实践者确定建议、主题和机会。这种方法的优点是组织发展实践者能快速、轻松地将先进的组织网络分析服务纳入自己现有的服务组合中。尽管这种方法比其他选项成本高很多，但大幅缩短了与开发组织网络分析实践相关的长期学习曲线。

成为组织网络分析实践者 组织发展实践者能够培养组织网络分析的能力。学习如何执行可信度高、统计健全的合格组织网络分析，这需要时间和研究。最好的推进方法是通过一段密集的学习过程，再辅以经验丰富的实践者的指导。这种方法需要时间和资金投入。然而，带来的好处是组织发展实践者可以独自负责组织网络分析服务，并有能力提供该服务。

无论选择哪种方式，所有组织发展实践者都应加深对网络及其运作方式的了解。随着科技更深入地融入人们的生活，关系网络将成为人们工作和生活的主要通道。它们对人们如何看待组织的影响越来越大：组织是什么？组织从何而来又该去往何方？组织能做什么？网络让多样性的人们将技能与激情汇集一处去解决最具挑战性的社会议题。网络不会消失，恰恰相反，它们就在这里，并且它们的作用在未来几年将更加突出。

参考文献

Allee, V. (2003). *The future of knowledge: Increasing prosperity through value networks*. Burlington, MA: Butterworth-Heinemann.

Allee, V., & Schwabe, O. (2011). Value networks and the true nature of collaboration. Retrieved from www.valuenetworksandcollaboration.com/.

Anklam, P. (2007). *Net work: A practical guide to creating and sustaining networks at work and in the world*. Burlington, MA: Butterworth-Heinemann.

Borgatti, S. P., Everett, M. G., & Freeman, L. C. (2002). *UCINET for Windows: Software for social network analysis*. Harvard, MA: Analytic Technologies.

Burt, R. S., & Ronchi, D. (2006). Teaching executives to see social capital: Results from a field experiment. *Social Science Research*, *36*, 1156-1183.

Bushe, G. R., & Marshak, R. J. (2013). Advances in dialogic organization development. *OD Practitioner*, *45*(1).

Cross, R. (2010). Improving leadership effectiveness through personal network analysis and development. In R. Cross (Ed.), *The organizational network fieldbook: Best practices, techniques, and exercises to drive organizational innovation and performance*. San Francisco, CA: Jossey-Bass.

Cummings, J., & Pletcher, C. (2011, Spring). Why project networks beat project teams. *Sloan Management Review, 52*(3).

Cyram. (2009). NetMiner 4.0.0. Seoul, Korea: Author.

Hanneman, R. A., & Riddle, M. (2005). Introduction to social network methods. Riverside, CA: University of California, Riverside. Retrieved from http://faculty.ucr.edu/~hanneman/

Hansen, W. B., Reese, E., Kelwin, B. S., Bryant, S. Bishop, D., Wynick, C. H., & Dyreng, D. I. (2008, August). Network Genie user's manual. Retrieved from https://secure.networkgenie.com/admin/documentation/Network_Genie_Manual.pdf.

Ibarra, H., & Hunter, M. (2007, January). How leaders create and use networks. *Harvard Business Review*.

Kleiner, A. (2003). Karen Stephenson's quantum theory of trust. *Strategy + Business, 29*.

Krebs, V. (2000). The social life of routers. *Internet Protocol Journal*, *3*, 14-25.

Krebs, V. (2012). Software for social network analysis & organizational network -analysis. Retrieved from www.orgnet.com/inflow3.html.

Lee, L. L. (2011, September). Accelerating the business of networking. Paper presented at the Open Knowledge conference. Retrieved from www.optimice.com.au/documents/Optimice-KIN2011Presentation.pdf.

Monitor Institute and the David and Lucile Packard Foundation. (2009). Overview of common social network analysis software platforms. Retrieved from www.slideshare.net/noahflower/overview-of-network-analysis-platforms.

Moore, J. F. (1997). *The death of competition: Leadership and strategy in the age of business ecosystems*. New York: Harper Paperbacks.

Plastrik, P., & Taylor, M. (2006). Net gains: A handbook for network builders seeking social change. http://networkimpact.org/downloads/NetGainsHandbookVersion1. pdf.

Rizova, P. (2006, Summer). Are you networked for successful innovation? *MIT Sloan Management Review*.

Stephenson, K. (2002). NetForm: The software. Retrieved from www.netform.com/html/software.html.

Stephenson, K. (2005). Trafficking in trust. In L. Coughlin, E. Wingard, & K. Hollihan (Eds.), *Enlightened power: How women are transforming the practice of leadership*. San Francisco, CA: Jossey-Bass.

第 30 章

利用组织中的能量

朱丽安·斯波斯（Juliann Spoth）

“实现高绩效和个人成长的关键是管理能量，而不是时间。”

勒尔（Loehr）和施瓦茨（Schwartz），2003

没有能量，生命就不存在。然而，生命质量需要的不仅仅是能量。促进有效的行动需要稳健且专注的能量，要保持顺应力和适应性则需要足够的能量储备。因此，在组织内能量很重要或能量最重要的理念是有根据的。能量是一种无处不在的重要力量，类似于重力一般。无论组织发展实践者是否意识到这一点，能量对组织内各个层次组织发展实践的成功都发挥着关键作用。难怪“能量”一词在组织发展和教练的文献中普遍存在，生成、维持、利用、更新或跟踪能量等说法常被提及。能量在组织中的重大影响现在已得到研究的证实，研究显示能量的类型和水平会关系到个人的幸福、健康和活力；会影响领导者的有效性及员工的连接性、生产力、敬业程度和工作满意度；还会影响组织的协作与战略变革，以及组织实现目标的能力。

即便所有干预措施的根本性成功都有赖于对能量的操控，组织发展实践者，即使有，也很少会宣传自己拥有利用能量的能力。即使他们知道该如何去做，也不太可能将之公开，因为企业界会将这种能力比作在使用精灵粉（Pixy Dust）般玄幻。而在教练领域，情况远非如此，一些教练公开将自己贴上能量教练和健康教练的标签，聚焦于提升活力。一些备受尊敬的教练，如格式塔教练，就是将提高能量意识、跟踪能量水平作为评估、探索和干预的基础。

虽然教练对于使用能量具有较高的接受度，但在主流教练出版物中很少提到具体的干预措施。在组织发展领域中，塑造和调节能量类型及水平的指导甚至更少。但是，人们已经做了一些尝试。艾伦（Allen）和米斯（Mease）概括了组织中能量流动的抑制剂和增强剂，提出了能量优化的原则。布鲁赫和戈沙尔（Bruch and Ghoshal）确定了四种组织能量状态和能量陷阱，为领导者对各种状态下能量的调动和聚集提供了方式。施瓦茨强调，与时间不同，能量可再生。为此，他举例说明了领导者和员工可以采取哪些预先计划好的有意行为，以在身体、情感、认知和人类精神领域扩大和更新能量，直到形成习惯性行为。施耐德（Schneider）也概述了改变管理者和员工能量的领导者战略。最后，有几位研究人员通过绘制社交网络图的方式研究了二元关系如何影响组织的高低能量。这些社交网络图显示了作为"激励者"的人们在何处产生了能量，而作为"打击者"的人们又是在何处消耗了能量。最后，鉴于积极性对增加活力的影响，正面心理学的普及正促使人们更为密切地关注能量。我们希望，这种正在兴起的对组织中能量影响的兴趣也会让人们对能量能给组织发展干预带来什么影响产生更大的兴趣。

与上文提到的相比，本章介绍了一种在组织中利用能量的不同方法。之前的那些方法聚焦于显而易见的能量表现状态，介绍了针对组织内部一个层面的干预措施，无论是针对某个人、某个群体或整个组织。本章探讨了不易察觉及显而易见的能量的动态和影响，并提供了一个模型、一些原则和实践方法来指导组织各层级的干预措施。最重要的是，它强调了实践者作为一个精力充沛的人所拥有的影响力，以及组织发展实践者有必要具备一定的知识和技能，这样才能有目的地去塑造能量并成功实施。

初识能量

不夸张地说，世间一切事物都是随着能量而律动的。能量是使每个或简单或复杂的系统——无论是个人、亚群体、群体、组织、社群甚至更大的系统——正常运行并实现目标的重要力量。对于生物而言，能量被定义为行动的潜在力量。

能量有很多形式。在人类系统中，它可以是身体、精神、情感、心理或社会能量。在这些形式中，有些能量的表现显而易见，有些则不易察觉。显而易见的能量很容易感知并体验到，这种能量蕴藏在内，借由身体表现或活动显现出来。不易察觉的能量是由分子、细胞和系统振荡产生的，它能生成向外传播的振动，形成一个环绕着个人的生物能量场或电磁场。尽管不易察觉的能量倾向于与生物过程有关，但它也会通过感觉和想法产生，因为它们能改变生物反应并发出自身的振动。

个人还有一个独立的不易察觉的能量系统，包含七个主要的能量丛，也被称为“轮穴”（Chakras），除此之外，还有数千个小能量丛分布在全身。每个主要轮穴都有其特定的特征，很多作者对此进行了详细的介绍。这些轮穴掌握着不易察觉的能量，能量通常通过与针灸经络相关的通道分散出去，影响身体的各个功能。虽然这个不易察觉的能量体系在西方世界并未被广泛接受，但是 4 000 多年以来，它一直是东方信仰与医学的一个重要组成部分。

能量场

如上所述，不易察觉的能量的根源产生了一个被有的人称为光环的电磁场。这种场域是动态的，具有个人的独特特征，因此，每个人都有自己独特的能量标签。通常，这种场域会对其周边环境中的一切施加力量，就像磁铁对铁屑的影响一样。

研究人员报告表明，这种场域能在身体发生实体变化前准确显示出身体的功能和变化。因此，探测场域变化并及时进行干预可能可以防止或减少健康和精神问题的出现。加州大学洛杉矶分校的亨特、梅西（Massey）、布吕耶尔和哈恩（Hahn）的研究表明，有些人可以准确地探测到不易察觉的能量的存在和变化。这其中就有荷欧西亚迪（Heorhiadi）和科那比（Conebre），他们借助了组织中不易察觉的能量的组织发展实践者。在其介绍的案例中，他们在进行传统组织发展干预措施之前，发现并平衡了已失调的不易察觉能量模式，认为这有助于最终的成功。很可惜，他们并没有提到是如何进行平衡的。

互相作用的场域

组织和群体本身都不具有生物物理过程或能量系统，尽管如此，它们也有不易察觉的场域。这些场域由众多个人的场域、非人类的生物场域，如来自植物的场域，甚至来自无生命物体的场域之间的相互作用而组成。例如，计算机等设备凭借原子脉动、电子元件和其他辐射材料来形成场域。装饰物、颜色和物质材料也会发出振动。所有这些各种各样的能量发射创造了一个巨大的脉动场，这个场域能改变个人的场域。事实上，生物系统对其他外部场域的变化非常敏感。即使强度相当于 10 英尺（1 英尺=0.304 8 米）外一个灯泡的微弱电磁场在某些情况下也可以改变人脑细胞的触发速率。

这些互相作用的场域合在一起创造了一个群体或组织的独特能量标签。而且，一个能量标签可以印记在一个实体空间中，甚至在人们离开之后仍然存在，就像留在物体上的看不见的残留放射性物质。这些被印记了的能量标签会与个人的场域相互作用。这就是为什么有的人走进一个空房间时，会立即产生可辨识的反应，如焦虑或冷静。因此，实践者理应关注会议所使用的实体空间给人的感受及其布置。

互相作用的能量场的特点　大家都认同他人对自己会有影响，但两个人面对同一个人所产生的反应可能截然不同。这通常可以用大家有着不一样的过往经验、认知和意义解读来进行解释。另一种可能性是，人们对他人不易觉察的能量场域的反应不同，这取决于他们的场域是和对方的场域产生了共振还是抵消了对方的场域。

共振来自场域之间的共鸣振荡。这就是一个振动音叉可以使另一个音叉以相同的频率开始振动的原因。共情所带来的深刻影响在某种程度上可以用确实加入了另一个场域的振动来进行解释，我们称它建立了“连接”。另外，当人们的振动不同时，就会产生矛盾的波形。根据差异的程度，相互作用的场域能量可能变得相对混乱，人们可能经历一些负面的反应，如焦虑、困惑或愤怒等。

当一个场域的节律为另一个场域的节律所俘获时就会产生抵消效应。加州大学洛杉矶分校的研究结果表明，有时人类因为其他人的能量场域变得“可程控”。压力、创伤、冥想和疾病等状况都可能触发这种可程控的状态。

组织发展中互相作用的场域的意义　场域越大，就越有可能抵消较小的场域，特别当该场域以统一的方式振动且两个场域具有相似的振荡时。因此，群体的场域通常对个人的场域具有更大的影响，组织场域对群体场域的影响又要比对方场域对自己的影响更大。有关大型同调场域的示例是典型的非营利组织的强大组织文化，非营利组织为意识形态和利他思想所驱动，其员工的敬业度往往和他们的薪酬或奖励制度不成比例；然而，他们与组织场域产生的共鸣使他们自己和组织建立了别处难以企及的深刻连接。

通过共鸣，一些个人可以改变一个群体的场域。例如，在一个大型同调场域内，一个有魅力的领导者可以在他人的场域中产生共情的共鸣。一旦一定数量的个人场域开始产生共鸣，就会达到一个能量的临界点，领导者的影响力就会被放大。

情绪感染则是共振和抵消的另一个例子。最好的例子发生在种族隔离时期的一群南非黑人中。他们中有一人在讲述自己遭受的暴力和痛苦经历时开始啜泣。几秒之内，在场的

13 人都开始啜泣或悲叹，还有一人晕倒了。这种情绪感染的突然性和深度令人震惊。每个人的场域都很容易被抵消，鉴于那个人的痛苦经历，他们的场域已经包含了一种类似的共鸣。整个群体的场域迅速同调，沉淀并放大了相似的情绪。在更小规模的群体中，情绪感染也可以解释为什么一个显得很冷静的人，一句话都不用说就能对他人起到震慑作用。

场域移情可用于了解并塑造一个群体。实际上，实践者可以关注自己身体中或场域中被激发的一切，成为改变的一个工具。就像音叉一样，实践者可以与场域发生共鸣。此外，实践者可以改变他人场域内振动的类型或强度来改变他人的场域。研究表明，生物场的调整可以借助心脏的电磁场，后者是身体中最大也是最强大的律动信息模式发生器。聚焦于同情、感激或欣赏等积极的感受能使心脏、大脑和神经系统的律动一起振荡，形成一种生理上的同调，从而提升个人健康，还能促使附近场域与之产生共鸣。研究表明，当人与人之间相距仅五英尺时，即使微弱的同调信号也可以抵消另一个人的生物系统，效果明显。

除了对相互作用场域的原则进行应用之外，组织发展实践者可以有目的地在显而易见或不易察觉的层次上建立并释放能量。在介绍这些干预措施前，有必要对能量动力学先进行综述。

能量循环

每个场域都有自己收缩和扩张律动。在良好运行的状态下，这种周期性模式会在能量构建或修复与能量释放或使用的两极之间产生持续的能量流动。熟悉了这一循环，实践者可以追踪个人、群体或组织的能量状态，确定可能需要的具体干预措施。尽管这个循环要么只能适用于显而易见的能量间，要么只能适用于不易察觉的能量间，但以显而易见的能量层次为中心的干预措施会产生激发性的影响，导致不易察觉的能量场域的重新构成。一个在这种能量循环中进行诊断和干预的模型就是能量循环，如图 30.1 所示。它能充分说明使用能量的各个构件和原则以及可能的干预点。

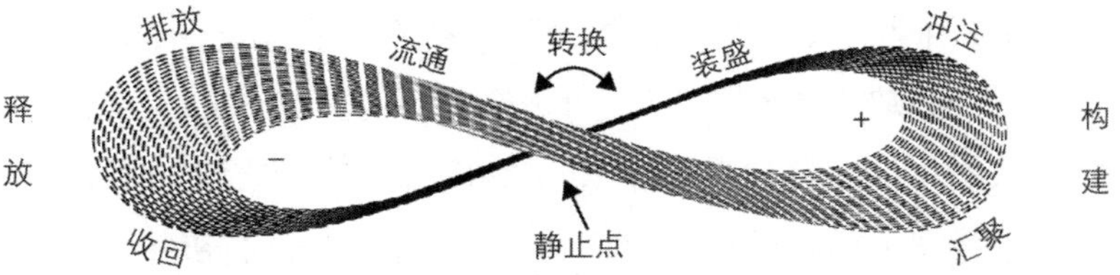

图 30.1　能量的循环

能量循环有四个重要的能量原则。第一，能量通过一个无休止的转型循环进行流动，这个过程中既不产生能量也不破坏能量，仅仅只是收集能量，再释放为其他形式。第二，能量是在一个动态的开放系统中流动，在这个系统中，其周围能量环境的性质和类型在不断地影响着它。第三，必须在能量支出与更新之间保持某种平衡，否则，能量流动无法持续。第四，任何个人、群体或组织采取的外显行为都会有一种隐含的能量循环在影响它的表现。

了解循环动力学及可能出错的地方为实践者提供更具体的干预选择。为增进理解，下文将详细探讨该循环。

循环的模式和阶段 如图 30.1 所示的能量循环中，能量构建和释放的两极代表活跃（动能）的能态。右侧是正极，能量在此构建，左侧是循环的负极，能量在此释放。能量通常从正极流向负极。

能量通过装盛、充注和汇聚的流程进行构建。装盛能量的过程是先形成一个能量网或边界，在这个能量网内，能量就像杯子装水一样被装盛在其中。在充注阶段，会确定或创建一个正能量引子，然后它会吸引额外的能量加入。能量持续汇聚，直到达到那个人或实体所能承受的最大值，或者仓促地结束这一阶段。在任何一种情况下，能量循环都会由此转变为拆解或释放的过程，让能量流通、排放，最后收回。

一旦释放阶段开始后，能量排放过程需要持续足够长的时间，让能量能够转化为可用的身体、精神、心理、情绪、社会或精神形式。当能量充分耗尽或仓促停止时，整个释放阶段结束。当该阶段得到适当控制时，就会产生有针对性的行动、热情、活力感或转变。当排放结束后，还剩下的能量将用于收回阶段。在收回过程中，能量将被用于整合经验，再释放经验，从而形成转变，再变为构建模式，能量开始重构。

随着能量经历拆解和重构的转换，它可能或流过或徘徊在潜在的能量状态或静止点上（见图 30.1）。这是一个中立的位置，就好像量子物理学中的零点能量一般，存在各种可能性。它是巨大的光滑空间，一个可以停歇之处，浑然天成，毫无意识，悄无声息。尽管在能量循环过程中，由于失调的原因或者出于要停歇的需要，在任何时点上都可能出现暂停的现象，但这与静止点不同。静止点提供了更为深刻的体验，这种体验被描述为“归源”。在这个点上能量产生与释放种子同等存在，此时一切皆有可能。能量可以向任一方向流动。

能量以各种方式沿着这一循环进行流动。时而快速，时而缓慢，时而稳定，时而反复。从一种模式到另一种模式的转换可能是急剧的，也可能是按部就班的，还有可能能量完全不转换，而是以相同的模式进行再循环。能量也可能随时停顿，或者在静止点短暂徘徊。

在这些模式或其他模式中，任何一种都可以与当时的所需相适应，但是，如果它阻碍了能量所有者或系统的健康、需求或实现目的的能力，也可能变得失调。

能量失调

循环过程中存在多种干扰，可能导致能量自然而连续的流动被迫中断，然而，它们都会使可用的能量发生变化。最为极端的两种极性是系统的能量不足或过多，在这两者之间是不同能量水平的连续体，其中包括了一种平衡的状态。每个极性都可能是由循环中的各种干扰所造成的。为了设计出有效的干预措施，实践者需要了解能量循环在何处被迫中断及其原因。表 30.1 列出了失调出现或严重的迹象及其可能的根源。

表 30.1 能量失调：迹象和根源

能量失调	可能迹象的示例	能量循环失调的可能根源
能量不足：场域能量不足	情绪不高 对他人的兴趣及彼此的互动减少 漠不关心 固恋 对话/交流平淡乏味 无法持续努力工作 处于冲突中 工作更费时 懒散 无法产生集体行动 疲劳 精疲力竭 孤立 缺乏跨部门互动 缺乏创新	**构建模式** 界限不确定 界限过于僵化；能量即便存在，也是静态或受到束缚 焦点不含正效价 汇聚的能量不足 场域受限，装盛不住太多能量 **释放模式** 能量不能流通 排放太快或周期性地每次排放太多 只用释放模式进行再循环；能量在不断排放 **重构转换** 无法转换到构建模式
能量过多：场域能量过多	太多无效活动 高度冲突和紧张 代人受过	**构建模式** 产生的能量多于场域能够装盛的能量限度

续表

能量失调	可能迹象的示例	能量循环失调的可能根源
能量过多：场域能量过多	从一件事跳到另一件事 总插嘴，多话 无法产生集体行动 很难获得关注或保持注意力 烦躁、焦虑和压力增加 情绪极端 不堪重负，涣散的 部门间相互争斗 目标很多却没有具体行动 极度激动	只用构建模式进行再循环 **释放模式** 增加能量流通 无法排放 **重构转换** 无法转换到释放阶段；陷在构建阶段中 持续的充注及汇聚

利用循环指导干预

能量循环可用于指导能量评估和干预措施的挑选。如果系统处于健康状态，所选择的干预措施应能支撑随之而来发生的一切，或者是循环中承受压力最大的那部分。在评估能量循环的健康状况时，应首先考虑可用的能量是否能满足当前的需求。

能量的可用性 个人、群体或组织有能力产生实现期待结果所需能量至关重要。任何干预措施所需的能量都不应超过可补充的能量，因为人们和系统难以从能量亏欠中恢复元气。因此，在能量水平低下时，干预措施的类型和时机可能更为关键。例如，尽管个人或群体可能需要处理一个创伤性经历，但必须密切关注宣泄的过程，可能还需要进行抑制，因为其可能导致能量极度损耗。

实践者常犯的一个评估错误是无法区分内在化了的能量和低能量。例如，当人们在处理信息或一种体验时，其能量处于暂时内在化了的状态。这时不需要任何干预措施，只需要支持反思的过程，最终形成回应。

具体干预措施 有些干预措施能够给能量的释放或构建模式带来影响，如运动、仪式和欣赏，具体取决于它们的设计方式。其他干预措施更具针对性，只适用于特定的模式或阶段。虽然本文没有专门介绍干预措施的时间安排和步骤，这些因素确实会对能量有效性产生影响。具体的干预措施将在以下依次讨论。

构建的干预措施：在能够构建能量场之前，能量循环可能必须从释放模式或静止点发生转换。通过提出反思、重构、维护空间、欣赏“过去”与“现在”、说出未来及帮助人们表达自己的抗拒等干预措施，能量可以进行转换。

一旦转换开始，其目的就是装盛能量或能量场，防止能量消耗。建立能量的边界（焦点）会限制能量消耗，创建愿景、建立指导方针和目标、提出计划，这些都是建立能量边界的具体做法。但是，如果边界设置得过于僵化，它们可能限制场域，阻止能量汇聚到所需的程度。

构建能量的另一个方面是充注场域。形成正效价的一个主要方式是设计一些能引起兴趣的东西，例如，识别一个主题或人物，重构或提出一些类比或者煽动性语言。小马丁·路德·金就展示了这点，他一次又一次地重复“我有一个梦想”这句话，使观众为之振奋。

矛盾的是，消极的情绪状态对某些人或群体也能具有正效价，这些人通过这种消极的情绪来产生优越感或者对维护自己利益的行为进行辩解。令人遗憾的是，主要由消极情绪状态构成的场域会抵消其他状态积极的个人的场域，它们随后将被群体场域的力量如暴徒行为般席卷一通。通过干预，消极的场域可以转化为更积极的场域，这样的干预措施形成了一种能量炼金术，就像基根和莱希（Lahey）的方法所做的那样，他们识别出嵌入抱怨中的积极承诺。另一种干预措施是挑战助长了消极行为的规范，如种族玩笑。

让对能量吸引因子的关注保持足够长的时间，以产生甚至吸引更多的能量，此时就是在汇聚能量。能促进全情投入当下的干预措施、能维持或生成兴趣的活动都有助于能量汇聚。开放空间技术和欣赏式探询鼓励人们全身心投入有趣的话题中。创造或鼓励发自内心的积极情绪状态，如真诚的认同、感激和同情，会产生一种共振的频率，促进自己或他人能量再生。鼓励趣味性——例如，借助幽默感或压力球这样的动觉玩具——能带来能量再生，也有助于能量外化。其他类型的身体活动，无论是激活练习，还是用便利贴进行发表、分组的形式建立的同质群体，也都可以汇聚能量。它们既可以刺激物理能量，也可以刺激轮穴系统。当人们精力集中了一段时间后，运动尤为有用。

当距离较近、场域较小时，抵消现象和同步现象会发生得更快，所以关注团体的安排也可以汇聚能量。将较大的群体一分为二或分成多个子群体，成员围坐一圈，让他们更加紧密，确保每个人都能看到其他人，这些都是提升能量的方式。身处在一个既不大也不小的空间内也能支持能量构建。

由于无生命场域和生物场域的相互作用，环境及其配置也会影响能源的汇聚。提供柔和的声音、自然采光、放置植物、颜色和装饰的选择会在房间内创造振动，有助于建立积极的场域。

典礼、仪式和庆典也能成为强有力的能量干预手段，因为它们融合了很多我们刚刚都讨论了的要素：有共同的目的，重视空间及其布置，通常都包含了有意义的符号，每个人都参与到同样的活动中，如唱歌或跳舞。所有这些因素都具有协同效应。

构建他人能量时，效率最低的方式就是实践者施加越来越多的能量。个人或群体的场域难度越大、负面影响力越强，情况就越是如此。即使实践者能够产生一个很大的能量场，如果他不断地在为一个人或群体输送自己的能量，他的场域将迅速消耗。如果他有办法为自己的场域拉入额外的能量，可能会成功，但更好的策略是让个人或群体参与到输出能量的活动中。

释放的干预措施：根据问题的不同，释放场域内的能量可能是第一个需要进行的干预措施。场域内可能充满错误类型的能量，或者能量过多。实施释放干预措施的意图在于根据需要尽可能快速或缓慢地释放能量而不使系统耗尽。释放阶段始于能量的解构和流通，就像打破原子键能释放能量一样。这种转化可能是自然启动，正如压力会促使人走得更快（被动转化）一样，也可能是因为干预措施而触发的（主动转化），如重构、挑衅、感觉和意识提升。当某人进入一种情绪状态时，鼓励他深呼吸，这是在引导个人进行进一步情绪释放时的一种常用技术。富有同情的触碰和共情也能有助于能量流通。

一旦释放阶段开始，干预措施旨在塑造能量排放的类型和速度。例如，如果释放的形式是冲动的行为（能量的爆炸），干预措施主要为使用认知或反思性技巧或运动支持更深思熟虑的行动，由此来放慢个人的行动。

很多干预措施都可用于能量排放。举行典礼和仪式，让正在发生的事情合法化或正常化，唱反调，说出房间里的未言明的“大象”，打破让人缩手缩脚的禁忌，识别正发挥作用的假设，进行运动，这些方法都可以打破阻止能量表达的原子键。在组织发展实践中，也成功运用了绘画、音乐和讲故事等方法来释放能量，这些能量被隐秘的或未实现的组织动态所抑制（见表 30.2）。

表 30.2　干预措施示例

循环组成部分		干预措施示例		
		个人	组织	群体
构建模式	装盛	个人愿景 目标、计划	宪章 议程	愿景 战略方向/计划

续表

循环组成部分		干预措施示例		
		个人	组织	群体
构建模式	装盛	识别需求/希望	指导方针 行动计划 识别需求/希望	目标 使命 项目
	充注	典礼/仪式 剧烈运动/舞蹈 笑声/欢乐 自然/户外活动 音乐 任何能产生积极情绪、探索兴趣或激情所在的东西 挑衅/唱反调 庆祝活动	典礼/仪式 有趣的活动、笑声 律动，重复性运动 挑衅/唱反调 唱歌/吟诵 更换座位布置 快律动的音乐 重构 满足提出来的需求或希望 庆祝活动	典礼/仪式 确定市场、利润、工资、薪酬下降的百分比 减少记分板测评 绘制社交网络图识别可作为激励者和打击者的人和/或关系 建立一个火爆平台或商业案例 庆祝活动 员工/家庭活动
	汇聚	仪式 反思，记日记 休息 致谢 瑜伽、太极锻炼 感觉受关注，被爱，被欣赏	典礼和仪式 发现抱怨中的承诺 建立子群组 表达感激之情 欣赏式反馈 身体靠近 更新静修会 维护空间	欣赏式探询 大型系统干预措施 开放空间技术 未来探索 纪念成就 识别正向偏差
释放模式	流通	识别并测试假设 识别心智模式 分级实验 共情 问题解决	识别假设和心智模式 测试并打破规范 分级实验 共情包容 创建网络	全组织范围启动 员工敬业度活动 提供完成任务所需的资源 试点

续表

循环组成部分		干预措施示例		
		个人	组织	群体
释放模式	排放	富于表现的运动 共情 绘画 缓慢的深呼吸 做出决定 实验	典礼/仪式 讲故事 团队流程检查 焦点小组访谈 绘画/艺术 实验	典礼/仪式 故事叙述 提供反馈 项目回顾 冲突解决 试点
	收回	提供机会独处，保持安静，进行反思 间歇 减少环境刺激 反思	提供反思时间 总结 结束工作单元 减少环境刺激 奖励成就 评估	回顾所学 庆祝组织层级的或群体间的项目完成
静止点		试验仅仅“存在”是什么状态 让无声无息、浑然天成的状态正常化 练习心灵和身体的静止	群体形象化 建立不责备、不批判的体验 让无声无息、浑然天成的状态正常化 群体冥想	在过渡 期减速 让充满不确定性和动荡的时间正常化 帮助员工保持冷静、坚定不移

一旦这种能量被激活，能量排放将继续进行，直到自然减少或缩短了的过程最终触发了能量的收回阶段。在这个阶段，能量用来为下一次重构转化做好准备。随着能量从场域中被清除，释放过程逐渐放缓，一个空间被创建出来以转化到新一轮的循环中。在收回阶段采取的干预措施有助于个人或群体放手过去。这建立了一个空间去理解需要保留的是什么，为继续前行做好准备。在这个阶段，能量不仅仅用于外部表达，也用于内部反思。因此，可以降低速度、创造反思机会、鼓励放弃努力的干预措施都很实用。通过结束活动或仪式来打破场域的相互作用并重建明显的个人边界，这样的方法也有助于能量收回。

与更为常见的认知性干预措施（如问题解决）比，很多构建和释放能量的有效干预措施（如运动）并不是传统的方式。虽然实践者运用起来可能不那么得心应手，但对于能量的产生和释放，这些干预措施比认知性干预措施更有效。它们的影响更为直接，同样也能更好地发挥认知功能。

静止点的干预措施：静止点可能被认为是一种能量的存在状态，而不是能量的运行状态。它没有具体形式，只有各种可能性。与宇宙融为一体，完全不为结果所影响，就是这种状态的示例。在我们身处其中时，能够意识到这种状态，但它很难营造，通常都是意外所得而无法有意为之。有些干预措施有助于诱发这种状态，但不一定能营造出这种状态，包括避免评判或谴责，具备同理心，善于接纳，开放，迎接奇迹，保持冷静或平静，感受无条件的爱或认可。

到目前为止，所讨论的都是有关于能量循环的失调和干预措施。然而，最有效的干预还是实践者利用自我作为一种能量存在物。

将自我作为工具：实践者就是一种能量

组织发展实践者普遍认同，要使用自我来发挥变革推动者的作用，对自己及能施加影响的认知至关重要。在能量领域也同样如此。要有效地利用能量，实践者需要觉察自己的能量状况，掌握能利用能量现象的知识和技巧。

能量健康

健康的能量系统产生活力和复原力。对于实践者来说，能量越健康，他的能量场就越大，越有威力，对其他场的影响力也越大。令人遗憾的是，几乎每个人的能量系统都受个人习惯（如没有充足的睡眠、运动或健康的食品）、不健康的恋爱关系及环境压力（如噪音和毒素）的影响。此外，组织发展实践者通常都沉浸在充斥着问题的情境中，因此常常都处于混乱或有毒素的能量场内。所有这些因素都可能导致能量的损失、中断、阻塞或隔绝。如果情况严重，这种失调会表现在身体症状上。

为了再次充注能量系统，人们必须对能恢复能量的活动和环境进行投入，可以的话，尽量回避不必要地耗尽能量的人员、事件或活动。还有许多治疗方法（如针灸和体能极性疗法），将能量从静态的贮备容器转移到耗尽区域，重新建立流量。这些方法有助于重新构建场域，恢复健康状态，但只是暂时奏效，除非能持续努力去保持健康的能源体系。

实践者的能量状况：知识和技能

每个实践者都有基于自己的生物和能量模式的独特能量标签。了解一个人的标签及其典型表现对使用能量至关重要。但光了解还不够，实践者还必须能够以不同方式有目的地改变自己的能量和场。这种能量的自我认知和技能构成了实践者的能量状况。表 30.3 列出了实践者要确定能量状况可以提出的问题。

表 30.3　确定能量状况的问题

能量的自我认知	能量技巧
我会用什么特质来描述我的能量？ 别人会用什么词来描述我？这些词会如何反映我的能量状况（例如，精力充沛、迟钝或平静）？ 我的生活和工作在哪里遇到了瓶颈？这与轮穴的功能有什么关系？ 我的能量内向或外向的程度有多少？ 我用来展开行动的能量假设是什么？能让我精力充沛的是什么？ 什么在消耗我的能量？我是如何恢复能量的？ 我的能量复原能力如何？ 作为引导师或顾问，我能带来什么样的“能量”？在与个人、群体共事，或者在组织层面进行工作时，我的能量风格是什么？ 在能量循环中，在哪里进行干预是我最得心应手的？哪里是最不自在的？	我能够随意收缩和扩大我的能量场吗？ 我能够在自己的场域汇聚或释放能量吗？ 我如何监控自己的能量水平？ 我能让自己认清现实，使自己放松下来吗？ 我是否拥有并使用了工具/练习来调节我的能量？ 如果思维是一种能量形式，我是否对我的意图、动机、自我对话和有关他人的对话进行了监控？ 我是如何监控自己的能量和能量场对他人的影响的？ 我是如何跟踪自己和他人的能量的？ 我是否知道如何设计干预措施以确保其能实现能量意图？ 我是否能用灵活的语言来描述能量和场域，以让客户得以使用这些信息？

自我认知：轮穴系统作为一种隐喻或如实的评估方式，能提供给实践者另一种方式来了解自己的能量状况。每个轮穴都有其独特的能量特征，这些特征与自我的某个方面有关，例如，身体的、情绪的、智力的和精神的领域。确定各个领域何时有怎样的表现、某个领域是否过度使用或使用不足，都能帮助我们获得洞察。将身体的问题与调节该问题的轮穴联系起来，可以追踪可能运行不佳的能量的根源。

实践者状况的另一个方面是他如何消耗或恢复能量。例如，内向的人宁愿在内心世界消耗更多的能量，而不是在外在世界，然后经由独处活动恢复能量。与此相对的是，外向的人宁愿在与外部世界互动中消耗自己的能量，并在此过程中恢复能量。

能量循环也可用于自我探索，识别在循环的各模式和阶段中自己能量流的强度和限制。确定自己偏好或避免使用哪些干预措施也能表明自己对某个特定模式或阶段的偏见。

这些信息为实践者提供了对精力充沛的自我的洞见，但使用能量状态和熟练应用工具的能力同样重要。

技能：想要影响他人的能量，拥有改变一个人场域的能力非常有帮助也很有必要。这包括扩大或收缩场域，从他人的场域中汇聚或释放能量，以及改变其内部振动的类型和频率。改变一个人场域的特点和边界所需的技能远比人们想的要少。仅仅只要释放特定轮穴的振动或调整呼吸都可以改变场域的特性。影响一个群体或组织的场域难度更大。较大的场域总是获胜方这是不言而喻的，所以实践者总会面临自身场域被一个更大场域抵消的危险。如果这个较大的场域基本健康，它可能产生积极的影响。如果是不健康的，可能消耗或产生其他的负面影响，导致疲惫、困惑、分裂或其他障碍。

在场域的负面影响特别大时，采用双引导师甚至引导师团队有时候是比较明智的做法。这样做的假设是引导师能够在彼此之间建立一个相干场域，拥有类似意向；否则增加引导师可能更加扰乱场域。

其他技能还包括感知和跟踪能量，有目的地影响他人的场域，确定系统不同层面的能量循环的优势和局限性，设计干预措施以实现能量意图，将对能量的所知、所需转换为易理解的共同语言。

结论

早在最初，组织发展就希望了解个人和集体行动的动态，以及人与人之间及其环境间相互关联性的本质。能量现象有助于我们进一步了解这些动态，阐述了人类彼此之间及与环境共享深刻连接的另一种方式。本章提请大家关注这些令人着迷却又普遍存在的动态，并提供了理解和构建这些动态的指南。组织中能量现象的世界召唤着组织发展实践者去发现这个新世界的潜能，从而丰富他们利用自我的方式，在组织各个层面实施有效的干预措施。如果组织发展实践者都不能接受并构建这个组织内的独特世界，那还有谁会这么做呢？

参考文献

Allen, K., & Mease, W. (NP). Energy optimization and the role of the leaders. Retrieved from http://kathleenallen.net/index.php?option=com_docman&Itemid=5&limitstart=5.

Baker, W., & Dutton, J. (2006). Enabling positive social capitol in organizations. Retrieved from www.bus.UMich.edu/positive/PDF/Baker-Enabling%20pos%soc20%cap-ecp%20pos.pdf.

Becker, R., & Selden, G. (1985). *Body electric*. New York: Quill.

Bialeck, W. (1987). Physical limits to sensation and perception. *Annual Review of Biophysics and Biophysical Chemistry*, *16*, 455-478.

Bruch, H., & Ghoshal, S. (2004, Fall). Unleashing organizational energy. *MIT Sloan Management Review*, *44*, 45-51.

Bruch, H., & Vogel, B. (2011). *Fully charged: How great leaders boost their organization's energy and ignite high performance*. Boston, MA: Harvard Business School Press.

Bruyere, R. (1991). *Wheels of light*. Sierra Madre, CA: Bon Productions.

Cole, M., Bruch, H., & Vogel, B. (2012, May). How leaders at all levels mobilize the energies of people to achieve extraordinary results. *Journal of Organizational Behavior*, *33*(4), 445-467,

Cryer, B., McCraty, R., & Childre, D. (2003, July). Pull the plug on stress. *Harvard Business Review*, *81*(7), 102-107.

Goleman, D., Boyatzis, R. E., & McKee, A. (2002). *Primal leadership*. Boston, MA: Harvard Business School Press.

Heorhiadi, A., & Conbere, J. (2008). Energetics and OD. *OD Practitioner*, *40*(1), 36-39.

Hunt, V., Massey, W., Bruyere, R., & Hahn, P. (1977). *A study of structural integration from neuromuscular, energy field, and emotional approaches*. Los Angeles, CA: Rolf Institute, UCLA.

Johari, H. (2000). *Chakras*. Rochester, VT: Destiny Books.

Judith, A. (1987). *Wheels of life*. St. Paul, MN: Llewellyn.

Kegan, R., & Lahey, L. (2001). *How the way we talk can change the way we work*. San Francisco, CA: Jossey-Bass.

Loehr, J., & Schwartz, T. (2003). *The power of full engagement*. New York: The Free Press.

Marshak, R. J., & Katz, J. H. (1994). The covert processes workshop. National Training Laboratories Workshop, San Diego, California.

McCraty, R. (2003a). *The appreciative heart*. Boulder Creek, CA: Institute of HeartMath.

McCraty, R. (2003b). *The energetic heart: Bioelectromagnetic interactions within and between people*. Boulder Creek, CA: Institute of HeartMath.

McCraty, R., Atkinson, M., & Tomasino, D. (2001). *Science of the heart* (no. 01-001). Boulder Creek, CA: Institute of HeartMath.

McTaggart, L. (2002). *The field*. New York: HarperCollins.

Olson, E. E., & Eoyang, G. H. (2001). *Facilitating organizational change: Lessons from complexity science*. San Francisco, CA: Jossey-Bass.

Oschman, J. (1997a, January). What is healing energy? Part 2: Measuring the fields of life. *Journal of Bodywork and Movement Therapies*, *1*, 117-128.

Oschman, J. (1997b, April). What is healing energy? Part 3: Silent pulses. *Journal of Bodywork and Movement Therapies*, *1*, 179-194.

Oschman, J. (1997c, July). What is healing energy? Part 4B: Vibrational medicine. *Journal of Bodywork and Movement Therapies*, *1*, 239-250.

Schneider, B. (2008). *Energy leadership*. Hoboken, NJ: John Wiley & Sons.

Schwartz, T. (2007, October). Managing your energy, not your time. *Harvard Business Review*, *85*(10), 63-73.

Spreitzer, G., Lam, C. F., & Quinn, R. (2011). Human energy in organizations: Implications for POS from six interdisciplinary streams. Retrieved from Centerforpos.org/conference2011/2012WP-content/uploads/2011/02/POS-HbkCH-12-Positive Energy-Spreitzer-Lam-Quinn.

Spoth, J. (2013). Gestalt coaching. In J. Pasmore, D. B. Peterson, & T. Freire (Eds.), *The psychology of coaching and mentoring* (pp. 385-406). Chichester, West Sussex: John Wiley & Sons.

Vogel, B., & Bruch, H. (2011). Organizational energy. In K. S. Cameron & G. M. Spreitzer

(Eds.), *Oxford handbook of positive organizational scholarship.* New York: Oxford University Press.

Wilber, K. (2003). *Toward a comprehensive theory of subtle energies*. Boston, MA: Shambhala.

Wright, S. (1991). Validity of the human energy field assessment form. *Western Journal of Nursing Research*, *13*, 635-647.

第 31 章

学习系统与组织发展[1]

安东尼·迪贝拉（Anthony J. DiBella）

从根本上而言，组织发展关乎变革的过程和成果。发展一个组织，意味着使其绩效大致朝着某个积极的方向，从一个水平或阶段转移到另一个水平或阶段。组织发展实践者无须受到希波克拉底誓言（“无伤害于病人为先”）的约束，也无须背诵此誓言。或者说，这句话主张与组织发展实践者的职业信念和价值观是一致的。在组织发展中有一个假设，即变革或发展意味着利益相关者很关注的一个或多个指标的积极改进。实践者的作用是帮助客户尽可能以快速、安全及无害的方式进行改进。

在组织发展中，改进的重点或控制点是某个组织情境或系统，但组织系统不会自行变革。它主要通过个人也因为个人而发生变革。但这不是说不关注个人的利益。事实上，传统组织发展的标志就是对每个个体的欣赏和尊重。挑战就在于如何使组织系统变得更有效率，同时又不会给员工带来改进的负担（或减薪）。

在当今竞争激烈的全球市场中，对于组织生存而言，通过组织发展来促进绩效改进变得空前重要。事实上，人们可能认为，在实证主义的主导范式中，进步和改进不仅是不可避免的，而且就算它不是所有西方国家或工业化文化的核心，也是美国的核心。组织发展

---

1 谨以本章纪念一位永远的朋友、导师及君子，埃德温·尼维斯。

的关键问题不在于变革是否会发生，而是组织发展实践者在促进变革的规划、步调、方向和结果上能发挥的作用。

组织发展实践的基础是对变革的深入了解和积极性，而非疏远和宿命论。顾问（不论是来自客户组织的内部还是外部）对其客户的利益和有效性都有直接影响，而影响并不是无足轻重的。当实践者相信自己的行为可以改变世界，并据此信念展开行动时，有针对性且具意义的行动必然会跟着发生，促进了自我实现的循环。

组织发展不是不加选择地应用一些来自远方的固定解决方案。组织发展实践者在与客户共同或为客户制订计划并采取行动时，建立起亲密的关系。从最初诊断阶段的焦虑和不确定性到庆祝成果的喜悦，大家分享各种感受，从而获得更加系统性、更富有活力的体验，而非机械式的刻板经历。组织发展中有一种信念，当我们完全投入自己的精力和精神、精神和心灵、想法和感受时，客户的收获会多得多，这与顾问只是一个冷静的知识分子或工程师在对组织略加修补的情形（对该职业并无任何冒犯之意），不可同日而语。

把促进学习当作一种组织发展实践，已经被认为“新范式干预措施”。组织发展实践者在自身的职业进程中，帮助客户从自己及他人的经验中学习，从而更有效、更高效地完成任务与既定目标。本章将解释组织发展与学习之间的重叠和关联，所涵盖的内容广泛，与本书其他话题和主题的内容会有相似。在实践者看来，本章为在组织系统内的干预提供了一个框架，从而以符合传统组织发展原则的方式促进学习。对学者和研究人员而言，本章提供了思路来构建新的研究问题，这些问题将挑战主流的规范性范式的“学习型组织”。

本章阐述的观点有关于组织发展与团队及组织学习领域之间的联系。事实上，你不能顾此失彼。除非变革已经制度化，或者显性或隐性的学习过程已根植于变革中并成为其不可分割的一部分，否则组织必然会回归到旧方式或习惯上；但这种见解现在就提出有点为时过早，所以，首先介绍几个有关组织发展和学习的基本点。

学习与变革，学习与组织发展

不推动学习，就无法推动变革。要成功改变人们的共事方式，就需要学习新的技能和新的沟通模式。要改变组织的文化，员工就必须学习新的价值观或假设。对即将在新设计的组织或架构中有效工作的员工而言，他们必须学习社会互动的新角色和形式。

学习新技能或感知世界的新方式能提升更好实现目标和愿望的能力。这是组织发展的基本目标：培养能实现目标的能力。也许在过去的某个时间，在组织中培养能力及培养组织的能力只是一个选择；但在现今不断变化的世界中，已不再如此，此时需要持续学习。随着周围的世界不断变化，即使只是紧跟其后也需要学习。有关这种需求的象征体现在如雨后春笋般涌现的公司内部职位上，这些职位将学习和组织发展结合在一起，如“学习和组织发展副总裁”。

学习系统的基本假设

将组织作为学习系统进行发展基于三个基本假设和原则。这些通过应用研究和实践经验而获得的原则，展现了组织发展和学习是如何紧密结合的。这些原则同样适用于公共或私营、营利或非营利组织。

控制（自我调节）系统

首先，所有生命系统或社会系统都属于控制（自我调节）系统。生命的本质是通过各种反馈形式和机制来监控和了解自己或周围环境的能力。我们的客户对自己的成本、利润、社会效益在进行监控，无论他们在进行什么活动，这个过程一直都在处理有关当前和预计绩效的信息。绩效反馈系统能生成并延续学习生命线，这样组织可以调整或改变自己的行动、战术和战略。组织学习不应该像有的人所认为的那样是一个系统所独有且独立的特性或能力，而应被视为系统的基本构造和本质。

组织学习的基本定义在这里是相关的。组织学习包括一系列根据经验来维持和改进绩效的过程。绩效反馈系统能生成并传播组织有必要学习的信息和知识。一些绩效反馈可以自动生成，如月度结算或每日库存，也可以断断续续地表现在“学习记录”上。在某些情况下，反馈是线性的；而在其他情况下，反馈可能是混乱或随机的。无论哪种情况，有生命的系统通过控制论来处理自身（和其他系统）经验，所得到的洞见或信息可用于帮助组织更好地实现其使命或愿景。

有生命的系统是反应系统

可指导组织发展和学习的第二个原则是所有有生命的系统都是反应系统。所有系统实施形式都会促进变革。这个原则来自组织发展先驱库尔特·勒温的开创性工作。这与经常被引用的一篇文章“为何变革计划无法促进变革”的观点相反。所有变革计划都会产生变革并带来效果；有些是有意的，有些是无意的。

对于有生命或有机的事物，你无法只是触摸、进行互动或做出干预而不产生影响或促使反应。根据物理学的基本原则，每个动作都会产生反应。如不确定性原理所提出的，即使对一种现象的测量也会产生影响。

能力是一种运用组织发展的形式

第三个原则建立于第一和第二个原则的基础之上。培养学习能力是一种努力形式；要取得成功，就需要一种组织发展倾向。组织作为控制系统，已经包含了学习过程。当我们尝试在组织内发展学习时，必须承认已存在的事物并期望它们的反应。未能如愿建立学习型组织的原因就在于没有遵循这一原则。

采用这些原则与客户共事时，始终牢记一个能反映实践者工作背景的推论。每个有生命的系统都包含自我成长和自我衰落的种子。按照马图拉纳（Maturana）的阐述，对自我存续（Autopoeisis）的一种解读就是，有生命的系统有能力成为自我。本质上，系统沿着一种成熟过程在持续地成长、发展。与此相反，即便系统在成长、发展，过程中它们也会受到无序混乱之力的阻碍，这些力量往往会带来衰落。随着系统成熟并习得学习收获（有些人可能称为智慧），一些能力可能同时也在老化的过程中逐渐衰落。变革推动者需要在开发成长力量的同时，认识到同时存在的衰落力量或过程。

学习与分析及运用层面

学习作为一个发展过程，可以在多个分析或认同层面上进行推广。运用组织发展可以围绕或集中在这些层面上。在初级层面上，组织发展实践者帮助个人学习其职业生涯及其组织取得成功所需的各种技能或能力。实践者的角色是教练、引导师、老师及培训师，重点都在于个人的能力。通过反馈和鼓励，客户学习到新行为或者看到新的可能性。

在应用的社会层面来看，学习和发展的过程要复杂得多，其中最简单的要算工作群体或团队的学习和发展。在这个过程中，人们共同分享或习得行为、能力和经验教训。一些情况下，学习是通过一对一的指导或行为榜样发生的。在另一些情况下，是通过实践社团推动的集体过程形成的。

当客户是整个组织或机构时，实践者是在另一个复杂的层面上发挥作用。这需要对群体或团队内部及其之间发生的动态的觉察。在组织、部门或业务单位层面上学习更具挑战性，也更有价值，但会具有一些独特属性。

随着组织的成长、成熟、变革，它们面临新的形势和情境。对此需要创造或习得新的技能、价值观或行为。在这个过程中的所学会成为一些集体的属性，即使某些成员离开了，这些属性也仍然存在。否则，如果随着个人的离开，所学的东西也就荡然无存，那么就不能说是组织本身学有所成。

有人还提出存在第四个学习层面（在个人、群体和组织之外）：社会。整个社会是如何学习并发展的？这种学习能否以任何方式进行指导或引导？在自由或市场驱动的社会中，尤其是当决策者相信“看不见的手”所产生的收益时，很难设想这样的一种发展。例如，南非联盟在种族隔离后，人们以史为鉴来确保南非未来更繁荣、情感上更令人满意的共同经历。在这个案例中，南非官员在德斯蒙德・图图（Desmond Tutu）和纳尔逊・曼德拉（Nelson Mandela）的领导下，进行公开的和解听证会，鼓励人们承认自己在种族隔离时期的行为，让其他人可以知道发生了什么、发生的原因。由此带来的情感宣泄意在帮助南非人从经验中进行集体学习，推动建立一个更为知情、更受欢迎的社会。

在对重要事件的回应中学习

对管理者、高管和组织而言，学习和变革是难以对付的，因为他们要承担相应的成本和破坏。在生产模式下进行会更为容易（表面上的或其他方式的），因为似乎无须处理学习产生的变化，也无须进行学习所需的投入。但毋庸置疑的是，变革和学习都需要对时间和其他资源的投入。

市场经济的价值观要求公司及其高管需关注立即有成效或对盈利有直接贡献的活动。对变革进行投资（如学习）以让职业生活或组织在未来更美好，这会占用被视为或被估量为当前有价值的活动的时间。即便有些学习和变革只是在成熟过程中或机缘巧合下发生，也需要投入以从经验中学习。有助于组织人力和社会资本发展的学习可能成本高昂，而回报却不确定或不可估量。那么，如果学习不是价值观的一部分，是什么促进了对学习的投入？以下是两个简单的答案：一，外部环境的变化；二，意料外且不受欢迎事件的发生。如果外部环境发生了变化，组织必须学习如何应对变化或其所带来的新条件。这个现象在社会层面上最好的示例就是 1957 年苏联发射“史普尼克”卫星的情景。这次事件发生在冷战中期，它展示了俄罗斯人在太空飞行方面的优势，促使美国对以工程和物理科学为重点的教育项目的大量投入以缩短和苏联的差距。

现在，设定标杆是激励变革的常用方法。将自己的业务实践与其他公司的进行比较，企业能了解自己相对于竞争对手的评价如何，知道什么是有效的，什么是无效的。20 世纪 80 年代，摩托罗拉认为自己的生产技术最先进，直到与日本制造商相比较时才发现自己有多落后。这激发了摩托罗拉对学习的大量投入及摩托罗拉六西格玛计划的建立，这已经成为变革和业务改进的标志性过程。

当组织了解适用于其行业的规则或规定时，变革也是不可避免的。当政府通过了新法律或修改了现有法律时，企业通常都要改变自己的操作以保持合规。2003—2004 年，美国牛肉业备受关注的问题是疯牛病的流行。一个可能的结果是新法规的出台，那么牧场主和牛肉加工公司必须学会按此执行。2003 年罗德岛发生的那场悲剧性的夜总会大火造成了 100 人死亡，导致管理公共场所和场地的消防法律发生了普遍的变革。夜总会和电影院业主现在都需要学习如何在较高成本下继续经营。

如同外部变革要求我们学习一样，有时我们自己的经验也会促使学习产生。经营失误、错漏或事故凸显了失败或问题，如果不纠正，将对个人财产或者个人生活造成进一步的伤害。例如，任何时候当美国发生民用飞机坠机事件时，飞机的所有者、建造者和设计师都需要一起来了解坠机原因，确定可能采取的措施以避免类似事故再次发生。在美国国家运输安全委员会（The National Transportation Safety Board）的主持下，成立一个专家小组来调查坠机事故，并提出一系列建议。结果可能是对飞行员进行培训，对飞行人员和空中交通管制员间的通信协议或设备维护程序进行修改。2012 年秋天，美国国务院成立一个内部问责审查委员会，专门调查美国在利比亚班加西的大使馆遇袭事件；类似的但会持续进行的是，美国军方也定期对其行动进行事后审查。从经验中学习意味着我们对自己的态度、行为或所生活的世界进行了一些改变。有时候这些改变产生于内部，有时候则产生于外部。实际上，变革推动学习，后者又反过来进一步推动变革。

学习与多样性

在过去 40 年里，人们对员工多样性的益处进行了大量的研究。经典的期刊文章指出了人们之间的差异能如何影响工作场所的动态及如何作为竞争优势来使用。相同的原则适用于发生在组织内部的学习，并且通过组织来实现。

你认为一个机械工程师群体（或部门）会采用与会计师群体或平面设计师群体相同的方式一起学习吗？当然不会。在推动组织变革时，我们需要识别个人和群体的学习能力及风格。霍华德・加德纳（Howard Gardner）关于多元智能的研究及丹尼尔・戈尔曼关于情商的研究都显示，对能力的理解不仅仅是对智商进行测试。能力、智力和学习都是多维度概念，不能以单一指标衡量。仅依赖一种评估，简化了现实情况，也低估了那些偏离社会规范的形式的价值。例如，加德纳确定了七种智力，其中包括空间、音乐和数理智力。梅尔・列文（Mel Levine）在他的《破茧而出》（*A Mind at a Time*）一书中对八种学习系统的功能进行了解释，如注意力控制、记忆和顺序排序。

和个人会用不同的方式学习一样，组织也是如此。在某种程度上，这些差异体现了组织运作所处不同环境的功能。例如，一个处于稳定环境、拥有成熟产品（番茄酱或水泥）的组织的学习内容及方式肯定和一个不稳定、会涉及新产品或技术不断发展的行业里所发生的情况有着天壤之别（如计算机软件或纳米技术）。

组织的历史、文化、规模和成立年限也会导致不同的学习风格。新的创业公司的学习风格往往不同于较大规模的知名公司。前者通过创造有关前沿产品或技术的知识来学习，而后者则侧重于改进现有的产品或技术。学习风格并不能反映一个组织学得有多好，也不能衡量组织所学多有价值，但它能塑造组织所学的内容和发生的方式。学习过程和风格还可以作为学习组合来进行同步检验，或者最终形成"学习序列"。当组织从一个特定的过程或事件中进行学习时，可能逐渐转向或选择去强调别的过程或事件。

学习方向

调查研究确定了七种学习方向或过程，通过组织内的知识得以习得或建立、分享及使用。表 31.1 中所展示的这些学习维度可以并置比较以确认组织内独特的学习风格。认可公司内存在多种风格有助于理解一些群体内冲突和学习障碍的出现。如果公司的各个部分学习方式差异很大，那么知识就不太可能超越功能或群体的界限进行有效转移。我们一旦认识到这些障碍，就可以把它们作为多样化及竞争优势的潜在根源进行管理。

表 31.1　学习方向

方　　向	说　　明
知识来源	偏好在内部建立知识，而不是习得外部已形成的知识
内容—过程焦点	相比强调开发或交付产品及服务的知识而言，更强调有关产品和服务内容的知识
知识储备	相比公开可得的知识，更倾向知识为个人所有

续表

方　　向	说　　明
传播模式	相比通过非正式方法（如行为榜样和随意接触）来分享知识，更倾向以规定的正式方式分享知识
学习范围	相比开发新能力、产品或服务的知识，更偏好有关改进现有能力、产品或服务的知识
价值链焦点	强调对工程或生产活动（“设计和制作”功能）的学习投入，而不是对销售或服务（“营销和交付”功能）的投入
学习焦点	相比发展有关群体绩效的知识，更倾向发展有关个人绩效的知识

学习组合

学习实践和风格构成了组织“学习组合”的原始元素。

将组织作为一种学习组合的理念反映了一种能力，随着组织文化的成熟，它也发生了演变和成长。要将这种能力作为竞争优势进行使用，组织成员必须首先确认形成和组成该能力的元素。识别当前的能力是战略行动的起点，以改变、增补或改善风格或风格组合。管理者利用并根据已有的能力来开展工作，而不是假设毫无能力，需要从头开始构建这些能力。这种方法关注积极因素，与欣赏式探询的技术保持一致。它与规范性技术相反，在规范性技术概念中，不具备特定能力的组织都被视为失败。学习组合揭示了学习实践、风格和状况描述时如何形成了一个完全组织范畴的学习和变革系统。

和仅依靠单一学习方式的公司比，拥有大量学习实践组合的公司大多拥有多种能力，具备更高的变革适应性。通过关注一家公司完整的学习组合，组织发展实践者能够让自己重新定位，从想弄清楚公司是否拥有一套合适的学习实践或风格转为考虑它们的互补性。也能采取系统的观点来考虑学习组合各元素间的协同可能性，而不是聚焦于个人活动。

例如，许多学习主张建议双环或转化型学习比单环或纠错型的增量学习更好。然而，在核电厂的控制室内，转化型学习风格容易导致灾难性后果（如切尔诺贝利核事故的案例）。可是，运营核电站的公司设立一个设备研发实验室让员工实践转化型学习，这非常合适且具备战略优势。在公司整体背景下，各种风格是互补的。

学习与组织发展实践者的技能

组织发展实践者应该以多种方式与客户接触，培养客户的学习能力。他们的作用可能是为工厂经理提供教练服务，帮助技术型的专业人士获得管理岗位所需的技能，或者提升一个工作团队处理学习机会的能力。要发挥好这些作用，需要组织发展通用的过程技能，如提供反馈的能力、引导交流的能力、引发对话的能力、解决冲突及提出鼓励的能力。但是要推动组织内的学习还需要具备内容知识。

首先，组织发展专业人士必须了解复杂的社会过程，在这个过程中组织才得以形成并发挥作用。组织发展实践者要能使用任何隐喻来了解某个组织，从而识别自己有关组织和学习的工作理论，以及并置这两个概念（组织学习、学习型组织）的意义所在，这很关键。从历史和现代视角出发，深入了解组织理论和学习理论将打下重要的基础。

有了这种深入了解后，实践者就可以评估那些声称能促成学习型组织的具体模式和技术。培养学习能力的关键点在于建立能让学习发生的条件。根据调查研究已经确定了能促进学习的 10 个因素，如示例 31.1 所示。其中有两个因素特别符合组织发展实践者向客户提供的工作和视角：开放的氛围和系统视角。

开放的氛围是指员工感受到被鼓励对组织或团队的表现分享观点、提供反馈。这意味着能够开诚布公地发言，无须担心报复，相信反馈不会被回避或忽略，而是以建设性的方式被使用。学习需要传播并处理反馈及信息。如果有关运作失误、错误或不良表现的信息被隐瞒下来而不是进行分享，组织就无法学习。促进开放氛围，听起来可能有点过于乐观，但这要求进行传统的组织发展工作来鼓励员工参与、降低防御性。组织发展实践者应该鼓励组织领导者嘉奖那些畅所欲言、充当信息传递者的人，而不是惩罚他们。通过营造开放的氛围，组织也提升了创造力和创新力，二者完全有赖于信息和知识的分享。

示例 31.1　促进学习的因素

1. 扫描必要性。收集有关自身单元外部的条件和实践的信息；寻求外部环境的信息。
2. 绩效差距。分享对当前绩效和期待绩效间差距的观点。
3. 关注评估。努力定义并衡量关键因素。有关度量标准的讨论被视为一种学习活动。
4. 组织好奇心。对条件和实践保持好奇心，对创造性观点和新技术感兴趣，支持试验。
5. 开放的氛围。组织成员间公开沟通；对问题、错误或教训进行分享而不是隐瞒。

6. 持续教育。对优质学习资源的承诺。

7. 操作多样化。重视不同的方法、程序和能力；欣赏多元化。

8. 多种主张。组织各个层面上的员工都可以提出新的理念和方法。存在多种主张或其捍卫者。

9. 参与的领导层。领导者亲自积极参与到学习举措中，并确保学习环境的维护。

10. 系统视角。承认组织单元和群体间存在相互依存的关系；意识到行动和其结果之间存在延时效应。

在大公司里，共享信息意味着要跨越组织、业务单位或部门的界限。成功的信息共享需要能从整个系统及各部分相互依存度等方面进行思考。跨组织的工作能支持将在一家公司某部分的学习迁移到另一家公司。某些情况下，正如我们之前所提到的，当美国国家运输安全委员会调查飞机坠机事故时，整个行业都必需发生学习。组织发展实践者帮助客户了解组织单元间的关系，识别行动和结果间的延时效应，从而帮助客户培养系统视角。

最后，促进他人学习的专业人士必须模仿该行为。人们常说，最危险或脆弱的境地莫过于有人认为自己对某一主题已经完全了解或者为某一事件已做好充分准备。与马图拉纳自我存续的观点一样，我们停止学习的那天就是开始迈向死亡的那天。专业人士需要跟上所在领域的最新方法和理念、客户所面临的挑战及自身的个人需要和想法。参加专业会议和研讨会，阅读同事撰写的最新书籍和文章，记录个人体会和洞察，保持良好的自我觉察，这些都可以帮助我们及时了解内在自我及所处的世界。通过不断更新技能，我们可以更好地找到定位去增强他人的技能和能力。

将组织作为学习系统进行发展

在组织中促进、建立学习能力就意味着推动变革。要在组织发展的框架中做到这点，需要三个基本步骤：

1. 识别并理解当前的学习过程。
2. 确立当前学习需求和战略学习需求之间的差距。
3. 明确行动以提高期待的学习能力。

为了生存，任何社会系统都需要学习过程，不论是公开的还是隐蔽的，即使只是让新加入者就已有的价值观和假设受到同化。要促进系统中的学习，我们首先需要识别现有的学习过程是什么；然后与客户合作改善或改变这些过程。通过显露现有（虽然可能是未察觉的）的过程，组织发展的方式赋能于个人，让他们能聚焦于当前的能力，将自己的觉察作为起飞点去实现自己期待的能力。此时，关键的问题不在于组织是不是一个学习型组织，而在于组织的学习组合能否以最有效的方式帮助实现这个使命？以这种方式构建问题，组织发展实践者往往不太会实施一种固定或预设的解决方案。

要改进学习过程，我们需要了解：为实现组织任务或实施组织战略，员工必须学习什么？他们当前的学习状况如何？在组织内，学习因可以帮助实现期望的结果而受到重视。然而，只有我们的客户知道那些结果是什么，学习才能做出这样的贡献。一旦组织任务确定了，组织战略制定了，学习的含义也就变得清晰了。例如，如果公司希望以客户为中心，那么员工要做到这点需要学习什么？他们将如何学习这些能力？采用这种方式，一方面，可以确定员工当前所学和学习方式之间的差距；另一方面，所需的学习也会发生。人们已经开发出评估工具来帮助组织发展实践者完成过程中这一步骤。

一旦现有的以及期待的能力确定了，客户就必须制订行动计划来消除任何差距并产生变革。有些行动可能是针对个人层面设计的，另一些则针对集体或社会层面设计。例如，要变得更加以客户为导向，经理和专业人士可能额外需要一些营销或聆听技巧方面的培训。在集体层面，工作团队可能需要学习如何更好地处理客户的反馈意见，将客户的投诉作为学习的机会。鼓励实践社群可能是一个行动计划的另一种元素。

这个培养学习能力的基本三步骤过程是组织发展中的一种传统过程：识别现在，形成对未来的共识，然后制订计划去实现。听起来很简单，当然它的理论也不难；但是，人以及他们创造并居于其中的系统的复杂程度远超想象。许多实体和虚拟空间中都潜伏着对变革的抗拒。但随着时间的推移，组织发展实践者能够觉察到需要注意的方面，知道如何避免、应对或克服变革及学习动态。

结论

组织发展实践者最好不要推动以防万一式的学习，即学习有朝一日可能用得上的知识。相反，我们需要推动有助于实现特定成果的学习和学习能力。通过我们或客户的努力及对学习的投入，可寻求什么样的成果？这个问题的答案会涉及并且一定会反映我们的价值体系。当我们询问“为什么要学习”时，真实的答案会展现出我们认为重要的东西。之所以真实，是因为某些答案可能在社会或政治角度是不被接受的。例如，如果医院为了减少医疗错误而想要学习，其意图可能是实现更好的病人护理或更高的利润。后一种回应不符合医疗护理从业者的认知（或至少是常说的）价值观。盈利能力可能是主要关注，但从政治角度看是不应该对其进行讨论的。另外，当提出的关注是对客户及顾客更好的结果，或者在这个医院的案例中，对医院的病人更好的结果，则更容易说明对学习进行投资是合理的。

组织发展实践者必须促进双赢情境，避免滥用人员或环境。为了更好地或更正确地行动而学习，这就是组织发展职业的全部。帮助像美国国家铁路客运公司 Amtrak 这样的组织学习，从而使列车按时运行，或者对航空公司和核电厂而言是避免事故的发生，帮助这些组织利润更高的同时也增加社会效益。谁能说这些努力是不值得的呢？

参考文献

Argyris, C., & Schön, D. A. (1978). *Organizational learning*. Reading, MA: Addison-Wesley.

Beer, M., Eisenstat, R. A., & Spector, B. (1990, November/December). Why change programs don't produce change. *Harvard Business Review*, pp. 158-166.

Bingham, C. B., & Davis, J. P. (2012). Learning sequences: Their existence, effect, and evolution. *Academy of Management Journal*, *55*, 611-641.

Cutcher-Gershenfeld, J., & Ford, J. K. (2005). *Valuable disconnects in organizational l-earning systems: Integrating bold visions and harsh realities*. New York: Oxford University Press.

Darling, M., Parry, C., & Moore, J. (2005, July/August). Learning in the thick of it. *Harvard Business Review*, pp. 1-8.

DiBella, A. J. (1998). *How organizations learn: An integrated strategy for building learning capability*. San Francisco, CA: Jossey-Bass.

DiBella, A. J. (2001). *Learning practices: Assessment and action for organizational improvement*. Upper Saddle River, NJ: Prentice Hall.

DiBella, A. J. (2011). Learning portfolios: An alternative to learning organizations. In M. Easterby-Smith & M. A. Lyles (Eds.), *Handbook of organizational learning and knowledge management* (2nd ed., pp. 183-198). West Sussex, UK: Wiley.

DiBella, A. J., Nevis, E. C., & Gould, J. M. (1996). Understanding organizational -learning capability. *Journal of Management Studies*, *33*, 361-379.

Eckes, G., & Derickson, S. (2002). *Six sigma dynamics: The elusive key to project success*. San Francisco, CA: Jossey-Bass.

Gardner, H. (1993). *Multiple intelligences: Theory in practice*. New York: Basic Books.

Goleman, D. (1995). *Emotional intelligence*. New York: Bantam Books.

Levine, M. (2003). *A mind at a time*. Carmichael, CA: Touchstone Books.

Lewin, K. (1951). *Field theory in social science*. New York: HarperCollins.

Maier, N. (1967, July). Assets and liabilities in group decision-making. *Psychological Review*, *74*(4), 239-249.

Maturana, H. (2000). *Steps to an ecology of mind: Collected essays in anthropology, psychiatry, evolution, and epistemology*. Chicago, IL: University of Chicago Press.

Mauzy, J., & Harriman, R. (2003). *Creativity, Inc.: Building an inventive organization*. Boston, MA: Harvard Business School Press.

Morgan, G. (1993). *Imaginization*. Thousand Oaks, CA: Sage.

Nevis, E. C. (1987). *Organizational consulting: A gestalt approach*. New York: Gardner Press.

Nevis, E. C., DiBella, A. J., & Gould, J. M. (1995, Winter). Understanding -organizations as learning systems. *Sloan Management Review*, *36*, 73-85.

Roth, G. (2000). Constructing conversations: Lessons from learning from experience. *Organization Development Journal*, *18*(4), 69-78.

Roth, G., & Kleiner, A. (1998, Autumn). Developing organizational memory through learning histories. *Organizational Dynamics*, *27*, 43-60.

Schachter, S., Ellertson, N., McBride, D., & Gregory, D. (1951). An experimental study of cohesiveness and productivity. *Human Relations*, *4*, 229-238.

Schein, E. H. (1996). The three cultures of management: Implications for -organizational learning. *Sloan Management Review*, *38*, 9-20.

Watkins, J. M., & Mohr, B. (2001). *Appreciative inquiry: Change at the speed of imagination*. San Francisco, CA: Pfeiffer.

Wenger, E. (1998). *Communities of practice: Learning, meaning, and identity*. Cambridge,

England: Cambridge University Press.

Wilson, J. M., Goodman, P. S., & Cronin, M. (2007) Group learning. *Academy of Management Review*, *32*, 1041-1059.

Wooten, K. C. (2009). Ethic and justice in new paradigm and postmodern -organization development and change. *Research in organizational change and -development*, *17*, 241-300.

Yeung, A. K., Ulrich, D. O., Nason, S. W., & VonGlinow, M. (1999). *Organizational learning capability*. New York: Oxford University Press.

第 7 部分

组织发展的现状与未来

第32章

关于库尔特·勒温的反思

玛丽·安·雷尼

与其他实践领域一样，为了在这个日益复杂且不断变化的世界中努力跟上步伐并保持重要地位，组织发展也在审视下一阶段的发展。组织发展对组织和其他社会体系的健康运行做出了重要的贡献，虽然存在挑战，但未来前途无量，具有无限可能性。随着有关组织发展现状和未来的论述的展开（一场真正明智的论述的展开），对组织发展植根的基础进行短暂反思是很有帮助的。开始时打下的良好基础对任何机构都是有益的，因为这会带来认同感，指引抱负并防止美丽的幻想。

毫无疑问，对组织发展而言，这样的回顾始于库尔特·勒温（1890—1947），他对组织发展领域的贡献是无人可及的。时至今日，他所著作品的相关性丝毫没有减弱，仍然是社会科学领域被提及最多的作家之一。不可否认，我对勒温秉持着深深的钦佩和尊重，这源于他在整个职业生涯所展示出的道德勇气及其著作的哲理性。随着组织发展对下一层面的思考，以下的评论并不是我对勒温的所有认知，却代表我认为组织发展领域在思考自己的下一层境界时值得注意的方面。

生活、贡献及其相关性

谈起勒温，他作为一个 20 世纪初在德国长大的犹太教徒的背景将是一个很好的切入点。他的经历在很大程度上影响了他对民主和消除偏见的热情。勒温兴趣众多，包括哲学和科学方法论。但他首先是一位心理学家，以让心理学成为一门应用科学为目标。勒温是一位多产的理论家、研究员、作家和实践者。我常常说，勒温在用一种非常严格的方式来展示他的人文价值，虽然不是每次都能赢得读者的理解，但他总是抱着一个可敬的目的去教导社会中受压迫的人、弱势群体和缺乏关爱的人群并为他们赋能。

1918—1933 年，勒温在柏林大学学习，这段求学经历被证明是他职业生涯中的关键阶段。他在 1933 年从纳粹德国逃到美国。正是在柏林大学他确立了自己寻求精进的心理学前提。他进入大学时完形心理学正在大学中日渐盛行。整体论，强调整体条件的重要性，是完形心理学家对认知进行研究的本质。勒温被整体论吸引，因为它与人类行为中那些难以琢磨的方面有关，希望能测试自己的观点，即行为产生于个人的整体因素，既包括内部因素又包括外部因素。

场论思想

在自己的门生鲁玛 · 蔡加尼克所进行的一项著名研究中，勒温发现人们对一项工作中未完成部分的记忆要长于对完成部分的记忆。他对此解释道，心理压力与未完成的状况有关；一旦工作完成了，心理能量就会得到释放。这种现象被称为“蔡氏效应”。勒温成功证实了环境对人类行为的影响，并标志性地将其表示为 $B=f(P,E)$。这一成果导致了场论思想的问世，并为勒温随后的研究奠定了基础。场论思想也确立了许多与系统思想相似的理念，如群体功能的整体性、疆界、要素与整体的相互依赖性、系统转型中群体的层级性和首位性。

变革理论

勒温用场论思想解释了一个人生活空间内心理驱动力和阻碍力之间的冲突所产生的结果。这种理念指导了他的变革理论，他将变革的发生归纳为三个步骤：解冻、变革和重新冻结。勒温的变革模型还为许多解决抗拒问题的组织发展和变革管理模型及策略奠定了根本基础。

领导风格

1939 年，勒温在爱荷华儿童福利研究所工作时，与同事合作研究不同的领导风格。在实验中，当地男孩俱乐部的成员被指派到三个团队中的任一个，三个团队分别由一个独裁的、民主的或放任自由的领导带领。虽然进一步的研究确认了更多特定的领导风格，但这项早期研究对切实理解压迫和自由的心理动态产生了深远的影响。对勒温就领导风格的观点进行仔细探讨将更好地支持当前针对曾经的及现行专制社会的全球民主运动。

群体动力学

勒温对各种群体都感兴趣，无论是家庭、工作、宗教，还是军队、社会和社群。早在 1939 年他在一份论文中第一次使用了“群体动力学”这个表达，但直到后来他对群体最有创意也是最受欢迎的贡献才逐渐成形。正是在 1946 年康涅狄格州举办的有关种族和宗教歧视的会议上，勒温和他的团队发现了实验室训练或 T-groups 方法论。

当时，教员和参会者会在晚上对白天的工作进行回顾和反思。最初设计的晚间环节并不需要参会者参加，但当引导者发现了参会者的参与所创造的价值后，参会者也循例参加晚间会议。会议结束后，参会者参与了一项调查以确定培训的应用性。72% 的回复表明他们变得更有技巧，对他人的感受也更敏感。这个结果对勒温而言是一套阐述清晰的体验式学习理论。

在康涅狄格州举办的这场会议的细节听起来竟然类似当今大型系统干预措施的雏形：由 30 人组成一个多元化群体，成员包括教师、社会工作者、工人和商务领袖，其中有一半是非裔美国人和犹太人，他们一起来解决真实的社会问题。10 人为一组，每组配备引导师一旁协助，主要进行对话、角色扮演和心理剧等活动，通过这些方式来分析、理解、学习应对挑战的实践技能。不可否认，勒温已经超越了他的时代。

体验式学习

勒温关于学习的理念与当时的主流思想有着强烈的反差，主流思想将学习视为一种客观的、不具个人色彩的完全逻辑性过程。而勒温却主张一种更为包容性的认识论，认为主观知识和客观知识、反思性知识（反思和对话）和实践性知识（应用）拥有同等的价值。今天当谈到体验式学习时，总会把勒温和威廉·詹姆斯、约翰·杜威、让·皮亚杰、保罗·费埃、卡尔·罗杰斯、卡尔·荣格和大卫·库伯相提并论。经验学习从最初仅与成人学习和教育相关，现在已经成为培训和发展的世界标准。

社会变革

勒温认为群体是社会变革最有效的载体，但警告说从个体的集合转为有效运行群体的过程令人生畏，需要优秀的领导力，也需要管理好同时包含助力和阻力的动力场及其他因素。

行动研究

组织发展的基本干预模式是行动研究。勒温一直关注理论与实践的融合。他最令人印象深刻的语录“好理论，最实际”就是他致力于科学实用主义的证明。行动研究包括：客户系统与组织发展顾问进行合作，对数据进行系统性收集、分析和反馈，并基于数据采取适当行动，最终评估结果。行动研究的方法论经久不衰，对指导有计划的变革具有重要意义。

组织发展

实验室训练在组织发展初期很重要。勒温死后，他的同事和其他敏感性训练培训师开始从对陌生人群体进行的实验室训练过渡到在组织中发展团队。到 20 世纪 50 年代组织发展已成为一个普遍接受的实践领域，融合了敏感性训练技术、调查研究及反馈的方法论、行动研究和塔维斯托克社会技术及社会临床方法（Tavistock Socio-technical and Socio-clinical Approaches）。无论是直接的还是间接的，勒温的研究都与组织发展的这些主干有着交叉区域，由此很容易理解他为何被称为“组织发展之父”。

组织发展在不断演化。它已遍及全球，拥有新的形式和技术，涉及的范围也更加广泛。已经存在一些革命性变革的例子，如欣赏性探询。社会构建论和优势论的结合带来了在欣赏式探询中对行动研究进行修订。随着欣赏式理论的问世，以及经过 20 世纪后期 25 年的实践，组织发展经历了巨大的转变，从最初仅强调问题解决转为在对话和协作的驱动下找到解决方案。组织发展实践者会制定干预措施，突出组织的成功和潜在鼓舞人心的乐观情绪。欣赏式探询复兴了组织发展实践并激发了其在全球的盛行。欣赏式探询是组织发展如何在坚守核心的理论、实践、群体、客户关系和民主价值观的情况下实现创新的最好例证。

库尔特·勒温将如何说

然而，近几年组织发展实践碎片化的情况日益加深，在传统守旧派、实用主义派和学者间这种情况尤甚。这个领域正面临着挑战，需要建立一个足够大的容器来容纳不同的声音。现在的问题是，在组织发展这把大伞之下，是否有空间去尊重人文价值、创建有意义的知识及发挥变革催化剂的作用。勒温很可能回复“有”，还会建议组织发展回归到整合理论及实践的基础要素中，带着对民主价值观和人格尊严的尊重。我相信勒温会支持重新设置并定义多元化、包容性和社会公正，以反思组织发展工作在全球背景下的现实状况，全球背景为组织发展工作带来了大量总是相互抵触的跨文化力量。很少人知道勒温在研究中曾运用了电影，因此，我猜想他会急于让组织发展开发许多可供使用的技术资源和工具，增强人际互动和社会互动并改进组织发展方法论的整体效力。他会明确地为组织发展呼吁，在寻求世界民主的过程中引领方向，向当代及后代的人传授民主和领导的原则。

组织发展也在不断挑战自己有关变革的假设，不断自问：变革是否存在开始和结束？变革是不是一个永无止境的无限流动过程？这也让我们质疑：对经设计的变革进行投入或允许系统去演化、自组织及自构建是不是徒劳的？如果答案是肯定的，那么又会带来另外的问题：变革促进者会变成什么样？在毫不缩减其价值的情况下，组织发展必须弄清楚对话是否能足以支撑该领域。据我猜想，勒温会将当前的争辩视为关注和爱护，鼓励组织发展秉持探询的精神，无须畏惧其极性和困境所带来的压力。但他很可能建议组织发展要加快步伐，不要花过多时间审视自身。当然，他一定会说要寻求学习的机会。毕竟，对于像库尔特·勒温这样的人而言，学习是一切，学习永远不会失去它的价值。

参考文献

de Board, R. (1978). *The psychoanalysis of organizations: A psychoanalytic approach to behavior in groups and organizations*. New York: Routledge.

French, W. L., & Bell, C. H., Jr. (1984). *Organization development: Behavioral -science interventions for organization improvement* (3rd ed.). Englewood Cliffs, NJ: Prentice-Hall.

Worley, C. G., & McCloskey, A. (2006). A positive vision of OD's future. In B. B. Jones & M. Brazzel (Eds.), *The NTL handbook of organization development and change: Principles, practices, and perspectives* (pp. 501-513). San Francisco, CA: Pfeiffer.

第 33 章

关于组织发展兴起的勒温式视角

伦诺克斯·约瑟夫（Lennox E. Joseph）
姬恩·诺伊曼（Jean E. Neumann）

在约 60 年的发展史中，组织发展领域在不断壮大。它起源于实施了一系列试验的探询领域，作为一个研究领域及值得关注的一门学科，经历了少儿般的成长期，进入到青年期，成为一种专业服务的实践。如今，组织发展处于成年期，已形成一种行业，拥有自己的方法论、成功案例、英雄式人物和认证刊物。任何可以为这一局面带来更多思考的尝试都需要深入理解支撑组织发展的基本原则。

人们给予库尔特·勒温的头衔有很多：社会心理学家、科学家、管理思想家及“组织发展之父”。这些头衔往往并未注意到他早期在德国的研究及他将研究进行实践时所依靠的明确的哲学、科学基础。当确定组织发展兴起且值得人文精神来推动时，我们会求助于这些哲学基础。

本章研究了组织发展领域如今存在的四个主要趋势。我们没有涉及具体的组织发展案例，只是介绍了组织发展中好的做法。然后，通过勒温式哲学视角来分析组织发展的兴起。正是这种将实践与理论、经验与认识论并置的视角带来了组织发展的起源。我们认为，在这些根源之上存在着最佳方法，将组织发展领域向前推进到最令人期待的未来。

非连续变革和连续变革过程

评述

我们认为组织发展的兴起均等地包含非连续变革和连续变革过程，也借助了内部变革的推动和外部顾问的能力。

社会经济危机在家庭、社群、组织和社会中产生了无力感和不确定性，人们渴望“恢复正常”。很少有专家声称自己知道如何解决当代的动荡问题，只能提醒公民和员工去适应不断变化的现实。在这种情况下，组织发展在尽力帮助企业应对各种问题：如无尽的变革所带来的压力及开展日常运营的需求，同时也高度重视变革，把思考并实施变革的时间“凌驾于一切之上”。

一些知名的组织发展学者预期到会出现这种动荡，建议现有的组织发展方法论应该得到更新，以在持续变革的条件下更加有效。诚然，有关非连续变革和系统理论的争辩层出不穷。在连续变革的背景下，周期循环的计划性变革和工作组织设计的概念被批评为老套。一些头脑冷静的学者主张非连续变革过程和连续变革过程的结合是不可避免的。

多年来，人们在传授组织发展时，大多会都把其整体方法论以一种专业认同的外显方式进行应用，不管组织发展工作的实质是什么，或者组织发展实践者开展工作所处的人力系统背景是怎样的。对那些在组织内部开展工作的组织发展实践者而言，采用让外来者进入现有形势中来协助变革的方法通常都不容易。如何实施及运作外部人士提出的干预措施，往往由留下来的内部组织发展实践者承担责任。组织发展能崭露头角得益于内部变革推动机构的新方法及内外部人士更加紧密的协作，他们共同创造了一个针对组织发展干预和变革实施系统的更易行的配置。

勒温如何应用

当前的情况要求组织发展实践者自己找到解决方案，结合组织发展实践进行条理性更强的行动研究实践，这种组织发展实践要能支持内部变革推动者和外部顾问之间的能力建设。勒温的“构造法规则”让我们找到有效的概念来应对内、外部组织发展实践者及其客户系统正面临的挑战，因为他们正在参与人类系统的发展。这个规则并不会迫使我们去应用勒温及其同事在第二次世界大战后发现的有用概念。恰恰相反，它会鼓励我们去调查自己所参与形成的总体局势中个性、行为和环境共存的特定性质。我们的概念旨在帮助相关人员感觉到被理解，帮助他们探索如何处理他们所面对的情况。实际上，这可能带来目标的重构以指导行动，在面对不确定性、复杂的情况及充满无力感时去找寻一定程度的自由。

在勒温的“动态法规则”中，他表示，无论一项组织发展任务的焦点是什么，都需要专业服务。这突出说明，内、外部人员需要共同确定并考虑任何开展组织发展工作的情境中的所有要素。不论我们要面对何种层次，个人的、人际的、群体的、群体间的、组织的或组织间的，都需要内、外部的协作来关注这些层次的边界间及跨边界联系，并形成相关的假设。他们以多种激发力和推动力为基础，共同打造自身的能力以开展定制化的组织发展工作。

组织发展和变革管理

评述

我们认为，新兴的组织发展回应了组织生存的问题，对其他变革管理方法平和对待，同时还对人类系统发展做出了独特的贡献。

今天，组织中的许多组织发展工作都体现在中高层级的过程咨询工作中，往往侧重于改进而不是变革。通常，当要讨论更深层次的有关变革、组织生存或未来发展的问题时，都不会邀请组织发展实践者参与，或者认为他们对于管理咨询或功能性变革管理专业技能有帮助，但仅起到次要性支持的作用，只有在这个前提下，才会考虑把他们纳入其中。高管和组织发展服务购买方都认为，组织蒸蒸日上时，组织发展是“锦上添花”；而在组织面临真正的选择时，它只起辅助作用。随着预算减少和经济下行变得司空见惯，这种对组织发展能力缺乏信心及将组织发展与其他变革过程分裂开的现象更加常见。尽管人们进行了很多绝妙的尝试以将结果或成果的焦点转移到组织发展上，我们所做的很多工作仍然被视为概念性的、理论上的，甚至浪漫化了的沉思，以此来提高员工的工作感受。

组织发展实践者本身也促使了这种状况的产生，他们要么过于谦卑，要么恃才自傲，并不想去处理组织绩效和结果的核心问题。此外，许多实践者过于片面地仅关注自己的变革方法论，而错过了了解并研究整个组织发展领域对组织生活带来的附加价值。组织发展行业在自毁长城且日益普遍，有关研究和度量标准的资源也不足，而这恰恰是人们对组织发展能创造组织改进的信心所在。我们总在强调组织发展是一种实用的方法论，而付出的代价就是淡化了它的科学特性和附加价值。

勒温如何应用

勒温的再教育过程是一面透镜，在个人、群体或组织与现实不一致时，可用来审视身份/特性。勒温假设，制约获取正常及非正常信息的过程与负责创造幻想的手段基本相同，这种幻想在本质上和那些最终变为现实的是一样的。我们认为高管和组织领导者必须经历这样一个再教育过程，从而了解组织发展在实现组织变革中的作用。这种再教育过程的中心任务是让高管、组织领导者和类似组织发展实施人员融入这种认知过程、组织目标和组织发展的价值观中。只有这样才能改变市场对组织发展的看法。

勒温对现实的社会重构进行的研究是组织发展的一个根本前提，不仅讨论了现实是如何创建的，还讨论了如何将其重构。既然现实是社会建构的产物，它也可以进行社会重构或被改变。改变一个人的信念就是在改变他对现实的看法，以及这种现实如何植根于文化中。例如，有关组织发展不能影响真正而持续的组织变革的观点，人们对其的普遍接受恰恰是阻碍人们改变这种观点的根源。作为一名传统意义上训练有素的科学家，勒温坚定地信奉科学性准则：任何在环境中或人的行为中可以观察到的东西都可以衡量。

勒温的拓扑图和实验对人类的行为进行了科学的解读。他坚持在组织发展兴起的过程中制定度量标准时要践行纪律性和严格性，以显示组织发展在实现组织变革中的效价。当需要增加组织发展与功能性变革工作供应商之间的协作时，勒温建议我们从群体间关系的视角来研究这个问题，增加两个群体间自由活动的空间。在组织发展与功能性变革间增加更多的接触点，有助于减少这些实体间的特性差异并促进在追求客户成果过程中更紧密的合作和相互依存性。

现有机制和特殊组织发展干预

评述

我们认为，组织发展的兴起已深深扎根于商务实践中，这些实践通过现有的组织机制、常规交流来实现，时不时还掺杂着大型群体事件和临时的过渡结构。

今天许多成功的组织发展实践将组织发展融合到所服务组织的长期生活和工作中。他们利用大型群体干预措施（如未来搜索、世界咖啡、开放空间技术和同侪学习圈）从客户系统乃至拥有期待目标和认同发展路径的整个系统中获得关键数据。更重要的是，实施变革的任务与工作运营没有区别，只是被包含在由中层经理和团队领导及他们所领导的团队日常执行的组织常规活动中。在这种情况下，所有人都共同确定并带来了期望的变革和实施活动。

这些变革项目通常都是由领导者发起、激励并驱动的，高管变得擅长生动地绘制组织愿景，却很少关注能支撑变革过程的常规交流。最近情况有所改善，变革项目会展现出 30 日、60 日和 90 日的时间表，此外变革团队会提交半年度和年度报告。这些临时报告机制，以及在独立场所办公的特设变革小组（脱产）证明了变革议程的重大意义；但鉴于这种安排是非永久性的，无法确定这是不是创造文化变革的最有效的结构。

勒温如何应用

勒温有关"文化重构"的文章为如何支持组织的组织发展和文化变革提供了独到见解。他认为文化变革包括改变组织的社会氛围，只会在高度交织的背景下完全发生，它不仅仅是通过官方认同的价值观就可以实现的。在他看来，变革必然触及位于系统中并与之不可分离的个体的实际群体生活。为此他断言，包括常规交流在内的嵌入式系统的主要作用是带来实际的行为变化。针对变革的交流尤其发挥着很重要的心理作用，不刻意的变化能改进个人的言语情绪，而言语情绪通常会限制个人。

他进一步解释了领导力在实现变革中发挥的关键作用。他坚持需要有一个足够强大而持久的政治环境为人们至少提供了解新文化价值观的机会。这项任务比较棘手，因为它需要克服对那些难以容忍变革的人所产生的不容忍情绪，这对建立新的文化秩序至关重要。必须保持平衡，像对待能包容变革的人一样宽容，这样才能团结所有员工共同致力于期待的变革。

批判性思维和实力型做法

评述

我们认为组织发展兴起依据的是批判性思维和基于优势的实践。组织发展的兴起充满了各种有关于人类系统发展、组织发展、变革领导力和咨询能力的思考。人类系统变革的所有策略一旦在组织发展学科中被确定，就会一直与组织发展密切相关。与此同时，有关应用的理论和方法也在快速增加。理性的经验策略、权力强制性策略和标准的再教育策略把所有的变革情形交织在一起，常常需要强大的果断型领导力来生成行动。

在过去 20 年中，为希望而工作的强烈渴望影响了很多标准性的再教育学科（组织发展只是其中之一），也形成了完备的积极态度和有利方法，它们是在变革条件下形成发展性氛围所必需的元素。一些流行的组织发展技术鼓励实践者在系统及系统中个人的优势和潜能的基础上进行诊断并进行干预。然而，在同样的时期内，其他的组织发展方式（在社群、政治和社会应用领域已经广为人知）仍然坚持认为，现实中的组织发展包括对权力强制性分析的理解。因此，必须在组织发展情景的整体框架下考虑消极和冲突的作用，消极和冲突主要体现在地位差异、权力差异、系统心理动力学、政治利益、成见和偏见等方面。

勒温如何应用

仅采用突出关注批判性问题的组织发展方法，而舍弃有意强调优势和积极态度的组织发展方法，这有可能可以解决一个变革情境中相关却又不同的方面，反之亦然。作为一门学术性实践学科，当同时采取多种举措时，我们还未发现可靠的方法来将组织发展干预措施分离出来并进行评估。这是复杂的变革情境的常态。撇开轶事和偏好不谈，任何将基于优势的方法和基于批判性理论的方法进行比较的尝试都很少能够经得起科学性审查——更不用说实用性审查了。

幸运的是，勒温的“场论规则”特意将专业的思考聚焦在各种因果条件及其相互作用的影响上。这意味着，几十年来，那些应用场论原理的组织发展实践者通常会考虑驱动变革的力量，也会考虑阻碍变革的力量。勒温认为，人与环境应被视为一组相互依存因素的群集；因此，选择只关注积极方面或者消极方面都会带来误导，会扭曲现实。有效的变革既需要以批判性为导向，也需要以优势为导向。

结论

关注组织发展的“崭露头角”让我们能注意到在这一领域中发生的良好实践，也能帮助我们审视今天的组织发展工作中出现的一些貌似的对立。在以上四个评述中，我们已经讨论了非连续与连续变革、内部变革推动者与外部组织发展实践者、企业生存与持续发展、组织发展与其他功能性变革管理的形式、变革干预与实施，以及批判性思维与以优势为基础的实践。这些主题包括了一些组织发展已进行的重大调整和已开发的成熟技术、方法和途径，在这方面的行动还必须继续进行下去，保持与当今的世界同步。但通常这些概念都被认为是全新的且全球适用。当其他学科的学者和顾问也涉入变革领域中时，这些评述产生了关键性的差异并分裂为非此即彼的争论。这种情况对实践理论的发展而言可能是正常的，同时也可能产生一种动力，将组织发展从组织中变革讨论的核心部分分离出去。在本章中，我们坚持组织发展需要对一些过度的分歧采取兼容并蓄的定位。

我们相信勒温只考虑整体情境当前状态的“现时性规则”是我们可以前进的道路。尽管在组织及社团内部，那些带来社会变革的人们所展现出的兼容并蓄的定位令人印象深刻，我们还是必须超越目前的分歧期，不仅如此，还要能接受此刻的矛盾。我们希望，对勒温的这个框架以及以上其他框架的理解和应用能为使用本手册的读者获取丰富的源泉，了解构成组织发展基础的基本原则、哲学体系和科学体系。我们相信，通过理解并应用这些原则，可以大大增强我们的组织发展实践。

参考文献

Benne, K. D. (1969). From polarity to paradox. In W. G. Bennis, K. D. Benne, R. Chin, & K. E. Corey (Eds.), *The planning of change* (3rd ed.). New York: Holt, Rinehart and Winston.

Chin, R., & Benne, K. D. (1969). General strategies for effecting changes in human systems. In W. G. Bennis, K. D. Benne, R. Chin, & K. E. Corey (Eds.), *The planning of change* (3rd ed.). (pp. 22-45). New York: Holt, Rinehart and Winston.

Lewin, K. (1943). Cultural reconstruction. *Journal of Abnormal and Social Psychology*, *38*, pp. 166-173.

Lewin, K. (1944). The solution of a chronic conflict in industry. *Proceedings of Second Brief Psychotherapy Council*. Chicago, IL: Institute of Psychoanalysis, pp. 36-46.

Lewin, K. (1946). Action research and minority problems. *Journal of Social Issues*, *2*, pp. 34-46.

Lewin, K. (1946). Behavior and development as a function of the total situation. In L. Carmichael (Ed.), *Manual of child psychology, Vol. I* (pp. 53-63). Hoboken, NJ: John Wiley & Sons.

Lewin, K. (1947). Frontiers in group dynamics. *Human Relations*, *1*, pp. 2-38.

Lewin, K., & Grabbe, P. (1945). Conduct, knowledge, and acceptance of new values. *Journal of Social Issues*, *1*, pp. 53-63.

Livne-Tarandach, R., & Bartunek, J. M. (2009). A new horizon for organizational change and development scholarship: Connecting planned and emergent change. In R. W. Woodman, W. A. Pasmore, & A. B. Shani (Eds.), *Research in organizational change and development, volume 17* (pp. 1¨-35). Bingley, UK: Emerald Group Publishing.

Marshak, R. J. (2009). *Organizational change: Views from the edge*. Bethel, ME: The Lewin Center.

Neumann, J. E. (2011, March). Kurt Lewin—Dynamic approach rule. www.tavinstitute.org/projects/kurt-lewin-dynamic-approach-rule-2/.

Neumann, J. E. (2011, July). Kurt Lewin — Field theory rule. www.tavinstitute.org/projects/field-theory-rule/.

Neumann, J. E. (2012, January). Kurt Lewin—Contemporaneity rule. www.tavinstitute.org/projects/kurt-lewin-contemporaneity/.

Neumann, J. E. (2013, April). Kurt Lewin—Constructive method rule. www.tavinstitute.org/projects/kurt-lewin-constructive-method-rule/.

Patwell, B., & Seashore, E. W. (2006). *Triple impact coaching: Use of self in the coaching process*. Columbia, MD: Bingham House Books.

Quinn, R. E., & Sonenshein, S. (2007). Four general strategies for changing human systems. In T. G. Cummings (Ed.), *Handbook of organization development*. Thousand Oaks, CA: Sage.

第 34 章

VUCA 世界中的组织发展未来

罗兰·利文斯顿（Roland E. Livingston）

“一个人不能两次踏进同一条河流。”

“唯一不变的是变化。”

——赫拉克利特（Heracleitus）

简介

事实上自 20 世纪 40 年代推出以来，组织发展一直处于变化演进中。它已不再是当年那条河流，也永远不会如此。组织发展经历了 20 世纪 40—50 年代的萌芽期、20 世纪 60—70 年代的基础发展期、20 世纪 80—90 年代的分支涌现期，到 21 世纪形成了新的组织发展方法与实践。

在组织发展领域经历上述演变的同时，各类组织也在演变之中。管理与组织理论经历了重大转变。20 世纪中叶以来，随着技术、全球经济、社会机构与形态的变化，企业界内富有远见的领导者开始意识到他们必须接受新的模式。这种新方式包括扁平化而非层级式的管理与运营结构，对外部环境的响应度更高、更灵活，而且准备更充分以满足客户需求。这样的环境让组织发展必须保持相关性并保持活力并实现增值。

“未来研究所”（Institute for the Future）的社会学家鲍勃·约翰森（Bob Johansen）在其 *Get There Early* 一书中写道“外部的未来力量……需要一种紧迫感”，组织需要思考、调整并设计灵活的方法来应对未来。约翰森指出，我们可能永远无法到达我们将要迈向的终点。他认为让我们为未来做准备的是“方向，而非终点”。他还说我们：

- 对于发达世界与发展中世界的弱点及风险开始有了司空见惯的认知。
- 正进入沙漏状的人口分布，在这种状态中老年人是新的未知领域，而年轻人的声音会得到倾听。年轻的“数字土著”……出生于充斥着困境与全球连接的新兴世界，并在不知不觉中成为其中的一部分。
- 正面临工作环境及整个社会的深度多元化、“超越种族”的多元化。多元化本身是一种困境，既带来了巨大挑战，又带来了令人激动的创新机会。多元化对创造性而言不可或缺。
- 现在正变得一切都自下而上地进行，人们可以与自己消费的产品与服务进行互动。新的松散连接的团队形式将成为进行创新的新型基本组织单位。层级性在某些情况下可能很重要，但它将会更流畅地出现，然后又消失。
- 正迈向持续的连接性，总是保持与网络的连接。网络身份变得日益重要，因为人们学会了表达自我……领导者学会了发挥领导力……所采取的新方式既与新媒体相一致又仍然与旧媒体有关联。
- 正迈向日益繁荣的健康经济，健康成为许多购买决策的重要筛选标准。随着消费者更加关注健康，健康价值将成为考虑中心。
- 正转向环境保护与盈利性相结合的主流商业策略——行善的同时实现盈利。环保实践与可持续性策略将日益普遍且日趋紧迫。

这是一个组织发展实践者与学者必须迈入的新兴世界，以帮助领导者与劳动者学会应对新的现实——一个充斥着易变性（Volatility）、不确定性（Uncertainty）、复杂性（Complexity）与模糊性（Ambiguity）的世界。如今组织中的易变性、不确定性、复杂性与模糊性与生俱来，这是当前的新常态。VUCA 不仅正在改变着组织开展业务的方式，还改变着组织领导者与员工的运作方式。曾经所需的知识、技能与能力已不再足够满足需求。今天，我们需要组织更具战略性，能够使用批判性思维的技巧，这样才能适应易变性与不确定性。

VUCA 的定义

20 世纪 90 年代末军方首创了缩略语 VUCA，它准确反映了快速变化且日益不稳定的世界里所发生的一切。

“V”代表的是易变性，变化模式的性质、速度、数量与等级是不可预测的。波士顿咨询公司的一项研究发现，过去 30 年内，最为动荡的金融季有一半都发生在 2002 年以来。此项研究还得出结论，金融动荡的强度与持续的时间比过去均有所增加。当前商业动荡的驱动因素包括数字化、连接性、贸易自由化、全球竞争及商业模式创新等。

“U”代表的是不确定性。 基辛格（Kinsinger）与沃尔克（Walch）将其称为对于问题与事件缺乏可预测性。这样的动荡时期也让领导者及组织内的其他人很难使用过去的问题与事件来作为预测未来的指标，即便这是可能的。毋庸置疑，这让预测变得极为困难，也让决策充满挑战性。

“C”代表的是复杂性。任何问题通常都涉及无数且难以理解的原因与化解因素（组织内外都有）。这层复杂性，加之变化的动荡与过往预测指标的缺失，增加了决策难度，还带来了混乱，进而导致含混不清。

“A”代表的是模糊性，即事件意义不清晰，或者如沙利文（Sullivan）所写的，“发生之事背后的起因以及‘何人、何事、何地、如何与何因’”都不清楚且难以确定。艾瑞克·凯尔（Eric Kail）认为，当分隔化的业绩不能展现全面或持久性成功时所产生的失意，就是一种组织模糊性的征兆。

VUCA 模型介绍了当前正影响组织的内外部条件。随着 VUCA 正成为现实，很显然组织发展必须帮助客户对其做出响应。

历史

了解该领域的现状及其发展历程大有裨益。克兰多尔（Crandall）与华莱士（Wallace）认为，工作环境本身在 20 世纪下半叶经历了两次重大转变。20 世纪初，工业革命催生了官僚体系，该体系在 20 世纪 50—80 年代受到青睐。在该体系中，会严密定义工作岗位，严格执行规定与政策，职权的层级体系控制着所有决策。组织中的官僚化设计会设置多级别的经理，每位经理都管理着一个高度分立的部门。员工们拥有严格定义的角色与任务，并单独执行任务。这就是组织发展诞生的体系。

在第一次重大转变中，官僚体系被高绩效体系所取代。这种自 20 世纪 80 年代以来非常普遍的方法关注团队中的员工，大家共同对业务流程中的一系列活动承担责任，并被期待能发起流程改进。

第二次转向虚拟工作环境的转变正在进行中。虽然高绩效体系推进了官僚式方法的边界，虚拟工作环境设置则消除了边界。在虚拟工作环境中，人们并不总是同地或同时工作。人们在执行各种工作任务时，沟通的电子模式将极少真正聚在一起的人连接起来。传统"工作岗位"的概念消失了；现在的组织体系会根据个体劳动者的能力而设计。全职员工是核心竞争力，而兼职员工则在需要时使用，作为核心竞争力的补充；通常，虚拟工作环境依赖的专家都是临时使用的。

组织一直在寻求方法来减少管理层级、优化组织结构。即使经济改善后，新结构还会保留，企业领导者认识到更简洁、更扁平化的设计能够对业务环境做出更快速的反应。

这种扁平化安排被劳勒称作"高参与度结构"，它会在信息流动和决策过程中涉及整个组织内的个人。这种方法符合勒温式民主原则，可能特别适合日益民主化的世界，还符合向新的知识经济的转变。在知识经济中，知识的价值高于资本、设备、自然资源或土地。技术也为高参与度方式的管理提供了支持。今天的技术是灵活的、系统性的、交互式的，为身处一线的人员带来了信息，进而提供了能力，因此能促进决策所需要的直接沟通。

未来

据未来研究所 2012 年的报告，过去 10 年间传统有活力的地区所发生的经济衰落反映出一种可能持续甚至扩大的模式。政府财政紧缩加之技术驱动的市场发展会持续重塑经济体系结构。在多个北非国家内爆发的"阿拉伯之春"以及在美国出现的"占领华尔街"等抗议活动可能变得更加普遍。数字化革命更能让组织直接迈向移动通信，从而促进组织与银行业服务。这将带来另外的增长与发展路径，使新方法成为必须。简而言之，老的规则手册将不再适用。

个人所面对的是需要适应各种变化。许多人都很难说"我有一份朝九晚五的工作"。人们必须能适应 24×7 的工作模式。在如何分配工作时间方面是不可预测的。当人们奔波着从一个地点转到另一个地点时，能适应不舒适的状况将变得更加重要。

在《世界是平的》（*The Word Is Flat*）一书中，汤马斯·佛里德曼写道："每当文明经历一次这样具有颠覆性和扰乱性的技术革命时——如古滕堡（Gutenberg）发明印刷术——整个世界就会经历深刻变化。但世界变平的过程有所不同，它的速度与影响范围与其他意义深远的变化有着本质的不同。这种变平的过程的发生速度极快，能直接或间接地迅速影响地球上的更多人。这种向新时代转变的速度越快、范围越广，颠覆的可能性就越大。"

组织发展领域所面临的挑战就在于要帮助组织绕过 VUCA 世界的复杂性。组织需要弄明白如何面对不断变化的情况保持适应性与敏捷性。

组织发展实践者与学者必须响应性地调整自己的实践。VUCA 代表了我们正经历着的转变的延续与加速。如今，变化是一个主导性议题。在美国及其他许多国家，似乎每周都会带来新的技术创新，连续涌现的新软件及硬件让沟通变得更快速，让商业贸易更便捷，让各类信息更容易获取。与此同时，在文化、政治、经济、科学与社会机构内正在发生重大变化。我们正处于从工业经济向信息经济的伟大转变中。人们的寿命更长。国家经济变得越来越相互依存，越来越多的国家都活跃在全球市场经济的浪潮中。

有人可能说，从各个方面来说，"新常态"对于各类组织而言已经成为现实。例如，2008—2009 年爆发的金融危机摧毁了许多商业模式。全球的金融组织、制造业组织及服务业组织纷纷陷入动荡环境。同时，技术变革在不断推进。在传播"新闻"方面，社交媒体在挑战的同时也几乎取代了主流媒体。

VUCA 让领导者承受着压力，他们发现就像自己的组织在易变而不可预测环境下快速变化一样，自己的技能也快速变得过时。敏捷性与适应性是最为需要的技能。如 *Leadership Agility: A Business Imperative for a VUCA World* 的作者霍妮、帕斯莫尔与奥谢（O'Shea）指出的那样，为了获得成功，"领导者必须对人员、流程、技术与结构进行持续转变。这需要灵活性与快速决策。"

各组织必须找到一种方法来将 VUCA 这一缩略语转变为愿景（Vision）、理解（Understanding）、清晰性（Clarity）与敏捷性（Agility）。这种含义的翻转是由"未来研究所"的鲍勃·约翰森提出的。约翰森认为最佳的领导者应该具备自己所提出的超级 VUCA 的特性，他们通过自己领导技能的运用来帮助人们理解在 VUCA 世界内的领导力。

走向超级 VUCA

在 VUCA 世界中，愿景可以应对易变性，这在动荡时期中更为关键。理解可以应对不确定性，理解就是停止、观察和聆听的能力。清晰性可以应对复杂性，从而对混乱有更好的理解。组织如果能快速而清楚地了解所有与混乱相关的细节，则可以做出更好、更知情的决策。最后，敏捷性可以应对模糊性，敏捷性是在全组织沟通和快速应用解决方案时的能力。

图 34.1 代表了一条河流，组织发展实践者和学者必须提供导航，同时协助组织和个人顺利过河。如图所示，从 VUCA 到超级 VUCA 并没有清晰的路径。要成功过河，需要与客户系统进行合作以了解新常态。组织发展领域的机会和必要性就在于明确组织发展要向正面临 VUCA 的组织提供什么。不同的组织发展组织必须找到一种方法，可以用客户系统能理解的语言清楚表达且令人信服。在全球教育机构所提供的各种有关组织发展的项目中，VUCA 必须成为主题之一。该领域的新入门者必须了解组织发展历史和价值观，知道这个领域在不断变化中。简而言之，组织发展也正面临着新“常态”。

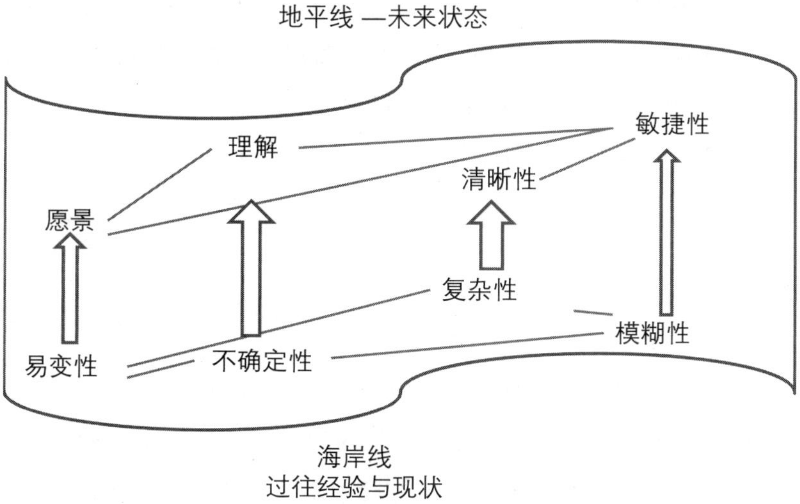

图 34.1　从 VUCA 走向超级 VUCA

有一家公司对新常态做出了回应，那就是联合利华。2010 年，联合利华承诺在未来十年内会将业务规模扩大一倍，但同时会减少环境污染并提高社会影响力（其子公司 Ben

& Jerry's ice cream 以其社会责任商业实践而闻名)。可持续性已成为联合利华新业务模式的核心组成部分，这种新业务模式以 VUCA 原则为基础。联合利华首席营销和传讯官基思・韦德（Keith Weed）告诉《福布斯》杂志记者阿维・丹：

> "我们通过一个透镜来观看我们称为 VUCA 的世界……因此，你会说'这是一个残酷的世界'，你也可以说'这个世界瞬息万变'，而我们能帮助消费者稳妥驾驭……数字革命、消费支出的改变，所有这些都表明了公司必须改革业务方式。"

在某些方面，今天的决策方式与组织发展领域初始时并无差异。该领域随着时间的推移而历经发展，这种发展主要通过实践者的工作而实现。早期的实践者包括库尔特・勒温、理查德・贝克哈德、大卫・布拉德福德（David Bradford）等众多人士。组织发展领域的价值观由马格里斯和威亚（Raia）进行了阐述并得到大部分学者和实践者的认可：

1. 提供机会让人们作为人类发挥作用，而并非生产过程中的资源。
2. 提供机会让每个组织成员及组织本身能充分发挥其全部潜能。
3. 寻求提高组织实现其所有目标的有效性。
4. 尝试创造一个有可能找到令人兴奋且具挑战性的工作环境。
5. 提供机会让组织中的人们能影响自己与工作、组织、环境相关联的方式。
6. 将每个人都视为拥有复杂需求的人，这些需求在工作和生活中都很重要。

早年是教育机构和美国军队在使用组织发展的新原则，创建了有关的学术课程以培训该领域的潜在进入者。

反思

那么，21 世纪初给组织发展领域留下了什么呢？

自 20 世纪 40 年代组织发展起源以来，领域内的思想领袖们以多种方式对组织发展进行了界定。贝克哈德认为，组织发展是一项有计划性的长期变革工作，采用行为科学理论及研究来开发促进个人和组织变革的关键干预措施。

弗伦奇和贝尔指出，组织发展是"一项改进组织问题解决和更新过程的长期工作，尤其是当在一个更为有效、更具协作性的管理或组织文化的背景下——特别强调正式工作的文化——在变革推动者或催化因素的支持下，利用应用行为科学的理论和技术，包括行动研究”。该定义有关管理价值观和组织环境有如下几个内在假设：

- 更为重要的组织目标包含个人成长和发展。因此，组织力求将决策责任设在尽可能接近信息来源的位置，让组织成员有机会自我指导、自我控制。
- 组织成员经常采用不良的“你输我赢”式的策略。然而，人们希望形成更为协作式的行为，相互信任、相互支持、准确交流、共同解决问题。
- 个人感觉是整体工作满意度的合理迹象，应该进行分享。隐而不说，可能对组织氛围产生不利影响，并导致人际冲突。
- 组织成员会寻找参照群体，如果利用得当，可以提高问题解决的有效性。因此，组织希望使这些群体正式化，使其输入最大化。
- 组织是一个开放系统，相互依存，且身处环境在不断变化。因此，要维护/提高组织绩效，组织必须制定机制以进行内省、适应变化并自我更新。
- 过去合适的组织机构不一定能够应对当前的挑战。

简而言之，组织发展影响组织生活的方方面面——个人价值观、人际及群体关系、管理系统和结构。在 VUCA 世界中，这些都不会因该领域而发生改变。将会改变的、事实上也必须改变的是组织发展领域如何看待和定义计划性长期变革的方式。正如赫拉克利特所说，“唯一不变的是变化”。而彼得·维尔也提醒过我们，组织生活的现实就是“永恒的湍流”。

维尔曾在论文“如同行为艺术般的管理”（Managing as a Performing Art）和 *Learning as a Way of Being: Strategies for Survival in a World of Permanent White Water* 一书中提到有关组织内动荡的内容。他所描述的挑战都出人意料、闻所未闻，包含大量令人眼花缭乱的无尽挑战和机遇。“永恒的湍流状态提出了再现的问题”，也让人意识到“在永恒的湍流中没有预期机制能阻止下一个出乎意料的新奇波浪的生成”的现象。

多年来组织发展注意到动荡环境的不可预测性使得人们必须做出一个令人信服的回应。如今组织环境的不稳定状态已经到了一定程度，几乎没人会认为基本结构或环境的稳定状态能维持到足够进行长期的行动过程。这就是组织发展必须踏入的河流以帮助组织创造可持续的未来。

哈拉尔（Halal）在一篇题为“未来的组织发展”（Organization Development in the Future）的文章中指出，“对未来的预测是富有洞察力的、有趣的，但往往也错得令人绝望。然而，我们有信心对当前的趋势进行一些延展，尤其是如果我们只锁定在时间较近的未来时”。一些趋势已经被人们预见到了，包括更大型的组织、更扁平的组织结构、更复杂的技术、组织更零散地分布在更广泛的地区。组织的规模、复杂度和正式度的不断加大，似乎加剧了人类和社会的问题。由于这些趋势，未来对组织发展的需求度似乎与过去 70 年一样。

组织发展领域的未来与其对 VUCA 的回应密切相关。组织发展实践者可以帮助客户找到涉及组织发展基本价值观和理论的方法去应对 VUCA 环境。

首先，实践者必须识别并协调组织发展的不同方法。当前的思考倾向于以基本支柱为基础。这些观点相信科学实证主义揭示一个单一的超验真理（Transcendent Truth），它可以用科学方法进行分析并改变。人们还相信小群体和组织应该继续制定并强化有关行为的规范和态度。

其次，关注是什么在推动变革会带来有关未来的画面。我们现在使用的语言，如敏捷、客户驱动、快速、灵活、全球化、网络化、团队和以知识为基础等，都将成为未来工作环境的驱动力。新概念将对我们的工作方式产生巨大影响。考虑以下极有可能出现的场景：

“未来的组织将是以细分市场为导向的，组织极为精简，人员主要为拥有组织细分市场所需的特定知识、技能和能力的人士。其他不与产品和服务直接相关的工作将采取外包的方式。人力资源部、会计部、信息技术部、公共关系部、物流部等传统部门将不再是制造公司的组成部分。银行将只雇用财务人员；商店只雇用销售人员；货运公司只雇用司机；航空公司只雇用飞行员。大部分的（如果不是全部的话）支持性职能都将进行外包。”

很多中小型组织将被组建起来，为细分市场驱动型的组织提供外包服务。每个人都能以多种方式从这样的场景中获益。外包能消除在招聘、雇用、培训方面的挑战，也能减轻维持大量和组织提供的产品或服务不相干的员工所带来的压力。

当 6 500 万名 Y 一代的成员加入职场时，这种新生的小规模、回应敏捷的专注型组织将更加适合他们。Y 一代，也称为千禧一代或回声潮一代，是指在 1980—1995 年出生的一代，他们对工作的看法与前几代人大为不同。想要将他们融入组织的条条框框里终将以失败告终。组织必须为新一代提供具有挑战性、快节奏且意义深远的体验。这也是新常态的一部分。

另外，还要将社会建构主义思维的出现纳入考虑范围，它认为存在不止一个真相，必须聆听多个声音，了解组织内正在或可能发生的事情。一些组织发展实践者坚信“多重真相”可以通过诸如欣赏式探询、大型系统变革事件等实践以及其他“听到房间内所有正确声音”等过程来进行辨别。

有一个好消息是，由亚伯拉罕·马斯洛（需求层次）、道格拉斯·麦格雷戈（X 理论和 Y 理论）和卡尔·罗杰斯（个人的无条件积极关注）发表的基本人文价值观和哲学在继续得到人们的重视。人文哲学在库尔特·勒温的民主原则及 20 世纪六七十年代以客户为中心的过程咨询行动研究方法中仍然得到认可。

组织发展依然是强大且制度化的活动，会严重影响管理组织的方法。另一方面，作为一个领域，组织发展也依然在为自己的身份而努力。人们常常会将组织发展与变革管理和其他形式组织变革相混淆，组织发展专业协会正努力解决自己的形象问题，许多潜在客户都会质疑组织发展的价值。沃利和麦克洛斯基（McCloskey）在本手册的第 1 版中提出了关键的问题："组织发展的未来是什么样的？组织发展将如何实现这一未来？"组织目前面临的 UVCA 环境让上述问题变得更为关键。

结论

VUCA 提供了一个特别的机会以不同于以往的方式来吸引组织的兴趣。由于有永恒的湍流，组织对适应性的需求永远存在，因此，组织发展领域有机会去创建一个氛围，让人人都参与学习者文化的创建，领导者和关键决策者不再是唯一能设定未来航向的人。

创新和变革过程通常开始于一次会议。全球这样的会议每天都发生上千次。领导者召集一小群人来帮助他们确定所需的环境，从而获得更大的成功。组织发展实践者可以提供帮助，为遵守这一原则的群体内部或之间的对话提供引导服务。这是一个让组织内更多人参与到此类讨论的机会。

这种讨论往往倾向于转化性问题：如果我们优先进行创新，会为我们打开哪扇门？当我们以更创新的方式与同事和客户协作时，我们的职业生活会和他们有什么样的关系？然而在某些时候，群体会触及更加严肃的责任话题：当过程变得更加开放和更容易理解，我们希望谁参与其中？我应该让创新与变革成为我的日常工作的一部分吗？如果我不参与，组织会惩罚我吗？这里的潜台词总是"但我已经有一份罚多奖少的正职了"。

当今世界内在的易变性、不确定性、复杂性和模糊性是"新常态"，正深刻改变着各种组织的业务，也会显著影响组织发展实践者与客户互动的方式。曾经帮助组织繁荣发展所需的技能和能力已不再足够。现在需要的是更具战略性的复杂批判性思维技巧，这意味着组织发展实践者必须培养并展现出专家式批判性思维技巧，以帮助客户系统在 VUCA 世界中畅通无阻。只有踏入河里，与水流搏击，我们才能用愿景、理解、清晰性和敏捷性来对抗易变性、不确定性、复杂性和模糊性。

参考文献

Apollo Research Institute staff. (2012, March). The VUCA world: From building for strength to building for resiliency. Apollo Research Institute. Retrieved from http://apolloresearchinstitute.com/sites/default/files/future-of-work-report-the-vuca-world.pdf

Beckhard, R. (1969). *Organization development: Strategies and models*. Reading, MA: Addison-Wesley.

Boston Consulting Group. (2013). The most adaptive companies 2012. Bcg.-perspectives. Retrieved from https://www.bcgperspectives.com/content/articles/corporate_strategy_portfolio_management_future_of_strategy_most_adaptive_companies_2012/.

Caron, D. (2009, February 8). It's a VUCA world. CIPS. Retrieved from www.slideshare.net/dcaron/its-a-vuca-world-cips-cio-march-5-2009-draft

Crandall, N. F., & Wallace, M. J., Jr. (1995). Moving toward the virtual workplace. In H. Risher & C. Fay (Eds.), *The performance imperative: Strategies for enhancing workforce effectiveness* (pp. 99-120). San Francisco, CA: Jossey-Bass.

Dan, A.(2012, October 14). In a VUCA world, Unilever bets on "sustainable living" as a transformative business model. *Forbes*. Retrieved from www.forbes.com/sites/avidan/2012/10/14/in-a-vuca-world-unilever-bets-on-sustainable-living-as-a-transformative-business-model/.

French, W. L., & Bell, C. (1973). *Organization development: Behavioral science interventions for organization improvement*. Englewood Cliffs, NJ: Prentice-Hall.

Friedman, T. (2005). *The world is flat*. New York: Farrar, Straus & Giroux.

Halal, W. (1974, Spring). Organization development in the future. *California Management Review*, *16*(3), 35-41.

Helgesen, S. (1999). Dissolving boundaries in the era of knowledge and custom work. In F. Hesselbein, M. Goldsmith, & I. Somerville (Eds.), *Leading beyond the walls* (pp. 49-56). San Francisco. CA: Jossey-Bass.

Horney, N., Pasmore, B., & O'Shea, T. (2010). Leadership agility: A business -imperative for a VUCA world. *People & Strategy*, *33*(4).

Ingbretsen, R. (2013). Organization development: The future workplace. Retrieved from www.ingbretsen.com/print.php?id=109

Johansen, B. (2007). *Get there early*. San Francisco, CA: Berrett-Koehler.

Kail, E. (2010, December 3). Leading effectively in a VUCA environment: C is for complexity. HBR Blog Network. Retrieved from http://blogs.hbr.org/frontline-leadership/ 2010/12/leading-effectively-in-a-vuca.html.

Kail, E. (2011, January 6). Leading effectively in a VUCA environment: C is for complexity. HBR Blog Network. Retrieved from http://blogs.hbr.org/ frontline-leadership/2011/01/leading-effectively-in-a-vuca-1.html.

Kinsinger, P., & Walch, K. (2012, July 9). Living and leading in a VUCA world. Thunderbird University. Retrieved from http://knowledgenetwork.thunderbird .edu/research/2012/07/09/kinsinger-walch-vuca/.

Kleiner, A. (1996). *The age of heretics*. New York: Doubleday.

Lawler, E. E., III. (1992). *The ultimate advantage: Creating the high-involvement organization*. San Francisco, CA: Jossey-Bass.

Lewin, K. (1948). *Resolving social conflicts*. Washington, DC: American Psychological Association.

Margulies, N., & Raia, A. (1972). *Organization development: Values, process, and technology*. New York: McGraw-Hill.

Reeves, M., & Love, C. (2012, August 21). The most adaptive companies 2012. *BCG Perspectives*. Retrieved from www.bcgperspectives.com/content/articles/corporate_strategy_portfolio_management_future_of_strategy_most_adaptive_companies_2012/.

Schein, E. H. (1969). *Process consultation: Its role in organizational development*. Upper Saddle River, NJ: Prentice-Hall.

Sullivan, J. (2012a). VUCA: The new normal for talent management and workforce planning. Ere.net. Retrieved from www.ere.net/2012/01/16/vuca-the-new-normal-for-talent-management-and-workforce-planning/.

Sullivan, J. (2012b). Talent strategies for a turbulent VUCA world—shifting to an adaptive approach.Ere.net. Retrieved from www.ere.net/2012/10/22/talent-strategies-for-a-turbulent-VUCA- world-shifting-to-an-adaptive-approach/.

Vaill, P. (1989). *Managing as a performing art: New ideas for a world of chaotic change*. San Francisco, CA: Jossey-Bass.

Vaill, P. (1996). *Learning as a way of being: Strategies for survival in a world of permanent white water*. San Francisco, CA: Jossey-Bass.

Worley, C. G., & McCloskey, A. (2006). A positive vision of OD's future. In B. B. Jones & M. Brazzel (Eds.), *The NTL handbook of organization development and change: Principles, practices, and perspectives*. San Francisco, CA: Pfeiffer.

简致咨询简介

简致咨询(K.S Consulting)是 2013 年成立的一家具有国际视野的中国本土咨询机构，目前在中国香港设立了研究中心，在广州设立了办公室。公司的创始团队包括前企业高管、资深引导师、教练和培训师，项目服务团队则整合了美国、新加坡，中国香港、台湾和大陆地区的资深教练和引导师，致力于协助组织直面经营挑战，并在专研组织发展相关专业技术的基础上，为企业提供独具特色的领导力发展和组织发展专业服务。我们相信，企业内的群体研讨能够有效打破边界，发现创新/优化机会，为组织澄清战略方向，创造组织协同并增强执行承诺，是企业经营、组织发展和人才发展的核心杠杆点。因此，我们致力于在实践场景中研究探询式对话技术(Inquiring Dialogue Technology)，协助企业直面经营和领导力方面的挑战，推动组织的健康成长。

- 愿景：成为国内中小企业首选的组织发展咨询公司
- 使命：为快速发展中面临复杂挑战的中小企业提供组织发展咨询，以发挥组织的潜能，实现更好的绩效
- 价值观：真诚、协作、担当

行为准则：直面沟通、互相支持、善尽职责

- 简致咨询围绕专业定位和产品模型，打造了五类不同焦点而又相辅相成的专业服务品牌，简述如下：
- 酷盈 TM 经营加速器：经营绩效提升专业服务

酷盈 TM 经营加速器是指专为独立绩效单元（事业部/经营团队）提供的指向经营绩效提升的专业服务，从企业战略规划、营销策略创建到持续性的绩效改进都涵盖在经营加速器的专业服务范围内。服务形态则涵盖了独立的工作坊和完整的绩效干预项目，根据企业实际需求而定。主要产品有“共创式战略规划工作坊 TM”及延伸性项目、“营销策略共识创建工作坊 TM”及延伸性项目和“绩效改进行动学习工作坊™”及延伸性项目。

- 迭变™：组织发展专业服务

迭变™是组织发展顾问服务品牌。随着外界环境的剧烈变化，组织的变革（包括战略转型、架构调整、流程优化）与发展变得越来越重要。组织发展专业服务致力于为企业提供组织有效性方面的诊断和干预，协助企业解决变革难题，提升组织的健康程度以支撑企业的快速成长。服务内容包括：对组织有效性进行诊断，基于结果而提供个性化干预以促进组织发展的专业服务（诊断式组织发展服务）；提供聚焦组织发展的各类对话式群体教练专业服务（对话式组织发展服务）。

- 思尊斯™：领导力发展的整体解决方案

思尊斯（Strength）™是领导力发展品牌，主要目的是协助组织培养足够数量的、满足业务发展需要的领导者。我们有标准化的版权课程来迅速提升领导者的特定技能，也能够根据企业的需要定制完整的领导者和领导力发展解决方案。主要产品系列包含国际版权/原创版权课程、涵盖高/中/基层的分层人才发展与继任计划和针对中高层领导者的领导力发展整体解决方案。

- 见教™：一对一高管教练服务

见教™是高管教练品牌，专门为企业家、企业高管和创业者提供一对一的高管教练服务。高管教练的本质是帮助组织的高级领导者解决经营/管理上的两难困境，推动领导者直接将学习转化为组织的绩效结果。见教™平台上的内部教练和签约教练大多拥有大型组织的高管工作经历，并具备丰富的教练实践经验，可分为企业家/高管的生活教练和创业者的商业模式教练两大类。

- 智询™：群体与团队教练服务

智询™是群体和团队教练品牌，专门为企业家群体（如私董会、商业联合会等）、高管团队和创业型团队提供专业教练服务。针对群体和团队的教练主要能够帮助团队中的个体成员增强个人贡献以及与团队一起帮助成员高效利用资源从而提升团队的有效性。简致咨询的教练队伍在引领团队解决实际问题并促进团队学习方面具备专业素养和丰富的实战经验。服务对象包含高级领导团队（CEO 及其团队）、私人董事会和创业团队（创始人及创业团队）。

电话：020-37889550

地址：广州市珠江新城富力盈丰大厦北塔 A 座 2401

邮编：510000

官网：www.jzlearning.com

五学社：是一个由简致咨询发起的互助型专业成长社区。关注五大专业主题：组织发展、领导力发展、群体与团队教练、高管教练和团队引导。

OD 视界：由众多 OD 实践者共同发起而创立，致力于传播 OD 的理念、价值、理论和实践，力求成为 OD 实践者的资讯获取、能力提升和职业成长的综合平台。

本书译者简介

王小红　具有20多年知名快消品企业任职经验。从一线销售成长为营销副总裁、CEO。创立了商贸公司和咨询公司。在市场营销、战略管理等领域具有丰富实践经验。获得工商管理硕士学位后转型为私董会教练、高管和团队教练、组织发展顾问。曾多方面学习相关方法论及技术并获得多项认证。是WIAL行动学习认证教练、埃里克森学院认证专业教练；中山大学黄埔私人董事会教练团团长、美国NASA 4D卓越团队系统认证教练；The Heart of Coaching伙伴教练认证引导师；AACTP国际注册培训师；领越领导力认证讲师。中科院心理研究所博士方向研修课程在读。

吴娟　具有10余年上市公司人力资源管理经验，服务上市公司期间，负责公司战略人力资源管理、组织建设与发展、组织效能提升、文化建设等工作。现就职于互联网创业企业，探索、实践企业高速发展及创新模式下组织发展与能力提升的有效模式。在人才管理与发展、组织变革方面具备专业素养；对于组织发展、文化建设有个人独到理解与成功经验。具备多年团队学习教练、领导力教练经验。成功将行动学习在企业内部落地，并内化形成企业解决问题的重要路径。是WIAL国际行动学习受训教练、DDI卡片工作坊受训导师。

魏芳　现就职于制造业日企，负责人才培养以及企业沟通传播。曾服务于国有大型企业。多年来一直深耕于企业的方针理念落实到员工的行动，让每个行动的成果都指向公司的经营目标。成功帮助企业建立了培训管理团队、内训师团队；打造了覆盖全员，满足各级别、各职种需求的全方位培训体系。“晋阶培训体系搭建” 项目曾获首届 CSTD 学习设计大赛金奖。带领并指导跨部门课题数十件，十余件获得日产雷诺联盟全球优秀课题。入选广州市产业发展和创新人才。日产雷诺联盟全球认证 V-Expert。

本书审校者简介

邝耀均　具有10年的咨询行业专业经验，在过程咨询、行动学习、群体教练、团队引导等组织发展和领导力发展的专业领域具备扎实的理论功底，超过 500 小时的群体教练经验和大量的企业项目实操经验，为企业组织的领导力发展、人才培养、组织变革、战略共识达成、绩效改进等关键任务提供专业支持。具备 WIAL（国际行动学习协会）的行动学习教练认证导师资格以及新加坡 Inquiring Dialogue 的“提问的力量”认证导师资格，也是美国 Emergenetics International 和 Center for Positive Change 的认证执行师。

孙茜　中山大学岭南学院-麻省理工学院斯隆商学院联合 MBA。曾在大型国企、政府机构及民营企业任职，有超过 18 年的工作经验，历任销售、营销和管理等岗位，拥有丰富的项目策划和管理经验。在对引导和教练技术的强烈兴趣下，转行进入培训咨询行业，有志投身于将引导和教练技术融入个人和组织发展的探索过程中，协助企业解决经营中实际面临的问题。

本书编者

迈克尔·布拉泽博士是专业级认证共创式教练（CPCC）和专业级认证教练（PCC），一直从事企业高管、领导力、多样性教练工作，是组织发展及多样性/社会公正的实践者和知名作家。他还是 NTL 学院成员，担任了 NTL 学院教练、NTL 学院教练实践社群的联合理事和 NTL 学院多样性实践者认证项目的共同创始人。迈克尔·巴拉斯持有杜兰大学经济学博士学位和国际教练联合会认证的专业级教练。他毕生的工作以尊重人类差异性、种族平等和社会公正及终身学习的价值观为基础。迈克尔·布拉泽现居于马里兰哥伦比亚，联系邮箱为 mbrazzel@ntl.org。

布伦达·B. 琼斯，理工学硕士，曾任 NTL 学院主席和首席执行官，现任 Lewin Center 董事会副主席。她具有超过 25 年的企业顾问工作经验，曾在美国和世界各地担任顾问。她持有美国约翰霍普金斯大学应用行为学专业学位。布伦达曾任组织发展网络理事委员会主席，现任组织发展网络、国际组织发展协会和管理学会的成员，并且教授过若干研究生课程。她于 2011 年荣获由组织发展网络颁发的终身成就奖，并获得组织系统发展格式塔中心（Gestalt Center for Organization Systems Development）颁发的 2012 年度组织和系统发展杰出毕业生奖。联系邮箱为 bjones@ntl.org。

本书撰稿人

比莉·奥尔本是 Alban & Willians 联合公司总裁、组织机构顾问，同时也是一名国际管理顾问和高管发展项目的讲师。她从事组织及社群的大规模变革研究。她与芭芭拉·邦克合著了书籍 *Large Group Interventions*，并与劳伦·米德（Loren Mead）一起撰写了《大型团队方法手册》（*The Handbook of Large Methods*），同时也是 *Creating the Future Together* 一书的作者。

芭芭拉·本尼迪克特·邦克是一名社会组织心理学家，在纽约州立大学布法罗分校担任心理学荣誉教授，同时也是一名独立咨询顾问。她与比莉·阿尔班合著了 *Large Group Interventions*，撰写了《大型团队方法手册》，并与扬尼斯·艾迪（Janice Eddy）共同编撰了 *Innovations in Inclusion*。

帕特丽夏·毕铎–帕多瓦是一名国际组织发展咨询顾问和复杂纠纷调解人。她专注于组织变革、领导力开发以及旨在共同取得期待成果的多样性股东参与。同时，她也是 NTL 成员及该学院的组织发展、领导力和变革实践社群的理事。联系方式：PBidoIpadva@ntl.org。

唐纳德·布朗医学博士是 NTL 学院前成员，已于 1988 年去世。他生前一直致力于研究工作团队及群体如何实现成长与发展并如何在内部产生领导力。布朗博士曾教授并指导群体心理治疗师，并积极参与美国群体心理治疗协会（American Group Psychotherapy Association，AGPA）的管理。唐纳德·布朗 GLBT 纪念奖学金专为帮助男同性恋者、女同性恋者、双性恋者及/或跨性别者及/或在这些机构工作的心理治疗专家和临床医生参与 AGPA 活动。

杰维斯·布希是加拿大西蒙菲大学比迪商学院领导力及组织行为学专业的一名教授。30 多年来，他潜心研究各协作组织的转型变革、领导力与规划。他的著作 *Clear Leadership* 及课程被翻译成六种语言。凭借此书他曾两次荣获道格拉斯·麦克格雷戈纪念奖。欲了解对话式组织发展的论文，请登录访问 www.gervasebushe.ca。联系方式：GBushe@ntl.org。

索尼亚·科特拥有魁北克渥太华分校理科硕士学位和渥太华大学通信工程学士学位。她主要引领重大组织机构变革并为高管人才与绩效管理、领导力及教练提供支持。索尼亚是 NTL 学院成员，并担任变革管理和人际关系课程的培训师及主任。联系方式：cotesonia@hotmail.com。

安东尼·迪贝拉目前是威廉与玛丽学院管理学客座教师。作为一名教育工作者和学者实践者，他主要研究组织及组织内部领导力、学习、文化和变革。此外，他还撰写了 *How Organizations Learn* 和 *Learning Practices: Assessment and Action for Organizational Improvement* 两部著作。联系方式：ajd@orgtransitions.com。

肖恩·加夫尼博士生于爱尔兰并深受爱尔兰文化和信仰的影响，现居于瑞典。他是格式塔治疗专家/组织系统发展顾问、培训师和主管，在美国克利夫兰格式塔学院、国际格式塔心理治疗研究中心（Gestalt International Study Center）和斯堪的纳维亚格式塔学院（Gestalt Academy of Scandinavia）担任教职人员；同时也在欧洲商学院担任跨文化管理专业高级讲师。他的论文集已出版了三册，联系方式：seangaff@gmail.com。

苏珊·加伦特，学历教育学博士。她是转型变革和人类行为领域的权威人士，主要研究自我意识、赋能和疗愈。作为一名教练、培训师和咨询顾问，她为客户的探索、实验、发现与创新提供支持，帮助领导者创建能够在复杂和多样化环境中繁荣发展的组织。同时，她也是 *The Mechanic Meets the Gardener* 一书的作者。联系方式：susan@smgallant.com。

普拉西达·加莱戈斯博士是菲尔丁研究生大学人力与组织发展学院的一名教授，主要从事变革领导力、妇女及有色人种的职业发展和包容性组织方面的研究。作为一名组织发展顾问，普拉西达为不同的个人和系统提供支持，以助其取得最佳成果。作为 ICW 咨询集团（ICW Consulting Group）的一名顾问，她专注于设计符合组织价值观和发展目标的干预措施。

威廉·盖勒曼博士是 *Values and Ethics in Organization and Human Systems Development* 一书的合著者。他拥有加州大学洛杉矶分校行为管理科学博士学位并在多所大学任教，包括康奈尔大学、纽约州立大学和纽约市立大学。他拥有 40 余年的组织发展/HSD 顾问及教师从业经验，现正在享受退休生活。

安特·格拉瓦博士是圣母大学助理教授，发表了大量有关可持续性的论著。他为百余个组织提供过咨询服务，曾在五个国家生活，历任世界五百强的高管。他在克罗地亚创办了第一所私立研究生学院，设立了两家社会企业，并荣获得了包括克罗地亚荣誉勋章在内的等多项殊荣。联系方式：aglavas@nd.edu。

约翰逊·哈纳芬，学历 MBA。他 38 年来一直致力于为世界各地的组织机构提供内部及外部咨询。他是国际组织和系统发展课程和格式塔 OD Partners 的创始人之一，同时也是克林顿全球倡议最初的推动者之一。就战略变革、首席执行官入职和领导力开发等主题，他为各类组织提供建议，并在世界各地发表演讲。联系方式：jonno@earthlink.net。

小斯坦利·欣克利于 1978 年成立组织发展咨询培训公司。在此之前，他曾在宝洁公司任职，积累了 10 年的组织发展经验和 20 年的国际工程师工作经验。他曾是 NTL 学院的成员、国际认证咨询顾问协会（Certified Consultants International）创始成员和国际注册咨询顾问董事会主席；他还是国际组织发展协会和美国管理学会的成员。联系方式：stanhinckley@yahoo.com。

吉尔·汉森现任 ChangeFusion 公司的总裁和首席创新官，ChangeFusion 是一家位于华盛顿特区的组织发展咨询公司，专注于组织变革、高管团队效能、领导力开发和高管教练。作为 NTL 学院的成员之一，吉尔参与了该学院联合开发的一个名为“身处复杂的时代来影响变革”（Influencing Change in Complex Times）的协作项目。联系方式：jhinson@change-fusion.com。

伊万杰琳娜·霍尔维纳，学历教育学博士。她是一位组织和社会变革顾问、教育家和作家，致力于帮助各群体和组织变得更为多样性、更加公平，对此拥有 30 多年的经验。她是西蒙斯管理学院组织性别中心的实践导师（Affiliate Faculty Member），专注于开发和研究社会差异性联立模型。联系方式：EHolvino@ntl.org。

贝利·杰克逊是麻省大学阿默斯特学院学生发展系的一名荣誉退休教授及教育学院前任院长。在种族认同发展、社会压迫和解放、职场多样性管理、多元文化组织发展和系统大变革领域，他发表了多篇文章并编纂了一部著作。他还经常在会议及研讨会上担任主讲嘉宾。

大卫·贾米森是圣托马斯大学组织学习与发展系的教授和主任。40 年来，他专注于为各类组织提供有关领导力、变革、战略、设计和人力资源方面的咨询服务。他是美国培训与发展协会的前任主席，曾荣获 OD Network 终身成就奖，并担任发展教育协会主席。联系方式：djamieson@stthomas.edu。

弗朗西斯·约翰斯顿是泰里欧斯领导力学院的创始人。她的专长领域包括领导力发展与转型、情绪智力、团体动力学和组织革新。她与管理团队的合作利用以发展为导向的项目和实践来构建可持续发展的结构。弗朗西斯是国际格式塔心理治疗研究中心（GISC）

的一名专业研究员，同时也是沃顿商学院阿瑞斯高管教育学院的一名教师。联系方式：teleosleaders.com。

伦诺克斯·约瑟夫博士是 NTL 学院的成员，在此之前，他曾任世界银行（华盛顿特区）的组织效能/发展顾问以及 NTL 学院前任主席，如今他在 Lewin Center（缅因州）担任理事会主席并在美国大学（华盛顿特区）担任教授。他现居住在布比利时鲁塞尔，联系方式：ljoseph@ntl.org。

罗宾·凯彻是 Management Assistance Group 机构负责人，也是社会运动和网络领域的一名研究人员和思想领袖。她拥有近 15 年的丰富经验，为各商界领袖、组织和网络提供深度咨询服务，帮他们寻求增强影响力和扩大经营规模。罗宾一生致力于社会公正，曾担任过活动组织者、政策支持者、培训师和董事会成员。联系方式：rkatcher@magmail.org。

大卫·基尔拥有 40 年咨询职业生涯，专注于组织发展方法的应用，以改进社会机构和小型企业所实施的项目。他在 NTL 学院实践研究社群（NTL Research Community of Practice）担任理事。此外，他还发表了很多有关组织发展实践的文章，并在三所州立大学教授研究生课程。

大卫·库伯博士现任体验式学习系统（Experience Based Learning Systems）的主席和凯斯西储大学魏德海管理学院（The Weatherhead School of Management）组织行为学荣誉教授。他在 *Experiential Learning: Experience as the Source of Learning and Development* 一书中对体验式学习和学习方式的研究进行了阐述。由于对高等教育体验式学习做出了突出贡献，他荣获了四项荣誉学位。

马克·利奇博士是一名咨询顾问和研究人员，拥有 30 余年社会公正问题的工作经验。他专长于非营利和多组织策略与治理、非寻常领导力转型和包容性系统的创建。他拥有波士顿大学组织行为学博士学位，在 Management Assistance Group 机构担任高级咨询顾问。联系方式：mleach@magmail.org。

安妮·利特温博士是一名组织发展顾问、讲师、研究人员和教练。她曾在家族零售企业担任首席执行官，同时也是 NTL 学院的前任理事会主席。她是 *Managing in the Age of Change* 的合著者及 *Women's Relationships at Work*（在印中）的作者。她现居住于波士顿，联系方式：alitwin@ntl.org。

罗兰·利文斯顿，学历教育学博士。他是组织变革流程、高层团队效能和高管教练领域的顾问、人力资源主管及教育领袖，他的研究领域为组织内部的领导力效能开发的培训。他是 NTL 学院和管理学院的成员，同时也是国际组织发展学会（International Society for

Organizational Development）的副会长。联系方式：RLivingston@ntl.org。

罗伯特·马夏克博士是一名咨询顾问，提供组织内外部咨询服务，拥有超过 35 年的工作经验，现为华盛顿特区美国大学组织发展系的杰出学者。同时，他也是 NTL 学院的荣誉成员，并荣获组织发展网络颁发的终身成就奖。联系方式：RMarshak@ntl.org。

艾德·梅休曾经就读于达特茅斯学院埃莫斯·塔克工商管理学院（Dartmouth College and the Amos Tuck School of Business Administration）。他曾是一家大型通信公司的高管，现为美国、欧洲和亚洲公共及私营组织机构提供复杂系统变革、高管培训及团队和领导力开发方面的咨询服务。同时，他也是 NTL 学院的成员。

安妮·麦基博士是泰里欧斯领导力学院（Teleos Leadership Institute）的创始人，这是一家提供全球领导力和咨询服务的公司。同时，她也是宾夕法尼亚大学的高级研究员，以及宾夕法尼亚大学 CLO 高管博士课程和教育学硕士参与的博士课程的负责人。她还是畅销商务书籍的作者，她发表的演讲主题广泛，包括情绪智力、和谐领导和变革及应变能力。联系方式：amckee@teleosleaders.com。

马特·米纳汉，学历教育学博士。他是 NTL 学院的成员和 MM & Associates 公司总裁，专注于战略规划、组织设计和发展及领导力开发。他帮助公共和私营行业的客户实施整个企业的变革计划，包括企业战略、使命、业务流程简化、新型组织结构和沟通。同时，他还在约翰·霍普金斯大学（Johns Hopkins University）商学院执教。联系方式：matt@minahangroup.com。

姬恩·诺伊曼博士专注于为组织顾问和变革经理提供专业建议和发展方案，自 1976 年起，已完成近 500 个项目。作为塔维斯托克研究所学术实践领域的一名高级研究员，她在网络上发表的文章详细论述了如何运用勒温的原则才能有助于采用现实可行的方法实现现实的变革。同时，姬恩也是《应用行为科学杂志》的副主编。

埃德温·尼维斯是科德角国际格式塔心理治疗研究中心董事长和美国克利夫兰格式塔学院组织和系统发展项目及组织和系统发展的创始人。他曾是麻省理工斯隆管理学院的教职工和管理人员，同时曾经也是 NTL 学院成员。他还是 *Organizational Consulting: A Gestalt Approach* 的作者和 *Intentional Revolutions* 一书的合著者。

约翰·纳姆是组织发展、发展规划和发展管理领域的顾问，拥有二十余年在非洲和欧洲从事国际咨询服务的工作经验。他是 NTL 学院的成员，同时也是加纳格式塔治疗组织和系统发展实践者培养课程（Gestalt Organization and Systems Development Practitioner Formation Program）的创始人，此项计划从 2005 年起在非洲培养组织发展实践者。他现居住于加纳的阿克拉，联系方式：john.nkum@nkumassociates.com。

大卫·奥斯本是 ChangeFusion 的变革和战略领军人物。ChangeFusion 是一家位于华盛顿特区的组织发展咨询公司，专注于组织变革、高管团队效能、领导力开发和主管培训。他致力于探索运用自组织原则以推动自然而生的变革。大卫也是 NTL 学院的一名理事。联系方式：dosborne@change-fusion.com。

玛丽·安·雷尼博士是一名国际组织效能顾问和高管教练。她拥有丰富的领导工作经验，曾担任公司副总裁和城市副经理，也曾在首次采用欣赏式探询理论的组织发展干预项目中担任项目经理。她也是美国格式塔项目与国际组织和系统发展项目的联席主席、加纳组织和系统发展项目的创始人。联系方式：MaryARainey@aol.com。

黛西·里奥斯博士是一名教练、引导师和组织发展专家，具有丰富的国内外工作经验。她会创建安全学习环境，帮助个人和组织体验个人和集体发现、拓展和行动的魅力并指导客户全身心地投入深层次工作中。联系方式：drios@ntl.org。

凯西·罗亚尔博士是一名系统和人类发展专家，专长于领导力、组织架构平等、欣赏式探询和组织转型。她是 NTL 学院的荣誉成员及 Ken Benne 学者、菲尔丁研究生大学（Fielding Institute）社会正义奖得主和乔治王子郡 Zonta 基金会（Zonta Foundation of Prince Georges County）的候任主席。联系方式：croyal@ntl.org。

埃德加·沙因博士于 1952 年获得哈佛大学社会心理学博士学位，在美国沃特雷德军事研究院（Walter Reed Institute of Research）工作四年后，于美国麻省理工大学执教至 2005 年。他发表了大量文章，包括《组织心理学》（*Organizational Psychology*）、*Process consultation revisited*、*Career Dynamics*、《组织文化与领导力》（*Organizational Culture and Leadership*）和《企业文化生存指南》。他致力于顾问服务，并且最近出版了两部著作：一本名为 *Helping*（2009），阐述给予和获得帮助的概括性理论和实践；另一本名为 *Humble Inquiry*（2013），主要介绍了探询理论。他是 2009 年度美国管理学会颁发的杰出学术实践者奖得主，同时也是 2012 年度国际领导力协会终身成就奖得主。

查尔斯·希雪尔是美国菲尔丁研究生大学人力及组织发展学博士项目的教授，同时也是华盛顿特区美国大学/NTL 学院组织发展项目硕士项目的教授。2004 年，他荣获组织发展网络颁发的终生成就奖，也是 *What Did You Say? The Art of Giving and Receiving Feedback* 一书的合著者。

伊迪丝·维特菲尔德·希雪尔是 NTL 学院的组织发展顾问和前任主席。她与他人共同创建了美国大学/NTL 学院的组织发展硕士项目。2001 年，她荣获组织发展网络颁发的终生成就奖。她是 *The Promise of Diversity* 的合编者，同时也是 *What Did You Say? The Art of Giving and Receiving Feedback* 的合著者。

朱丽安·斯波斯博士是一名认证专业教练、组织发展顾问和国际高管教练，拥有 30 年的组织和文化变革、团队效能和领导力开发的经验。她是克利夫兰格式塔学院教练认证项目的委员会主席，18 年来一直致力于探索能量在促进个人、群体和组织健康及变革方面发挥的作用。

艾琳·泰勒是塔夫茨大学（Tufts University）STEM 教育项目的毕业生。她专注于促进食物系统与教育系统的交互作用的变革，并把两者均视为促进社会公正与平等的关键因素。她的工作与儿童和植物密不可分，且两者均受益于多样性环境。联系方式：erin.taylor@tufts.edu。

玛雅·汤森德是 Partnering Resources 创始人，致力于帮助个人、团队和组织在网络化世界里获得蓬勃发展。作为 *Handbook for Strategic HR: Best Practices in Organization Development* (*OD Network*)的合著者，她撰写有关性格内向者的关系网络、引领变革及在复杂的商业生态系统中寻找机遇等主题的文章并发表演说。她的客户包括《财富》50 强公司、中型企业、初创公司和非营利性组织。联系方式：maya@partneringresources.com。

泰德·楚迪博士是 NTL 学院成员和前任理事会主席。作为一名内外部组织发展实践者，他拥有 30 余年丰富的经验。他还拥有超过 35 年的组织发展教育学家工作经验，目前在乔治梅森大学（George Mason University）担任组织发展和知识管理硕士学位的兼职教授。联系方式：ttschudy@practitioner.net。

艾琳·沃瑟曼博士是组织发展顾问，拥有 30 余年的领导力开发和高管教练工作经验。作为 ICW 咨询集团总裁，她使用全系统的方法充分利用多样性来增进交流与协作，从而转变组织文化。在获得美国菲尔丁研究生大学人力和组织发展学博士学位后，她接受了未来探索、格式塔和欣赏式探询培训。联系方式：www.icwconsulting.com。

鲍巴克·耶加内博士是 Everidian 咨询公司的创始人和负责人。他致力于通过领袖发展、战略规划和执行来提高组织绩效。他为全球来自各行各业的企业提供咨询服务，并与领先的高管教育机构建立了常规合作关系。他拥有凯斯西储大学组织行为学博士学位，同时发表了多篇有关正念及意向领导力（Intentional Leadership）的前瞻性思想的文章。联系方式：www.everidian.com/connect。